neukirchener
theologie

Jahrbuch für Biblische Theologie (JBTh)

Herausgegeben von
Martin Ebner, Irmtraud Fischer, Jörg Frey, Ottmar Fuchs, Bernd Janowski, Ralf Koerrenz, Volker Leppin, Gabrielle Oberhänsli-Widmer, Dorothea Sattler, Konrad Schmid, Günter Thomas, Samuel Vollenweider, Michael Welker und Michael Wolter

Band 28 (2013)
Zeit

Neukirchener Theologie

FSC
www.fsc.org
MIX
Papier aus verantwortungsvollen Quellen
FSC® C016439

Dieses Buch wurde auf FSC-zertifiziertem Papier gedruckt. FSC (Forest Stewardship Council) ist eine nichtstaatliche, gemeinnützige Organisation, die sich für eine ökologische und sozialverantwortliche Nutzung der Wälder unserer Erde einsetzt.

Umschlaggestaltung: Andreas Sonnhüter, Niederkrüchten
Lektorat: Volker Hampel
DTP: OLD-Media OHG, Neckarsteinach
Gesamtherstellung: Hubert & Co., Göttingen
Printed in Germany
ISBN 978–3–7887–2711--6 (Print)
ISBN 978–3–7887–2712–3 (E-Book-PDF)
ISSN 0935–9338
www.neukirchener-verlage.de

Bibliografische Information der Deutschen Nationalbibliothek

Die Deutsche Nationalbibliothek verzeichnet diese Publikation in der Deutschen Nationalbibliografie; detaillierte bibliografische Daten sind im Internet über http://dnb.d-nb.de abrufbar.

Vorwort

Ist eine Reflexion auf das Thema »Zeit« heute an der Zeit? Vieles deutet darauf hin: (1) Heute bestimmen (auto)biographische Stimmen den Zugang zur Wirklichkeit: Das Leben scheint so zu sein, wie Menschen es selbst erfahren und davon erzählen. Die zu gestaltende Lebenszeit wird als ein hohes Gut wahrgenommen. Eine verkürzte Lebenszeit führt zur Klage. (2) Die vorrangige Erfahrung mit der Zeit, die viele Menschen im europäischen und nordamerikanischen Kontext gegenwärtig schildern, ist jene der Knappheit. Angesichts der immensen Erwartungen an die Leistungsstärke der Menschen entsteht die Neigung zu einer permanenten Beschleunigung der alltäglichen Vorgänge. (3) Zeit im Übermaß gibt es auch: vor allem bei älteren Menschen in ihrer Not, den Tag mit seinen Stunden zu gestalten. Freizeitangebote für Senioren finden Aufmerksamkeit. Die finanziellen Ressourcen, die die einen haben und die anderen entbehren, wirken sich auf die Zeitgestaltung aus. (4) Die Dimensionen der Zeiten in der Geschichte des Kosmos sind dem menschlichen Vorstellungsvermögen nahezu verschlossen. Wer vermag zu erahnen, wie lange 18 Milliarden Jahre dauern, die es brauchte, um die uns bekannte Planetenwelt entstehen zu lassen und in die heutige Gestalt zu verwandeln?

Der kurzen und intensiv bedachten Lebenszeit des Menschen steht die kosmische Zeit gegenüber. Um die Möglichkeit einer theologischen Profilierung dieser beiden Wirklichkeiten als Gabe Gottes wussten schon die Beter in alttestamentlicher Zeit: »Seh' ich den Himmel, das Werk deiner Finger, Mond und Sterne, die du befestigt: Was ist der Mensch, dass du an ihn denkst, des Menschen Kind, dass du dich seiner annimmst?« (Ps 8,4f) Weil zu Themenaspekten der Schöpfungslehre und damit zu kosmischen Zugängen zum Phänomen der Zeit bereits viele Studien vorliegen, haben sich die Herausgeberinnen und Herausgeber des Jahrbuchs für Biblische Theologie bewusst dazu entschieden, Aspekte der Lebenszeit des Menschen in den Mittelpunkt der Überlegungen zu stellen. Zugleich lässt sich diese Thematik nicht ohne den Bezug auf die kosmische Zeit erschließen.

In bewährter Weise versammelt die vorliegende Studie exegetische, historische, philosophische, systematisch-theologische und praktisch-theologische Beiträge:

Ludger Schwienhorst-Schönberger geht vom priesterschriftlichen Schöpfungsbericht aus und zeigt, dass die alte Unterscheidung zwischen dem biblischen Zeitverständnis und demjenigen der der antiken Kulturen falsch ist, wenn man es als Unterscheidung zwischen einer linearen und einem zyklischen Zeitvorstellung zu begreifen versucht. Ausgehend vom priesterschriftlichen Schöpfungsbericht Gen 1,1 – 2,3 zeigt er, dass alttestamentliche Zeitvorstellungen dadurch charakterisiert sind, dass sich in ihnen mythisch-zyklisches und linear-geschichtliches Zeitverständnis zu einem Zusammenwirken von wiederholender Erinnerung und fortschreitender Erneuerung miteinander verbinden.

Der Beitrag von *Thomas Krüger* widmet sich dem Zeitverständnis des Kohelet-Buches. Es sei von der Gewissheit geleitet, dass Gott mit der Welt auch die Zeit erschaffen hat und deren Verlauf bestimmt. Ereignisse in Gegenwart und Zukunft können darum als Schöpfungshandlungen Gottes wahrgenommen werden, der »alles zu seiner Zeit« erschaffen hat. Im Unterschied zu bestimmten Strömungen in der Prophetie und dann vor allem in der Apokalyptik bleibe es dem Menschen aber versagt, in Gottes Zeitplan Einblick zu nehmen und zu wissen, was die Zukunft bringen wird.

Hieran schließt der Aufsatz von *Paul Metzger* an: Er fragt danach, ob es so etwas gibt wie ein »apokalyptisches« Zeitverständnis und wie es beschrieben werden kann. Der Autor zeigt, dass es den apokalyptischen Texten darum geht, im Kontext krisenhafter Gegenwartserfahrungen die Gewissheit zu vermitteln, dass Gott in der Welt und ihrer Geschichte einen zeitlichen Plan implementiert hat, nach dem alle Unheilserfahrungen zeitlich befristet sind und am Ende abgelöst werden durch die Wiederherstellung von Gottes heilvoller Schöpfungsordnung, die jeglicher Zeit enthoben sein wird.

Um die Zeitvorstellungen im lukanischen Doppelwerk geht es in dem Beitrag von *Christfried Böttrich*: In ihm wird herausgearbeitet, dass Lukas eine Mehrzahl von Perspektiven auf die Darstellung von Zeit zueinander in Beziehung setzt. Er beschreibt Zeitwahrnehmungen als Historiker, als Erzähler und als Theologe. Alle drei Aspekte werden jedoch mit einer gemeinsamen Perspektive versehen: dem Auftreten und der Verkündigung Jesu Christi. Durch ihn gewinne nach lukanischer Auffassung die universale Herrschaft Gottes unter den Menschen konkrete Gestalt. Das Wirken Jesus sei darum in der Tat so etwas wie die »Mitte der Zeit«, insofern es Vergangenheit und Zukunft in ein neues Licht stellt und damit von der menschlichen Zeitwahrnehmung verlangt, sich neu auszurichten.

Der Aufsatz von *Volker Rabens* über Gegenwart und Zukunft des Heils in der paulinischen Theologie behandelt das Verhältnis von Vergangenheit, Gegenwart und Zukunft des Heils. Er zeigt, dass Gott in der Vergangenheit »weltgeschickwendend« zum Heil aller Menschen gehandelt hat und dass die christlichen Gemeinden in einer Spannung zwischen Gegenwart und Zukunft leben. Zur Beschreibung dieser Spannung sei aber weniger das gängige Begriffspaar ›schon jetzt und noch nicht‹ der paulinischen Konzeption angemessen, sondern man sollte sie als eine Spannung zwischen dem »Schon jetzt« des Heils und seinem »Noch mehr« charakterisieren: der künftigen Verherrlichung aller Glaubenden in einer in Gott vereinten Welt.

Mit dem johanneischen Zeitverständnis befasst sich der Beitrag von *Jörg Frey*. In ihm wird gezeigt, dass das Johannesevangelium auf zwei Zeitebenen gelesen werden will und muss: zum einen auf der zeitlichen Ebene des erzählten Geschehens, in dem Jesus als der in die Welt gesandte Gottessohn mit den Menschen interagiert (gewissermaßen der ›erzählten Zeit‹), zum anderen auf der zeitlichen Ebene des Autors und der johanneischen Gemeinde (gewissermaßen der ›besprochenen Zeit‹). Die Eigenart des Johannesevangeliums besteht darin, dass diese beiden Zeitebenen sich ständig gegenseitig interpretieren und die Leser immer wieder von der einen auf die andere Ebene verwiesen werden. Die Geschichte Jesu wird dabei als eine inklusive Geschichte erkennbar, die auch die Geschichte der johanneischen Gemeinde ist.

Im Aufsatz von *Martin Karrer* laufen Linien zusammen, die bereits in den Beiträgen von Ludger Schwienhorst-Schönberger und Paul Metzger sichtbar geworden sind. Das Herabkommen des himmlischen Jerusalem aus der Transzendenz Gottes, auf das die eschatologische Hoffnung der Johannesoffenbarung ausgerichtet ist, werde in diesem Buch als Bestandteil einer neuen Schöpfung kenntlich gemacht. Dieses neue Handeln Gottes gehe so weit, dass es auch in das Verhältnis des Menschen zur Zeit eingreife, denn die menschliche Existenz ist hinfort nicht mehr durch die Erfahrung von fortschreitender und vergehender Zeit bestimmt, sondern durch ein räumliches und personales Miteinander.

Der Beitrag von *Balbina Bäbler* präsentiert – mit vielen Skulpturen illustriert – drei Gestalten der griechischen Mythologie, mit deren Namen sich menschliche Zeiterfahrungen von bleibender Bedeutung verbinden: Oknos steht exemplarisch für die Frage, ob das Zaudern des Menschen eine Strafe verdient, da Gelegenheiten verpasst sind und Mögliches versäumt wird. Kairos ist eine Personifikation des rechten Augenblicks, den es zu ergreifen gilt. Mit Chronos verbindet sich die Vorstellung von der rasch schwindenden, verfliegenden Zeit.

Volker Leppin beschreibt das Zeitempfinden von Martin Luther während seines erzwungenen Aufenthalts auf der Wartburg im

Anschluss an den Wormser Reichstag im Jahr 1521. In der Wahrnehmung des Refomators verschmelzen die Zeiten: Luther erkennt seine Zeitsituation in der apokalyptischen Schau des Sehers Johannes auf der Insel Patmos wieder und deutet unter Bezug auf die Apokalypse seine Gegenwart. Auf der Wartburg entstand eine Sammlung von Musterauslegungen biblischer Perikopen (die Wartburgpostille), bei deren Interpretation das Zeitempfinden Luthers Berücksichtigung finden sollte.

Die Feier der Liturgie ist zutiefst mit dem Erleben von Raum und Zeit verbunden. *Alexander Zerfaß* zeigt auf, dass in diesem Zusammenhang die Unterscheidung zwischen zyklischen und linearen Zeitvorstellungen von hoher Bedeutung ist. Beide Konzepte finden in der Liturgie eine differenzierte Aufnahme, wobei dem zyklischen Moment die höhere Bedeutung zukommt (vor allem im Zyklus des Kirchenjahrs oder auch bei der Tagzeitenliturgie). Am Beispiel der Schriftverkündigung zeigt Zerfaß auf, dass die Vergegenwärtigung der Heilsgeschichte in der Gegenwart das primäre Anliegen liturgischer Feiern ist.

Die Studie von *Judith Könemann* geht der Frage nach, welche Zeitvorstellungen bei einem biographischen Zugang zur Wirklichkeit zu bedenken sind. Die Wahrnehmung der Zeit ist von hoher Bedeutung bei der Lebensdeutung eines Menschen. Dabei ist zwischen dem Lebenslauf mit seinen fixen Daten auf der einen Seite und der biographischen Erzählung (mir) wichtiger Erfahrungen auf der anderen Seite zu unterscheiden. Krisenzeiten im Leben sind oft ein Anlass für Menschen, eine Konstruktion des eigenen Selbst vorzunehmen. Das biographische Erzählen hat Funktionen im sozialen Kommunikationszusammenhang, in dem der Faktor Zeit wichtig ist. Aus religiöser Perspektive ist die eschatologische Dimension des Daseins mit in den Blick zu nehmen.

Dietmar Mieth geht der heute im gesellschaftlichen Diskurs oft gestellten Frage nach, welche Kriterien das Leben heute als lebenswert erscheinen lassen. Er entfaltet in moraltheologischer Perspektive, dass es eine große Nähe dieser Fragestellung zur Kenntnis der (noch) zu erwartenden Lebenszeit gibt. Ein besonderes Augenmerk hat Mieth auf die Erfahrung der beschleunigten Zeit gerichtet. Er gibt vor diesem Hintergrund zehn gute Ratschläge, deren Befolgung eine Verlangsamung des Zeitempfindens zur Folge haben. Es gilt, die Kunst der Langsamkeit zu erlernen.

In seinem Beitrag bemüht sich *Dietrich Zilleßen* um einen phänomenologischen Zugang zur Thematik. Sodann wählt er Kunstwerke aus, auf die bezogen er Überlegungen zur Erfahrung der Zeit anstellt. Sinnbilder für die Zeit treten dabei hervor – beispielsweise das Rad oder die Uhr. Ausführlich wird das Bild »Der Brotkorb« von Salvador Dalí interpretiert. Grundlegende Überlegungen zur Bedeutung der Bilder bei der Erkenntnis und Beschreibung der Wirklichkeit schließen sich an.

Hans-Joachim Sander geht von einer Gegenüberstellung zwischen dem Erleben der befristeten Zeit beim Menschen und bei Gott aus: Für den Menschen bewirkt dieses Erleben Ohnmacht, für Gott Macht. Gott ist der Herr der Lebenszeit. Sander zeigt Dimensionen der Rede von Gott auf, bei der die Frage nach der Zeit von Bedeutung ist. Dabei steht der Zusammenhang zwischen dem Dasein Gottes in der Zeit und den Orten des Wirkens Gottes im Mittelpunkt der Betrachtung. In diesem Zusammenhang ist »Ort« nicht notwendig (nur) eine lokale Kategorie. Gott bedarf eines als »anders« wahrgenommenen Ortes, um in der Zeit präsent zu sein.

Dorothea Sattler nimmt einen Gedanken der mittelalterlichen scholastischen Theologie auf und prüft dessen Relevanz im theologischen Gespräch der Gegenwart: Demnach gibt es keinen anderen Weg, sich eine Vorstellung von der Ewigkeit zu machen, als ausgehend von den menschlichen Zeiterfahrungen. Angesichts der Vielfalt dieser Zeitwahrnehmungen erscheint es möglich, eine differenzierte Vorstellung von der Ewigkeit zu entwickeln, bei der nicht allein die Erwartung einer »ewigen Ruhe« vorherrschend ist. Aus biblischer Perspektive lässt sich zudem eine Verbindung zwischen der Rede vom Morgen nach einer (schweren) Nacht und der Hoffnung auf eine Wende der Not aufzeigen. Auch auf der Bildebene bietet das menschliche Erleben der wechselnden Zeiten somit einen Zugang zur Vorstellung von der Ewigkeit Gottes.

»Was also ist die Zeit? Solange mich niemand fragt, weiß ich es; wenn ich es einem auf seine Frage hin erklären will, weiß ich es nicht« (Augustinus, Confessiones XI,14). Dieser viel zitierte Gedanke möge eine Einladung sein, den Gedanken der Autorinnen und Autoren dieses Jahrbuchs für Biblische Theologie zu folgen: Was also ist die Zeit?

Münster / Bonn — Dorothea Sattler / Michael Wolter

Inhalt

Dorothea Sattler / Michael Wolter, Vorwort V

I
Biblische Zeiterfahrungen 1

Ludger Schwienhorst-Schönberger, Die Ordnung der Zeit im Alten Testament 3

Thomas Krüger, Wahrnehmungen und Deutungen der Zeit im Buch Kohelet 21

Paul Metzger, »Tropfen und Rauch« (4Esr 4,50). Das Zeitverständnis im apokalyptischen Denken 47

Christfried Böttrich, Die Zeichen der Zeit. Zeitvorstellungen im lukanischen Doppelwerk 67

Volker Rabens, »Schon jetzt« und »noch mehr«. Gegenwart und Zukunft des Heils bei Paulus und in seinen Gemeinden 103

Jörg Frey, Die Gegenwart von Vergangenheit und Zukunft Christi. Zur ›Verschmelzung‹ der Zeithorizonte im Johannesevangelium 129

Martin Karrer, Eine Zeit des Lichts für Israel und die Völker. Das vom Himmel herabsteigende Jerusalem der Johannesapokalypse 159

II
Antike und Kirchengeschichte 183

Balbina Bäbler, Oknos, Kairos und Chronos. Von (Lebens-) Zeiten und (verpassten) Gelegenheiten 185

Volker Leppin, Verschmelzung der Zeiten. Zu Luthers hermeneutischem Ansatz in der Wartburgpostille 213

III
Fragen der Glaubens- und Lebenspraxis 227

Alexander Zerfaß, »Er hat ein Gedächtnis an seine Wunder gestiftet« (Ps 111,4). Liturgiewissenschaftliche Aspekte zur Wahrnehmung, Deutung und Gestaltung von Zeit ... 229

Judith Könemann, Zeitlichkeit und Biographie. Linearität und Nicht-Linearität in der biographischen Selbstdeutung des Subjekts 259

Dietmar Mieth, Wert und Zeit. Über den richtigen Umgang mit der Zeit 271

Dietrich Zilleßen, Zeitbilder. Zeitfragen. Die Frage 295

IV
Systematisch-theologische Reflexionen 321

Hans-Joachim Sander, Lebenszeit – Gottesraum 323

Dorothea Sattler, Zeit erleben – Ewigkeit erahnen. Anthropologische Zugänge zur präsentischen Eschatologie 345

Register 359

Bibelstellen (Auswahl) 361

Namen und Sachen (Auswahl) 363

JBTh 1 (1986) – 29 (2014) 367

I

Biblische Zeiterfahrungen

sen, dass Kulturen gewöhnlich nicht durch eine einzige Zeitform geprägt sind. Zu fragen sei vielmehr nach den unterschiedlichen Orten eines zyklischen und eines linearen Zeitverständnisses innerhalb einer Kultur und ihren spezifischen Dominanzverhältnissen[4]. Diese Anregung scheint mir im Hinblick auf eine Untersuchung des alttestamentlichen Zeitverständnisses vielversprechend zu sein.

Der folgende Beitrag setzt die Unterscheidung von zyklischem und linearem Zeitverständnis voraus. Es handelt sich hierbei um eine idealtypische Vereinfachung. Weitere Differenzierungen wären möglich, sollen jedoch im Rahmen dieses Beitrags unberücksichtigt bleiben[5]. Ausgehend von der Schöpfungserzählung und anhand ausgewählter Beispiele soll der Frage nachgegangen werden, wie zyklisches und lineares Zeitverständnis im Alten Testament einander zugeordnet sind.

Es sei nicht verschwiegen, dass die Fragestellung durch eine Entwicklung angeregt ist, die in den westlich geprägten Kulturen als eine Krise des linearen Zeitverständnisses wahrgenommen und reflektiert wird. Die Dominanz des linearen Zeitverständnisses mit seiner primären Ausrichtung auf die Zukunft scheint in seiner säkularen Gestalt zu einem Verlust jener Sinngehalte geführt zu haben, die einem zyklischen Zeitverständnis zugesprochen werden. Zumindest gilt das für jene Formungen der linearen Zeit, die als Temporalisierung oder Beschleunigung bezeichnet werden und die aufgrund der Erfindung mechanischer Zeitmessgeräte und der Synchronisierung heterogener Zeitstrukturen zur verbreiteten Erfahrung entqualifizierter Zeit geführt haben[6]. Diesen Entwicklun-

S. Krauter / H. Lichtenberger (Hg.), Heil und Geschichte. Die Geschichtsbezogenheit des Heils und das Problem der Heilsgeschichte in der biblischen Tradition und in der theologischen Deutung, Tübingen 2009, 37–61. Vgl. auch *Hedwig-Jahnow-Forschungsprojekt* (Hg.), Zeit wahrnehmen. Feministisch-Theologische Perspektiven auf das Erste Testament, Stuttgart 2010.

4 *J. Assmann*, Ägypten. Eine Sinngeschichte, Darmstadt 1996, 28f.

5 Beispielsweise unterscheidet *T. Böhm*, Art. Zeit, in: Handbuch Religionswissenschaftlicher Grundbegriffe V, hg. von *H. Cancik / B. Gladigow / K.-H. Kohl*, Stuttgart 2001, 397–409 drei kulturell geprägte Zeitformen, die er drei Gesellschaftstypen zuordnet: Wiederholung (primitive Kulturen), Ewigkeit (archaische Hochkulturen), Beschleunigung (neuzeitliche okzidentale Kulturen).

6 Vgl. *H. Rosa*, Beschleunigung und Entfremdung. Entwurf einer kritischen Theorie spätmoderner Zeitlichkeit, Berlin 2013. Altes wie Neues Testament setzen ein *qualitativ geprägtes Zeitverständnis* voraus. Zeit wird hier immer verstanden als Zeit von etwas oder für etwas, als Zeit der Arbeit oder Zeit der Ruhe, als »Zeit zum Weinen oder Zeit zum Lachen« (Koh 3,4). Mit einem qualitativen Zeitverständnis befasst sich auch der kulturwissenschaftliche Zugang zum Thema. Davon unterscheidet sich der abstrakt-philosophische Zeit-

gen werden seit einiger Zeit Konzepte entgegen- oder an die Seite gestellt, die mit Begriffen wie »Entschleunigung«, »Kreativität der Langsamkeit« und »Quality time« umschrieben werden[7]. Zeitmanagement ist zu einem konstitutiven Bestandteil der Selbstsorge geworden[8].

Interessant ist, dass man hierbei den Gefahren der Beschleunigungsfalle unter anderem dadurch zu entgehen sucht, dass gezielt auf zentrale Erlebnisgehalte eines zyklischen und qualitativen Zeitverständnisses rekurriert und versucht wird, dieses in eine durch das lineare Zeitverständnis geprägte Lebenswelt zu implementieren.

Überraschend ist zugleich, dass dabei ein Begriff rehabilitiert wird, der etwa im Unterschied zu den Begriffen »Zukunft«, »Hoffnung« und »Geschichte« in den vergangenen Jahrzehnten keine prominente Rolle in der Theologie gespielt hat: der Begriff der Gegenwart[9]. Die Rehabilitation eines Lebens in der Gegenwart erinnert an ein provokatives Wort Meister Eckharts: »Gott ist ein Gott der Gegenwart.«[10]

Es drängt sich der Verdacht auf, dass unter dem Einfluss eines neuzeitlich geprägten Fortschrittsdenkens jene Texte innerhalb der Bibel aus dem Blick geraten sind, in denen die Zeit in Analogie zu den immer wiederkehrenden Zyklen des Kosmos zur Sprache kommt. Die Verschiebungen, die hier im Verständnis der Bibel stattgefunden haben, werden deutlich, wenn man einen Blick auf die mittelalterliche Kalenderberechnung, die Komputistik, wirft. Sie weiß noch um den Zusammenhang von Kosmos und Zeit und sah sich in der Lage, in enger Anlehnung an die Heilige Schrift eine Lebensform zu entwerfen, die bei aller teleologischen Ausrichtung auf dem Fundament eines zyklisch-kosmischen Zeitverständnisses

begriff, der Zeit losgelöst von dem, was sich in ihr ereignet, zu verstehen und zu denken versucht.

7 Vgl. *F. Reheis*, Die Kreativität der Langsamkeit. Neuer Wohlstand durch Entschleunigung, Darmstadt ²1998.

8 Vgl. *M. Riedenauer / A. Tschirf*, Zeitmanagement und Selbstorganisation in der Wissenschaft. Ein selbstbestimmtes Leben in Balance, Wien 2012.

9 Von philosophischer Seite vgl. dazu *G. Haeffner*, In der Gegenwart leben. Auf der Spur eines Urphänomens, Stuttgart 1996. Verwiesen sei vor allem auf das Schlusskapitel: »Wie kann und warum soll man in der Gegenwart leben?« Ebd. 169: »Wer sie [die Gegenwart] anfänglich erfährt, empfindet sich eingeladen und gerufen, sich ihr weiter zu öffnen, ihrem Zug ins Innere zu folgen. Was uns ›heißt‹, in der Gegenwart zu leben, ist diese selbst. Dieses ›Geheiß‹ ist eine sehr leise Einladung. Man könnte sie als einen Ruf der Stille beschreiben.«

10 *Meister Eckhart*, Reden der Unterweisung, 12: »Got ist ein got der gegenwerticheit.« Zitiert nach: *Meister Eckhart*, Werke II, hg. und kommentiert von *N. Largier* (Bibliothek des Mittelalters 21), Frankfurt 1993, 372, Z. 23.

aufruhte. Der Mediävist *Patrick Gautier Dalché* schreibt dazu: »Die minutiösen Vorschriften für das Gemeinschaftsleben im Kloster finden ihre Entsprechung im Jahresverlauf mit seiner geordneten Abfolge von Jahreszeiten, Monaten und Kirchenfesten. Der Aufbau des *Computus* in stets identischen Zyklen garantierte, dass die alltäglich erlebte Ordnung stets gleich blieb und der kosmischen Ordnung entsprach. Das Streben nach Präzision wurzelte in der Metaphysik ... Die Komputistik ermöglichte es insofern dem Menschen, im Einklang mit der natürlichen Ordnung zu leben, wie sie Gott als Schöpfer der Himmelskörper und Jahreszeiten vorbestimmt hat ... Es stimmt zwar, dass die christliche Zeit einen Anfang und ein Ende hat, doch die Osterrechnung bewirkt, dass die zyklische Zeit der Jahreszeiten eingebettet wird in diese von Anbeginn der Schöpfung auf einen Zielpunkt hin gerichtete Zeit.«[11]

2. Die Ordnung von Raum und Zeit in Gen 1,1 – 2,3

Das Modell, an dem sich das zyklische Zeitverständnis orientiert, ist der Kosmos mit seinen immer wiederkehrenden kreisförmigen Bewegungen: dem Wechsel von Tag und Nacht, dem Auf- und Untergang der Sonne, der Abfolge der Jahreszeiten (Gen 8,22), dem Fließen der Flüsse, das sich Koh 1,7 als eine kreisförmige Bewegung vorstellt: »Zu dem Ort, wo die Flüsse entspringen, kehren sie zurück, um wieder zu entspringen.« Das Bild einer kreisförmigen Bewegung wird besonders eindrücklich im Gedicht über den Kosmos in Koh 1,4–11 vor Augen geführt: »Die Sonne, die aufging und wieder unterging, atemlos jagt sie zurück zu ihrem Ort, wo sie wieder aufgeht« (Koh 1,5). Diese den Kosmos bestimmenden Zyklen sind Ausdruck von bleibender Dauer: »Die Erde steht in Ewigkeit (*ôlâm*)« (Koh 1,4). In einer durch das zyklische Zeitverständnis geprägten Welt »gibt es nichts Neues unter der Sonne« (Koh 1,9).

Grundgelegt wird das zyklische Zeitverständnis in der so genannten priesterschriftlichen Schöpfungserzählung Gen 1,1 – 2,3. Im Hinblick auf unsere Fragestellung ist die besondere Leistung der Schöpfungserzählung darin zu sehen, dass hier das zyklische Zeitverständnis in das lineare Zeitverständnis implementiert wird. Nach der Analyse von *Erich Zenger* ist die Struktur von Gen 1,1 – 2,3 durch das Motiv der Zeit geprägt. Das Motiv begegnet am Anfang, in der Mitte und am Ende des Textes:

11 *P.G. Dalché*, Zeit und Raum, in: *J. Dalarun* (Hg.), Das leuchtende Mittelalter, Darmstadt ²2006, 28f.

Überschrift (1,1)	Zeit – Leben – Lebensraum
Negative ›Urgegebenheiten‹ (1,2)	
1. Tag (1,3–5) Zeit	1. Werk: Tag und Nacht
2. Tag (1,6–8) Lebensraum	2. Werk: Himmel
3. Tag (1,9–13) Lebensraum	3. Werk: Vom Meer getrennte Erde 4. Werk: Pflanzen tragende Erde
4. Tag (1,14–19) Zeit	5. Werk: »Sonne« und »Mond«
5. Tag (1,20–23) Lebewesen	6. Werk: Wasser- und Flugtiere
6. Tag (1,24–31) Lebewesen	7. Werk: Landtiere 8. Werk: Menschen
7. Tag (2,1–3) Zeit	Vollendung der Werke

Dem ersten, vierten und siebten Tag kommt in der Komposition eine Sonderstellung zu. »Abweichend von den übrigen Schöpfungstagen kreisen sie alle drei um das Thema Zeit als der grundlegenden Ordnungskategorie von Leben.«[12] Auffallend ist, dass an allen drei Stellen das zyklische Zeitverständnis begegnet. Am ersten Tag geht es um die immer wiederkehrende Abfolge von *Tag und Nacht*, am vierten Tag um die zählbare Abfolge von *Tagen und Jahren* und die regelmäßig wiederkehrende Folge der *Festzeiten*. Am siebten Tag schließlich wird der Schöpfung die Abfolge einer sechstägigen *Zeit der Arbeit* und einer eintägigen *Zeit des Nicht-Arbeitens* eingestiftet. Vom Sabbat ist hier streng genommen noch nicht ausdrücklich die Rede. Gleichwohl klingt das Wort in

12 *E. Zenger*, Gottes Bogen in den Wolken. Untersuchungen zu Komposition und Theologie der priesterschriftlichen Urgeschichte (SBS 112), Stuttgart 1983, 75.

Gen 2,3.3 zweimal an: »Und er hörte am siebten Tag auf (וישבת) mit all seiner Arbeit, die er gemacht hatte. Und Gott segnete den siebten Tag, und er heiligte ihn, denn an ihm hörte er auf (שבת) mit all seiner Arbeit.« In der Mannaerzählung Ex 16 wird erzählt, wie Israel den siebten Tag als Sabbat gleichsam entdeckt. Im Dekalog Ex 20,10f wird mit ausdrücklichem Rückbezug auf Gen 2,1–3 Israel geboten, den Sabbattag zu halten. Das Sabbatgebot wird somit durch das Schöpfungsgeschehen begründet. Die Vollendung der Welt am siebten Tag spielt auf die Vollendung der Errichtung des Heiligtums am Sinai an. »Da vollendete Mose das Werk« (Ex 40,33) entspricht: »Da vollendete Gott am siebten Tag sein Werk« (Gen 2,2). Es besteht also eine Analogie zwischen Schöpfungsgeschehen und der Errichtung des Heiligtums. »Anders als in mesopotamischen Texten bildet das Heiligtum ... keinen integralen Teil des Kosmos. Gleichwohl fügt sich der Bau des Heiligtums und dessen Vollendung in den Sieben-Tage-Rhythmus der Schöpfung ein. Das israelitische Heiligtum entspricht damit in seiner Entstehung wie auch in seiner Assoziation mit dem siebten Tag dem Struktur- und Ordnungsgefüge der geschaffenen Welt.«[13]

Neben der Ordnungskategorie der Zeit kommt dem *Raum* in Gen 1 eine besondere Rolle zu. Durch eine zweimalige Zurückdrängung der das uranfängliche Chaos bestimmenden Wassermassen am zweiten und dritten Tag werden drei Lebensräume geschaffen: der Raum zwischen den Wassern oberhalb und unterhalb der Himmelsfeste (2. Werk) und die beiden Lebensräume Meer und (trockenes) Land (3. Werk). Zudem wird am dritten Tag die Erde mit der Gabe immerwährender Fruchtbarkeit ausgestattet (4. Werk). Am fünften und sechsten Tag werden die Lebewesen erschaffen, die diese drei Lebensräume bewohnen sollen: die Wasser- und Flugtiere für die beiden Lebensräume Meer und Luftraum (6. Werk), Landtiere und Menschen als Bewohner des ihnen gemeinsam zugewiesenen trockenen Landes (7. und 8. Werk). Durch die Zuweisung unterschiedlicher pflanzlicher Nahrung wird der Lebensraum der Landtiere und der Menschen noch einmal so unterteilt, dass es zwischen ihnen nicht zu (tödlicher) Konkurrenz kommen kann. So ist die Schöpfung nach Gen 1,1 – 2,3 ein nach Raum und Zeit geordneter Kosmos: »Schöpfung bedeutet nach Gen 1 die Ermöglichung von Leben in einem allen Lebewesen gemeinsam zugewiesenen Lebensraum, wobei der ordnenden Kategorie der Zeit eine wesentliche Rolle zukommt.«[14]

13 *A. Schüle,* Der Prolog der hebräischen Bibel. Der literar- und theologiegeschichtliche Diskurs der Urgeschichte (Genesis 1–11), Zürich 2006, 83.
14 *Zenger,* Gottes Bogen (s. oben Anm. 12), 78.

3. Chaos und Kosmos

Diese durch Zeit und Raum geprägte Ordnung der Schöpfung gewinnt dadurch ihr besonderes Profil, dass sie eine *dem Chaos abgerungene Ordnung* ist. Die überwiegende Mehrheit der Exegeten vertritt zu Recht die Auffassung, dass in Gen 1 noch keine explizite Theologie der *creatio ex nihilo* vorliegt. Ihre Leitidee ist nicht: »Vom Nicht-Sein zum Sein«, sondern: »Vom Chaos zum Kosmos«. Demnach fungiert Gen 1,1: »Im Anfang hat Gott den Himmel und die Erde erschaffen« entweder als Überschrift zur gesamten Erzählung oder als Protasis zu der in Gen 1,2 folgenden Apodosis[15]. Unter beiden Annahmen schildert Gen 1,2, wie die Welt war, bevor die Schöpfung begann: »Und die Erde war wüst und leer, und Finsternis (war) über der Urflut, und ein Gottessturm bewegte sich über den Wassern.« Die Frage, woher die chaotischen Mächte stammen, beantwortet der Text nur indirekt und negativ: »Gott hat diese lebensfeindlichen Kräfte nicht geschaffen. Sie gehören zu den konstitutiven Vorgegebenheiten, nach deren Herkunft nicht gefragt wird.«[16] Bei den ersten drei »Werken der Scheidung« werden die chaotischen Elemente Finsternis und Wasser zurückgedrängt. Sie werden nicht beseitigt, sondern auf die Zeit der Nacht und die Räume oberhalb der Himmelsfeste und des Meeres eingegrenzt und auf diese Weise der Schöpfung eingegliedert. Die chaotischen Elemente sind somit als geordnete, gebundene und gebändigte Kräfte konstitutiver Teil der sehr guten Schöpfung. Auf der anderen Seite ist mit diesem Konzept aber auch die Möglichkeit gegeben, dass die Welt in den Zustand des Chaos zurückfallen kann, wenn sich die chaotischen Elemente

15 Ausführliche Diskussion der verschiedenen Deutungen u.a. bei *H. Rechenmacher,* Gott und das Chaos. Ein Beitrag zum Verständnis von Gen 1,1–3, in: ZAW 114 (2002) 1–20 und *A. Schüle,* Prolog (siehe oben Anm. 13) 67–74.

16 *H. Rechenmacher,* Gott und das Chaos (siehe oben Anm. 15) 18. Es sei nicht verschwiegen, dass die jüdische und christliche Tradition Gen 1 als *creatio ex nihilo* versteht. Unter welchen hermeneutischen Voraussetzungen das möglich ist, habe ich am Beispiel der Auslegung Augustins gezeigt: *L. Schwienhorst-Schönberger,* Augustins Interpretation von Genesis 1 in Confessiones 11–13 und die moderne Bibelwissenschaft, in: *N. Fischer / D. Hattrup* (Hg.), Schöpfung, Zeit und Ewigkeit. Confessiones 11–13, Paderborn 2005, 169–184. Von jüdischer Seite vgl. *B. Jacob,* Das Buch Genesis, Berlin 1934; hg. in Zusammenarbeit mit dem Leo Baeck Institut, Stuttgart 2000, 22: »Eine solche uranfängliche Schöpfung aus dem Nichts (יש מאין creatio ex nihilo) durch Gott, im Gegensatz zu Entwicklung oder Herstellung aus oder Zeugung durch ein bereits Vorhandenes, gedacht, gelehrt und in lapidarer Kürze mit ihrem ersten Satze an die Spitze gesetzt zu haben, ist die erste Großtat der Tora, des religiösen Genius Israels.«

aus ihrer strukturellen Einbindung in die Schöpfung lösen. Genau das geschieht in der Sintflut. Durch den Einbruch der Gewalt (Gen 6,13) brechen die in den Raum oberhalb der Himmelsfeste zurückgedrängten Wassermassen in die Ordnung der Schöpfung ein und zerstören alles Leben auf der Erde, das nicht in den schützenden Raum der Arche gelangt, die auf Anweisung Gottes von einem Gerechten erbaut wurde, der »seinen Weg mit Gott ging« (Gen 6,9). Dass diese in der Schöpfung angelegte Möglichkeit nicht noch einmal Wirklichkeit wird, ist dem nachsintflutlichen Menschen von Gott zugesagt. Trotz der bleibenden Bosheit des Menschen will Gott die Erde nicht noch einmal verfluchen (Gen 8,20–22). So gesehen lebt die Schöpfung aus der Barmherzigkeit Gottes. Der Mensch selbst wird am Ende der priesterschriftlichen Schöpfungserzählung von Gott ermächtigt und beauftragt, die lebensbedrohenden chaotischen Mächte in Grenzen zu halten (Gen 9,1–17*)[17].

4. Die Welt als Heiligtum

Die Theologie der Priesterschrift wird vor dem Horizont ihrer zeitgeschichtlichen Entstehung gewöhnlich als Antwort auf eine vielfältig wahrgenommene Krise verstanden. Im Rahmen unserer Fragestellung lässt sich die Krise als eine Krise des linear-geschichtlichen Zeitverständnisses interpretieren. Nach *Jan Assmann* dient die Erzeugung linearer Zeit »der Konsolidierung von Herrschaft und sozio-politischer Identität. Sie geht einher mit Staatlichkeit und Schriftlichkeit.«[18] Die auf Staatlichkeit und geschichtliche Setzungen gegründete Identität Israels war mit dem Zusammenbruch des Staates, dem Verlust von Land, Königtum und Tempel

17 Vgl. *E. Zenger,* Gottes Bogen (siehe oben Anm. 12) 116–124. Wird der Mensch in Gen 1,28 als »Hirt der Tiere« eingesetzt, so in Gen 9,2 als »Herr der Tiere«. Beide Metaphern legen sich gegenseitig aus. Die Aussage: »Und Furcht vor euch und Schrecken vor euch soll sein über allem Getier der Erde und über allem Fluggetier am Himmel, über allem Kriechgetier des Erdbodens und über allen Fischen im Meer. In eure Hand sind sie gegeben« ist nicht in dem Sinne zu verstehen, dass diese Tiere auszurotten sind. Sie gehören zur sehr guten Schöpfung Gottes (vgl. Gen, 1,20–25; Ijob 38–39). Sie waren und sind – vor allem in der altisraelitischen Lebenswelt – aber immer auch Konkurrenten des Menschen, sie können die Ernten und das Leben der Menschen bedrohen. So gesehen sind sie Repräsentanten chaotischer, numinoser, lebensgefährdender Mächte. Mit Gen 9,2 wird der Mensch ermächtigt, diese Mächte in Grenzen zu halten. Es geht also auch hier eindeutig um Integration, nicht um totale Vernichtung.

18 *J. Assmann,* Ägypten (siehe oben Anm. 4) 29.

im Kern erschüttert. Vor diesem Hintergrund ist die theologisch reflektierte Ausarbeitung der Schöpfungstheologie in Gestalt von Gen 1–9* als Krisenbewältigung zu verstehen. Zentrale Theologumena wie Bund (Gen 9; 17) und Heiligtum werden in die Urgeschichte bzw. in die Frühgeschichte Israels verlegt und theologisch neu durchdacht. Die Konzeption der Priesterschrift ist von der Idee geprägt, dass der Welt, der Geschichte und dem Leben eine Ordnung eingestiftet ist[19]. Die Schöpfung als ein nach Raum und Zeit geordneter Kosmos bildet dabei die Grundlage. Die Urgeschichte wird damit zum »Prolog der hebräischen Bibel«[20]. Sie strahlt in vielfältiger Weise in das folgende Textcorpus aus.

In Gen 1,1 – 2,3 wird die Schöpfung selbst als Heiligtum verstanden: als ein aus dem Chaos ausgegrenzter Raum des Lebens mit dem Menschen als Gottesstatue. Auf die vielfältigen Verbindungen von Schöpfung, Arche und Heiligtum ist oft hingewiesen worden[21]. Alle drei stehen in einem spezifischen Verhältnis zum Chaos. Die Schöpfung ist der dem Chaos abgerungene Kosmos. Die Arche ist ein Ort der Rettung aus einer dem Chaos verfallenen Welt. Das Heiligtum ist der Raum der rettenden göttlichen Gegenwart mitten in einer Welt, in der die Mächte des Bösen noch nicht verschwunden sind. »Mit der Errichtung des Heiligtums am Sinai kommt definitiv auch der Prozess der Schöpfung zur Vollendung, der hinzielt auf eine ›Verwandlung der Welt als Raum konkret erfahrbarer Gottesnähe‹ (*B. Janowski*).«[22] Vor allem in der Tempelmetaphorik der Psalmen ist diese Tradition präsent[23].

19 *C. Frevel / E. Zenger*, Einleitung in das Alte Testament, Stuttgart (8. Aufl.) 2012, 190 sprechen von einem »theologisch ordnenden, konstruierenden Denken« der Priesterschrift. Zu den Merkmalen der priesterlichen Literatur vgl. ebd. 190–193.

20 *A. Schüle*, Prolog (siehe oben Anm. 13).

21 Vgl. *N.C. Baumgart*, Die Umkehr des Schöpfergottes. Untersuchungen zur Komposition und religionsgeschichtlichen Hintergrund von Gen 5–9, Freiburg 1999, 543–552. *A. Schüle*, Prolog (siehe oben Anm. 13) 75–79.

22 *P. Weimar*, Art. Priesterschrift, in: Neues Bibel-Lexikon, hg. von *M. Görg / B. Lang*, Zürich u.a., Bd. II, 1997, 170.

23 Vgl. *E. Zenger*, »Ich liebe den Ort, da seine Herrlichkeit wohnt« (Ps 26,8). Tempeltheologische Semiotisierung des Alltags im Psalter, in: *O. Keel / E. Zenger* (Hg.), Gottesstadt und Gottesgarten, Freiburg 2002, 180–206, hier 181: »Das am breitesten und häufigsten in Psalmen aufgenommene Symbolsystem ist die mit dem Jerusalemer Tempel verbundene Symbolwelt. Gewiss gibt es im Psalter auch Elemente der geschichtstheologischen, prophetischen und weisheitlichen Überlieferungen. Aber diese gehören zu den späteren Schichten des Psalters, und sie prägen den Psalter insgesamt viel weniger als die Tempel- und Zionstheologie. Das Gottesbild der meisten Psalmen ist – im Einzelnen gewiss unterschiedlich stark – tempeltheologisch konturiert.«

Repetition in jedem natürlichen Rhythmus enthalten und umfasst damit menschliches und tierisches Leben gleichermaßen[28]. Nachahmung und Wiederholung vollbringen eine Integrationsleistung, ohne die Leben und Erkennen gar nicht möglich wären. »Der Sinn identifizierender Nachahmung, Wiederholung und erkennender Erinnerung liegt in der Antizipation: Wirklichkeit wird enttäuschungsfrei erwartbar, ist in der Form regelmäßiger Wiederkehr gegriffen, festgestellt und eingeholt ... Gemeinsamer funktionaler Bezugspunkt dieser Wiederholungsaktivitäten ist die im Kult hergestellte, partizipierende Integration der Handelnden, die innerhalb einer vergänglichen, flüchtigen und komplexen Ereigniswelt als konstant stabilisiert und kontinuierend sichergestellt sind.«[29]

Möglicherweise setzt sich bereits das Buch *Kohelet* kritisch mit einer Entwicklung auseinander, die das mythisch-zyklische Zeitverständnis zu eliminieren droht. Das Gedicht über den Kosmos, mit dem das Buch eingeleitet wird, steuert auf die Spitzenaussage zu: »Was war, wird wieder sein, und was getan wurde, wird wieder getan werden. Ja, es gibt nichts Neues unter der Sonne« (Koh 1,9). Von vielen Exegeten wird diese Aussage als Ausdruck von Sinnlosigkeit interpretiert[30]. Dagegen hat *Norbert Lohfink* zu Recht darauf hingewiesen, dass man auch »Israels Traditionen nur mit höchster Vorsicht von dieser Grundkonzeption der ewigen Wiederkehr lösen« darf. »Die alttestamentliche Theologie der letzten Jahrzehnte mit ihrer emphatischen Betonung des geschichtlichen Denkens in Israel war doch weithin blind für viele andere Sachverhalte. Auch in Israel lebte man aus der Schöpfung. Jeder Sabbat verband wieder neu mit dem Uranfang. Auch die geschichtlichen Rettungstaten Jahwes waren nichts anderes als Offenbarungen des Urakts, in dem der Schöpfer das chaotische Meer in seine

28 *T. Böhm*, Art. Zeit (siehe oben Anm. 5) 397.

29 Ebd. 398.

30 So etwa *A. Lauha*, Kohelet (BK XIX), Neukirchen-Vluyn 1978, 37: »Der Prolog des Predigerbuches bringt eine trostlose Lebensanschauung zum Ausdruck: Das Leben hat kein Ziel und keinen Zweck. Alles ist und bleibt wie früher, alles ist ganz und gar gleichförmig, etwas Endgültiges ist nie zu erreichen ... Weil das Handeln der Menschengeschlechter über die Zeiten hinweg gleichartig bleibt, gibt es in der Welt keinen Fortschritt. Geschichte im eigentlichen Sinne kennt Kohelet also nicht. Hier steht er in scharfem Gegensatz zu der allgemeinen alttestamentlichen Grundanschauung, die den Glauben bewusst auf die Geschichte mit ihren einmaligen Begebenheiten baute und eine neue Ära, die Heilszeit, durch einen vollständigen Umbruch erwartete ... Die immanente Perspektive Kohelets (›unter der Sonne‹) schaltet das Eingreifen Gottes aus. Darum gibt es bei ihm keine Hoffnung, kein freudiges Harren auf die Zukunft.«

Grenzen zwingt ... Ich werde den Verdacht nicht los, dass selbst bei Deuterojesaja die Kategorie des ›Neuen‹ in der Geschichte kaum etwas zu tun hat mit unseren Kategorien des durch Entwicklung und Fortschritt gebrachten ›Neuen‹, aber sehr viel mit dem alten Wiederholungsdenken. Etwas Kommendes ist ›neu‹, wenn es das alte, bei der Schöpfung grundgelegte Urmuster möglichst stark und möglichst rein wiederholt.«[31] Möglicherweise setzt sich Kohelet mit einem linearen Zeitverständnis auseinander, welches das zyklische Zeitverständnis zu eliminieren drohte. Das passt zu seiner kritischen Sicht königlicher Herrschaft, verbindet sich diese doch in ihrem Rekurs auf »außergewöhnliche Großtaten« (vgl. Koh 3,4) mit einer Semiotisierung der Geschichte und einer damit einhergehenden Erzeugung linearer Zeit. Die Dekonstruktion einer derartigen Königsideologie und die Relativierung eines damit einhergehenden linearen Zeitverständnisses erfolgen in der sogenannten Königstravestie (Koh 1,12 – 2,26). Ihr geht das Gedicht über den Kosmos voraus mit seiner Spitzenaussage: »Es gibt nichts Neues unter der Sonne.« Der enge Zusammenhang von (zyklischer) Zeit und Kosmos und die intendierte Relativierung der Dominanz eines mit königlicher Herrschaft verbundenen linearen Zeit- und Fortschrittsverständnisses wird nicht zuletzt daran deutlich, dass die Königstravestie von einem Gedicht über den Kosmos (Koh 1,4–11) und einem Gedicht über die Zeit (Koh 3,1–8) gerahmt wird. Beide Texte sind deutlich erkennbar aufeinander bezogen:

1,3 Frage nach dem Gewinn
  1,4–11 Gedicht über den Kosmos
    1,12 – 2,26 Königstravestie: Kohelet als König
  3,1–8 Gedicht über die Zeit
3,9 Frage nach dem Gewinn

In dieser Hinsicht ist das Buch Kohelet keineswegs ein Fremdkörper innerhalb der Bibel. Vielmehr vertritt es ein integratives Zeitverständnis, bei dem sowohl das mythisch-zyklische (Koh 1,4–11; 3,1–9) als auch das linear-geschichtliche (Koh 11,9 – 12,7) miteinander verbunden werden. Die Grundlage dieser Integration bildet die Schöpfungserzählung Gen 1,1 – 2,3.

31 *N. Lohfink*, Die Wiederkehr des immer Gleichen. Eine frühe Synthese zwischen griechischem und jüdischem Weltgefühl in Kohelet 1,4–11, in: Archivio di Filosofia 53/2 (1985) 143 (wieder abgedruckt in: *ders.*, Studien zu Kohelet, Stuttgart 1998, 95–124). Ausführliche Interpretation des Textes mit einem Exkurs: »Der Mythos der ewigen Wiederkehr« bei *L. Schwienhorst-Schönberger*, Kohelet (HThK AT), Freiburg [2]2011, 155–181. Vgl. auch *E. Birnbaum / L. Schwienhorst-Schönberger*, Das Buch Kohelet (NSK AT 14/2), Stuttgart 2012, 52–63.

6. Mythisch-zyklisches und linear-geschichtliches Zeitverständnis[32]

In Israel wie überhaupt in der Antike waren soziale Zeit und Naturzeit stärker aufeinander bezogen als dies in neuzeitlich geprägten Kulturen der Fall ist. Zeitgefühl und Zeitmessung orientierten sich an periodischen Naturerscheinungen wie dem Wechsel von Tag und Nacht (Ps 104,20–23), dem Lauf der Gestirne (Ps 104,19; vgl. 2Kön 20,11; Jes 38,8) und dem Wechsel der Jahreszeiten (Gen 8,22; Ps 104,19–23; Ijob 38; 39; Koh 1,4–11). Das zyklische Zeitverständnis ist zwar dem Kosmos abgeschaut, dennoch ist es in einer Kultur nicht einfach von Natur aus da. Es muss erzeugt und aufrechterhalten werden, wenn es in die kulturelle Konstruktion der Zeit eingehen soll.

Zu einer ausschließlich mythisch-zyklischen Zeitvorstellung wie etwa im Alten Ägypten kam es in Israel jedoch nicht. Soziale und klimatische Verhältnisse mögen eine Rolle gespielt haben. Die Naturverhältnisse waren in Israel unberechenbarer als in Ägypten. Das Nichtvorhersehbare und Außergewöhnliche gewinnt so an Bedeutung. Damit ist die Voraussetzung für ein lineares Zeitverständnis gegeben. Allerdings entsteht auch ein solches nicht »von Natur aus«, sondern durch soziale Konstruktion. Konstruktionen linearer Zeit dürften in Israel mit der Entstehung und Konsolidierung politischer Herrschaft aufgekommen sein. Mit der amtlichen Zählung der Regierungsjahre der Könige von Juda und Israel entsteht die Vorstellung einer linearen Entwicklung von Vergangenheit, Gegenwart und Zukunft. Sie fand ihren Niederschlag in Annalen (»Tagebücher der Könige«; vgl. 1Kön 15,7), aus denen die alttestamentliche Geschichtsschreibung entstand.

Das geschichtlich-lineare Zeitverständnis wurde in Israel vor allem prägend für das religiöse Symbolsystem. Grundgelegt wurde es durch eine *Semiotisierung der Geschichte.* Diese erfolgte dadurch, dass das Außergewöhnliche nicht eliminiert, sondern im Bewusstsein der Gesellschaft thematisiert und erinnert wurde. Einem (einmaligen, außergewöhnlichen) Geschehen wird eine über den Tag hinausreichende Bedeutung zuerkannt, genauer: in einem (historisch einmaligen) Geschehen wird ein Sinn vernommen, der in der je gegenwärtigen Erinnerung aktualisiert wird und der sich

32 Vgl. hierzu mit weiteren Belegen *L. Schwienhorst-Schönberger,* Art. Zeit, in: WiBiLex (http://www.bibelwissenschaft.de/nc/wibilex/das-bibellexikon); *ders.,* Art. Zeit III. Biblisch-Theologisch, in: LThK 10, 1409–1411. *J. Assmann,* Art. Zeit. I. ›Vorgriechische‹ Zeit (Alter Orient; Altägypten), in: HWP 12, 1186–1190.

in der Zukunft in seiner Vollgestalt erschließen sollte. Derartige Ereignisse werden in der biblischen Überlieferung mit einem Handeln Gottes in Verbindung gebracht. Das Alte Testament rechnet unter anderem dazu den Exodus und die damit verbundene Erwählung Israels (Ex; Dtn), die Erwählung der Daviddynastie und die ihr gegebene Verheißung »ewiger Dauer« (2Sam 7; Ps 89), die Erwählung des Zion und seine »Erhebung« zum Ort der Völkerwallfahrt (Ps 76,3; 87; Jes 2,1–5; Mi 4,1–5), die »Vermählung« Gottes mit seinem Volk (Hos 2,18–25). Wie auch immer die Frage nach der Historizität des Exodus zu beantworten sein wird, unbestritten dürfte sein, dass sich Israel in der Bestimmung seiner Identität auf ein (erzähltes) Ereignis der Vergangenheit bezieht: Israel versteht sich als das Volk, das JHWH aus der Knechtschaft Ägyptens befreit hat. An die Seite der mit dem zyklischen Zeitverständnis verbundenen *Erneuerung* tritt die das lineare Zeitverständnis konstituierende *Erinnerung*. Besonders das Deuteronomium und das Deuteronomistische Geschichtswerk führen beide Traditionen zusammen und sehen in der Erinnerung den Weg der Erneuerung und der Wiederherstellung dessen, was Israel von seinem Ursprung her ist und sein soll: Volk JHWHs (Dtn 4,20). Aus der erzählten Erinnerung erwächst der Maßstab für die Deutung der Gegenwart und die Gestaltung und die Erwartung der Zukunft (Dtn 6,20–25). Aus seiner Geschichte kann und soll Israel lernen (Dtn 32,7; vgl. Ps 77,6.11–13; 143,5).

Vor allem in der prophetischen Tradition wird – häufig in der Wendung »es werden Tage kommen« bzw. »in künftigen Tagen« – eine in der Zukunft liegende Zeit angekündigt. Es kann eine Zeit des Gerichts und der Vernichtung (vgl. Jer 4,11; 8,1; Ez 21,30.34: »Zeit der Endstrafe«; Zef 1,12) sein, aber auch (und zugleich) eine Zeit der Wiederherstellung und Vollendung der Schöpfung (Jes 11) und der Geschichte (Jes 2,2–4; Jer 33,14–16; Mi 4,1–4; Jer 31,1; Zef 3,19f). Sie zielt darauf, Israel und die Völker in jene Gemeinschaft mit Gott zu führen, die sich in dem, was Israel »in den Tagen der Vorzeit« (Jes 63,9) vernommen und im Exodus anfänglich selbst erfahren hat, als ein alle Völker betreffendes Geschehen (vgl. Gen 12,1–3) bereits angekündigt hat (vgl. Jes 24,5–8). In diesem Sinn kann auch Dan 8,17; 11,35.40; 12,4.9 verstanden werden, wo von der »Endzeit« und der Auferstehung (Dan 12,13) gesprochen wird.

7. Integratives Zeitverständnis

Man wird dem biblischen Zeitverständnis nur gerecht, wenn man beide »Zeiten«, die mythisch-zyklische und die linear-geschichtliche gleichermaßen berücksichtigt. Bildlich gesprochen: den Kreis und den Pfeil. Will man beide miteinander verbinden, so bekäme man eine Spirale. Sie scheint mir ein angemessenes Bild für das biblische Zeitverständnis zu sein. Ihre prägende Gestalt gewinnt sie aus dem Zusammenspiel von *Erinnerung und Erneuerung*.

Ein in diesem Sinn integratives Zeitverständnis liegt bereits der biblischen Schöpfungserzählung zugrunde. Ihre besondere Leistung ist darin zu sehen, dass sie als der Beginn einer Erzählung das zyklische in das lineare Zeitverständnis integriert. Dies gilt insbesondere dann, wenn sich das »im Anfang« von Gen 1,1 nicht nur auf den Anfang des Schöpferhandelns Gottes, sondern auf den Anfang des göttlichen Handelns überhaupt bezieht. Die der Schöpfung eingestiftete Institution des siebten Tages ist wohl die eindrücklichste Institution eines zyklischen Zeitverständnisses. Zugleich fällt auf, dass der siebte Tag in Gen 2,1–3 wohl einen Morgen, jedoch keinen Abend hat. So wie das zyklische Zeitverständnis in das lineare integriert wird, so wird hier die zyklische Zeit auf eine Bewegung hin geöffnet, die in Gott ihre Vollendung findet. Himmel und Erde werden vergehen, Gott aber bleibt, seine »Jahre enden nie« (Ps 102,26–28; vgl. Jes 51,6).

8. Schlussfolgerungen

Die Wiederholung, so haben wir gesehen, ist das zentrale Merkmal des mythisch-zyklischen Zeitverständnisses. Einerseits geschieht in ihr immer dasselbe. Andererseits ist jede Wiederholung anders, da zwischen einer jeden Wiederholung Zeit vergangen ist. So gesehen ist jede Wiederholung gleich und anders zugleich. Die Wiederholung bedarf somit, will sie wirklich Wiederholung sein, eines doppelten Gewahrseins: Einerseits ist auf das zu achten, was immer wieder zu tun ist. Andererseits hat sich die Aufmerksamkeit auf das zu richten, was anders ist, was sich in dem, was immer wieder geschieht, neu zeigt. So gesehen ist die Wiederholung Rückgriff auf die *Vergangenheit* und Vorgriff auf die *Zukunft*. Und sie vollzieht sich in der jeweiligen *Gegenwart*. Im Ritualismus richtet sich die Aufmerksamkeit ausschließlich auf das Vergangene. In ihm erstarrt das Leben, nicht selten bis zum Tod. Bei der vollständigen Verwerfung des Rituellen hingegen kann sich die Form nicht bilden, die das Neue annehmen und bewahren, in der es sich entfalten kann. Ein Leben, das sich jedem rituellen, wiederholenden Tun verweigert, geht in der Formlosigkeit zugrunde. »Wiederholungsstrukturen können die Einmaligkeit von Ereignissen nicht (hinreichend) begründen, sie schaffen aber die Voraussetzung dafür, dass einmalige Ereignisse überhaupt vergegenwärtigt werden können.«[33]

So bewegt sich das Verhältnis zwischen mythisch-zyklischem und linear-geschichtlichem Zeitverständnis zwischen Erstarrung und Formlosigkeit. Gesellschaften sind gewöhnlich von beiden Zeitkulturen geprägt. Dies gilt auch für die Bibel und ihre Welt. Es ist falsch, der Bibel nur eines der hier genannten Zeitverständnisse zuzusprechen. Mit der Integration des mythisch-zyklischen in ein linear-geschichtliches Zeitverständnis hat die biblische Schöpfungserzählung den Rahmen gesetzt, innerhalb dessen alles Weitere zu verstehen ist. »Es macht die eigentümliche Dynamik der Urgeschichte aus, dass in ihr der Mythos durch die Überlieferungen Israels geformt wird, diese Überlieferungen sich in ihrem spannungsvollen Mit- und Nebeneinander aber umgekehrt auch vom mythischen Stoff her erschließen.«[34] Alles Folgende, und dazu gehört nach christlichem Verständnis auch das Neue Testament, ist im Lichte dieses Diskurses zu lesen. Der bibeltheologische Befund entspricht dem, was *Hans Urs von Balthasar* schon vor einigen Jahren klar gesehen hat: »Man pflegt es heute als eine abgemachte Sache anzusehen, dass die Zeit der heidnischen Religionen, die mythische Zeit, kreisförmig, zyklisch verlaufe, die biblische Offenbarungszeit aber zum ersten Mal einen geradlinigen, unumkehrbaren Lauf kenne – von Adam bis Christus, von Christi Tod und Auferstehung bis zu seiner Wiederkehr zum Jüngsten Gericht – und dass der moderne Begriff einer geradlinig sich entwickelnden Weltgeschichte eine säkularisierte Form dieser biblischen Zeit sei. Wie alle allzu einfachen Theorien ist auch diese falsch; man muss vielmehr sagen, dass alle religiöse Zeit zyklisch ist, denn der Mensch, der auf welche Art auch immer von Gott, vom Absoluten ausgegangen und durch irgendeinen Sündenfall von ihm abgesunken ist, muss um jeden Preis durch irgendeine Versöhnung, Erlösung zu ihm zurück. Der Gang auf das Ende zu kann nichts anderes sein als die Wiedergewinnung des verlorenen Ursprungs.«[35]

***

33 *B. Janowski,* Vergegenwärtigung und Wiederholung (siehe oben Anm. 3) 48.

34 *A. Schüle,* Prolog (siehe oben Anm. 13) 427.

35 *H.U. von Balthasar,* Vom Sinn der Geschichte in der Bibel, in: *L. Reinisch,* Der Sinn der Geschichte, München 5. Aufl. 1974, 118f.

Abstract
In contrast to the cyclic mythical conception of time that prevails in most ancient cultures, the Old Testament is commonly considered to have a linear, historical understanding of time. This article takes a closer look at the issue. It argues that in the OT, the cyclic mythical concept of time is not discarded but integrated into the linear historical schema. This integral conception of time has important consequences for the understanding of creation, history, ritual repetition, and spiritual practice in the Bible.

Ludger Schwienhorst-Schönberger, geb. 1957, Dr. theol., ist Professor für Alttestamentliche Bibelwissenschaft an der Katholisch-Theologischen Fakultät der Universität Wien.

Thomas Krüger

Wahrnehmungen und Deutungen der Zeit im Buch Kohelet

In kaum einer Schrift der Hebräischen Bibel ist häufiger und vielfältiger von der Zeit die Rede als im Buch Kohelet[1]. Wenn alles seine Zeit hat, wie es der wohl bekannteste Ausspruch Kohelets behauptet, kann nichts richtig verstanden werden, ohne dass mit bedacht wird, dass es in der Zeit geschieht. Das zeigt sich schon gleich am Anfang des Buches, in dem zwei Meditationen zum Thema Zeit (Koh 1,3–11 und 3,1–9) die fiktive Autobiographie eines »Königs Kohelet« (Koh 1,12 – 2,26) einrahmen, der in Anbetracht der Unvorhersehbarkeit der Zeit und der Gewissheit, dass er mit der Zeit dem Tod und dem Vergessen anheimfallen wird, am Leben verzweifelt. Die in Koh 3,10ff folgenden Überlegungen zeigen dann aber, dass die mit der Zeit gegebenen Rahmenbedingungen des menschlichen Lebens kein Grund sein müssen, zu verzweifeln und das Leben zu hassen – zumal dann nicht, wenn die Zeit als Schöpfung Gottes verstanden wird[2]. Im Folgen-

1 Ich spreche im Folgenden von Kohelet im Sinne des impliziten Autors des Buches Kohelet, ohne damit ein Urteil über den historischen Autor oder die literarische Einheitlichkeit oder Uneinheitlichkeit dieses Buches abgeben zu wollen. Für philologische und exegetische Detailfragen verweise ich auf die ausführlicheren Kommentare, bes. *C.L. Seow*, Ecclesiastes (The Anchor Bible XVIII.C), New York 1997; *T. Krüger*, Kohelet (Prediger) (BK Sonderband XIX), Neukirchen-Vluyn 2000; *L. Schwienhorst-Schönberger*, Kohelet (HThK), Freiburg i.Br. 2004 (^{2}2011). Kürzer gefasste Verständnishilfen auf dem aktuellen Stand der Forschung bieten z.B. *A. Schellenberg*, Kohelet, in: *M. Krieg / K. Schmid* (Hg.), Erklärt. Der Kommentar zur Zürcher Bibel, Zürich 2010, II, 1332–1352; *E. Birnbaum / L. Schwienhorst-Schönberger*, Das Buch Kohelet (NSK.AT XIV.2), Stuttgart 2012. Hinweise auf die wichtigste neuere Literatur zu Kohelet finden sich bei *L. Schwienhorst-Schönberger*, Das Buch Kohelet, in: *E. Zenger* u. a., Einleitung in das Alte Testament (Studienbücher Theologie I.1), 8. Auflage, hg. von *C. Frevel*, Stuttgart 2012, 464–473, hier 464f. Zum Thema Zeit bei Kohelet vgl. bes. *T. Gretler*, Zeit und Stunde. Theologische Zeitkonzepte zwischen Erfahrung und Ideologie in den Büchern Kohelet und Daniel, Zürich 2004. Zur Stellung Kohelets in der Weisheitsliteratur der Hebräischen Bibel s. *M. Saur*, Einführung in die alttestamentliche Weisheitsliteratur, Darmstadt 2012.

2 Für das Verständnis des Koheletbuchs ist es wichtig zu sehen, dass Koh 1, 12 – 2,26 andere Ansichten vertritt als der Rest des Buches. Während nach Koh

den soll zunächst die Argumentation der drei ersten, grundlegenden Kapitel des Koheletbuchs mit Blick auf die Wahrnehmung und Deutung der Zeit etwas genauer nachgezeichnet werden. Sodann soll etwas knapper auf die Aussagen zum Thema Zeit in Koh 4–12 eingegangen werden[3]. Dabei wird sich zeigen, dass die Auseinandersetzung mit der Erfahrung der Zeit für das Denken Kohelets grundlegend und auch für seine Überlegungen zu anderen Themen wichtig ist. Zum Schluss soll kurz auf die Frage eingegangen werden, wie sich das Zeitverständnis des Koheletbuchs (und seine anderen darin begründeten Ansichten) zu anderen Traditionen und Konzeptionen in der Hebräischen Bibel verhält.

Koh 1,3–11: Das Leben der Menschen in der Zeit

1,3 Was bleibt dem Mensch übrig[4] von seiner ganzen Mühe
und Arbeit[5] unter der Sonne?
4 Eine Generation geht, eine Generation kommt –
und die Erde bleibt ewig[6] bestehen.
5 Die Sonne geht auf, die Sonne geht unter –
und strebt nach dem Ort, wo sie aufgeht.
6 Er weht nach Süden, er dreht nach Norden,
er dreht, er dreht, er weht, der Wind –
und weil er sich dreht, kehrt er zurück, der Wind.
7 Alle Flüsse fließen zum Meer –
und das Meer wird nicht voll.
Wohin die Flüsse fließen,

1,12 – 2,26 das Nachdenken über die Bedingungen des menschlichen Lebens notwendig zum Leiden am Leben (2,22f), zum Hass auf das Leben (2,17) und zur Verzweiflung (2,20) führt, wird sonst der (freilich relative, vgl. 6,3) Wert des Lebens herausgestellt (vgl. bes. 9,4ff). Während nach 2,24–26 die Freude etwas »Nichtiges« (הבל *hebel*) ist, weil Gott und nicht der Mensch darüber verfügt, ist sie nach 3,12f u.ö. gerade als Gabe Gottes das höchste Gut. Dass ab 3,10 die Ausführungen des »Königs Kohelet« in 1,12 – 2,26 »re-vidiert« werden, deutet die Wiederaufnahme von 1,13 in 3,10 an. Vgl. *Krüger*, Kohelet, 106f.

3 Nach formalen und inhaltlichen Kriterien bilden Koh 1,3 – 4,12 die erste größere, sachlich grundlegende Texteinheit im Koheletbuch (s. Krüger, Kohelet, 19ff). Zum Thema Zeit finden sich die grundlegenden Ausführungen jedoch bereits in Kap. 1–3.

4 Oder: »welchen Gewinn hat der Mensch«.

5 Wörtlich: »von seiner ganzen Mühe/Arbeit, mit der er sich abmüht«.

6 Oder: »auf ferne/unabsehbare Zeit«. Das üblicherweise mit »Ewigkeit« übersetzte hebräische Nomen עולם *'olam* meint in der Hebräischen Bibel in der Regel nicht eine »Ewigkeit« im Sinne von »Zeitlosigkeit«, sondern – wie in der heutigen deutschen Umgangssprache (»das dauert ja eine Ewigkeit!«) – eine sehr (bzw. unendlich) lang ausgedehnte Zeitdauer. Vgl. *E Jenni*, עולם *'olam* Ewigkeit, in: THAT II, 228–243.

dahin fließen sie immer[7].
8 Alle Worte sind erschöpft[8],
kein Mensch kann etwas genau benennen[9].
Das Auge sieht sich nicht satt,
und das Ohr wird vom Hören nicht voll.
9 Was einmal geschehen ist, wird wieder geschehen,
was einmal getan worden ist, wird wieder getan werden.
Es gibt nichts völlig Neues unter der Sonne.
10 Wohl sagt man: Schau dies an! Das ist neu! –
Das hat es längst schon einmal gegeben in den Ewigkeiten[10],
die es vor uns gegeben hat.
11 Es gibt keine Erinnerung an die Früheren,
und auch an die Späteren, die noch dasein werden,
wird es keine Erinnerung geben
bei denen, die zuletzt dasein werden.

Schon der Mottovers Koh 1,2 (»Hauch eines Hauchs, hat Kohelet gesagt, Hauch eines Hauchs, das alles ist ein Hauch«) stimmt die Leser auf das Thema »Vergänglichkeit« ein (Stichwort הבל *hebel*: Hauch, Vergänglichkeit, Nichtigkeit). Die folgende Frage danach, was von der ganzen Mühe und Arbeit der Menschen übrigbleibt (יתרון *jitron*: Überschuss, Gewinn, Vorteil, V. 3), lenkt ihren Blick auf das Ende des Lebens und die Zeit danach.

V. 4–7 regen dazu an, das Gehen und Kommen der menschlichen Generationen mit anderen Sachverhalten zu vergleichen, die z.T. ebenfalls die Zeit strukturieren. Während die Erde ewig (be)stehenbleibt, umkreist die Sonne sie jeden Tag (und ändert ihren Umlauf im Jahresrhythmus). Das Drehen des Windes ist (jedenfalls in Palästina) auf der einen Seite unberechenbar und unvorhersehbar, auf der anderen Seite unterliegt es aber auch dem Wechsel der Jahreszeiten. Das gilt auch für diejenigen Flüsse, die in der sommerlichen Trockenheit ganz oder weitgehend versiegen. So wenig wie das Meer von den (permanenten oder intermittierenden) Flüssen jemals voll wird, wird die Unterwelt (im Inneren der Erde) von den abtretenden Generationen der Menschen irgendwann gefüllt.[11]

7 Oder: »immer wieder«.

8 Oder: »mühen sich ab«?

9 Wörtlich: »kein Mensch kann (erfolgreich) sprechen«.

10 Oder: »fernen/unabsehbaren Zeiten«.

11 Koh spricht in 9,10 in herkömmlicher Weise davon, dass die Menschen bei ihrem Tod in die Unterwelt (שאול *sche'ol*) gehen. Allerdings scheint er sich die Existenz der Toten in der Unterwelt nicht (mehr) wie z.B. (noch) 1Sam 28 oder Jes 14 als eine Art reduziertes Leben vorzustellen, sondern eher nach der Art von Leichnamen im Grab (vgl. Koh 9,4ff), aus denen jede Lebenskraft (רוח *ruach*) gewichen ist (vgl. 12,7; 3,19ff).

Die in V. 4–7 dargestellten Sachverhalte legen den Schluss nahe, dass das Leben der Menschen ebenso wenig wie die anderen hier beschriebenen Vorgänge auf ein Ziel oder einen Ertrag zuläuft. Es ist Teil eines Weltgeschehens, in dem sich beständig Gleichartiges wiederholt. In diesem Weltgeschehen verläuft die Zeit insgesamt weder »zyklisch« noch »linear«. Es gibt »lineare« Abläufe, wie den Verlauf eines Flusses von der Quelle zum Meer, und »zyklische« Abläufe, wie den Kreislauf der Sonne um die Erde.

Aber das Fließen der Flüsse hat kein Ende, sondern wiederholt sich beständig, und das Drehen des Windes geschieht unregelmäßig, nicht zyklisch. Die Welt ist geprägt von einem Wechselspiel von Veränderung und Wiederholung. Dieses Wechselspiel konstituiert die Erfahrung der Zeit.

So einfach diese Grundstrukturen der Welt erscheinen mögen, präsentiert sich die Welt der menschlichen Wahrnehmung und Erkenntnis doch äußerst komplex und differenziert. Der schwer verständliche erste Satz von V. 8 kann als ein Hinweis auf die Grenzen der menschlichen Sprache gelesen werden. Weil es weniger Wörter gibt als Dinge, müssen dieselben Wörter immer wieder zur Beschreibung ganz unterschiedlicher Sachverhalte gebraucht werden. Davon sind sie so »müde« und »erschöpft«, dass sie sich nicht für eine präzise und eindeutige Darstellung der Wirklichkeit eignen[12]. Augen und Ohren kommen mit der Wahrnehmung der Wirklichkeit an kein Ende, weil es für sie immer wieder Neues bzw. Altes immer wieder neu wahrzunehmen gibt.

Die Fülle der Wirklichkeit übersteigt das Fassungsvermögen der menschlichen Sinne. Als Teile der Welt – vergleichbar der Sonne, die von ihrem Kreislauf so wenig genug bekommt wie das Auge vom Sehen, und dem Meer, das von seinen Zuflüssen so wenig gefüllt wird die das Ohr vom Hören – sind sie nicht in der Lage, das Ganze zu erfassen.

Wenn die Menschen im Verlauf ihres Lebens immer wieder Neues wahrnehmen und erleben, heißt das aber nicht, dass es sich dabei wirklich um etwas Neues handelt. Nach V. 9 ist genau das Gegenteil der Fall. In der Welt wiederholt sich immer wieder Gleichartiges. Das gilt auch für das Handeln der Menschen, die immer wieder der Illusion erliegen, etwas Neues zu erleben (V.

12 Vgl. die berühmte Klage des ägyptischen Weisen Chacheperreseneb: »Hätte ich doch unbekannte Reden, / fremdartige Sprüche, / neue Worte, noch nie gebraucht / und frei von Wiederholungen, / nicht die Sprüche der Vergangenheit, / welche die Vorfahren schon brauchten! / … Wiederholung ist alles, was man sagt, / und alles Gesagte ist (schon einmal) gesagt …« (*E. Hornung*, Altägyptische Dichtung, Stuttgart 1996, 95).

10). Zu dieser Illusion kommt es, weil das Erinnerungsvermögen der Menschen begrenzt ist, und weil die Dinge in der Welt, die an Früheres erinnern, mit der Zeit vergehen (V. 11).

Dass sich im zeitlichen Verlauf der Welt fortwährend Gleichartiges wiederholt und nichts Neues geschieht, wird in Koh 1,3–11 als eine Tatsache behauptet (V. 9). Diese Behauptung wird mit dem Hinweis auf entsprechende Erfahrungen begründet (V. 4–8). Gegenläufige Erfahrungen von Neuem werden mit dem Hinweis auf die Grenzen des menschlichen Wahrnehmungs-, Erkenntnis- und Erinnerungsvermögens kritisch in Frage gestellt (V. 8.10f). Damit wird jedoch die Annahme einer fortwährenden Wiederholung des Gleichartigen bestenfalls plausibel gemacht, aber nicht zwingend begründet. Dass doch einmal etwas Neues geschieht, kann gerade wegen der Grenzen des menschlichen Erfahrungs- und Erkenntnisvermögens nicht wirklich ausgeschlossen werden – und damit auch nicht, dass es vielleicht doch einmal (zumindest in einzelnen Fällen) einen Gewinn für die Mühe und Arbeit eines Menschen geben könnte.

Sachlich wird man dem Text darin Recht geben, dass Zeit ohne eine (gleichsam ihren Takt angebende) fortwährende Wiederholung von Gleichartigem schwer vorstellbar, jedenfalls aber nicht messbar wäre. Wenn sich in der Welt fortwährend Gleichartiges wiederholt, muss das aber nicht ausschließen, dass daneben auch noch etwas Neues entstehen (und möglicherweise auch wieder vergehen) kann, das es vorher noch nie gab (und das es nach seinem allfälligen Ende auch nicht wieder geben wird). Allerdings ist es schwer vorstellbar, dass es zu irgendeinem Zeitpunkt plötzlich nur noch Neues, noch nie Dagewesenes gibt. Denn eine solche radikale Diskontinuität würde gleichsam das Kontinuum der Zeit sprengen.

Die einleitende Frage danach, was von aller Mühe und Arbeit eines Menschen nach seinem Tod übrig bleibt (V. 3), wird durch das in V. 4–11 Gesagte nur teilweise beantwortet. Irgendwann einmal wird nichts mehr von einem Menschen übrig sein und nichts mehr an ihn erinnern. Dass er am Ende seines Lebens irgendeinen Gewinn in die Unterwelt mitnehmen kann, wird nicht ausdrücklich bestritten, erscheint aber doch eher unwahrscheinlich. Hingegen schließt es der Text keineswegs aus, dass Menschen sich z.B. einen Namen machen können, der ihren Tod zumindest noch für eine Weile überdauert, oder dass sie sich Besitztümer erarbeiten können, die sie, wenn sie sterben, ihren Kindern hinterlassen können.

Koh 1,12 – 2,26: Die Erfahrung der Zeit als Grund zur Verzweiflung?

Der Bericht eines fiktiven Königs Kohelet über seine gescheiterte Suche nach dem Glück (Koh 1,12 – 2,26) kann als eine Veranschaulichung möglicher Konsequenzen aus den in 1,3–11 benannten Sachverhalten gelesen werden. Kaum König geworden, unternimmt er es, zu erforschen, was Menschen in ihrem Leben erreichen können (1,12f). Seine Ergebnisse sind zunächst ernüchternd:

– Mit ihrem Handeln können Menschen nichts Bleibendes schaffen (»alles ist vergänglich«, hebr. הבל *hebel*). Sie können die Welt nicht verändern (»was krumm ist, kann nicht gerade werden«) und nichts Neues hervorbringen (»was fehlt, kann man nicht zählen«, 1,14f). Wenn sie Weisheit und Einsicht gewinnen, bringt ihnen das nur Ärger und Verdruss ein (1,16–18).

– Direkt und ausschließlich nach Freude und Genuss zu streben, wäre hingegen unproduktiv und töricht (2,1f).

– Dann aber unternimmt König Kohelet noch einen weiteren Versuch, in dem er das Streben nach großen Werken mit dem nach Weisheit und nach Genuss verbindet (2,3–11). Dieser Versuch scheint von Erfolg gekrönt zu sein: Der König vollbringt große Werke (2,4ff), seine Weisheit bleibt ihm erhalten (2,9) und er kann sein Leben genießen: »Keine Freude versagte ich meinem Herzen. Mein Herz freute sich nach all meiner Mühe, und das war mein Teil (חלק *cheleq*) nach all meiner Mühe« (2,10).

– Doch das Glück des Königs ist nicht von langer Dauer. Sobald er über sein Glück nachzudenken beginnt, verflüchtigt es sich auch schon: »Als ich all meine Werke ansah, die meine Hände vollbracht hatten, und alles, was ich mühsam geschaffen hatte, siehe, da war das alles vergänglich (הבל *hebel*) und ein Greifen nach Wind, und es gab keinen Gewinn (יתרון *jitron*) unter der Sonne« (2,11).

Begründet wird diese Abwertung des erreichten und erfahrenen Glücks in 2,12ff mit Blick auf die Zukunft:

– Nach dem Tod des Königs Kohelet wird sein Nachfolger das Gleiche tun, was schon der König und seine Vorgänger getan haben (2,12): große Werke vollbringen, die Weisheit vermehren und das Leben genießen – und darin seine Vorgänger zu übertreffen versuchen (vgl. 1,16; 2,7.9). Damit wird er die Errungenschaften des Königs Kohelet in den Schatten stellen und abwerten.

– Die Weisheit des Königs verhilft ihm zwar zu klareren Einsichten, als gewöhnliche Menschen sie haben. Sie bewahrt ihn aber nicht vor dem Zufall und vor dem Tod, die seinem Glück und seinem Leben früher oder später ein Ende machen und ihn auf lange Sicht dem Vergessen anheimfallen lassen werden (2, 13–17).

– Nach dem Tod des Königs Kohelet werden seine Werke seinem Nachfolger zufallen. Damit verlieren sie für den König ihren Wert, weil er sie nicht auf Dauer behalten kann. Hinzu kommt, dass sein Nachfolger und Erbe ohne eigene Anstrengung über all das verfügen wird, was sich König Kohelet mühevoll erarbeitet hat. Dass die einen sich ihren Besitz und ihr Glück selbst erarbeiten müssen, während sie anderen einfach zufallen, erachtet der König als »ein großes Übel« (2,18–21).

– So kommt König Kohelet zu dem Schluss: »Was hat der Mensch von all seinem Mühen und Streben, womit er sich unter der Sonne abmüht?« Nichts als Leiden und Verdruss! Und selbst wenn er »essen und trinken und sich etwas Gutes gönnen kann bei seiner Mühe«, kann ihn das nicht wirklich glücklich machen. Denn er weiß, dass dieses (scheinbare) Glück des Augenblicks dem Menschen nicht zur Verfügung steht, sondern »aus Gottes Hand kommt«, dass Gott es unter den Menschen willkürlich verteilt, und dass jedes Glück spätestens mit dem Tod endet (2,22–26).

Was hat all dies mit der Zeit zu tun?

Solange er handelt (1,12 – 2,10), ist der König Kohelet bestrebt, mit seinen Werken und mit seiner Weisheit seine Vorgänger zu übertreffen (1,16; 2,7.9). Sein Glück schlägt um in Verzweiflung, sobald er sein Leben nicht nur an der Vergangenheit misst, sondern auch an der Zukunft (2,12ff). Er begreift, dass es ihm nicht anders ergehen wird als seinen Vorgängern: Seine Nachfolger werden ihrerseits versuchen, ihn zu übertrumpfen – und damit letztlich doch nur das tun, was Könige immer schon getan haben. »Was bleibt dem Menschen zu tun, der nach dem König kommt? Was man schon längst getan hat!« (2,12) Hier kommt für den König die Zeit als Wiederholung gleichartiger Handlungen und Ereignisse in den Blick. Im Verlauf der Zeit ereignet sich niemals etwas völlig Neues. Dementsprechend können Menschen auch nichts völlig Neuartiges tun oder schaffen. »Was einmal geschehen ist, wird wieder geschehen. Was einmal getan wurde, wird wieder getan werden. Nichts ist völlig neu unter der Sonne.« (1,9)

Weil sich in der Zeit alles wiederholt, was einmal geschehen oder getan worden ist, gibt es keine Veränderung, deren Ergebnisse nicht auch wieder verändert werden könnten. Deshalb können die Menschen in ihrem Leben keinen Gewinn (יתרון *jitron*) erzielen, den sie nicht auch wieder verlieren würden – spätestens dann, wenn sie sterben, möglicherweise aber auch schon früher, wenn es der Zufall (מקרה *miqre*)[13] so will (2,13ff). Hier kommt Zeit als beständige Veränderung in den Blick (vgl. 3,1–8), in der alles, was entsteht, auch wieder vergeht, also alles vergänglich (הבל *hebel*) ist.

Als beständige Veränderung, in der sich fortwährend, wenn auch in ganz unterschiedlichen Rhythmen, Gleichartiges wiederholt, ist die Zeit für die Menschen in gewisser Hinsicht vorhersehbar: Sie wissen, dass alles sich ändern kann, und dass sie selbst einmal sterben müssen. In gewisser Hinsicht bleibt die Zeit aber zugleich unvorhersehbar: Man weiß nie genau im Voraus, was sich wann ändern wird, was sich in der näheren Zukunft ereignen wird und wann man sterben wird. Aus der Unvorhersehbarkeit der Zeit ergibt sich als Konsequenz dass Menschen ihr Leben nicht wirklich planen und gestalten können. Auch insofern können sie sich den Erfolg ihres Handelns nicht als einen kalkulierten und verdienten Gewinn (יתרון *jitron*) zurechnen, sondern ihn allenfalls als einen ihnen zugefallenen Anteil (חלק *cheleq*) in Empfang nehmen (2,11). Aus der Sicht des Königs heißt das: Die Menschen sind einem willkürlichen Schicksal ausgeliefert, hinter dem ein willkürlicher Gott steht (2,24–26).

Koh 3,1–9: Die Zeit im Leben der Menschen

3,1 Für alles gibt es eine günstige Stunde,
eine passende Zeit gibt es für jede Angelegenheit unter dem Himmel:
2 Zeit zu gebären und Zeit zu sterben,
Zeit zu pflanzen und Zeit, Gepflanztes auszureißen,
3 Zeit zu töten und Zeit zu heilen,
Zeit einzureißen und Zeit aufzubauen,
4 Zeit zu weinen und Zeit zu lachen,
Zeit des Klagens und Zeit des Tanzens,
5 Zeit, Steine wegzuwerfen, und Zeit, Steine zu sammeln,
Zeit zu umarmen und Zeit, sich des Umarmens zu enthalten,
6 Zeit zu suchen und Zeit verlorengehen zu lassen,
Zeit aufzubewahren und Zeit wegzuwerfen,
7 Zeit zu zerreißen und Zeit zusammenzunähen,

13 Das Verständnis von מקרה *miqre* im Sinne von Zufall (vgl. פגע *päga*ʿ in Koh 9,11) ist umstritten. Während *miqre* in 1Sam 6,9 und Ru 2,3 eindeutig Zufall bedeutet (in 1Sam 20,26 euphemistisch für Pollution), wird für Koh 2,14f und 3,19 häufig die Bedeutung »Schicksal, Geschick (des Todes)« angenommen (Ges[18] III, 732 im Anschluss an *P. Machinist*, Fate, *Miqreh*, and Reason. Reflections on Qohelet and Biblical Thought, in: Solving Riddles and Tying Knots [FS J. C. Greenfield], hg. von *Z. Zevit* / *S. Gitin* / *M. Sokoloff*, Winona Lake 1995, 159–175).

Zeit zu schweigen und Zeit zu reden,
8 Zeit zu lieben und Zeit zu hassen,
Kriegszeit und Friedenszeit.
9 Welchen Gewinn hat der, der etwas tut,
davon, dass er sich anstrengt?

Koh 3,1–9 knüpft an die Beobachtungen und Überlegungen von Koh 1,3–11 an und führt sie weiter. Beide Passagen bilden einen Rahmen um den Selbstbericht des Königs Kohelet in 1,12 – 2,26. Das wird dadurch unterstrichen, dass in 1,3–11 die Frage nach einem möglichen Gewinn des Menschen (יתרון *jitron*: »Was bleibt dem Menschen übrig …?«) am Anfang des Abschnitts steht, in 3, 1–9 hingegen am Schluss. Während 1,3–11 das Leben der Menschen im weiten Horizont der »fernen Zeit(en)« bzw. »Ewigkeit(en)« (עלמ[ים] *'olam[im]*) betrachtete, lenkt 3,1–9 den Blick auf den Wechsel der »Zeit(en)« (עת *'et*) innerhalb des menschlichen Lebens. Fragte 1,3 danach, was von den gesamten Anstrengungen eines Menschen nach seinem Tod übrig bleibt, geht es in 3,9 darum, welchen Gewinn ein Mensch während seines Lebens durch besondere Anstrengung erzielen kann.

Koh 3,1–9 kann zunächst als Illustration und Bestätigung der These von 1,3–11 gelesen werden, dass sich im Verlauf der Zeit fortwährend Gleichartiges wiederholt. Dabei sind hier besonders menschliche Handlungen im Blick. Wie die in 1,4–8 beschriebenen Phänomene nicht nur die Wiederholung des Gleichartigen veranschaulichen, sondern auch zeigen, wie unterschiedlich sich diese Wiederholung im Einzelnen realisieren kann, machen auch die in 3,2–8 aufgezählten Handlungen nicht nur den Wechsel und die Wiederholung der Gelegenheiten für menschliches Handeln deutlich, sondern lassen auch erkennen, in wie unterschiedlicher Beziehung die einander abwechselnden Zeiten im Detail zueinander stehen können. So herrscht z.B. immer entweder Krieg oder Frieden, während es Zeiten gibt, in denen man weder tötet noch heilt, und es vorkommen kann, dass eine Frau bei der Geburt stirbt. Während das Gebären und das Sterben für die betroffenen Menschen zu gegebener Zeit unausweichlich sind, kann man dem Krieg vielleicht entfliehen. Man kann durchaus tanzen, wenn es an der Zeit wäre zu klagen, und umgekehrt, verhält sich dann aber unpassend und muss damit rechnen, dass man dafür gerügt wird. Wer hingegen etwas Verlorenes immer noch weiter sucht, obwohl es längst Zeit wäre, es verloren gehen zu lassen, vergeudet schlicht seine Energie.

Neben dem fortwährenden Wechsel und der Wiederholung des Gleichartigen im Verlauf der Zeit zeigt Koh 3,1–8 so auch die

– im Einzelnen unterschiedlich große – Abhängigkeit des Menschen und des Erfolgs seines Handelns von der Zeit im Sinne der günstigen Gelegenheit. Man kann nicht jedes Vorhaben zu jeder Zeit gleich gut realisieren, und man muss immer damit rechnen, dass ein erfolgreich realisiertes Projekt im Verlauf der Zeit wieder zunichte gemacht wird. Insofern wird menschliches Handeln von der Zeit zugleich ermöglicht und begrenzt.

Die abschließende Frage (V. 9), welchen Gewinn oder Vorteil (יתרון *jitron*) ein Mensch davon hat, dass er sich bei dem, was er tut (עשה *'asah*), besonders anstrengt (עמל *'amal*), wird von Fall zu Fall unterschiedlich zu beantworten sein. Bisweilen mag man mit besonderer Anstrengung ein Vorhaben auch dann erfolgreich realisieren können, wenn die Zeit dafür ungünstig ist, während das in anderen Fällen vielleicht unmöglich ist. Auf jeden Fall wird man sich unter günstigen Zeitumständen weniger anstrengen müssen als unter widrigen.

Koh 3,11–15: Die Zeit als Schöpfung Gottes

> 3,11 [Gott] hat das alles[14] zu seiner Zeit schön gemacht. Er hat ihnen[15] auch die Ewigkeit[16] in ihr Herz gegeben, ohne dass der Mensch das Werk, das der Gott gemacht hat, von Anfang bis Ende begreifen könnte. 12 Ich erkannte, dass es bei ihnen nichts Gutes gibt, außer, sich zu freuen und Gutes zu tun[17] in seinem Leben. 13 Auch gilt für jeden Menschen: Wenn er essen und trinken und etwas Gutes erleben kann bei seiner ganzen Arbeit, ist das ein Geschenk Gottes. 14 Ich erkannte, dass alles, was der Gott macht, ewig so bleibt. Es ist ihm nichts hinzuzufügen, und nichts ist davon wegzunehmen. Und der Gott hat bewirkt, dass man sich vor ihm fürchtet. 15 Was einmal geschehen ist, ist längst wieder geschehen, und was geschehen wird, ist längst schon einmal geschehen. Der Gott sucht, was verjagt worden ist.

In diesem Abschnitt wird das bisher im Koheletbuch zum Thema Zeit Gesagte theologisch reflektiert. Dass Gott alles zu seiner Zeit schön gemacht hat (V. 11a), kann zunächst einmal so verstanden

14 Vgl. 3,2–8.
15 D.h. den Menschen.
16 Oder: »die fern(st)e Zeit«.
17 Dass לעשות טוב *la'asot tob* bedeutet »es sich gut gehen lassen« (vgl. Lutherbibel: »sich gütlich tun«), ist eher unwahrscheinlich und wäre im klassischen Hebräisch analogielos. DCH (Dictionary of Classical Hebrew) gibt für עשה *'asah* + טוב *tob* in Koh 3,12 die Übersetzungsmöglichkeiten »Gutes tun« (VI, 573) oder allenfalls (mit Fragezeichen) »sich etwas Gutes verschaffen« (VI, 596) an.

werden, dass Gott die Welt so eingerichtet hat, dass zu bestimmten Zeiten bestimmte Handlungen des Menschen schön (יפה *japäh*) im Sinne von passend, angebracht und angemessen sind[18]. Es ist nicht schön zu tanzen, wenn es Zeit wäre zu klagen, auch wenn es grundsätzlich schöner (und besser) sein mag zu tanzen als zu klagen – sofern die Zeit dafür passend ist. Des Weiteren kann man V. 11a in dem Sinne interpretieren, dass Gott auch den in 3,1–8 beschriebenen Wechsel der Zeitumstände bewirkt hat. Das kann dann weiter so verstanden werden, dass Gott die Welt im Großen und Ganzen so eingerichtet hat, dass in ihr die Gelegenheiten für menschliches Handeln im Verlauf der Zeit wechseln, oder so, dass Gott diesen Wechsel auch in allen Einzelheiten verursacht. Der Text lässt beide Verständnismöglichkeiten offen. Selbst wenn man der zweiten, weiter reichenden Bestimmung des Handelns Gottes folgt, ergibt sich daraus aber noch nicht, dass Gott mit dem Wechsel der Zeitumstände auch das entsprechende Handeln der Menschen bewirkt. Wäre es so, könnten und müssten die Menschen nicht zu einem »zeitgemäßen« Verhalten aufgefordert werden, wie es im Koheletbuch immer wieder geschieht (vgl. 7,14; 11,6.9).

Die Menschen sind zwar dem Wechsel der Zeitumstände unterworfen, sie sind aber auch in der Lage, über die Gegenwart hinauszudenken bis in die fernste Vergangenheit und Zukunft (beides ist mit ע[ו]לם *ʿolam*: »Ewigkeit« gemeint, V. 11b). Gott hat ihnen diese Fähigkeit gegeben – das ist wohl damit gemeint, dass Gott »ihnen die Ewigkeit in ihr Herz gegeben« hat. Er hat diese Fähigkeit aber zugleich in der Weise begrenzt, dass die Menschen sein Wirken nicht von Anfang bis Ende begreifen können. So wie die Erinnerung umso mehr verblasst und schließlich ganz verschwindet, je weiter man in die Vergangenheit zurückdenkt, so nimmt auch das Wissen (oder die Ahnung) um die Zukunft immer mehr ab, je weiter man vorausdenkt. Das heißt: Die Menschen wissen weder etwas über die ferne Vergangenheit oder gar einen Anfang der Welt noch etwas über die ferne Zukunft oder gar ein Ende der Welt, sie wissen nicht einmal, ob die Welt einen Anfang oder ein Ende hat – und das ist so, weil Gott es so will.

Dass es gut ist, sich in seinem Leben zu freuen (also sich gut zu fühlen und etwas Gutes zu genießen) und etwas Gutes zu tun, und dass es sonst nichts Gutes gibt (V. 12), erscheint selbstverständlich. Die Ausführungen des Königs Kohelet in 1,12 – 2,26

18 DCH gibt als Bedeutung von יפה *japäh* an: »fair, attractive, beautiful, pleasing«.

zeigten jedoch, dass diese Einsicht durchaus bestritten werden kann. Der König hat große Werke vollbracht und sich darüber gefreut (2,9f). Die Einsicht, dass sein Glück mit dem Tod zu Ende sein wird und dass es nicht (nur) auf eigener Anstrengung, sondern (auch) auf der Gunst Gottes beruht, hat ihn jedoch dazu gebracht, sein Glück als wertlos zu betrachten und sich der Verzweiflung hinzugeben. Koh 3,11ff entwickelt eine Alternative zu diesem Verständnis des Glücks und des Lebens. Wenn man akzeptiert, dass das endliche Leben der Menschen die ihnen von Gott gegebene Zeit ist, gibt es keinen Grund, sich das Glück der Gegenwart durch den Gedanken an die Zukunft, und erst noch die Zukunft nach dem Tod, zu verderben. Und wenn man einsieht, dass menschliches Handeln immer von Gott ermöglicht ist, gibt es keinen Grund, Glückserfahrungen abzulehnen, weil man sie nicht nur sich selbst verdankt. V. 13 bekräftigt dies mit dem Hinweis, dass Genuss immer ein Geschenk Gottes ist. (Für den König war das ein Grund, den Genuss für wertlos zu erklären: 2,24–26).

V. 14 und 15 kommen auf die Behauptung von 1,9 zurück, dass sich in der Welt fortwährend Gleichartiges wiederholt, und begründen sie mit Verweis auf das Schöpfungshandeln Gottes. Dass »Gott sucht, was verjagt worden ist«, klingt wie eine Aussage über Gottes Fürsorge für verfolgte und unterdrückte Menschen. Hier scheint es sich darauf zu beziehen, dass Gott das Vergangene wiederkehren lässt und damit die fortwährende Wiederholung des Gleichartigen in Gang hält. Dass nichts, was Gott erschafft, auf Dauer aus der Welt verschwindet, begründet V. 14 mit der Qualität des von Gott Geschaffenen: Es »bleibt ewig so« (יהיה לעולם *jihjäh leʿolam*), ist also endgültig und unveränderlich. Und »es ist ihm nichts hinzuzufügen, und nichts ist davon wegzunehmen«. Man kann das so verstehen, dass Gott so mächtig ist, dass niemand etwas gegen ihn ausrichten kann, und so stur, dass er an dem, was er geschaffen hat, nichts mehr zu verändern bereit ist. Man kann es aber auch so verstehen, dass alles, was Gott schafft, so perfekt ist, dass es keiner korrigierenden Veränderung bedarf[19]. Wenn der Mensch das Wirken Gottes nicht vollständig begreifen kann (V. 11), kann er zwischen diesen Möglichkeiten nicht entscheiden. So liegt es letztlich am Menschen, ob er sich vor der Übermacht Gottes fürchten oder dem Schöpfer einer perfekten, als solche aber nur aufgrund begrenzter Erfahrungen erahnbaren Welt Ehrfurcht entgegenbringen will. Für das Handeln

19 Vgl. in diesem Sinne Sir 18,6; 42,21. Wie Kohelet überträgt Sirach die sog. »Kanonformel« (vgl. Dtn 4,2; 13,1) von der Thora auf das gesamte Wirken Gottes.

des Menschen macht es letztlich keinen Unterschied, warum er das, was Gott schafft, nicht ändern kann.

Koh 3,16–22: Die Zeit als Gericht Gottes

> 3,16 Und weiter habe ich unter der Sonne gesehen: Zur Stätte des Rechts (gelangt) das Unrecht, zur Stätte der Gerechtigkeit das Unrecht. 17 Ich sagte mir: Den Gerechten und den Frevler wird der Gott richten. Denn eine Zeit gibt es für jede Angelegenheit – und für alles Tun dort. 18 Ich dachte[20] über die Menschen: Der Gott wollte sie aussondern – und musste sehen[21], dass sie für sich und füreinander[22] Tiere sind. 19 Die Menschen sind dem Zufall ausgesetzt und die Tiere sind dem Zufall ausgesetzt, es ist derselbe Zufall, der sie beide trifft[23]. Wie diese sterben müssen, so müssen auch jene sterben. Alle haben denselben Atem, und die Menschen haben den Tieren nichts voraus. Alle sind vergänglich (*hebel*). 20 Alle gehen zu demselben Ort. Alle sind aus dem Staub entstanden, und alle kehren zum Staub zurück. 21 Wer weiß denn, ob der Atem der Menschen nach oben steigt, und ob der Atem der Tiere hinabsteigt, hinunter in die Erde[24]? 22 So sah ich, dass es nichts Besseres gibt, als dass der Mensch sich freut bei seinem Tun. Das ist sein Anteil. Denn wer brächte ihn dazu, zu sehen, was in Zukunft[25] sein wird?

Wenn der Wechsel der Zeitumstände menschliches Handeln ermöglicht und begrenzt, dann gilt das auch für das Unrecht, das Menschen tun: Im Verlauf der Zeit wird es sein Ende finden (V. 16f). Die Frage, ob hier ein spezielles Gerichtshandeln Gottes erwartet oder der »normale« Verlauf der Zeit als Gottes Gericht interpretiert wird, kann nach dem in 3,11–15 entwickelten Zeitverständnis nicht mehr sinnvoll gestellt werden, nach dem das Handeln Gottes mit dem Verlauf der Zeit zusammenfällt (Gott hat

20 Wörtlich: »ich sprach in meinem Herzen«.
21 Oder: »der Gott sondert sie aus – aber man sieht …«
22 Hebr. להם *lahäm* kann sowohl »für sich« als auch »füreinander« bedeuten.
23 Diese Übersetzung versucht der Vokalisation des masoretischen Textes gerecht zu werden. Folgt man allein dem Konsonantentext, könnte man auch übersetzen: »Das Schicksal der Menschen und das Schicksal der Tiere … aber sie haben dasselbe Schicksal«.
24 Im Blick auf alles, was sonst im Koheletbuch über den Tod gesagt wird, liegt dieses Verständnis des hebräischen Konsonantentextes nahe, das auch von den antiken Übersetzungen vertreten wird. Nach der masoretischen Vokalisierung wäre zu übersetzen: »Wer kennt den Atem/Lebensgeist der Menschen, der nach oben aufsteigt, und den Atem/Lebensgeist der Tiere, der hinabsteigt, hinunter in die Erde?« Damit würde ein Unterschied zwischen dem nachtodlichen Geschick der Menschen und dem der Tiere als selbstverständlich vorausgesetzt.
25 Wörtlich: »nach/hinter ihm«.

alles zu seiner Zeit gemacht!). Die Frage, warum Gott das Unrecht zuerst ermöglicht und eine Zeit lang erduldet, bevor er es beseitigt, lässt sich im Rahmen dieses Verständnisses der Zeit als Gericht Gottes ebenso wenig beantworten wie im Rahmen eines traditionelleren Verständnisses des göttlichen Gerichts als Handeln Gottes in der Zeit (sofern man keine konkurrierende Instanz neben bzw. gegenüber Gott für das Unrecht verantwortlich machen will).

Auch wenn man dem Text darin zu folgen bereit ist, dass im Wechsel der Zeitumstände auch immer wieder einmal Unrecht beseitigt wird, kann man doch fragen, warum nicht nur den »Frevlern«, sondern auch den »Gerechten« immer wieder einmal Unglück widerfährt. Der folgende Abschnitt V. 18–21 kann als Antwort auf diesen Einwand gelesen werden. Er ist allerdings nicht leicht verständlich, weshalb seine Deutung besonders umstritten ist. V. 18 relativiert die Unterscheidung von »Gerechten« und »Frevlern«, indem nun von den »Menschen« die Rede ist. Was hier über die Menschen gesagt wird, entspricht sachlich der Darstellung in der Urgeschichte (bes. Gen 1–9). Gott wollte die Menschen unter allen Lebewesen aussondern und auszeichnen, indem er ihnen den Auftrag gab, über die Tiere zu herrschen, namentlich dafür zu sorgen, dass sie ihre (pflanzliche!) Nahrung bekommen und sich nicht gegenseitig auffressen müssen (Gen 1,26ff). Diesen Auftrag haben die Menschen nicht erfüllt: Sie schlagen einander tot, und auch die Tiere fressen einander auf. So sind die Menschen nicht anders als »alles Fleisch« (Gen 6,12f).

Von daher gibt es keinen Grund, warum Gott die Menschen anders behandeln sollte als die Tiere (V. 19–21). Beide sind dem Zufall und dem Tod ausgesetzt. Dass es den Menschen nach dem Tod anders ergeht als den Tieren (und Gott sie dann doch noch individuell für ihr Verhalten belohnen oder bestrafen wird), erscheint mindestens fraglich. Gott hält »Gericht«, indem er dem Unrecht ein Ende setzt. Dabei nimmt er aber nicht unbedingt auf jeden einzelnen Menschen und dessen Vergehen oder Verdienste Rücksicht – ein Gedanke, der im Kontext der Hebräischen Bibel weder ungewöhnlich noch abwegig erscheint (vgl. neben der Urgeschichte etwa auch die Gottesreden des Hiobbuchs oder die älteren prophetischen Überlieferungen)[26].

26 Das Buch Ezechiel zeigt exemplarisch das Problem, ein Verständnis der Geschichte als Gericht Gottes mit der Erwartung einer Entsprechung von Tun und Ergehen für jeden einzelnen Menschen zur Deckung zu bringen, s. *T. Krüger*, Geschichtskonzepte im Ezechielbuch (BZAW 188), Berlin / New York 1989, 382ff.

Da die Menschen nicht wissen, was die Zukunft bringt, und da es ihnen der Gott, der ihrem Wissen diese Grenze gesetzt hat (vgl. Koh 3,11), kaum verraten wird, gibt es keinen vernünftigen Grund, sich gegenwärtig mögliche Glückserfahrungen in Erwartung eines noch größeren Glücks in der Zukunft (vor oder gar erst nach dem Tod) zu versagen (V. 22).

Koh 4–12: Die Zeit und das Leben der Menschen

Die Ausführungen in Koh 1–3 führen im Blick auf die Zeit etwa zu folgenden Ergebnissen: Der Verlauf der Zeit ist ein Werk Gottes. Die Menschen können daran nichts ändern und sie können es nicht völlig begreifen. Sie wissen, dass sie einmal sterben müssen und danach sehr wahrscheinlich nichts mehr zu erwarten haben. Ansonsten wissen sie aber nicht, was in der Zukunft geschehen wird. Von daher macht es wenig Sinn, ihr Leben am Streben nach einem unsicheren und vergänglichen Gewinn zu orientieren. Jedenfalls sollten sie nicht wegen der Erwartung eines zukünftigen Gewinns gegenwärtige Gelegenheiten, Gutes zu tun und Gutes zu genießen, verpassen oder sogar absichtlich nicht wahrnehmen. Diese Einsichten werden im Fortgang des Koheletbuchs immer wieder in verschiedenen argumentativen Zusammenhängen aufgegriffen.

So berichtet Koh 5,12–14 von einem Mann, der seinen Reichtum für schlechte Zeiten (»für einen Unglücksfall«) aufgespart und nicht genossen hat – und ihn dann durch ein Unglück verloren hat. So hat er nicht nur seinen Besitz verloren, sondern auch eine Gelegenheit verpasst, mit seinen Gütern sich selbst und anderen etwas Gutes zu tun.

Nach Koh 5,17–19 denkt ein Mensch, wenn er glücklich ist (d.h. essen, trinken und sich freuen kann), nicht viel darüber nach, dass er einmal sterben muss – und macht sich nicht wie der König in Koh 2,12–26 mit solchen Gedanken sein Glück zunichte.

Koh 6,10–12 warnt vor problematischen Ratschlägen für die menschliche Lebensführung, die vorgeben, zu wissen, »was gut ist für den Menschen im Leben«:

> 6,10 Was geschehen ist (= was es gibt?), ist schon längst mit Namen benannt, und es ist bekannt, was ein Mensch ist, und dass er keinen Rechtsstreit führen kann mit dem, der mächtiger ist als er. 11 Doch es gibt viele Worte, die das Nichtige (den Unsinn, hebr. הבל *hebel*) vermehren. Was hat der Mensch davon? 12 Wer weiß denn, was gut ist für den Menschen im Leben, in der Zeit seines flüchtigen (hebr. הבל

> *hebel*) Lebens, die er verbringt wie ein Schatten? Wer wird dem Menschen mitteilen, was in Zukunft[27] sein wird unter der Sonne?

V. 10 erinnert daran, dass es nichts völlig Neues gibt (vgl. 1,9; 3,15) – also auch keine völlig neuen Erkenntnisse über den Menschen. Vielleicht richtet sich diese Aussage gegen Lebenslehren, die beanspruchen, neu zu sein und auf neuen Einsichten über den Menschen zu beruhen. V. 12 ruft in Erinnerung, dass der Mensch die Zukunft nicht kennt (vgl. 3,11.22). Von daher müssen alle Ratschläge und Lebenslehren problematisch erscheinen, die dem Menschen ein bestimmtes Verhalten in der Gegenwart nahelegen mit der Begründung, dass er davon in der Zukunft einen Vorteil oder Gewinn haben werde. Beispiele für solche fragwürdigen Lebenslehren werden in 7,1–12 vorgeführt – angefangen mit der Aufforderung, sich lieber um einen guten Nachruf (שם *schem*) zu kümmern als um gutes Parfüm (שמן *schemen*), das hier pars pro toto für ein angenehmes Leben steht (V. 1), und endend mit der Erwartung, dass die Weisheit den Weisen am Leben erhalten und beschützen wird. Entgegen solchen fragwürdigen Ratschlägen fordert Kohelet seine Leserschaft auf:

> 7,13 Betrachte das Werk des Gottes! Wer kann gerade machen, was er gekrümmt hat? 14 Am Tag des Glücks sei guter Dinge, und am Tag des Unglücks bedenke: Wie jenen hat auch diesen der Gott gemacht. Denn der Mensch kann nicht herausfinden, was zukünftig ist[28].

Kohelet verspricht seiner Leserschaft kein permanentes Glück. An einem Unglückstag kann und soll man nicht guter Dinge sein[29]. Man soll sich aber auch nicht einen glücklichen Tag dadurch vermiesen, dass man sich (und anderen) das von Gott ermöglichte Glück zugunsten vermeintlich höherer Werte oder Ziele versagt. Das für den Menschen erreichbare Glück besteht nicht darin, sich von den wechselnden Zeitumständen unabhängig zu machen, sondern darin, sich auf die wechselnden Zeitumstände einzulassen. Das Denken soll die Menschen nicht vom Genuss der guten Tage abhalten, sondern ihnen helfen, die schlechten Tage zu er-

27 Wörtlich: »nach/hinter ihm«.

28 Wörtlich: »irgendetwas (das) nach/hinter ihm (ist/sein wird)«.

29 Dem scheinen die Aufforderungen von Koh 9,7–9 zu widersprechen, »jederzeit« auf gute Kleidung und einen guten Geruch zu achten. Das kann man aber auch so verstehen, dass man unvermeidbares Unglück nicht auch noch durch ein vermeidbares ungepflegtes Äußeres unterstreichen soll (wie es die damals üblichen Trauerriten taten). Auch wenn man nicht guter Dinge ist, muss man sich nicht gehen lassen.

tragen, die auf denselben Gott zurückgehen, dem sie auch die guten Tage verdanken (vgl. Hi 2,10).

Weisheit und Gerechtigkeit können dem Menschen keine glückliche Zukunft garantieren. Auch ein weiser und gerechter Mensch muss damit rechnen, dass unglückliche Zufälle seine Erwartung eines glücklichen Lebens zunichte machen können.

> 7,15 Beides habe ich gesehen in meinen flüchtigen Tagen: Da ist ein Gerechter, der zugrunde geht in seiner Gerechtigkeit, und da ist ein Ungerechter, der lange lebt in seiner Bosheit.

Der Vers besagt nicht, dass es für das Schicksal eines Menschen völlig gleichgültig ist, ob er sich gerecht oder ungerecht verhält. Er sagt nur, dass es Fälle gibt, in denen Tun und Ergehen nicht im Sinne einer »gerechten Weltordnung« einander entsprechen. Die daran anschließenden Empfehlungen (V. 16–18) sind als »weltanschaulicher Bankrott« und Ausdruck eines »skrupellosen Immoralismus« interpretiert worden[30].

> 7,16 Sei nicht übergerecht, und gib dich nicht gar zu weise. Warum willst du überrascht werden? 17 Sei nicht zu oft ungerecht, und sei kein Tor. Warum willst du sterben vor deiner Zeit[31]? 18 Gut ist es, wenn du an jenem festhältst, doch auch von diesem lasse nicht ab. Wer Gott fürchtet, wird beidem gerecht.

Der Text ist vielleicht bewusst provokativ formuliert. Sieht man genau zu, empfiehlt er aber nicht, sich teilweise weise und gerechte, teilweise aber auch töricht und ungerecht zu verhalten. »Dieses« und »jenes« in V. 18 kann sich nämlich nicht auf Weisheit und Gerechtigkeit auf der einen und Torheit und Ungerechtigkeit auf der anderen Seite beziehen, sondern nur auf die beiden Ratschläge in V. 16 und V. 17 (sonst dürfte V. 17 nicht uneingeschränkt vor der Torheit warnen). Es geht also nicht darum, sich je nach Geschmack oder Zweckmäßigkeit ein wenig weise und ein wenig töricht, ein wenig gerecht und ein wenig ungerecht zu verhalten. Vielmehr soll man sich darum bemühen, so gerecht und weise zu sein wie möglich, dabei aber nicht übergerecht werden und sich nicht weiser darstellen, als man ist. So wie die Weis-

30 Vgl. *A. Lauha*, Kohelet (BK XIX), Neukirchen-Vluyn 1978, 136: »In allem spiegelt sich … der weltanschauliche Bankrott.« *E. Wölfel*, Luther und die Skepsis. Eine Studie zur Kohelet-Exegese Luthers (FGLP 12), München 1958, 73, spricht von einem »Bankerott der Ethik«; der Text empfehle einen »Immoralismus, der so skrupellos ist, Gut und Böse gleichermaßen in den eigenen Dienst zu stellen«.

31 Wörtlich: »wenn deine Zeit (noch) nicht da ist«.

heit (vgl. 8,16f) ist nämlich auch die Gerechtigkeit für Menschen nur begrenzt erreichbar:

> 7,20 Kein Mensch auf der Erde ist (so) gerecht, dass er (nur) Gutes tut und niemals sündigt (bzw. einen Fehler macht) (vgl. 9,3).

Deshalb sollten Menschen nicht so tun, als seien sie perfekt, und auch anderen Fehler zugestehen (7,16; vgl. 7,21f). Trotzdem sollten sie danach streben, so gerecht und weise wie möglich zu sein (7,17) – auch wenn ihnen das kein gutes Leben garantieren kann (7,15). Die Einsicht, dass kein Mensch völlig gerecht ist, relativiert die Erfahrung, dass es den Gerechten und den Ungerechten nicht immer so geht, wie sie es verdient hätten, denn kein Mensch ist so gerecht, dass er einen Anspruch auf ein gutes Leben hätte.

Eine ähnliche Entkoppelung der Ethik von Erfolgserwartungen findet sich m. E. auch in Koh 8,10–15: Auch wenn es vorkommt, dass Sünder lange leben, »ist es gut für die Gottesfürchtigen, wenn sie sich vor Gott fürchten, und nicht gut für die Frevler … wenn sie sich nicht vor Gott fürchten« (8,12f) – selbst wenn es jenen nicht besser ergehen mag als diesen[32].

Koh 8,1–5 formuliert eine Reihe von (mehrdeutigen) Ratschlägen für ein weises Verhalten gegenüber dem König, die es dem, der sie befolgt, ermöglichen sollen, Gefahren zu entgehen (»nichts Schlechtes kennenzulernen«) – im Vertrauen darauf, dass das Herz eines Weisen »Zeit und Gericht« (עת ומשפט *'et umischpat*) kenne. Vielleicht ist mit »Zeit und Gericht« zunächst nicht mehr als die »rechte Zeit« gemeint. Im Kontext des Koheletbuchs erinnert die Wendung aber auch an 3,17, wo der Wechsel der Zeitumstände (עת *'et*) als »Gericht« (Verbum שפט *schapat*) Gottes über das Unrecht gedeutet wurde (s.o.). Dass die Weisen »Zeit und Gericht kennen«, kann dann auch so verstanden werden, dass sie wissen, *dass* im Verlauf der Zeit Unrecht von Gott bestraft werden wird – oder, noch weiter gehend, so, dass sie auch wissen, *wann* das geschehen wird[33]. Der kritische Kommentar zu den Ratschlä-

32 Koh 8,12b–13 werden häufig in dem Sinne verstanden, dass es den Gottesfürchtigen »gut gehen wird« und den Frevlern nicht. Der Abschnitt kann dann entweder als »Zitat« einer »fremden Meinung« gedeutet werden, der im Kontext (V. 11–12a.14) widersprochen wird, oder als »frommer« Zusatz zum ursprünglichen Koheletttext, der dem Kontext widerspricht. Dagegen spricht jedoch, dass die hebräische Wendung היה *hjh* + טוב *tob* + ל *l*-xy im Koheletbuch sonst nie bedeutet »es geht xy gut«, sondern immer »es ist gut für xy (etwas zu tun o. dgl.)«, vgl. 2,3; 6,12; 8,15; 11,7.

33 In diesem zweiten Sinn hat die Septuaginta den Text verstanden: καιρὸν κρίσεως γινώσκει καρδία σοφοῦ (»das Herz des Weisen kennt die Zeit des Ge-

gen von 8,1–5 in V. 6–9 bestätigt V. 5 in dem Sinne, dass es für jede Angelegenheit »eine Zeit und ein Gericht« gibt[34], bestreitet aber zugleich, dass ein Mensch im Voraus wissen kann, wann und wie sich dieses Gericht um Verlauf der Zeit vollziehen wird.

> 8,6 Für jede Angelegenheit gibt es eine Zeit und ein Gericht, denn die Bosheit des Menschen lastet schwer auf ihm. 7 Er weiß nicht, was geschehen wird. Wer würde ihm mitteilen, wie es geschehen wird?

Damit wird aber jede »Weisheit« obsolet, die auf einem solchen (vermeintlichen) Wissen aufbaut. Statt über den unvorhersehbaren zukünftigen Verlauf der Zeit zu spekulieren, sollten die Menschen sich lieber darüber klarwerden, in welcher Zeit sie gegenwärtig leben – möglicherweise ist es ja »eine Zeit, in der der Mensch über den Menschen Macht ausübt zu seinem Schaden« (V. 9)[35].

Die letzten vier Kapitel des Buches Kohelet (Koh 9,1 – 12,7) zeigen schon in ihrem Aufbau[36], wie stark die Lebensorientierung, die der Verfasser seiner Leserschaft vermitteln will, auf seinem Verständnis der Zeit als Rahmenbedingung des menschlichen Lebens beruht.

9,1–6	Der Tod als unausweichliches Ende des Menschen
9,7–10	Aufruf zu Freude und Genuss in der Gegenwart
9,11–12	Unverfügbarkeit des Erfolgs / Unsicherheit der Zukunft
9,13 – 10,20	Stärken und Schwächen der Weisheit angesichts des Zufalls
11,1–6	Unverfügbarkeit des Erfolgs / Unsicherheit der Zukunft
11,7–10	Aufruf zu Freude und Genuss in der Gegenwart
12,1–7	Der Tod als unausweichliches Ende des Menschen

In Anbetracht des sicheren Todes (9,1–6; 12,1–7) und der ungewissen Zukunft (9,11f; 11,1–6) empfiehlt es sich, Möglichkeiten zur Freude und zum Genuss, die sich in der Gegenwart ergeben, zu ergreifen und sich nicht darauf zu verlassen, dass die Zukunft solche Möglichkeiten bieten wird (9,7–10; 11,7–10). Weisheit garantiert nicht den Erfolg menschlichen Handelns. Sie kann aber unter günstigen Umständen zum Erfolg beitragen oder doch mindestens die Arbeit erleichtern. Und sie leitet den Menschen an, bei

richts«). Das entspricht der Lesart עת משפט *'et mischpat* in einigen hebräischen Handschriften.

34 Hier liest nun auch die Septuaginta καιρὸς καὶ κρίσις *kairos kai krisis* (»Zeit und Gericht«).

35 Zu den verschiedenen Verständnismöglichkeiten von V. 9 siehe *Krüger*, Kohelet, 282f.

36 Vgl. dazu *Krüger*, Kohelet, 295f.

seinem Handeln immer mit widrigen Umständen und unglücklichen Zufällen zu rechnen (9,13 – 10,20).

> 10,8 Wer eine Grube gräbt, kann hineinfallen. Wer eine Mauer einreißt, den kann eine Schlange beißen. 9 Wer Steine bricht, kann sich dabei wehtun. Wer Holz spaltet, kann sich verletzen. 10 Wenn das Eisen (der Axt) stumpf wird und man seine Schneide nicht schärft, braucht man mehr Kraft. Weisheit ist der Vorteil des Fachmanns. 11 Wenn die Schlange vor der Beschwörung beißt, hat der Beschwörer keinen Gewinn.

Die Unvorhersehbarkeit der Zukunft leitet aber nicht nur zur Vorsicht an, sondern auch zur Großzügigkeit. Unter ökonomischen Gesichtspunkten ist es eine sinnlose Verschwendung von Ressourcen, andere Menschen an seinem Glück und seinen Gütern teilhaben zu lassen. Von einem rein ökonomischen Standpunkt aus betrachtet, könnte man seine Lebensmittel genauso gut ins Wasser werfen. In Anbetracht der Unvorhersehbarkeit der Zukunft kann sich aber ganz unerwartet genau eine solches scheinbar irrationale Großzügigkeit und Freigiebigkeit als vernünftig erweisen – wenn z.B. ein Reicher verarmt und nun seinerseits auf die Freigiebigkeit und Großzügigkeit anderer angewiesen ist.

> 11,1 Wirf dein Brot ins Wasser! Nach vielen Tagen kannst du es wiederfinden. 2 Teile mit sieben oder acht! Du weißt nicht, was für ein Unglück kommen wird auf der Erde.

Das Zeitverständnis Kohelets im Kontext der Hebräischen Bibel

Was das Koheletbuch über die Zeit und im Zusammenhang damit über Gott und die Menschen sagt, mag auf den ersten Blick ein wenig befremdlich erscheinen, fällt aber bei genauerem Zusehen nicht aus dem Rahmen der Wahrnehmungen und Überlegungen zum Thema Zeit heraus, die in der Hebräischen Bibel zur Sprache kommen[37]. Mit weiten Teilen der Hebräischen Bibel setzt Kohelet voraus, dass Gott die einzige letzte Instanz ist, die die Welt und alles in ihr bestimmt, der die Mensch ihr Leben und ihr Glück verdanken und der gegenüber sie verantwortlich sind für das, was sie

37 Vgl. dazu *H.-P. Mathys*, Zeit III. Altes Testament, TRE XXXVI, 520–523; *K. Koch*, Zeit/Zeitvorstellungen II. Biblisch 1. Altes Testament, RGG^4 VIII, 1802f; *L. Schwienhorst-Schönberger*, Zeit/Zeitverständnis (AT), Das wissenschaftliche Bibellexikon im Internet: www.wibilex.de; *T. Krüger*, Zeit, in: *M. Fieger / J. Krispenz / J. Lanckau* (Hg.), Wörterbuch alttestamentlicher Motive, Darmstadt 2013, 471–475.

tun und lassen. Kohelet ist davon überzeugt, dass Gott nicht nur den Urzustand der Welt einschließlich der Zeit als Rahmen des Weltgeschehens geschaffen hat, wie es Gen 1 im Rahmen der Urgeschichte erzählt[38], sondern dass er auch ihren weiteren Verlauf bestimmt. Dementsprechend können auch gegenwärtige und zukünftige Sachverhalte als Schöpfungsakte Gottes verstanden werden, wie es in der Hebräischen Bibel insbesondere bei Deuterojesaja der Fall ist[39].

Das Buch Jesaja als Ganzes erweckt den Eindruck, dass auch die ferne Zukunft schon längst von Gott geschaffen ist, und dass ein Prophet wie Jesaja dementsprechend Einblick bekommen kann in Vorgänge, die sich erst Jahrhunderte später abspielen werden – bis hin zu den Namen der daran Beteiligten (Kyrus!). Die Überzeugung, dass Gott »alles zu seiner Zeit geschaffen hat«, steht dem sachlich nicht fern – und sie führt bei Kohelet so wenig wie im Jesajabuch zu einem Fatalismus und strikten Determinismus, sondern lässt Raum für Appelle an die Menschen, sich dem Handeln Gottes entsprechend zu verhalten, setzt also eine gewisse Handlungsfreiheit der angesprochenen Leserschaft voraus. (Wie eine Allwirksamkeit Gottes und eine gewisse Freiheit der Menschen zusammen gedacht werden können, bleibt bei Kohelet wie bei Jesaja offen.)

Dass dann, wenn Gott »alles zu seiner Zeit geschaffen« hat, nicht nur das erfahrbare Gute in der Welt als Schöpfung Gottes verstanden werden kann (wie in Gen 1), sondern auch das Schlechte und Böse auf Gott zurückgeführt werden muss, nimmt Kohelet (vgl. Koh 7,14) ebenso wie Deuterojesaja (Jes 45,6f) in Kauf[40] – und scheint darin ebenso wie Deuterojesaja kein großes Problem zu sehen. Ähnlich wie Klgl 3,38f verweist auch Kohelet angesichts der Erfahrung von Übeln auf die Schuld der Menschen – ohne ausdrücklich alles erfahrene Schlechte als Strafe für menschliche Schuld zu deuten (vgl. Koh 3,16–21; 7,13–22; 9,1–3).

Während aber Deuterojesaja davon spricht, dass Gott im Verlauf der Zeit auch »Neues« (חדש *chadasch*) schafft (vgl. Jes 43, 18f; 48,6f), gibt es nach Kohelet »nichts völlig Neues (כל חדש *kol-chadasch*) unter der Sonne« (Koh 1,9). Hier gilt es jedoch zu

38 Gen 1,1 – 2,4 beschränkt das Schöpfungshandeln dezidiert auf den Anfang der Welt und die Rahmenbedingungen des Weltgeschehens in Raum (Himmel, Erde, Meer mit Pflanzen und Tieren) und Zeit (Tag und Nacht, Jahre und Jahreszeiten). Nach sechs Tagen ist die Schöpfung fertig, und Gott beendet sein Schöpfungswirken (שבת *schabat* bezeichnet hier das Ende, nicht eine Unterbrechung des Schöpfungswirkens).

39 Vgl. Jes 41,20; 43,1.7.13.19; 48,7 u.ö.

40 Vgl. Am 3,6; Hi 2,10; Klgl 3,38; Sir 11,14.

beachten, dass Deuterojesaja und Kohelet mit »neu« nicht genau dasselbe meinen. Jes 43,16–21 stellt dem vergangenen Exodus aus Ägypten, bei dem Gott den Israeliten einen Weg durch das Meer gebahnt hat, den zukünftigen Exodus aus Babel, bei dem Gott den Israeliten einen Weg durch die Wüste bahnen wird, als etwas Neues gegenüber. Aus der Sicht von Koh 1,9 wäre ein solcher »neuer Exodus« wahrscheinlich nichts »völlig Neues« – zudem Kohelet (anders als Deuterojesaja?) Überlieferungen über einen Zug der Israeliten durch die Wüste, bei dem sie von Gott auf wunderbare Weise mit Wasser versorgt wurden, gekannt haben dürfte. Selbst die von Tritojesaja verheißene »neue Welt« (Jes 65,17ff) wäre aus der Sicht Kohelets vermutlich nicht »völlig neu«, da es in ihr weiterhin Jerusalem samt Einwohnern sowie Lämmer, Wölfe, Rinder und Schlangen gibt. Neu ist »nur«, dass das Leben der Menschen frei sein wird von Beeinträchtigungen wie Krankheiten, Kriegen und Steuern, und dass Wölfe und Löwen zu Vegetariern werden – wobei man allerdings fragen kann, ob das nicht nach Ansicht Tritojesajas am Anfang der Weltgeschichte schon einmal so gewesen ist[41].

Die Differenz zwischen Jes 65 und anderen spätprophetisch-eschatologischen Erwartungen einerseits und Kohelet andererseits scheint demnach v.a. in der unterschiedlichen Antwort auf die Frage zu bestehen, ob die Welt als Ganze im Verlauf der Geschichte so sehr aus den Fugen geraten ist[42], dass zu erwarten ist, dass Gott in einem umfassenden Akt der »Neuschöpfung« den von ihm gewollten Zustand der Welt (wieder) herstellen wird, oder ob die Welt im Wesentlichen so ist, wie Gott sie gewollt hat, und von ihm durch kleinere Korrekturen immer wieder seinen Vorstellungen entsprechend justiert werden kann. Letzteres nimmt nicht nur Kohelet an, sondern etwa auch die Priesterschrift oder Ps 104 (s. bes. V. 30, wonach Gott die Welt ständig »erneuert«). Grund dafür ist nach Koh 3,14f die Überzeugung, dass Gottes schöpferisches Wirken nicht so vorläufig und unvollkommen ist, dass es einer Nachbesserung bedürfte. Ähnlicher Meinung sind etwa auch Ps 33 (s. bes. V. 4f und 11) und dann bald nach Kohelet Jesus Sirach (bes. Sir 39,15ff).

Ein weiterer Unterschied zwischen Kohelet und der spätprophetischen Überlieferung besteht darin, dass Kohelet (wie später

41 Die Bemerkung, dass die Schlange sich weiterhin vom Staub ernähren wird, deutet darauf hin, dass die Verfasser von Jes 65,17ff zumindest Gen 2–3 kannten.

42 Vgl. zu dieser Sicht der Dinge im Wächterbuch des äthiopischen Henochbuchs (1 Hen 1–36), dessen aramäische Urfassung vielleicht älter ist als Kohelet, *V. Bachmann*, Die Welt im Ausnahmezustand (BZAW 409), Berlin 2009.

auch Jesus) das Wirken Gottes nicht so sehr in spektakulären geschichtlichen Ereignissen erkennt, sondern vielmehr in einfachen und elementaren Lebenserfahrungen einzelner Menschen, besonders in ihrer Versorgung mit Nahrungs- und Genussmitteln – darin vergleichbar späten Psalmen wie Ps 104 (bes. V. 27ff) oder Ps 145f (bes. 145,15f; 146,7ff). Neben der Grundüberzeugung, dass die Welt im Großen und Ganzen so, wie sie ist, in Ordnung ist, hat dazu vielleicht auch die Erfahrung Anlass gegeben, dass die politischen Erwartungen der Propheten sich auf weite Strecken nicht erfüllt haben[43].

Diese Erfahrung dürfte auch hinter der für Kohelet grundlegenden Überzeugung stehen, dass Gott den Menschen keinen Einblick in die Zukunft gibt. Sie steht der in Am 3,7 formulierten Überzeugung der Tradenten der Prophetenbücher, dass Gott »nichts tut, ohne seinen Dienern, den Propheten, seinen Plan offenbart zu haben«, diametral gegenüber. So deutlich wie bei Kohelet wird dieser Behauptung in der Hebräischen Bibel sonst selten widersprochen. Doch gibt es selbst in der prophetischen Überlieferung gewichtige Stimmen, die die Aufgabe der Prophetie nicht in der Vorhersage der Zukunft sehen, sondern im Aufruf zur Umkehr, und deshalb damit rechnen, dass Gott seine Pläne auch ändern kann (vgl. bes. Jer 18,5ff und Jon). Auch das Dtn sieht die Aufgabe der Propheten weniger in der Prognostik als in der Ermahnung zur richtigen Gottesverehrung (vgl. Dtn 13,2ff; 18,9ff).

Kohelets Beharren auf der Unvorhersehbarkeit der Zukunft wirft aber nicht nur ein kritisches Licht auf die prophetische Tradition, sondern auch auf Hoffnungen auf ein (wie auch immer konkret vorgestelltes) Weiterleben nach dem Tod, wie sie etwa in Ps 49 und 73 zum Ausdruck kommen – in Ps 73,25 verbunden mit einem bedürfnislosen Leben vor dem Tod. Gegen solche Erwartungen spricht aus der Sicht Kohelets auch, dass Gott die Menschen offenbar ebenso sterblich und endlich geschaffen hat wie die Tiere – ein Argument, das wenig später auch Jesus Sirach ins Feld führt, um seine Leserschaft dazu aufzurufen, sich mit der Sterblichkeit und dem Tod abzufinden (Sir 41,4). Wenn demgegenüber die Weisheit Salomos feststellt, Gott habe den Tod nicht gemacht, sondern alles zum Dasein geschaffen (Weis 1,13f), spielt sie damit vielleicht auf Koh 3,14 an, wonach »alles, was Gott

43 Das Scheitern aller wichtigen prophetischen Prognosen in der Hebräischen Bibel (vgl. zuletzt Dan 10ff) wurde von deren Tradenten wohl nicht als solches wahrgenommen, sondern als Anstoß zu ihrer Neuinterpretation aufgefasst, die dann ihrerseits wieder neue Erwartungen weckte.

macht, ewig (so) bleibt«. Deutlich ist jedenfalls, dass es bei der frühjüdischen Diskussion über ein allfälliges Leben nach dem Tod nicht darum geht, ob Gott seine Beziehung zu Menschen über deren Tod hinaus aufrecht erhalten *kann*, sondern darum, ob er das *will*.

Auch schon vor dem Tod können aber die Menschen nach Kohelet nicht im Voraus wissen, was in der Zukunft geschehen wird. Auch Fleiß, Weisheit und Moral können ihnen kein zukünftiges Glück garantieren. Damit widerspricht Kohelet jüngeren, vielleicht sogar erst zeitgenössischen Entwicklungen der Weisheitsüberlieferung, die für uns insbesondere in Spr 1–9 greifbar werden und ihrer Hörer- und Leserschaft ohne jeden Vorbehalt eine glänzende Zukunft in Aussicht stellen, wenn sie sich in ihrer Jugend um Weisheit und Gerechtigkeit bemühen: langes Leben, Reichtum und Ehre, bis hin zum Zugang zum paradiesischen Baum des Lebens (Spr 3,13–18). Wie schon das Buch Hiob zeigt, halten solche Versprechungen der menschlichen Lebenserfahrung nicht stand.

Diese Hinweise auf die Einbettung des Koheletbuchs in die theologischen Diskussionen seiner Zeit, die in der Hebräischen und dann der Griechischen Bibel ihren Niederschlag gefunden haben, sollten deutlich machen, dass es nicht angebracht ist, Kohelet mit seinem Zeitverständnis als Außenseiter, Randsiedler oder gar blinden Passagier im Kanon der Hebräischen Bibel zu brandmarken und mundtot zu machen, wie es in Darstellungen der alttestamentlichen oder biblischen Theologie – sehr zu deren Nachteil – immer wieder geschieht[44]. Vielmehr werden hier berechtigte und notwendige Fragen gestellt und mindestens mögliche Richtungen für ihre theologische Bearbeitung angezeigt. Eine biblische Theologie, die dem kritischen Denken Kohelets ausweicht, fällt hinter das in der Hebräischen Bibel erreichte Reflexionsniveau zurück.

* * *

44 Vgl. als jüngere Beispiele *F. Crüsemann / M. Crüsemann*, Zeitvorstellungen, Sozialgeschichtliches Wörterbuch zur Bibel, hg. von *F. Crüsemann / K. Hungar / C. Janssen / R. Kessler / L. Schottroff*, Gütersloh 2009, 669–675, hier 672 (Kohelets Zeitverständnis steht im »Widerspruch zum Kern des biblischen Zeitverständnisses«); *R. Feldmeier / H. Spieckermann*, Der Gott der Lebendigen, Tübingen 2011, 411ff.

Abstract
The Book of Qohelet presents the most elaborate discussion of the topic of time in the Hebrew Bible. Humans experience time as past, present and future. The more distant a period of time is from the present, the less people know about it. Thus time limits their knowledge and their ability to carry out plans, the more so because fitting occasions come and go in the course of time in a way that is not fully foreseeable. Those who can be happy only if they manage to achieve their goals, like the king in chapters 1–2, are necessarily driven to despair by the experience of time. But if one, like the authorial voice in chapters 3–12, understands time as a creation of a god who sometimes lets people be happy, sometimes punishes them for mistakes, and sometimes reminds them of their limits, one is in with a chance to find some happiness in life, the more so if people let others take part in their fortune. With regard to its view of time the Book of Qohelet overlaps with a large part of the Hebrew Bible. However, there is a marked difference between Qohelet's insistence on the limits of human knowledge of the future and an optimistic wisdom that claims to know the sure way to success in life, or late prophetic traditions which claim to know in detail what will happen until the end of the world. From today's perspective, Qohelet obviously is proved right against these other streams of biblical thought.

Thomas Krüger, geb. 1959, Dr. theol., ist Professor für alttestamentliche Wissenschaft und altorientalische Religionsgeschichte an der Universität Zürich.

Paul Metzger

»Tropfen und Rauch« (4Esr 4,50)

Das Zeitverständnis im apokalyptischen Denken

»Time is an ocean of endless tears.« (Paul Simon)

»Nur noch Tropfen und Rauch« (4Esr 4,50) sind übrig. Kein Regen mehr, kein Feuer – lediglich Tropfen und Rauch müssen die Leser einer Apokalypse noch aushalten. Dann ist die Zeit zu Ende.

Die Apokalyptik blickt in die Zukunft und verknüpft diesen Blick mit der Zuversicht in Gottes Schöpfung. Sie denkt vom Fall Adams her, der ein böses Herz in sich trug (4Esr 4,21), deshalb der Versuchung erlag, wie Gott sein zu wollen und dabei nicht merkte, dass »er schon ein Gott war.«[1] Als letztem Menschen stand ihm nämlich das Paradies offen und der unbarmherzig verrinnenden Zeit war er nicht ausgesetzt. Die Apokalyptik beschäftigt sich in dieser Perspektive mit dem Problem, dass der Mensch nach dem Fall Adams »nicht mehr alles und nicht mehr für immer«[2] hat, sondern sich hilflos einem bösen Leben ausgesetzt sieht. Im Gegensatz zum modernen Menschen, der an einem »Übermaß der Natur an Zeit, gemessen an der des Lebens«[3] leidet, den die »unschlichtbare Rivalität zwischen Lebenszeit und Weltzeit«[4] zuweilen zu dem Trotz führt, die aufbrechende Divergenz zwischen dem, was er erleben will und erleben kann, zu negieren,[5] sieht die Apokalyptik das Verrinnen der Zeit nicht als Katastrophe an, sondern als Ausweg aus ihrem Dilemma. Wenn der Gott dieser Welt derjenige ist, der Israel erwählt hat, warum erfährt das Volk diese Erwählung nicht?[6] Die Diskrepanz zwischen Erleben und Glauben

1 *H. Blumenberg*, Lebenszeit und Weltzeit, Frankfurt a.M. 1981, 36.
2 *Blumenberg*, Lebenszeit (s. Anm. 1), 37.
3 *Blumenberg*, Lebenszeit (s. Anm. 1), 27.
4 *Blumenberg*, Lebenszeit (s. Anm. 1), 27.
5 *Blumenberg*, Lebenszeit (s. Anm. 1), 77. Vgl. *H. Weder*, Die Verflüchtigung der Gegenwart. Neutestamentliche Anmerkungen zur apokalyptischen Zeit-Stimmung, in: *H. Holzhey / G. Kohler*, In Erwartung des Endes. Apokalyptik und Geschichte (Theophil 7), Zürich 2001, 53–67, hier 54: »Während der antike Mensch die Katastrophe mit Sehnsucht erwarten kann, weil sie seiner Bedrängnis ein Ende macht, muss sie der moderne Mensch fürchten.«
6 Gründlich informiert *M. Tilly*, Apokalyptik, Tübingen 2012, über die grundlegenden Probleme der Apokalyptik. Vgl. zum Überblick außerdem *J. Frey*, Die Apokalyptik als Herausforderung der neutestamentlichen Wissenschaft. Zum Problem: Jesus und die Apokalyptik, in: Apokalyptik als Herausforderung neutes-

zerbricht die traditionellen Glaubensüberzeugungen und fordert zur neuen Sinndeutung heraus.[7] »Zu offensichtlich war der Widerspruch zwischen den traditionellen Heilshoffnungen und der erfahrenen Wirklichkeit.«[8]

Um das Verständnis und die Bedeutung von Zeit im Rahmen des apokalyptischen Denkens zu skizzieren, sollen wenige, aber zentrale apokalyptische Texte des antiken Judentums kurz auf ihre die Zeit betreffenden Aussagen durchgesehen und vorgestellt werden. Dabei geht um das Verständnis von Zeit, nicht um einen bestimmten Begriff.[9] Interessant ist hier lediglich die theologische Vorstellung von Zeit, die in apokalyptischen Texten anzutreffen ist, weitere Dimension der Zeit (die biologisch-biographische oder die chronologisch-objektive) bleiben außer Acht.[10] Dabei wird in einer leider nur näherungsweise zutreffenden chronologischen Reihenfolge vorgegangen:[11] Zunächst kommt das biblische Danielbuch, die »Ur-

tamentlicher Theologie, hg. v. *M. Becker* / *M. Öhler* (WUNT II 214), 23–94; *F. Hahn*, Frühjüdische und urchristliche Apokalyptik. Eine Einführung, BThSt 36, Neukirchen-Vluyn 1998.

7 Vgl. *E. Brandenburger*, Die Verborgenheit Gottes im Weltgeschehen. Das literarische und theologische Problem des 4. Esrabuches, AThANT 68, Zürich 198, 167, der »eine tiefe Krise angesichts der traditionellen Weltorientierung« erkennt. *M. Hengel*, Judentum und Hellenismus. Studien zu ihrer Begegnung unter besonderer Berücksichtigung Palästinas bis zur Mitte des 2. Jh. v.Chr. (WUNT 10), Tübingen ³1988, 355, sieht deshalb das Bedürfnis nach »einer neuen Interpretation der Geschichte« vordringlich.

8 *Tilly*, Apokalyptik (s. Anm. 6), 38.

9 Vgl. zum Wortfeld »Zeit« und seiner verschiedenen Begriffe den Überblick von *J.Guhrt* / *W.Kraus* / *H.C. Hahn*, Zeit/Ewigkeit, TBLNT 2, Wupperteil 2000, 1993–2022. Zu einem lexikalischen Vorgehen siehe auch *J. Barr*, Biblical Words for Time (SBT 33), London 1962. Einen Überblick über die Zeitkonzeptionen des Alten Testaments gibt *S.J. DeVries*, Yesterday, Today and Tomorrow. Time and History in the Old Testament, Grand Rapids 1975, zum Judentum: *P. Steensgaard*, Time in Judaism, in: *A.N. Balslev* / *J.N. Mohanty* (Hg.), Religion and Time (SHR 54), Leiden 1993, 63–108.

10 Im Anschluss an *T. Gretler*, Zeit und Stunde. Theologische Zeitkonzepte zwischen Erfahrung und Ideologie in den Büchern Kohelet und Daniel, Zürich 2004. Siehe hier die Auslistung und Diskussion der verschiedenen hebräischen Lexeme, die mit dem deutschen Begriff »Zeit« in Verbindung stehen.

11 Wahrscheinlich dürften die »Traumvisionen« und die »Zehnwochenapkalypse« des äthHen ungefähr zur selben Zeit wie die Danielvisionen entstanden sein, also »roughly contemporary with Daniel« (*J.J. Collins*, A Commentary on the Book of Daniel, Minneapolis 1993, 59) sein. Die genaue Datierung (ob z.B. die »Tiervision« des äthHen oder dessen »Zehnwochenapokalypse« älter als Daniel sind) kann für den vorliegenden Zusammenhang außer Acht gelassen werden, da laut *Collins*, Daniel, 59, keine theologische Abhängigkeit der beiden Texte zu belegen ist. Vgl. zu den verschiedenen Standpunkten *B. Ego*, Vergangenheit im Horizont eschatologischer Hoffnung. Die Tiervision (1Hen 85–90) als Beispiel apokalyptischer Geschichtskonzeption, in. *E.-M. Becker* (Hg.), Die antike Historiogra-

Apokalpyse«,[12] und sodann die beiden wichtigsten außerkanonischen Apokalypsen (äthHen; 4Esr) exemplarisch in den Blick.

1. Daniel

Für das Buch Daniel und den äthHen gelten ähnliche Entstehungsbedingungen,[13] von denen der gemeinsame Erlebenshorizont des antihellenistischen Widerstands um das Jahr 167 v.Chr. das wichtigste Kennzeichen sein dürfte: »Plötzlich war die Gegenwart voller ungeheuerlicher Ereignisse, die nach einer theologischen Deutung schrien.«[14] Durch das unerfüllte und deshalb aussagekräftige vaticinium in Dan 11,40.45f lässt sich die Endredaktion des Buches wohl in die Zeit zwischen 167–165 v.Chr. einordnen.[15]

Was die Konzeption von Zeit im Danielbuch angeht, so findet sich hier eine Ausgestaltung von Geschichtstheologie, die für die folgende Apokalyptik grundlegend sein wird.[16] Die Verfasser behaupten, dass in der Geschichte Gott selbst am Werk ist, aber nur von denjenigen erkannt werden kann, die den verborgenen Plan Gottes erkennen.[17] Allein der »Blick in den Himmel, den [dem Leser] die Visionen Daniels verschaffen, ermöglicht dem Leser zu erkennen, in welchem Reich er lebt und wie lange Zeit den irdischen Mächten, den Königen und Reichen noch zugestanden ist, auch welche Frist ihm selbst noch verbleibt bis zum großen Ende.«[18]

phie und die Anfänge der christlichen Geschichtsschreibung (BZNW 129), Berlin / New York 2005, 171–195; hier 172, die davon ausgeht, dass die »Tiervision« »als frühester umfassender apokalyptischer Entwurf gelten kann« und *F. Dexinger*, Henochs Zehnwochenapokalypse und offene Probleme der Apokalyptikforschung (StPB 29), Leiden 1977, 189, der die »Zehnwochenapokalypse« als »die erste eigentliche Apokalypse« ansehen will.

12 *G.S. Oegema*, Apokalypsen (JSHRZ VI/1,5), Gütersloh 2001, 138.

13 Vgl. zu den Einleitungsfragen zum Danielbuch *M. Witte*, Das Danielbuch, in: *J.C. Gertz* (Hg.), Grundinformation Altes Testament, Göttingen 2006, 478–489.

14 *A. Bedenbender*, Der Gott der Welt tritt auf den Sinai. Entstehung, Entwicklung und Funktionsweise der frühjüdischen Apokalyptik (ANTZ 8), Berlin 2000, 102.

15 Vgl. übereinstimmend *Witte*, Danielbuch (s. Anm. 13), 486; *O. Kaiser*, Grundriß der Einleitung in die kanonischen und deuterokanonischen Schriften des Alten Testaments. Band 2: Die prophetischen Werke, Gütersloh 1994, 172–174.

16 Vgl. zur Geschichtstheologie des Danielbuches *Kaiser*, Grundriß (s. Anm. 15), 172–174.

17 Wie *Ego*, Vergangenheit (s. Anm. 11), 180, mit dem Hinweis auf das »Augenöffnen« der Lämmer (äthHen 90,6) treffend beobachtet, betont auch die »Tiervision« des äthHen, dass der gesamte »Geschichtsprozeß auch als eine Art Erkenntnisprozeß« aufgefasst werden muss.

18 *J.-C. Lebram*, Das Buch Daniel, ZBK.AT 23, Zürich 1984, 15.

Deshalb ist es nur folgerichtig, dass mit Daniel die Figur des »Weisen« (Dan 1,4) als Empfänger der himmlischen Offenbarung eingeführt wird.

Während in den Kapiteln 1–6 Daniel als Protagonist verschiedener Erzählungen auftritt,[19] wandelt er sich zum Visionär in den Kapiteln 7–12, »the most important example of apocalyptic literature in the HB«.[20]

Interessant für das Zeitkonzept sind besonders die Visionen Daniels, da sie in mehr oder minder verhüllter Perspektive das theologische Nachdenken über Zeit sichtbar werden lassen. In verschiedenen Anläufen werden in ihnen die verschiedenen Weltreiche aufgezählt, die in der Weltgeschichte vorüber gehen. Entweder als Statue mit verschiedenen Metallen (Dan 2) oder als aufeinanderfolgende Tiere (Dan 7 bzw. 8)[21] werden die Weltreiche charakterisiert und somit ein scharfer Kontrast zum endgültigen Reich des humanen Gottes gezeichnet. Bestimmend für diese Visionen ist die Überzeugung, dass Gott allen Reichen eine Frist gesetzt hat und damit auch die Zeit bis zu ihrem Ende hin überblickt.[22] Da die Visionen zum Ende hin immer detaillierter werden, lässt sich das besondere Interesse des Textes an der eigenen Zeit erkennen. Er ist nur bedingt an dem großen Zusammenhalt der Geschichte interessiert, sondern blickt vielmehr auf seine Gegenwart, die allerdings ihrerseits auch wiederum lediglich auf das Ende hin zu durchleben ist.[23] Bezeichnend ist dabei die Steigerung der Gottlosigkeit durch die verschiedenen Stadien der Geschichte. Während sich z.B. Nebukadnezar noch wenigstens punktuell unter den Willen Gottes beugt, zeichnet die Herrscher der Gegenwart eine besondere Frevelhaftigkeit aus. Besonders der letzte König – zu beziehen auf Antiochus IV. Epiphanes[24] – wird deutlich als ein frecher und verschlagener König (Dan 8,23) gekennzeichnet, was den Niedergang der menschlichen Macht verdeutlicht. Was der fiktive Daniel in der fiktiven Erzählzeit des babylonischen Exils offenbart bekommt, bedeutet für den Leser der Schrift also, dass er das Ende der Geschichte als seine eigene Gegenwart erkennt.[25]

19 Von *D. Smith-Christopher*, Daniel (Book and Person), EBR 6, Berlin / New York 2013, 87, werden diese Erzählungen als »court stories« bezeichnet.

20 *Smith-Christopher*, Daniel (s. Anm. 19), 89.

21 Vgl. den Überblick über die Visionen inklusive ihrer Deutung bei *Witte*, Danielbuch (s. Anm. 13), 479.

22 Vgl. *Gretler*, Zeit (s. Anm. 10), 235: »Im Lauf der Zeit … kann die Planung des Schöpfergottes in der Geschichte erkannt werden.«

23 Vgl. *Collins*, Daniel (s. Anm. 11), 61.

24 Vgl. *O. Plöger*, Das Buch Daniel (KAT 18), Berlin 1965, 129.

25 Vgl. *Lebram*, Daniel (s. Anm. 18), 15.

Die letzte Phase der Geschichte, die mit verschiedenen, sich wohl gegenseitig korrigierenden Zeitangaben – 3,5 Jahre (Dan 7,25; 9,27; 12,7); 2300 Abenden und Monden (Dan 8,14); 1290 Tagen (Dan 12,11); 1335 Tagen (Dan 12,12) – versehen wird,[26] ist dementsprechend besonders ausgebaut und versichert somit den Lesern, dass die Zeit definitiv an ihr Ende kommt, da die Zeit des Frevels ihren Höhe- und Endpunkt erreicht hat (Dan 8,25).[27]

Der Text setzt voraus, dass Gott die Zeit in verschiedene Stadien unterteilt hat, die definitiv ablaufen werden. Dan 9,24 spricht z.B. ganz konkret von 70 Wochen und knüpft damit an die Tradition aus Jer 25 an,[28] wonach Israel 70 Jahre verwüstet sein soll.[29] Durch eine solche Kombination erscheint die Gegenwart des Lesers als »eine von Gott geordnete Zeit mit vorausbestimmten Geschehen.«[30] Sicherlich wehrt sich der Text mit seinen verschiedenen und unausgeglichenen Fristenangaben in seiner vorliegenden Gestalt gegen eine genaue Berechnung des Endes,[31] woran er aber festhält, ist die Determination der Zeit, die hinter der Rede einer Befristung steht. So wirken die Zahlenangaben – auch wenn sie unberechenbar sind – doch vertrauensbildend für den Leser, der sich durch das festgelegte Ende getröstet wissen darf.[32]

Der Lauf der Geschichte lässt also nicht von sich aus auf Gott schließen, sondern hier muss die Grenze der menschlichen Erkenntnis akzeptiert[33] und mit Hilfe von Gott selbst überwunden werden. Eine Theologie der Geschichte kann es damit nur von Gott her geben, sie kann der Mensch aus eigener Beobachtung der Geschichte nicht bilden. Dieser Skepsis gegenüber dem menschlichen Erkenntnisvermögen entspricht das Misstrauen gegenüber menschlichem Handeln in der Geschichte. Durchweg wird das menschliche Handeln nur unter dem Aspekt des Vorläufigen be-

26 Vgl. *Gretler*, Zeit (s. Anm. 10), 237; 259.

27 Vgl. *Lebram*, Daniel (s. Anm. 18), 15; *Hahn*, Apokalyptik (s. Anm. 6), 30.

28 Diese Anknüpfung an Jeremia belegt, »that Daniel stands in continuity with the prophetic tradition.« (*Collins*, Daniel (s. Anm. 11), 59.

29 Zur näheren Bedeutung der »70 Jahre« und der sich anschließenden Spekulationen und Berechnungen vgl. *H. Burgmann*, Vorgeschichte und Frühgeschichte der essenischen Gemeinden von Qumran und Damaskus (ANTI 7), Frankfurt a.M. 1987, 23ff.

30 *Gretler*, Zeit (s. Anm. 10), 238.

31 Vgl. *Smith-Christopher*, Daniel (s. Anm. 19), 90.

32 Vgl. *Gretler*, Zeit (s. Anm. 10), 237; 260: »Allen Angaben gemeinsam ist, dass eine zeitliche Begrenzung und ein Ende, das schon immer feststeht (11,6.13), vorausgesetzt sind.«

33 Vgl. *Gretler*, Zeit (s. Anm. 10), 240. Deshalb braucht es »ein eschatologisches Geheimwissen« (*Kaiser*, Grundriß [s. Anm. 15], 172, um den Lauf der Geschichte theologisch zu verstehen.

trachtet, da das endgültige Handeln von Gott ausgeht und keiner menschlichen Hilfe bedarf.[34] Das menschliche Reich, auf das die Geschichte hinausläuft, wird demnach nicht innerweltlich von Menschen erreicht und errichtet, sondern beginnt und läuft ab »ohne Zutun von Menschenhänden« (Dan 2,34), wird lediglich repräsentiert von einem, der aussieht »wie eines Menschen Sohn« (Dan 7,13).

Dieser grundlegenden Skepsis gegenüber dem menschlichen Vermögen ist es geschuldet, dass das Danielbuch auch darauf verzichtet, zu irgendeinem Handeln aufzurufen. Es nimmt die Gegenwart als Zeit des Unheils hin, leitet daraus aber keinen Handlungsimpuls ab. Seine Leser sollen ihre Zeit nicht (vielleicht gewaltsam) verbessern, sondern nur in ihr ausharren. Daniel will sie »zu passivem Widerstand«[35] aufrufen. Die Hoffnung richtet sich allein auf Gott, der die Wende der Zeiten herbeiführen soll, weshalb die Menschen zum passiven Erdulden verurteilt sind. Das Buch ist der Meinung, »dass es in der Gegenwart nichts zu verändern gibt.«[36] Das ist die andere Seite der Trostmedaille. Aus dieser Sicht des menschlichen Tuns erwächst neben dem Entwurf eines gegen den Augenschein sinn- und heilvollen Geschichtsbildes ein weiteres typisches Merkmal der Apokalyptik: die »Leidenspädagogik«. Wer leidet, weiß, dass er gerecht sein muss, weil die Welt ungerecht ist. Wer leidet, ist sich also seiner Erwählung sicher.[37]

Das Reich Gottes, das am Ende der Zeit steht, wird demnach aus der menschlichen Gewaltssphäre enthoben und allein Gott zugeordnet. Einen Aufruf zum Freiheitskampf (der Makkabäer) kann man in Dan nur schwerlich erkennen.[38]

Für das Erleben von Zeit bleibt für Dan festzuhalten:

Erstens bringt das Buch – wohl nahezu zeitgleich mit verschiedenen Textpartien des äthHen – den Gedanken einer Determination der Zeit in die Diskussion um die Deutung der Gegenwart.

34 Vgl. *Collins*, Daniel (s. Anm. 11), 61, der betont, »that the situation is beyond human control.«

35 *K. Koch*, Daniel und Henoch – Apokalyptik im antiken Judentum, in: *B.U. Schipper / G. Plasger* (Hg.), Apokalyptik und kein Ende? (BTSP 29), Göttingen 2007, 31–50; hier 34.

36 *Gretler*, Zeit (s. Anm. 10), 283.

37 Vgl. *Hahn*, Apokalyptik (s. Anm. 6), 82, der dem Leiden »eine geradezu heilspädagogische Funktion« zuspricht.

38 Vgl. *Lebram*, Daniel (s. Anm. 18), 32, sieht Dan in Opposition zu der Bewegung der Makkabäer und wundert sich: »Es ist merkwürdig, daß ein Buch wie das Danielbuch zur Unterstützung einer Bewegung benutzt worden ist, die sein Verfasser bekämpft hat.« *Kaiser*, Grundriß (s. Anm. 15), 172, urteilt deshalb, dass sich die Träger der Danielüberlieferung den Makkabäern allenfalls vorübergehend angeschlossen haben.

Zweitens kennt es eine Abfolge von Weltreichen mit negativem Gefälle zum positiven Ende hin.[39] Dieses Ende wird dann nicht nur das Ende der Welt bedeuten, sondern auch gleichzeitig die Zeit selbst beenden. Das Reich Gottes wird ganz im Gegensatz zu den »tierischen« Reichen keiner Frist unterworfen sein, sondern ewig bestehen, also dem Verlauf der Zeit enthoben sein. Drittens versichert es dem Leser, dass seine Zeit der Leiden nicht mehr lange dauern wird. Damit richtet es noch keine exakt festgelegte Zwei-Äonen-Lehre auf und noch erscheint kein harter Dualismus zwischen einer absolut verdorbenen Weltzeit und dem künftigen Zeitalter. Allerdings lassen sich diese apokalyptischen Merkmale als Fortführungen der Gedanken Daniels begreifen.

2. Der äthiopische Henoch

Der äthHen besteht aus verschiedenen Textpartien, die in verschiedenen Epochen entstanden, tradiert und schließlich kombiniert wurden.[40] Um die Bedeutung der Zeit für den äthHen zu eruieren, sind besonders die Traumvisionen Henochs (äthHen 83–91) und die sog. »Zehnwochenapokalypse« (äthHen 92–93) interessant.

Zwar beginnt die Apokalypse direkt mit dem Ausblick auf das Kommen Gottes am Ende der Zeit und legt somit von Anfang an fest, dass die Zeit der Welt begrenzt ist, nimmt also die Spannung auf Erlösung vorweg (äthHen 1,3–4), doch konzentriert sich der Text zunächst auf die Erzählungen um die Wächter. Dass die Geschichte insgesamt so ablaufen wird, wie Gott sie vorherbestimmt hat, wird im ganzen Text aber ständig vorausgesetzt (z.B. äthHen 2,1).

Um genauer über die Vorstellung der Zeit Auskunft geben zu können, muss deshalb in erster Linie die Idee einer Determination von Zeit betrachtet werden, die »die systematisierende Geschichtsschau priesterlicher Weisheit mit einer von der prophetischen Überlieferung her bestimmten Eschatologie kombiniert hat.«[41]

Aufgeschreckt durch die erste Vision Henochs im Rahmen des »Traumbuches«, in der der Himmel auf die Erde fällt und diese vernichtet, wendet sich der Protagonist Henoch an Gott, um für

39 Vgl. *Koch*, Daniel (s. Anm. 35), 39.; *Collins*, Daniel (s. Anm. 11), 61: »The perspective of the Book of Daniel is that no human kingdom is final, and that human hope is not for this world only.«

40 Vgl. zu den Einleitungsfragen *Oegema*, Apokalypsen (s. Anm. 12), 131ff. Zitiert wird der Text nach der Übersetzung von S. *Uhlig*, Das Äthiopische Henochbuch (JSHRZ V/6), Gütersloh 1984.

41 *Hengel*, Judentum (s. Anm. 7), 345.

das Überleben der gerechten Menschen zu beten. Hier taucht der Begriff »ewig« auf: Gott soll »das Fleisch der Gerechtigkeit und des Rechts für ewig zur samentragenden Pflanze« machen (äthHen 84,6). In äthHen 10,16 benutzt Gott selbst in seinem Befehl an Michael, Semyaza zu vernichten, eine analoge Wendung und eröffnet hier selbst einen Blick in die erhoffte Zeit, in der »die Pflanze der Gerechtigkeit und der Wahrheit« erscheinen und »in Ewigkeit« gepflanzt werden wird.[42]

Allerdings bleibt bis zu den Traumvisionen eine vollständige Behandlung der Weltzeit aus dem Blick und wird lediglich implizit vorausgesetzt. Die »Tiervision« (äthHen 85–90)[43] des äthHen gibt die Antwort auf Henochs Gebet.[44] Henoch bekommt darin verschiedene Tiere (Bullen, Schafe, Adler, Esel usw.)[45] vorgeführt, die wiederum die Geschichte Israels im Rahmen der Weltgeschichte symbolisieren. Folgenden Perioden lassen sich dabei unterscheiden:[46]

1. äthHen 85: Adam und Eva und ihre Nachkommen
2. äthHen 86–88: Der Sturz der Engel und ihre Strafe
3. äthHen 89,1–9: Noah und die Sintflut
4. äthHen 89,10–27: Abraham und Mose
5. äthHen 89,28–40: Wüstenwanderung und Landnahme
6. äthHen 89,41–59: Richterzeit bis Tempelbau
7. äthHen 89,51–67: Reichsteilung und Zerstörung Israels
8. äthHen 89,68–71: Exil und Rückkehr
9. äthHen 89,72–79: Kyros und Alexander
10. äthHen 90,1–5: Alexander und die Seleukiden
11. äthHen 90,6–12: Seleukiden und Makkabäeraufstand
12. äthHen 90,13–19: Angriff der Heiden
13. äthHen 90,20–27: Das Gericht
14. äthHen 90,28–38: Das messianische Reich

Mit Hilfe der verschiedenen Tiere gelingt es dem äthHen die Israel betreffende Weltgeschichte in seine Periodisierung der Zeit einzu-

42 Vgl. *Bedenbender*, Gott (s. Anm. 14), 128ff zur Diskussion um die Bedeutung der »Pflanzen«-Vorstellung.

43 Vgl. *Ego*, Vergangenheit (s. Anm. 11), 175, die den Text als »allegorische Geschichtsdarstellung« mit Hilfe einer »Metasprache« charakterisiert.

44 Vgl. *G. Reese*, Die Geschichte Israels in der Auffassung des frühen Judentums, Eine Untersuchung der Tiervision und der Zehnwochenapokalypse des äthiopischen Henochbuches, der Geschichtsdarstellung der Assumptio Mosis und des 4 Esrabuchs (BBB 123), 1999, 16.

45 Vgl. zur Deutung *Bedenbender*, Gott (s. Anm. 14), 110ff; *Ego*, Vergangenheit (s. Anm. 11), 175ff.

46 Vgl. *Oegema*, Apokalypsen (s. Anm. 12), 133. Zur eingehenden Behandlung vgl. *Reese*, Geschichte (s. Anm. 44), 15–53.

beziehen und gleichzeitig, die Geschichte Israels als den roten Faden der ihn interessierenden Geschichte zu bestimmen.[47] Für die Welt und deren Zeit an sich hat er keinen Blick. Im Text erschöpft sich die Bedeutung der Welt in ihrem Verhältnis zu Israel.[48]

Gleichzeitig wird durch die Auflistung der Perioden deutlich, dass der äthHen allenfalls unterschwellig von einem Dualismus der zwei Zeiten ausgeht,[49] dass er zwar in der logischen Flucht des Gedankens diesen Dualismus von Heil (des kommenden Äons) und Unheil (des gegenwärtigen Äons) teilt, dass aber dieser Gedanken nicht konsequent durchgehalten wird.[50] Dafür spricht nicht nur die dezidierte Vielzahl der Phasen – also nicht nur dieser und der nächste Äon –, sondern auch das Auftreten von positiven Gestalten (in der Visionssprache: weiße Bullen; weiße Schafe usw.) in der Geschichte, die durchaus eine heilvolle Rolle spielen.[51] Die Geschichte selbst ist demnach für Israel ambivalent und weist weder ein reines Negativgefälle auf, noch eine durchgehend unheilvolle Zeit.[52] So kennt der äthHen demnach nicht nur einen schroffen Zwei-Zeiten-Dualismus nicht, sondern unterscheidet in diesem Zusammenhang auch nicht strikt zwischen der Welt des Unheils und der des Heils.[53] Gerade die Tiervision »weiß sehr wohl von zurückliegenden Epochen, die sich als ›Heilsgeschichte‹ bezeichnen ließen.«[54] Gott hat sich demnach aus diesem Äon nicht zurückge-

47 Vgl. *Ego*, Vergangenheit (s. Anm. 11), 186, die deshalb zu Recht »von einem universalgeschichtlichen Entwurf« spricht.

48 Vgl. *Reese*, Geschichte (s. Anm. 44), 46: »Nicht ein allgemeines Interesse am Erkennen geschichtlicher Zusammenhänge hat diese Geschichtsdarstellung verursacht, sondern das Wissen davon, in einem ganz bestimmten Geschichtszusammenhang zu stehen, den man sich vor Augen halten muß und will, um seinen eigenen Standort innerhalb dieser Geschichte zu bestimmen.« Vgl. *Ego*, Vergangenheit (s. Anm. 11), 184.

49 Vgl. *Dexinger*, Zehnwochenapokalypse (s. Anm. 11), 185: »Der Dualismus ist kein absoluter.«

50 Vgl. *Hengel*, Judentum (s. Anm. 7), 347.

51 Während z.B. *Ego*, Vergangenheit (s. Anm. 11), 193, im Bezug auf den äthHen zu Recht sagen kann: »Erfahrungen der Heilsgeschichte zeigen, daß die endzeitlichen Hoffnungen ihr fundamentum in tempore haben«, trifft dies auf den 4Esr nicht zu. Hier birgt die Weltgeschichte nur Unheil für den Gerechten, ein Heilsfundament kann in ihr nicht erblickt werden. Vgl. *Reese*, Geschichte (s. Anm. 44), 48, der zu Recht darauf hinweist, dass hier eine gravierende Differenz zwischen den Konzeptionen des äthHen und des 4Esr vorliegt. Wenn z.B. *Steensgaard*, Time (s. Anm. 9), 98, behauptet: »History had … become a sequence of events which had been predetermined long before and which was fundamentally characterized by evil«, dann kann er dies nur mit dem 4Esr belegen (z.B. 4Esr 7,112–114), nicht mit dem ätHen.

52 Vgl. *Ego*, Vergangenheit (s. Anm. 11), 189.

53 Vgl. *Reese*, Geschichte (s. Anm. 44), 48.

54 *Bedenbender*, Gott (s. Anm. 14), 127.

zogen, um lediglich dessen Ende zu erzwingen, sondern die Geschichte Israels kann immer noch »Bezugspunkt aller Reflexionen bleiben.«[55]

Wichtiger als der Gegensatz der zwei Zeiten ist für den äthHen also die Betonung des vorbestimmten Ablaufs: »Alles wird kommen und sich erfüllen« (äthHen 90,41). Dies ist für die Leserschaft des Textes keine Drohung, sondern ein Versprechen. In äthHen 92,2 wird dies deutlich, wenn Henoch »seine Kinder« tröstet, indem er auf die »Zeiten« hinweist, die von Gott gesetzt wurden. Dass Gott die Zeit des Gerichts festgesetzt hat, bedeutet in der Konsequenz für den äthHen aber nicht, dass damit auch jede einzelne Phase der Geschichte und deren konkrete Ereignisse von Gott festgelegt wurden. Die Vorsehung Gottes überblickt zwar das große Ganze, aber die Geschichte ist deshalb nicht »en detail« von Gott prädestiniert, vielmehr setzt sich die Geschichte »gerade aus einem Gegen- und Miteinander göttlichen und menschlichen Handelns zusammen.«[56] Gott erscheint »nicht als Lenker des ganzen Weltgeschehens mit allen seinen Schattenseiten, sondern als der, der wieder und wieder ein ›Ende‹ bewirkt – und dem darum zugetraut werden kann, daß er das eine große noch ausstehende Ende herbeiführen wird.«[57]

Das Problem, dass eventuell viele Gerechte den Tag des Gerichts nicht erleben werden (vgl. 1Thess 4,13–18; 2Thess 2,2), wird hier durch die Vorstellung der Auferstehung der Toten gelöst: »Der Gerechte wird vom Todesschlaf auferstehen« (äthHen 92,3). Auf diese Weise wird Dringlichkeit aus der Frage nach dem Zeitpunkt des Gerichts genommen und so steht dieses Problem (anders als im 4Esr) auch nicht im Vordergrund des Interesses. Trotzdem setzt der äthHen durch die Periodisierung der Weltgeschichte voraus, dass das Gericht nicht mehr fern sein kann, da seine Leser sich in einer sehr weit fortgeschrittenen Phase der Geschichte begreifen müssen. Dies wird durch die beglaubigenden vaticinia ex eventu deutlich unterstützt.[58]

Diese Verortung des eigenen Standpunktes wiederholt sich im Blick auf die viel knapper ausgeführte »Zehnwochenapokalypse« (äthHen 93),[59] deren Schema wie folgt aussieht:

55 *Bedenbender*, Gott (s. Anm. 14), 137.

56 *Reese*, Geschichte (s. Anm. 44), 48.

57 Vgl. *Bedenbender*, Gott(s. Anm. 14), 136.

58 Vgl. *O. Böcher*, Das beglaubigende Vaticinium ex eventu als Strukturelement der Johannes-Apokalypse, RHPhR 79 (1999), 19–30; *Bedenbender*, Gott (s. Anm. 14), 139; *Ego*, Vergangenheit (s. Anm. 11), 187.

59 Vgl. zu den Unterschieden von Tiervision und Zehnwochenapokalypse im Detail *Reese*, Geschichte, 54–69; *Bedenbender*, Gott (s. Anm. 14), 116ff. Vgl. zur Auslegung auch *Dexinger*, Zehnwochenapokalypse (s. Anm. 11), 97–181.

1. Woche: Geburt Henochs
2. Woche: »Das erste Ende«: die Sintflut
3. Woche: Abraham als Pflanze der Gerechtigkeit
4. Woche: Die Gabe des Gesetzes
5. Woche: Der Bau des Tempels
6. Woche: Die Zerstörung des Tempels
7. Woche: Das abtrünnige Geschlecht und seine Vernichtung
8. Woche: Das Gericht an Israel und der Bau eines neuen Tempels
9. Woche: Die Gericht an der Welt
10. Woche: Das Gericht im Himmel und das Erscheinen eines neuen Himmels

Diese Bestimmung der Weltgeschichte ist für die Betrachtung der Zeit im äthHen zentral. Hier ist deutlich zu beobachten, welches Gewicht die jetzt offenbarte Geschichtskonzeption auf das Gericht legt. Von den zehn Wochen der Weltzeit entfallen dreieinhalb auf das Gericht, das sich in verschiedenen örtlichen Bereichen vollzieht. Eigentlich beginnt das Gericht bereits in der 7. Woche, wenn die Gerechten gesammelt und deren Feinde vernichtet werden. Dieses Gericht wird in der 8. Woche fortgesetzt, wobei die Ausdehnung des Gerichts erst in der 9. Woche dezidiert die Grenzen Israels überschreitet. Das Gericht in Israel nimmt also sehr viel Platz ein, was die Bedeutung gerade dieser Zeitperiode verdeutlicht. Es kann durchaus angenommen werden, dass sich der Verfasser dieses Textes, seine eigene Lebenszeit im Rahmen der 7. Woche ansiedelt, vielleicht also die Kämpfe der Makkabäer als Beginn der Gerichtstage ansieht.[60]

Wichtiger als diese Vermutung ist aber die Beobachtung, dass der zeitliche Rahmen der letzten drei Wochen chronologisch nur schwer vorstell- und abgrenzbar erscheint. So wie die Apokalypse insgesamt eine Berechnung der konkreten Zeitdauer der Wochen abwehrt,[61] scheint sie auch hier eher an einem sachlichen Ausblick auf das Ende interessiert, also daran sicherzustellen, dass das Gericht wirklich jeden Ort der vorgestellten »Welt« (also auch den Himmel) betrifft: »Das große Endgericht wird unter drei verschiedenen räumlichen Aspekten dargestellt.«[62] Die 7. Woche dürfte also für den Seher durchaus bedeuten, dass er sich als »in der letzten Zeit lebend«[63] versteht.

60 Vgl. *Hengel*, Judentum (s. Anm. 7), 343: »Man erhält so den Eindruck, als seien die überraschenden Erfolge des Judas gegen die verschiedenen seleukidischen Heere von einem Teil der ›Frommen‹ als Auftakt zum eschatologischen Endkampf aufgefaßt worden.«

61 Vgl. *Bedenbender*, Gott (s. Anm. 14), 125.

62 *Reese*, Geschichte (s. Anm. 44), 55.

63 *Reese*, Geschichte (s. Anm. 44), 55.

Das Gericht muss also nicht nur in der Welt abgehalten werden, sondern auch den Himmel umgreifen, um die Engel zu treffen, die abgefallen sind. Am Ende dieser Woche kommt nun sehr deutlich der Gedanke der zwei Welten mit ihren jeweiligen Zeitunterschieden zum Tragen. Wenn vom Verschwinden und Vergehen des ersten Himmels gesprochen wird, ist damit gleichgesetzt, dass auch dessen Zeit an ihr Ende kommt. Denn der neue Himmel, der in der 10. Woche erscheint, wird der Zeit nicht mehr unterworfen sein: »Danach werden viele Wochen – ohne Zahl – in Ewigkeit sein« (äthHen 93,17).

Das Gericht hat also noch seine Zeit und nimmt sich dafür dreieinhalb Wochen der Weltzeit. Es endet aber mit der Zeit und entlässt die Gerechten aus der Umklammerung von erster Welt und Zeit. Welt und Zeit bedingen also einander. Ohne die erste Welt gibt es auch keine Zeit. Umgekehrt kennt der äthHen aber eine Welt nach dieser Welt, die aber keine herkömmliche Zeit mehr hat. Die erste Welt läuft in 10 Wochen ab, dezidiert betont der Text dagegen, dass es keine Zahl der Wochen für die zweite Welt geben wird. Die vielen Wochen können deshalb nicht mehr als eine mit der ersten Welt vergleichbare Zeit aufgefasst werden, weil sie keine Zahl mehr kennen. Wenn aber damit die Periodisierung von Zeit aufgehoben wird, wird gerade das Merkmal der Zeit, ihre Messbarkeit, eliminiert, das Zeit zur uns bekannten Zeit macht. Die Bestimmung der vielen Wochen ohne Zahl aus äthHen 93,17 läuft also letztlich darauf hinaus, die vergehende Zeit an sich in die nicht vergehende Ewigkeit aufzuheben. Die zweite Welt ist insofern zeitlos.

3. Der 4. Esra

Die Schrift, die als 4Esr bekannt ist, spielt – wie Daniel – im babylonischen Exil Israels und benutzt diese Situierung zur Diskussion ihrer Entstehungszeit am Ausgang des 1. Jh. n.Chr.[64] Konkret versucht der 4Esr eine theologische Deutung der Zerstörung Jerusalems zu liefern[65] und somit seinen Lesern ein Sinnangebot zu machen, das ihnen hilft, ihr Leben weiter zu gestalten.[66] Der Protago-

64 Vgl. zu den Einleitungsfragen *Oegema*, Apokalypsen (s. Anm. 12), 94ff. Zitiert wird der Text nach der Übersetzung von *J. Schreiner*, Das 4. Buch Esra (JSHRZ V/4), Gütersloh 1981.

65 Vgl. *E. Schürer*, The History of the Jewish People in the Age of Jesus Christ I (175 B.C. – A.D. 135). A New English Version, revised and edited by *G. Vermes / F. Millar / M. Black*, Edinburgh 1973, 527.

66 Vgl. *U. Luck*, Das Weltverständnis in der jüdischen Apokalyptik dargestellt am äthiopischen Henoch und am 4. Esra, ZThK 73 (1976), 283–305.

nist des Textes dient diesen Lesern als Identifikationsfigur[67] und stellt für sie die Fragen an den Deuteengel Uriel, die die momentane Situation der »intense discrepancy between the hopes which had been focused on Jerusalem and the reality of its destruction«[68] an die religiöse Überzeugung Israels stellt (vgl. 4Esr 7,76f.120; 8, 4ff u.ö.).[69]

Interessant ist festzustellen, welche Grundlagen des Glaubens übernommen werden und welche neu fixiert werden müssen, um eine befriedigende Lösung des Problems zu finden. Auf beiden Seiten spielt der Begriff der Zeit eine Rolle und ähnlich wie das Stilmittel des vaticinium ex eventu es ermöglicht, neue Prophetie zu beglaubigen, so erlaubt die traditionelle Verankerung der Zeit die Lösung des neuen Äons aufzubauen. Das »Warum« (4Esr 4,12), das der Text an die Situation stellt, wird nicht nur durch den Abweis der menschlichen Erkenntnisfähigkeit für die Wege des Höchsten negiert (4Esr 4,10.21 u.ö.), sondern auch durch eine bestimmte Auffassung von Zeit belegt. Es handelt sich hierbei um die Entgegensetzung von Welt und ihrer Zeit, also der »Weltzeit« (explizit 4Esr 4,26) und der Sphäre von »Nichtzeit« (4Esr 5,42).

Ganz in traditionellen Bahnen bewegt sich Esra, wenn er voller Erregung Gott den Anfang der Schöpfung beschreibt (4Esr 3). Dort bezieht er sich ganz selbstverständlich auf bestimmte, also von Gott gesetzte und qualifizierte Zeiten, an denen Gott z.B. die Sintflut geschickt oder Abraham das Ende der Zeiten gezeigt hat (4Esr 3,9,14). Esra bestreitet also von Anfang an nicht, dass Gottes Schöpfung komplett zerbrochen wäre, er geht auch nicht weiter und bestreitet grundsätzlich, dass Gott der Schöpfer der Welt ist. In keinem Punkt zieht Esra aus der Zerstörung Jerusalems den Schluss, dass Gott vielleicht nicht der Herrscher der Welt sein

67 Zur Funktion der Figur Esra vgl. *P. Metzger*, Esra und das vierte Buch Esra – Die Bedeutung des Pseudonyms für die Interpretation einer apokalyptischen Schrift, in: *M. Wolter / F.W. Horn (Hg.)*, Studien zur Johannesoffenbarung und ihrer Auslegung (FS Otto Böcher), Neukirchen-Vluyn 2005, 263–290.

68 *P.F. Esler*, The social Function of 4 Ezra, JSNT 53 (1994), 99–123. Das Problem des 4Esr besteht demnach »in dem Auseinanderklaffen zwischen Glaube und Bekenntnis im Rahmen bisheriger Weltorientierung und der demgegenüber kritisch reflektierten Erfahrung der Wirklichkeit der Welt« (*Brandenburger*, Verborgenheit [s. Anm. 7], 164).

69 Vgl. *E. Breech*, These Fragments I have shored against the Ruins. The Form and Function of 4 Ezra, JBL 92 (1973), 267–274; hier 271, der gegen *W. Harnisch*, Verhängnis und Verheißung der Geschichte. Untersuchungen zum Zeit- und Geschichtsverständnis im 4. Buch Esra und in der syr. Baruchapokalypse (FRLANT 97), Göttingen 1969, 323, betont: »Ezra is not the representative of an opposing party; the narrative section of the book makes clear that he is a prophet acting on behalf of his community.«

könnte bzw. dass es überhaupt den Gott Israels gibt.[70] Er bleibt im Gegenteil der monotheistischen Grundüberzeugung Israels treu und argumentiert sogar mit dem Schöpfer-Sein Gottes. Wenn Gott dieses Schöpfer-Sein durch sein Wort ausübt (4Esr 6,43), das das Nichtseiende ins Dasein ruft, also performative Kraft hat (ähnlich Jes 55),[71] dann ist veranschaulicht, dass er somit auch die Zeit in ihr Dasein ruft. Gott hat demnach nicht nur die Welt und all ihre Geschöpfe geschaffen, sondern auch die Zeit an sich und die Zeiten aller Dinge und Geschehnisse gesetzt. Gott sieht die Zeiten der Welt an sich vorüber ziehen (4Esr 3,23) und setzt ihnen eine Frist. Zwar interessiert den 4Esr in erster Linie diese Frist (»Wie lange noch?«; 4Esr 4,33; »zu welcher Zeit«; 4Esr 9,63), doch gelingt es ihm durch die von seinen Lesern offensichtlich unhinterfragte Setzung der Zeit als Gottes Verfügung bereits das Argument zu positionieren, wonach Gott eben der Herr über die Zeit ist und die Zeit auch bis zu ihrem Ende überblickt und dieses Ende terminiert (4Esr 7,74). Wird dies akzeptiert, so ist folgerichtig, dass Gott die Zeit bis zum Ende nicht nur überblickt, sondern das Ende auch initiiert.

In 4Esr 14 wird diese Setzung der Zeit recht konkret gemacht, wenn dort von symbolisch bedeutsamen 12 Teilen der Weltzeit die Rede ist. Von den 12 Teilen der Weltzeit sind bereits 9,5 verstrichen (4Esr 14,11f). Bedenkt man die Fiktion des Textes, dann ist die Zeit der Welt seit den Tagen Esras bereits noch weiter fortgeschritten und die Leser stehen damit noch näher am Ende der Zeit. Es ist also deutlich, dass sich die Welt dem Ende entgegenneigt. Dies unterstützt sehr deutlich auch die Vision von Adler und Löwe (4Esr 11–12).

Esra positioniert sich »im siebten Jahr, in der sechsten Woche nach fünftausend Jahren der Schöpfung und drei Monaten und zwölf Tagen« (4Esr 14,47). Setzt man dies in Relation zu der bestehenden Frist von zweieinhalb Teilen der Weltzeit (4Esr 14,10–12), ließe sich eine Dauer dieser Teilzeiten berechnen, wenn sicher wäre, ob die Vorzeit nicht vielleicht doch auch zur Weltzeit gerechnet werden müsste. Gleichgültig wie lange nun genau ein Teil der Welt dauert, wichtiger ist die Beobachtung, dass das Ende dieser Weltzeit zum zentralen Hoffnungspunkt des 4Esr wird. Welt und Zeit fallen also beim 4Esr tendenziell zusammen. Deutlich

70 Man kann deshalb nicht von einer Behandlung des Theodizeeproblems sprechen. Mit Recht sieht *J. Maier*, Theodizee III. Judentum, TRE 33, Berlin / New York 2002, 218–222; hier 219, im Hinblick auf IV Esr deshalb lediglich einen »Ansatz zu systematischen Überlegungen«. Vgl. dazu auch *H. Hoffmann*, Das Gesetz in der frühjüdischen Apokalyptik (StUNT 23), Göttingen 1995, 222.

71 Vgl. *M.E. Stone*, Fourth Ezra. A Commentary on the Book of Fourth Ezra, Hermeneia, Minneapolis 1990, 183.

wird dies, weil der zentrale Lösungsansatz des 4Esr darauf hinausläuft, dass es nicht nur eine Welt (und damit eine Zeit), sondern eben zwei gibt (4Esr 7,50). Das ist die Lösung des zentralen theologischen Problems: Das Ende der Zeit wird zum »turning point« des Schicksals. Der neue Äon bringt die Belohnung der Gerechten.[72] Mit diesem Ausblick tröstet der Text nicht nur, er schafft auch die Grundlage für die ethische Botschaft des Werkes. Das Durchhalten bis zum Ende wird dadurch motiviert.[73]

Für den Begriff der Zeit ist hier zu notieren, dass das Gericht eher das Ende der Weltzeit denn der Anfang einer explizit neuen Zeit wäre. Es wird zwar als »Anfang der unsterblichen kommenden Welt« (4Esr 7,113) beschrieben, doch impliziert sowohl der Begriff »unsterblich« wie auch die nähere Präzisierung dieser Welt, wonach in ihr keine »Vergänglichkeit« mehr herrscht, dass von einer linearen Zeit und deren Ablauf keine Rede mehr sein kann. Die Welt, die als »Paradies« bezeichnet wird (4Esr 7,123), unterliegt nicht mehr der Zeit und ihrer Macht auf das Wesen des Menschen. Das Ende der »ersten Welt« (4Esr 6,55) ist damit auch das Ende der Zeit (4Esr 6,25). Die zweite Welt kennt keine Zeit mehr. Deshalb wird auch bereits der Tag des Gerichts mit einem »Kreis« verglichen, der keine Verzögerung für die Letzten und keine Verführung für die Früheren (4Esr 5,42) kennt. Vorstellungen eines linearen Zeitablaufs sind mit diesem Bild verabschiedet und eine Zeitenfolge nach ihm ausgehebelt. Die künftige Welt wird demnach zeitlos sein und begrifflich so besser als Sphäre beschrieben denn als Zeit. Der 4Esr löst damit das Problem, dass innerweltlich keine Gerechtigkeit zu erfahren ist und verschiebt den gerechten Ausgleich bzw. die Einlösung des Tun-Ergehen-Zusammenhangs in die »Nachwelt«. Das Kreisbild spendet Trost, indem es erklärt, dass und warum es keinen Unterschied gibt zwischen den aufeinander folgenden Generationen.[74] Das Gericht wird so als Endpunkt der Weltzeit beschrieben, gleichzeitig aber auch als Aufhebung von Zeit überhaupt.[75]

Wenn demnach die Zeit nach dem Gericht eigentlich nicht mehr als Zeit zu qualifizieren ist, dann bleibt zu bedenken, ob man die Zeit vor der Zeit eigentlich als Zeit beschreiben kann.

72 Vgl. *Harnisch*, Verhängnis (s. Anm. 69), 109: »Die auf Israels Heil bezogene Schöpfungsabsicht Gottes kommt innergeschichtlich nicht zum Ziel. Sie erfüllt sich erst in einem nachgeschichtlichen Zeitraum, dem künftigen … Äon.«

73 Vgl. *Hoffmann*, Gesetz (s. Anm. 70), 244.

74 Um den »intermediate state of the souls in which they remain between death and resurrection« (*Stone*, Ezra [s. Anm. 71], 96), zu erklären, führt der 4Esr hier das Motiv der Seelen-Kammer ein.

75 Vgl. dazu den Beitrag von *Martin Karrer* in diesem Band.

Die »Urzeit« ist die Phase, in der Gott die Welt für die Geschöpfe bereitet (4Esr 9,17) und die sich vor dem Gericht praktisch wiederholt (4Esr 7,30) und dabei alles Leben vernichtet. Klar ist für diese Zeit, dass sie praktisch kein Werden und Vergehen kennt, sie steht still, bis die, für die sie gemacht ist, ins Leben treten. Das »bevor« der Zeit kennt wiederum keine Zeit, kann aber dem »jetzt« der fiktiven Erzählzeit gegenübergestellt werden (4Esr 9,17).

Bleibt also als zentraler Punkt des Interesses die Zeit der Welt. Hier geht es aber wieder nicht darum, sich für die Zeit an sich zu interessieren, sondern vor allem sich um den Zeitpunkt zu kümmern, an dem der Text steht und dazu in Relation zu setzen, wie lange diese Zeit noch andauert.

Dass das Ende nahe ist, betont der 4Esr von Anfang an. Die Weltzeit geht schnell vorbei (4Esr 4,26). Nachdem er seine Klage über das Unglück des Volkes vorgebracht hat, lässt ihn Uriel ab 4Esr 4,1 zunächst seine Unfähigkeit erkennen, Gott zu verstehen, teilt ihm aber doch deutlich mit, dass die Weltzeit bald zu Ende geht. Von Wasser und Feuer sind lediglich Tropfen und Rauch übrig (4Esr 4,50), die geborenen Kinder sind schon kleiner und schwächlicher als ihre Vorfahren (4Esr 5,48–55) und »die Welt hat ihre Jugend verloren« (4Esr 14,10). Warum dauert diese Welt aber noch an?

Der 4Esr setzt hier deutlich einen determinierten Geschichtsablauf, ein »cosmic timetable«,[76] voraus, verweist also auf die Determination der Zeit (4Esr 4,27). Dem Bösen ist eine befristete Wirkzeit eingeräumt, erst wenn es vernichtet ist, kann die neue Welt beginnen. (4Esr 5,43).[77] Die Wende der Welten kann im 4Esr aber noch nicht stattfinden, weil erstens aus der Sicht der Leser noch die Zeit verstreichen muss, bis ihre eigene Gegenwart erreicht wird (deshalb zum Beispiel die Rede von »Nachkommen« Esras; 4Esr 5,55) und zweitens auf der Textebene, weil das Gericht aufhaltende Faktoren noch in Kraft sind.[78] Augenfällig ist hier zunächst die Determination der Zeit durch einen Numerus Clausus (4Esr 4,36f)[79]: »Der bestimmte, doch nur Gott bekannte ›numerus iustorum‹ stellt den geheimen Determinationsfaktor dar, nach dem sich das ›festinare Altissimi‹ wie auch das ihm korrespondierende ›festinare‹ des ‹saeculum (hoc)‹ richten.«[80] Die Zahl der Gerechten

76 *Stone*, Ezra (s. Anm. 71), 94.
77 Vgl. *Harnisch*, Verhängnis (s. Anm. 69), 109.
78 Vgl. dazu ausführlich *P. Metzger*, Katechon. II Thess 2,1–12 im Horizont apokalyptischen Denkens (BZNW135), Berlin / New York 2005, 189–210.
79 Vgl. dazu grundlegend *R. Stuhlmann*, Das eschatologische Maß im Neuen Testament (FRLANT 132), Göttingen 1983.
80 *Harnisch*, Verhängnis (s. Anm. 69), 280.

kann aber nicht durch menschliche Anstrengung erreicht werden (4Esr 4,38f), die Zeit des Gerichts ist demnach festgesetzt und nur Gott zugänglich. Zwar führt der 4Esr mehrfach die Zeichen der Endzeit aus (4Esr 5,1–12; 6,18–28), macht dabei nur wenig wirklich konkrete Angaben zum Eintreffen dieser Zeit. Zu den allgemeinen Schilderungen lässt sich z.B. zählen, dass es eine endzeitliche Schreckensherrschaft geben muss (4Esr 5,6), doch wird diese durch die Vision[81] der beiden Symboltiere Adler und Löwe und durch die Verknüpfung mit den Visionen Daniels (Dan 7) auf die römische Herrschaft hin konkretisiert. Das Imperium Romanum ist der Adler, der überwunden werden muss (4Esr 11,39.45f).[82] Erst wenn dieses Imperium untergegangen sein wird, also das Land, das Esra »jetzt herrschen sieht« (4Esr 5,3), wird der auftreten, »den die Erdenbewohner nicht erwarten« (4Esr 5,6), dann erst kann das Gericht kommen.

So lässt sich für den 4Esr zusammenfassen, dass er – im Unterschied zu Dan und dem äthHen – ganz dem apoakylptischen Schema der Zwei-Welten-Lehre verhaftet ist, eine Unterscheidung der Zeit zwischen der Zeit vor der Schöpfung und eine Zeit der Welt kennt, aber keine dritte Zeit mehr annimmt, die nach dem Gericht beginnt. Die Geschichte an sich endet hier: »God saves by doing away history.«[83] Diese dritte Zeit ist für ihn deshalb keine Zeit, weil all das, was Zeit ausmacht, also in erster Linie ihren Ablauf im Werden und Vergehen, in der dritten Phase der Welt aufgehoben ist.[84] Zeit ist für den 4Esr demnach in erster Linie eine Belastung, weil sie die Zeit der Bewährung Israels ist. Das Vergehen der Zeit wird deshalb herbeigesehnt, weil damit auch die Zeit der Unterdrückung zu Ende geht. Mit der ersten Welt vergeht auch deren Zeit, die zweite Welt nimmt sie nicht mehr auf.

4. Zeit im apokalyptischen Denken

Zeit ist die Grundkonstante im apokalyptischen Denken. »Die Welt wird als Geschichte verstanden.«[85] Geschichte und Zeit sind der

81 Vgl. zur genauen Auslegung der Adler-Vision *Schürer*, History III (s. Anm. 65), 297ff.

82 Vgl. *H. Gunkel*, Das 4. Buch Esra, in: *E. Kautzsch* (Hg.), Die Apokryphen und Pseudepigraphen des Alten Testaments II, Tübingen 1900, Nachdr. Hildesheim 1975, 331–401, 345; *G. Hallbäck*, The Fall of Zion and the Revelation of the Law. An Interpretation of 4 Ezra, SJOT 6 (1992), 263–292; hier 270.

83 *Steensgaard*, Time (s. Anm. 9), 98

84 Eine »jenseitige Zeit« wäre also so verschieden von dem, was mit dem Begriff »Zeit« assoziiert wird, dass es kaum sinnvoll wäre, noch von »Zeit« zu sprechen.

85 *Hahn*, Apokalyptik (s. Anm. 6), 34.

wesentliche Bezugsrahmen für die geleistete Deutung der Gegenwart.

In den älteren Texten (Dan; äthHen) wird »die aktuelle religiöse und kulturelle Krise des palästinischen Judentums in einen geschichtlichen Zusammenhang gestellt und hierdurch begreiflich gemacht.«[86] Dies ist die erste wichtige Erkenntnis zum Thema Zeit im Rahmen des apokalyptischen Denkens, die Idee, mit Hilfe einer bestimmten Deutung der Geschichte, sich selbst des eigenen Ortes in der Geschichte zu versichern.

Zentral erscheint dabei vor allem der Gedanke, dass Gott für die Welt einen Plan vorherbestimmt hat, der trotz des Wechsels von Heil- und Unheilphasen zu einem determinierten Ende führt. Apokalyptische Texte wollen ihren Lesern deren Gegenwart deuten und sie damit trösten, dass ihr gegenwärtiges Empfinden von Bösem nicht andauern wird.

Dass am Ende die Geschichte im Gericht zu einem finalen Sinn geführt wird, ist das stärkste Trostmoment, das die Apokalyptik bietet. Damit gibt sie zwar die Gegenwart als gute Lebenszeit auf,[87] gewinnt aber für ihre Leser, die ja von sich aus keine gute Lebenszeit erleben, die Motivation ihr Leben zu meistern. Denn das Ende ist im Gegensatz zur Gegenwart nicht gefährdet durch das Böse, das die Leser erleben, sondern ist allein in Gottes Hand. Es kann und soll nicht durch menschliches Handeln herbeigeführt oder ermöglicht werden, sondern beruht genau wie der exakte Termin des Gerichts nur auf Gottes souveränem Handeln. Der Apokalyptik ist dabei auch nicht darin gelegen, den exakten Termin des Weltendes anzugeben, sondern lediglich zu versichern, dass er definitiv kommen wird und dass die Leser ihre Zeit als letzte Zeit der Bewährung verstehen sollen.[88]

86 *Tilly*, Apokalyptik (s. Anm. 6), 61.

87 Insofern urteilt *Weder*, Verflüchtigung (s. Anm. 5), 57, zutreffend: »Die Gegenwart, die einzige Lebens-Zeit, ist in gewisser Weise verflüchtigt worden zu einem bloßen Warteraum auf das Eigentliche.« Schwierig ist aber diese Erkenntnis absolut zu setzen: »Der Sog des Endgültigen lässt alles unwichtig werden, was als Unterscheidung an der Gegenwart zu treffen wäre.«, wie *Weder*, Verflüchtigung (s. Anm. 5), 58 meint. Selbst im 4Esr gibt es wenigstens noch das Gesetz, das als Lebensorientierung die Aussicht auf das Paradies verheißt. Vgl. *Tilly*, Apokalyptik (s. Anm. 6), 37, der die »Tora als Zeichen der Erwählung« als konstitutives Element der Apokalyptik erweist. Dies hat natürlich zur Folge, dass »die Ethik in den Kontext des Überlebens gerät«, was so *Weder*, Verflüchtigung (s. Anm. 5), 65, ganz zu Recht, »ihr Verhältnis zum Leben stört.«

88 Vgl. *Tilly*, Apokalyptik (s. Anm. 6), 53. »Die Wirkabsicht der utopischen Endzeit-Aussagen in der apokalyptischen Literatur des antiken Judentums bestand nicht in der Information über den Zeitpunkt des erwarteten Weltendes, sondern in der Bewusstmachung der Bedeutung der Restzeit.«

Die jüngere Apokalyptik baut diesen Gedanken der Determination der Zeit weiter aus und radikalisiert die Beurteilung der irdischen Geschichte. Diese enthält überhaupt kein Heil mehr, sondern verläuft von ihrer guten Schöpfung, in der allerdings schon der Keim des Bösen angelegt war, direkt in einem Abwärtstrend auf das Ende hin. Erst in diesem Stadium der Apokalyptik lässt sich vom vielfach beschworenen Zwei-Äonen-Schema sprechen, das konsequent zwischen dieser Weltzeit und der nächsten unterscheidet. Zeit ist demnach lediglich der Umstand des biologischen Lebens, das in der Zeit keine Erfüllung und kein Heil finden kann. Zeit wird dadurch lediglich als Durchgangsphase verstanden, die ihrerseits nur Leiden für den Frommen bereithält. Der kommende Äon, auf den sich alle Hoffnungen richten, ist der Zeit enthoben. Er kennt sowohl im äthHen wie auch im 4Esr keine Zeit mehr – sofern darunter ein Werden und Vergehen verstanden wird, also das, was Zeit bestimmt. Obwohl die Apokalyptik über die Zeit an sich nur in Ansätzen nachdenkt und vielmehr am Termin des Endes interessiert ist, versteht sie Zeit demnach vor allem negativ. Während im Vergleich dazu die Weisheit ein sehr viel entspannteres Verhältnis zur Zeit hat (Koh 3), Gott aber auch der Zeit enthoben sieht (Koh 3,14),[89] geht die Apokalyptik den Schritt weiter, Zeit nur als Drangsal zu bewerten und ihr Verrinnen zu erhoffen. Die Zeit kann gar nicht schnell genug vergehen, um schließlich mit dem Gericht über die Welt auch an ihr eigenes Ende zu kommen. Determination und Aufhebung der Zeit sind damit die zentralen Aussagen, die im Rahmen der Apokalyptik über Zeit getroffen werden können.

Am Ende dieses Äons erwartet die Apokalyptik die Wiederkehr des Paradieses und damit auch die endgültige Schlichtung der »Rivalität zwischen Lebenszeit und Weltzeit.«[90] Im Paradies hat der Mensch wieder alles und für immer.

***

89 *Tilly*, Apokalyptik (s. Anm. 6), 26, betont zu Recht, dass Weisheit und Apokalyptik übereinstimmend die Determination der Zeit denken, die Weisheit aber im Gegensatz zur Apokalyptik annimmt, »dass sich in der Geschichte eine gottgewollte Schöpfungsordnung realisiert«, während die Apokalyptik in erster Linie »das gottgewollte Ende des widergöttlichen Geschichtsverlaufs« in den Blick nimmt.

90 *Blumenberg*, Lebenszeit (s. Anm. 1), 27.

Abstract
The article deals with the topic of »time« in apocalyptic horizons. It examines three different kind of texts: the Book of Daniel, the First Book of Enoch, especially »The Book of Dreams« and the »Epistle of Enoch«, and finally the Fourth Book of Ezra. It comes to the question whether there is a certain »apocalyptic« concept of time to find and how it can be described. As a result it can be said, that time is one of the central themes in apocalyptic thinking. Time is the underlying thought which builds the basis of the consoling interpretation of the events that the readers go through. By revealing a celestial plan of the worlds history time is given a reason, which helps to survive.

Paul Metzger, geb. 1973, Dr. theol., ist Referent für Catholica am Konfessionskundlichen Institut in Bensheim und Lehrbeauftragter an der Universität Koblenz-Landau.

Christfried Böttrich

Die Zeichen der Zeit

Zeitvorstellungen im lukanischen Doppelwerk

Auf dem langen Weg nach Jerusalem, den der lukanische Jesus in auffälliger »Entschleunigung« beschreitet, ist in Lk 12,54–56 ein bemerkenswertes Logion über die Deutung des gegenwärtigen »Kairos« platziert.[1] Es fügt sich einer größeren Gruppe von Worten ein (12,1 – 13,9), als deren Adressaten die Scharen (οἱ ὄχλοι) im äußeren und die Schüler Jesu (οἱ μαθηταί) im inneren Kreis fungieren.[2] Hier werden in lockerer Zusammenstellung Fragen behandelt, bei denen es um Entscheidungen angesichts konkreter Lebenssituationen geht. In diesem Zusammenhang hat Lk 12,54–56 geradezu programmatischen Charakter:

> 54 Er sagte aber auch zu den Scharen:
> Wenn ihr seht eine Wolke aufsteigen von Westen her,
> sagt ihr sogleich: Es gibt Regen! Und so geschieht es auch.
> 55 Und wenn ihr (seht) den Südwind wehen,
> sagt ihr: Es wird Hitze geben! Und so geschieht es auch.
> 56 Ihr Heuchler!
> Das Erscheinungsbild (πρόσωπον) von Erde und Himmel versteht ihr zu deuten (δοκιμάζειν)!
> Warum aber könnt ihr nicht die gegenwärtige Zeit (τὸν καιρὸν τοῦτον) deuten?

Wolke und Südwind kündigen den Wetterwechsel an und machen es möglich, sich auf die bevorstehende Jahreszeit einzustellen. Wie aber steht es mit der einzigartigen, unwiederbringlichen Lebenszeit? Lässt sie sich in gleicher Weise deuten? Lukas gebraucht dafür den Begriff des »Kairos« (καιρός), den er gegenüber anderen Zeitbegriffen favorisiert und mit dem er bereits sein vordringliches Interesse an dem Erfahrungs- und Handlungsaspekt der Zeit signalisiert.[3]

1 Vgl. neben den einschlägigen Kommentaren z.B. G. Klein, Die Prüfung der Zeit (Lukas 12,54–56), ZThK 61, 1964, 373–390; F. Bovon, Wetterkundliches bei den Synoptikern (Lk 12,54–56 par.), BThZ 10, 1993, 175–186.
2 Zu einer solchen Gliederung und thematischen Ordnung vgl. M. Wolter, Das Lukasevangelium, HNT 5, Tübingen 2008, 437–438.
3 Andere Begriffe, die hier in Frage kämen, wären z.B. χρόνος, αἰών, ὥρα, ἡμέρα oder auch σήμερον und νῦν; s. unten Abschnitt 1.1.

Bei Matthäus findet sich ein vergleichbares, jedoch textkritisch sekundäres Logion, das in das Streitgespräch über die Zeichenforderung der Pharisäer und Sadduzäer (Mt 16,1–4) eingefügt ist.[4] Hier sind es bestimmte Rötungen des Himmels am Abend und am Morgen, die eher kurzfristig auf gutes oder schlechtes Wetter verweisen. Der abschließende Vers aber formuliert dann, dem Kontext des Streitthemas »Zeichenforderung« gemäß: »Das Erscheinungsbild des Himmels könnt ihr beurteilen (διακρίνειν), die Zeichen der Zeit (τὰ σημεῖα τῶν καιρῶν) aber nicht!?« Wie auch immer eine Vorform dieses Logions einmal ausgesehen haben mag[5] – Lukas hat sich mit seiner Formulierung auf den »Kairos« als solchen konzentriert. Auch ihm hätte sich mit dem geforderten »Zeichen vom Himmel« (Lk 11,16) und dem einzig zugestandenen »Zeichen des Jona« (Lk 11,29–32) die Analogiebildung von den »Zeichen der Zeit«[6] aufdrängen können. Dass er hier den Zeichenbegriff jedoch vermeidet,[7] geschieht sicher nicht ohne Grund: Von den »Zeichen« als jenen Indizien, auf die sich die Wetterprognose stützen kann, verschiebt Lukas das ganze Gewicht dieses Satzes dadurch auf den »Kairos« selbst als eine Größe, die es weniger zu messen oder zu zählen als eben vielmehr zu deuten gilt.

Das Bildmaterial, mit dem Lukas spielt, bedarf keiner weiteren Erklärung. Bauernregeln wie diese versteht jedes Kind. Es braucht nur ein wenig gesunden Menschenverstand, um an dem unerschöpflichen, weil stets aktuellen Gespräch über das Wetter teil-

4 Zur hsl. Überlieferung vgl. ausführlich T. Hirunuma, Matthew 16,2b–3, in: New Testament Textual Criticism. FS B. M. Metzger, hg. von E.J. Epp / G.D. Fee, Oxford 1981, 35–45.

5 Zu den verschiedenen Rekonstruktionsmöglichkeiten vgl. ausführlich T. Hieke, Judging the Time, in: Q 12:49–59, hg. von S. Carruth, Leuven 1997, 159–268; K. Scholtissek, »Könnt ihr die Zeichen der Zeit deuten?« (vgl. Lk 12,56). Christologie und Kairologie im lukanischen Doppelwerk, ThGl 85, 1995, 195–223, spez. 200–204.

6 Auf Mt 16,13 / Lk 12,56 etwa bezieht sich die Zeitschrift »Zeichen der Zeit« (seit 1947), wobei diese Wendung in Heft 1 von G. Brennecke programmatisch im Sinne eines »Wächteramtes« verstanden wird – die Zeichen der Zeit seien nicht nur zu registrieren, »sondern es geht uns ganz wesentlich um ihre Deutung vom Wort Gottes her«; ähnlich die Zeitschrift »Zeitzeichen. Evangelische Kommentare zu Religion und Gesellschaft« (seit 2000), die zugleich das Funksignal als die aktuell gültige Orientierung in digitaler Form für jede Form der Zeitmessung und Uhrensteuerung assoziiert.

7 Zum Zeichenbegriff vgl. noch Lk 2,12 (die Windeln als Zeichen); 2,34 (das Kind als Zeichen, dem widersprochen wird); 21,7 (Frage nach den Vorzeichen der Tempelzerstörung); 21,11 (Zeichen des Endes vom Himmel her); 21,25 (Zeichen an Sonne, Mond und Sternen); Act 2,19 (apokalyptische Zeichen); im Sinne von »Wundertaten« verwendet Lukas den Begriff in Lk 23,8; sodann stereotyp in Act 2,22.43; 4,16.22.30; 5,12; 6,8; 7,36; 8,6.13; 14,3; 15,12.

nehmen zu können. In die genannten Beispiele muss man deshalb zunächst auch noch gar nichts Besonderes hineinlesen.[8] Alles Interesse ruht ausschließlich auf der Beziehung zwischen den meteorologischen Phänomenen und ihren Vorzeichen, die sich problemlos lesen und verstehen lassen.

Dennoch handelt es sich dabei trotz aller Binsenweisheit um existentielle Fragen. Von Regen oder Dürre hängt der Erfolg der Landwirtschaft und damit das Leben in einer agrarischen Gesellschaft ab.

Genau hier liegt die Analogie zu dem »gegenwärtigen Kairos«,[9] auf den hin das ganze Logion ausgerichtet ist. Offensichtlich gebraucht Lukas diesen Begriff für die Zeit mit Blick auf ihr Potential, ihre Chancen und Gefahren, ihre Möglichkeiten und Abgründe. Eine Deutung der Zeit bzw. des »Kairos« ist schwerer zu bewerkstelligen als die schlichte Wetterprognose.[10] Dennoch bestehen hier grundsätzlich gleiche Strukturen. Wer sich einer solchen Deutung entzieht, handelt wider besseres Wissen und kann demnach nur als ein »Heuchler« gebrandmarkt werden.[11]

Damit drängen die von Lukas als Begriff zwar verschwiegenen, jedoch in seinem Doppelbild anschaulich genug beschriebenen »Zeichen« wieder in den Blick. Auch der »Kairos« kommt nicht von ungefähr, sondern lässt sich erkennen. Er kündigt sich an und macht auf sich aufmerksam. Die Deutung der Zeit mag ein Stück Lebenskunst sein, aber sie hat nichts mit Rätselraten oder Geheimniskrämerei zu tun. So viel wird an Wolke und Südwind immerhin ausreichend klar.

8 Dass Lukas statt des üblichen »ὑετός / Regen« das stärkere »ὄμβρος / Platzregen« oder für die Hitze das Wort »καύσων / Brand« verwendet, deutet weniger auf Katastrophen apokalyptischen Ausmaßes als lediglich auf unterschiedliche Witterungsverhältnisse in ihren extremen Gegensätzen hin.

9 Die Frage, ob nach »diesem« Kairos auch noch andere kommen oder ob sich »dieser« ähnlich alternativ zu einem bestimmten »anderen« verhalten könnte wie »dieser / jener Äon«, ist hier für Lukas nicht im Blick. Primär geht es ihm darum, dass man über das Tagesgeschehen genauso niederschwellig reden kann wie über das Wetter.

10 Anders als Wolter, Lukasevangelium, 472, scheint mir hier weniger ein Schluss vom Schweren zum Leichten vorzuliegen als eher umgekehrt der Versuch, die Deutung des Kairos als etwas Naheliegendes und im Grunde Selbstverständliches darzustellen.

11 Im Gegensatz zu Matthäus geht Lukas mit diesem Begriff sehr viel zurückhaltender um – vgl. Lk 6,42 (Balken und Splitter) und 13,15 (Versorgung der Tiere am Sabbat); auch hier ist die Kritik wider besseres Wissen Ausdruck von Heuchelei. Pointiert formuliert Wolter, Lukasevangelium 472, dass sich die als Heuchler Angesprochenen »dümmer stellen, als sie in Wirklichkeit sind.«

Das kurze Logion zeigt, dass Lukas über ein differenziertes Verständnis der Zeit verfügt.[12] Terminologisch wie sachlich vermag er dieses Phänomen, das im 1. Jh. n.Chr. längst schon Gegenstand philosophischer und theologischer Reflexionen ist,[13] in ganz unterschiedlicher Weise zu thematisieren. Als Historiker etwa ist sich Lukas seiner Verantwortung bewusst, aus der Darstellung vergangener Zeiten auch didaktisches Kapital für seine Gegenwart sowie für die nachfolgenden Generationen zu schlagen.[14] Als Erzähler weiß er sehr genau um die Bedeutung zeitlicher Abläufe für die Strukturierung eines literarischen Werkes.[15] Als Theologe aber spürt er zugleich, dass die Zeit ein Teil der von Gott geschaffenen Weltwirklichkeit ist und sich deshalb nicht einfach in die ganz anders geartete Wirklichkeit Gottes hinein verlängern oder übertragen lässt.[16]

Diese Sensibilität des Evangelisten für das Phänomen Zeit ist schon seit langem bekannt. Sie drängt sich dem unmittelbaren Leseeindruck auf – nicht erst in Lk 12,54–56, sondern schon von Anfang an in Gestalt zahlreicher Signalwörter und Motivlinien. Von der Mitte des 20. Jh.s an ist sie dann geradezu eines der beherrschenden Themen in der Lukasexegese geworden.[17] Der folgende Beitrag versucht, diese Diskussionen aufzunehmen und ihnen noch einmal am Text des lukanischen Doppelwerkes nachzugehen.

12 J. Ernst, Das Evangelium nach Lukas, Leipzig 1983 (= Regensburg 1977), 9, beginnt seinen Kommentar mit der Feststellung: »Das zentrale Anliegen des 3. Ev ist die theologische Bewältigung der ›Zeit‹, die fortschreitend als Problem empfunden wurde«; ders., Herr der Geschichte. Perspektiven lukanischer Eschatologie, SBB 88, Stuttgart 1978, 11, modifiziert: »Das Problem des 3. Evangeliums ist die Zeit, die von dem Kirchenmann der zweiten nachösterlichen Generation bewußt erfahren und reflektiert wird.«

13 G. Böhme, Zeit und Zahl. Studien zur Zeittheorie bei Platon, Aristoteles, Leibnitz und Kant, Frankfurt 1974.

14 Dieser didaktische Anspruch ist klassisch formuliert etwa bei Thukydides, Geschichte des Peloponnesischen Krieges, I 22 (vgl. die Ausgabe in Tusculum, übers. und hg. von G.P. Landmann, München 1993); Lukian, Wie man die Geschichte schreiben müsse, in: ders. Werke 2, hg. und übersetzt von J. Werner / H. Greiner-Mai, Berlin / Weimar 1981, 266–300, spez. 272–273.292.

15 Die Gliederung des Lukasevangeliums entscheidet sich an der Frage, wie der »Reisebericht« bzw. die »central section« beurteilt wird; für die Apostelgeschichte sind vor allem jene Signale von Belang, an denen sich die Verzahnung und die Korrespondenz zwischen Petrus- und Paulusteil ablesen lässt.

16 Hier steht Lukas zweifellos in der Tradition apokalyptischen Denkens, ohne dasselbe jedoch explizit zu entfalten.

17 Diese Diskussion steht im Kontext eines allgemeinen theologisch-philosophischen Interesses an der Zeit, das in der ersten Hälfte des 20. Jh.s dominiert; vgl. dazu T. Beyrich, Theosphären. Raum als Thema der Theologie, Leipzig 2011, 33–35.

1 Modelle

Da Lukas an keiner Stelle seines Erzählwerkes bewusst über das Phänomen der Zeit reflektiert, hat die Exegese ihre Zuflucht zu einer Reihe von Erklärungsmodellen genommen, die der philologisch-philosophischen Diskussion entstammen. Das betrifft vor allem die Frage nach der Semantik der »Zeitbegriffe«, die Eigenart des Geschichtsverständnisses sowie das spezifische Konzept von »Eschatologie«.

1.1 Terminologie

Um die Zeitvorstellungen eines Autors wie Lukas zu ermitteln, bietet sich in erster Linie die Analyse der von ihm verwendeten »Zeitbegriffe« an. Ein solcher Zugriff auf das Denken des Evangelisten ist jedoch stets von Prämissen bestimmt, die in der Regel unbewusst übernommen werden. Einige Beispiele können das deutlich machen.

Die Texte der frühen Christenheit entstehen in einer spannungsvollen Situation: Einerseits sind sie maßgeblich von der hebräischen Bibel bestimmt, die auch in ihrer griechischen Übersetzung noch viele sprachliche Eigenheiten bewahrt und transportiert; anderseits nutzen sie ganz bewusst die Koine als Medium neuer Kommunikationswege in der hellenistisch-römischen Welt.[18] Das gilt für Lukas in besonderem Maße. Mit vollen Händen schöpft er aus dem Fundus alttestamentlich-jüdischer Überlieferung und orientiert sich spürbar am Erzählstil der LXX; zugleich aber bemüht er sich mehr als seine Evangelistenkollegen um eine gewisse stilistische Eleganz, um literarische Anspielungen oder rhetorische Effekte.[19] Welche Rolle spielt in diesem Zusammenhang der lange Zeit diskutierte Unterschied zwischen hebräischem und griechischem Denken?[20] Bedient sich Lukas in seinen »Zeitbegriffen« eher dynamischer oder statischer Strukturen? Denkt er eher konkret oder eher abstrakt?[21] Nimmt er im Gebrauch von Begriffen, die

18 In diesem Horizont bewegen sich die Studien von G. Delling, Das Zeitverständnis des Neuen Testaments, Gütersloh 1940; ders., Zeit und Endzeit. Zwei Vorlesungen zur Theologie des Neuen Testaments, BSt 58, Neukirchen-Vluyn 1970.

19 M. Reiser, Sprache und literarische Formen des Neuen Testaments. Eine Einführung, Paderborn u.a. 2001, 51–55 (= Das lukanische Doppelwerk).

20 Lange Zeit einflussreich war in diesem Kontext die Arbeit von T. Boman, Das hebräische Denken im Vergleich mit dem griechischen, Göttingen 1952.

21 Heute argumentiert man hier deutlich zurückhaltender; vgl. z.B. B. Janowski, Was sich wiederholt. Zu einem vernachlässigten Aspekt des alttesta-

von den Übersetzern der LXX als Äquivalente hebräischer Termini gewählt wurden, deren ursprünglichen kulturellen Horizont noch wahr, oder orientiert er sich bereits ausschließlich an der philosophischen Tradition, die von seinem griechischen Vokabular transportiert wird? Auf diese Fragen gibt es keine glatten Antworten. Die Semantik der jeweiligen Begriffe lässt sich nicht aus vorgegebenen Systemen oder lexikalischen Befunden, sondern allein aus der Analyse der jeweiligen Kontexte ermitteln.[22]

Vor diesem Hintergrund relativiert sich auch der Aussagewert zweier Oppositionspaare, die immer wieder zur Bestimmung biblischer Zeitvorstellungen herangezogen worden sind. An erster Stelle ist hier die Unterscheidung von »Kairos / καιρός«[23] und »Chronos / χρόνος«[24] zu nennen. Nach verbreiteter Auffassung haben die neutestamentlichen Autoren einschließlich Lukas beide Begriffe so profiliert, dass mit χρόνος die messbare, sich erstreckende Dauer, der unbestimmte Zeitraum oder der Verlauf des Nacheinanders bezeichnet ist, während καιρός für den Zeitpunkt, den Augenblick als Chance zum Handeln oder die qualifizierte Zeitspanne steht. Eine solche Bestimmung kann sich auf eine Vielzahl konkreter Verwendungsweisen sowohl in der paganen als auch in der biblischen Literatur stützen und erweist sich durchaus als eine hilfreiche Faustregel. Dennoch lässt sich der Sprachgebrauch nicht auf diesen Schematismus festlegen. Immer wieder erscheinen beide Begriffe auch in synonymer oder überraschend umgekehrter Weise. Ähnlich verhält es sich mit der Unterscheidung von »Kairos / καιρός« und »Äon / αἴων«[25] als Begriffen zur Unterscheidung von Zeit und Zeitlosigkeit. Ursprünglich bezeichnet der Begriff αἴων eine lange, etwas Ganzes umfassende Periode, vorzugsweise die Lebenszeit. Von da aus weitet er sich zunehmend aus auf die unüberschaubare Erstreckung von Zeit und gewinnt in der philosophischen Diskussion seit Platon den Charakter einer transzendenten Größe. Erst im Bereich der Apokalyptik kommt es dann

mentlichen Zeitverständnisses, in: »Ich werde meinen Bund mit euch niemals brechen!« (Ri 2,1). FS W. Groß, HBS 62, Freiburg 2011, 315–335.

22 Darauf insistiert zu Recht J. Barr, Biblical Words for Time, SBT 33, London 1962; Barr führt hier am Material der biblischen Zeitbegriffe noch einmal exemplarisch durch, was er in methodischer Grundsätzlichkeit schon früher entwickelt hatte – vgl. ders., The Semantics of Biblical Laguage, Oxford 1961.

23 Vgl. G. Delling, Art. καιρός, ἄκαιρος, ἀκαιρέω, εὔκαιρος, εὐκαιρία, πρόσκαιρος, ThWNT 3, 1938, 456–465; J. Baumgarten, Art. καιρός, EWNT 2, 1981, 571–579.

24 Vgl. G. Delling, Art. χρόνος, ThWNT 9, 1973, 576–589; H. Hübner, Art. χρόνος, EWNT 3, 1983, 1170–1173.

25 Vgl. H. Sasse, Art. αἰών, αἰώνιος, ThWNT 1, 1933, 197–209; T. Holtz, Art. αἰών, EWNT 1, 1980, 105–111.

zu jener Vorstellung zweier Äonen im Sinne von Weltzeiten, die auch als Ausdruck zweier unterschiedlicher Wirklichkeitsbereiche verstanden und somit als zeitlich und zeitlos interpretiert werden können. Solche Spezifika lassen sich jedoch nicht a priori den »Zeitbegriffen« unterstellen, sondern nur an jeder einzelnen Stelle und in dem jeweiligen Kontext bestimmen.

Für Lukas kann hier ein kurzer Überblick über die Verwendung der bevorzugten Zeitbegriffe genügen.

Sachliche Bedeutung kommt bei Lukas vor allem dem Begriff des καιρός zu.[26] Wenn der Auferstandene seinen Schülern in Act 1,7 sagt, es stünde ihnen nicht zu, »Zeiten und Zeitpunkte (χρόνους ἢ καιρούς)« zu kennen, die der Vater in seiner Macht bestimmt hat, bleibt die Abgrenzung beider Begriffe eher offen; sie bezeichnen sowohl die qualifizierte (vom Vater bestimmte) Zeit als auch eine Frist, die sich dem bewussten Zugriff entzieht. In abgeschliffener und unspezifischer Weise bezeichnet καιρός den Beginn oder die zeitliche Markierung einer Handlung in größeren narrativen Zusammenhängen (Lk 13,1; 20,10; Act 7,20; 12,1; 19, 23);[27] der »passende Zeitpunkt« kann auch als Ausrede auf unbestimmte Zeit fungieren (Act 24,25).[28] Gott hat nach Act 14,17 im Sinne des Jahreslaufes »fruchtbare Zeiten (καιροὺς καρποφόρους)« festgesetzt und den Völkern nach Act 17,26 »bestimmte Zeiten (προστεταγμένους καιρούς)« – vermutlich für ihren Aufstieg und Niedergang – festgelegt. Der begrenzte, ein bestimmtes Handeln erfordernde Augenblick wird mit dem Begriff καιρός in Lk 12,42 als »die richtige Zeit, Nahrung zu geben« beschrieben; nach Lk 8,13 bewahren diejenigen, die mit dem Saatgut auf felsigem Grund verglichen werden, für eine bestimmte Zeit (πρὸς καιρόν) ihren Glauben, fallen aber zur Zeit der Versuchung (ἐν καιρῷ πειρασμοῦ) wieder ab. Besonderes Gewicht gewinnt in Lk 4,13 die Aussage, dass der Diabolos »bis zu einer bestimmten Zeit (ἄχρι καιροῦ)« von Jesus abgelassen habe – diese Zeitspanne qualifiziert nun die Zeit der öffentlichen Wirksamkeit Jesu als eine, in der die Macht des Satan bereits gebrochen ist.[29] Diese Frist steht in besonderer

26 Er steht sowohl im Sing. als auch im Plur.; der Sing. überwiegt (16:6); der Plur. findet sich vor allem in Act (5x).

27 Die Wendung ἐν αὐτῷ τῷ καιρῷ (Lk 13,1) wird dabei ohne erkennbaren Unterschied zu der sehr viel häufigeren Wendung ἐν ταῖς ἡμέραις ταύταις (Lk 1,39; 23,7; 24,18; 21,22 u.ö.) gebraucht.

28 In Lk 22,6 wird der günstige Zeitpunkt für die Auslieferung Jesu mit εὐκαιρία bezeichnet.

29 Sie endet auf der Erzählebene in Lk 22,3 mit der Inbesitznahme des Judas durch den Satan; zum Satanssturz in Lk 10,18 vgl. S. Vollenweider, »Ich sah den Satan wie einen Blitz vom Himmel fallen« (Lk 10,18), ZNW 79, 1988, 187–203;

Weise unter dem Signum einer Chance, die es zu ergreifen gilt: als Zeit, die einer Deutung bedarf, in Lk 12,56; als »Zeit der Heimsuchung (καιρὸς τῆς ἐπισκοπῆς)« in Lk 19,44; oder als »die Zeiten des Aufatmens (καιροὶ ἀναψύξεως)« in Act 3,20. Davon wissen auch die Pseudopropheten, wenn sie nach Lk 21,8 mit der Parole »die Zeit ist nahegekommen (ὁ καιρὸς ἤγγικεν)« auftreten; ganz offensichtlich ersetzt hier der καιρός die βασιλεία τοῦ θεοῦ in der Verkündigung der Boten des Evangeliums.[30] Der καιρός kann jedoch auch wie in Lk 1,2 als Zeit der Erfüllung von Verheißungsworten oder wie in Lk 21,24 als Drohwort im Blick auf »die Zeiten der Völker (καιροὶ ἐθνῶν)« fungieren. Gelegentlich hat es den Anschein, als ob Lukas den Begriff καιρὸς οὗτος (Lk 12,56; 13,30) synonym für »diese Weltzeit / diesen Äon« im Unterschied zu einer kommenden Weltzeit verwendet. In Lk 21, 36 wird schließlich mit der Wachsamkeitsforderung »zu jeder Zeit (ἐν παντὶ καιρῷ)« das Moment besonderer Konzentration für die gesamte Lebenszeit in Anspruch genommen.

Keineswegs ausschließlich, jedoch in einer signifikanten Gruppe von Belegen fungiert der Begriff des καιρός bei Lukas demnach zur Bezeichnung jener Frist der öffentlichen Wirksamkeit Jesu, mit der zugleich der Anbruch der Gottesherrschaft einhergeht. In dieser Perspektive gebraucht Lukas eine Reihe weiterer Zeitbegriffe, die auf die Bedeutung der Gegenwart als auf eine Zeit des Heils abzielen. In besonderer Weise setzt er dazu das Wort »heute / σήμερον« ein. Programmatisch geschieht das im Kontext der Antrittspredigt Jesu in Nazaret (Lk 4,16–30): Nach der gewichtigen Lesung aus Jes 61,1–2 proklamiert der Prediger den Anbruch der Heilszeit mit den Worten: »Heute (σήμερον) ist dieses Schriftwort erfüllt in euren Ohren!«[31] Daran wird schon deutlich, dass dieses »heute« die Hoffnungsgeschichte Israels aktualisiert.[32] Das verheißene Heil wird zum Gegenstand unmittelbarer Erfahrung: insofern haben auch die Zeugen einer Heilungsgeschichte »heute« seltsame Dinge gesehen (Lk 5,26); Jesus muss »heute« im Hause des Zachäus blei-

in Act 13,11 steht der gleiche Ausdruck ἄχρι καιροῦ zur Befristung jenes Strafwunders an dem Magier Elymas.

30 Vgl. dazu Lk 10,9.11; im Munde Jesu wie etwa in Mk 1,15 / Mt 4,17 findet sich eine vergleichbare Wendung bei Lukas nicht.

31 Dieses »heute« gewinnt noch einmal an Gewicht durch den Rückbezug auf die Ankündigung »κηρύξαι ἐνιαυτὸν κυρίου δεκτόν«, die vermutlich auf die Institution des Jobeljahres (Lev 25,8–16.29–31; Num 36,4; Ez 46,17) anspielt.

32 Vgl. F. Crüsemann, Das Alte Testament als Wahrheitsraum des Neuen. Die neue Sicht der christlichen Bibel. Gütersloh 2011, 320–322. Schon das »Euch ist heute der Retter geboren!« in Lk 2,11 proklamiert die Erfüllung einer lange gehegten Heilshoffnung.

ben, dem »heute« Heil widerfährt (Lk 19,5.9); selbst in der Todesstunde Jesu wird das Heil für einen der Mitgekreuzigten noch »heute« wirksam (Lk 23,43). Analog steht auch bei Lukas immer wieder das qualifizierte »jetzt / νῦν«, sei es in der geprägten Wendung ἀπὸ τοῦ νῦν (Lk 1,48; 5,10; 12,52; 22,18.69; Act 18,6), in pointierter Weise in den Seligpreisungen und Weherufen (Lk 6,21.25) oder betont in anderen Zusammenhängen.[33] Entsprechend geschehen Dinge, die im Leben einzelner Menschen eine heilvolle Wende bedeuten, häufig auch »sogleich (παραχρῆμα oder εὐθέως«).[34]

Der Begriff des χρόνος wird von Lukas mehrheitlich für die Bezeichnung einer unbestimmten längeren Frist oder einer symbolisch bedeutsamen Zeit benutzt.[35] Doch an einigen wichtigen Stellen erscheint χρόνος auch da, wo es um einen Zeitpunkt oder eine besonders gefüllte Zeitspanne geht. Lk 1,57 etwa beschreibt damit »die Zeit zu Gebären (ὁ χρόνος τοῦ τεκεῖν)«; in Lk 4,5 findet sich die Wendung »in einem Augenblick (ἐν στιγμῇ χρόνου)«. Besonders auffällig aber ist die Frage an den Auferstandenen in Act 1,6: »Wirst du in dieser Zeit (ἐν τῷ χρόνῳ τούτῳ) die Königsherrschaft für Israel wieder aufrichten?« Ihr folgt die Antwort in Act 1,7: »Es steht euch nicht zu, Zeiten und Zeitpunkte (χρόνους ἢ καιρούς) zu kennen, die der Vater in seiner Macht bestimmt hat.« In diesem Zusammenhang scheint kein klarer Unterschied zwischen χρόνος und καιρός intendiert zu sein. Auch die Jesuszeit, die ja durchgängig als Zeit des Heils und der Entscheidung dargestellt ist, wird in Act 1,21 mit χρόνος bezeichnet; das gleiche gilt in Act 3,21 für die Terminierung »bis zu den Zeiten der Wiederherstellung von allem (ἄχρι χρόνων ἀποκαταστάσεως πάντων)« oder in Act 7,17 für die »Zeit der Verheißung (χρόνος τῆς ἐπαγγελίας)« im Kontext der Abrahamsgeschichte.

Auf uneinheitliche Weise setzt Lukas den Begriff »Weltzeit / αἴων« ein. Einerseits bezeichnet er damit die »Ewigkeit« im Sinne einer sich nach rückwärts (Lk 1,70 / Act 3,21; 15,18) oder vorwärts (Lk 1,33.55) erstreckenden, nicht mehr zu zählenden Zeitspanne. Andererseits bezeichnet er damit »diese Weltzeit« (Lk 16,8; 20,34) und »die kommende / jene Weltzeit« (Lk 18,30; 20,35) nach dem Vorbild des apokalyptischen Zwei-Äonen-Sche-

33 Vgl. Lk 2,29; 11,39; 16,25; 19,42; 22,36; Act 10,33; 12,11; 13,11; 17,30 u.ö.

34 Vgl. zu »sogleich« (παραχρῆμα)«: Lk 1,64; 4,39; 5,25; 8,44.47.55; 13,13; 18,43; 19,11; 20,60; Act 3,7; 16,26.33; in unheilvollen Zusammenhängen Act 5,10; 12,33; 13,11; zu dem synonym gebrauchten εὐθέως: Lk 5,13; 12,36.54; 14,5; 17,7; 21,9; Act 9,18.20.34; 12,10; 16,10; 17,10.14.

35 Für eine unbestimmte längere Zeit: Lk 8,27.29; 18,4; 20,9; 23,8; Act 8,11; 14,3.28; 15,33; 17,30; 18,20.23; 19,22; 20,18; 27,9; für »eine Zeit von 40 Jahren (τεσσερακονταετὴς χρόνος)«: Act 7,23; 13,18.

mas. Aufschlussreich sind dabei die jeweiligen Sachzusammenhänge.[36] In der Logiengruppe vom Lohn der Nachfolge (Lk 18,28–30 / Mk 10,28–31) wird denen, die »in dieser Zeit (ἐν τῷ καιρῷ τούτῳ)« alles verlassen, »in dem kommenden Äon (ἐν τῷ αἰῶνι τῷ ἐρχομένῳ)« ewiges Leben zugesagt.[37] Wie auch schon in der Markusvorlage variieren hier die Begriffe,[38] die offensichtlich synonym gebraucht sind. Konsequenter ist der Sprachgebrauch in jener Chrie von der Sadduzäerfrage (Lk 20,27–40): Dort werden einander gegenübergestellt »die Kinder dieser Weltzeit (οἱ υἱοὶ τοῦ αἰῶνος τούτου)« und diejenigen, »die gewürdigt werden, jener Weltzeit (τοῦ αἰῶνος ἐκείνου) und der Auferstehung teilhaftig zu werden.« In den beiden Parallelen (Mk 12,18–27 / Mt 22, 23–33) fehlt diese Präzisierung; dort bildet allein die Existenzweise in der Auferstehung das Differenzkriterium. Lukas aber gibt durch seine Fassung zwei Dinge zu erkennen: Er weiß um die Konzeption zweier Äonen, und er sieht ihre Differenz entscheidend durch Vergänglichkeit und Unvergänglichkeit (am Beispiel der Sexualität) gekennzeichnet. Vor diesem Hintergrund liegt es nahe, auch »die gegenwärtige Zeit (τὸν δὲ καιρὸν τοῦτον)« in Lk 12,56 als Ausdruck für »diesen Äon« zu verstehen.

Die »Zeitbegriffe« werden von Lukas somit nicht als Teil eines festen Systems verwendet, sondern flexibel eingesetzt. Immerhin zeigen sich dabei einige Tendenzen, die auch in anderen Textzusammenhängen zu beobachten sind: Das Hauptinteresse ruht auf der als Gegenwart und Zeit der Begegnung verstandenen qualifizierten Zeit, die anhand der Wirksamkeit Jesu exemplarisch vorgestellt wird und für die Lukas den Begriff des καιρός bevorzugt. Auf diesen Begriff und das damit bezeichnete Phänomen sind die übrigen Zeitbegriffe flankierend oder unterscheidend bezogen. Über allem aber steht das Wissen um die Wirklichkeit Gottes, die alle Zeitlichkeit übersteigt.

1.2 »Heilsgeschichte«

Zeit wird in ihrer linearen Erstreckung bzw. im Nacheinander von Ereignissen vor allem als Strukturelement der Geschichte wahrgenommen. Insofern schließt die Frage nach dem Zeitverständnis

36 Auf eine neue, mit der alten nicht mehr zu vereinbarende Zeit (der Gottesherrschaft?) beziehen sich auch die Bildworte in Lk 5,36–39 (alt und neu bzw. alt und jung).

37 In Act 1,8 fragen die Schüler den Auferstandenen, ob er »in dieser Zeit (ἐν τῷ χρόνῳ τούτῳ)« die Basileia für Israel wieder aufrichten werde.

38 Mt 19,29 kommt ganz ohne den Hinweis auf Zeiten oder Äonen aus; hier genügen allein die Zeitformen der Verben.

immer auch die Frage nach dem Geschichtsverständnis ein. Gott handelt in Raum und Zeit – in der Geschichte des Volkes Israel ebenso wie in der Geschichte Jesu aus Nazaret. Indem diese Geschichte erinnert, erzählt und damit gedeutet wird, nimmt sie die Gestalt eines zeitlich geordneten Ganzen an. Unter den Evangelisten ist es vor allem Lukas, der das Evangelium von Jesus Christus in dieser Perspektive darstellt. Er arrangiert die ihm vorliegende Überlieferung im Sinne einer folgerichtigen Erzählung neu und fügt sie in einen großen geschichtlichen Rahmen ein. Zugleich ordnet er sich mit seinem Vorwort (Lk 1,1–4) den Konventionen antiker Geschichtsschreibung zu und lässt ein reflektiertes Traditionsbewusstsein erkennen.[39] Für eine solche »Historisierung der Jesustradition«[40] ist er entweder gewürdigt oder gescholten worden. In jedem Falle aber bot sich damit der entscheidende Kontext an, um sein Zeitverständnis zu beurteilen.

Zur Beschreibung der lukanischen Geschichtskonzeption hat man seit der Mitte des 19. Jh.s relativ unangefochten den Begriff »Heilsgeschichte« gebraucht. Seit gut 50 Jahren ist dieser Begriff jedoch in die Krise geraten.[41] Das hat vor allem mit jenen Verständnisverschiebungen zu tun, die aus den geschichtlichen Erfahrungen des 20. Jh.s resultieren.[42] Ursprünglich diente das Postulat einer »Heilsgeschichte« noch dem Versuch, die göttliche Offenbarung in geschichtlich verifizierbaren Ereignissen gleichsam objektiv nachzuweisen. In diesem Sinne machte der Begriff besonders im Bereich des pietistischen Biblizismus Karriere und wurde zu einem Schlagwort, mit dem die Irrtumslosigkeit der Schrift gesichert werden sollte. Unabhängig davon entwickelte die liberale Theologie im Schatten des aufblühenden Historismus den Gedanken, das Gottesreich gewinne durch den Fortschritt der menschlichen Kultur in dieser Welt geschichtliche Gestalt und sei letztlich ihr »Endzweck«; die Christenheit aber sei dazu aufgerufen, in allen Bereichen des gesellschaftlichen Lebens an seiner Durchsetzung mitzuwirken.[43]

39 L. Alexander, The Preface to Luke's Gospel. Literary convention and social context in Luke 1.1–4 and Acts 1.1, SNTS.MS 78, Cambridge 1993, ²2005. Traditionsbewusstsein äußert sich auch in der wiederholten Bemerkung, Maria habe alle diese Worte »in ihrem Herzen bewegt / bewahrt« (Lk 2,19.51).

40 Ph. Vielhauer, Geschichte der urchristlichen Literatur, Berlin / New York 1975, 372.

41 Vgl. M. Hengel, Heilsgeschichte, in: Heil und Geschichte. Die Geschichtsbezogenheit des Heils und das Problem der Heilsgeschichte in der biblischen Tradition und in der theologischen Deutung, hg. von J. Frey / S. Krauter / H. Lichtenberger, WUNT 248, Tübingen 2009, 3–34.

42 F. Hesse, Abschied von der Heilsgeschichte, ThSt 108, Zürich 1971.

43 So die Position von A. Ritschl, Unterricht in der christlichen Religion, Bonn 1875, Nachdr. Gütersloh 1966; dagegen wandte sich der vehemente Pro-

Als die Debatte um das heilsgeschichtliche Denkmodell nach der Ernüchterung durch den ersten Weltkrieg und unter dem Einfluss der dialektischen Theologie in den 1940er Jahren erneut aufbrach,[44] war die Interessenlage inzwischen eine völlig andere. Nun ging es im wesentlichen darum, eine Antwort auf die Frage nach dem »Wesen des Christentums« bzw. enger gefasst nach dem entscheidenden Charakteristikum der neutestamentlichen Botschaft zu finden.[45] Während Rudolf Bultmann und seine Schüler dafür das »Selbstverständnis des Glaubens« bzw. den »Ruf in die Entscheidung« namhaft machten, insistierte Oscar Cullmann nachdrücklich auf einer »heilsgeschichtlichen« Struktur der neutestamentlichen Überlieferung,[46] die in der Spannung zwischen »schon erfüllt« und »noch nicht vollendet« ihren klassischen Ausdruck finde.[47] Auf beiden Seiten fungierte in dieser Debatte Lukas als Kronzeuge: Für Cullmann, weil Lukas dieses Konzept in seinem geschichtlichen Entwurf am konsequentesten entfaltet habe;[48] für die Bultmannschule deshalb, weil Lukas die klassische Fehlentwicklung bzw. die falsche Lösung für das als grundlegend erachtete Problem der Parusieverzögerung biete.[49] In seinem einflussreichen Buch »Die Mitte der Zeit«, dessen Titel augenschein-

test seines Schwiegersohns J. Weiss, Die Predigt Jesu vom Reiche Gottes, Göttingen 1892, [2]1900, dem sich vor allem A. Schweitzer, Von Reimarus zu Wrede. Eine Geschichte der Leben-Jesu-Forschung, Tübingen 1906, anschloss.

44 Dies geschah im wesentlichen durch die Arbeiten Oscar Cullmanns: Christus und die Zeit. Die urchristliche Zeit- und Geschichtsauffassung, Zürich 1946, [2]1948, [3]1962; Heil als Geschichte. Heilsgeschichtliche Existenz im Neuen Testament, Tübingen 1965, [2]1967.

45 So Cullmann, Heil als Geschichte, VII und 1 programmatisch.

46 Cullmann, Heil als Geschichte, 12: »An Hand der neutestamentlichen Texte habe ich mich eindeutig für die Temporalität als das *Wesen* der Eschatologie ausgesprochen, aber nicht im Sinne Bultmanns noch Schweitzers, sondern im Sinne einer heilsgeschichtlichen Schau …«

47 Cullmann, Heil als Geschichte, 3, versucht, die Auseinandersetzung mit Bultmann durch die Erwägung fruchtbar zu machen, »ob es sich nicht gerade um einen Anruf zur Entscheidung, uns, *von diesem Ruf überwältigt und ohne jedes Streben nach persönlicher ›Sicherung‹*, in eine göttliche, uns zunächst fernliegende, Ereignisfolge *einzureihen*, handelt?«

48 Dabei geht es Cullmann ausdrücklich nicht wie in den heilsgeschichtlichen Entwürfen des 19. Jh. um »Heilstatsachen« oder umfassende Modelle, sondern ausschließlich um eine angemessene Deutung des biblischen Befundes.

49 Paulus und Johannes werden dabei zu den bevorzugten Antipoden des Lukas, der schließlich in den Verruf eines »blinden Passagiers« im Neuen Testament gerät; vgl. diesen Ausdruck bei U. Wilckens, Lukas und Paulus unter dem Aspekt dialektisch-theologisch beeinflusster Exegese, in: ders., Rechtfertigung als Freiheit, Paulusstudien, Neukirchen 1974, 171–202, 194; Wilckens kennzeichnet damit die von ihm kritisch referierte Position Bultmanns und seiner Schüler.

lich eine Formel Cullmanns aufnimmt,[50] liefert Hans Conzelmann dazu die exegetische Begründung. In der Analyse des Textbefundes stimmt er mit Cullmann weitgehend überein.[51] In den Schlussfolgerungen indessen stehen beide einander frontal gegenüber: Für Cullmann ist die Spannung zwischen »schon« und »noch nicht« im Ansatz bereits in Jesu Botschaft von der Gottesherrschaft zu finden und wird von Lukas unter der Erfahrung der Parusieverzögerung lediglich ausgebaut; für Conzelmann hingegen hat Lukas auf die Naherwartung Jesu entschlossen verzichtet und die Erfahrung der Parusierverzögerung[52] zum Anlass genommen, sein heilsgeschichtliches Konzept überhaupt erst als neue Lösung für ein neues Problem zu entwerfen.[53]

Inzwischen ist die Debatte um den Begriff der »Heilsgeschichte« weitergegangen. Während man damit im Blick auf die biblische Überlieferung die Zuwendung Gottes gegenüber Welt und Mensch auch weiterhin in konkreten Textzusammenhängen zu beschreiben versucht,[54] stellt sich die Fraglichkeit eines als System entworfenen, auf das Ganze der geschichtlichen Erfahrung bezogenen Modells von »Heilsgeschichte« immer deutlicher heraus.[55] Vor allem angesichts der Shoa ist dabei von einem »Scheitern der Heilsgeschichte« zu sprechen.[56] Die drängenden Fragen, die hier im

50 H. Conzelmann, Die Mitte der Zeit. Studien zur Theologie des Lukas, BHTh 17, Tübingen 1954, ^{2}1957. Cullmann spricht immer wieder vom »Zentrum der Heilsgeschichte« oder vom »Christusgeschehen der Mitte«; im Vorwort zur 3. Auflage bemerkt er lakonisch: »... der Titel seiner Arbeit ... ist ja offenkundig meinem Buch entnommen ...« (16).

51 Cullmann, Christus, 16: »... ich kann seine Arbeit sogar gewissermaßen als Ergänzung zu ›Christus und die Zeit‹ ansehen, insofern sie nachweist, daß Lukas wirklich am *Ausbau* der Heilsgeschichte der Hauptbeteiligte ist.«

52 Zu diesem Problem lieferte die klassische Untersuchung E. Gräßer, Das Problem der Parusieverzögerung in den synoptischen Evangelien und in der Apostelgeschichte, BZNW 22, Berlin 1957, ^{2}1960, ^{3}1977; vgl dazu M. Wolter, Israels Zukunft und die Parusieverzögerung bei Lukas, in: Eschatologie und Schöpfung. FS E. Gräßer, hg. von M. Evang / H. Merklein / M. Wolter, BZNW 89, Berlin / New York 1997, 405–426.

53 Cullmann, Christus 16: »Conzelmann will nämlich implizit deutlich machen, daß das, was ich als die *neutestamentliche* Zeitauffassung hingestellt habe, in Wirklichkeit die *lukanische* Auffassung, oder präziser gesagt: die lukanische Entstellung sei.«

54 Vgl. z.B. die fundierten Beiträge zu »heilsgeschichtlichem Denken« im Alten Testament, Judentum und Neuem Testament in dem Sammelband: Heil und Geschichte. Die Geschichtsbezogenheit des Heils und das Problem der Heilsgeschichte in der biblischen Tradition und in der theologischen Deutung, hg. von J. Frey / S. Krauter / H. Lichtenberger, WUNT 248, Tübingen 2009.

55 Vgl. dazu E. Reinmuth, Neutestamentliche Historik. Probleme und Perspektiven, ThLZ.F 8, Leipzig 2003.

56 So dezidiert Reinmuth, Historik, im Titel von Kap. I.

Bereich einer Theologie nach Auschwitz formuliert worden sind,[57] nötigen auch gegenüber der biblischen Überlieferung zu neuen Erklärungsmodellen. Dafür liefert die moderne Geschichtstheorie hilfreiche Ansätze.[58] Sie geht davon aus, dass kein Ereignis an sich sinnvoll ist, sondern einen Sinn erst im Prozess der Erinnerung und Darstellung gewinnt. Historische Arbeit setzt demnach bei der Fraglichkeit der eigenen Gegenwart an und bedient sich vor allem der Erzählung als einer Grundform ihrer Arbeitsweise. Erst diese Konstruktion in Form einer narrativen Repräsentation vergangener Ereignisse vermag der Geschichte Sinn zuzuschreiben. Das gilt auch für die Arbeitsweise eines Evangelisten wie Lukas, der seine Geschichte so erzählt, dass ihre Bedeutung als »fester Grund der Lehre« (Lk 1,4) von den Adressaten des Evangeliums am Ende des 1. Jh.s wahrgenommen werden kann. Eckart Reinmuth hat für diese Form der Erzählung den Begriff »Jesus-Christus-Geschichte« geprägt, weil er ermöglicht, »sowohl die antike Gestalt Jesu aus Nazareth in Galiläa, als auch die auf ihn bezogenen vielfältigen Überlieferungsprozesse, in denen seine Bedeutung, der Sinn seiner Geschichte interpretiert und diskutiert wurde, konsequent geschichtlich zu denken, zu analysieren und zu verstehen.«[59] Die Jesus-Christus-Geschichte, wie Lukas sie erzählt, ist zugleich die Geschichte Gottes mit Israel. Sie spielt zwar vor der Kulisse der höchst profanen Geschichte des Imperium Romanum, auf die sie auch in vielfältiger Weise durch Differenz und Analogie bezogen wird. Sie geht in dieser Geschichte jedoch nicht auf. Obgleich sie aus »keinem anderen Stoff gemacht« ist wie sie, handelt es sich doch um eine andere Geschichte. Zwischen dem Handeln Gottes und dem Handeln der Menschen gibt es weder schlichte Identität noch ausschließliche Differenz. Vielmehr tritt Gottes Handeln als schöpferisches und wirklichkeitserschließendes Handeln im Raum eben dieser menschlichen Geschichte in Erscheinung.[60]

Sollte man angesichts dieser Sachlage den Begriff der »Heilsgeschichte« besser fallen lassen?[61] Dass Gottes Reden und Han-

57 Vgl. z.B. B. Petersen, Theologie nach Auschwitz? Jüdische und christliche Versuche einer Antwort, Berlin ³2004. Reinmuth, Historik, 16–29, hat die Problematik auf überzeugende Weise anhand der kirchlichen Schuldbekenntnisse nach 1945 und ihrer Israelvergessenheit aufgewiesen.

58 Eine kenntnisreiche Diskussion bietet Reinmuth, Historik, 35–63.

59 Reinmuth, Historik, 59–63, spez. 59; dabei bezieht er sich vor allem auf U.H.J. Körtner, Historischer Jesus – geschichtlicher Christus. Zum Ansatz einer rezeptionsästhetischen Christologie, in: Lesen und Leben, hg. von K. Huizing / U.H.J. Körtner / P. Müller, Bielefeld 1997, 99–135.

60 Reinmuth, Historik, 67 und 79.

61 F. Mildenberger, Art. Heilsgeschichte, RGG⁴ 3, 2000, 1584–1586, plädiert nachdrücklich für eine Preisgabe (1586); Hengel, Heilsgeschichte, 10, versucht

deln in der Zeit weder als ein spezieller Bereich der Geschichte isoliert noch in Gestalt von universalen Systemen oder globalen Entwürfen erfasst werden kann, steht außer Frage. Ebenso unstrittig ist jedoch auch jene Grundüberzeugung christlichen Glaubens, das Gottes Reden und Handeln Menschen verändert und damit Spuren in ihrer Geschichte legt, die als Ereignisfolgen wahrgenommen und gedeutet werden können: im Sinne einer Glaubens-, Schuld-, Rettungs- oder Hoffnungsgeschichte. Diese Wahrnehmung bleibt fragmentarisch und taugt nicht dazu, ausnahmslos jeder geschichtlichen Erfahrung auch einen Sinn abgewinnen zu können. Sie bleibt mit Lücken und Aporien konfrontiert und lässt sich nicht als Generalschlüssel für eine umfassende Geschichtstheorie verwenden. Aber sie bezieht sich unweigerlich zurück auf die Erinnerung, Erzählung, Deutung und Vergegenwärtigung von Gottes Wort in konkreten geschichtlichen Kontexten, ohne die das »Evangelium« nicht zur Sprache gebracht werden könnte. Damit lässt sich durchaus auch das geschichtliche Denken des Lukas und sein differenziertes Verständnis von Zeit erfassen: »Gott hat sein Volk besucht« (Lk 7,16); von dieser Erkenntnis aus gilt es, die Gegenwart als Zeit der Chance (heil- oder verhängnisvoller Entscheidungen) wahrzunehmen und zu deuten.

Der geschichtliche Entwurf, den Lukas vorlegt, ist in verschiedener Weise beschrieben worden. In seiner Klarheit bestechend war zunächst das Modell Conzelmanns: Bei Lukas müsse man die drei Phasen einer Zeit Israels, einer Zeit Jesu und schließlich einer Zeit der Kirche voneinander unterscheiden, wobei die Zeit Jesu als die »Mitte der Zeit« noch einmal genauer als die Zeit seiner öffentlichen Wirksamkeit zu verstehen und aufgrund jenes Bogens zwischen Lk 4,13 und 22,3 als eine »satansfreie Zeit« zu qualifizieren sei.[62] Darauf richtete sich jedoch schon bald der kritische Einwand, dass man die Zeit Jesu und die Zeit der Kirche nicht wirklich voneinander trennen könne[63] und dass der Zusammenhang mit der Zeit Israels nach Lk 16,16 vor allem in dem Schema

indessen, den Begriff in Ermangelung eines besseren zu rehabilitieren (»Ich wüsste kein besseres und präziseres Wort, um das seit der Aufklärung brennende Problem des Verhältnisses von Glauben und Geschichte auf den Punkt zu bringen«) und spricht schließlich von der »Unverzichtbarkeit der Heilsgeschichte« (22); schon Cullmann, Heil als Geschichte, VII, sprach von dem »nicht glücklichen, aber schwer zu ersetzenden Wort ›Heilsgeschichte‹«.

62 Conzelmann, Mitte der Zeit, 5, 8 und 129; den entscheidenden Impuls für diesen lukanischen Entwurf sieht er in der Erfahrung der Parusieverzögerung.

63 Anders indessen W. Marxsen, Einleitung in das Neue Testament, Gütersloh [4]1963, 160: »Für Lukas jedoch ist die Jesuszeit wirklich Vergangenheit, scharf abgehoben von der Zeit der Kirche. … Die Historisierung des Lukas ist also zugleich eine Enteschatologisierung.«

von Verheißung und Erfüllung zum Ausdruck komme.[64] Von einem wissenssoziologischen Ansatz ging Karl Löning aus, der in dem lukanischen Doppelwerk weniger zeitlich abgrenzbare Perioden als vielmehr eine zweizügige Erzählung sah, in der das rettende Wissen gestiftet und bezeugt wird.[65] Zuletzt hat Michael Wolter die Frage noch einmal grundsätzlich aufgenommen und das lukanische Doppelwerk als »Epochengeschichte« beschrieben.[66] Den auf Conzelmann zurückführenden Begriff der Epoche präzisiert er nach historiographischen Kriterien und wendet ihn auf das lukanische Doppelwerk im Ganzen an – »als Darstellung der *Geschichte einer einzigen Epoche.*« Diese eine Epoche beinhaltet die »in unserer Zeit abgeschlossenen (πεπληροφορημένων) Ereignisse« (Lk 1,1); sie beginnt mit der Sendung des Gottesboten zu Zacharias und Maria (Lk 1) und endet mit der Begegnung zwischen Paulus und Agrippa II. (Act 26); Act 27–28 stellt eine Art Epilog dar. Damit aber wird nichts anderes beschrieben als ein weiterer Ausschnitt aus der Geschichte Israels, die in Rückblenden und in einer Reihe von eschatologischen Ausblicken als der große gemeinsame Rahmen erscheint. Lukas schreibt demnach »eine Vorgeschichte seiner Gegenwart«, die zugleich als »Basis- oder Ursprungsgeschichte« fungiert und eine gemeinsame Hoffnung formuliert.[67] Entscheidende Bedeutung hat in diesem Modell, dass die Zeit Israels mit Lk 16,16 nicht einfach vorbei ist – ihr wird lediglich ein weiteres Kapitel hinzugefügt. Für Lukas befinden sich Juden und Christen gegenüber der heidnischen Öffentlichkeit nach wie vor »in ein und demselben Boot«; auch der jüdisch-christliche Trennungsprozess bleibt damit ein Bestandteil der Geschichte Israels.[68]

64 H. Schürmann, Das Lukasevangelium, HThK III/1, Freiburg 1969, 233; W. G. Kümmel, »Das Gesetz und die Propheten gehen bis Johannes«, in: Das Lukasevangelium, hg. von G. Braumann, WdF 280, Darmstadt 1974, 398–415; Ernst, Herr der Geschichte, 46–48; R. Schnackenburg, Die Person Jesu im Spiegel der vier Evangelien, HThKNT.S 4, Freiburg 1993, 154; dazu die meisten neueren Einleitungen ins Neue Testament.

65 K. Löning, Das Geschichtswerk des Lukas. I: Israels Hoffnung und Gottes Geheimnisse, Stuttgart / Berlin / Köln 1997, 48–57; ders., Rettendes Wissen. Studien zum Fortgang weisheitlichen Denkens im Frühjudentum und im frühen Christentum, AOAT 300, Münster 2002.

66 M. Wolter, Das lukanische Doppelwerk als Epochengeschichte, in: Die Apostelgeschichte und die hellenistische Geschichtsschreibung. FS E. Plümacher, hg. von C. Breytenbach / J. Schröter, Ancient Judaism and Early Christianity 57, Leiden 2004, 253–284; ders., Das Lukasevangelium, HNT 5, Tübingen 2008, 26–30, spez. 28 (graphische Darstellung).

67 Wolter, Lukasevangelium, 29.

68 Wolter, Epochengeschichte, 277–278.

Gottes Handeln im Raum der Geschichte wird von Lukas durch eine Reihe charakteristischer Wendungen zum Ausdruck gebracht. Sie sind von Conzelmann grundlegend zusammengestellt und seither immer wieder referiert worden.[69] Sie beziehen sich vor allem auf die Vorstellung eines göttlichen »Planes«: so etwa die Rede von Gottes »Willen« (βουλή), »Vorherwissen« (πρόγνωσις), »Vorsatz« (πρόθεσις), »Vorsehung« (πρόνοια), dazu eine Reihe mit προ- gebildeter Verben, die Gottes Handeln beschreiben;[70] als das »hervorragendste Indiz des ganzen Vorstellungskreises« gilt dabei jedoch das Wörtchen δεῖ (»es muss sein / geschehen«).[71] Die Ereignisse, die Lukas erzählt, verdanken sich seiner Auffassung nach also nicht der Verkettung mehr oder weniger glücklicher Zufälle, sondern einer göttlichen Regie, die mitunter wie auf zwei einander überlagernden Handlungsebenen zur Darstellung gelangt. Der Beginn der Passionsgeschichte in Lk 22,1–6 liefert dafür nur eines von vielen Beispielen: Da Lukas die Salbungsgeschichte weit nach vorn in den Galiläateil gezogen hat (Lk 7,36–50), rücken die Tötungsabsicht der jüdischen Autoritäten (Lk 22,1–2) und die Rückkehr des Satans, der Besitz von Judas ergreift (Lk 22,3–6), unmittelbar zusammen und erscheinen so wie die beiden Seiten ein und derselben Medaille. Auf der Ebene politischer Strategie werden die folgenden Ereignisse durch eine Intensivierung des Bedrohungsszenarios ausgelöst; auf der mythischen Ebene widergöttlicher Mächte kehrt der Satan auf die Szene zurück und initialisiert den Judas, wodurch nun die Absicht der Autoritäten erst zur Aktion wird. Auf diese Weise stellt Lukas immer wieder erzählerisch dar, wie Gottes Regie den Gang der Ereignisse lenkt und in Raum und Zeit wahrnehmbar wird.

1.3 »Apokalyptische« und »hellenistische« Eschatologie

Auf ein bislang nur wenig beachtetes, jedoch gerade für die lukanischen Zeitvorstellungen relevantes Modell,[72] hat Nikolaus Walter aufmerksam gemacht.[73] Dabei bedürfen zunächst die Begriffe,

69 Eine gründliche Aufarbeitung der jüngeren Diskussion bietet J. T. Squires, The plan of God in Luke-Acts, SNTS.MS 76, Cambridge 1993, ^{2}2004.

70 Ausführliche Nachweise bei Conzelmann, Mitte der Zeit, 130.

71 Conzelmann, Mitte der Zeit, 131–132.

72 Bislang ist dieses Modell vor allem unter der Frage nach der »Jenseitigkeit des Heils an Stelle der Heilszukunft« diskutiert worden; vgl. dazu z.B. H. Flender, Heil und Geschichte in der Theologie des Lukas, München 1968, 23–24; Ernst, Herr der Geschichte, 88–89.

73 N. Walter, »Hellenistische Eschatologie« im Frühjudentum – ein Beitrag zur »Biblischen Theologie«?, ThLZ 5, 1985, 331–348, Nachdr. in: ders. Prae-

die hier in einer spezifischen Bedeutung verwendet sind, noch einmal der Erklärung: »Apokalyptische Eschatologie blickt menschheits- und weltgeschichtlich nach vorn und erwartet die Heilsvollendung in einem zukünftig irdischen Geschehen [...] Hellenistische Eschatologie andererseits blickt quasi-räumlich nach ›oben‹ und weiß die Heilsvollendung im ›Himmel‹ gegeben und bereitstehen«.[74] Nicht der Hellenismus als Kulturmacht, die das Judentum auch in Palästina prägt, und nicht die Apokalyptik als Erwartung von Ende und Neuschöpfung sind hier gemeint. Vielmehr geht es um verschiedene Ausprägungen jener Vorstellung von den zwei Äonen bzw. Weltzeiten: Die eine orientiert sich zeitlich-linear, die andere räumlich-vertikal. »Apokalyptische« Eschatologie ist demnach stärker an geschichtlichen Abläufen interessiert, während »hellenistische« Eschatologie eher kosmologische Fragen in den Mittelpunkt stellt.

Beide Konzepte sind in der Literatur des frühen Judentums stets in komplexen Zusammenhängen anzutreffen. Dennoch lassen sich ihre unterschiedlichen Akzentsetzungen deutlich genug erkennen. Das hat vor allem Auswirkungen auf die Vorstellung von der Zeit, die als eines ihrer zentralen Themen erscheint. Während die »apokalyptische Eschatologie« die hebräische Vorstellung vom »olam« als Ausdruck der Unwandelbarkeit Gottes[75] zwar als zeitübergreifend, doch in ihrer Erfahrbarkeit nur in geschichtlich-zeitlichen Bezügen begreifen kann, schließt sich »hellenistische« Eschatologie den philosophischen Vorstellungen von Zeit und Zeitlosigkeit an, wobei gerade die letztere als ein herausragendes Merkmal des »unfassbaren Gottes«[76] gilt. Wie sich eine solche Sichtweise mit der Interpretation biblischen Schöpfungsglaubens verbinden lässt, kann man bei Philo von Alexandrien in klassischer Weise studieren.[77] Für das Schema zweier einander ablösender Äonen hat das weitreichende Konsequenzen.

paratio Evangelica. Studien zur Umwelt, Exegese und Hermeneutik des Neuen Testaments, hg. von W. Kraus / F. Wilk, WUNT 98, Tübingen 1997, 234–251; ders., »Hellenistische Eschatologie« im Neuen Testament, in: Glaube und Eschatologie. FS W. G. Kümmel, hg. von E. Gräßer / O. Merk, Tübingen 1985, 335–356, Nachdr. in: ebd., 252–272.

74 Walter, »Hellenistische Eschatologie« im Frühjudentum, 238.

75 E. Jenni, Art. *ʿolām*, ThWAT 2,1979, 228–243.

76 Dieses Epitheton wird zum herausragenden Kennzeichen Gottes bei Philo; vgl. L.A. Montes-Peral, Akataleptos theos. Der unfaßbare Gott, ALGHJ 16, Leiden 1987.

77 Vgl. vor allem Philo, Op 12–13. 26; All II 3; dazu L.L. Grabbe, Eschatology in Philo and Josephus, in: Judaism in late antiquity. Part four: Death, life-after-death, resurrection and the world-to-come in the Judaisms of antiquity, hg. von A.J. Avery-Peck, Leiden 2000, 163–185.

Nach dem »apokalyptischen« Konzept wird nach jener Zäsur, die mit dem Gericht an Menschheit und alter Schöpfung erfolgt, eine neue Weltzeit gleichsam als eine neue, von allen Mängeln befreite Schöpfung in Fortsetzung der ersten und in zeitlicher Endlosigkeit erhofft. Nach dem »hellenistischen« Konzept aber bestehen beide Äonen schon von jeher parallel nebeneinander, wobei der »untere« Äon von dem »oberen« umgriffen wird. Ihr entscheidender Unterschied besteht darin, dass »dieser« Äon zeitlich und vergänglich, »jener« aber zeitlos und unvergänglich ist. Mit dem Ende dieses Äons löst sich die Welt somit in die schon immer bestehende, zeitlos-ewige Welt Gottes auf.[78] Unter den frühjüdischen Schriften ist dieses Konzept in besonderer Konsequenz im Zweiten Henochbuch zu finden,[79] das vermutlich im 1. Jh. in Alexandrien entstand und auch in anderen Zusammenhängen immer wieder vereinfachte, populäre Anklänge an philonische Denkmuster enthält.[80]

Es lohnt zu fragen, ob auch die Autoren des Neuen Testamentes von einem solchen Modell beeinflusst sein könnten. Für einige Aussagen bei Paulus, im Kolosser- und Epheserbrief, bei Johannes und ganz besonders im Hebräerbrief lässt sich das mit guten Gründen annehmen.[81] Im Blick auf Lukas finden sich hier indessen nur wenige Indizien. Die Schilderung von Paradies und Hades im Bild benachbarter jenseitiger Orte (Lk 16,19–31) verdankt sich ausschließlich traditionellen Motiven und will jedenfalls nicht als Skizze einer irgendwie verbindlichen Jenseitstopographie verstanden werden.[82] Aufschlussreicher ist die kurze Episode in Lk 23,39–43: Der Gekreuzigte, dessen seelsorgerliche Kompetenz noch in der Todesstunde von Lukas dargestellt wird, sagt seinem Leidensgenossen zu, »heute noch« mit ihm im Paradies zu sein. Dazu bedarf es also keines vorausgehenden Weltendes; der Heil-

78 2Hen 33,1–2 beschreibt die Erschaffung des achten Tages, der das Schema der Sieben-Tage-Woche übersteigt und vorgestellt wird als eine »Zeit der Zahllosigkeit und endlos: weder Jahre, noch Monate, noch Wochen, noch Tage, noch Stunden.« Der Text ist allerdings unsicher (nur Hss. J/P). Von einem »endlosen Äon« sprechen noch 2Hen 50,2 und 66,6.

79 Vgl. dazu C. Böttrich, Weltweisheit – Menschheitsethik – Urkult. Studien zum slavischen Henochbuch, WUNT 2/50, Tübingen 1992, 164–169.

80 Text bei C. Böttrich, Das slavische Henochbuch, JSHRZ V/7, Gütersloh 1995, 781–1040; zum jüngsten Forschungsstand vgl. C. Böttrich, 2En between Jewish Origin and Christian Transmission. An Overview, in: New Perspectives on 2 Enoch. No longer Slavonic Only, hg. von Andrei A. Orlov / Gabriele Boccaccini, Leiden / Boston 2012, 37–67, dazu den Sammelband insgesamt.

81 Walter, »Hellenistische Eschatologie« im Neuen Testament.

82 Ausführlich O. Lehtipuu, The Afterlife Imagery in Luke's Story of the Rich Man and Lazarus, NT.S 123, Leiden / Boston 2007.

sort »Paradies« liegt schon bereit und kann im Augenblick des Todes bezogen werden. In dem bedeutsamen »heute« scheint sich die Irrelevanz zeitlicher Strukturen bereits anzudeuten, die mit dem Verlassen dieser Welt an Bedeutung verlieren. Den deutlichsten Hinweis liefert indessen jene Chrie von der Sadduzäerfrage (Lk 20,27–40). Die Opponenten wollen den Gedanken der Auferstehung anhand des konstruierten Beispiels einer siebenfach vollzogenen Leviratsehe ad absurdum führen – weil sie offensichtlich davon ausgehen, dass auch in der Existenzweise der Auferstehung die Ehe weiterhin in Form sexueller Gemeinschaft besteht. Sie bedienen sich dafür jenes Konzeptes »apokalyptischer« Eschatologie und setzen eine zeitlich-lineare, in geschichtlichen Zusammenhängen gedachte Gestalt »jener Weltzeit« voraus. Hier widerspricht ihnen Jesus und nimmt seinerseits das Konzept »hellenistischer« Eschatologie in Anspruch: In der Auferstehungswirklichkeit, die nun über Mk / Mt hinaus auch ganz ausdrücklich als »jener Äon (ὁ αἰών ἐκεῖνος)« bezeichnet wird, gibt es keine Sexualität. Der Kreislauf von Geborenwerden und Sterben, Werden und Vergehen, existiert nicht mehr. Die Reproduktion der Menschheit hat sich erübrigt, weil diejenigen, »die jener Weltzeit gewürdigt werden«, offensichtlich unsterblich sind. Dass sie als »Engelsgleiche (ἰσάγγελοι)« bezeichnet werden, unterstreicht diesen Gedanken.[83] Damit aber wird »jener Äon« als eine Welt vorgestellt, deren hauptsächliche Charakteristika »Unvergänglichkeit« und »Unsterblichkeit« sind.[84] Inwiefern das auch »Zeitlosigkeit« impliziert, bleibt in dem vorliegenden Text offen. Deutlich ist nur, dass die Auferstehung definitiv keine Rückkehr in Verhältnisse bedeutet, die einer bisherigen, zeitlich strukturierten Existenzweise auch nur annähernd zu vergleichen wären. In dieser neuen, aller Zeitlichkeit enthobenen Weise wird Lukas dann auch in seinen Ostererscheinungen den Auferstandenen zu zeichnen versuchen.[85]

Es liegt somit nahe, bei Lukas die Kenntnis jenes Konzeptes »hellenistischer« Eschatologie zu vermuten, in dem der räumlich orientierte Wirklichkeitsbereich Gottes durch Zeitlosigkeit ge-

83 Dass auch Engel als Männer mit sexueller Begierde gedacht werden können, widerspricht diesem Indiz nicht; die Gottessöhne aus Gen 6,1–4 und 1Hen 1–36 müssen, um ihre sexuellen Begierden befriedigen zu können, die Welt Gottes verlassen und gehen dabei schließlich auch ihrer Unsterblichkeit verlustig.

84 Begriffe wie ἄορατος, ἄφθαρτος oder πνευματικός charakterisieren in der Regel jenen Äon; in diesen Kontext gehört auch der Sprachgebrauch in 1Kor 15,42–49.

85 Ausführlicher s. dazu unten Abschnitt 3.

kennzeichnet ist. Auch wenn Lukas dabei über Andeutungen nicht hinausgeht, bietet dieses Modell doch zumindest eine plausible Erklärung für jene Passagen, in denen die traditionelle Auferstehungshoffnung konkrete Gestalt gewinnt.

2 Strukturen

Der Erzähler Lukas versteht es, der Gliederung seines Werkes eine sorgfältige Strukturierung der erzählten Zeit zugrunde zu legen. Schon im Vorwort dokumentiert er sein Interesse an einer geordneten Erzählchronologie.[86] Auch wenn die Erklärung, alles καθεξῆς aufschreiben zu wollen (Lk 1,3), wohl eher »im Folgenden« als »der Reihe nach« meint,[87] signalisiert der Verweis auf das Zeugnis derer, die »von Anfang an« (ἀπ' ἀρχῆς) Augenzeugen und Diener des Wortes waren sowie die Versicherung, alles »von Anfang an« (ἄνωθεν) recherchiert zu haben, deutlich genug das Interesse an einer stringenten Erzählfolge.[88] Das wird durch den Text selbst dann auch mehrfach bestätigt. Bekanntlich hat Lukas eine Reihe von Episoden gegenüber Markus anders platziert, um damit einen stimmigen Zusammenhang zu schaffen: Den Nazarettag etwa zieht er an den Anfang des öffentlichen Auftretens Jesu und macht ihn zu einer programmatischen Auftakterzählung (Lk 4,16–30);[89] die Berufung der Fischer verschiebt er indessen ein Stück nach hinten und verknüpft sie mit dem Fischfangwunder, wodurch Petrus den Beginn der Nachfolge nun besser nachvollziehbar auf ein Stück gemeinsamer Erfahrung mit Jesus gründen kann (Lk 5,1–11); die Salbungsgeschichte hat Lukas aus dem Kontext der Passionsereignisse in Jerusalem gelöst und zu einer galiläischen Sündergeschichte gemacht (Lk 7,36–50).

Den geschichtlichen Ort seiner Erzählung bestimmt Lukas durch eine Reihe konkreter Zeitangaben. Dabei bedient er sich in den drei

86 Vgl. K. Backhaus, Asphaleia. Lukanische Geschichtsschreibung im Rahmen des antiken Wahrheitsdiskurses, in: Wahrheit und Geschichte. Exegetische und hermeneutische Studien zu einer dialektischen Konstellation, hg. von E. Ebel / S. Vollenweider, AThANT 102, Zürich 2012, 79–108.

87 Vgl. J. Kürzinger, Lk 1,3 »... ἀκριβῶς καθεξῆς σοι γράψαι«, BZ 18, 1974, 249–255; Wolter, Lukasevangelium, 65–66.

88 Ob sich darin auch Kritik an den »vielen« äußert, bleibt offen; immerhin sieht Lukas die Notwendigkeit, die Überlieferung noch einmal neu zu ordnen.

89 H. Busse, Das Nazareth-Manifest Jesu. Eine Einführung in das lukanische Jesusbild nach Lk 4,16–30, Stuttgart 1978. Dafür nimmt Lukas sogar die Unstimmigkeit in Kauf, dass die in Kafarnaum geschehenen Wunder (Lk 4,23) noch gar nicht erzählt sind und deshalb nur als Vorverweis (erzählerisch nachgeholt erst im Anschluss in Lk 4,31–43) genannt werden können.

»Synchronismen« des üblichen Verfahrens relativer Chronologie: Die Geburtsgeschichte des Täufers beginnt »in den Tagen des Herodes, des Königs von Judäa« (Lk 1,5); die Geburtsgeschichte Jesu wird der Ebene des Imperiums zugeordnet und mit der Regierungszeit des Kaisers Augustus und seines syrischen Legaten Quirinius parallelisiert (Lk 2,1–2); das öffentliche Auftreten Jesu erfährt die differenzierteste und präziseste Datierung mit dem Verweis auf »das fünfzehnte Regierungsjahr des Kaisers Tiberius« – flankiert durch Pontius Pilatus, Herodes (Antipas), Philippus und Lysanias als politische sowie Hannas und Kaiphas als religiöse Verantwortungsträger (Lk 3,1–2). Diesem scheinbaren Bemühen um exakte Datierungen steht die Beobachtung entgegen, dass zwischen der Regierungszeit Herodes des Großen und der Amtszeit des Quirinius eine Zeitspanne von zehn Jahren liegt. Chronologisch verwertbar sind alle Passagen, die sich auf Herodes Antipas als den »Landesherrn« Jesu beziehen.[90] Für das Blutbad an galiläischen Festpilgern und den Einsturz des Turmes von Siloah, auf die Lk 13, 1–5 verweist, gibt es leider keine unabhängigen Belege.[91] In Act 5,36–37 verweist Lukas mit den Aufständen des Theudas und des Judas Galilaios auf zwei bekannte Zeitereignisse, vertauscht jedoch ihre bei Josephus bezeugte Reihenfolge.[92] Zuverlässiger scheint die Begegnung des Paulus mit Gallio berichtet zu sein (Act 18,12–16), dessen Amtszeit sich glücklicherweise epigraphisch belegen lässt.[93] Auch für die zeitliche Zuordnung zu den Prokuratoren Felix und Festus (Act 23–26) sowie die Erwähnung der beiden Agrippa (Act 12,1–23; 25–26) finden sich außerbiblische Haftpunkte.[94] Insgesamt scheint es, dass Lukas aber weniger an der protokollarischen Genauigkeit als vielmehr an der plakativen, die Bedeutung dieser zeitlichen Zuordnung herausstellenden Wirkung interessiert ist. Die Jesusgeschichte spielt sich nicht als Provinzposse ab, sondern wird mit der großen Weltpolitik koordiniert. In Act 26,26 lässt der lukanische Paulus mit seiner Bemerkung, dies alles sei ja »nicht in

90 Seine Regierungszeit dauert nach Josephus von 4 v.Chr. bis 39 n.Chr.; vgl. seine Erwähnung in Lk 3,1–2; 3,19–20; 9,7–9; 13,31–33; 23,6–12; Act 4,27.

91 J. Blinzler, Die Niedermetzlung von Galiläern durch Pilatus, NT 2, 1958, 24–49.

92 Der Aufstand des Theudas fand erst 44 n. Chr. statt (Josephus, Ant XX 97–99), derjenige des Judas Galilaios indessen schon im Umfeld der Steuererhebung unter Quirinius um 6 n.Chr. (Josephus, Ant XVIII 1–10.23–25; Bell II 117–118).

93 Vgl. J. Börstinghaus, Die Gallio-Inschrift, www.neutestamentliches-repeti torium.de (Zugriff März 2013).

94 Felix: Josephus, Bell II 247; 252–270; Tacitus, Hist V 9; Festus: Bell II, 271; Tacitus, Hist II 98; IV 49–50; Agrippa I.: Josephus, Ant XVIII 130–142; Agrippa II.: Josephus, Bell II 247; 252; 309–314 u. ö.; Tacitus, Hist II 81; V 1.

einem Winkel« geschehen, schließlich die Katze aus dem Sack: Alle Synchronismen und zeitlichen Zuordnungen verdanken sich in erster Linie einer Bedeutungsperspektive, die dem erzählten Geschehen welthistorischen Rang attestieren soll.

Als Mittel einer chronologischen Zuordnung bedient sich Lukas weiterhin genealogischer Angaben. Zacharias wird durch die Dienstklasse Abia weniger genealogisch als liturgisch charakterisiert; seine Frau Elisabet entstammt der aaronitischen Linie (Lk 1,5); Josef ist Davidide (Lk 1,27; 2,4), während Maria lediglich als seine Verlobte erscheint. Interesse verdient die Notiz, Jesus sei der »Erstgeborene« der Maria (Lk 2,6); darin könnte bereits der Hinweis auf weitere Geschwister und somit eine weitere Familiengeschichte gegeben sein.[95] Die Prophetin Hanna ist eine Tochter Phanuels aus dem Stamm Asser (Lk 2,36). Den breitesten Raum nimmt jedoch das »Geschlechtsregister« Jesu ein, das rückläufig bzw. aufsteigend angelegt ist und von Josef bis zu Gott führt (Lk 3,23–38). Es schließt sich der Taufe Jesu an und illustriert deren Proklamation der Gottessohnschaft noch einmal auf genealogischem Wege, womit sich zugleich eine universale Perspektive auf die gesamte Menschheit öffnet. Mit dieser Form, die zeitliche Erstreckung von Geschichte in Generationenfolgen darzustellen, nimmt Lukas das Vorbild alttestamentlich-jüdischer Erzählweise auf.[96] Dadurch gelingt es ihm, die große Zeitspanne von der Schöpfung der Welt bis in die unmittelbare Gegenwart einzuspielen – und zugleich die Geschichte Jesu in jene Linie einzuordnen, aus der das Volk Israel hervorgeht und mit David seinen wichtigsten Hoffnungsträger findet.[97] Dass die Geschichte, die Lukas erzählt, ein Kapitel dieser großen Geschichte Gottes mit seinem Volk ist und dass diese Geschichte im Horizont der Völkerwelt beginnt, kommt auf diese Weise nachdrücklich zur Darstellung.

Besondere Sorgfalt verwendet Lukas auf die Notiz lebenszyklischer Zeitangaben. Die Eltern des Johannes sind nach Lk 1,7. 18.36 »hochbetagt (προβεβηκότες ἐν ταῖς ἡμέραις αὐτῶν)«, was sich dem Erzählschema alttestamentlicher Geburtsgeschichten ver-

95 Zu den ntl. und apokryphen Belegen vgl. ausführlich W. A. Bienert / P. Gemeinhardt, Jesu Verwandtschaft, in: Antike christliche Apokryphen I/1, hg. von C. Markschies / J. Schröter, Tübingen 2012, 280–298.

96 Vgl. z.B. M.D. Johnson, The Purpose of Biblical Genealogies with Special References to the Setting of the Genealogies of Jesus, SNTS.MS 8, Cambridge 1969; W. Speyer, Art. Genealogie, RAC 9, 1976, Sp. 1145–1268; T. Hieke, Art. Genealogie (AT), wibilex (Januar 2007).

97 Die Phase zwischen David und Jesus ist so gestaltet, dass Jesus in einer unmittelbaren Verbindung zu David steht; vgl. dazu Wolter, Lukasevangelium, 175–176.

dankt.[98] Noch interessanter ist die zeitliche Bestimmung der Schwangerschaften Elisabets (Lk 1,24–26.36.57) und Marias (Lk 2,5–6), die weitreichende chronologische Folgen hat: Stellt sich Lukas Maria während ihres Besuches bei Elisabeth (Lk 1,39–56) bereits als schwanger vor, oder liegt zwischen den Schwangerschaften beider Frauen eine längere, unbestimmte Zeitspanne?[99] Während Elisabets Konzeptionstermin in Lk 1,24 relativ genau bestimmt wird, fehlt eine solche Angabe im Falle der Maria; erst mit der Reise nach Bethlehem, die erzählchronologisch beginnt, als das Kind Johannes schon heranwächst und Quirinius römischer Legat in Syrien ist, wird ihre Schwangerschaft explizit vermerkt (Lk 2,5). Nimmt man diesen Sachverhalt ernst, dann löst sich auch die immer wieder postulierte Parallelität der Geburtsgeschichten beider Kinder auf in eine diffizile zeitliche Gliederung, die das Nacheinander betont.[100] Den achten Tag nach der Geburt als den Tag der Beschneidung vermerkt Lukas korrekt (Lk 1,59 / 2,21); das Heranwachsen der Kinder fasst er summarisch zusammen (Lk 1,80 / 2,40.52). Mit Vorliebe notiert er Altersangaben: Hannah ist nach siebenjähriger Ehe eine Witwe von 84 Jahren (Lk 2,36–37); Jesus besucht mit 12 Jahren zum ersten Mal den Tempel (Lk 2,42); im Alter von etwa 30 Jahren beginnt sein öffentliches Auftreten (Lk 3,23);[101] die Jairustochter stirbt mit 12 Jahren, während sich die blutflüssige Frau 12 Jahre lang vergeblich um Heilung bemüht hat (Lk 8,42.43); 18 Jahre lang leidet jene gekrümmte Frau, die Jesus in der Synagoge heilt (Lk 13,11); gelegentlich wird auch die Aufenthaltsdauer der jeweiligen Akteure an bestimmten Orten zeitlich präzis benannt.[102] Ansonsten belässt es Lukas bei unbe-

98 C. Böttrich, Die vergessene Geburtsgeschichte. Mt 1–2 / Lk 1–2 und die wunderbare Geburt des Melchisedek in slHen 71–72, in: Jüdische Schriften in ihrem antik-jüdischen und urchristlichen Kontext, hg. von H. Lichtenberger / G.S. Oegema, JSHRZ-St 1, Gütersloh 2002, 222–249.

99 M. Wolter, Wann wurde Maria schwanger? Eine vernachlässigte Frage und ihre Bedeutung für das Verständnis der lukanischen Vorgeschichte (Lk 1–2), in: Von Jesus zum Christus. Christologische Studien. FS P. Hoffmann, hg. von R. Hoppe / U. Busse, BZNW 93, Berlin / New York 1998, 405–422; kritisch dazu J. Lambrecht, »In Those Days« (Luke 2.1). A Replay to Michael Wolter, ETL 87/4, 2011, 419–423.

100 Wolter, Maria, 420–422.

101 Das Alter von 30 Jahren gilt in der Antike allgemein als am besten geeignet für die Übernahme verantwortungsvoller Aufgaben; vgl. C.G. Müller, »Ungefähr 30«. Anmerkungen zur Altersangabe Jesu im Lukasevangelium, NTS 49, 2003, 489–504.

102 1 Jahr und 6 Monate: Act 18,11; 2 Stunden: Act 19,34; 2 Tage: Act 28,13; 2 Jahre: Act 19,10; 24,27; 28,30; 3 Stunden: Act 5,7; 3 Tage: Act 9,9; 25,1; 28, 7.12.17; 3 Wochen: Act 17,2; 3 Monate: Act 19,8; 20,3; 28,11; 3 Jahre: Act 20,31; 4 Tage: Act 10,30; 5 Tage: Act 24,1; 7 Tage: Act 20,6; 21,4.27; 28,14; 8 oder 10

stimmten Angaben wie »lange Zeit« oder »viele Tage«; die Kreuzesnachfolge soll »täglich« erfolgen (Lk 9,23); das Brot für den kommenden Tag soll »Tag für Tag« erbeten werden (Lk 11,3); Wachsamkeit ist »zu jeder Zeit« erforderlich (Lk 21,36).

Die zeitliche Gliederung in den Geburtsgeschichten operiert mit Monaten, Tagen und Jahren. Im Galiläateil und besonders auf der langen Wegphase bleibt es bei Wendungen, die lediglich das zeitliche Nacheinander signalisieren. In der Passionsgeschichte hat Lukas gegenüber Markus das Wochenschema wieder aufgegeben; die Osterereignisse fügt er in den Rahmen eines einzigen Tages ein (Lk 24,1–53).[103] Immer wieder erwähnt er auch konkrete Tageszeiten.[104] In der Apostelgeschichte werden die Zeiträume dann wieder größer und dienen lediglich dem Ziel, eine stimmige Abfolge der Ereignisse sicherzustellen.

Die erzählte Zeit ist im lukanischen Doppelwerk indessen nicht nur durch chronologische Signale, sondern auch durch kultische Abläufe strukturiert. Dabei geht es um zyklische, immer wiederkehrende und durch feststehende Fristen geordnete Vollzüge. Der Jahreskreislauf mit seinem Festkalender und der Opferkult haften am Tempel in Jerusalem; die wöchentliche Feier des Sabbat ist hingegen vorzugsweise mit der Synagoge verbunden. Grundlegende Bedeutung kommt in dieser Hinsicht zunächst dem Tempelkult zu. Nicht von ungefähr lässt Lukas seine Erzählung im Kontext einer Tempelliturgie (Lk 1,8–22) beginnen; mit der Verhaftung des Paulus während eines Reinigungsopfers im Tempel (Act 21,26–22,30) findet sie ihr vorläufiges Ende; dazwischen aber entwickelt sich eine Motivlinie, die den Tempel als Kontinuitätssymbol und Ort, an dem Israels Heilshoffnungen zur Sprache kommen, erzählerisch etabliert.[105] Der Festkalender des Lukas ist ganz auf das eine Passafest konzentriert, das den Rahmen für die Passionsereignisse darstellt (Lk 22–24), jedoch von der Erwähnung weiterer Passafeste umrahmt wird;[106] für den Fortgang der

Tage: Act 25,6; dazu Fristen aus der Geschichte Israels in den großen Rückblicken der Reden.

103 Vom Gang der Frauen zum Grab im Morgengrauen (Lk 24,1) über die Erscheinung im Jüngerkreis am Abend (Lk 24,29.33) und die Himmelfahrt im Morgengrauen des neuen Tages (Lk 24,50–51) vergeht nur ein Tag.

104 Vgl. z.B. Lk 2,8 / 12,38; 4,40.42; 5,5; 6,12–13; 9,12; 21,37.38; 22,14; 23, 44; 24,1.22.29.33; die Stundenangaben in der Kreuzigungsszene bleiben ganz knapp (Lk 23,44).

105 Die zahlreichen Belege sind umfassend aufgearbeitet worden von H. Ganser-Kerperin, Das Zeugnis des Tempels. Studien zur Bedeutung des Tempelmotivs im lukanischen Doppelwerk, NTA 36, Münster 2000.

106 Nach Lk 2,41 gehen Jesu Eltern »jedes Jahr (κατ᾽ ἔτος)« zum Passafest; vgl. noch Act 12,3.4; 20,6.

Erzählung gewinnt Schawuot / Pfingsten Bedeutung (Act 2,1);[107] als kalendarische Angabe findet auch das Fasten vor dem Jom Kippur Erwähnung (Act 27,9). Neben dem Tempel spielt die Synagoge als Ort gelebter Frömmigkeit eine tragende Rolle.[108] Mit einer Predigt in der Synagoge von Nazaret, die Jesus am Sabbat »nach seiner Gewohnheit (κατὰ τὸ εἰωθὸς αὐτῷ)« aufsucht (Lk 4,16–30), beginnt seine öffentliche Wirksamkeit; Heilungen, die am Sabbat in der Synagoge stattfinden sowie verschiedene Sabbatkonflikte durchziehen die ganze Erzählung;[109] die paulinische Missions nutzt konsequent das Podium, das ihr der Sabbatgottesdienst in der Diaspora mit der Möglichkeit von Lesung und Auslegung bietet.[110] Am wöchentlich wiederkehrenden Sabbat orientiert sich fortan auch die christliche Gemeinde, wenn sie mit der gottesdienstlichen Versammlung am ersten Tag der Woche (Act 20,7) nun allmählich einen eigenen liturgischen Rhythmus ausbildet. Als eine eher ideelle Größe kommt in Lk 4,18 das »Jobeljahr« in den Blick,[111] das als großes Erlassjahr nach Ablauf von 7 x 7 Jahren auf einer Art »Sabbatsstruktur«[112] der Zeitrechnung beruht und das Gewissen für die Frage sozialer Gerechtigkeit schärft.

Für die zeitliche Gliederung seiner Erzählung bedient sich Lukas weiterhin symbolischer Fristen. In diesem Sinne sind die 40 Tage Jesu in der Wüste (Lk 4,1–2) und die 40 Tage des Auferstandenen in Jerusalem (Act 1,3) zu verstehen:[113] Als Zeitspanne für die Vorbereitung bedeutender Ereignisse ist die Zahl 40 längst schon in der biblischen Überlieferung verankert.[114] Die einander

107 Ansonsten wird ein Wochenfest nur noch in Act 20,16 erwähnt.

108 Vgl. zum Kontext C. Claußen, Versammlung, Gemeinde, Synagoge. Das hellenistisch-jüdische Umfeld der frühchristlichen Gemeinden, StUNT 27, Göttingen 2002.

109 Vgl. dazu umfassend L. Döring, Schabbat. Sabbathalacha und -praxis im antiken Judentum und Urchristentum, TSAJ 78, Tübingen 1999.

110 Act 13,14 (Antiochia in Pisidien); 14,1 (Ikonion); 17,1 (Thessaloniki); 17,10 (Beröa); 17,17 (Athen); 18,4 (Korinth); 18,19 / 19,8 (Ephesus).

111 Vgl. Lev 25,8–16.29–31; Num 36,4; Ez 46,17.

112 K. Koch, Sabbatstruktur der Geschichte. Die sogenannte Zehn-Wochen-Apokalypse (I Hen 93,1–10; 91,11–17) und das Ringen um die alttestamentlichen Chronologien im späten Israelitentum, ZAW 95, 1983, 403–430.

113 Dadurch relativiert sich der Widerspruch zu Lk 24, wo Auferstehung und Himmelfahrt in den zeitlichen Rahmen eines einzigen Tages eingepasst sind: Lukas geht es in Act 1 um die Symbolik der Vorbereitung, nicht aber um kalendarisch verwertbare Fristen für die Etablierung eines Festkreises.

114 40 Tage verbringt Mose beim Bundesschluss auf dem Berg (Ex 24,18; 34,28; Dtn 9,9.11.18.25; 10,10); 40 Tage ist Elia unterwegs zum Horeb (1Kön 19,18); 40 Tage dauert der Regen der Sintflut (Gen 7,4.12.17; 8,6); 40 Jahre wandert Israel durch die Wüste (Ex 16,35; Num 14,33f; 32,13; Dtn 2,7; 8,2.4; 29,4; Jos 5,6; Neh 9,21; Ps 95,10; Am 2,10; 5,25; Jud 5,13; Act 7,36.42; 13,18;

korrespondierenden 12 Jahre der Jairustochter und der blutflüssigen Frau (Lk 8,42.43) signalisieren ein abgerundetes Ganzes im Blick auf verschiedene Lebensphasen.[115] Die Spanne von 3 Tagen bis zur Vollendung oder Auferweckung (Lk 13,32–33; 9,22 / 18, 33 / 24,46; 24,21) erinnert an Jona 2,1 und Hos 6,1–2 im Sinne dramatischer Steigerung und Dichte; dem entsprechen auch die dreimalige Verleugnung des Petrus (Lk 22,33.61) und die dreimalige Frage des Pilatus bei der Passaamnestie (Lk 23,22);[116] Dreitagesfristen erscheinen auch weiterhin als ein Element des dramatischen »Episodenstils« (z.B. Act 9,9; 28,7.12). Rätselhaft bleibt, warum Lukas die Verklärung (Lk 9,28–36) mit der Zeitangabe »nach etwa 8 Tagen« (Mk 9,2 / Mt 17,1: »nach 6 Tagen«) beginnen lässt: Sollte er mit der Überschreitung der 7 als der Symbolzahl für Woche und Weltzeit andeuten wollen, dass im folgenden die Zeitlosigkeit Gottes in die zeitliche Wirklichkeitserfahrung seiner Schüler einbrechen wird?

Dass Lukas mit seiner Erzählung eine kohärente, in ihrer zeitlichen Abfolge stringente Geschichte vorzulegen beabsichtigt, lässt sich auch an zahlreichen Vor- und Rückverweisen ablesen.[117] Sofern sie auf der Ebene von Evangelium und Apostelgeschichte verbleiben, festigen sie den Eindruck erzählerischer Einheit.[118] Zugleich baut Lukas jedoch in beiden Büchern auch eine Fülle von Rückverweisen auf die Geschichte Israels ein, die seine Erzählung als Teil eben dieser Geschichte Gottes mit seinem Volk erweist.

Hebr 3,9.17). Ferner spielt die 40 eine Rolle bei Regierungszeiten (1Sam 4,18; 2Sam 5,4; 1Kön 2,11; 11,42; 2Kön 12,2; 29,27; 2Chr 9,30; 24,1), Ruhe- und Bedrückungszeiten (Ri 3,11; 5,31; 8,28; 13,1); mit 40 Jahren wird die Ehe geschlossen (Gen 25,20; 26,34) oder eine Aufgabe übernommen (Jos 14,7; 2Sam 2,10).

115 Die Karriere der Zwölfzahl hat vermutlich ihre Wurzeln in der Einteilung des Jahres in 12 Monate. Im Blick auf die Abfolge von Lebensphasen steht die Jairustochter (wie der zwölfjährige Jesus in Lk 2) auf der Schwelle zum erwachsenen Leben; im jüd. Kontext beschreibt die 12 vor allem die Vollzahl der Stämme Israels.

116 Hier hat Lukas die Dreierstruktur gegenüber Mk 15,6–15 / Mt 27,15–26 erst eingeführt; das dreimalige Versagen der Jünger in Getsemani (Mk 13,32–42 / Mt 26,36–46) hat er indessen im Sinne einer Entlastung aufgelöst und zusätzlich mit ihrer Trauer entschuldigt (Lk 22,39–46).

117 Eine Auflistung der relevanten Belege findet sich bei Wolter, Lukasevangelium, 19–20.

118 Vgl. z.B. M.F. Bird, The Unity of Luke-Acts in Recent discussion, JSNT 29, 2007, 425–448; P.E. Spencer, The Unity of Luke-Acts. A Four-Bolted Hermeneutical Hinge, Currents in Biblical Research 5, 2007, 341–366; dazu K. Backhaus, Die Emmaus-Episode als christologisches Programm der Apostelgeschichte, in: König und Priester. Facetten neutestamentlicher Christologie. FS C.-P. März, hg. von M. Bär u.a., EThS 44, Würzburg 2012.

3 Brechungen

Dem Anspruch einer guten Erzählung entsprechend arbeitet Lukas in den beiden Büchern seines Werkes mit verschiedenen Tempi und vielfältigen intratextuellen Vernetzungen. Zugleich aber wird diese narrative Struktur, die einer einsträngigen, linearen Erzählchronologie folgt, an einigen markanten Punkten aufgebrochen. Das betrifft vor allem die Episode von der »Verklärung« Jesu und die Erscheinungen des Auferstandenen einschließlich seiner »Himmelfahrt«.[119] Hier geht es nicht um Verlangsamung oder Beschleunigung, Verkürzung oder Dehnung der erzählten Zeit, sondern vielmehr um die Konfrontation der erzählten Geschichte mit einer anderen, von ihrer zeitlich-linearen Struktur grundsätzlich unterschiedenen Art von Wirklichkeit.[120]

Die Episode von der Verklärung Jesu (Lk 9,28–36) wird bei Lukas von Passagen gerahmt, die den Weg durch die Zeit noch einmal in doppelter Perspektive vor Augen führen. Zum einen geht es dabei um den Weg Jesu, der in Lk 9,43–45 die Wegmarke der zweiten Leidensankündigung erreicht; auf diesem Weg eröffnet sich unmittelbar vor der Verklärungsszene bereits ein Ausblick auf die Parusie des Menschensohnes (Lk 9,26), gefolgt von der Ankündigung, einige der hier Stehenden würden »den Tod nicht schmecken, bis sie die Königsherrschaft Gottes sehen« (Lk 9,27). Dabei bleibt zunächst offen, ob dieses »Sehen« der Basileia zeitlich mit der Parusie des Menschensohnes zusammenfällt oder sich bereits in der Verkündigung der Gottesherrschaft reali-

119 Hierher gehören auch die Angelophanien, die Lukas gemäß atl. Erzähltradition breit gestreut platziert: Lk 1,11–20.26–28; 2,9–15; 22,43; 24,4–7.23; Act 1,10–11; 5,19; 8,26; 10,3–7.22 / 11,13; 12,7–10; 27,23–24; ebenso die »Himmelsöffnungen« bei Taufe (Lk 3,21–22) und Stephanusmartyrium (Act 7,56).

120 Für diese Wirklichkeit Gottes, die zur Auferstehungswirklichkeit Jesu wird, wäre der Begriff »Ewigkeit« eher irreführend. G. Lohfink, Zur Möglichkeit christlicher Naherwartung, in: Naherwartung Auferstehung Unsterblichkeit. Untersuchungen zur christlichen Eschatologie, hg. von G. Greshake / G. Lohfink, QD 71, Freiburg / Basel / Wien [4]1982, 38–81, hat – angeregt durch den scholastischen Begriff des *aevum* – dafür den Begriff der »verklärten Zeit« geprägt: Gemeint ist »ein Zusammengefasstsein der gesamten Existenz in einem einzigen, ›ewigen‹ Jetzt« (67); eine »transempirische Wirklichkeit, über die uns nur noch analoge Aussagen möglich sind« (68); »verklärte Zeit ist wirklich das tota simul und die perfecta possessio der gesamten in der Zeit gelebten und entschiedenen Geschichte eines Menschen – sie ist aber zugleich in einer unaufhebbaren Einheit der Prozess selbst, in dem die gesamte Geschichte dieses Menschen vor Gott hingebracht wird« (69). Lukas ist von solchen Reflexionen weit entfernt, versucht jedoch in seiner narrativen Darstellung der Auferstehungswirklichkeit Jesu etwas zu umschreiben, was sich auf diese Weise durchaus nachvollziehen lässt.

siert.[121] Nur so viel ist klar: Der Weg Jesu nach Jerusalem läuft auf ein Ziel zu, das jenseits jeden gewaltsamen Endes liegt. Zum anderen geht es aber auch um den Weg der christlichen Gemeinde, der sich hier im Galiläateil schon andeutet; er wird erkennbar in der »täglichen (καθ' ἡμέραν)« Kreuzesnachfolge (Lk 9,23), im Gewinnen und Verlieren der Welt (Lk 9,26) oder in der Fähigkeit der Schüler Jesu zu eigenverantwortlichem Handeln, die im Anschluss an die Verklärungsgeschichte thematisiert und problematisiert wird (Lk 9,37–43). Auf dieser doppelten Zeitlinie stellt die Verklärung einen Bruch dar. Schon ihre Terminierung durch die Wendung »nach etwa acht Tagen« (Lk 9,28) macht stutzig.[122] Zudem zieht sich Jesus – anders als bei Markus und Matthäus – nicht nur in die Einsamkeit zurück, sondern sucht den Berg ganz gezielt zum Gebet auf. Das entspricht einerseits einer bekannten Motivlinie bei Lukas,[123] bereitet andererseits aber auch schon die folgende Szene vor. Der Beter erfährt nun eine Veränderung, die an seinem Gesicht und seiner Kleidung sichtbar wird und die an das Erscheinungsbild von Engeln erinnert.[124] Der Bruch aber erfolgt erst in jenem Augenblick, in dem plötzlich Mose und Elia auftauchen. Beide sind Gestalten aus grauer Vorzeit, die definitiv nicht hierher auf einen Berg in Galiläa und definitiv nicht in die Zeit Jesu gehören. Ganz offensichtlich treten sie aus einer anderen Wirklichkeit hervor, in der die zeitlichen Kategorien dieses Äons keine Gültigkeit haben – so wie das auch für die wiederholten Angelophanien und die späteren Erscheinungen des Auferstandenen gilt. Bezeichnenderweise reden sie mit Jesus über seinen »Ausgang (ἔξοδος)«, den er in Jerusalem erfüllen werde (Lk 9,31), was der zu Beginn des zielgerichteten Weges nach Jerusalem anvisierten »Hinaufnahme (ἀνάλημψις)« (Lk 9,51) korrespondieren dürfte. Die ganze Szene ist von einer Aura göttlicher »Herrlichkeit (δόξα)« umgeben, an der Mose, Elia und Jesus gleichermaßen teilhaben; von dieser »Herrlichkeit« hatte Lukas schon kurz zuvor mit Blick auf die Parusie des Menschensohnes gesprochen.[125] Die

121 Für letzteres vgl. mit guten Gründen Wolter, Lukasevangelium, 350.

122 Siehe oben Abschnitt 2 am Ende.

123 Zu Jesus als Vorbild im Beten vgl. Lk 3,21 (während der Taufe); 5,16 (Rückzug zum Gebet); 6,12 (vor der Konstituierung der Zwölf und der Feldrede); 11,1 (am Beginn der Gebetsunterweisung); 22,43 (Getsemani).

124 Zum Erscheinungsbild von Engeln vgl. Lk 24,4 / Act 1,10; Act 12,7; zahlreiche Belege finden sich in frühjüd. Literatur.

125 Während der Menschensohn in Mk 8,38 / Mt 16,27 kommen wird »in der Herrlichkeit seines Vaters mit den heiligen Engeln«, kommt er nach Lk 9,26 »in seiner Herrlichkeit und der seines Vaters und der Heiligen Engel«, was die eigene Herrlichkeit gleichsam verdreifacht und auf den Menschensohn zuspitzt.

Schüler Jesu reagieren entsprechend verstört. Petrus äußert das absurde Ansinnen, diesen Bruch in der Zeit zu sichern und auf Dauer zu stellen. Er wird jedoch von einer Himmelsstimme übertönt, die sich als die Stimme Gottes erweist und nun variiert, was sie schon zur Taufe Jesu (Lk 3,22) verkündet hatte.[126] Dann aber ist alles genauso plötzlich auch schon wieder vorbei. In einer kurzen Momentaufnahme blendet Lukas eine andere Dimension von Wirklichkeit ein, die sich von der zeitlich strukturierten, durch ein klares Vor- und Nacheinander geordneten Wirklichkeit der Schüler Jesu grundsätzlich unterscheidet. Für einen Augenblick scheint die Zeit aufgehoben zu sein, um dann sogleich wieder ihren gewohnten Gang zu nehmen.[127] Das Schweigegebot mit seiner Terminierung »bis zur Auferweckung« (Mk 9,9 / Mt 17,9) fällt bei Lukas aus; die Schüler Jesu schweigen von allein (Lk 9,36). Die Szene bleibt jedoch nicht nur ihnen, sondern auch den Leserinnen und Lesern des Evangeliums in Erinnerung, bis sie bei der Ostererzählung angelangt sind.

Die Osterereignisse hat Lukas in äußerster Verdichtung dem Rahmen eines einzigen Tages eingepasst (Lk 24,1–53).[128] Auch hier legt er den Weg durch die Zeit noch einmal in doppelter Perspektive an. Für den Weg Jesu ist entscheidend, dass er nicht im Grab endet; er führt nach der Auferweckung zu weiteren punktuellen Begegnungen, deren letzte als wirkungsvoller Abschied gestaltet ist. Der Weg der Gemeinde spiegelt sich zunächst in verschiedenen Irr- und Umwegen am Ostermorgen wider,[129] bevor ihm der Auferstandene selbst mit Verheißung und Segen eine neue Richtung gibt. Das wichtigste Charakteristikum dieses neuen Weges aber besteht darin, dass die Erinnerung an seinem Anfang steht – angestoßen durch die Gottesboten am Grab (Lk 24,6–8) und angeleitet durch den Auferstandenen selbst (Lk 24,44–47).

126 In Lk 3,22 adressiert die Himmelsstimme Jesus direkt im Sinne einer Berufung: »Du bist mein geliebter Sohn, an dir habe ich Wohlgefallen.«; ein schmaler Zweig der hsl. Überlieferung ersetzt die Worte durch Ps 2,7. In Lk 9,35 haben die Worte hingegen den Charakter einer Proklamation.

127 Das wird erzählerisch anders realisiert als etwa in Protev 18,2, wo im Augenblick der Geburt Jesu die Zeit anhält und alle Lebewesen in Bewegungslosigkeit erstarren. In Lk 9 hingegen werden Mose, Elia sowie der kurzzeitig »verwandelte« Jesus zu Projektionsflächen der Wirklichkeit Gottes.

128 Das gelingt deshalb, weil alle Erscheinungen auf Jerusalem konzentriert sind; alleine schon die bei Mk / Mt aufgetragene Reise nach Galiläa würde länger dauern.

129 Die Frauen gehen von einer falschen Erwartung aus (Lk 24,5: »Was sucht ihr den Lebenden bei den Toten?«); Petrus geht umsonst (Lk 24,12: »er staunte bei sich über das Geschehen«); die Emmausjünger sind enttäuscht (Lk 24,21: »wir aber hofften, dass er es sei, der Israel erlösen werde«).

Die Erinnerung wiederum führt zur bewussten Reflexion der Ereignisse im Lichte der Schriften und wird dadurch zum Ausgangspunkt theologischer Arbeit. Zum Bruch in dieser nach rückwärts und nach vorn vielfach vernetzten Erzähleinheit kommt es durch die Art und Weise, wie die Erscheinungen des Auferstandenen dargestellt sind. Auf dem Weg nach Emmaus tritt er als unerkannter Wanderer an zwei seiner Anhänger heran, die sich gerade wieder von Jerusalem absetzen. Dass sie ihn nicht erkennen, liegt allein an ihrer Befangenheit. Erst während des Mahles werden ihre Augen geöffnet. Für ein gebildetes Lesepublikum konnten hier Assoziationen an das weit verbreitete Motiv von Göttern oder Heroen, die als unerkannte Gäste bei den Menschen einkehren, mitschwingen.[130] Zum Verständnis reicht aber schon die Kenntnis alttestamtlicher Epiphanieerzählungen völlig aus. Der Auferstandene verschwindet plötzlich und unvermittelt vor ihren Augen. Genauso unvermittelt taucht er wenig später wieder im Kreis der Elf in Jerusalem auf. Auch wenn Lukas hier keine verschlossenen Türen zur Veranschaulichung benötigt wie Joh 20,19[131] ist dennoch klar, dass der unerwartete Gast nicht etwa nur auf einem anderen Weg von Emmaus bis Jerusalem gelaufen wäre und nun schlicht durch die Tür käme. So wie er sich in Emmaus in eine andere Wirklichkeit zurückzieht, tritt er hier aus dieser anderen Wirklichkeit wieder hervor. Stilgemäß geraten die Versammelten in Furcht und meinen, »einen Geist (πνεῦμα)« zu sehen (Lk 24, 37).[132] Darauf reagiert Jesus, indem er sich betasten lässt und vor ihren Augen Nahrung zu sich nimmt. Die Auferstehung ist weder Rückkehr ins Leben noch Fortexistenz als körperloses Wesen, sondern der Beginn einer ganz anders gearteten, ganzheitlich-körperlichen Existenzweise. Die aber unterliegt offensichtlich anderen Bedingungen als der zeitlich geordneten Abfolge von Ereignissen. In die Lebenswirklichkeit der Schülerinnen und Schüler Jesu bricht eine andere Wirklichkeit ein, die sich zeitlich nicht mehr verrechnen lässt.

Das gilt auch für die doppelte Erzählung von der »Himmelfahrt« Jesu (Lk 24,50–51 / Act 1,3–9),[133] die mit der Irritation

130 Vgl. D. Flückiger-Guggenheim, Göttliche Gäste. Die Einkehr von Göttern und Heroen in der griechischen Mythologie, ETS 3/237, Frankfurt u.a. 1984.

131 Die Analogie ist auffällig: In beiden Fällen ist der »harte Kern« in einem Haus versammelt; Jesus tritt überraschend ein; er entbietet den Friedensgruß.

132 Nicht der Begriff φάντασμα wie in Mk 6,49 / Mt 14,26 wird hier gebraucht, sondern πνεῦμα; entscheidend ist, dass die Furcht der Annahme gilt, die Erscheinung sei ein körperloses Wesen.

133 Vgl. ausführlich G. Lohfink, Die Himmelfahrt Jesu. Untersuchungen zu den Himmelfahrts- und Erhöhungstexten bei Lukas, StANT 26, München 1971.

einer zeitlichen Differenz behaftet ist: Während diese Abschiedsszene in Lk 24 den Ostertag abschließt, wird sie in Act 1 erst nach Ablauf einer Frist von 40 Tagen platziert. Grundsätzlich handelt es sich in beiden Fällen um nichts anderes als um eine weitere Ostererscheinung. Die Wolke fungiert nicht als Fahrzeug, sondern ist Medium der Verhüllung; die Zielrichtung »in den Himmel« nennt lediglich die »Welt Gottes« als jene andere Wirklichkeit, in die der Auferstandene nun »hinüberwechselt«. Auch die 40 Tage in Act 1 sind von Lukas nicht als eine Zeit durchgängiger Präsenz des Auferstandenen vorgestellt, der dafür noch einmal wie zu früheren Zeiten Quartier in Jerusalem nähme. Vielmehr handelt es sich dabei um eine Reihe fortgesetzter Erscheinungen, die der Anfangsunterweisung und Vorbereitung der Gemeinde dienen. Deshalb stellt diese zeitliche Differenz auch für Lukas kein solches Problem wie für seine heutigen Auslegerinnen und Ausleger dar. Jede Erscheinung beginnt mit einem unerwarteten Auftreten und endet mit einem wirkungsvollen Abschied. Der Abschied in Lk 24,50–53 bringt mit Segensgestus und kniefälliger Anbetung den Ostertag wie auch das ganze Evangelium zum Abschluss; der Abschied in Act 1,9–12 schließt die Phase der Vorbereitung ab und eröffnet durch die aus Lk 24,4–8 bereits bekannten Gottesboten mit dem Ausblick auf die Parusie (Act 1,11) eine neue, weitreichende Perspektive. Erst diese Parusieverheißung verleiht der Szene nun den Charakter eines endgültigen Abschieds, so dass die bisherige Reihe mit dieser letzten Erscheinung zunächst ihr zeitlich bestimmbares Ende findet. Immerhin erscheint der Auferstandene dann auch im folgenden wiederholt »vom Himmel her« und unterbricht damit auch weiterhin die Zeiterfahrung der jeweiligen Protagonisten auf folgenreiche Weise.[134]

Von der Auferstehungswirklichkeit her fällt auch Licht auf die Verkündigung jener Größe, die Lukas im Anschluss an Markus als »Königsherrschaft Gottes (βασιλεία τοῦ θεοῦ)« bezeichnet. Sie steht seit jeher im Zentrum des Interesses, wenn es um die Beschreibung der lukanischen Eschatologie geht. An ihr bemisst sich, wie Lukas Gegenwart und Zukunft des Heils aufeinander bezieht. Entsprechend umfangreich ist auch die Literatur zum The-

134 Act 7,55–56 (Stephanus sieht den Auferstandenen / den Menschensohn zur Rechten Gottes); 9,3–6 (Paulus sieht und hört vor Damaskus den Auferstandenen); 22,17–21 (Paulus hat im Tempel eine Vision des Auferstandenen und wird von ihm mit der Völkermission beauftragt); 23,11 (der Kyrios erscheint Paulus in der Jerusalemer Haft und beauftragt ihn mit dem Zeugnis in Rom). Besonders die Damaskusvision korrespondiert in dieser Hinsicht dem Selbstzeugnis des Paulus, der sich in 1Kor 15,8 als den letzten Osterzeugen betrachtet.

ma.[135] Im vorliegenden Zusammenhang soll es deshalb nur um einen einzigen Gesichtspunkt gehen. Die Schwierigkeit, die zeitliche Dimension der Gottesherrschaft zu bestimmen, resultiert bekanntlich aus dem Nebeneinander unterschiedlicher Aussagereihen: Die eine betont die Gegenwart der Gottesherrschaft,[136] die zweite beschreibt sie als im Anbruch begriffen,[137] die dritte schließlich sieht in ihr eine rein zukünftige Größe.[138] Je nachdem, welcher Aussagereihe man den Vorzug gibt, fällt auch das Gesamturteil aus – es sei denn, man sucht nach einem Modell, das alle drei Reihen miteinander verbindet und lediglich als verschiedene Aspekte betrachtet. Hier hat sich vor allem Oscar Cullmanns Formel »schon erfüllt, aber noch nicht vollendet«[139] bewährt: Mit Jesu Auftreten ist die Gottesherrschaft bereits da; ihre Vollendung bleibt jedoch ein Hoffnungsgut; die Zeit dazwischen lässt sich entweder als Weg auf diese Vollendung zu bzw. als deren Näherkommen beschreiben. Wie auch immer man dabei die Relationen dann zu bestimmen versucht – eines ist offenkundig: Die »Gottesherrschaft« lässt sich in den Kategorien eines zeitlich linearen Denkens letztlich nicht angemessen erfassen. Gottes Wirklichkeit ist etwas grundlegend anderes als menschliche Lebenswirklichkeit; seine »Herrschaft« kann deshalb nur als Bruch in menschlicher Wirklichkeitserfahrung gedacht werden. Gottes Zeit ist mit geschichtlich bedingter Zeiterfahrung nicht einfach kompatibel und kann deshalb auch nicht ohne weiteres als letzter Abschnitt auf einem Zeitstrahl aufgetragen werden. Weder Lukas noch seine Evangelistenkollegen vermögen hier eine logisch befriedigende Lösung vorzulegen. Was sie offen lassen, muss in genau dieser Weise offen bleiben. Im Wort der Verkündigung und in der konkreten Zuwendung[140] ist die

135 Vgl. z.B. O. Merk, Das Gottesreich in den lukanischen Schriften, in: Jesus und Paulus. FS W. G. Kümmel, hg. von E.E. Ellis / E. Gräßer, Göttingen 1975, 201–220; H. Weder, Gegenwart und Gottesherrschaft. Überlegungen zum Zeitverständnis bei Jesus und im frühen Christentum, BThSt 20, Neukirchen-Vluyn 1993; M. Wolter, »Reich Gottes« bei Lukas, NTS 41, 1995, 541–563.

136 So z.B. Lk 4,21 (heute ist dieses Schriftwort erfüllt in euren Ohren); 10,18 (Satanssturz); 10,23–24 (selig die Augen, die sehen, was ihr seht); 11,20 (wenn ich mit dem Finger Gottes Dämonen austreibe); 16,16 (Stürmerspruch); 17,20–21 (mitten unter euch).

137 So z.B. Lk 10,9.11 (Proklamation: nahe zu euch gekommen); 6,20–23 (Seligpreisungen); 11,30 (Jonazeichen); 12,39 (Wachsamkeitsforderung); 8,4–15 (Wachstumsgleichnisse).

138 So z.B. Lk 11,2 (2. Vaterunser-Bitte); 11,2 (jener Tag); 13,29 (eschatologische Völkerwallfahrt); 18,17 u.ö. (Einlassworte); 18,18 (ewiges Leben erben).

139 Cullmann, Christus und die Zeit; vgl. auch oben Abschnitt 1.

140 Diese beiden Seiten der Verkündigung Jesu sind durchgängig zu beobachten, Wort und Tat gehören zusammen: Lk 5,15; 6,18; 9,1–2.11; 10,17–20; 11,20.

Gottesherrschaft bereits »mitten unter euch« (Lk 17,21) – jedoch als etwas Fremdes, was sich nicht domestizieren lässt und was sich jedem Verfügungsanspruch entzieht. Sie markiert den immer wieder erfahrbaren Einbruch der Wirklichkeit Gottes in den Gang der Geschichte und stellt vor die Herausforderung, die »Zeichen der Zeit« als Hinweise auf eben diese Wirklichkeit zu erkennen.

4 Zeitzeichen

Ob man bei Lukas eine regelrechte »Kairologie« erkennen kann,[141] mag dahingestellt bleiben. Unbestritten ist jedoch die Beobachtung, dass Lukas für das Phänomen der Zeit mehr Sensibilität aufbringt als seine Vorgänger. Dazu wird er ohne Frage durch die Erfahrung des wiederholten Generationswechsels und das Ausbleiben der Parusie veranlasst worden sein. Sein Versuch, das Problem auf narrative Weise zu lösen, gestattet ihm zugleich die Vermittlung zwischen historischen und theologischen Anliegen.

Die großen heilsgeschichtlichen Systeme der Frühzeit, wie sie bei Eusebius und Augustinus erstmals in reflektierter Gestalt hervortreten,[142] haben sich gern bei Lukas bedient. Seinem Anliegen werden sie indessen nur bedingt gerecht. Zwar platziert auch Lukas seine Geschichte auf der großen Bühne der Weltpolitik und spannt einen Bogen zwischen Schöpfung und Vollendung der Menschheit aus. Doch er entwirft kein geschlossenes System, in dem jede geschichtliche Erfahrung auch ihren angestammten Ort hätte. Zwar insistiert er darauf, dass die Regie der Ereignisse in der Hand Gottes liegt. Doch in diesem Drehbuch bleibt auch viel Raum für gegenläufige Inszenierungen. Gottes Plan legt eine Linie durch die Zeit, die sich erkennen und verfolgen lässt. Diese Linie versucht Lukas nachzuzeichnen, von der Geschichte Gottes mit Israel über die Geschichte Jesu Christi und der christlichen Gemeinde bis hin zur Vollendung der Zeit in der Parusie des Auferstandenen.

Den Schlüssel für das Verständnis der Zeit liefert dabei Jesus aus Nazaret selbst mit seiner Botschaft von der Gottesherrschaft. Zur »Mitte der Zeit« wird er für Lukas dadurch, dass er Vergan-

141 So Scholtissek, Könnt ihr die Zeichen der Zeit deuten, 213–223.

142 Vgl. dazu W. Löhr, Heilsgeschichte und Universalgeschichte im antiken Christentum, in: Heil und Geschichte. Die Geschichtsbezogenheit des Heils und das Problem der Heilsgeschichte in der biblischen Tradition und in der theologischen Deutung, hg. von J. Frey / S. Krauter / H. Lichtenberger, WUNT 248, Tübingen 2009, 534–558; V.H. Drecoll, Heil und Geschichte in der Paulusauslegung Augustins, in: ebd., 571–581.

genheit wie Zukunft in ein neues Licht rückt. Insofern avanciert seine Geschichte zum zentralen Orientierungspunkt für die Glaubenden. Sie ist zugänglich in der vorgelegten vielschichtigen Erzählung sowie in dem Wort der Verkündigung, das darauf Bezug nimmt.

In dem Logion über die Deutung des gegenwärtigen »Kairos« (Lk 12,54–56) fungieren Wolke und Südwind als Vorzeichen für den nahen Umschlag des Wetters. Analog fungiert auch die Jesus-Christus-Geschichte für Lukas als Vorzeichen, an dem sich die Wirklichkeit Gottes in Bezug auf die Lebenszeit des Menschen ablesen und deuten lässt. Auf jeden Fall ist es diese Geschichte mit ihren Bestätigungen und Verunsicherungen, Hoffnungen und Mahnungen, Perspektiven und Abgründen, die es für Lukas wahrzunehmen, zu verstehen und weiterzutragen gilt. Wolke und Südwind sind flüchtige Elemente. Die erinnerten, bewahrten und weitererzählten Worte Jesu hingegen überdauern die Zeiten (Lk 21,33).

***

Abstract
Luke-Acts develops a fine sense to reflect on the phenomenon of time. In both books there is a differentiated set of Greek terms for time, covering a wide semantic spectrum. Time is one of the core elements in Luke's concept of the so called »salvation history« which is plunged into a crisis recently. Eschatology depends on the idea of time and timelessness. The author Luke, regarding himself as a historian, uses the didactic potential of depicting »former times« for his audience. As a narrator he knows very well about the meaning of periods, sequences, or temporal structures to arrange the material. As a theologian he is aware of time as part of the created world which is not simply compatible with God's »eternal« reality. But the key for Luke's understanding of time is Jesus Christ himself and his peculiar message of God's rule or kingdom being like a disruption in the human experience of time.

Christfried Böttrich, geb. 1959, Dr. theol., ist Professor für Neues Testament an der Ernst-Moritz-Arndt-Universität Greifswald.

Volker Rabens

»Schon jetzt« und »noch mehr«

Gegenwart und Zukunft des Heils bei Paulus und in seinen Gemeinden

I. Wie spät ist es?

Die Frage nach der Uhrzeit dürfte für ein (Jahr-)Buch, das sich mit dem Thema »Zeit« beschäftigt, naheliegend sein. Dass die Frage »Wie spät ist es?« jedoch auch in den Briefen des Apostels Paulus von zentraler Bedeutung gewesen sein könnte, ist in der jüngeren Paulusforschung vor allem durch Veröffentlichungen zum Brief an die Galater in den Blick gekommen. 1997 erschien J. Louis Martyns epochaler Kommentar zum Galaterbrief, in dem er den apokalyptischen Charakter des paulinischen Evangeliums herausstellt.[1] Die zentrale Frage des Briefes ist seiner Meinung nach »Wie spät ist es?«. Allerdings ist dabei weniger die *Uhr*zeit als vielmehr die *Welt*zeit gemeint. Es ist die Zeit *nach* der apokalyptischen Offenbarung des Glaubens bzw. der Treue Jesu Christi (»faith of Christ«, πίστις Χριστοῦ), und damit die Zeit »in der Gott die Dinge wieder zurechtbringt durch die Treue Christi, die Zeit der Gegenwart des Geistes Christi, und damit die Zeit in der der hereinbrechende Geist den Befreiungskampf von den Kräften des gegenwärtigen, bösen Zeitalters definitiv begonnen hat.«[2]

Viele Merkmale des Galaterbriefs passen zu dem von Martyn gezeichneten Bild. Paulus bezeichnet die Gegenwart als »böses Zeitalter« (αἰῶνος τοῦ ἐνεστῶτος πονηροῦ), aus dem Christus die Gläubigen herausreißt (1,4). Dem paulinischen Evangelium zufolge, das der Apostel »durch eine apokalyptische Offenbarung Jesu

1 *J.L. Martyn*, Galatians: A New Translation with Introduction and Commentary, AB 33A, New York 1997. Martyns Kommentar und seine anderen Veröffentlichungen zum apokalyptischen Charakter der paulinischen Theologie (bes. ebd., Theological Issues in the Letters of Paul, SNTW, Edinburgh 1997) fanden ein breites Echo. Siehe z.B. *M.C. de Boer*, Galatians: A Commentary, NTL, Louisville 2011; *J.B. Davis / D. Harink* (Hg.), Apocalyptic and the Future of Theology: With and Beyond J. Louis Martyn, Eugene 2012.

2 *Martyn*, Galatians, 104f: »It is the time … of God's making things right by Christ's faith, the time of the presence of the Spirit of Christ, and thus the time in which the invading Spirit has decisively commenced the war of liberation from the powers of the present evil age.« Zu Martyns Interpretation von πίστις Χριστοῦ, vgl. ebd., 263–275.

Christi« (δι' ἀποκαλύψεως Ἰησοῦ Χριστοῦ) empfangen hat (1,12; vgl. 1,16; 2,2; 3,23), geschah dieser Befreiungsakt »als die Zeit erfüllt war« (4,4). Seit dem gelten nicht mehr die sozio-religiösen Trennungsmerkmale des alten Äons, sondern »eine neue Kreatur« (6,15; vgl. 3,28).[3] Weitere, vergleichbare Merkmale des Galaterbriefes ließen sich anführen, wie zum Beispiel die Häufung von Temporalbestimmungen, die die Fokussierung des Briefes auf zeitliche Zusammenhänge weiter verdeutlicht.[4]

Die von Martyn betonte (und v.a. von Ernst Käsemann inspirierte)[5] Leseweise des Galaterbriefs und des paulinischen Evangeliums allgemein[6] als *apokalyptische Offenbarung* hat jedoch, wie zu erwarten, nicht nur Zustimmung gefunden.[7] Allerdings selbst wenn das Thema »Zeit« für Paulus nicht der einzige Fokus war und er auch gewiss keine systematische »Lehre von den letzten Dingen« geschrieben hat (wie »Eschatologie« gewöhnlich definiert wird),[8] so ist die Frage nach dem »Wann?« für das Verständnis der paulinischen Theologie dennoch essentiell. Zusammen mit den Fragen wer? (»Wer sind wir?«), wo? (»Wo sind wir?«), warum? (»Warum sind wir hier?«), was? (»Was ist das Problem? Was ist die Lösung?«) und wie? (»Wie können wir das Ziel erreichen?«) ist *wann?* (»Wie spät ist es? In welcher Zeit befinden wir uns?«) eine zentrale Frage, um das Weltbild eines Autors zu verstehen.[9] Im Laufe dieses Bei-

3 Vgl. *S.G. Eastman*, Apocalypse and Incarnation: The Participatory Logic of Paul's Gospel, in: *J.B. Davis / D. Harink* (Hg.), Apocalyptic and the Future of Theology: With and Beyond J. Louis Martyn, Eugene 2012, 167.

4 Vgl. die umfangreiche Auflistung in *T.D. Still*, »Once upon a Time«: Galatians as an Apocalyptic Story, JSPL 2 (2012) 135.

5 Vgl. u.a. *E. Käsemann*, Die Anfänge der christlichen Theologie, ZTK 57 (1960) 180; ebd., Gottesgerechtigkeit bei Paulus, ZTK 58 (1961) 367–378; *P. Ziegler*, »Christ Must Reign«: Ernst Käsemann and Soteriology in Apocalyptic Key, in: *J.B. Davis / D. Harink* (Hg.), Apocalyptic and the Future of Theology: With and Beyond J. Louis Martyn, Eugene 2012, 200–218.

6 Zu letzterem, siehe v.a. *Martyn*, Issues. Vgl. *J.C. Beker*, Der Sieg Gottes: Eine Untersuchung zur Struktur des paulinischen Denkens, Stuttgart 1988.

7 Siehe z.B. jüngst die Kritik von *S. Grindheim*, Not Salvation History, but Salvation Territory: The Main Subject Matter of Galatians, NTS 59 (2013) 91–108, und die von ihm auf S. 92 genannte Literatur.

8 Ein aufschlussreicher Überblick zum Verständnis von »Eschatologie« und »Zeit« in der neutestamentlichen Forschung findet sich in *J. Frey*, New Testament Eschatology – an Introduction: Classical Issues, Disputed Themes, and Current Perspectives, in: *J.G. van der Watt* (Hg.), Eschatology of the New Testament and Some Related Documents, Tübingen 2011, 3–32.

9 So der Ethnologe *C. Geertz*, The Interpretation of Cultures, New York ²2000, dessen Schlüsselfragen von N.T. Wright konsequent in seiner Reihe »Christian Origins and the Question of God« für die Interpretation des Neuen Testaments angewendet werden. Vgl. *N.T. Wright*, Paul and the Faithfulness of God, Christian Origins and the Question of God IV, Minneapolis 2013, 24–36, 538–569.

trags wird deutlich werden, dass diese Fragen eng miteinander verwoben sind und bei Paulus direkt mit dem *Wann?* des Heils zusammenhängen. Aus diesen Parametern der Weltanschauung ergeben sich unmittelbare Konsequenzen für das angestrebte Ethos des Zusammenlebens,[10] wie wir zum Beispiel anhand von Röm 13,10–13 sehen können. Dort betont Paulus, dass die Gemeinde in Nächstenliebe leben soll, weil sie »die Zeit erkennt, nämlich dass die Stunde da ist, aufzustehen vom Schlaf, denn unser Heil ist jetzt näher als zu der Zeit, da wir gläubig wurden. Die Nacht ist vorgerückt, der Tag aber nahe herbeigekommen. So lasst uns ablegen die Werke der Finsternis und anlegen die Waffen des Lichts. Lasst uns ehrbar leben wie am Tage …« Die zeitliche Einordnung der Situation der Gemeinde ist Teil ihrer Identität. Der eschatologische Charakter dieser narrativen Identität, die Paulus der Gemeinde anbietet (V. 11), bildet somit das Rückgrat seiner Begründungsstruktur für das Ethos, das er der Gemeinde in 13,10.12–14 nahelegt.

Paulus stellt also heraus, dass es für seine Gemeinden wichtig ist zu verstehen, in welcher Zeit sie leben. In den zwei Hauptteilen dieses Artikels werden wir sehen, wie für Paulus die gegenwärtige Zeit einerseits von der Vergangenheit und andererseits von der Zukunft bestimmt wird. Für das »Jetzt« ergibt sich so eine »eschatologische Spannung«, die im zweiten Teil des Artikels erhellt werden soll (II). Hier werden auch die schon angedeuteten Konsequenzen für das ethische Leben weiter beleuchtet. Der letzte Teil des Artikels nimmt dann speziell die Zukunft des Heils in den Blick (III).

II. »Schon jetzt« und »noch nicht«: Die Gegenwart des Heils

1. Der Beginn des Heils

Die eingangs zitierte Aussage von Martyn, dass *nach* der apokalyptischen Offenbarung Jesu Christi die Zeit begonnen hat, »in der Gott die Dinge wieder zurechtbringt«,[11] könnte vermuten lassen, dass das Heil erst mit Christus begonnen hat. Eine derartige Diskontinuität mit der (Heils-) Geschichte Israels ist bei Paulus jedoch nirgends auszumachen. Im Gegenteil, für Paulus beginnt das Heilshandeln Gottes mit Israel, wie er unter anderem in Röm 9–11 ausführlich darlegt (z.B. 11,16f). Gott hat in diesem Zusammenhang »den Vätern« Verheißungen gegeben, die allerdings erst in Christus ihre ganze Erfüllung finden (Röm 15,8; 2Kor 1,20; nach Kol 1,15–18 gilt dies bereits grundlegend vor aller Zeit; vgl. 1Kor 2,7).

10 Vgl. *Geertz*, Interpretation, Kap. 5.
11 *Martyn*, Galatians, 104.

So prophezeit etwa der Prophet Jesaja: »Es wird kommen der Spross aus der Wurzel Isais und wird aufstehen, um zu herrschen über die Heiden; auf den werden die Heiden hoffen« (Jes 11,1.10). In Röm 15,12f sieht Paulus diese Vorhersage in Jesus erfüllt. Ähnlich erklärt es der Apostel in Gal 4,4f: »Als aber die Zeit erfüllt war, sandte Gott seinen Sohn, geboren von einer Frau und unter das Gesetz getan, damit er die, die unter dem Gesetz waren, erlöste, damit wir die Kindschaft empfingen.« In beiden Textzusammenhängen wird deutlich, dass besonders *für die Völker* etwas Neues passiert. Israel ist bereits »Erbe« (und nicht »Knecht«), wie Paulus in Gal 4,1 klarstellt. Für die anderen Völker hat sich seit dem Zeitpunkt der »Erfüllung« jedoch eine neue, grandiose Perspektive eröffnet: sie werden aus der Knechtschaft der Mächte (στοιχεῖα) befreit und von Gott als Kinder adoptiert (4,5–7.9).

Somit beginnt tatsächlich eine *neue Zeit*. Allerdings hat jüngst Sigurd Grindheim den Einwand gegen Martyn vorgebracht, Paulus ginge es eben primär nicht um eine »neue Zeit«. Vielmehr sind die temporalen Aussagen im Galaterbrief den territorialen unterzuordnen.[12] Grindheim geht gelegentlich sogar so weit, die beiden Aspekte des Neuen geradezu als Gegensätze zu formulieren: Paulus geht es nicht um einen Wechsel der Zeiten, sondern um einen Wechsel von Herrschaften und Beziehungen. Nicht um das Lesen des Kalenders, sondern um die Freiheit, für die die Galater befreit worden sind.[13] Durch die Formulierungen Grindheims leuchtet allerdings mehrfach ein Konzept hindurch, dass diese scheinbaren Gegensätze zu vereinen mag, nämlich das der *Beziehung*.[14] Beziehungen haben eine räumliche *und* eine zeitliche Dimension: Die Gläubigen gehören nicht mehr zum Herrschaftsbereich »dieser Welt« (Gal 1,4; Röm 12,2; 1Kor 1,20; 2,6.8; 3,18; 2Kor 4,4)[15] sondern sind Teil der »neuen Schöpfung« (Gal 6,15; 3,28; 2Kor 5,17). Das alte Ich ist der Welt gekreuzigt und Christus lebt in ihnen (Gal 2,20; 6,14). Sie sind von der Knechtschaft zur Freiheit befreit (Gal

12 *Grindheim*, Not Salvation History, 93.95.97.108.

13 Ebd., 107.

14 Zur zentralen Bedeutung von Beziehungen bei Paulus und in seinem religiösen Umfeld, vgl. *V. Rabens*, The Holy Spirit and Ethics in Paul: Transformation and Empowering for Religious-Ethical Life, WUNT II/283, Tübingen ^{2}2013, Teil 2, bes. 133–138.

15 De Boer zeigt, dass die Konzeption »Zeitalter« auch in der jüdischen kosmologisch-apokalyptischen Eschatologie temporale und lokale Aspekte hatte, von denen letztere sogar überwogen (im Sinne von »Machtsphären«) (*de Boer*, Galatians, 30). Vgl. *Grindheim*, Not Salvation History, 94. Zum religionsgeschichtlichen Kontext apokalyptischer Konzeptionen wie »Sphäre« und »Zeitalter«, vgl. *G. Sellin*, Die religionsgeschichtlichen Hintergründe der paulinischen »Christusmystik«, TQ 176 (1996) 20–22; *de Boer*, Galatians, 30–35.

5,1.13). Die eingangs erwähnten Fragen *wo?* und *wann?* werden somit beantwortet: als Christen befinden sich die Galater im Heilsraum Gottes, und zwar seitdem Christus für sie starb und sie der Welt gestorben sind (2,19f; 6,14) und sie den Geist des Sohnes Gottes und damit die Adoption als Kinder empfangen haben (3,2; 4,4–7; Röm 8,14–17).[16] Sie sind aus der Beziehung der Knechtschaft befreit worden und in die familiäre Beziehung zu Gott als Kinder adoptiert worden.[17]

Paulus verwendet unterschiedliche Bilder, um das für ihn und seine Gemeinden in der jüngsten Vergangenheit liegende Heilsgeschehen zu beschreiben. Tendenziell werden in der traditionellen (›lutherischen‹) Perspektive auf Paulus besonders die juridischen Metaphern ins Zentrum gerückt (Rechtfertigung, Vergebung), während die »Neue Paulusperspektive« die partizipativen Aussagen in den paulinischen Briefen betont (Inkorporation »in Christus«, Einwohnung des Geistes usw.).[18] Die ›apokalyptische Perspektive‹,[19] wie man die Auslegungstradition in der Linie von Käsemann und Martyn nennen könnte, nimmt nun stärker die ›invasiven‹ Bilder für das Heil bei Paulus in den Blick: Gott sendet Jesus in die Welt, um die von den Mächten geknechteten Menschen freizukaufen (Gal 4,4f.9; Röm 8,3); der Geist befreit und macht lebendig (Röm 8,2); die Christen werden vom Herrschaftsbereich des Fleisches in den des Geistes transferiert (Röm 8,9) usw. Douglas A.

16 Dadurch erhalten selbstverständlich auch weitere der oben genannten Fragen eine Antwort, wie z.B. »wer sind wir?«: befreite, geistbegabte Kinder Gottes.

17 Vgl. weiterführend zum Motiv der Adoption, *T.J. Burke*, Adopted into God's Family: Exploring a Pauline Metaphor, NSBT 22, Downers Grove 2006; *Rabens*, Spirit, 215–236.

18 Ein kurzer Überblick mit Schaubildern zu beiden Ansätzen findet sich bei *Wright*, Paul and the Faithfulness of God, 37–40. Vgl. auch *M. Wolter*, Alte und neue Perspektiven auf Paulus, in: *P. Müller* (Hg.), Paulus in der Schule. Grundlagen – Didaktik – Bausteine für den Unterricht, Stuttgart 2012, 15–29; *C. Landmesser*, Die Entwicklung der paulinischen Theologie und die Frage nach der Eschatologie, in: *H.-J. Eckstein / C. Landmesser / H. Lichtenberger* (Hg.), Eschatologie – Eschatology. The Sixth Durham–Tübingen Research Symposium: Eschatology in Old Testament, Ancient Judaism and Early Christianity (Tübingen, September, 2009), Tübingen 2011, 173–175.

19 Die Bezeichnung »apokalyptisch« bezieht sich hier weniger auf die entsprechende (frühjüdische) Literaturgattung als vielmehr auf die Charakterisierung des paulinischen Evangeliums als ›offenbart‹ und theozentrisch, und nicht ›philosophisch‹ und anthropozentrisch (*D.A. Campbell*, The Deliverance of God: An Apocalyptic Rereading of Justification in Paul, Grand Rapids / Cambridge 2009, 190f.). Vgl. das Zitat oben von *Martyn*, Galatians, 104f, und die Zusammenstellung der Merkmale von »Apokalyptik« in: *J. Frey*, Der vorchristliche Paulus. Die religiöse Prägung: Weisheit Apokalyptik, Schriftauslegung, in: *F.W. Horn* (Hg.), Paulus Handbuch, Tübingen 2013, 64f.

Campbell hat kürzlich einen (weiteren) Zugang zu Paulus vorgeschlagen, der als Kombination der partizipativen und apokalyptischen Interpretationsschlüssel verstanden werden kann (mit Fokus auf Röm 5–8[20]).[21]

Allen drei Motivgruppen ist die für Paulus charakteristische eschatologische Spannung zu eigen, die im Kontext der Verwendung dieser Bilder zu Tage tritt. Zwei Beispiele sollen zur Illustration dienen. Ein Motiv, das in allen drei Perspektiven auf den Beginn des Heils bei Paulus ein starkes Echo findet, ist das der Versöhnung. In 2Kor 5,19 sagt Paulus, dass die notwendige Versöhnung zwischen Gott und Mensch bereits stattgefunden hat: »Gott war in Christus und versöhnte die Welt mit sich selber und rechnete ihnen ihre Sünden nicht zu«. Gottes Heilshandeln liegt also in der Vergangenheit, und es wird als göttliche Initiative mit universeller Auswirkung dargestellt: »Wenn einer für alle gestorben ist, dann sind alle gestorben« (2Kor 5,14). Auch wenn die Versöhnung zwischen Gott und Mensch damit als vollständig beschrieben wird, so fordert Paulus die Korinther dennoch kurz darauf im Auftrag Gottes auf: »Lasst euch versöhnen mit Gott!« (5,20). Die Aussage, dass der ganze Kosmos mit Gott versöhnt ist, wird somit um eine nahezu ›bilaterale‹ Dimension ergänzt. Der Grundstein für die Versöhnung ist gelegt – sie ist nach 5,19 sogar bereits geschehen. Gleichwohl scheint die Aufforderung in 5,20 nahezulegen, dass die Hörer der Versöhnungsbotschaft diese Versöhnung an sich geschehen lassen sollen (und sich auf dem Hintergrund des Konflikts zwischen Paulus und den Korinthern auch mit dem Apostel aussöhnen sollen; siehe z.B. 6,1–13).[22] Diese eschatologische Span-

20 Vgl. *D.A. Campbell*, Christ and the Church in Paul: A »Post-New Perspective« Account, in: *M.F. Bird* (Hg.), Four Views on the Apostle Paul, Counterpoints, Grand Rapids 2012, 118–142; *B.R. Gaventa* (Hg.), Apocalyptic Paul: Cosmos and Anthropos in Romans 5–8, Waco 2013.

21 *Campbell*, Deliverance, und die Zusammenfassung in ebd., An Apocalyptic Rereading of »Justification« in Paul: Or, an overview of the argument of Douglas Campbell's *The Deliverance of God* – by Douglas Campbell, ExpTim 123 (2012) 382–393. Campbell versteht seinen Ansatz als »Post-New Perspective« (vgl. ebd., Christ, 113–143) und nennt ihn ein »PPME-Modell«, d.h. »pneumatologically participatory martyrological eschatology« (ebd., The Quest for Paul's Gospel: A Suggested Strategy, London 2005, 38–42). Zur Diskussion, siehe ebd., Christ, 144–158; *C. Tilling* (Hg.), Beyond Old and New Perspectives on Paul: Reflections on the Work of Douglas A. Campbell, Eugene 2014.

22 Anders jedoch *J. Adam*, Paulus und die Versöhnung aller: Eine Studie zum paulinischen Heilsuniversalismus, Neukirchen-Vluyn 2009, 118–222, der anstelle des appellativen den performativen Charakter von 5,20 (»… denn Gott ermahnt durch uns; so bitten wir nun an Christi Statt: Lasst euch versöhnen mit Gott!«) ins Zentrum stellt. Siehe die Diskussion in *V. Rabens*, Inclusion of and Demarcation from ›Outsiders‹: Mission and Ethics in Paul's Second Letter to the Corinthi-

nung drängt sich noch deutlicher auf, wenn Paulus einige Zeilen zuvor eine Gruppe von Menschen benennt, »die verloren gehen« (4,3). Offenbar hat das Versöhnungswerk für den ganzen Kosmos noch nicht für jeden seine Erfüllung gefunden, denn »den Ungläubigen hat der Gott dieser Welt den Sinn verblendet, dass sie nicht das helle Licht des Evangeliums von der Herrlichkeit Christi sehen« (4,3f). Paulus löst an dieser Stelle die Spannung, die er durch die Verwendung dieser apokalyptischen Motive aufbaut, nicht auf. Wir werden in Teil III darauf zurückkommen.

Das zweite Motiv, das die rückwärts- und vorwärtsblickenden Dimensionen des Heils bei Paulus verdeutlicht, ist die Adoption als Gottes Kinder (υἱοθεσία). Wir haben bereits gesehen, dass die υἱοθεσία in Gal 4,1–7 als das Resultat des befreienden Eingreifens Gottes durch seinen Sohn beschrieben wird. Paulus schlussfolgert, dass »wenn … Kind, dann auch Erbe durch Gott« (4,7). In Röm 8,12–17 verfolgt Paulus eine ähnliche Argumentation. Vers 17: »Wenn aber Kinder, so auch Erben, Erben Gottes und Miterben Christi«. Allerdings fügt er eine Kondition an: »wenn wir wirklich mitleiden, damit wir auch mitverherrlicht werden.« An dieser Stelle tritt eine Dimension des Christenlebens in der Gegenwart in den Vordergrund, die einen bedeutenden Aspekt der Realität zwischen Beginn und Vollendung des Heils darstellt: das Leiden. Hier ist das Leiden mit Christus gemeint, das Teil der Identifikation mit Christus ist (vgl. Röm 6,6; 2Kor 4,7–18; 13,4 u.a.).[23] Diese für den retrospektiven Charakter der paulinischen Eschatologie typische Spannung wird im nächsten Abschnitt näher beleuchtet.

2. Die eschatologische Spannung in der Gegenwart

Das heilvolle Eingreifen Gottes in die Geschichte des Kosmos durch die Sendung seines Sohnes hat zu einer Zeitenwende geführt (Gal 1,4; 4,4; 6,15 u.a.). Greifbar geworden für Paulus ist dies allerdings erst, als er selbst von Christus ergriffen wurde (κατελήμφθην ὑπὸ Χριστοῦ, Phil 3,12). Dies lässt Paulus nicht nur die Weltgeschichte mit anderen Augen sehen, sondern es führt auch zu einer neuen Beurteilung seiner eigenen, vorchristlichen Geschichte. In Phil 3,8 verwendet Paulus in diesem Zusammenhang das Wort »Dreck« (σκύβαλον). Im Verhältnis zu der neuen Christus-Beziehung, der »überschwänglichen Erkenntnis Christi Jesu, meines Herrn« und

ans, in: *J. Kok u.a.* (Hg.), Sensitivity towards Outsiders: Exploring the Dynamic Relationship between Mission and Ethics in the New Testament and Early Christianity, WUNT II/364, Tübingen 2014, 291–294.317–319.

23 Vgl. ausführlich *M.J. Gorman*, Inhabiting the Cruciform God: Kenosis, Justification, and Theosis in Paul's Narrative Soteriology, Grand Rapids 2009, 40–104.

dem Sein bzw. »Gefundenwerden« in Christus (3,8f) sind seine jüdischen Statussymbole (3,5f) wertlos geworden. Nicht das Judentum an sich sieht Paulus als defizitär an, er verurteilt nicht das Leben nach dem Gesetz, sondern ihm ist klar geworden, dass ihm eines gefehlt hat: Christus. Der Ausgangspunkt der paulinische Überlegung ist also nicht die potentielle Unzufriedenheit mit seinem Leben im Judentum, ein schlechtes Gewissen oder die Suche nach einem ›gnädigen Gott‹ (vgl. 3,6: »nach der Gerechtigkeit, die das Gesetz fordert: untadelig«), sondern das Ergriffenwerden durch Christus. Durch eine apokalyptische Offenbarung ist Christus in sein Leben hineingetreten (Gal 1,12–16; 1Kor 15,8f; vgl. Apg 9,1–9; 22, 6–16) und hat ihm eine neue Welt eröffnet. Paulus hatte also nicht ›ein Problem‹, dessen Lösung nun die Lehre von der Rechtfertigung wäre. Zwar klingt das Thema Rechtfertigung im Zusammenhang seiner autobiographischen Schilderung an (Phil 3,9; in Abgrenzung zu den judenchristlichen Gegnern: 3,2f), aber der Fokus seiner Ausführungen liegt auf dem partizipativen Charakter des Ergriffenwerdens durch Christus und dem Ergreifen und tieferem Erkennen von Christus (3,8–10.12–14). Es ist einzig diese tiefgreifende Erkenntnis Christi, die Paulus zu der Erkenntnis gelangen lässt, dass ihm vor dieser existentiellen Begegnung etwas ›gefehlt‹ hat.

Das von Christus Ergriffenwerden steht am Anfang der christlichen Existenz des Apostels, das Christus-ganz-Ergreifen jedoch erst am Ende. Damit zeichnet sich für Paulus eine eschatologische Spannung ab. Dem Bild des Läufers ist diese Anspannung deutlich abzuspüren: »Nicht, dass ich's schon ergriffen habe oder schon vollkommen sei; ich jage ihm aber nach, ob ich's wohl ergreifen könnte, weil ich von Christus Jesus ergriffen bin … Ich vergesse, was dahinten ist, und strecke mich aus nach dem, was da vorne ist, und jage nach dem vorgesteckten Ziel, dem Siegespreis der himmlischen Berufung Gottes in Christus Jesus« (3,12–14). Zu diesem Zielpunkt gehören auch die Transformation des menschlichen Körpers und der Einzug in die himmlische Welt (3,20f), auf die wir in Teil III zurückkommen werden. In der Zwischenzeit sind die Gläubigen »in Christus« und »von ihm ergriffen«, aber noch sind sie nicht »mit Christus« und haben ihn »ganz ergriffen«.[24] Zu die-

24 Vgl. *F. Avemarie*, Heilsgeschichte und Lebensgeschichte bei Paulus, in: *J. Frey / S. Krauter / H. Lichtenberger* (Hg.), Heil und Geschichte: Die Geschichtsbezogenheit des Heils und das Problem der Heilsgeschichte in der biblischen Tradition und in der theologischen Deutung, WUNT 248, Tübingen 2009, 378–380. Rehfeld spricht daher von der »Karsamstagsexistenz« der Christen (*E.L. Rehfeld*, Relationale Ontologie bei Paulus: Die ontische Wirksamkeit der Christusbezogenheit im Denken des Heidenapostels, WUNT II/326, Tübingen 2012, 348–350, 364–366).

ser eschatologischen (An)Spannung gehört auch die Erfahrung von Leid. Paulus möchte Christus ganz gleichgestaltet werden – und das umschließt sein Leiden und Sterben (3,10; vgl. 2,5–11). Es ist Teil der oben erwähnten narrativen Identität der Christen, die darüber hinaus die Auferstehung als wichtigen Punkt der Christusgeschichte umfasst (3,10f; Röm 6,4–10; 1Kor 15,12–23 u.a.). Michael Gorman formuliert treffend: »The story of Christ, as Paul (and, in fact, much of the New Testament) reminds us, unfolds in two major stages: humiliation and exaltation, death and resurrection, suffering and glory. To participate in that story, or, better, to participate in the One whose narrative identity is disclosed in that story, is to embody a similar two-stage pattern. Full and total participation in the glory of God still awaits us.«[25]

Allerdings sind Christen in dem leidvollen Moment der Christusnachfolge nicht auf sich alleingestellt. Der Geist Christi ist präsent in den Erfahrungen von Schwäche, Angst und Unterdrückung. Dabei hilft er nicht einfach heraus, sondern kommt selbst hinein in alle »Knechtschaft der Vergänglichkeit« und Sehnsucht nach Freiheit, welcher die Gläubigen und gleichermaßen die ganze Schöpfung unterworfen sind (8,21–23; insofern sind Ursache und Ziel dieses »kosmischen« Leidens von dem u.a. in Phil 3,10 und 2Kor 4,7–15 beschriebenen Leiden in Verfolgung für Christus zu unterscheiden). »So nimmt sich auch der Geist unserer Schwachheit an. Denn wir wissen nicht, worum wir in rechter Weise beten sollen; der Geist selber tritt jedoch für uns ein mit Seufzen, das wir nicht in Worte fassen können« (8,26). Der Geist Gottes identifiziert und solidarisiert sich mit der Schöpfung in geradezu inkarnatorischer Weise, denn er artikuliert stellvertretend für die Kinder Gottes die Erfahrungen von Leid und Zerbrechlichkeit in einer Tiefgründigkeit, wie sie selbst es nicht vermögen (»Seufzen, das wir nicht in Worte fassen können«).

Der Geist Christi wirkt so hinein in die ganze Bandbreite menschlicher Erfahrungen. Sein Kommen ist selbst eines der bedeutendsten Elemente des neuen Äons. Es wurde in der hebräischen Bibel für das ganze Volk Gottes vorhergesagt (v.a. Joel 3,1f; Ez 36,26–28; Jes 44,3–5). Die frühe Christenheit interpretierte die Ereignisse um Pfingsten und das Erleben des charismatischen und transformierenden Wirkens des Geistes als dessen Erfüllung (Apg 2,15–18; Röm 8,14–17 u.a.).[26] Paulus nennt den Geist im Zusammenhang der ab Röm 8,18 ausgedrückten eschatologischen Span-

25 *Gorman*, Inhabiting the Cruciform God, 167.

26 Siehe dazu ausführlicher *V. Rabens*, Begeisternde Spiritualität: Geisterfahrungen im Leben der paulinischen Gemeinden, GlLern 26 (2011) 135–145.

nung die »Erstlingsgabe« oder »Anzahlung« (8,23; vgl. 2Kor 1,22; 5,5; Eph. 1,13f).[27] In diesem Begriff steckt bereits die ›Hoffnung auf mehr‹ (8,24f), die sich in der (Offenbarung der) »Kindschaft, der Erlösung unseres Leibes« manifestieren wird (8,23).

Die im Titel von Teil II formulierte Spannung als der zwischen dem »Schon jetzt« und dem »Noch nicht« resultiert aus der ›Überschneidung der Zeitalter‹, die bereits in Teil I umrissen wurde. Die folgende Skizze soll diese Überschneidung verdeutlichen[28] und greift dabei einige der bisher genannten Aspekte exemplarisch auf.

Die ›Überschneidung der Zeitalter‹

das gegenwärtige Zeitalter (Gal 1,4; 1Kor 10,11)	das kommende Zeitalter (vgl. Eph. 1,21; 2,7)[29]
»diese Welt« (1Kor 7,31)	die neue Welt/Schöpfung (2Kor 5,17)
Leiden (mit Christus, Röm 8,17) und Tod	Verherrlichung und ewiges Leben (Röm 2,7; 5,2; 8,18)
Adoption als Kinder Gottes (Röm 8,15f)[30]	Einsetzung als Erben (Röm 8,17; vgl. 8,23)
partielle Erkenntnis (1Kor 13,12)	erkennen »von Angesicht zu Angesicht« (1Kor 13,12)
Adam (1Kor 15,21f.45)	Christus (Röm 5,12–21)

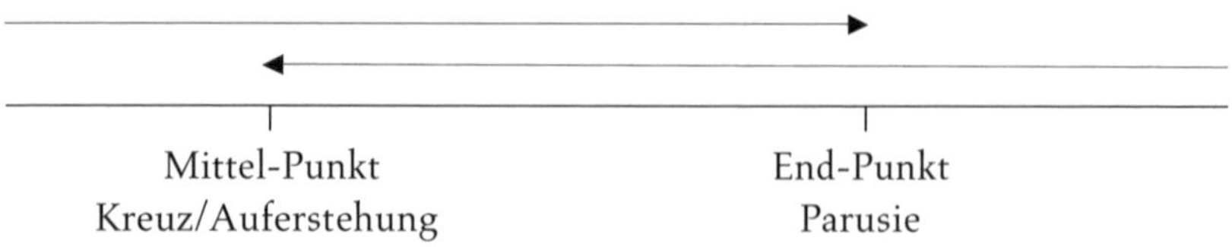

27 Vgl. *F.W. Horn*, Das Angeld des Geistes: Studien zur paulinischen Pneumatologie, FRLANT 154, Göttingen 1992, 389–404.

28 Vgl. die unterschiedlichen Skizzen von *J.D.G. Dunn*, The Theology of Paul the Apostle, Edinburgh 1998, 464f.

29 Zu der anders gewichteten (›realisierteren‹) aber keineswegs ›unpaulinischen‹ Eschatologie des Epheserbriefs vgl. *V. Rabens*, Ephesians, in: *M.D. Coogan* (Hg.), The Oxford Encyclopedia of the Books of the Bible, Bd. 1, New York / Oxford 2011, 240.

30 Die Adoption als Kinder Gottes ist für die Heiden erst seit dem »Mittel-Punkt«, dem Christusgeschehen, möglich. Wie oben dargestellt, ist Israel jedoch bereits »Kind« (Gal 4,1 u.a.), so dass »Adoption« auf der linken Seit der Tabelle platziert wurde. Da die Adoption nach Röm 8,23 jedoch auch eine zukünftige Seite hat (wohl im Sinne der *Offenbarung* als »Kinder Gottes«, vgl. Zürcher Übersetzung: »wir … warten auf unsere Anerkennung als Söhne und Töchter«), könnte sie auch als von der Zukunft in die Gegenwart hineinreichend dargestellt werden (d.h. auf der rechten Seite der Tabelle).

Das jetzige Zeitalter hat seinen Anfangspunkt in Adam bzw. in dessen Sündenfall (1Kor 15,20f; Röm 5,12). Es findet seinen End-Punkt in der Parusie Christi. Die ›zukünftige Welt‹ bricht mit dem Christus-Geschehen in diese Zeit hinein und überschneidet sich von da an mit der gegenwärtigen Zeit. Ihr Ziel-Punkt ist die Vereinigung von Allem in Gott (ἵνα ᾖ ὁ θεὸς [τὰ] πάντα ἐν πᾶσιν, 1Kor 15,28) und die Rettung ganz Israels (πᾶς Ἰσραὴλ σωθήσεται, Röm 11,25).

Auf zwei potentielle Missverständnisse einer solchen Skizze muss jedoch hingewiesen werden. Zum einen beginnt das Heilshandeln Gottes nach Paulus nicht erst mit Christus, sondern, wie in II.1 ausgeführt, mit der Erwählung Israels (die als ein [erster] Wendepunkt des gegenwärtigen Zeitalters verstanden werden kann). Zum anderen ist die Gleich*zeitigkeit* der Äonen nicht mit einer Gleich*artigkeit* zu verwechseln. Die befreiende Macht der Liebe Gottes überwindet die knechtende Macht des alten Äons: Christus hat die Seinen aus der Knechtschaft der Mächte herausgerissen und sie zur Freiheit und Kindschaft befreit (Gal 1,4; 4,3–6; 5,1). Sie sind »Kinder des Lichts« (1Thess 5,5) und gehören schon in der Gegenwart zur himmlischen Welt Gottes. Sie befinden sich bereits jetzt im Heilsraum der Liebe Gottes, aus dem sie keine Macht der Welt entfernen kann (Röm 8,39). Sie haben »Frieden mit Gott« (Röm 5,1) und sind mit ihm »versöhnt« (Röm 5,10.11; 2Kor 5,18f). Und sie leben in einer neuen Sphäre: im Wirkungsbereich des Geistes, nicht des Fleisches (Röm 8,9).[31]

Wie wirkt sich nun die Qualität dieser neuen Beziehungen auf das religiös-ethische Leben in der Gegenwart aus?

3. Konsequenzen für das religiös-ethische Leben

Die im vorangegangenen Abschnitt erwähnte, noch ausstehende Vollendung des Heils schmälert bei Paulus in keiner Weise die Überzeugung, dass der Transfer in das neue Sein bereits wirkmächtig erfolgt ist, »denn *das bereits Geschehene* und nicht das Ausstehende ist der entscheidende Inhalt des paulinischen Evangeliums«.[32] Paulus geht es um das Jetzt des Heils: »Siehe, jetzt ist die angenehme Zeit; siehe, jetzt ist der Tag der Rettung« (2Kor 6,2; vgl. Röm 3,21.26; 5,9; 7,6; 8,1 u.a.). Das aus dem wirkmächtigen Transfer in das neue Sein resultierende religiös-ethische Leben scheint aber in den paulinischen Gemeinden kein Selbstläufer gewesen zu

31 Vgl. *M. Wolter*, Paulus. Ein Grundriss seiner Theologie, Neukirchen-Vluyn 2011, 191f.

32 *U. Schnelle*, Die Begründung und die Gestaltung der Ethik bei Paulus, in: *R. Gebauer / M. Meiser* (Hg.), Die bleibende Gegenwart des Evangeliums. Festschrift für Otto Merk zum 70. Geburtstag, MThSt 76, Marburg 2003, 118.

sein. Andernfalls hätte es nicht der epistolaren Paränese bedurft, die die Gemeinden dazu ermutigt, den neuen Beziehungsdynamiken entsprechend zu leben. Dabei fällt immer wieder die *eschatologische Begründungsstruktur* der ethischen Argumentation bei Paulus auf. Ein gutes Beispiel ist der eingangs erwähnte Aufruf des Apostels zur Nächstenliebe in Röm 13,10–13, weil die Gemeinde »die Zeit erkennt, nämlich dass die Stunde da ist, aufzustehen vom Schlaf, denn unser Heil ist jetzt näher als zu der Zeit, da wir gläubig wurden. Die Nacht ist vorgerückt, der Tag aber nahe herbeigekommen. So lasst uns ablegen die Werke der Finsternis und anlegen die Waffen des Lichts. Lasst uns ehrbar leben wie am Tage …« Der eschatologische Charakter der narrativen Identität, die Paulus der Gemeinde zuschreibt (V. 11), ist der zentrale Punkt der Argumentation für das Ethos, das er der Gemeinde in 13,10.12–14 nahelegt.

Die Begründungen der paulinischen Paränesen haben also eine spezifisch zeitliche Dimension. Sie greifen einerseits auf das heilvolle Eingreifen Gottes in Vergangenheit und Gegenwart zurück und bauen andererseits auf das Handeln Gottes in der Zukunft, das jedoch in die Gegenwart hineinwirkt. Diese beiden Bereiche beziehen sich aufeinander und überschneiden sich im Wirkungsbereich der Gegenwart. Sie werden im Folgenden kurz nacheinander dargestellt.

Paulus kann zum einen die Konsequenzen des heilvollen Eingreifens Gottes in *Vergangenheit und Gegenwart* betonen. So ruft der Apostel den Galatern zu: »Zur Freiheit hat uns Christus befreit! So steht nun fest und lasst euch nicht wieder das Joch der Knechtschaft auflegen!« (5,1). Weitere Beispiele sind die ethischen Unterweisungen, die Paulus etwa an seine Ausführungen zum Sterben mit Christus (Röm 6,11–23; 2Kor 5,15 u.a.) und zur Heiligung anschließt. Der eschatologische Status als »Heilige« (ἅγιοι: Röm 1,7; 1Kor 1,2; Phil 1,1 u.a.) impliziert, dass die Gläubigen ein geheiligtes Leben führen (sollen). »Heiligung« (ἁγιασμός), primär ein Geschenk Gottes (1Thess 4,7; 5,23 u.a.), umfasst auch die ethische Dimension des Lebens der Gläubigen (so schon 1Thess 4,3–9; vgl. die Parallelen von 3,12a und 13a; 5,23a und 23b).[33] Das damit angeschnittene, komplexe Verhältnis von göttlichem und mensch-

33 Anders jedoch *E.D. Schmidt*, Heilig ins Eschaton: Heiligung und Heiligkeit als eschatologische Konzeption im 1. Thessalonicherbrief, BZNW 167, Berlin 2010, 248f, 316–319 (gefolgt von *M. Bohlen*, Sanctorum Communio: Die Christen als »Heilige« bei Paulus, BZNW 183, Berlin 2011, 15, 143f), der Heiligung in 1Thess als einen »vorethischen« Status ohne moralische Dimension versteht. Siehe die Diskussion in *V. Rabens*, 1 Thessalonians, in: *T.J. Burke / K. Warrington* (Hg.), A Biblical Theology of the Holy Spirit, London 2014, 202–209.

lichem Tun kann an dieser Stelle nicht näher beleuchtet werden. Die Dynamik von »Indikativ und Imperativ« bei Paulus ist jedoch für das Thema »Zeit« relevant, weil das heilvolle Wirken Gottes in Vergangenheit und Gegenwart (= »Indikativ«) die Menschen verändert und zu ethischem Leben befähigt. Ich habe das Verhältnis von »Indikativ und Imperativ« an anderer Stelle ausführlich im Dialog mit den Thesen Ruben Zimmermanns diskutiert (und in diesem Zusammenhang die Terminologie »(impliziter) Indikativ« und »(impliziter) Imperativ« vorgeschlagen, da eine rein grammatische Bestimmung des Sachverhalts zu kurz greift).[34] Diese Dynamik wird in der nachfolgenden Besprechung des Verhältnisses von Fleisch und Geist in der paulinischen Eschatologie erneut anklingen.

Auch wenn die Kritik Zimmermanns am Indikativ-Imperativ-Schema an manchen Stellen über das Ziel hinausschießt, so ist das von ihm vorgeschlagene Modell der »impliziten Ethik« trotzdem sehr zu begrüßen, denn das traditionelle Indikativ-Imperativ-Modell als alleiniger Zugang zur paulinische Ethik vermag die Diversität der ethischen Begründungsstrukturen des Apostels nicht abzubilden. Dies wird auch in der paulinischen Eschatologie deutlich, da der Apostel neben der Vergangenheit und Gegenwart auch ethische Konsequenzen aus dem heilvollen Eingreifens Gottes in Gegenwart und *Zukunft* betont. Wir haben bereits anhand von Röm 13,10–13 gesehen, wie Paulus aus der eschatologisch definierten Identität der Gläubigen Rückschlüsse für das ethische Leben zieht. Weitere Beispiele sind u.a. 1Thess 2,11f, wo Paulus die Gemeinde auffordert, ihr »Leben würdig des Gottes zu führen, der euch berufen hat zu seinem Reich und zu seiner Herrlichkeit«.[35] In 1Thess 5,5 spricht er ihnen dann zu, dass sie »Kinder des Lichts« sind und

34 Ebd., »Indicative and Imperative« as the Substructure of Paul's Theology-and-Ethics in Galatians? A Discussion of Divine and Human Agency in Paul, in: *M.W. Elliott u.a.* (Hg.), Galatians and Christian Theology: Justification, the Gospel, and Ethics in Paul's Letter, Grand Rapids 2014, 285–305, in Auseinandersetzung mit *R. Zimmermann*, Jenseits von Indikativ und Imperativ: Zur ›impliziten Ethik‹ des Paulus am Beispiel des 1. Korinterbriefs, ThLZ 132 (2007) 260–284.

35 In Gottes kommendem Reich gelten auch neue, egalitäre Maßstäbe des Zusammenlebens (vgl. Gal 3,28; 1Kor 12,13 u.a.), die aber aus diversen Gründen (wie möglicherweise etwa sozio-kulturelle Zwänge) in der Gegenwart der paulinische Gemeinden nicht immer komplett umgesetzt wurden (vgl. z.B. 1Kor 14,33f). Zur Diskussion, siehe u.a. *D.G. Horrell*, Solidarity and Difference: A Contemporary Reading of Paul's Ethics, London 2005, 110–132; *V. Rabens*, »Von Jerusalem aus und rings umher ...« (Röm. 15,19): Die paulinische Missionsstrategie im Dickicht der Städte, in: *R. von Bendemann / M. Tiwald* (Hg.), Das frühe Christentum und die Stadt, BWANT 198, Stuttgart 2012, 228–230; *W. Loader*, The New Testament on Sexuality, Grand Rapids 2012, 368–401.

ermahnt sie, nicht wie solche aus der Finsternis zu leben (vgl. ferner auch 1Kor 6,2f). Die ethische Begründungsstruktur, die auf Gottes gegenwärtig-zukünftigem Heilshandeln basiert, ist also ebenso wie die, die auf Gottes gegenwärtig-vergangenem Wirken aufbaut, weitgehend positiv und zusprechend formuliert (= implizite Indikative). Bei den ethischen Anweisungen, die ihre Begründung aus der Erwartung einer bestimmten eschatologischen Zukunft beziehen, gibt es allerding gelegentlich auch ›negative‹ Argumentationslinien, wie etwa bei der Erinnerung an das kommende Gericht (2Kor 5,9–11; Röm 14,10–13 u.a.).

Zum Abschluss von Teil II soll nun danach gefragt werden, wie sich das eschatologische Heilshandeln Gottes praktisch auf das ethische Leben der paulinischen Gemeinden auswirkt. In dem eingangs zitierten, programmatischen Statement zur apokalyptischen Theologie des Galaterbriefes sagt Martyn, dass Christen in der Zeit der Gegenwart des Geistes Christi leben, und damit in der Zeit, »in der der hereinbrechende Geist den Befreiungskampf von den Kräften des gegenwärtigen, bösen Zeitalters definitiv begonnen hat.«[36] Ist dieser Kampf ausschließlich die Rolle des Geistes, oder auch die des Christen? Nach James Dunn ist eines der paulinischen Markenzeichen für den Geist Gottes, dass es der *eschatologische Geist* ist. Für Dunn bedeutet dies, dass die Ankunft des Geistes im Leben eines Menschen das Einsetzen eines intensiven Konfliktes und (inneren) Kampfes markiert. Die Christen stehen ab diesem Zeitpunkt mit einem Fuß im Lager des Geistes und mit dem anderen im Lager des Fleisches. Das Resultat ist, dass sie nicht das tun, was sie eigentlich wollen – ein Konflikt, der in Röm 7,5–24 beschrieben wird.[37]

Nach Dunn ist das Leben für Christen nach der Ankunft des Geistes also von einem intensiven (inneren) Kampf mit dem Fleisch gekennzeichnet. Ein ganz anderes Bild zeichnet dagegen Gordon Fee, der ebenfalls den eschatologischen Charakter des Geistes bei Paulus hervorhebt, aber davon ausgeht, dass der Kampf bereits gekämpft ist. Die Aufgabe der Christen besteht vor allem darin, in der Marschroute des Geistes zu bleiben (Gal 5,25), nicht jedoch selbst das Fleisch zu besiegen.[38] Im Gegensatz zu Dunn ver-

36 *Martyn*, Galatians, 104f.

37 *J.D.G. Dunn*, Jesus and the Spirit: A Study of the Religious and Charismatic Experience of Jesus and the First Christians as Reflected in the New Testament, London 1975, 312–315, 336–338; ebd., The Epistle to the Galatians, BNTC, London 1993, 299f. Siehe die ausführliche Darstellung und Diskussion in *Rabens*, Spirit, 288–293.

38 *G.D. Fee*, God's Empowering Presence: The Holy Spirit in the Letters of Paul, Peabody 1994, 435.514.537–538.547.559.820–822.880. Zur Diskussion vgl. *Rabens*, Spirit, 299–304.

steht Fee also den Geistempfang nicht als den Anfang, sondern als das Ende der inneren Kämpfe.

Der Apostel selbst scheint hingegen eher eine Via media zwischen den beiden Paulusauslegern zu gehen. Im Gegensatz zu Dunn stellt Paulus heraus, dass solche, die zu Christus gehören, nicht mit einem Fuß im Lager des Geistes und mit dem anderen im Lager des Fleisches stehen. »Ihr aber seid nicht im Fleisch, sondern im Geist, wenn denn Gottes Geist in euch wohnt« (Röm 8,9). Fleisch und Geist sind keine anthropologischen, sondern kosmologische Kategorien, die sich im endzeitlichen Kampf als Antagonisten gegenüberstehen.[39] Nach Paulus kann man nur in der Sphäre des Fleisches oder in der des Geistes sein (οὐκ ἐστὲ ἐν σαρκὶ ἀλλὰ ἐν πνεύματι), auch wenn man sich als ein im Wirkungsbereich des Geistes Lebender am Fleisch orientieren kann (κατὰ σάρκα ζῆν, 8,12). Der Apostel kann allerdings nur davon ›abraten‹ – denn die Folge wäre der Tod (8,13a = ›negative‹ Begründungsstruktur).

Vielmehr ruft Paulus dazu auf, mit Hilfe des Geistes die Werke des Fleisches bzw. des Körpers (πράξεις τοῦ σώματος)[40] zu töten. Es ist davon auszugehen, dass für Paulus das Töten auch »Kampf« impliziert. Dies scheint Fee zu übersehen. Allerdings ist dieser Kampf nicht der, der in Röm 7,5–24 beschrieben wird (wo Adam das rhetorische ἐγώ zu sein scheint),[41] sondern der, den Paulus in Gal 5,16–18 darlegt. Anders als das »Ich« in Röm 7 sind die Christen in Gal 5 nicht dazu verdammt, zu sündigen, auch wenn dies in der Tat die Intention des Fleisches im Kampf gegen den Geist ist. Wäre dies die Situation der Galater, wenn sie auf den Geist vertrauten, so würde die paulinische Argumentation gegen seine judenchristlichen Gegner zusammenbrechen. Paulus hat große Sorge, dass die Galater, die das neue Leben im Geist angefangen haben, dies nun im Fleisch vollenden wollen (3,3). In 5,16–18 ermahnt der Apostel seine Gemeinde daher, im Geist weiterzumachen; denn

39 Vgl. *A. Wikenhauser*, Die Christusmystik des Apostels Paulus, Freiburg ²1956, 59f; *E. Brandenburger*, Fleisch und Geist: Paulus und die dualistische Weisheit, WMANT 29, Neukirchen-Vluyn 1968, 45–46, 55–56; *R. Jewett*, Paul's Anthropological Terms: A Study of their Use in Conflict Settings, AGJU 10, Leiden 1971, 54.94 u.a.

40 Zur Interpretation dieser Formulierung siehe *Rabens*, Spirit, 211–215, und die dort zitierte Literatur.

41 Vgl. u.a. *W.G. Kümmel*, Römer 7 und das Bild des Menschen im Neuen Testament: Zwei Studien, TB 53, München 1974; *D. Wenham*, The Christian Life – A Life of Tension? A Consideration of Christian Experience in Paul, in: *D.A. Hagner / M.J. Harris* (Hg.), Pauline Studies, Exeter 1980, 80–94; *P. Stuhlmacher*, Der Brief an die Römer, NTD 6, Göttingen ²1998, 94–107; *H. Lichtenberger*, Das Ich Adams und das Ich der Menschheit: Studien zum Menschenbild in Römer 7, WUNT I/164, Tübingen 2004, 266–269.

wenn sie im Geist leben, werden sie den Begierden des Fleisches nicht nachgeben (ἐπιθυμίαν σαρκὸς οὐ μὴ τελέσητε, 5,16).[42]

Als Geistträger stehen die Gläubigen in Galatien und Rom bereits auf der richtigen Seite des eschatologischen Kampfes. Interessanterweise ist das Bild des Kampfes in Röm 8 eng verwoben mit dem in II.1. erläuterten Motiv der Adoption als Kinder Gottes. Paulus kann in Röm 8,12–17 auf eine frühjüdische Tradition aus Ez 36,26–28, Jub 1,23–25, TestJud 24,2–3 u.a. zurückgreifen, die nahelegt, dass Gott Menschen durch das beziehungsstiftende Wirken des Geistes verändert und zu ethischem Handeln befähigt. Paulus begründet den impliziten Imperativ in 8,13, die πράξεις τοῦ σώματος durch den Geist zu töten, damit, dass der Geist die Römer leitet (8,14), sie von Furcht befreit und zum »Abba«-Ruf befähigt (8,15) und ihnen die Adoption als Gotteskinder bezeugt (8,16). Paulus verwendet dazu jeweils am Anfang von Vers 14 und 15 die Konjunktion »denn« (γάρ). »Geist« (πνεύματι) kann in Vers 13 von Paulus daher instrumentell verwendet werden (zur Bekämpfung von Versuchungen usw.; vgl. Gal 5,16–25), denn die (impliziten) Indikative des Geisteshandelns in den darauffolgenden Versen ermöglichen und erfordern ein solches ethisches Handeln der Christen. Die Qualität dieser geistgewirkten Erfahrung von Liebe und Gemeinschaft ist somit sowohl Ermächtigung als auch Maßstab für das Leben als Kinder Gottes (vgl. 2. Kor 3,18).[43]

Das Motiv der Adoption als Kinder Gottes, auf das wir hier zurückgekommen sind, lässt mehrere charakteristische Züge der paulinischen Eschatologie zutage treten. Die υἱοθεσία ist ein zentrales Bild für das Eingreifen Gottes zur Befreiung der Menschen, die unter der Knechtschaft der Mächte leben. Sie hat einen punktuellen Aspekt, denn sie markiert den Eintritt in den Heilsraum Gottes, seine Familie (die wiederum ein ›lokaler‹ Aspekt des neuen Äons ist, wie in II.1 deutlich wurde). Sie steht aber nicht nur am Beginn des Heilshandeln Gottes. Vielmehr verändert die Erfahrung der Zugehörigkeit zur Familie Gottes kontinuierlich die Gläubigen in ihrer Identität und in ihrem Sein. Der Geist des Sohnes lebt die Gotteskindschaft in den Gläubigen und verleiht ihr Ausdruck (Gal 4,6; Röm 8,15). Sie leben nicht mehr unter der Knechtschaft des Fleisches, sondern können aufgrund dieser neuen Erfahrungen den Kampf gegen die Versuchungen des Fleisches gewinnen (Röm 8,

42 Vgl. *J.M.G. Barclay*, Obeying the Truth: A Study of Paul's Ethics in Galatians, SNTW, Edinburgh 1988, 112–115, 218.

43 Zur Auslegung von Röm 8, 2Kor 3 und ähnlichen Texten sowie deren religionsgeschichtlichen Kontexten vgl. *Rabens*, Spirit, 146–242; siehe 126–144 zur transformierenden und ›auferbauenden‹ Natur von Beziehungen bei Paulus und in der jüngeren psychologischen Forschung.

12–17; Gal 5,16–18). Schließlich hat die Adoption als Kinder Gottes auch eine zukünftige Dimension, denn sie wird erst am Ende der Zeit vollkommen offenbar werden (Röm 8,23). Diese zukünftige Dimension von »Zeit« bei Paulus werden wir nun in Teil III abschließend aufgreifen.

III. »Noch mehr«: Die Zukunft des Heils

Paulus ist davon überzeugt, dass seine Gemeinden eine grandiose Zukunft erwartet. Schon jetzt hat Gott befreiend in das Schicksal des Kosmos eingegriffen (Gal 1,4; 4,1–7), schon jetzt sind die Christen von Christus ergriffen (Phil 3,12). Noch ist das Heil Gottes aber nicht für die ganze Welt real geworden, und es hat sich auch in ihrem Leben noch nicht endgültig manifestiert. Die Christen verbindet daher die Hoffnung auf »noch mehr«. Was diese für die Gläubigen der paulinischen Gemeinden so charakteristische Hoffnung[44] näher beinhaltet, werden wir exemplarisch anhand von 2Kor 5 (und Parallelstellen) ansehen – ein Text, der alle zentralen Elemente der paulinischen Hoffnung auf eine heilvolle Zukunft anspricht.

Christen erfahren Gottes überschwängliche Kraft (2Kor 4,7), sie werden durch den Geist in das Bild Christi verwandelt (3,18) und täglich inwendig erneuert (4,18).[45] Dies sind einige der positiven Aussagen, die Paulus über das »Schon jetzt« im Kontext des »Noch mehr« von 2Kor 5 macht. Die Zerrissenheit der christlichen Existenz tritt in Kapitel 4 jedoch auch deutlich zu Tage, denn »wir haben aber diesen Schatz [d.h. den »hellen Schein« der Erkenntnis Christi (4,6)] in irdenen Gefäßen« (4,7). Paulus beschreibt Erfahrungen von Verfolgung und Unterdrückung (4,8–12). Dennoch betont er, dass er nicht verzagt – und in diesem Zusammenhang gewährt er uns einen weiteren Einblick in sein Verständnis von Zeit und Ewigkeit: »Darum werden wir nicht müde; sondern wenn auch unser äußerer Mensch verfällt, so wird doch der innere *von*

44 Röm 5,2–5; 8,24f; 12,12; 15,13; 2Kor 3,12 u.a.; vgl. die Triade mit Glaube und Liebe: 1Thess 1,3; 5,8; 1Kor 13,13. Menschen ohne Christus werden hingegen als solche »ohne Hoffnung« bezeichnet (1Thess 4,13). Vgl. *Wolter*, Paulus, 182–186.

45 Dieser Transformationsprozess wird in der jüngeren Literatur häufig als Theosis konzeptualisiert. Siehe u.a. *Gorman*, Inhabiting the Cruciform God; *B.C. Blackwell*, Christosis: Pauline Soteriology in Light of Deification in Irenaeus and Cyril of Alexandria, WUNT II/314, Tübingen 2011; *M.D. Litwa*, We Are Being Transformed: Deification in Paul's Soteriology, BZNW 187, Berlin 2012; vgl. zur Diskussion *V. Rabens*, *Pneuma* and the Beholding of God: Reading Paul in the Context of Philonic Mystical Traditions, in: *J. Frey* / *J.R. Levison* (Hg.), The Holy Spirit, Inspiration, and the Cultures of Antiquity: Multidisciplinary Perspectives, Ekstasis 5, Berlin / New York 2014, 293–329.

Tag zu Tag erneuert. Denn unsre Trübsal, die *zeitlich* (παραυτίκα) und leicht ist, schafft eine *ewige* (αἰώνιος) und über alle Maßen gewichtige Herrlichkeit, uns, die wir nicht sehen auf das Sichtbare, sondern auf das Unsichtbare. Denn was sichtbar ist, das ist *zeitlich* (παραυτίκα); was aber unsichtbar ist, das ist *ewig* (αἰώνιος)« (4,16–18). Es wäre zu kurz gegriffen, den Kontrast, den Paulus hier aufbaut, rein temporal-linear als zwischen Gegenwart und Zukunft, oder aber platonisch als zwischen ›physisch-konkret‹ und ›immateriell-abstrakt‹ zu verstehen. Vielmehr spricht Paulus von den gegenwärtigen Leiden als vorübergehend (παραυτίκα, augenblicklich, momentan) weil der neue, ewige (αἰώνιος) Äon (αἰών), der bereits in die Welt hereingebrochen ist, gänzlich kommen wird und eine überragende Qualität besitzt, die alles Gegenwärtige überschattet und transformiert (3,18; 4,16; 5,17).[46]

In 2Kor 5 werden eine Reihe der zukünftigen Aspekte dieser Transformation dargestellt. Ein Grund der paulinischen Hoffnung auf »mehr« ist, dass »wir wissen« (οἴδαμεν γὰρ), dass jenseits der irdischen Behausung eine ewige (αἰώνιος) Heimat auf die Christen wartet (5,1). Um diese Hoffnung des Apostels besser zu verstehen, kann es helfen, die eingangs erwähnte Frage *wann?* zu stellen. Paulus sagt: »wenn [ἐάν] unser irdisches Haus, diese Hütte, abgebrochen wird, so haben wir einen Bau, von Gott erbaut« (5,1). Er scheint hier die Möglichkeit einzuräumen, dass nicht mehr alle Gemeindeglieder in Korinth die Wiederkunft Christi in ihrer irdischen Behausung erleben.[47] Auch in diesem Fall – genauso wie im Fall des Verweilens auf der Erde zum Zeitpunkt der Parusie (vgl. 1Kor 15,51f) – werden die Gläubigen nicht leer ausgehen (γυμνός, »nackt«, 5,3) sondern einen neuen, transformierten Körper bekommen. In 5,1 wird über diesen gesagt, dass er »nicht aus Händen gemacht«, sondern »von Gott gemacht«, »ewig« und »himmlisch« ist (οἰκοδομὴν ἐκ θεοῦ … αἰώνιον ἐν τοῖς οὐρανοῖς). Die kontextuelle und strukturelle Nähe zu 4,14 (»*denn wir wissen* [εἰδότες], dass der, der den Herrn Jesus auferweckt hat, wird uns auch auferwecken mit Jesus«) sowie die inhaltliche Verwandtschaft zu 1Kor 15,44.51–54; Röm 8,11 und Phil 3,20f legen nahe, dass Paulus hier den transformierten (Auferstehungs)Körper meint, den er in 1 Kor 15,44 näher als den »geist-animierten Körper« (σῶμα πνευματικόν)

46 Vgl. *M.E. Thrall*, A Critical and Exegetical Commentary on the Second Epistle to the Corinthians, ICC, Bd. 1: Introduction and Commentary on II Corinthians I–VII, Edinburgh 1994, 353f.

47 Zur Diskussion vgl. ebd., 357–370, und die alternative Auslegung von *T. Schmeller*, Der zweite Brief an die Korinther (2Kor 1,1–7,4), EKK VIII/1, Neukirchen-Vluyn 2010, 288–290. Zur sog. Naherwartung der Parusie vgl. u.a. 1Kor 7,29f; 1Thess 4,13–18; *Wolter*, Paulus, 208; *Rehfeld*, Ontologie, 343–347.

beschreibt.[48] Der Gegensatz von »mit Händen gemacht« und »von Gott gemacht« entspricht dem von »natürlichem« (σῶμα ψυχικόν) und »geistlichem Körper« (σῶμα πνευματικόν) in 1Kor 15,44.[49] Das Sterbliche wird so »verschlungen« vom Leben (2Kor 5,4). Dies geschieht durch den »eschatischen Adam« (ἔσχατος Ἀδάμ), Christus, der im Gegensatz zum ersten Adam ein lebenspendender Geist geworden ist (1Kor 15,21f.45; vgl. Röm 5,11–22).

Im Leben in der erwartungsvollen Hoffnung auf diese von Gott (bzw. nach 1Kor 15,44 vom Geist) gewirkte himmlische Existenz ist die Gabe des Geistes eine Anzahlung (ἀρραβῶνα τοῦ πνεύματος, 2Kor 5,5; vgl. Röm 8,11) auf eben diese Transformation und Verherrlichung (vgl. Röm 8,17–21). Nach 1Kor 15,23 und Phil 3,20f geschieht diese Verwandlung bei der Erscheinung des Herrn (deren Zeitpunkt ungewiss ist: 1Thess 5,1–11). Die Sehnsucht nach diesem Zusammentreffen drückt Paulus in 2Kor 5,6–8 so aus: »So sind wir denn allezeit getrost und wissen: Solange wir im Leibe wohnen, weilen wir fern von dem Herrn; denn wir wandeln im Glauben und nicht im Schauen. Wir sind aber getrost und haben vielmehr Lust, den Leib zu verlassen und daheim zu sein bei dem Herrn.« Das hier herbeigesehnte Schauen »von Angesicht zu Angesicht« bedeutet, zu »erkennen, wie ich erkannt bin« (1Kor 13,12; vgl. Phil 3,10–14).

In 2Kor 5,10 zeigt Paulus, dass ein Teil dieses Erkennens auch das »Offenbarwerden« ist: »Denn wir müssen alle offenbar werden vor dem Richterstuhl Christi, damit jeder seinen Lohn empfange für das, was er getan hat bei Lebzeiten, es sei gut oder böse.« Wie wir in II.3. gesehen haben, ergeben sich für Paulus aus dieser Zukunftsperspektive Konsequenzen für das ethische Leben in der Gegenwart (5,9.11f). Allerdings geht es bei der paränetischen Funktion der paulinischen Gerichtsrede nicht darum, »daß Christen sich für ihr Heil qualifizieren müssen, sondern darum, daß sie sich nicht *dis*qualifizieren, indem sie gegen zentrale Wesensmerkmale christlicher Identität verstoßen.«[50]

48 Vgl. *Schmeller*, 2. Korinther I, 289.

49 Die Adjektive in 1Kor 15,44 verbinden σῶμα jeweils mit den Elementen von denen es animiert wird. Anders als immer wieder behauptet (so z.B. *D.B. Martin*, The Corinthian Body, New Haven/London 1995, 105–129; *T. Engberg-Pedersen*, Cosmology and Self in the Apostle Paul: The Material Spirit, Oxford 2010, Kap. 1), sagt Paulus also nicht, dass πνεῦμα die *Substanz* des neuen Körpers ist. Vgl. die rhetorische Analyse von 1Kor 15,42–50 in *Rabens*, Spirit, 86–96. Zum Leben spendenden Geist siehe weiterhin *J.D.G. Dunn*, »The Lord, the Giver of Life«: The Gift of the Spirit as Both Life-giving and Empowering, in: *I.H. Marshall / V. Rabens / C. Bennema* (Hg.), The Spirit and Christ in the New Testament and Christian Theology: Essays in Honor of Max Turner, Grand Rapids 2012, 1–17.

50 *M. Konradt*, Gericht und Gemeinde: Eine Studie zur Bedeutung und Funktion von Gerichtsaussagen im Rahmen der paulinischen Ekklesiologie und Ethik

Nicht nur die Gläubigen, sondern die ganze Welt wird gerichtet. Auf diesem Wege wird Gerechtigkeit hergestellt (2Kor 5,21; Röm 2,1–11 u.a.) und der Weg für das den Tod verschlingende Leben frei gemacht (2Kor 5,4; 1Kor 15,26). In 1Kor 15,28 benennt Paulus dieses Ziel als die Vereinigung von Allem unter Gott (ἵνα ᾖ ὁ θεὸς [τὰ] πάντα ἐν πᾶσιν). Zwar hat Gott in Christus den ganzen Kosmos bereits mit sich versöhnt, wie wir bei unserer ersten Begegnung mit 2Kor 5 in II.1 gesehen haben. Zugleich spricht Paulus aber auch in 4,3f von den Ungläubigen, die verloren gehen (vgl. 1Thess 5,3; 1Kor 1,18; 2Kor 2,15; Phil 3,19; Gal 6,8; Röm 9,22). Dies scheint eine Konsequenz der Ablehnung des paulinischen Evangeliums zu sein (vgl. 5,20). Ob dies für Paulus jedoch das langfristige Ende der Gottlosen bedeutet, bleibt umstritten.[51] Deutlich ist hingegen, dass es in der Zeit vor der Vollendung des Eschatons Personengruppen außerhalb des Heilsraumes Gottes gibt (»Out-Groups«), mit denen sich die Gemeinde nicht verbünden soll (vgl. u.a. 2Kor 6,14–7,1).[52] Daneben führt Paulus ferner aus, dass im Vorfeld des göttlichen Erfüllens von allem die widergöttlichen Kräfte ausgeschaltet werden müssen. Das Ende kommt erst, »nachdem er [Christus] alle Herrschaft und alle Macht und Gewalt vernichtet hat« (καταργήσῃ, 1Kor 15,24). Das hier beschriebene Geschehen kann sowohl die Auflösung weltlicher Herrschaftsstrukturen bedeuten (vgl. 15,55; Phil 2,10), als auch die (›personale‹) Auslöschung der Feinde Gottes meinen (vgl. 1Thess 5,3; Gal 6,8; Röm 9,22; Phil 3,19 u.a.). Beide Interpretationen schließen einander nicht aus. In 15,26 wird schließlich der Tod als »der letzte Feind« personifiziert, der ebenfalls vernichtet werden muss (καταργεῖται). Nach dieser Annihilation des Todes und der dazugehörigen Feinde Gottes wird das in Christus gewirkte Heil zur vollen Entfaltung und Kulmination kommen: dann ist der gesamte Kosmos mit Gott versöhnt (2Kor 5,18) und Gott ist »alles in allem« (1Kor 15,28).

im 1 Thess und 1 Kor, BZNW 117, Berlin 2003, 531; Vgl. *Schnelle*, Begründung, 117. Zum Gericht bei Paulus, vgl. grundlegend: *K.L. Yinger*, Paul, Judaism, and Judgment According to Deeds, SNTSMS 105, Cambridge 1999; *Wolter*, Paulus, 217–223; *J.M.G. Barclay*, Believers and the Last ›Judgment‹ in Paul: Rethinking Grace and Recompense, in: *H.-J. Eckstein / C. Landmesser / H. Lichtenberger* (Hg.), Eschatologie – Eschatology. The Sixth Durham–Tübingen Research Symposium: Eschatology in Old Testament, Ancient Judaism and Early Christianity (Tübingen, September, 2009), WUNT I/272, Tübingen 2011, 195–208; *Frey*, Gericht und Gnade, 471–479; *A.P. Stanley* (Hg.), The Role of Works at the Final Judgement, Counterpoints, Grand Rapids 2013.

51 Adam hat sich jüngst für die »Versöhnung aller« bei Paulus eingesetzt; er beruft sich dabei u.a. auf Röm 5,18; 11,26; 1Kor 15,24–28. Vgl. oben Anm. 22.

52 Vgl. *Rabens*, Inclusion, 294–319.

IV. Fazit

Auf die Frage nach dem *Wann?* des Heils gibt Paulus eine differenzierte Antwort. Das Heil liegt in Vergangenheit, Gegenwart und Zukunft. Besonders durch die Art seiner Verwendung der Motive »Versöhnung« und »Adoption als Kinder Gottes« wird deutlich, wie der Apostel aus dem apokalyptischen Eingreifen Gottes in Vergangenheit und Zukunft Konsequenzen für das Leben in der Gegenwart zieht. Die paulinischen Gemeinden leben in der spannenden Konstellation zwischen dem »Schon jetzt« des Heils, das sie mit Gott versöhnt und zu einem Teil der Familie Gottes gemacht hat – und auch Leiden mit Christus mit sich bringt – und dem »Noch mehr« der grandiosen Zukunft der Verherrlichung mit Christus bei seiner Wiederkunft und Herrschaft über die in Gott versöhnte und vereinte Welt. Die gewonnenen Antworten auf die Frage nach der ›Zeit des Heils‹ ergeben somit auch Antworten auf andere, für die Erschließung des paulinischen Weltbildes zentrale Fragen (vgl. Teil I). Die von Paulus gegründeten Gemeinden leben *nach* dem weltgeschickwendenden Eingreifen Gottes durch seinen Sohn, welches Befreiung, Versöhnung und eine neue Identität als Kinder Gottes bedeutet. Es umfasst auch die kontinuierliche Erfahrung geistgewirkter Beziehungsnähe in der Familie Gottes, die die Gläubigen weiter transformiert und befähigt, nach den Maßstäben des im Kommen begriffenen Reiches Gottes zu leben. Damit ergibt sich beispielsweise eine Teilantwort auf die Wie?-Frage (»Wie können wir das Ziel erreichen?«). ›Ziel und Zweck‹ der paulinischen Gemeinden ist jedoch nicht auf die Entwicklung des religiösethischen Lebens in der Gegenwart zu reduzieren. Vielmehr »jagt« Paulus der Vereinigung mit Christus entgegen und zieht Kraft aus diesem zukünftigen Heilshandeln Gottes, das im ganzen Kosmos Gerechtigkeit schaffen und ihn in Gott vereinen wird.

Literatur

Adam, Jens, Paulus und die Versöhnung aller: Eine Studie zum paulinischen Heilsuniversalismus, Neukirchen-Vluyn 2009.

Avemarie, Friedrich, Heilsgeschichte und Lebensgeschichte bei Paulus, in: *J. Frey / S. Krauter / H. Lichtenberger* (Hg.), Heil und Geschichte: Die Geschichtsbezogenheit des Heils und das Problem der Heilsgeschichte in der biblischen Tradition und in der theologischen Deutung, WUNT 248, Tübingen 2009, 357–383.

Barclay, John M. G., Obeying the Truth: A Study of Paul's Ethics in Galatians, SNTW, Edinburgh 1988.

–, Believers and the Last ›Judgment‹ in Paul: Rethinking Grace and Recompense, in: *H.-J. Eckstein / C. Landmesser / H. Lichtenberger* (Hg.), Eschatologie – Eschatology. The Sixth Durham–Tübingen Research Symposium: Eschatology in Old Testament, Ancient Judaism and Early Christianity (Tübingen, September, 2009), WUNT I/272, Tübingen 2011, 195–208.

Beker, Johan Christiaan, Der Sieg Gottes: Eine Untersuchung zur Struktur des paulinischen Denkens, Stuttgart 1988.

Blackwell, Ben C., Christosis: Pauline Soteriology in Light of Deification in Irenaeus and Cyril of Alexandria, WUNT II/314, Tübingen 2011.

Bohlen, Maren, Sanctorum Communio: Die Christen als »Heilige« bei Paulus, BZNW 183, Berlin 2011.

Brandenburger, Egon, Fleisch und Geist: Paulus und die dualistische Weisheit, WMANT 29, Neukirchen-Vluyn 1968.

Burke, Trevor J., Adopted into God's Family: Exploring a Pauline Metaphor, NSBT 22, Downers Grove 2006.

Campbell, Douglas A., The Quest for Paul's Gospel: A Suggested Strategy, London 2005.

–, The Deliverance of God: An Apocalyptic Rereading of Justification in Paul, Grand Rapids / Cambridge 2009.

–, An Apocalyptic Rereading of »Justification« in Paul: Or, an overview of the argument of Douglas Campbell's *The Deliverance of God* – by Douglas Campbell, ExpTim 123 (2012), 382–393.

–, Christ and the Church in Paul: A »Post-New Perspective« Account, in: *M.F. Bird* (Hg.), Four Views on the Apostle Paul, Counterpoints, Grand Rapids 2012, 113–143.

Davis, Joshua B. / Harink, Douglas (Hg.), Apocalyptic and the Future of Theology: With and Beyond J. Louis Martyn, Eugene 2012.

de Boer, Martinus C., Galatians: A Commentary, NTL, Louisville 2011.

Dunn, James D. G., Jesus and the Spirit: A Study of the Religious and Charismatic Experience of Jesus and the First Christians as Reflected in the New Testament, London 1975.

–, The Epistle to the Galatians, BNTC, London 1993.

–, The Theology of Paul the Apostle, Edinburgh 1998.

–, »The Lord, the Giver of Life«: The Gift of the Spirit as Both Lifegiving and Empowering, in: *I.H. Marshall / V. Rabens / C. Bennema*

(Hg.), The Spirit and Christ in the New Testament and Christian Theology: Essays in Honor of Max Turner, Grand Rapids 2012, 1–17.

Eastman, Susan Grove, Apocalypse and Incarnation: The Participatory Logic of Paul's Gospel, in: *J.B. Davis / D. Harink* (Hg.), Apocalyptic and the Future of Theology: With and Beyond J. Louis Martyn, Eugene 2012, 165–182.

Engberg-Pedersen, Troels, Cosmology and Self in the Apostle Paul: The Material Spirit, Oxford 2010.

Fee, Gordon D., God's Empowering Presence: The Holy Spirit in the Letters of Paul, Peabody 1994.

Frey, Jörg, New Testament Eschatology – an Introduction: Classical Issues, Disputed Themes, and Current Perspectives, in: *J.G. van der Watt* (Hg.), Eschatology of the New Testament and Some Related Documents, Tübingen 2011, 3–32.

–, Der vorchristliche Paulus. Die religiöse Prägung: Weisheit Apokalyptik, Schriftauslegung, in: *F.W. Horn* (Hg.), Paulus Handbuch, Tübingen 2013, 59–66.

–, Gericht und Gnade, in: *F.W. Horn* (Hg.), Paulus Handbuch, Tübingen 2013, 471–479.

Gaventa, Beverly Roberts (Hg.), Apocalyptic Paul: Cosmos and Anthropos in Romans 5–8, Waco 2013.

Geertz, Clifford, The Interpretation of Cultures, New York ²2000.

Gorman, Michael J., Inhabiting the Cruciform God: Kenosis, Justification, and Theosis in Paul's Narrative Soteriology, Grand Rapids 2009.

Grindheim, Sigurd, Not Salvation History, but Salvation Territory: The Main Subject Matter of Galatians, NTS 59 (2013), 91–108.

Horn, Friedrich Wilhelm, Das Angeld des Geistes: Studien zur paulinischen Pneumatologie, FRLANT 154, Göttingen 1992.

Horrell, David G., Solidarity and Difference: A Contemporary Reading of Paul's Ethics, London 2005.

Jewett, Robert, Paul's Anthropological Terms: A Study of their Use in Conflict Settings, AGJU 10, Leiden 1971.

Käsemann, Ernst, Die Anfänge der christlichen Theologie, ZTK 57 (1960), 162–185.

–, Gottesgerechtigkeit bei Paulus, ZTK 58 (1961), 367–378.

Konradt, Matthias, Gericht und Gemeinde: Eine Studie zur Bedeutung und Funktion von Gerichtsaussagen im Rahmen der paulinischen Ekklesiologie und Ethik im 1 Thess und 1 Kor, BZNW 117, Berlin 2003.

Kümmel, Werner Georg, Römer 7 und das Bild des Menschen im Neuen Testament: Zwei Studien, TB 53, München 1974.

Landmesser, Christof, Die Entwicklung der paulinischen Theologie und die Frage nach der Eschatologie, in: *H.-J. Eckstein / C. Landmesser / H. Lichtenberger* (Hg.), Eschatologie – Eschatology. The Sixth Durham–Tübingen Research Symposium: Eschatology in Old Testament, Ancient Judaism and Early Christianity (Tübingen, September, 2009), Tübingen 2011, 173–194.

Lichtenberger, Hermann, Das Ich Adams und das Ich der Menschheit. Studien zum Menschenbild in Römer 7, WUNT I/164, Tübingen 2004.
Litwa, M. David, We Are Being Transformed: Deification in Paul's Soteriology, BZNW 187, Berlin 2012.
Loader, William, The New Testament on Sexuality, Grand Rapids 2012.
Martin, Dale B., The Corinthian Body, New Haven/London 1995.
Martyn, J. Louis, Galatians: A New Translation with Introduction and Commentary, AB 33A, New York 1997.
–, Theological Issues in the Letters of Paul, SNTW, Edinburgh 1997.
Rabens, Volker, Begeisternde Spiritualität: Geisterfahrungen im Leben der paulinischen Gemeinden, GlLern 26 (2011), 133–147.
–, Ephesians, in: *M.D. Coogan* (Hg.), The Oxford Encyclopedia of the Books of the Bible, Bd. 1, New York/Oxford 2011, 237–243.
–, »Von Jerusalem aus und rings umher …« (Röm. 15,19): Die paulinische Missionsstrategie im Dickicht der Städte, in: *R. von Bendemann / M. Tiwald* (Hg.), Das frühe Christentum und die Stadt, BWANT 198, Stuttgart 2012, 219–237.
–, The Holy Spirit and Ethics in Paul: Transformation and Empowering for Religious-Ethical Life, WUNT II/283, Tübingen [2]2013.
–, Inclusion of and Demarcation from ›Outsiders‹: Mission and Ethics in Paul's Second Letter to the Corinthians, in: *J. Kok / T. Nicklas / D. Roth / C. Hays* (Hg.), Sensitivity towards Outsiders: Exploring the Dynamic Relationship between Mission and Ethics in the New Testament and Early Christianity, WUNT II/364, Tübingen 2014, 290–323.
–, 1 Thessalonians, in: *T.J. Burke / K. Warrington* (Hg.), A Biblical Theology of the Holy Spirit, London 2014, 198–212.
–, »Indicative and Imperative« as the Substructure of Paul's Theology-and-Ethics in Galatians? A Discussion of Divine and Human Agency in Paul, in: *M.W. Elliott / S.J. Hafemann / N.T. Wright / J. Frederick* (Hg.), Galatians and Christian Theology: Justification, the Gospel, and Ethics in Paul's Letter, Grand Rapids 2014, 285–305.
–, *Pneuma* and the Beholding of God: Reading Paul in the Context of Philonic Mystical Traditions, in: *J. Frey / J.R. Levison* (Hg.), The Holy Spirit, Inspiratioin, and the Cultures of Antiquity: Multidisciplinary Perspectives, Ekstasis 5, Berlin / New York 2014, 293–329.
Rehfeld, Emmanuel L., Relationale Ontologie bei Paulus: Die ontische Wirksamkeit der Christusbezogenheit im Denken des Heidenapostels, WUNT II/326, Tübingen 2012.
Schmeller, Thomas, Der zweite Brief an die Korinther (2Kor 1,1–7,4), EKK VIII/1, Neukirchen-Vluyn 2010.
Schmidt, Eckart David, Heilig ins Eschaton: Heiligung und Heiligkeit als eschatologische Konzeption im 1. Thessalonicherbrief, BZNW 167, Berlin 2010.
Schnelle, Udo, Die Begründung und die Gestaltung der Ethik bei Paulus, in: *R. Gebauer / M. Meiser* (Hg.), Die bleibende Gegenwart des Evangeliums: Festschrift für Otto Merk zum 70. Geburtstag, MThSt 76, Marburg 2003, 109–131.

Sellin, Gerhard, Die religionsgeschichtlichen Hintergründe der paulinischen »Christusmystik«, TQ 176 (1996), 7–27.
Stanley, Alan P. (Hg.), The Role of Works at the Final Judgement, Counterpoints, Grand Rapids 2013.
Still, Todd D., »Once upon a Time«: Galatians as an Apocalyptic Story, JSPL 2 (2012), 133–141.
Stuhlmacher, Peter, Der Brief an die Römer, NTD 6, Göttingen [2]1998.
Thrall, Margaret E., A Critical and Exegetical Commentary on the Second Epistle to the Corinthians, ICC, Bd. 1: Introduction and Commentary on II Corinthians I–VII, Edinburgh 1994.
Tilling, Chris (Hg.), Beyond Old and New Perspectives on Paul: Reflections on the Work of Douglas A. Campbell, Eugene 2014.
Wenham, David, The Christian Life – A Life of Tension? A Consideration of Christian Experience in Paul, in: *D.A. Hagner / M.J. Harris* (Hg.), Pauline Studies, Exeter 1980, 80–94.
Wikenhauser, Alfred, Die Christusmystik des Apostels Paulus, Freiburg [2]1956.
Wolter, Michael, Paulus: Ein Grundriss seiner Theologie, Neukirchen 2011.
–, Alte und neue Perspektiven auf Paulus, in: *P. Müller* (Hg.), Paulus in der Schule. Grundlagen – Didaktik – Bausteine für den Unterricht, Stuttgart 2012, 15–29.
Wright, Nicholas Thomas, Paul and the Faithfulness of God, Christian Origins and the Question of God IV, Minneapolis 2013.
Yinger, Kent L., Paul, Judaism, and Judgment According to Deeds, SNTS.MS 105, Cambridge 1999.
Ziegler, Philip, »Christ Must Reign«: Ernst Käsemann and Soteriology in Apocalyptic Key, in: *J.B. Davis / D. Harink* (Hg.), Apocalyptic and the Future of Theology: With and Beyond J. Louis Martyn, Eugene 2012, 200–218.
Zimmermann, Ruben, Jenseits von Indikativ und Imperativ: Zur ›impliziten Ethik‹ des Paulus am Beispiel des 1. Korinterbriefs, ThLZ 132 (2007), 260–284.

***

Abstract
This article investigates the past, present and future aspects of salvation according to Paul. I start off by discussing recent approaches to Paul as an apocalyptic theologian, integrating this perspective with other approaches to Pauline soteriology and eschatology. In this context, two Pauline motifs stand out as having the potential for integrating these different approaches as well as reflecting the past, present and future aspects of God's salvific involvement in human history: reconciliation and adoption as children of God. Both are relational concepts that convey the »already« and the »still more« of salvation. A significant part of the article is devoted to outlining the nature of this tension and its implications for religious-ethical life in the present. A final section of the essay discusses the future hope of Paul's churches: Christ's return, resurrection-glorification, judgment and the unification of everything in God (1 Cor. 15; 2 Cor. 5).

Volker Rabens, geb. 1971, Dr. theol., ist Wissenschaftlicher Mitarbeiter am Lehrstuhl für Neues Testament an der Friedrich-Schiller-Universität Jena und Extraordinary Associate Professor im Departement für Reformierte Theologie an der North-West University, Potchefstroom Campus, Südafrika.

Jörg Frey

Die Gegenwart von Vergangenheit und Zukunft Christi

Zur ›Verschmelzung‹ der Zeithorizonte im Johannesevangelium

Nirgendwo thematisiert das Neue Testament ausdrücklich das Phänomen der Zeit in philosophischer oder sprachlicher Hinsicht, ihre verschiedenen Modi (Vergangenheit, Gegenwart, Zukunft) oder gar ihr ›Wesen‹. Darin unterscheiden sich die urchristlichen Autoren von antiken Philosophen[1] ebenso wie von späteren christlichen Theologen wie Augustinus, dessen berühmter Abschnitt *Quid est enim tempus?* im 11. Buch der Confessiones einen Höhepunkt christlichen Zeitdenkens bildet.[2] Das heißt nicht, dass die neutestamentlichen Autoren nicht bedacht mit Konzepten der Zeitordnung umgingen und solche in ihren Schriften zur Anwendung brächten. Auf die Subtilität des Umgangs einzelner Autoren mit dem Faktor Zeit hat nicht zuletzt die moderne narratologische Analyse neutestamentlicher Texte hingewiesen, sodass auf diesem Hintergrund manche älteren Urteile über das ›Zeitverständnis‹ frühchristlicher Autoren zu differenzieren sind.[3]

Vor allem das Johannesevangelium erscheint als ein Entwurf, in dem Vergangenheit, Gegenwart und Zukunft in besonders subtiler Weise miteinander verbunden sind: Die gegenwärtige Erkenntnis Christi hat hier die Erzählung seiner irdischen Geschichte so umgestaltet, dass diese nicht mehr einfach in einem bloßen ›Damals‹ verbleibt, sondern der Erhellung der eigenen Gegenwart

1 S. zum Überblick *H. Westermann*, Art. Zeitkonzeptionen II: Klassische Antike, DNP 12/2, Stuttgart 2002, 710–717; *ders.*, Art. Zeit II B, HWPh 12, Basel 2004, 1196–1207; sowie bereits *G. Delling*, Das Zeitverständnis des Neuen Testaments, Gütersloh 1940, 5–39.

2 Dazu s. *K. Flasch*, Was ist die Zeit?, Augustinus von Hippo. Das XI. Buch der Confessiones, Frankfurt a. M. 1993, sowie die Interpretation des 11. Buches der Confessiones bei *P. Ricœur*, Zeit und Erzählung I, München 1988, 15–53.

3 Neuere Überblicke über das neutestamentliche Zeitverständnis finden sich in *K. Erlemann*, Art. Zeit IV: Neues Testament, TRE 36, Berlin / New York 2004, 523–533, sowie (kurz) *K. Koch* / *J. Frey*, Art. Zeit/Zeitvorstellungen II: Biblisch, RGG[4] VIII, Tübingen 2005, 1802–1805. Eine Analyse zu Zeit und Eschatologie aller neutestamentlicher Schriften bietet *J.G. van der Watt* (Hg.), Eschatology of the New Testament and Some Related Documents, WUNT II/315, Tübingen 2011, s. dort S. 3–32 den Beitrag von *J. Frey*, Eschatology in the New Testament. An Introduction.

dient. Zugleich ist auch die eschatologische Zukunft so eng mit der Gegenwart Christi und mit der eigenen Verkündigung verbunden, dass die eschatologische ›Gewichtigkeit‹ ganz in der gegenwärtigen Begegnung mit Christus oder seinem Wort liegt. Das Johannesevangelium kann daher als der reflektierteste Entwurf neutestamentlichen Zeitdenkens angesehen werden. Dies soll in diesem Beitrag nach einigen allgemeinen Vorbemerkungen und Schlaglichtern auf die Forschungsdiskussion anhand sprachlicher Details begründet und in seinen theologischen Aspekten verdeutlicht werden.[4]

1 Zeit in menschlicher Wahrnehmung und narrativer Gestaltung

Für die neutestamentlichen Autoren ist Zeit zunächst schlicht eine ›Gegebenheit‹[5], die wie in der frühjüdischen Mitwelt vorausgesetzt wird. Sie ist, darin sind sich die neutestamentlichen Autoren von Paulus bis zum zweiten Petrusbrief einig, durch Gottes Schöpfungshandeln gesetzt und begrenzt, sie impliziert daher Anfang und Ende. Zugleich erscheint die Zeit nicht als eine naturwissenschaftliche Kategorie, als ein bloßes ›Maß‹,[6] eine gleichmäßige Zeitlinie oder ein Zeitstrahl, vielmehr wird sie im Prisma menschlicher Erfahrung, des Glaubens und der Schrift wahrgenommen und thematisiert, sie kann ›gedrängt‹ oder ›gedehnt‹ und ggf. durch prophetische Ansage oder durch das in ihr eingetretene Geschehen qualifiziert und ›gefüllt‹ erscheinen. Wie neutestamentliche Schriften Zeit verstehen oder wie sie ihre eigene Zeit und Gegenwart bestimmt sehen, ist daher meist nur indirekt zu erschließen, wenn Verhältnisbestimmungen gegeben werden, im Blick auf das ›Ende‹ und seine Nähe oder im Blick auf die Per-

4 Vgl. grundlegend *J. Frey*, Die johanneische Eschatologie II: Das johanneische Zeitverständnis, WUNT 110, Tübingen 1998, sowie die gesammelten Johannesstudien in *ders.*, Die Herrlichkeit des Gekreuzigten. Studien zu den johanneischen Schriften I (hg. von J. Schlegel), WUNT 307, Tübingen 2013; vgl. auch *H.-J. Eckstein*, Die Gegenwart im Licht der erinnerten Zukunft. Zur modalisierten Zeit im Johannesevangelium, in: *ders.*, Der aus Glauben Gerechte wird leben, Beiträge zum Verstehen der Bibel 5, Münster 2003, 187–206; *C. Hoegen-Rohls*, Der nachösterliche Johannes. Die Abschiedsreden als hermeneutischer Schlüssel zum vierten Evangelium, WUNT II/84, Tübingen 1996.

5 So die Formulierung bei *G. Delling*, Die Gegebenheit ›Zeit‹ im Neuen Testament, in: *ders.*, Zeit und Endzeit, BSt 58, Neukirchen-Vluyn 1970, 11–56 (12).

6 So z.B. bei Aristoteles, der Zeit ganz unter dem Aspekt ihrer Messbarkeit und in Bezug auf die Bewegungen der Himmelskörper bestimmt als ›Maß der Bewegung‹ vom Früheren zum Späteren (Aristoteles, Physik IV 219b).

son Jesu Christi, ihre Funktion oder ihr ›Wesen‹. Jesus Christus als eschatologische Heilsgestalt wird somit zum neuen Maßstab dessen, ›welche Zeit es geschlagen hat‹: Wenn mit Jesu Kommen »die Gottesherrschaft nahe« ist (Mk 1,16) und für die frühen Zeugen mit seiner Auferweckung die eschatologische Totenauferstehung begonnen hat (1Kor 15,21f.), dann ist damit die eigene Gegenwart in eine Beziehung zum Ende gesetzt. Andererseits ist es dann auch Christus, von dem zuerst – und explizit erst in den Ignatiusbriefen – gesagt wird, dass er »über der Zeit« stehe und »zeitlos« sei (IgnPol 3,2). So werden Zeitaussagen in der Christologie zum Mittel, um Jesu Unterschiedenheit von allen anderen Menschen, ja seine Teilhabe an der göttlichen Natur zum Ausdruck zu bringen, während sie in der Eschatologie insbesondere dazu dienen, die Nähe oder relative Ferne des ›Endes‹ bzw. die Stellung der eigenen Gegenwart zu diesem erwarteten Ende bzw. im Ganzen der Weltzeit zu bestimmen.[7] In diesem Sinne kann auch implizit die Vorstellung von einem ›Fortschreiten‹ der Zeit vermittelt werden wie in Röm 13,11 oder andererseits die Überzeugung von einem ›Zusammengedrängtsein‹ wie in 1Kor 7,29.

Abgesehen von den expliziten Zeitaussagen ist jedoch insbesondere in narrativen Texten die erzählerische ›Behandlung‹ der Zeit zu beachten, denn durch die Erzählung vermittelt sich eine Vorstellung von der Ordnung und Einordnung der erzählten Handlungen, mit dem ›Erzähltempo‹ hängen der Eindruck von Beschleunigung oder Entschleunigung und damit Aspekte der Fokussierung zusammen, und die erzählte Zeit tritt in Beziehung zur Zeit des Erzählens bzw. der Gegenwart der Leserinnen und Leser. Die narrative Zeitgestaltung trägt insofern wesentlich zur Vermittlung von Aspekten der theologischen Deutung des erzählten Geschehens bei.

2 Das johanneische Zeitverständnis in theologischer Deutung

Die Interpretation solcher temporalen Bezüge ist in einer theologischen, mit der Frage nach der Gültigkeit neutestamentlicher Aussagen befassten Exegese gleichwohl kein ›neutraler‹ Akt, sondern im hermeneutischen Zirkel abhängig vom Verhältnis der jeweiligen Interpreten zum dargestellten Sachverhalt bzw. von deren eigenem Zeit- und Geschichtsverständnis.

7 Zu den verschiedenen Argumentationszusammenhängen, in denen Zeitaussagen begegnen, s. auch *K. Erlemann*, Endzeiterwartungen im frühen Christentum, Tübingen/Basel 1996, 135–141.

In der Neuzeit war vor allem die *Kritik an der traditionellen futurischen Eschatologie*[8] wesentlich für die Wahrnehmung der zeitlichen Komponente in den Evangelien: Nachdem die historische Lektüre der biblischen Schriften den Blick für die Problematik der urchristlichen Naherwartung geöffnet hatte, konnte den meisten Auslegern gerade um der Wahrheit und Gültigkeit des christlichen Glaubens willen nur ein Glaubensverständnis akzeptabel erscheinen, in dem diese Naherwartung bereits überwunden oder in ein zeitunabhängiges Gegenwartsbewusstsein transformiert war. Nun unterscheidet sich das Johannesevangelium gerade dadurch auffällig von den Synoptikern, dass in ihm keine allgemein sichtbare Parusie Christi »auf den Wolken« (Mk 13,26 parr) erwartet wird[9] und dass vom ›ewigen Leben‹ der Glaubenden als einer schon gegenwärtigen Wirklichkeit gesprochen wird (Joh 3,36 u.ö.). Deshalb war dieses Evangelium für Ausleger im 19. Jahrhundert wie z.B. *Ferdinand Christian Baur*, *Albrecht Ritschl* oder *Heinrich-Julius Holtzmann* weniger anstößig, und die johanneischen Christusreden konnten sachlich eher als maßgeblich angesehen werden als die synoptischen Texte. Auch der Durchbruch der Erkenntnis (bei *Johannes Weiss* und *Albert Schweitzer*), dass der irdische Jesus selbst keineswegs von einem überzeitlich-innerlichen, sondern von einem bald hereinbrechenden Reich gesprochen hatte, änderte an dieser sachlichen Präferenz für die präsentische Eschatologie nichts. Vielmehr wurde hier nur klar, dass sich die moderne Orientierung an der religiösen Gegenwart nicht mehr biblizistisch auf den irdischen Jesus berufen konnte.

Umso mehr bot sich Johannes als ein ›geläuterter‹ biblischer Referenzpunkt an, wobei sich freilich der Eindruck nicht immer

8 S. dazu *Frey*, New Testament Eschatology, 9–19, sowie ausführlich *ders.*, Die johanneische Eschatologie I: Ihre Probleme im Spiegel der Forschung seit Reimarus, WUNT 96, Tübingen 1997, 10–28 und 43–47.

9 Dass der Auferstandene in Joh 21,22f. schlicht von seinem Kommen spricht (»bis ich komme«), zeigt jedoch, dass die Parusieerwartung im johanneischen Gemeindekreis bekannt war. Auch die Johannesbriefe sprechen unverblümt von seiner Parusie (1Joh 2,28; vgl. 3,2; 2Joh 7f.), und das Wort von den »himmlischen Wohnungen« Joh 14,2f. thematisiert Jesu ›Zurückkommen‹, in sachlicher Parallele zu 1Thess 4,16f., und musste von Exegeten, die dem Evangelisten die Parusiehoffnung komplett absprechen wollten, auf die individuelle Todesstunde bezogen oder als durch Joh 14,23 korrigiert angesehen werden. Auch Joh 16,16–19 dürfte ebenfalls auf Diskussionen um den Sinn der Rede von Jesu ›Wiederkommen‹ hindeuten. S. zur Problematik *J. Frey*, Die johanneische Eschatologie III: Die eschatologische Verkündigung in den johanneischen Texten, WUNT 117, Tübingen 2000, 148–153 und 204–218. Aber auch wenn sich der Parusiegedanke für Johannes nicht völlig negieren lässt, trifft gleichwohl zu, dass er hier weniger betont und weniger ›bildhaft‹ ausgeführt ist als in den Synoptikern oder auch bei Paulus.

vermeiden lässt, dass sich die Ausleger in ihrer Suche nach dem religiös Gültigen auch dieses Evangelium bzw. die Gestalt seines Autors allzu sehr ›anverwandelt‹ haben:[10] So erschien Johannes den Vertretern der religionsgeschichtlichen Schule wie *Wilhelm Bousset* oder *Wilhelm Heitmüller* als Dokument einer religiösen Mystik, in der die Zeiten ›verfließen‹ und ganz von der mystisch-atemporal verstandenen Gegenwart verschlungen sind. Hingegen wurde in der existentialen Auslegung *Rudolf Bultmanns* das von ihm rekonstruierte Werk des Evangelisten (das vom überlieferten Evangelium stark differiert) zum biblischen Vorläufer eines existentialen Zeitverständnisses, in dem ›Zeit‹ als ›Zeitlichkeit‹ und Zukunft als ›Zukünftigkeit‹ nur im strengen Bezug auf den jeweiligen Augenblick thematisch werden können, während die Thematisierung der Zeit hinsichtlich ihres Verlaufs oder einer bloß ausstehenden Zukunft als eine grobe Verfehlung des ›eigentlichen‹ Zeitverständnisses galt. Da bei Bultmann und einigen seiner Schüler das ›richtige‹ Zeitverständnis als Kriterium eines angemessenen Glaubensverständnisses gelten konnte, erschien das Werk des Johannesevangelisten als klarster Ausdruck des ›eschatologischen Bewusstseins‹ im Urchristentum, wohingegen viele andere Texte nur als Dokumente des Missverständnisses gelten konnten. Im Gegensatz zu Bultmann hat schließlich *Oscar Cullmann* auch das Johannesevangelium als Zeugen einer heilsgeschichtlichen Auffassung interpretiert, nach der die Gemeinde zwischen Ostern und Parusie lebt und das Auftreten Jesu die Mitte der Zeit darstellt. Mit seiner Voraussetzung eines linearen Verständnisses der Zeit hat sich Cullmann allerdings dem Vorwurf ausgesetzt, er habe Johannes nach einem eher an der lukanischen Konzeption orientierten Schema interpretiert.

Hat der Johannesevangelist nun eine lineare Auffassung der Zeit oder eine mystische oder gar eine existentiale? Es scheint, dass all diese ›großen‹ Konzepte den Eigenheiten des johanneischen Textes nur teilweise gerecht werden. Wie aber lässt sich das Verständnis der Zeit bzw. der konkrete Umgang mit der Zeit bei Johannes erheben?

In meiner eigenen Analyse des johanneischen Zeitverständnisses[11] habe ich versucht, einen Ansatz beim konkreten Sprachgebrauch zu finden, der die Phänomene von den Besonderheiten der Verwendung der griechischen Tempusformen bis hin zur tempo-

10 Ich muss hier auf Einzelbelege verzichten, s. zu den einzelnen Auslegern *Frey*, Die johanneische Eschatologie I, passim.

11 *Frey*, Die johanneische Eschatologie II. Diese Analyse liegt den folgenden Ausführungen weithin zugrunde.

ralen Situierung und Ausgestaltung der johanneischen Erzählung möglichst umfassend aufnimmt und interpretiert. Wesentlich ist dabei vor allem die Betonung der ›Stunde Jesu‹ (d.h. der Zeit des Heilsgeschehens von Tod und Auferstehung Jesu) und die immer wieder praktizierte Unterscheidung zwischen der Zeit vor und der Zeit nach dieser Stunde. Damit schafft das Evangelium eine Struktur, in der die Ebene der erzählten Geschichte des irdischen Jesus und die Ebene der nachösterlichen Gemeinde (des Evangelisten und seiner Leser) engstens aufeinander bezogen werden. Diese ›hermeneutische Horizontverschmelzung‹[12] ist bedeutsam für die Lektüre des Evangeliums, damals wie heute. Ich möchte im Folgenden wesentliche sprachliche Beobachtungen zusammentragen und deren Bedeutung und Konsequenzen für die Lektüre des Johannesevangeliums und seine theologische Interpretation herausarbeiten.

3 Sprachliche Aspekte zum johanneischen Umgang mit ›Zeit‹

Der Einsatz bei sprachlichen Beobachtungen birgt Vorteile gegenüber den älteren Ansätzen, die sich meist unmittelbar den klassischen Streitfragen widmeten, so der Frage nach der Bewertung der alttestamentlichen ›Heilsgeschichte‹ oder der in dem ἔρχεται ὥρα καὶ νῦν ἐστιν (Joh 4,23; 5,25) klassisch markierten Spannung zwischen der Betonung der Gegenwart des Heils und der Erwartung einer noch ausstehenden ›Stunde‹ bzw. eines eschatologischen Geschehens »am letzten Tag« (Joh 6,39.40.44.54; 12,48).

3.1 Vorbemerkungen

Fragt man, wie sich Zeit sprachlich niederschlägt bzw. wie *temporale Bezüge* zur Sprache gebracht werden, so ist man in verschiedenen Sprachen mit sehr unterschiedlichen Systemen konfrontiert.[13] Nicht überall besteht eine klare ›Zeitenfolge‹ (*consecutio*

12 Der Terminus nimmt Einsichten der Philosophie von Hans-Georg Gadamer auf und wurde in der Schule von Ferdinand Hahn für die Johannesexegese adaptiert. S. dazu *F. Hahn*, Sehen und Glauben im Johannesevangelium, in: *ders.*, Studien zum Neuen Testament I: Grundsatzfragen, Jesusforschung, Evangelien (hg. von J. Frey / J. Schlegel), WUNT 191, Tübingen 2006, 521–537 (536f.), *T. Onuki*, Gemeinde und Welt im Johannesevangelium. Ein Beitrag zur Frage nach der theologischen und pragmatischen Funktion des johanneischen »Dualismus«, WMANT 56, Neukirchen-Vluyn 1984, 12–14 u.ö., *Frey*, Die johanneische Eschatologie II, 249–252.

13 Der Rückschluss der Struktur einer bestimmten Sprache auf ein dahinter stehendes ›Denken‹ ist allerdings sehr problematisch. So sind auch die Versuche, ein ›hebräisches Denken‹ dem ›griechischen‹ zu kontrastieren (z.B. *T.*

temporum) wie im Lateinischen, und gerade das klassische und nachklassische Griechisch besitzt kein eindeutiges System zur Markierung temporaler Bezüge. So ist der zeitliche Ausdruck einer Verbform in der Regel aus der Kombination der Tempusbzw. Aspektform (Aspekt) mit dem verwendeten Verb (und seiner ›Aktionsart‹) zu rekonstruieren.[14] Valide Beobachtungen lassen sich selten aus isolierten Tempusformen gewinnen, sondern eher aus spezifischen Tempuskontrasten oder anderen auffälligen Formen des sprachlichen Ausdrucks.

Zunächst ist Zeitbezug primär eine *deiktische* Kategorie, Teil des Bezuges zum raum-zeitlichen Kontext, in dem jede sprachliche Äußerung steht. Dieser hängt einerseits vom Standort des Sprechers ab und wird dann vor allem durch temporale Adverbien (z.B. ›jetzt‹, ›danach‹), präpositionale Fügungen (›am nächsten Tag‹, ›am Ende‹) oder Adverbialsätze hergestellt, und nur sehr partiell durch (indikativische) Verbformen. Dennoch können auch diese aussagekräftig sein: Was im Vergangenheitstempus (in der Regel Aorist) erzählt wird, stellt sich den Hörern wenigstens fiktiv als vergangen dar. Ein plötzlicher Wechsel aus dem Erzähltempus Aorist ins ›historische‹ Präsens wirkt rhetorisch als Vergegenwärtigung bzw. Verlebendigung. Zeitliche Bezüge werden in der Erzählung zunächst aus der Perspektive des Erzählers wahrgenommen, durch Rückbezüge (Analepsen) oder Vorverweise (Prolepsen) entsteht das *raum-zeitliche Gefüge* vor den inneren Augen der Leserinnen und Leser, das – im Fall des Johannesevangeliums – vom ›im Anfang‹ (Joh 1,1) bis zum ›letzten Tag‹ (Joh 6,39f. u.ö.) reicht.

Für jede einzelne Äußerung ist wesentlich, aus welcher *Perspektive* sie erfolgt, im konkreten Fall z.B. ob sie aus der Perspektive der erzählten Zeit Jesu erfolgt oder aus der Perspektive des Evangelisten und seiner Leser. Was ist gemeint, wenn Jesus in Joh 3,13 vom ›Aufstieg‹ des Menschensohns im Perfekt spricht, und was bedeutet dies für die hier eingenommene Perspektive, und was heißt es, wenn er in Joh 16,16ff. von zwei Zeiten spricht,

Boman, Das hebräische Denken im Vergleich mit dem Griechischen, Göttingen [7]1983) oder die Nähe einzelner neutestamentlicher Aussagen zum einen oder zum anderen zu bestimmen, sprachwissenschaftlich unhaltbar und aufzugeben. S. dazu grundlegend *J. Barr*, Bibelexegese und moderne Semantik. Theologische und linguistische Methode in der Bibelwissenschaft, München 1965, 52–92; kritisch auch *Frey*, Die johanneische Eschatologie II, 13f.

14 Manche Verben bilden nur einen Teil der Tempus-/Aspektformen aus. Zum Problem umfassend *B.M. Fanning*, Verbal Aspect in New Testament Greek, Oxford 1990, und bereits *J. Mateos*, El aspecto verbal en el Nuevo Testamento, Madrid 1977.

einer, in der die Jünger ihn nicht mehr sehen werden, und dann einer anderen, in der sie ihn wieder sehen werden? Meint dies die Zeit seiner ›Grabesruhe‹ bis zum Ostertag, oder meint es die Zeit seiner ›Abwesenheit‹ bis zur Parusie? Um solche Fragen zu klären, ist die Analyse der narrativen Strukturen der johanneischen Erzählung grundlegend.

3.2 Beobachtungen aus der johanneischen Tempusverwendung

Die Tempusverwendung ist ein komplexes und oft unzureichend behandeltes Feld der neutestamentlichen Exegese. Weder eine bloße statistische Untersuchung noch eine einseitige Auswertung einzelner Verbformen kann zu validen Ergebnissen führen, und jeder Befund ist auf seine Aussagekraft (im Vergleich mit anderen Texten) und seine möglichen Gründe (Thematik, Textgattung, sprachgeschichtliche Entwicklungen) hin zu untersuchen.

a) Statistisch[15] weisen die johanneischen Texte im Vergleich mit den anderen neutestamentlichen Erzähltexten bzw. Briefen einen höheren Anteil von Verben im Wortbestand auf. Dabei dominieren Indikativ- und Aktivformen besonders. Unter den Tempora findet sich ein etwas höherer Präsensanteil, ein leichtes Zurücktreten des Futurs und eine auffällige Häufung von Perfekt- und Plusquamperfekt-Formen.

Doch wie lassen sich diese Befunde auswerten? Kaum so, dass man unmittelbare Folgerungen für das theologische Interesse des Evangelisten ziehen könnte. Die konkrete Wahl eines Tempus an einer bestimmten Stelle hängt ja von vielen Faktoren ab (sprachgeschichtliche Entwicklungen, Sprachniveau des Autors, die jeweilige Textsorte, Besonderheiten einzelner Lexeme, evtl. individualsprachliche Präferenzen und unter Berücksichtigung all dessen die konkrete Mitteilungsabsicht). Klar ist, dass (auch innerhalb des Johannesevangeliums) in Erzählungen der Aorist, in Redetexten das Präsens dominiert (und der hohe Anteil von Reden führt zu einem hohen Anteil des Präsens). Futura begegnen in den Abschiedsreden verdichtet, Perfekta sind im ›Rechenschaftsbericht‹ Joh 17 besonders häufig. Imperfekta begegnen besonders häufig in den für Johannes charakteristischen erzählerischen Parenthesen, in denen ein ›Hintergrund‹ des erzählten Geschehens, Zeit, Ort, Umstände, oder seine Bedeutung, erläutert werden (z.B. Joh 1,40, 2,6; 4,6; 5,9b; 6,4; u.ö.).[16]

15 Vgl. *Frey*, Die johanneische Eschatologie II, 24–27.

16 Vgl. *G. van Belle*, Les parenthèses dans l'évangile de Jean, SNTA 11, Leuven 1985; *R.A. Culpepper*, Anatomy of the Fourth Gospel. A Study in Literary

b) An einzelnen Stellen wird deutlich, dass die Tempora bei Johannes sehr wohl mit sprachlichem Feingefühl und bewusst gebraucht sind. Gerade bei der einfachen Sprache des vierten Evangelisten kommt der durch Tempusverwendung bewirkten temporalen Differenzierung und aspektuellen Nuancierung besonderes Gewicht zu. Drei Beispiele sollen zeigen, wie subtil der Evangelist die Tempora setzt:

Gleich am Beginn des Evangeliums, im Prolog, erscheinen die Tempora sehr bewusst gewählt. Nachdem in den ersten vier Stichoi des Prologs (Joh 1,1–2) viermal das imperfektische ἦν erklang, setzt V. 3 den ersten Aorist ἐγένετο dagegen: »Alles ist durch ihn geschaffen …« Bezieht sich dieser Aorist auf den ›Akt‹ der Schöpfung, so weist das Imperfekt auf einen ›Hintergrund‹ dieses Aktes, oder eben ein Sein ›vor‹ der Schöpfung zurück: »Im Anfang *war* der Logos« – bevor die Welt geschaffen wurde.[17] Schon vom Beginn des Evangeliums an werden die Leserinnen und Leser auf das subtile Spiel mit den Tempora und seine sachliche Tragweite hingeführt.

In Joh 2,17 erinnern sich die Jünger angesichts der Tempelreinigung Jesu des Psalmworts »der Eifer um dein Haus wird mich fressen (καταφάγεταί με)« (Ps 69,10a). In der hier offenkundig zitierten LXX steht aber kein Futur, sondern der Aorist (κατέφαγέν με, entsprechend dem hebr. Perfekt אֲכָלָתְנִי). Der Evangelist hat hier das Tempus vom Aorist ins Futur abgeändert. Der Grund dafür liegt nicht nur in der allgemeinen Tatsache, dass die Psalmen als prophetisch auf den Weg Jesu vorausweisende Zeugnisse gelesen werden, sondern präziser in dem Gedanken, der dem Zitat in der erzählten Situation der Tempelreinigung zukommt, dass Jesus tatsächlich aufgrund seines Einsatzes für Gottes ›Haus‹ den Tod erleiden wird. Damit unterstreicht der Evangelist literarisch die temporale Bewegung der erzählten Geschichte Jesu auf seine Passion hin und bietet bereits in der (von ihm kompositionell an den Anfang des Weges Jesu gerückten) Szene der Tempelreinigung einen Vorverweis auf das Geschehen seines Todes.[18]

Das Täuferzeugnis im Prolog Joh 1,15: »Dieser war es, von dem ich sagte: ›Der nach mir kommt, ist vor mir geworden, denn er war eher als ich.‹« ist ein komplexes ›Selbstzitat‹ des Täufers, das in Joh 1,30 noch einmal, leicht abweichend, begegnet: »Dieser ist es, über den ich sagte: ›Nach mir kommt ein Mann, der vor mir geworden ist, denn er war eher als ich.‹« Die entscheidende Differenz liegt in der einleitenden Formel: dem Präsens in 1,30 (οὗτός ἐστιν) korrespondiert in 1,15 ein Imperfekt (οὗτος ἦν). Während in der erzählten Szene 1,30 der Täufer den ihm gegenübertretenden Jesus identifiziert (als den, den er zuvor angekündigt hatte) und beide Figuren in der Szene kopräsent sind, blickt der Täufer in 1,15 auf die Geschichte

Design, Philadelphia 1983, 17f.; *Frey*, Die johanneische Eschatologie II, 35f. und 91f.

17 Im erhellenden Kontrast dazu formuliert der Schöpfungsbericht Gen 1,1 LXX, auf den Joh 1,1 anspielt, im Aorist: Ἐν ἀρχῇ ἐποίησεν (»Im Anfang machte/schuf …«).

18 Immerhin ist sie nach synoptischem Zeugnis Anlass zur Festnahme Jesu.

Jesu zurück (»Dieser *war* es...«). Obwohl der Täufer für die johanneischen Leser eine längst vergangene Gestalt ist, rückt er so in den Chor der Zeugen von Joh 1,14ff. herein, wird selbst zum gegenwärtigen Christuszeugen. Das Imperfekt markiert diese rückblickende Perspektive – im Unterschied zum Präsens, wie es in der erzählten Szene in 1,30 gebraucht wird. Allein die Wahl des Tempus markiert die Differenz der Sprechperspektive zwischen der erzählten Szene und dem rückblickend ›besprechenden‹ Prologtext. Auch dies ist ein eindrucksvolles Indiz einer bewussten und elaborierten Tempusgestaltung. Solche Details dürfen nicht durch den Verweis auf ein ›Verfließen der Zeiten‹ oder die möglicherweise begrenzte sprachliche Fähigkeit des Evangelisten als unwesentlich beiseitegeschoben werden.[19] Vielmehr scheint der Evangelist damit zu rechnen, dass seine Leserinnen und Leser auf solche Details achten, die subtilen Unterschiede entdecken und ihren Sinn begreifen.

c) Ich kann hier nur noch wenige weitere Einzelheiten der johanneischen Tempusverwendung benennen. Diese bewegen sich alle im Rahmen korrekten Sprachgebrauchs und werden vom Autor eingesetzt zur aspektuellen und temporalen Differenzierung und Nuancierung seines Textes.

Dass Johannes mehr Perfekt- und Plusquamperfekt-Formen verwendet als andere neutestamentliche Autoren, wurde gerne aus seinem schlichten Stilniveau, aus semitischen Einflüssen oder der späthellenistischen Verschmelzung von Perfekt und Aorist erklärt.[20] Doch erübrigen sich solche Erklärungen: Die bei Johannes gebrauchten Perfekta weisen durchweg einen klar unterscheidbaren Aspektausdruck auf. Die Häufung in Joh 17 und vor allem die Verbindung mit *bestimmten Lexemen* wie δίδωμι und ἀποστέλλω, ὁράω und ἀκούω, λαλέω und μαρτυρέω[21], die für die johanneische Sendungs- und Zeugnisthematik bedeutsam sind, zeigen, dass hier sehr wohl eine sachliche Aussageintention vorliegt: Der resultative oder continuative Verbalaspekt bringt zum Ausdruck, dass das, was der Vater dem Sohn »gegeben hat« (δέδωκεν Joh 3,35; 5,22; 6,39; 10,29; 18,11), dass die Sendung Jesu (ἀπέσταλκεν Joh 20,21) nicht nur als ein Akt der Vergangenheit, sondern als bleibende Grundlage der Sendung der Jünger gilt, dass das, was der Sohn »gesehen hat« (ἑώρακεν Joh 3,32), ihm bleibend vor Augen steht, und das, was er »geredet hat« (λελάληκα Joh 6,63; 8,40; 14,25; 15,3.11; 16,1.4.6.25.33; 18,20), bleibend gültige Offenbarung ist. Die Perfektverwendung resultiert hier aus einer auktorialen Wahl des sprachlichen Ausdrucks, sie kennzeichnet den johanneischen Stil und bringt darüber hinaus das konstitutive Bezogensein der nachösterlichen Gemeinde

19 Die Annahme gar, dass ein neutestamentlicher Autor vielleicht selbst gar nicht so genaue Unterscheidungen hätte vornehmen können, ist auch hermeneutisch unsinnig. Bis zum Erweis des Gegenteils ist mit der Sprachkompetenz eines Autors zu rechnen.

20 Beispiele bei *Frey*, Die johanneische Eschatologie II, 98–103.

21 Vgl. *Frey*, Die johanneische Eschatologie II, 33f.

auf das bleibend gültige Wort und Werk Christi und dessen Rückbindung an die Initiative des Vaters, der ihn gesandt und bevollmächtigt hat, zur Sprache.

Wo Erzähltexte ins Präsens wechseln bzw. einzelne Verben im sogenannten ›historischen Präsens‹ eingestreut sind, wird in der Regel eine besondere Lebendigkeit des Erzählten erreicht.[22] Johannes führt in einigen (nicht allen) Erzählperikopen (Joh 1,35–51; 2,1–11; 4,1–26 u.ö.) Redebeiträge der Figuren präsentisch ein, und auch einige herausragende Worte Jesu werden präsentisch eingeleitet.[23] Beide sprachlichen Mittel haben für die Leser eine *›vergegenwärtigende‹ Wirkung*: Indem vergangene Ereignisse und Gespräche rhetorisch gegenwärtig erscheinen und zudem die ausgedehnten Reden direkt ›zitiert‹ werden, werden die Leserinnen und Leser fiktiv in die Gegenwart des Wirkens Jesu versetzt. Im Sprechakt der Verlesung des Evangeliums werden Jesu Worte gegenwärtig. So wird die *temporale Distanz* zwischen der vergangenen Zeit des irdischen Wirkens Jesu und der Zeit der späteren Gemeinde überbrückt und die Gemeinde mit dem ›vergegenwärtigten‹ Wort Jesu konfrontiert.

Eine besonders auffällige und wirkungsvolle Konfrontation mit Jesu Wort kommt in jenen Passagen zustande, wo Jesus von seiner Person in der Form ἐγώ εἰμι (oder auch ὅπου εἰμὶ ἐγώ) spricht. Das ἐγώ εἰμι ist bei Johannes auf Jesus beschränkt und ein spezifischer Ausdruck seiner christologischen Würde und Vollmacht. Mit den genannten Formen bildet der Evangelist jedoch auffällige Verbindungen, so z.B. den temporallogisch ›unmöglichen‹ Satz Joh 8,58: »Bevor Abraham wurde, bin ich« (πρὶν Ἀβραάμ γενέσθαι ἐγὼ εἰμι). Das ›Sein‹ Jesu greift hier vergangenheitlich hinter die Zeit Abrahams zurück.[24] Auch in die umgekehrte Richtung werden auffällige Kontraste formuliert, etwa in Joh 12,26: »Wo ich bin, wird mein Diener auch sein.« (ὅπου εἰμὶ ἐγὼ ὁ διάκονος ὁ ἐμὸς ἔσται), und ähnlich in Joh 14,3: »damit, wo ich bin, auch ihr seid« (ὅπου εἰμὶ ἐγὼ καὶ ὑμεῖς ἦτε). Wo im Blick auf die Jünger prospektiv geredet wird, im Futur oder Konjunktiv Aorist, wird für Jesus das Präsens verwendet, das (hier umgekehrte) ἐγώ εἰμι. Durch diese Tempuskontraste bringt der Evangelist ein christologisches Anliegen zur Sprache: Während von Abraham wie von den Jüngern im Modus der Vergangenheit bzw. Zukunft gesprochen werden kann, ist Jesus, der allein die ›Offen-

22 Dieses Stilmittel findet sich auch im Markusevangelium relativ häufig, bei Matthäus ist das historische Präsens v.a. auf *verba dicendi* beschränkt, um die Worte Jesu gegenwärtig erscheinen zu lassen. Vgl. *Frey*, Die johanneische Eschatologie II, 82f.

23 Joh 1,38.39.43.51; 4,21.26; 6,20; 11,23; 13,31; 18,5; 20,19.22.29; 21,19. Bei den großen Jesusreden ist eine solche Einleitung nicht erforderlich. Die lange direkte Rede schafft ohnehin fiktionale Gegenwart.

24 Im Grunde liegt hier eine Präexistenzaussage vor.

barungsformel‹ ἐγώ εἰμι von sich gebraucht, zeitübergreifend: Er ist präsent schon vor dem Werden Abrahams und auch die Zukunft der Jünger ist für ihn schon Gegenwart. Nicht zuletzt wird durch dieses sprachliche Mittel Jesu Wesen von dem aller Menschen unterschieden. Der ἐγὼ εἰμι kann auch während seines Erdenwirkens nur in der Einheit mit dem Vater begriffen werden.[25]

Die Arbeit mit Tempuskontrasten und temporalen Perspektivierungen findet sich besonders auffällig in den johanneischen Reden, vor allem den Abschiedsreden: Hier finden sich gehäuft futurische und andere prospektive Formen, im Ausblick auf das, was Jesus bzw. den Jüngern bevorsteht (Abschied, Trauer, Hass der Welt, Kommen des Geistes etc.). Doch begegnet dazwischen eingestreut eine Reihe von auffällig kontrastierenden Formen, in denen bereits so vom Heilsgeschehen und seinen Folgen geredet wird, als wären diese bereits eingetreten und vollendet.

So zunächst in der programmatischen Eröffnung der Abschiedsreden in Joh 13,31: »Jetzt ist der Menschensohn verherrlicht …« (νῦν ἐδοξάσθη …), wobei diese Verherrlichung im unmittelbar folgenden Vers als kurz bevorstehend im Futur thematisiert wird (εὐθὺς δοξάσει αὐτόν). Wenn Jesu Verherrlichung unmittelbar bevorsteht (und in Joh 12,28 und 17,1 bittet er den Vater explizit darum), ist zu fragen, wie diese in Joh 13,31 schon als gegeben thematisiert werden kann? Ähnlich auffällig ist am Ende der zweiten Abschiedsrede in Joh 16,33 das Perfekt νενίκηκα: »Ich habe die Welt besiegt.« Sollte Jesus den Kosmos tatsächlich jetzt schon, vor seinem Tod, besiegt haben? Und wenn in Joh 16,11 im Perfekt vom definitiven Gericht über den ›Herrscher dieser Welt‹ gesprochen wird, so ist auch dies ein Ereignis, das eigentlich mit dem Tod Jesu in Verbindung zu bringen ist, so dass das ›resultative‹ Perfekt zu einem früheren Zeitpunkt auffällt.

Den Schlüssel zum Verständnis bieten Aussagen, die nicht anders zu erklären sind, als dass sich hier eine nachösterliche Sprechperspektive in die Worte des vorösterlichen Jesus hineinschiebt: In Joh 16,4 und 17,12 blickt Jesus bereits im Imperfekt zurück auf die Zeit, in der er bei den Jüngern *war* (ὅτε ἤμην μετ᾽ αὐτῶν), obwohl er ja in diesem Moment noch zu ihnen spricht, und in Joh 17,11 sagt er bereits: »Ich bin nicht mehr in der Welt«, obwohl er im Erzählkontext noch in dieser redet. Jesus redet zu den Jüngern hier offenbar in einer Retrospektive. Der Standpunkt der erzählten Szene, in der er vor seinem Tod zu den Jüngern spricht, und ein Standpunkt, in dem er bereits auf das Geschehen von Passion und Ostern zurückblickt, treten unübersehbar nebeneinander.

In den johanneischen Abschiedsreden (von Joh 13,31 bis 17,26) blickt Jesus voraus auf die nachösterliche Zeit, in der der Geist gesandt werden wird etc., und zugleich blickt er bereits aus der Per-

25 In Joh 8,16 wird das ἐγώ εἰμι in aufschlussreicher Weise entfaltet: ἐγὼ και ὁ πέμψας με πατήρ.

spektive des Verherrlichten (bzw. der nachösterlichen Gemeinde) zurück auf das, was im Geschehen seines Todes und seiner Auferstehung gewirkt wurde: seine Verherrlichung, seinen Sieg über die Welt etc. So überschneiden sich – schon sprachlich – zwei temporale Perspektiven: die Prospektive des in der erzählten Szene redenden Jesus und die nachösterliche Retrospektive der auf Jesu Werk zurückblickenden Gemeinde, und beide sind in den johanneischen Abschiedsreden aufs engste verschränkt. In den johanneischen Abschiedsreden liegt also eine temporale Stereoskopie vor, die sich bereits an der Tempusverwendung erkennen lässt.

3.3 Beobachtungen zur erzählerischen Zeitbehandlung

Als *Erzählung* bringt das Johannesevangelium eine Handlung, einen raum-zeitlich situierten, nicht umkehrbaren Wandel und somit die Abbildung eines Zeitverlaufs zur Darstellung. Dessen sprachliche Wiedergabe kann prinzipiell nur in temporaler Abfolge erfolgen. Die temporale Strukturierung gehört deshalb zu den konstitutiven Elementen jeder Erzählung. Die Auswahl und sukzessive Anordnung des Stoffs und seine Einordnung in den Zeitverlauf einer Erzählung ist Teil jener gestaltenden Tätigkeit, die – bewusst oder unbewusst – für jeden Erzähler vorauszusetzen ist.

Die erzählerische Zeitgestaltung bestimmt auch die Wahrnehmung der erzählten Welt. Denn im Akt des Lesens oder Hörens wird die in der Erzählung dargestellte Welt in sukzessiver Abfolge wahrgenommen. Insofern dient die Frage nach der narrativen Zeitbehandlung in einem Text dazu, besser zu verstehen, »welche Wirkungen der kommunikative Prozess des Erzählens auf Hörer und Leser ausübt«.[26]

Methodisch kann das erzählerische Zeitgefüge erhoben werden durch eine Analyse der expliziten Zeitpositions-, Zeitdauer- oder Zeitrelationsangaben, der Vor- und Rückverweise (Anachronien), der temporalen Perspektive sowie von Erzähltempo (Verhältnis von Erzählzeit und erzählter Zeit) oder Erzählfrequenz.[27] Wesentlich ist zunächst die Beobachtung, dass das Johannesevangelium offenbar besonderen Wert auf temporale Notizen legt, seine Erzählung also – ganz gleich, welcher historische Wert diesen Notizen zukommt – temporal sorgfältig gestaltet.

26 So *E. Güttgemanns*, Die Funktion der Zeit in der Erzählung, LingBibl 32 (1974), 56–76 (56; orthographisch angepasst).
27 Zu Fragehinsichten narratologischer Methodik s. zuletzt *S. Finnern*, Narratologie und biblische Exegese. Eine integrative Methode der Erzählanalyse und ihr Ertrag am Beispiel von Matthäus 28, WUNT II/285, Tübingen 2010; zur Analyse des Johannesevangeliums s. grundlegend *Culpepper*, Anatomy; *Frey*, Die johanneische Eschatologie II, 154–207.

a) Das Johannesevangelium enthält zwar keine exakte Zeitpositionsangabe wie Lk 3,1, wo das erzählte Geschehen ›weltgeschichtlich‹ synchronisiert wird. Doch nimmt der johanneische Text von Anfang an eine temporale *Perspektive* ein. Schon der Prolog gibt die wesentlichen Daten und dient als Lektüreanweisung. Joh 1,1 ἐν ἀρχῇ ἦν setzt ein mit der unüberbietbaren Vorzeit, ἐγένετο in 1,3 verweist auf die Schöpfung, das Perfekt γέγονεν auf deren Gewordensein und Bestand. Schon hier, und dann noch deutlicher im Präsens φαίνει Joh 1,5 und dem negierten effektiven Aorist οὐ κατέλαβεν kommt der temporale Standpunkt der Glaubenszeugen zur Geltung, aus dem dann 1,14ff formuliert ist: »Wir sahen seine Herrlichkeit ...« Diese Retrospektive auf das vergangene und abgeschlossene Christusgeschehen ist die beherrschende Sprechperspektive des vierten Evangelisten. Aus ihr wird das Geschehen erzählt, wie die vielfältigen Erzählerkommentare zeigen, in denen das Geschehen rückblickend für die Leser gedeutet wird (z.B. Joh 2,22; 7,39; 12,16; 7,39 etc.). Und bereits im Prolog wird mit den beiden Koordinaten, der ἀρχή und der Gegenwart der Leser, der temporale Rahmen gesetzt, der dann im Verlauf der Erzählung durch weitere Vor- und Rückverweise, auf alttestamentliche Sachverhalte, aber auch auf die noch ausstehende Zukunft der Jünger, den ›letzten Tag‹ etc., ausgebaut wird.[28]

b) Das *Erzähltempo* im vierten Evangelium konstituiert sich durch die Festchronologie: Drei Passafeste werden erwähnt, das erste bildet den Rahmen von Joh 2,13 bis 3,21, das zweite bestimmt nach Joh 6,4 die Episode in Joh 6, und das dritte tritt in Joh 11,55 ins Blickfeld. Bevor man historisch nach der Möglichkeit einer dreijährigen Wirksamkeit Jesu fragt, ist zu bedenken, wie der vorliegende Text erzählerisch wirkt. Das Jahr zwischen dem ersten und dem zweiten Passa wird durch zweieinhalb Kapitel überbrückt, das Jahr zwischen dem zweiten und dem dritten durch 5 Kapitel. In Joh 12 wird der Erzählfluss scharf abgebremst, und in Joh 13–19 wird in sieben Kapiteln eine erzählte Zeit von nur einer Nacht und einem Tag abgedeckt. In der (in 12,23 proklamierten) ›Stunde Jesu‹ scheint der Erzählfluss stillzustehen. So praktiziert das Johannesevangelium eine Konzentration auf das Geschehen in der Stunde Jesu. Die Festchronologie hat mithin eine dramaturgische Funktion, mit narrativen Mitteln wird hier eine Fokussierung auf das Geschehen des Todes Jesu erreicht.[29]

28 Dazu s. *Frey*, Die johanneische Eschatologie II, 155–168.

29 S. dazu auch *J. Frey*, Die *theologia crucifixi* des Johannesevangeliums, in: *ders.*, Die Herrlichkeit des Gekreuzigten, 485–554 (507–516). Wenn Interpreten versuchten, durch die Umstellung von Joh 5 und 6 die johanneische

c) Die Interpretation der *Zeitangaben* im vierten Evangelium ist schwierig. Manchen lässt sich ein symbolischer Sinn entnehmen, für andere bleibt ein solcher unklar. In jedem Fall haben die temporalen Notizen eine Funktion für den Aufbau der erzählten Welt und den Zusammenhalt der Darstellung.

Verschiedene Einzelszenen erhalten durch eine chronologische Strukturierung ihre dramatische Einheit, so z.B. Joh 1,19 – 2,11 durch die chronologischen Angaben (Joh 1,29.35.43; 2,1), die insgesamt auf eine Woche hindeuten, oder Joh 11 durch die Notizen, dass Jesus noch zwei Tage wartet, bis er sich auf den Weg macht (Joh 11,6), und dass Lazarus dann bereits vier Tage im Grab liegt (Joh 11,17). Durch diese detaillierte Zeitgestaltung in einzelnen Szenen werden die Leser geschickt über die Tatsache hinweggeführt, dass zwischen diesen Szenen große Zeiträume ›leerstehen‹ oder durch knappe Summarien gefüllt werden. Viele chronologische Notizen haben primär die Funktion, den Text szenisch zusammenzubinden.

Für Johannes charakteristisch sind *parenthetische Zeitangaben* (meist im Imperfekt), wie Joh 1,39: »Es war aber die zehnte Stunde«, oder 4,6: »Es war aber die sechste Stunde.« Für diese ist oft fraglich, ob hier eine ›historische‹ Erinnerung vorliegen kann. Während die Mittagszeit in Joh 6 symbolische Züge tragen dürfte,[30] sind die Versuche, solche für Joh 1,39 zu bestimmen, wenig überzeugend.[31] Doch kommt durch diese Notiz eine ›erzählerische Pause‹ zustande: die Erzählerstimme spricht weiter, aber die Handlung bleibt stehen. So wird den Lesern ermöglicht, innezuhalten und sich über die Bedeutsamkeit des Erzählten, eben der ersten Begegnung der Jünger mit Jesus, Gedanken zu machen.

Anderen chronologischen Notizen kommt eine dezidiert *theologische Funktion* zu: Die johanneische Passionschronologie,[32] die ja der synoptischen entgegensteht, will Jesus als das wahre Passalamm zur Darstellung bringen: Jesus stirbt ungefähr zu der Zeit, als die Lämmer im Tempel für die Passafeier geschlachtet werden. Damit korrespondiert die Ausgestaltung der Passionsgeschichte dem Täuferzeugnis vom ›Lamm Gottes‹ in Joh 1,29.36.[33] Auch die Struktur der Tagesangaben in Joh 1–2 dient einem theologischen Bezug: Der Anfang des Wirkens Jesu erscheint als eine Woche in typologischem Rückbezug auf die Schöpfungswoche Gen 1, so dass Jesu Wirken zugleich als Neuschöpfungsgeschehen erscheint (vgl. Joh 20,22).[34]

Chronologie der synoptischen anzunähern, geschah dies im Interesse, aus dem Johannesevangelium eine dem Markusevangelium parallele historische Quelle zu rekonstruieren, doch wurde der johanneische Text in seiner Eigenständigkeit dabei zu wenig respektiert.

30 Dazu *Frey*, Die johanneische Eschatologie II, 186–189.

31 S. *Frey*, Die johanneische Eschatologie II, 189–191.

32 Zu dieser *Frey*, Die johanneische Eschatologie II, 181–186.

33 Zur Deutung von Joh 1,29.36 s. *Frey*, Die *theologia crucifixi*, 516–531.

34 Auch für die Zeitangabe in Joh 4,6, den Hinweis auf die »sechste Stunde« als Zeit der Begegnung Jesu mit der Samaritanerin, könnte sich von der

Die bei Johannes zahlreichen temporalen Notizen haben z.T. eine theologisch-symbolische, z.T. lediglich eine narrative oder dramaturgische Funktion. Am allerwenigsten darf man sie historisierend deuten. Doch zeigt sich zugleich, dass die temporale Struktur, die durch diese Angaben gebildet wird, für die johanneische Evangelienform insgesamt zentral ist. Die Zeitstruktur der Erzählung darf nicht als ein abstreifbares, letztlich irrelevantes Textelement vernachlässigt werden. Das Evangelium erzählt keinen zeitlosen oder jederzeitigen Mythos, sondern ein Geschehen in Zeit und Raum, dessen zeitliche Bestimmtheit – insbesondere für das Geschehen des Todes Jesu – durch vielfältige Mittel hervorgehoben wird.[35] Dies ist auch theologisch von entscheidender Bedeutung.

3.4 Die ›Stunde Jesu‹ und die Unterscheidung von ›vorher‹ und ›nachher‹

Von den unterschiedlichen Zeitbegriffen (ὥρα, ἡμέρα, χρόνος, καιρός, νῦν etc.[36]) ist einer besonders bedeutsam im vierten Evangelium: die qualifizierte Rede von der ›Stunde‹ (ὥρα) Jesu,[37] deren ›Noch-nicht‹ zunächst immer wieder betont wird (Joh 2,4; 7,30; 8,20), bevor ihr Gekommensein dann in der Szene, in der ›die Griechen‹ zu Jesus kommen (Joh 12,23), proklamiert wird. Der Terminus ist wohl aus der synoptischen Rede von der ›Stunde‹ als der Todesstunde (vgl. Mk 14,35.41) inspiriert, doch umfasst diese ›Stunde‹ bei Johannes den ganzen Geschehenszusammenhang, von Joh 12,23 bis zum Ende des Evangeliums, d.h. den Kreuzestod unter Einschluss der Osterereignisse, der Auferstehung, des Aufstiegs zum Vater und der Übergabe des Geistes an die Jünger, die ja bei Johannes gerade nicht wie in der Apostelgeschichte in distinkte Einzelereignisse unterschieden, sondern engstens miteinander verbunden sind.

Immer wieder hebt das Johannesevangelium die Unterscheidung zwischen der Zeit vor dieser ›Stunde‹ und der Zeit danach (bzw. nach seiner ›Verherrlichung‹ o.ä.) hervor. Erst das Gesche-

Passionsgeschichte her (v.a. 19,14) ein symbolischer Passionsbezug nahelegen.

35 S. dazu *J. Frey*, Heil und Geschichte im Johannesevangelium, in: ders., Die Herrlichkeit des Gekreuzigten, 585–638 (bes. 636f.).

36 S. dazu *Frey*, Die johanneische Eschatologie II, 208–216.

37 Wenn eine Stunde ›die eschatologische Stunde‹ genannt werden kann, dann ist es sicher nicht ›das Kommen des Offenbarers‹ (Bultmann), sondern die konstitutive ›Stunde‹ des Heilsgeschehens. Wenn man von der ›Mitte der Zeit‹ bei Johannes reden könnte (auch wenn das Modell zu schematisch ist), dann müsste man gegen Cullmann nicht das ganze Wirken Jesu, sondern diese ›Stunde Jesu‹ nennen.

hen in der ›Stunde‹ von Tod und Auferweckung Jesu ermöglicht das eigentliche Verstehen des Wirkens und der Worte Jesu und des christologischen Sinns der Schrift, und in diesem Geschehen gründet die nachösterlich durch den Geist gewirkte Erinnerung. Dies wird durch die Erzählerkommentare in Joh 2,22 und 12,16 sowie die Parakletsprüche in den Abschiedsreden verdeutlicht.[38] Erst nach Jesu Auferstehung bzw. Verherrlichung konnten die Jünger seine Worte, seine Taten und sein Geschick verstehen. Erst nach seiner Verherrlichung wurde ihnen der Geist gegeben (Joh 7,39; vgl. 20,22f.), und zuvor verstanden sie auch die Schrift noch nicht (Joh 20,9). Diese generelle nachösterliche Deutungsperspektive wird durch viele weitere Notizen gestützt, wo temporale Adverbien (νῦν, ἄρτι, ἤδη, οὔπω) das Augenmerk auf die Unterscheidung von ›vorher‹ und ›nachher‹ lenken[39] und letztlich darauf hinweisen, dass sich die nachösterliche Gemeinde in einer gegenüber den Jüngern des irdischen Jesus äußerst privilegierten Position befindet. Nur durch Jesu ›Weggang‹ konnte der Geist gesandt werden. Jesu Tod, gedeutet aus österlicher Perspektive, ist die Grundlage des Lebens und des Heils der nachösterlich an ihn Glaubenden. Das Geschehen in der ›Stunde Jesu‹ ist somit das eigentliche eschatologische Geschehen.

3.5 Das Problem der verstreichenden Zeit

Natürlich zeigt das Johannesevangelium auch ein Wissen um das Problem der verstreichenden Zeit. Von einem nur ›punktuellen‹ Zeitverständnis[40] kann ebensowenig die Rede sein wie von einem mystischen Verfließen der Zeiten. In dem rätselhaften Wort Joh 11,9f. wird die Zeit des Wirkens Jesu mit dem Zwölf-Stunden-Tag verglichen, der erst dann zu Ende ist, wenn die ›Nacht‹ einbricht (vgl. Joh 13,30), d.h. wenn die Stunde seines Todes da ist

38 S. zum Ganzen *Hoegen-Rohls*, Der nachösterliche Johannes.

39 Petrus, der in Joh 13,7 missversteht, soll »nach diesem erkennen.« Interessanterweise weist auch die Erzählung von der ersten Tat Jesu in Joh 2,1–11, in der auch erstmals und noch relativ unklar von Jesu ›Stunde‹ die Rede ist (Joh 2,4), eine auffällige Häufung von temporalen Ausdrücken auf, die sich in ›noch nicht‹/‹jetzt‹, ›bis jetzt‹/‹jetzt‹ gruppieren lassen. Damit weist diese paradigmatische Erzählung bereits auf die temporale Struktur im ganzen Evangelium hin (s. dazu *Frey*, Die johanneische Eschatologie II, 224–226).

40 Dies war von Rudolf Bultmann und einigen seiner Schüler, die dem Evangelisten ein existentiales Zeitverständnis unterschieben wollten (z.B. *G. Klein*, »Das wahre Licht scheint schon«. Beobachtungen zur Zeit- und Geschichtserfahrung der johanneischen Schule, ZThK 68 [1971], 261–326 [273–275]), bestritten worden. S. jedoch *Frey*, Die johanneische Eschatologie II, 227–231; *ders.*, Die johanneische Eschatologie I, 187–198.

(aber vorher noch Raum zum Wirken bietet). Analog heißt es in Joh 9,4: »Wir müssen wirken, solange es Tag ist.« Ein Wissen um die verstreichende und sich dehnende Zeit zeigt sich insbesondere da, wo in Joh 14,19 und Joh 16,16–19 vom μικρόν die Rede ist. Joh 16,16 sagt Jesus zu den Jüngern: »Noch eine kurze Zeit, und ihr werdet mich nicht mehr sehen (μικρὸν καὶ οὐκέτι θεωρεῖτέ με), und wieder eine kurze Zeit, und ihr werdet mich sehen.« Die Jünger verstehen nicht und fragen untereinander nach dem Sinn des Wortes, das dabei auffällig wiederholt (und für die Leser somit hervorgehoben) wird, und noch einmal heißt es: »Was ist τὸ μικρόν? Wir wissen nicht, wovon er redet« (V. 19). Dieses Rätselraten ist auffällig breit dargestellt, dreimal erklingt das μικρόν. Die Frage nach der Kürze der Zeit ist offenbar virulent, und zwar für die Adressatengemeinde. Für wen sonst sollte die Frage so auffällig wiederholt und damit betont werden, wenn nicht für die Adressaten des Evangeliums. Es sind ja ihre Probleme, die sich in den Problemen und Fragen der Jünger in den Abschiedsreden spiegeln. Insofern wurde wohl auch die verstreichende bzw. sich dehnende Zeit, das »Wie lange noch?«, im johanneischen Kreis diskutiert. Das Problem des Ausbleibens der Parusie, das in anderen neutestamentlichen Spätschriften gleichermaßen eine Rolle spielt, war dem johanneischen Kreis offenbar keineswegs unbekannt.[41]

4. Die Verschmelzung der Zeithorizonte und ihre hermeneutische Bedeutung

An den johanneischen Abschiedsreden ließ sich sprachlich aufzeigen, dass in diesen ein Neben- oder gar Ineinander zweier temporaler Perspektiven vorliegt. Eine Vielzahl von Aussagen ergeht aus der erzählten Situation und Perspektive der Jünger Jesu vor der Passion, die über seinen bevorstehenden Abschied trauern und denen kommende Bedrängnisse und v.a. die Sendung des Geist-Parakleten in futurischer Form angekündigt werden. Das ist die Perspektive der erzählten Geschichte Jesu. Andere Aussagen im gleichen Redekontext blicken jedoch schon zurück auf das

41 Aufschlussreich für die Parusieerwartung ist v.a. die Bemerkung in Joh 21,22f., wo über die Möglichkeit diskutiert wird, ob der geliebte Jünger (bis zum Ende) am Leben bleiben könnte, während Petrus der Märtyrertod geweissagt wurde: »Wenn ich will, dass dieser bleibt, bis ich komme, was geht es dich an?« Hier wird das »bis ich komme« völlig unbetont und unpolemisch gebraucht. So konnte man offenbar im johanneischen Kreis von Jesu (noch bevorstehendem) Kommen reden – und zugleich musste die Frage nach dem Sinn des μικρόν aufkommen. S. dazu *Frey*, Die johanneische Eschatologie III, 14–22.

vollendete Heilsgeschehen und setzen dessen Wirkung und Gültigkeit voraus: Jesus hat die Seinen bis zum τέλος geliebt (Joh 13,1; vgl. 13,34), womit sicher der Kreuzestod impliziert ist, der Menschensohn *ist* verherrlicht (Joh 13,31f.: ἐδοξάσθη Aorist), wenngleich er erst noch verherrlicht werden muss (Joh 13,31f.: δοξάσει; vgl. 17,1); Jesus *hat* den Kosmos besiegt (Joh 16,33: νενίκηκα Perfekt), er *hat* sein Werk vollendet (Joh 17,4), die Jünger gesandt (17,18) etc. Das ist die temporale Perspektive der nachösterlichen Gemeinde, des Evangelisten und seiner Leserinnen und Leser, für die das Heilsgeschehen zurückliegt und zugleich die Grundlage des gegenwärtigen Lebens und Glaubens bildet. Beide Perspektiven stehen in Joh 13,31f. programmatisch nebeneinander, und sie durchdringen sich im weiteren Verlauf der Abschiedsreden bis zum Ende von Joh 17.

Letztlich geht es dabei nicht nur um ein Nebeneinander von Tempusformen, sondern um ein Ineinander zweier sachlicher Ebenen, der Ebene des irdischen Wirkens Jesu im Beisein seiner Jünger, wie es im Evangelium erzählt wird, und der Ebene der nachösterlichen Gemeinde, ihrer Probleme und Anfechtungen ebenso wie ihrer theologischen Einsichten, die weit über das hinausgehen, was die vorösterlichen Jünger verstanden.

Bei näherem Hinsehen zeigen sich solche retrospektiven Einsprengsel auch in anderen johanneischen Reden, etwa in Joh 3,16, wo zusammenfassend von der Gabe des Sohnes gesprochen wird, und damit kaum nur sein Kommen in die Welt gemeint ist, sondern der Kreuzestod (Joh 3,14f.) eingeschlossen ist.[42] Die perfektische Aussage über das Aufsteigen des Menschensohns in Joh 3,13 (ἀναβέβηκεν), der ja sachlich Joh 6,62 und 20,17 entgegenstehen, wo der Aufstieg Jesu (zum Vater) noch bevorsteht, lässt sich ebenfalls nur so verstehen, dass hier die nachösterliche Perspektive der Gemeinde in die Formulierung der Jesusrede eingedrungen ist, ebenso die ›Wir‹-Aussagen Jesu in Joh 3,11 oder 9,4.[43]

Diese sprachlichen Indizien deuten m.E. auf ein Phänomen hin, das über das rein Sprachliche hinausgeht und für das Verständnis des ganzen Evangeliums höchst bedeutsam ist: Im Johannesevangelium wird die Geschichte des irdischen Jesus transparent für die Situa-

42 S. dazu *Frey*, Die johanneische Eschatologie III, 286–300; *ders.*, »God is Love.« On the Textual Tradition and Semantics of a Core Expression of the Christian Notion of God, in: *R.G. Kratz / H. Spieckermann* (Hg.), Divine Wrath and Divine Mercy in the World of Antiquity, FAT II/33, Tübingen 2008, 203–227 (214–217); weiter *E.E. Popkes*, Die Theologie der Liebe Gottes in den johanneischen Schriften. Zur Semantik der Liebe und zum Motivkreis des Dualismus, WUNT II/197, Tübingen 2004, 239–246.

43 Dazu *Frey*, Die johanneische Eschatologie II, 253–257.

tion der Adressatengemeinde. Besonders programmatisch wird dies in den Abschiedsreden praktiziert, die nicht zufällig im Kontext der ›Stunde Jesu‹, auf der Grenze zwischen ›vorher‹ und ›nachher‹ ergehen. Hier ist die Transparenz besonders deutlich: Die Situation der Trauer der Jünger über den Abschied Jesu ›verschmilzt‹ mit der Situation der Trauer der nachösterlichen Gemeinde über seine Abwesenheit, und zugleich werden die Zusagen des Abschied nehmenden Jesus als Zusagen für die spätere Jüngergemeinde vernehmbar. So lässt sich die Situation der johanneischen Adressatengemeinde am ehesten aus den Abschiedsreden erschließen. Grundsätzlich ist die Transparenz der johanneischen Erzählung für die nachösterliche Zeit aber im gesamten Evangelium – in den verschiedenen Abschnitten in unterschiedlicher Dichte – wahrnehmbar.

Unter Heranziehung eines Terminus aus Hans-Georg Gadamers Reflexionen über die Bedeutung des Zeitabstands im Verstehen vergangener Geschichte[44] lässt sich das Phänomen als ›*hermeneutische Horizontverschmelzung*‹ beschreiben: Im Text des Johannesevangeliums, das die Geschichte des irdischen Jesus aus einem gewissen Zeitabstand im Rückblick erzählt, verschmelzen zwei Horizonte, einerseits der Horizont der erzählten Geschichte mit der Sprechperspektive Jesu und seiner Jünger, und andererseits der Horizont des Autors und seiner Adressaten bzw. allgemein der nachösterlichen Gemeinde, die bereits auf den Weg Jesu und seine ›Stunde‹ als ein zurückliegendes, abgeschlossenes, aber für sie bleibend bedeutsames Geschehen zurückblickt. In diesem Horizont ist vieles vorausgesetzt, was zur Zeit Jesu noch nicht gegeben oder vorstellbar war: die Vollendung des Heilsgeschehens, die nachösterliche Erinnerung und Erkenntnis durch den Geist, die gemeindlichen Erfahrungen von Bedrängnis und Verfolgung (die als Leitmotiv in den Abschiedsreden vorausgesetzt sind; vgl. Joh 14,1.27; 16,4b–6.20–22.33), die in der johanneischen Tradition entwickelte theologische Sprache und das damit verbundene Christusbild – und all dies wird immer wieder in die Erzählung des Weges und der Geschichte Jesu, in die Worte und Reden des Irdischen, eingetragen. Die typisch johanneische Darstellung der Gestalt Jesu im Licht von Ostern, im Lichte der nachösterlichen Christuserkenntnis, die bei Johannes zumindest viel konsequenter vorliegt als in den anderen drei Evangelien, ist nur deshalb möglich, weil diese Retrospektive die Darstellung sprachlich und sachlich durchdringt.

44 Vgl. *H.-G. Gadamer*, Wahrheit und Methode. Grundzüge einer philosophischen Hermeneutik, Tübingen [5]1986, 296ff.; vgl. die Reflexionen bei *Onuki*, Gemeinde und Welt, 12–14, und *Frey*, Die johanneische Eschatologie II, 249–268.

Die Verschmelzung der beiden Horizonte der Zeit Jesu und der Zeit des Autors und seiner Adressaten bedeutet freilich nicht, dass der eine Horizont einfach in den anderen aufgehoben wäre. Der Evangelist verwandelt die Geschichte Jesu nicht einfach seiner eigenen Zeit und ihren Gegebenheiten an, er stellt Jesu Wirken nicht in das Ephesus seiner Zeit, sondern erzählt seine Geschichte doch dezidiert als eine vergangene Geschichte in einem bestimmten zeitlichen und räumlichen Rahmen, in Judäa und Galiläa, mit samaritanischen Dorfbewohnern (in Joh 4), Einsprengseln innerjüdischer Diskussionen um den Messias (z.B. in Joh 7), jerusalemischen Hohenpriestern (in der Passion) etc. Gerade die Orts- und Zeitangaben markieren immer wieder die Lokalisierung des erzählten Geschehens in einem für die Leserinnen und Leser entfernten Rahmen. In dem hermeneutischen Prozess, der sich hier beschreiben lässt, verschwindet der Horizont des verstehenden Interpreten nicht in dem der erzählten Geschichte, noch löst sich der Horizont der erzählten Geschichte im Horizont der eigenen Gegenwart des Interpreten auf, vielmehr verbinden sich beide Horizonte auf einer neuen, dritten Ebene, und dies macht – auch nach Gadamer – den produktiven ›Mehrwert‹ des Verstehens einer vergangenen Geschichte aus einem gewissen zeitlichen Abstand aus. Die johanneische Geschichtserzählung enthält sprachlich und sachlich immer wieder Elemente, die eindeutig in die Zeit und Welt des irdischen Jesus gehören – davon erzählt sie ja –, und sie verbindet diese mit Elementen (Einsichten, Formulierungen etc.), die erst aus der nachösterlichen ›Entwicklung‹ verständlich sind und in denen die Jesusgeschichte aus der Situation der nachösterlichen Gemeinde (und z.T. konkret der johanneischen Adressatengemeinde) gedeutet wird.

Die beiden Horizonte, die im johanneischen Text wie in einer Doppelbelichtung zusammengefügt sind, lassen sich historisch-exegetisch nicht mehr säuberlich trennen. Es gelingt nicht, eine ›historische‹ Ebene der Zeit und Geschichte Jesu streng von den nachösterlichen ›Übermalungen‹ abzuheben und – wie das die neuzeitliche, einseitig am historischen Quellenwert interessierte Exegese erstrebte – ›Historie‹ und Theologie zu trennen.[45] Deshalb ist das Johannesevangelium auch als Quelle für den ›historischen Jesus‹ so wenig brauchbar. Nur an einzelnen Stellen können wir, teils mit Hilfe externer Quellen, teils durch die Johannesbriefe, erkennen, wo die Jesusgeschichte des Evangeliums eher Diskurse

45 Zu den Versuchen, das Evangelium rein ›historisierend‹ oder rein ›theologisch‹ zu lesen, s. *J. Frey*, Wege und Perspektiven der Interpretation des Johannesevangeliums, in: *ders.*, Die Herrlichkeit des Gekreuzigten, 3–41 (5–12).

des palästinischen Judentums der Zeit Jesu spiegelt und wo das Werk eher die Fragen der Adressatengemeinde anspricht.

Letzteres scheint z.B. gegeben zu sein, wenn ganz analog zu den Spaltungen im johanneischen Kreis, von denen 1Joh 2,18ff spricht, in Joh 6,60ff von einer Spaltung im Jüngerkreis Jesu die Rede ist und somit das, was die johanneischen Adressaten existentiell betroffen haben dürfte, schon als ein Element der Geschichte des ›fleischgewordenen Wortes‹ erkennbar wird. So soll auch die Gemeinde nach den Abschiedsreden über das Unverständnis und den Hass der Welt nicht verwundert oder verunsichert sein, denn auch diese Gegnerschaft hat Jesus bereits getroffen, bevor sie seine späteren Nachfolger trifft (Joh 15,18). Zugleich formuliert das Evangelium auch die ›Antwort‹: die Botschaft, dass sein Tod in Wahrheit kein Scheitern, sondern der Hingang zum Vater, der Sieg über die Welt, die Grundlage eines neuen Lebens für die Jünger ist, oder in Worten des Prologs, dass die Versuche der Finsternis, das Licht zunichte zu machen, gescheitert sind und »das Licht in der Finsternis scheint« (Joh 1,5).

So wird die Lektüre der Jesusgeschichte des Evangeliums, das ›Durcharbeiten‹ seines Weges, auch seiner Passion, für die lesende Gemeinde selbst zur Hilfe zur Bewältigung ihrer eigenen Bedrängnisse, zur Stärkung ihrer eigenen Glaubensidentität aufgrund der österlichen Perspektive, die sich gerade in der Darstellung des irdischen Weges und des Todes Jesu in Erinnerung bringt. In der Relecture der Geschichte Jesu vom uranfänglichen Logos über sein Erdenwirken, die Auseinandersetzung mit seinen Gegnern, und seinen Weg in den Tod bis zu den Osterereignissen und der Geistmitteilung soll somit auch die Jüngergemeinde ihre Situation immer wieder neu verstehen, und von der Trauer zur Freude, von der Anfechtung wieder zur Gewissheit ihres Glaubensstandes und zur neuen Wahrnehmung ihrer Sendung kommen.[46]

5 Die Kommunikationsstruktur des Johannesevangeliums und die Lektüre auf zwei Ebenen

Im vierten Evangelium liegt also ein differenziertes Kommunikationsgeschehen vor: Mindestens *zwei Ebenen der Kommunikation* sind zu unterscheiden: einerseits die Ebene des erzählten Gesche-

46 Nicht zufällig stehen Sendungsaussagen am Ende der Abschiedsreden in Joh 17,20ff. und am Ende des (ursprünglichen) Evangeliums in Joh 20,22f. S. zu dieser Bewegung in der Lektüre des Textes *Onuki*, Gemeinde und Welt, 173–182; *J. Frey*, Zu Hintergrund und Funktion des johanneischen Dualismus, in: *ders.*, Die Herrlichkeit des Gekreuzigten, 409–482.

hens mit den eingebetteten Dialogen zwischen Jesus und den anderen Figuren der Erzählung, zwischen Jesus und seinen Zeitgenossen, und andererseits die Ebene der Erzählung, das reale Kommunikationsgeschehen zwischen dem Erzähler und seinen Hörern bzw. (davon nur theoretisch unterscheidbar) dem Autor und seinen Adressaten. Während z.B. in den Johannesbriefen der Autor seine Adressaten und ihre Probleme unmittelbar anspricht, kommuniziert der Autor des Evangeliums mit seinen Lesern nur indirekt, vermittelt durch seine Erzählung, die ihrerseits für die Probleme der Adressaten transparent ist und zu deren Bewältigung beitragen will.

Dies ist in mehrfacher Hinsicht relevant: Zum einen ist die Figurenrede im johanneischen Text (mit Ausnahme der Rede Jesu) nie identisch mit der Aussage des Autors. Wo sich erzählinterne Figuren (die Samaritanerin, die ›Juden‹, aber auch die Jünger) äußern, sich auf die Schrift beziehen, Fragen und Antworten formulieren, ist dies stets als Figurenrede zu lesen und von der Sichtweise des Evangeliums im Ganzen zu unterscheiden.[47] Diese spiegelt sich – abgesehen von den Jesusreden – am ehesten in den Erzählerkommentaren und ›Randbemerkungen‹, von denen aus der wahre (Rück-)Blick auf das erzählte Geschehen und die intendierte, den Leserinnen und Lesern zu vermittelte Sinndimension deutlich wird.[48]

Zum anderen ist die Rekonstruktion der Situation der Adressatengemeinden aus den Johannesbriefen viel eher möglich als aus dem Evangelium, in dem die Adressaten (außer in Joh 19,35 und 20,30f.) nie direkt angesprochen werden. Ihre Situation kann nicht in einem ›Mirror-Reading‹ der erzählten Jesusgeschichte erhoben werden.[49] Dass in dieser die Auseinandersetzung mit ›den Juden‹ großen Raum einnimmt (und auch terminologisch in einer Weise gefasst ist, die eindeutig Spuren der nachösterlichen Entwicklung trägt), ist evident, dennoch sind jüdische Gesprächspartner natürlich Teil der erzählten Welt, und es bleibt unsicher, in welchem Maße jüdische Gesprächspartner das Umfeld der Adressaten des

47 S. zuletzt zu den Schriftbezügen in der Figurenrede *Marion Moser*, Schriftdiskurse im Johannesevangelium, Diss. theol. Zürich 2014 (erscheint in WUNT II).

48 S. die oben in Anm. 16 genannte Literatur.

49 Dies war insbesondere von *J. L. Martyn*, History and Theology in the Fourth Gospel, Nashville [3]2003, versucht worden, der das Evangelium – primär die Episode Joh 9 – als ein »two-stage-drama« verstehen wollte, und eine weitgehende Entsprechung zwischen Vorgängen in der erzählten Welt und Vorgängen in der Welt der Erzählung annahm. So sollte sich aus der Auseinandersetzung Jesu mit ›den Juden‹ relativ direkt auf Auseinandersetzungen mit der Synagoge auf der Ebene der Adressatengemeinden schließen lassen. Doch missachtet eine solche Lektüre die semantische Eigenständigkeit des narrativen Textes, der nicht einfach Spiegel seiner Außenwelt ist. Ein unmittelbarer Rückschluss aus der erzählten Geschichte auf die Außenwelt ist daher nicht möglich.

Evangeliums (noch) prägen und inwiefern diese Diskurse zeitlich schon zurückliegen.[50]

Man könnte theoretisch das ganze Johannesevangelium auf zwei verschiedenen Ebenen lesen, und dies markiert spezifische Zugänge, die in der Auslegungsgeschichte auch praktiziert wurden: einerseits ganz auf der ›historischen‹ Ebene als Bericht über die Geschichte Jesu, und andererseits als ›theologische Allegorie‹ oder Veranschaulichung theologischer Ideen. Doch sind beide Lektüreweisen zu einseitig und dem vom Evangelisten geschaffenen Ganzen in seiner Doppelperspektive gerade nicht angemessen. Vielmehr führt die Lektüre des Evangeliums dazu, dass die Leserinnen und Leser von der einen auf die andere Ebene gewiesen werden und umgekehrt.

Dies ist sprachlich (aber auch sachlich) für die Jesusreden des Evangeliums deutlich: Wollte man diese allein als Reden des irdischen Jesus lesen, dann führen die schon auf das Heilsgeschehen zurückblickenden Worte wie Joh 3,13.16; 13,31; 16,11.33 u.a. dahin, dass auch im Verlauf der Erzählung immer schon das Ganze, die ›Vollendung‹ in Jesu ›Stunde‹, die österliche Wahrnehmung vorausgesetzt ist. Wollte man sie hingegen rein als einen theologischen Text aus nachösterlicher Zeit lesen, dann erinnern Textelemente, in denen der konkrete Raum (Joh 6,59), die konkrete Zeit (z.B. jüdische Feste) oder bestimmte Gesprächspartner erwähnt werden, immer wieder daran, dass es sich um keinen zeit- und ortlosen Text, sondern um die Erzählung eines konkreten Damals handelt.

Entsprechendes lässt sich auch für die johanneischen Erzählperikopen, insbesondere die Semeia-Erzählungen feststellen.[51] Auch in ihnen gibt es eine Struktur, in der sich zwei Ebenen übereinanderlegen: einmal die Ebene der erzählten Geschichte, in der Jesus – in der Vergangenheit – an seinen Zeitgenossen gehandelt hat. Natürlich will das Evangelium nicht nur von symbolischen Taten reden, sondern von einem Geschehen in Zeit und Raum. Dennoch sind in die Zeichenerzählungen textliche Elemente eingestreut, die

50 S. dazu *J. Frey*, ›Die Juden‹ im Johannesevangelium und die Frage nach der ›Trennung der Wege‹ zwischen der johanneischen Gemeinde und der Synagoge, in: *ders.*, Die Herrlichkeit des Gekreuzigten, 339–377.

51 Dies hat *C. Welck*, Erzählte Zeichen. Die Wundergeschichten des Johannesevangeliums literarisch untersucht. Mit einem Ausblick auf Joh 21, WUNT II/69, Tübingen 1994, in seiner luziden Untersuchung vorgeführt. Welck unterscheidet dabei in jeder einzelnen Zeichenerzählung zwischen der »vordergründig dramatischen Dimension« und der »hintergründig heilsdramatischen Dimension«.

den Leserinnen und Lesern nicht erlauben, bei dieser vergangenen Geschichte zu bleiben, und sie auf eine andere Ebene, auf die Ebene der christologisch-soteriologischen (Be-)Deutung des Geschehens führen, auf der das Geschehen von Passion und Ostern bereits mit vorausgesetzt ist. So wird jede Einzelerzählung zugleich eine paradigmatische und instruktive Darstellung des Heilswirkens Jesu im Ganzen, eine ›Zeichen‹-Erzählung.

So will z.B. in der Episode vom Weinwunder natürlich von einer Begebenheit an einem bestimmten Ort zur Zeit Jesu die Rede sein (auch wenn das Geschehen uns heute allzu wunderhaft erscheint, um als ›historisch‹ gelten zu können), gleichwohl werden von Anfang an Textelemente eingestreut, die auf eine weitergehende Sinndimension verweisen: die Zeitangabe »am dritten Tag« (Joh 2,1) lässt auf eine ›österliche Dimension‹ aufmerksam werden, und nach der schroffen Zurückweisung der Mutter erscheint der Hinweis auf die ›Stunde‹ Jesu (Joh 2,3f.) zumindest im Horizont des ganzen Evangeliums als ein Bezug auf das Passionsgeschehen. Auch der Hinweis auf die Reinigungspraxis ›der Juden‹ (Joh 2,6) und die Bemerkung des Tafelmeisters, dass der Bräutigam nicht wie ›jeder Mensch‹ gehandelt habe (Joh 2,10), weisen über das erzählte Geschehen hinaus, und am Ende verdeutlichen dies die Bemerkungen des Evangelisten, dass Jesus hier seine *doxa* offenbart habe und dass dies der ›Anfang der Zeichen‹ (oder eben auch das prototypische Zeichen) gewesen sei.

Auch in den folgenden Zeichenerzählungen finden sich solche über die konkrete Erzählung hinausweisende Elemente, gleichsam ›Widerhaken‹ für die Lektüre, die den Lesern nicht erlauben, die Geschichte als eine bloße Episode auf dem zurückliegenden Weg Jesu zu lesen, sondern einen Bezug zum Ganzen des Christusgeschehens herstellen, so dass das erzählte Tun Jesu selbst zum Zeichen für seine Würde und für das in seiner Stunde gewirkte Heil wird. So ist z.B. in der Heilung des Blindgeborenen (Joh 9,1–41) schon von Beginn an die Thematik der Sünde eingestreut (V. 2), die dann in den folgenden Diskussionen bis V. 39–41 bestimmend ist und zeigt, dass es hier nicht nur um ein physisches Sehen geht, sodann die Sprüche Jesu von der »Nacht, in der niemand wirken kann« und vom »Licht der Welt« (V. 4f.), mit denen einerseits auf das Ende seiner irdischen Wirksamkeit, seinen Tod, hingewiesen, andererseits das Wort aus Joh 8,12 aufgenommen wird, und schließlich die auffällige Übersetzung des Namens des Teichs Schiloah als »Gesandter«, die impliziert, dass sich der Blinde »im Gesandten waschen« soll, um dort sehend zu werden.[52] Alle

52 Alle Versuche, diese ›erläuternden‹ oder symbolisch-theologisch vertiefenden Elemente zu isolieren, sind problematisch. Sie trennen auf, was der Text des Evangeliums verwoben hat, und ob das Ganze sich aus einer ›einfachen‹ Erzählung eines bloßen Heilungsgeschehens entwickelt hat oder nicht, lässt sich nicht mehr feststellen, ist aber auch für die Interpretation des vorliegenden Textes kaum relevant. Gerade an Texten wie Joh 9 wird das Scheitern von Annahmen einer ›Semeiaquelle‹ o.ä. evident. Zur Interpretation dieses Textes s. *J. Frey*, Sehen oder Nicht-Sehen? (Die Heilung des blind Geborenen) –

diese Elemente (und vieles in den anschließenden Diskussionen V. 8–41) weisen darauf hin, dass hier mehr erzählt werden soll als eine bloße Heilungsepisode aus einer vergangenen Zeit.

So wollen die Zeichenerzählungen verstanden werden, und es ist gerade die Tragik der Zeitgenossen Jesu, dass sie – z.B. in Joh 6 – nur die staunenswerte Tat wahrnehmen, aber daraus nicht die richtigen Folgerungen ziehen. Jesus als Geber wunderbarer Speisung zu sehen und zu verehren, ist eben im Sinne des Johannes noch nicht die richtige Erkenntnis, und wer auf dieser Ebene bleibt, hat noch keine »Zeichen gesehen« (Joh 6,26).

Sprachwissenschaftlich gesehen, liegt im johanneischen Text eine ›doppelte Isotopie‹ vor: Die zwei Horizonte oder Ebenen werden durch rekurrente wiederholte Signale festgehalten und aneinandergebunden. D.h. aber, es wird den Leserinnen und Lesern verunmöglicht, den Text nur auf einer der beiden Ebenen zu lesen. Liest man auf der Ebene der Geschichte Jesu, des Damals, dann wird die Lektüre gestört durch Einsprengsel aus dem Horizont des nachösterlichen Rückblicks, der eigenen Gegenwart und der theologischen Deutung. Läsen die Adressaten die Geschichte nur von ihren eigenen Fragen her, würden sie umgekehrt durch die Orts- und Zeitangaben sowie viele weitere Elemente einer ihnen fremden Welt in die Geschichte Jesu hineingezogen, um im lektoralen Nachvollzug dieser Geschichte neu ihrer eigenen Identität und Sendung vergewissert zu werden.

Das leitende Interesse der johanneischen Darstellung ist es aber, die vergangene Geschichte Jesu so zu erzählen, dass sie der Klärung der eigenen Situation, dem vertieften Verständnis des Glaubens und der Person Jesu, seiner Worte und seines Geschicks, dienen kann. Natürlich setzen auch die anderen Evangelien die Osterereignisse und zugleich eine gewisse Weiterentwicklung der Jesusüberlieferung voraus, wie sie sich in den ersten Jahrzehnten nach Ostern ereignet hat. Auch für Markus ist Jesus der ›Sohn Gottes‹ und für Matthäus der Menschensohn und Weltenrichter, und die triadische Taufformel in Mt 28,18–20 weist natürlich in die Zeit dieses Evangelisten und seiner Adressaten. Dennoch ist gerade hier die Differenz deutlich: Während der matthäische Jesus die Jünger zum wortwörtlichen Lehren und Halten der Worte des Irdischen ermahnt, also (ungeachtet aller faktischen Veränderungen) einen deutlich ›konservativen‹ Zugriff auf die Jesustradition pflegt, legt das Johannesevangelium freimütig offen, dass das wahre Verständnis der Worte Jesu erst in nachösterlicher Zeit möglich wurde (Joh 2,22; 12,16), durch den Geist, der die Jünger – auch

Joh 9,1–41, in: R. Zimmermann (Hg.), Kompendium der frühchristlichen Wundererzählungen, Bd. 1: Die Wunder Jesu, Gütersloh 2013, 725–741.

den ›Lieblingsjünger‹ – erst ›danach‹ erinnert und richtig zu sehen gelehrt hat. Johannes ist insofern ›progressiver‹. Der nachösterlichen Weiterdeutung und Umgestaltung der älteren Überlieferung wird hier ein viel höherer Wert beigemessen. So kann Johannes die Rede von der ›Königsherrschaft Gottes‹ fast preisgeben und durch die Rede vom ›ewigen Leben‹ ersetzen – und offenbar war gerade ein solcher Übersetzungsprozess für seine Adressatenschaft notwendig, während die bloß ›konservative‹ Beibehaltung der überkommenen Sprachformen nicht genügt hätte. Dass Johannes dennoch ein Evangelium schreibt und keinen theologischen Traktat, dass er die Verschmelzung der Horizonte programmatisch in den Abschiedsreden, auf der Grenze zwischen der vor- und der nachösterlichen Zeit praktiziert, zeigt aber, dass die Orientierung der Botschaft am (österlich gesehenen) Weg des irdischen Jesus nach wie vor das Kriterium ist, ob eine ›aktualisierende‹ Vergegenwärtigung legitim ist.[53]

6 Vergegenwärtigung von Geschichte und Zukunft Jesu Christi

Theologisch ist diese Darstellung für den Evangelisten möglich und legitim, weil in der Erinnerung des Geistes das wahre Verständnis von Person und Worten Christi vermittelt, ja Christus selbst vergegenwärtigt wird und seine Person letztlich die Zeiten übergreift:[54] Derjenige, der sein göttliches ›Ich bin‹ sagen kann, der Verherrlichte, ist der Menschgewordene, und der als Menschgewordener zur Darstellung gebrachte Verherrlichte ist auch der Präexistente, der mit dem Vater eins ist. Während die Jüngergemeinde noch auf dem Weg ist, umgreift Christus in seiner Person die Zeiten. Einen ›historischen‹ Jesus, für den dies nicht schon gültig wäre, kennt das vierte Evangelium daher nicht, vielmehr ist auch der irdische Jesus schon in seiner Einheit mit dem Vater und seiner göttlichen Vollmacht dargestellt, obwohl er ja noch seinem Tod und seiner Verherrlichung entgegengeht.[55]

53 Das Problem scheint im Hintergrund des Parakletspruchs Joh 16,13–15 zu stehen, in dem das Ansinnen, der Geist würde eigenmächtig reden, vehement abgewiesen wird. Vielmehr wird betont, dass der Geist (und damit die Verkündigung der Gemeinde) nichts anderes tut und redet, als aus dem zu nehmen, was (zu) Jesus gehört, d.h. der Bezug auf Jesus und seinen Weg ist als Kriterium der späteren Verkündigung weiterin entscheidend.

54 Dieses Phänomen wurde von *J. Blank*, Krisis. Untersuchungen zur johanneischen Christologie und Eschatologie, Freiburg i. Br. 1964, 155f., mit dem Begriff der »christologischen Implikation« bezeichnet.

55 Das Johannesevangelium lässt noch erkennen, dass die Rede von der ›Herrlichkeit‹ Jesu in seiner ›Verherrlichung‹, d.h. im Ostergeschehen bzw. im

Deshalb kann das Evangelium – unter Verweis auf den ›erinnernden‹ Geist – den Weg des irdischen Jesu so ›erinnern‹, dass Jesus auf diesem Weg bereits die ganze Herrlichkeit des Verherrlichten verkörpert und offenbart (Joh 2,11). Dabei kann auch der Rahmen des historisch Plausiblen markant überschritten werden, wie z.B. in der Szene von Jesu Verhaftung, wo in deutlicher Steigerung gegenüber dem markinischen Bericht nicht nur die Tempelwache, sondern zusätzlich eine römische Kohorte Jesus, dem Unbewaffneten, gegenübertritt, aber dann auf sein bloßes Wort »Ich bin‹s« (ἐγώ εἰμι) hin zurückweicht und zu Boden stürzt (Joh 18,6).[56] Damit wird szenisch deutlich, dass der, der hier ›Ich bin‹ sagt, die göttliche Vollmacht besitzt, die seine bewaffneten Häscher zu Boden stürzen lässt und in der er nachher auch über seinen Richter Pilatus das Urteil spricht (Joh 19,11). So wird weit über den auch bei den Synoptikern belegten Sendungsanspruch Jesu hinaus der irdische Jesus als Träger göttlicher Vollmacht gezeichnet, die sich in seinem ἐγώ εἰμι äußert. Der irdische Jesus, ja der aus Liebe in den Tod Gehende, ist nach johanneischer Überzeugung das eine und wahre Abbild Gottes des Vaters (Joh 14,7; vgl. 1,18). Als »Gott« (Joh 1,18; 20,28), der mit dem Vater eins ist (Joh 10,30), ist der irdische Jesus aber zugleich auch Träger des Lebens (Joh 5,26) und Geber des Geistes (Joh 20,22). Er ist es, der – wie sonst nur Gott – die Toten aus den Gräbern ruft (Joh 5, 28f.; 11,43) und der nicht von den Toten erweckt wird, sondern in eigener Vollmacht auferstanden ist (Joh 20,6–8). Als solcher trägt er auch die eschatologische Vollmacht des Richters (Joh 5, 22f.27), und deshalb ist in der Begegnung mit ihm und seinem Wort auch die richterliche Entscheidung, zum Tod oder zum Leben, schon definitiv gegeben.[57] Wer an ihn glaubt, »hat das Leben« schon jetzt definitiv (Joh 3,36; vgl. 5,25) und »wird nicht abgeurteilt« (Joh 3,18), während die Nichtglaubenden schon jetzt gerichtet sind (Joh 3,18), d.h. im Tod sind und bleiben. Die Ver-

österlich gedeuteten Geschehen seines Todes, wurzelt. Doch wird diese österliche Herrlichkeit dann in einem ersten Schritt auf den ganzen Weg des irdischen Jesus projiziert und in einem zweiten, darüber hinausgehenden Schritt sogar auf Jesu präexistentes Sein ›beim Vater‹ (vgl. Joh 17,5). S. zum Problem *J. Frey*, »... dass sie meine Herrlichkeit schauen« (Joh 17,24). Zu Hintergrund, Sinn und Funktion der johanneischen Rede von der δόξα Jesu, in: *ders.*, Die Herrlichkeit des Gekreuzigten, 639–662 (656–660).

56 Die Erwähnung von Fackeln und Lampen in Joh 18,3 erinnert zudem an das Wort Jesu in Joh 11,10.

57 Die johanneische Gegenwartseschatologie ist somit eine Konsequenz der Christologie, wie *Blank*, Krisis, 38, ebenso wie *E. Käsemann*, Jesu letzter Wille nach Johannes 17, Tübingen [4]1980, 42, gegen Rudolf Bultmann mit Recht herausgestellt haben.

gegenwärtigung der Lebensgabe und des Gerichts resultiert nicht aus einem spezifischen Zeitverständnis, das die Zukunft für unwesentlich hielte oder negierte, sondern aus der christologischen Überzeugung, dass in Christus Gott entscheidend begegnet – im irdischen Jesus, wie er im Evangelium seinen Zeitgenossen gegenübertritt, und ebenso im erinnerten Jesus, wie er in der Lektüre des Evangeliums und in der Verkündigung der Zeugen durch den Geist präsent wird.

In diesem erinnerten Jesus sind die Vergangenheit seiner Geschichte – im Kern sein Tod und seine Verherrlichung – und die eschatologische Zukunft gleichermaßen präsent. Gewiss sind die Jünger ›in der Welt‹ nach wie vor auf dem Weg, sie sehen dem leiblichen Tod entgegen und wissen im Glauben um das Leben, das ihnen als Glaubenden gegeben ist (Joh 11,25). Doch wo sie in Zukunft sein sollen, da ›ist‹ Jesus schon (Joh 11,26; 14,3; 17,24). In seiner Person sind die Zeiten eins.

***

Abstract
The Presence of the Past and the Future of Christ: On the ›Melting‹ of the Horizons of Time in the Gospel of John
In the NT, time is not discussed explicitly. But among NT authors and texts, the Gospel of John links the dimensions of time, past, present, and future, most subtly. Christology has reshaped the narrative of the earthly ministry of Christ, so that the narrative does not simply address the past but illuminates the present and that even the eschatological future is most closely tied to the presence of Christ. The article analyses a number of aspects of John's temporal design: After an introductory part (1) on time in human experience and narrative design, the article briefly sketches (2) the interpretation of the Johannine time concept in different scholarly approaches (Baur and the Liberals, the History-of-Religions School, Bultmann), before turning to linguistic observations on the representation of time in John (3). In this part, there is a brief mention of some aspects of temporal deixis and perspective (3.1), before observations on the Johannine usage of tenses (3.2) and narratological observations on temporal design (temporal perspective, narrative time, and the interpretation of chronological notes and asides (3.3), and the focus on ›Jesus' hour‹ and the distinction between before and thereafter (3.4) and the phenomenon of the flow of time (3.5) are discussed. In its final sections (4 and 5), the article discusses the Johannine ›melting‹ of temporal horizons, especially in the Farewell Discourses, and its hermeneutical relevance, and the two-level-structure of communication in John, before a final section (6) explains how Jesus's history and his future are made present in the Johannine text.

Jörg Frey, geb. 1962, Dr. theol., ist Professor für Neutestamentliche Wissenschaft mit Schwerpunkt Antikes Judentum und Hermeneutik an der Theologischen Fakultät der Universität Zürich.

Martin Karrer

Eine Zeit des Lichts für Israel und die Völker

Das vom Himmel herabsteigende Jerusalem der Johannesapokalypse

Eilends vergehe die Zeit; schnell komme das Ende! Das erwartet der Seher der neutestamentlichen Apokalypse (Apk 1,3; 22,7.20). Er ist sicher, dass Christus nicht auf sich warten lässt. Denn er sieht in Apk 21,1 schon den neuen Himmel und die neue Erde, schaut in 21,2 – 22,5 die neue, heilige Stadt Jerusalem herabkommen[1]. In seiner Vorstellung von der Zeit begegnet die Überzeugung von der Nähe Gottes und Christi sowie der Erwartung einer neuen Schöpfung und des himmlischen Jerusalems[2].

Wollen wir dem näher nachgehen, müssen wir bei den aktuellen Zeiterfahrungen der Apk beginnen (I). Sie führen uns in die Welt

1 Als ausgewählte Literatur sei hier genannt: *A. Vögtle*, Das Neue Testament und die Zukunft des Kosmos (KBANT 28), Düsseldorf 1970; *ders.*, »Dann sah ich einen neuen Himmel und eine neue Erde ...« (Apk 21,1): Zur kosmischen Dimension neutestamentlicher Eschatologie, in: Glaube und Eschatologie (FS W.G. Kümmel), hg. von *E. Gräßer / O. Merk*, Tübingen 1985, 303–333; *H. Köster*, Einführung in das Neue Testament im Rahmen der Religionsgeschichte und Kulturgeschichte der hellenistischen und römischen Zeit, Berlin 1980, 68–75; *F. Schröger*, Jerusalem – die Himmelsstadt (Offb 21,1 – 22,5), Traumbild für Vollendung und gelungenes Leben der Menschen und Völker, in: Die Freude an Gott – unsere Kraft (FS O.B. Knoch), hg. von *J. Degenhardt*, Stuttgart 1991, 211–220; *J. Roloff*, Neuschöpfung in der Offenbarung des Johannes, in: *I. Baldermann u.a.* (Hg.), Schöpfung und Neuschöpfung (JBTh 5), Neukirchen-Vluyn 1990, 119–138; *G. Heide*, What is New About the New Heaven and the New Earth? A Theology of Creation from Revelation 21 and 2 Peter 3, JETS 40/1 (1997), 37–56; *M. Stephens*, Annihilation or Renewal? The Meaning and Function of New Creation in the Book of Revelation (WUNT II 307), Tübingen 2011; *J. Frey*, Was erwartet die Johannesapokalypse? Zur Eschatologie des letzten Buchs der Bibel, in: *ders. u.a.* (Hg.), Die Johannesapokalypse. Kontexte – Konzepte – Wirkungen (WUNT 287), Tübingen 2012, 473–551; für weitere Literatur siehe auch in Anm. 67.

2 Literatur zum Zeitverständnis der Apk bei *H. Günther*, Der Nah- und Enderwartungshorizont in der Apokalypse des heiligen Johannes (FzB 41), Würzburg 1980; *H. Lichtenberger*, »Was in Kürze geschehen muss ...« (Apk 1,1). Überlegungen zur Eschatologie der Johannesoffenbarung, in: *H. Eckstein u.a.* (Hg.), Eschatologie – Eschatology. The Sixth Durham-Tübingen Research Symposium: Eschatology in Old Testament, Ancient Judaism and Early Christianity (Tübingen, September, 2009) (WUNT 272), Tübingen 2011, 267–279; *J. de Vries*, Kairos, Christus und der Einbruch in die Gegenwart. Zum Zeitverständnis der Johannesoffenbarung, BiKi 67 (2012), 96–100.

dieses Textes, zu seinem Schaudern über die Schrecken der irdischen Zeit mit der Besetzung Jerusalems und Zerstörung des Tempels 70 n.Chr. und zur heute wenig bekannten Pointe seiner Perspektive auf die neue Zeit: Das himmlische Jerusalem hat keinen Tempel, so dass die Vision eine religionstheologische Konnotation erhält. Wichtige Aspekte der Schlussvision erschließen wir daraufhin durch den Vergleich mit der Stadt der Seligen bei den Völkern (II) und jüdischen Traditionen vom heiligen Jerusalem (III). Wir wenden uns danach den großen Bildern von Stadt und Schöpfung zu (IV). Wir erörtern die eigentümliche Ausprägung einer Zeit des Lichts in der neuen Schöpfung (V) und vergleichen das Zeitverständnis mit Aristoteles (VI–VII). Zuletzt ziehen wir schließlich eine kurze Summa (VIII).

I

Das Drängen der Apk auf eine Zeitenwende hat guten Grund. Denn der Seher, ein Anhänger Jesu, der sich durch seinen Namen Johannes (Joḥanan) als jüdischer Herkunft ausweist, lebt in einer Zeit der Blüte Roms, die für ihn eine Zeit der Schrecken ist. Die Schrecken verdeutlicht er in der Mitte seines Werks (Kap. 11) am Geschick Jerusalems: Jerusalem liegt nach dem Ende des Jüdischen Krieges (66–70 n.Chr.) in Schutt und Asche. Der Tempel ist niedergebrannt, sein Altar zerstört und ein Wiederaufbau nicht in Sicht. Ein nochmaliger Aufstand in den Jahren 132–135 n.Chr. wird – wie wir im Nachhinein wissen – vielmehr den endgültigen Ruin für die jüdische Stadt bringen. Die Apk ahnt diese Katastrophe, auch wenn sie kaum, wie in jüngster Zeit vorgeschlagen, erst in den Jahren 132–135 abgefasst wurde[3]. Es genügt, dass die irdische heilige Stadt seit 70 den Völkern ausgeliefert ist (Apk 11,2.7–10). Das neue, heilige Jerusalem in Apk 21f. bietet einen Gegenentwurf gegen diese aktuelle Not des irdischen Jerusalems.

Um die Not zu verdeutlichen, benützt Apk 11,1f. vielleicht ein Fragment, das unmittelbar vor der Tempelzerstörung 70 n.Chr. entstand, als der Hof des Jerusalemer Tempels schon römisch besetzt, das Tempelhaus selbst jedoch noch unversehrt war[4]. Aller-

3 *T. Witulski*, Die Johannesoffenbarung und Kaiser Hadrian. Studien zur Datierung der neutestamentlichen Apokalypse (FRLANT 221), Göttingen 2007, 138 u.ö. schlägt die Spätdatierung der Apk auf diese Jahre (132–135 n.Chr.) des Bar Kochba-Aufstandes vor. Wahrscheinlicher ist jedoch die herkömmliche Datierung auf die Zeit Domitians (um 95 n.Chr.).

4 Die Deutung von Apk 11,1f. wird seit langem heftig diskutiert: Literatur bei *M. Bachmann*, Himmlisch: Der »Tempel Gottes« von Apk 11,1, NTS 40 (1994),

dings gibt der Seher dem Fragment einen neuen Sinn. Er, vor dem sich der Himmel zu einer Reise zwischen Himmel und Erde öffnet, schaut in seiner erzählten Welt nach oben und nach unten[5]. Das Tempelhaus Gottes und den Altar sieht er nicht mehr im irdischen Jerusalem, sondern oben; sie bezeichnen nunmehr das himmlische Heiligtum[6]. Der Vorhof dagegen wird wegen der Katastrophe des Jahres 70 »hinausgeworfen« aus dem Himmel und bleibt irdisch. Er steht bildlich für Jerusalem mit dem irdischen Tempelplatz.

Den Völkern, die die irdische heilige Stadt besetzen, ist also der Vorhof gegeben (die αὐλή; Apk 11,2). Dennoch lässt sich nicht vergessen, dass der Vorhof den Zugang zu Gottes Heiligtum bildet. Die Völker, die Jerusalem zertreten, treten mithin durch die Stadt paradox zum Vorhof des Heiligtums ein. Sie werden in einem Zerstörer Jerusalems und Besucher des Vorhofs für das himmlische Heiligtum. Diese Pointe verstärkt sich, falls ἐδόθη (»es wurde gegeben«) in Apk 11,2 als Passivum divinum zu lesen ist. Gott selbst lässt nämlich dann das Paradox geschehen; er überlässt die Stadt und den irdischen Vorhof seines Heiligtums den Völkern, einen Ort, der aus dem Himmel hinausgeworfen ist und trotzdem Vorhof zum Himmel bleibt.

Dieser Sinn ergibt sich aus dem heute hergestellten kritischen Text. Allerdings ist die komplizierte Textgeschichte zu beachten, die es für möglich erscheinen lässt, dass die anstehende Editio critica maior der Apk den Text anders rekonstruiert, denn der derzeitige Text von Apk 11,2 mischt die beiden wichtigsten Textformen, den sog. S- und A-Text. Mit A (Alexandrinus), dem Hauptzeugen des A-Textes, verweist er auf »den Vorhof außerhalb des Tempelhauses« (τὴν αὐλὴν τὴν ἔξωθεν τοῦ ναοῦ), und aus א (Sinaiticus), dem Codex, der dem S-Text den Namen gab, entnimmt er das Zertreten der Stadt (πατεῖν). Das ist eine mögliche, aber sehr komplexe Rekonstruktion.

– Wäre anders insgesamt der ersten Hand des Sinaiticus (א*) zu folgen, würde dagegen der innere Vorhof (ἔσωθεν statt ἔξωθεν) den Völkern preisgegeben; sie träten so nah vor Gott, wie Israels Priester, für welche der innere Hof bestimmt war, das innerhalb des Volkes vor der Tempelzerstörung taten.

– 𝔓[47], der wichtigste Zeuge des S-Textes (nach heutigem Wissen im Allgemeinen besser als א), eliminiert das Stichwort αὐλή, Vorhof. Womöglich ist es durch eine Verlesung ausgefallen. Aber auch in sich ergibt

474–480; *T. Witulski*, Apk 11 und der Bar-Kokhba-Aufstand. Eine zeitgeschichtliche Interpretation (WUNT 22/337), Tübingen 2012.

5 Vgl. besonders Apk 4,1; 10,8f.

6 Vgl. die Verwendung von ναός in Apk 15,8 und θυσιαστήριον in Apk 8,3; eine Bezeichnung des irdischen Heiligtums als ναός und eine Nennung des irdischen Altars fehlen in der Apk.

der Text des Papyrus einen Sinn, da sich der feminine Artikel nun auf »Stadt« beziehen kann, d.h. übersetzen lässt: »und die (Stadt) außerhalb des Tempels wirf hinaus und miss sie nicht, denn sie wurde auch den Völkern gegeben, und sie werden die heilige Stadt zertreten«. Wäre dem zu folgen, ergäbe sich eine sachliche Erleichterung: Der Tempel insgesamt bleibt (da nach der Apk himmlisch) den Völkern entzogen. Nur die heilige Stadt ist ihnen ausgeliefert, auch sie freilich noch irdisch auf das Heiligtum bezogen, wie ihr Attribut (»heilig«) ausweist.

– Wäre insgesamt dem Alexandrinus (A) zu folgen, würden die Völker umgekehrt die Stadt nicht zertreten, sondern ausmessen (μετρεῖν). Trotz der Besetzung Jerusalems dürften sie eine Aufgabe wie der Seher oder wie Engel (vgl. Apk 21,15ff.) wahrnehmen; ihr Maß würde ein Pendant zum himmlischen Maß[7].

– Die Intensität des Textes setzt sich in Apk 11,4 fort. Dort erscheinen nach der gegenwärtigen Rekonstruktion (א und andere Zeugen; 𝔓[47] ist z.St. nicht erhalten) zwei Ölbäume und zwei Leuchter, die an das Öl und Licht des einstigen Tempels erinnern und die Völker mahnen. Codex A liest dagegen αὐλαῖαι, Tempelvorhänge (anstatt ἐλαῖαι, Ölbäume; im Apparat von Nestle-Aland[28] nicht wiedergegeben)[8]. Wäre dem zu folgen, würde im Bild des Sehers der Vorhang des himmlischen Tempels in Jerusalem die Erde berühren; die Völker würden den Platz der irdischen Gottesberührung vermessen, wie der Seher laut Apk 11,1 das himmlische Heiligtum misst.

Zu diesen drei wichtigsten Textformen kommen weitere Varianten hinzu, die uns hier nicht zu beschäftigen brauchen. 𝔓[47] verdient an unserer Stelle geringeres Gewicht als א und A, da sich die Variante des Papyrus in der äußeren Kritik als Verlesung oder in der inneren Textkritik als Erleichterung erklärt. Doch die Entscheidung zwischen A- und S-Text steht offen. Ob die in Vorbereitung befindliche Editio critica maior der Apk den Text um der Einheitlichkeit der Textform willen etwas an den A-Text anpasst, bleibt abzuwarten (א* enthält mehrere Inkonzinnitäten, die Korrektoren in א tätig werden ließen, und A gilt heute als wichtigste Apk-Handschrift). Festzuhalten ist jedoch, dass jede Änderung die kultische Relevanz der Völker auf ihre Weise verstärken würde. Nach א* beträten sie den inneren Vorhof, und nach A träten sie bildlich sogar vor die Vorhänge des nach Ansicht der Apk himmlischen Heiligtums.

In 2Bar 35 lesen wir eine ähnlich plastische Szene[9], doch ohne die paradoxe Betrachtung der Völker im Vorhof. Wo die hohen Pries-

7 Vgl. μετρεῖν in Apk 11,1; 21,15–17.

8 Die gedruckte Edition der Apk bedarf dringend einer Bearbeitung. Der Text der Hauptzeugen bis auf C ist inzwischen immerhin elektronisch in den New Testament Abstracts nachgewiesen: nttranscripts.uni-muenster.de/AnaServer?NTtranscripts+0+start.anv; der des א noch genauer in http://www.codex-sinaiticus.net/de/manuscript.aspx, beide abgerufen am 03.11.2012.

9 In fiktiver Rückübertragung auf das frühe 6. Jh. v.Chr.; 2Bar siedelt sich erzählerisch nach der Zerstörung des ersten Tempels an.

ter opferten und der Wohlgeruch der Gaben Israels zu Gott aufstieg, findet die Leitgestalt der Erzählung (Baruch) ein Trümmerfeld. Erschüttert wirft sie sich am Opferplatz nieder und gesteht: Unser Glanz, der Glanz Israels, ist zu Staub geworden, die Sehnsucht unseres Lebens zu Sand[10]. Der große Schmerz ist mit der Apk gemeinsam.

Ließ sich diesem Schmerz in Israel etwas entgegenhalten? Einige priesterliche und priesternahe Kreise versuchten dies nach 70. Sie hielten es für möglich, dass Jerusalem sich erhole wie einst nach der Zerstörung durch Babylon, und strebten eine Erneuerung des Kultes an, soweit die karge Quellenlage dies erkennen lässt[11]. Wir wissen nicht, wie groß ihre Gruppe war. Eindeutig ist jedoch die Gegenposition der Apk. Sie ringt nicht nur stärker als 2Bar mit der Sicht auf die Völker im irdischen Vorhof Gottes. Ihr genügt nach den Zerstörungen des Jüdischen Krieges zudem überhaupt das himmlische Heiligtum. Im erneuerten Jerusalem wird laut Apk 21,22 kein Tempel mehr stehen. Das macht das unverwechselbare Profil der Apk aus[12].

Da in der Beschreibung einer Vision typischerweise lediglich über Geschautes und nicht über dasjenige, was nicht geschaut wird, berichtet wird, überrascht die negative Angabe ναὸν οὐκ εἶδον (»einen Tempel sah ich nicht«; 21,22). Diese Hervorhebung ruft nach einer externen Gesprächs-

10 Zur Interpretation: *M. Henze*, Jewish Apocalypticism in Late First Century Israel. Reading »Second Baruch« in Context (TSAJ 142), Tübingen 2011, 256–258.

11 Quellen bei *M. Goodman*, Rome and Jerusalem. The Clash of Ancient Civilizations, London 2007, 445–511; *P. Alexander*, What happened to the Jewish Priesthood after 70?, in: *Z. Rodgers* (Hg.), A Wandering Galilean: Essays in Honour of Sean Freyne (JSJ Supplements 132), Leiden 2009, 5–33.

12 Verbreitern wir den Befund, dann neigen die jüdisch-apokalyptischen Texte der Ära zu einer zweistufigen Erwartung, zunächst einem irdischen krisenhaften Finale mit messianischen Erfahrungen, dann einem messianischen Umbruch der Zeit in eine Welt der Auferstehung und ungebrochener eschatologischer Freude; vgl. dazu besonders: *K. Koch*, Messias und Menschensohn. Die zweistufige Messianologie der jüngeren Apokalyptik, in: *I. Baldermann u.a.* (Hg.), Der Messias (JBTh 8), Neukirchen-Vluyn 1993, 73–102, in: *ders.*, Von der Wende der Zeiten. Beiträge zur apokalyptischen Literatur. Gesammelte Aufsätze III, Neukirchen-Vluyn 1996, 235–266, dort zur Eschatologie des 2Bar besonders 260. Dabei halten sie dem irdischen Jerusalem einen deutlicheren Ort offen: Wenn Gott das Geschick des Zions wende, werde der Platz des Tempels beziehungsweise der Zion, den die Völker so schrecklich entweihten, zum Ort des Gerichts über die Völker werden; dessen sind sich 2Bar 72,1– 73,2 nach 29–30 und 40 und 4Esr 13,25–45 bei allen Unterschieden untereinander sicher. Vgl. *J. Kerner*, Die Ethik der Johannes-Apokalypse im Vergleich mit der des 4. Esra. Ein Beitrag zum Verhältnis von Apokalyptik und Ethik (BZNW 94), Berlin 1998, 224–226; *Henze*, Jewish Apocalypticism (s. Anm. 10), 299–304.

situation. Das heißt: Der Autor der Apk nimmt unverkennbar und explizit Stellung gegen Hoffnungen auf einen erneuerten Kult Israels am Zion. Seine Vision vom himmlischen, auf die Erde herabkommenden Jerusalem stürzt die Vorstellung um, zur vollendeten Stadt Gottes gehöre ein Tempel.

II

Die Verankerung der Apk in Israel ist seit langem bekannt. Doch prägnant fällt auch ein Vergleich mit Erwartungen der Völker aus. Diese kennen nämlich gleichfalls das Bild einer Idealstadt, nun gerne Stadt der Seligen genannt. Interessanterweise aber korrigiert die Pointe der Apk, Gottes himmlische Stadt sei tempellos, diese Idealstadt vergleichbar. Das tritt bei der Lektüre Lukians zutage, der in seinen »Wahren Geschichten« im 2. Jh. mit einiger Wahrscheinlichkeit als erster nichtjüdisch-nichtchristlicher Autor die Apk benützte.

In den »Wahren Geschichten« kompiliert Lukian nach eigenen Angaben Motive aus der ihm zugänglichen Literatur (I 2). Seine Hauptpersonen gelangen auf einer Reise zur Insel der Seligen und dort in II 11–13 zu einer Stadt aus Gold mit Toren aus edelstem Material (vgl. Apk 21,18.21) und Bauteilen aus Edelsteinen (vgl. Apk 21,18–20). In dieser Stadt wird es nicht mehr Tag und Nacht (vgl. Apk 22,5), scheint vielmehr stets das Licht der Morgenröte, und tragen die Pflanzen, bei Lukian Weinstöcke, zwölfmal jährlich Früchte (vgl. Apk 22,2). Von Möllendorff findet für zwei der genannten Motive, die Tore aus edelstem Material und die jährlich zwölfmaligen Früchte, keinerlei Vorläufer in der griechisch-römischen Literatur; aber auch in der jüdischen Literatur steht die Apk Lukian am nächsten[13]. Ob die Parallelen zum Nachweis der literarischen Abhängigkeit genügen, sei dahingestellt[14], Der für uns wesentliche strukturelle Vergleich ist auf jeden Fall möglich.

13 *P. von Möllendorff*, Christian Apocalypses and Their Mimetic Potential in Pagan Education. A Contribution Concerning Lucian's »True History«, in: *R. Hays u.a.* (Hg.), Reading the Bible intertextually, Waco 2009, 157–169, besonders 159–163 und 165f. nach *ders.*, Auf der Suche nach der verlorenen Wahrheit. Lukians »Wahre Geschichten«, Classica Monacensia 21, Tübingen 2000, 318–321. Ez 47,12 wird in manchen Übersetzungen so wiedergegeben, als trügen auch dort die Bäume an der Tempelquelle jeden Monat Frucht. Diese Auffassung des Textes ist jedoch nicht zwingend; die LXX übertrug הדשיו (»bezogen auf ihre Monate/Neumonde«) mit τῆς καινότητος αὐτοῦ (in etwa: »je von neuem«).
14 Kritisch: *M. Frenschkowski*, Utopia and Apocalypsis, in: *M. Labahn / O. Lehtipuu* (Hg.), Imagery in the Book of Revelation (Contributions to Biblical Exegesis & Theology 60), Leuven 2011, 29–41, hier 34–37.

Lukian schildert die Stadt der Seligen mit einer gewissen Ironie[15]. In einem Punkt indes duldet er keinerlei Einschränkung: Die Stadt beinhaltet aus Beryll erbaute Tempel aller Götter sowie Altäre aus Amethyst, bestimmt für das umfangreichste Opfer, die Hekatomben. Ohne Tempel und Opferkult lässt sich nach Überzeugung der Völker nicht selig leben[16]. Der Aspekt der Tempellosigkeit, der heute an den Rand des Interesses an Apk 21 gerückt ist, bildete in der Entstehungszeit die wohl größte Auffälligkeit des Textes nicht nur für jüdische Leser/innen, sondern auch bei den Völkern[17].

Unversehens gewinnt die Apk damit eine völker- und religionstheologische Pointe: Da die neue heilige Stadt keinen Tempel mehr enthält, entfällt in der Zukunft Gottes der unausweichliche Kontrast zwischen dem einen Heiligtum Israels, das kein Heiligtum neben sich erlaubt[18], und den vielen Tempeln der Völker, unter denen der Tempel Israels sein Proprium und seine Einzigkeit verlöre. Eine neue Weise der Gottesbegegnung löst die irdische Geschichte und das irdische Gegenüber der Kulte Israels und der Völker ab.

Die Perspektiven ergänzen sich. Die Völker – Menschen mit vielen irdischen Heiligtümern – zerstören Jerusalem und den einen Tempel. Das Gegenüber der Kulte und der Gegensatz der Völker führen zur Katastrophe. Indes gebiert die Apk aus dem schrecklichen Schmerz über die Zerstörung des irdischen Jerusalems trotzdem ein Neues: Gott und Christus bilden laut Apk 21,22–26 in Person das Heiligtum der vom Himmel herabkommenden neuen heiligen Stadt, und Menschen jedweder Herkunft wandeln in dieser Stadt der Gottesgegenwart.

Die Metaphorik von Apk 11,2 erlaubt, diese Kontraste auszuhalten. Die Völker zerstören und zertreten das Heiligtum Israels, das heben die Handschriften der Apk ebenso hervor wie die Paradoxie, dass die Völker dennoch in die irdische heilige Stadt bzw. den Vorhof des anderen himmlischen Heiligtums eintreten. Ein Ausgleich des Gegensatzes in kontinuierlicher irdischer Geschichte wird – davon ist die Apk überzeugt – nie möglich sein, aber die eigentümliche Narrativität von Visionen erlaubt ein Mehr an Aussage. Dieses Mehr an Heilsvision und die religionstheologische Spur gilt es nun im Text der Apk zu verfolgen.

15 So lebe Plato etwa nicht dort, sondern in der von ihm selbst entworfenen Republik mit ihren Gesetzen; vgl. *Lukian*, Verae Historiae II,17.

16 Auch ein Tempel des Gottes Israels mag deshalb zu den Kultstätten gehören; Lukian erwähnt ihn nicht eigens, schließt ihn aber auch nicht aus.

17 Mit *Frenschkowski*, Utopia (s. Anm. 14), 35.

18 Die Literatur Israels unterscheidet neben dem Tempel auch den Altarbau von den Völkern; der Altar Israels heißt gegen den βωμός-Altar der Völker in der Septuaginta in der Regel und ebenso in der Apk durchwegs θυσιαστήριον.

III

Es fällt nicht leicht, der geschilderten Spur in die Vision von Apk 21,1 – 22,5 zu folgen und den Skopus des himmlischen Jerusalems in der Begegnung von Israel und den Völkern zu entdecken. Zu sehr besetzten im Mittelalter Vorstellungen der himmlischen Kirche und später solche der Idealstadt die Rezeptionsgeschichte von Apk 21[19].

Ein Vergleich mit der jüdischen Tradition vom heiligen Jerusalem unterstreicht den Skopus jedoch. Vorstellungen vom heiligen Jerusalem verbreiteten sich in den Jahrhunderten vor dem Seher. »Heilig« hieß dabei: für Gott, den einen Gott Israels ausgegrenzt. Jerusalem, die Stadt des Tempels, verlangte deshalb Reinheit. Nichts Unreines dürfe Zugang haben, forderten Schriften von der Tempelrolle bis hin zum aramäischen Text über das himmlische Jerusalem, die bei Qumran gefunden wurden[20]. Der Seher lehnt seine Sprache dabei vor allem an diejenige des Motivs der heiligen Stadt Jerusalem aus Jes 52,1 an[21]; weniger an die jüngeren Schriften[22]. Jes 52,1 allerdings schloss in einer Konsequenz aus dem Heiligkeitsgedanken jeden Unreinen und somit jeden Unbeschnittenen aus. »Nicht mehr wird es begegnen, dass durch dich, das heilige Jerusalem, ein Unbeschnittener geht«, schrieb die Septuaginta; Stärke

19 Einblicke in die Rezeptionsgeschichte bieten etwa die Beiträge in Protokolle zur Bibel 8 (1999), besonders *A. Felber*, Das neue Jerusalem als »Gottesschau«. Ethik, Ekklesiologie und christliche Geschichtsdeutung anhand von Offb 21–22 in der Patristik, 103–111; *J. Kügerl*, Rezeption des Himmlischen Jerusalem in Stadtplänen und Pilgerberichten, 113–129; *R. Müller-Fieberg*, Hoffnungsvision »für alle Herzen und alle Zeiten«? Die Rezeption von Apk 21,1 – 22,5 in der modernen Literatur, 131–148.

20 Zum himmlischen Jerusalem (4Q554 und 555 sowie 11Q18) siehe *K. Beyer*, Die aramäischen Texte vom Toten Meer. Ergänzungsband, Göttingen 1994, 95–104.

21 Für den Seher nachgeordnet, begegnet das »heilige Jerusalem« in der Schriftprophetie Israels außerdem Neh 11,1.18; in der Septuaginta nur Neh 11,1 (LXX Esdr 21,1).

22 MT und LXX bieten eine andere Wortstellung als Apk 21,2 und den Artikel nur vor »heilig«: MT יְרוּשָׁלַיִם עִיר הַקֹּדֶשׁ; LXX Ιερουσαλημ πόλις ἡ ἁγία (Artikelsetzung in Nachahmung der hebräischen Textoberfläche). Der sog. lukianisch-antiochenische Text dagegen setzt den Artikel gut griechisch doppelt (Ιερουσαλημ ἡ πόλις ἡ ἁγία) und steht der Apk in diesem Punkte näher. Wahrscheinlich benützt die Apk somit eine griechische Nebenform der Überlieferung. – Abbildungen des hebräischen Textes entsprechen der im 1. Jh. v.Chr. beginnenden sog. kaige-Tendenz, daher wird die künftige Textforschung zur Septuaginta vielleicht die Gewichte ändern und die Nachahmung der hebräischen Textoberfläche im derzeit rekonstruierten LXX-Text für jünger halten als die sog. antiochenische Fassung.

und Herrlichkeit Zions (ἰσχύς und δόξα nach der LXX) beruhten in der Vorlage der Apk nicht zuletzt auf dieser Abgrenzung.

Eine gegenläufige Linie in Israel sah freilich auch vor, dass Menschen der Völker den Tempel Gottes aufsuchen. Das Jesajabuch wagte daraufhin einige Öffnungen, vor allem in seinen Schlusskapiteln: Den Ort des Zion werde man »aufgesuchte Stadt und nicht verlassene nennen«, schrieb Jes 62,12 LXX[23]. Kommen würden die Völker wie bei einer Wallfahrt zu Gottes Heiligtum, führten Jes 60,3–16 und 66,20–23 (nach Jes 2,2–4) aus. Die Völker erfuhren in diesem Gefälle eine Aufwertung, allerdings ohne dass sich der Kontrast zu ihnen verlor und ohne dass die Hoffnung auf einen Tempel Jerusalems in Frage stand[24].

Die Apk kennt die kritischen Vorgaben des Jesajabuches und duldet mit ihnen nichts Unreines im neuen, heiligen Jerusalem. »Und nicht wird hineinkommen [...] jedwedes Unreine«, bestätigt Apk 21,27 die Vorlage aus Jes 52,1. Doch erläutert der Seher das Unreine nun anders, wobei er das unpersönliche Neutrum κοινόν setzt: Unrein seien Gräuel und Lüge. Die Unbeschnittenen hingegen, Menschen der Völker, erwähnt er nicht. Vielmehr ersetzt er in Apk 21,27 ihre Erwähnung durch eine Alternative: Eingang in die Stadt erhalten »die, die im Lebensbuch des Lammes geschrieben sind«.

Den Leserinnen und Lesern der Apk ist diese Formulierung aus dem Schluss des Sendschreibens an Sardes, eine Stadt der Völker, vertraut[25]. Christus werde die Namen derjenigen, die als Sieger aus den irdischen Gefahren hervorgehen, nicht aus dem Lebensbuch löschen, so Apk 3,5. Implizit sind damit unbeschnittene Menschen der Völker ins Lebensbuch aufgenommen; die Zuwendung zu den Völkern ist eindeutiger geworden als im Jesajabuch.

Völker können demnach in die Stadt eintreten, wenn und weil sie im Lebensbuch stehen. Die Aufzeichnung ins Lebensbuch nimmt ihnen gleichsam als Bürgerurkunde ihre Unreinheit. Zugleich ziehen sie nicht zu einem Tempelbau, sondern zu Gott und Christus.

23 Vgl. dagegen MT: דְּרוּשָׁה לֹא נֶעֱזָבָה. Die Septuaginta ergänzt ein καί oder gibt eine abweichende hebräische Vorlage wieder.

24 Abgrenzend ist selbst der Schlussvers des Buches, Jes 66,24. Zum Gefälle insgesamt vgl. die Kommentare wie beispielsweise *C. Westermann*, Das Buch Jesaja. Kapitel 40–66 (ATD 19), Göttingen [3]1976; *J. Blenkinsopp*, Isaiah 56–66 (AncB 19B), New York 2003; *B. Zapff*, Jesaja. 56–66 (NEB.AT 37), Würzburg 2006; *J. Watts*, Isaiah 34–66 (WBC 25), Nashville 2007.

25 Den jüdischen Bevölkerungsanteil dieser Stadt stellt Apk 3,1–6 nicht heraus; er fällt aber durch die später errichtete Synagoge heutigen Besuchern der Ruinen auf.

Die Apk korrigiert die jesajanische Völkerwallfahrt zum Zion mit dem Tempel Israels in wichtigen Motiven[26].

Eine zweite Differenzierung gegenüber Jes 60, dem Schlüsselkapitel für die Völkerwallfahrt, schließt sich nahtlos an. Nach diesem Kapitel würden Könige Geschenke bringen und den Reichtum der Völker in die Stadt übertragen, um die Herrlichkeit Gottes, die δόξα von Jes 60,2 LXX, zu würdigen. Die Apk steigert die Motivik: Die Könige der Erde bringen nun ihre eigene »Herrlichkeit«, ihre δόξα, »die Herrlichkeit und die Ehre der Völker« in die Stadt ein[27]. Dies bedeutet: Sie besitzen Herrlichkeit und Ehre; die Herrlichkeit Gottes nimmt ihnen weder ihre Herrlichkeit[28] noch ihre Ehre[29]; die Übertragung der Einheitsübersetzung »die Pracht und die Kostbarkeiten der Völker« überspielt fälschlich diese Spitze.

Das Profil der Apk schärft sich zunehmend: Die Not und Gottesferne der gegenwärtigen Welt kulminiert im Gegensatz der Völker zum einen Gott Israels und der Gemeinde Jesu. Der neue Himmel und die neue Erde indessen heben diese Not von der Mitte des Gegensatzes aus auf. Sie begründen neues vollendetes Leben, indem sie Israel durch das himmlische Jerusalem würdigen und den Völkern trotz ihrer Schuld die Ehre geben, auf dass die Völker und Gottes Volk in Gottes neuer heiliger Stadt zusammenfinden.

Das Verhältnis zwischen Israel und den Völkern in Apk 21,1 – 22,5 korrespondiert zu demjenigen in Kapitel 7: Die zwölf Stämme Israels haben ein Prä, angezeigt durch die Versiegelung und die zwölf Stämmenamen auf den Toren des heiligen Jerusalems in Apk 21,12. Eine unzählbare Schar aus den Völkern erhält jedoch in Apk 7,9f. nicht minder Zugang zu Gott und Christus. In der neuen Zeit realisiert sich die in den Schrecken

26 Die Interpretation von Apk 21,24–27 auf die Völkerwallfahrt, die in der Literatur sehr verbreitet ist, ist also sachlich zu präzisieren. Vgl. etwa *J. Beutler*, Die Hermeneutik der Apokalypse und ihrer Bildersprache angesichts ihrer fundamentalistischen Deutungen, in: *ders.*, Neue Studien zu den johanneischen Schriften (BBB 167), Göttingen 2012, 53–68, hier 60; *U. Müller*, Die Offenbarung des Johannes (ÖTBK 19), Gütersloh 1984, 361f.; *D. Aune*, Revelation 17–22 (WBC 52C), Nashville 1998, 1170–1175; *A. Satake*, Die Offenbarung des Johannes (KEK 16), Göttingen 2008, 413–416.

27 Vgl. Apk 21,16. Zu οἴσουσιν in Apk 21,26 vgl. Ps 67,30 LXX.

28 Jes 60 und Ps 68,30/67,30 LXX, ein zweiter Referenztext für das Kommen der Völker, vermeiden es dagegen, von einer »Herrlichkeit« der Völker zu sprechen. Analoges gilt für den gleichfalls hinzuziehbaren Ps 72,10f. / 71,10f. LXX. Plastisch ist das Bild in Jes 66,11f. LXX: Die Herrlichkeit der Völker strömt dort Israel zu, überflutet vom Handeln Gottes wie durch einen Wildbach und mithin von den Völkern weggerissen.

29 Den Völkern eine eigene Ehre (τιμή) zu belassen, vermeidet dagegen der ganze dritte Teil des Jesajabuches; τιμή fehlt in Jes 56–66 LXX.

der Welt zutiefst in Frage gestellte Zuwendung Gottes und Christi zur gesamten Menschheit.

IV

Pate für diesen zentralen theologischen Schritt steht die Christologie. In Apk 5,9 hört der Seher einen »neuen«, alles gegenwärtig Bekannte und damit auch die gegenwärtige Antithese von Israel und den Völkern überwindenden Gesang: Jesus habe durch sein Blut Menschen aus jedwedem Stamm und jedweder Sprache, aus Gottes Volk und Fremdvölkerschaft für Gott erkauft. Das Blut erinnert an die mörderische Hinrichtung Jesu durch die Justiz unter Pilatus[30] und an die Entwürdigung Jerusalems durch die Kreuzigung[31]. Dennoch »erwirbt« Jesu Blut Menschen überall, in Israel und den Völkern[32].

Die Apk nennt dabei in Apk 5,9 das Gottesvolk mit seinen Stämmen zuerst und unterstreicht dadurch nochmals ihre judenchristliche Herkunft. Sie akzeptiert jedoch nicht minder die Zuwendung zu den Völkern und treibt diese voran; ἔθνος erhält die betonte Schlussstellung im Vers. Dies macht die Apk zum wichtigen Vertreter der judenchristlichen Völkermission, die in Paulus ihren ersten großen Vertreter fand. Zeitgenössisch verwandter zu Apk 5,9 ist allerdings petrinische Literatur[33]. Die Apk steht Paulus trotz vieler Berührungen nicht nahe[34].

Die Schlussvision Apk 21,1 – 22,5[35] rekurriert darüber hinaus auf den Anbeginn der Schöpfung. Dies ergibt einen vorzüglichen Sinn, denn damals war die Menschheit noch nicht in Israel und die Völker gespalten und bestand kein Tempel, über dem sich die Menschheit zerstritten hätte[36].

30 Vgl. das Blut des Dahingeschlachteten: ἐσφάγης geht in Apk 5,9 voran.

31 Vgl. Apk 11,8.

32 Zur Interpretation vgl. beispielsweise *J. Roloff*, Die Offenbarung des Johannes (ZBK.NT 18), Zürich 1984, 77; *Müller*, Offenbarung (s. Anm. 26), 157–162; *Satake*, Offenbarung (s. Anm. 26), 211f.; *D. Aune*, Revelation 1–5 (WBC 52A), Dallas 1997, 359–362.

33 Vgl. 1Petr 1,19.

34 Ein Teil der Forschung vermutet sogar einen Gegensatz zu Paulus, da Apk 21,14 die Tradition der zwölf Apostel aufnimmt, ohne Paulus zu würdigen: Literatur bei *Aune*, Revelation 1–5 (s. Anm. 32), 144–146; *ders.*, Revelation 17–22 (s. Anm. 26), 1156–1158.

35 Nacherzählung des Bildes unter der Perspektive rhetorischer Anschaulichkeit bei *J. Neumann*, Hören und Sehen. Die Rhetorik der Anschaulichkeit in den Gottesthron-Szenen der Johannesoffenbarung, Habil.-Schrift Kassel 2012 (masch.), 227–252.

36 Reflexionen, ob der Tempel Jerusalems in der Schöpfung angelegt war, sind gegenüber dem Fehlen eines Tempels in Gen 1–3 zweitrangig; zum Gedankenfeld von Schöpfung, Eden und Tempel vgl. aber *Stephens*, Annihilation (s. Anm. 1), 281–285.

Der Bogen zur Schöpfungstradition erleichtert der Apk, auf einen Tempel im neuen, himmlischen Jerusalem zu verzichten und auf den Schöpfer selbst zu blicken, auf den einen Gott und auf Christus[37].

Die Motivik des neuen Jerusalems könnte sich damit stoßen. Denn Jerusalem ist Stadt Israels, und da die Apk dies aufnimmt, bleibt laut Apk 21,12 auf jedes Tor des himmlischen Jerusalems der Name eines Stammes Israels geschrieben. Israel behält also über das Bild der Stadt die Priorität in der neuen Schöpfung, während die Schöpfungserzählung Israels nicht nur keinen Tempel kannte, sondern auch keine Stadt. Gen 1–2 gipfelte vielmehr in der Natur, in die der Mensch sich einfügte, im Garten bzw. griechisch dem »Paradies« in Eden (Gen 2,8), aufgegriffen in Apk 22,1f[38].

Das zwingt die Apk zu einer Kombination von städtischer und Naturbildlichkeit. Möglich wird sie ihr durch die kulturelle Entwicklung ihrer Zeit, die die Bukolik[39] und vor allem die Vereinigung von Natur und Stadt liebte.

Die Stadt bildete den bevorzugten Lebensmittelpunkt der Völker wie Israels in der frühen Kaiserzeit. Die Stadt integrierte die Natur in der Gestalt gefasster Quellen und Parks und ließ sich theologisch überhöhen. Gerade in Jes 65,17–25 war dies der Fall, dem Schlüsseltext, der Israels Hoffnung für die Stadt Jerusalem erstmals über einen neuen Himmel und neue Erde formulierte[40]; sogar Motive des Tierfriedens finden wir dort[41].

Philo, der jüdische Philosoph aus Alexandria, las daraufhin kurz vor der Abfassung der Apk den Schöpfungsbericht von Gen 1f. mit

37 Die Apk partizipiert an der Präexistenz- und Schöpfungschristologie, die sich im Christentum des späten 1. Jh. n.Chr. weit verbreitete. In Apk 3,14 nennt sie Christus »Anfang der Schöpfung Gottes« (ἡ ἀρχὴ τῆς κτίσεως τοῦ θεοῦ) und inkludiert unter dem Anfang die Herrschaft über die Schöpfung (ἀρχή besitzt diese beiden Nuancen); Literatur bei *O. Cremer*, Das sagt der Sohn Gottes. Die Christologie der Sendschreiben der Johannesoffenbarung (WMANT 141), Neukirchen-Vluyn 2014, 193–202.

38 Vgl. bes. *Stephens*, Annihilation (s. Anm. 1), 250–252.

39 Vgl. die Literatur seit Vergils Bukolika.

40 Vgl. die Kommentare zur Stelle: *Stephens*, Annihilation (s. Anm. 1), 23–29, sowie *E. Popkes*, Vollendete Gottesgegenwart. Anmerkungen zu den traditionsgeschichtlichen Bezugsgrößen von Apk 21,1–5, in: *J. Frey u.a.* (Hg.), Die Johannesapokalypse. Kontexte – Konzepte – Wirkungen (WUNT 287), Tübingen 2012, 235–257, besonders 238–245.

41 *J. Ebach*, Ende des Feindes oder Ende der Feindschaft? Der Tierfriede bei Jesaja und Vergil, in: *ders.*, Ursprung und Ziel. Erinnerte Zukunft und erhoffte Vergangenheit, Neukirchen-Vluyn 1986, 75–89; *O. Steck*, »Ein kleiner Knabe kann sie leiten«. Beobachtungen zum Tierfrieden im Jesaja 11,6–8 und 65,25, in: Alttestamentlicher Glaube und biblische Theologie (FS H.D. Preuß), hg. von *J. Hausmann u.a.*, Stuttgart 1992, 104–113.

den Augen eines Städters. Der Mensch des Anfangs hatte, meinte er, noch nichts aus Stein und Holz mit Händen Errichtetes. Doch dies benötigte er auch nicht, denn der Kosmos, die von Gott geschmückte Welt, war ihm Haus und Stadt[42]. Die städtische Existenz mit ihrem häuslichen Leben war, ohne schon zu existieren, von Gott vorgezeichnet und indirekt präsent.

Unversehens fällt ein weiteres Proprium von Apk 21,9 – 22,5 auf. Die heilige Stadt der Apk enthält Mauern, Tore, Straße, Quelle und Bäume, aber anders als die Vorstellung guten Lebens bei Philo und anders als das Jerusalem des neuen Himmels und der neuen Erde aus Jes 65,21 keine Häuser.

Tatsächlich legt Jes 65,17–25 den Bildschwerpunkt anders als die Apk. Eine Mauer mit offenen Toren suchen wir dort vergeblich. Dafür werden Häuser erwähnt, die Israel erlauben, in eigenem, unangefochtenem Besitz zu wohnen[43]. Davon schweigt die Apk. Nicht auf das Wohnen Israels kommt es ihr an, sondern auf die Tore und den freien Zugang für die Völker.

In ganz eigener Weise realisiert das himmlische Jerusalem damit die Verfassung der einstigen Schöpfung, die noch nicht der Dächer bedurfte. Ein Tempeldach erübrigt sich durch die unmittelbare Präsenz Gottes und Christi[44], und statt des Straßengewirrs durch Häuserviertel genügt eine gewaltige Hauptstraße, die πλατεία. Auf ihr können unendliche Scharen der Völker ein- und dahinziehen, entlang an einem Strom lebendigen Wassers[45]. Holz des Lebens wächst dort[46] und trägt Blätter »zur gottesdienstlichen Heilung der Völker«[47].

So wichtig sind der Apk die Völker, dass sie zusätzlich ein Bild aus Ez 47,7–12 ändert. Ez 47 sprach von einem Strom, der die Natur heilte, Fischen und Pflanzen Leben spendete. Die Apk dagegen übergeht die nichtmenschlichen Lebewesen und ergänzt stattdes-

42 Vgl. *Philo*, Op. 142.
43 Weitere Aspekte zum Vergleich von Jes 65,17–25 und Apk 21 – 22,5 bei *P. Wick*, Das Paradies in der Stadt. Das himmlische Jerusalem als Ziel der Offenbarung des Johannes, in: *R. v. Bendemann* / *M. Tiwald* (Hg.), Das frühe Christentum und die Stadt (BWANT 198), Stuttgart 2012, 243–246.
44 Vgl. Apk 21,22; 22,1.3.
45 Dies ist eine Steigerung der Paradiesflüsse von Gen 2,10–14 unter Einfluss der Tempelquelle Ez 47,1 und des Fruchtbarkeit schenkenden Wassers aus Jerusalem nach Sach 14,8. Die Überbietung von Gen 2–3 erarbeitete zuletzt *Wick*, Paradies (s. Anm. 43), 240f. Besprechung und Literatur zu Ez 47,1–12 bei *Stephens*, Annihilation (s. Anm. 1), 30–34; zum Bezug von Apk 20–21 zu Ezechiel, vgl. auch *Frey*, Johannesapokalypse (s. Anm. 1), 518f.
46 Ein Hinweis auf den Lebensbaum Gen 2,9.
47 Vgl. Apk 22,2.

sen die Erwähnung der Völker. Der neue Himmel und die neue Erde der Apk zielen nicht auf einen wunderbaren Einklang der Natur, sondern stellen vor allem den paradiesischen Zustand eines Gottesdienstes her, den die Völker wie Israel feiern.

Ez 47,12 endete mit dem Motiv der Heilung. Apk 22,2 wählt zur Übertragung dessen nicht ὑγίεια (Heilung, Gesundheit) wie die Septuaginta zur Stelle, sondern θεραπεία, und fügt über alle Vorlagen hinaus τῶν ἐθνῶν bei. Θεραπεία meint im frühchristlichen Griechisch wie beispielsweise in Lk 9,11 gerne »Heilung«, sodass sich der Akzent »Heilung der Völker« ergibt. Im Allgemeingriechischen heißt θεραπεία aber vorzugsweise »Dienst« und speziell »Dienst für die Götter«; so *Plato*, Euthyphr. 13d oder Rep. 427b[48]. Die Apk kombiniert diese beiden Bedeutungen: Die Heilung der Völker erlaubt ihnen den vollendeten Gottesdienst; Gottes und Christi Knechte werden nach Apk 22,3 Gottesdienst feiern.

Der Vergleich mit zwei weiteren prophetischen Traditionen Israels unterstreicht die Neuerung der Apk:

– In Joel 1–2, wo allein in der Septuaginta das dort seltene Wort θεραπεία religiöse Bedeutung hat, fordert der Prophet Israel zu Fasten und zum Gottesdienst (νηστεία und θεραπεία; vgl. Joel 1,14; 2,15) auf, weil der Tag des Herrn nahe sei und komme. Joel grenzt dabei Israel ab; niemand soll unter den Völkern fragen dürfen, wo der Gott der Israeliten sei.

– Apk 22,3a schließt unter Anlehnung an Sach 14,11 an, nichts Verfluchtes werde mehr sein[49]. Bei Sacharja bezieht sich das Ende des Fluches wiederum allein auf Israel; in Sach 14,12 folgt scharfe Völkerkritik. Die Apk weiß offenkundig um diesen Fortgang und korrigiert ihn. Ausdrücklich »jeder« Fluch wird ihr zufolge enden (πᾶν ist ergänzt).

Ob wir die Fortschreibung von Jesaja, Ezechiel, Joel oder Sacharja betrachten, alle Beobachtungen konvergieren: Die Scheidung zwischen Israel und den Völkern schwindet. Der Gottesdienst trennt im himmlischen Jerusalem nicht mehr; er verbindet Menschen jedweder Herkunft.

Die himmlische Stadt verliert dadurch an Sinnlichkeit. Weder die Fische aus Ez 47 noch der Tierfriede Jesajas sind in Apk 21,1 – 22,5 auffindbar. Aber auch die Stadt der Seligen bei den Völkern wäre sinnlicher. Der erwähnte Lukian etwa versteht die Stadt der Seligen zwar als einen nicht eigentlich körperlichen Raum. Er lagert ihr jedoch elysische Gefilde vor, auf die die Seligen zum Feiern ziehen: Dort gedeihen Pflanzen und Blumen, singen Vögel, gewährt der Weinstock seine Frucht und regen die Quellen des Lachens und der Lust die Seligen zu sinnlichen Genüssen an, zu Speis

48 Vgl. *G. Liddell u.a.*, A Greek-English Lexicon, Oxford ^{9}1996, 792f. s.v. θεραπεία; *W. Beyer*, Art. θεραπεύω, ThWNT 3 (1938), 128f.

49 LXX: οὐκ ἔσται ἀνάθεμα ἔτι. Die Apk (κατάθεμα) und die Septuaginta (ἀνάθεμα) übersetzen gleichermaßen חֵרֶם aus Sach 14,11; daher benützte der Autor der Apk hier wahrscheinlich den hebräischen Text neben dem griechischen.

und Trank und körperlicher Liebe[50]. Die Apk vermeidet all dies. In den Augen antiker Leserinnen und Leser schränkt sie die Seligkeit ein; die theologische Pointe, Gott gewähre Israel und den in die Stadt ziehenden Völkern seine und Christi uneingeschränkte Gegenwart, überlagert alles. Für ein heutiges Verständnis der Apk bietet das eine wichtige Abgrenzung gegenüber sinnlichen Spielarten des Chiliasmus. Die Apk entwirft eine weit weniger sinnliche Hoffnung, als viele Rezeptionen dies vermuteten.

V

Bislang verfolgten wir den Umbruch der Zeit; einer Zeit irdischer Schrecken treten – wie wir sahen – Gott und Christus in einer neuen Schöpfung und mit einer heiligen Stadt entgegen, die den Konflikt zwischen den Völkern und Israel und den Konflikt der antiken Tempelkulte beendet. Nun begeben wir uns ins himmlische Jerusalem, das interessanterweise in sich eine Gliederung der Zeit kennt. Nach Apk 22,2 bringt das Holz des Lebens zwölf Früchte hervor und jeden Monat gewährt es seine Frucht. Die Monate bestehen also und mit ihnen das Jahr. Gottes neue Schöpfung bleibt zeitlich strukturiert wie die alte. Insofern bricht das himmlische Jerusalem nicht mit der vorhandenen Schöpfung. Es zielt darauf, die Welt zu verwandeln, in der die Menschen einschließlich der Leserinnen und Leser der Apk leben[51].

Trotzdem gibt es in der Strukturierung der Zeit eine wesentliche Änderung. Die Schöpfung von Gen 1 gliederte die irdische Zeit nach Tag und Nacht; himmlische Lichter sollten beides trennen. Der Mensch wertete daraufhin in seiner Geschichte die Nacht auf. Er erhellte sie durch das Licht des Leuchters und nutzte sie zur Freude von Braut und Bräutigam. Aber er missbrauchte die ihm geschenkte Zeit auch und verdunkelte das Leben in der Geschichte.

Jer 25,10 hielt dies Israel vor und sagte an, Gott werde die Stimme des Bräutigams und der Braut, das Geräusch der Mühlen[52] und das Licht der Lampe zerstören. Apk 18 radikalisiert dies und schreibt: Die gottferne Stadt Babylon gehe binnen eines Tages, ja einer Stunde zugrunde. Das Geräusch der Mühle verstummt (Apk 18,22), das Licht des Leuchters er-

50 Vgl. *Lucianus*, VH II,5f.14–19.
51 Dies erarbeitete die Forschung umfangreich seit *A. Vögtle*, Zukunft (s. Anm. 1); vgl. auch *ders.*, Kosmische Dimension (s. Anm. 1). Die entscheidende Weichenstellung trifft Apk 11,15, denn schon dieser Vers meint »not the replacement of one world with another, but rather the eschatological installation of divine government over the selfsame world«; *M. Stephens*, Annihilation (s. Anm. 1), 198.
52 So MT und Syh; anders LXX ὀσμὴ μύρου (»Duft von Salböl«).

lischt (Apk 18,23) und die Stimme von Braut und Bräutigam[53] kommt nicht mehr zu Gehör (Apk 18,23). Das Licht des Leuchters, das die Freude der Nacht beleuchtete, wandelt sich in der Apk zu einem Bild für die Vergänglichkeit.

Die Vision des himmlischen Jerusalems zieht daraus die Konsequenz und gibt dem Gottesgeschenk des Lichtes neue Gestalt: Die Herrlichkeit Gottes weist der paradiesischen Stadt selbst den Rang eines himmlischen Lichtes zu, vergleichbar den Lichtern der ersten Schöpfung. Der Seher schaut zu Beginn der Vision in Apk 21,11 deshalb den Leuchtstern des himmlischen Jerusalems[54]. Die Stadt ist insgesamt eine Lichtquelle und damit kein Ort mehr für Leuchter der Nacht.

Die Apk unterscheidet interessanterweise sprachlich genau die Spender des Lichts, Gott und Christus[55], von dem Licht, das von ihnen ausgeht. Nur letzteres, das Licht der Stadt, heißt φῶς[56]. Es ist abgeleitetes Licht, vergleichbar zum geschaffenen Licht von Gen 1[57].

Das Licht des Jerusalemsterns kommt von innen, aus der Stadt, denn die Herrlichkeit Gottes beheimatet sich in ihr[58] und bringt die heilige Stadt nach Apk 21,23 zum Leuchten. Die Gestirne des Tags und der Nacht, Sonne und Mond, verlieren deswegen ihre Bedeutung. Das himmlische Jerusalem braucht sie nicht mehr, selbst wenn sie noch am Himmel stehen mögen[59]. Vollends erübrigt sich

53 Jer 25,10 erwähnt die Stimme zweimal, vor Bräutigam und Braut (φωνὴ νυμφίου καὶ φωνὴ νύμφης, aufgrund des Kontextes im Akkusativ), die Hauptüberlieferung der Apk nur einmal (φωνὴ νυμφίου καὶ νύμφης 18,23 nach Codices א, A usw.). Codex C, der dritte Hauptzeuge der Apk allerdings schreibt φωνή zweimal wie die Septuaginta (φωνὴ νυμφίου καὶ φωνὴ νύμφης, nun aufgrund des Kontextes im Nominativ). Die Doppelung von φωνή könnte einen Sekundäreinfluss von Jer 25,10 LXX auf die Textgeschichte der Apokalypse darstellen.

54 Φωστήρ wie Gen 1,16; die meisten Übersetzungen verdecken die astrale Anspielung. Eine zu intensiv astrale Deutung verfolgt umgekehrt *B. Malina / J. Pilch*, Social science commentary on the Book of Revelation, Minneapolis 2000, 249.

55 Vgl. das Verb φωτίζειν in Apk 21,23; 22,5.

56 Vgl. Apk 21,24.

57 Vgl. γενηθήτω φῶς, »es werde Licht« in Gen 1,3.

58 Gemäß Apk 22,3 wird in ihrer Mitte der Thron Gottes stehen, der zugleich der Thron Christi ist.

59 Vgl. Apk 21,23; 22,5. Wird die Formulierung der Apk genau beachtet, besagt sie nicht, dass Sonne und Mond untergegangen sind. Beide können durchaus noch existieren, nur ihre Relevanz für die Gliederung der Zeit haben sie verloren. Die Kommentare sind sich darüber allerdings uneins. Vorbereitet wird dieses Phänomen in Jes 60,19. Textgeschichtlich interessant steht die Apk einer Nebenform nahe, die die Targumfassung der Stelle vorbereitet. Literatur zur Stelle bei *Aune*, Revelation 17–22 (s. Anm. 26), 1168f.1181.

der Leuchter der Menschen, der die Nacht erhellt, da Christus ihn in Person ersetzt[60].

Nur indirekt wirkt die Unterscheidung von Tag und Nacht noch nach, da Gott den Wechsel von Tag und Nacht laut den vorangehenden Visionen im Himmel gelten ließ[61]. Berücksichtigen wir dies, konstituiert das herrliche Leuchten Gottes und Christi das durch kein Dunkel und keinen Schatten verletzte Licht der Gottesgegenwart, ohne dabei jedoch einen Zeitrhythmus auszuschließen. Der Zeitrhythmus bleibt, die sinnlichen Konnotationen und das unterschiedliche Licht von Tag und Nacht schwinden, insofern auch die Nacht (Apk 21,25).

Falls Lukian die Apk kannte, versuchte er, eine Mitte aus diesen Lichtangaben zu finden. Er schlug vor, in der Stadt der Seligen herrsche ununterbrochen eine angenehme Morgenröte[62]. Die Apk verfolgt ein anderes Ziel. Ihr ist wichtig, dass nun immer das Licht des Tages herrscht, und dies vor allem aus einem dritten, stringent zu unseren bisherigen Beobachtungen passenden Grund: Die Tore antiker Städte öffnen bei Helligkeit. Auf unser Bild des himmlischen Jerusalems übertragen, ergibt sich: Die Tore dieser Stadt stehen immer offen. Immer gilt die Regel des Tageslichts, nach der sie nicht verschlossen zu werden. Ohne Unterbrechung fällt deshalb durch sie das Licht Gottes und Christi und lädt in die Stadt ein[63].

Erzählerisch schließt sich damit der Bogen: Das himmlische Jerusalem leuchtet als ganzes wie ein Stern, doch mehr noch leuchten die offenen Tore. Sie ziehen die Menschen aus aller Welt, die Völker und ihre Könige an, und diese Menschen kommen. Sie bringen ihre Herrlichkeit und ihre Ehre in die Stadt mit dem paradiesischen Fluss lebendigen Wassers und mit den Früchten der Heilung zum Leben.

Die Mauer des himmlischen Jerusalems evoziert damit nicht allein die antike Stadtmauer. Sie erinnert darüber hinaus an den Saum des Paradieses nach antiken Vorstellungen. Nach Menschenmaß misst der Engel diesen Saum um der Menschen willen (Apk 21,17)[64], nicht ohne Spannung zur Größe der Stadt (144 Ellen neben 12000 Stadien)[65].

60 Vgl. Apk 21,23: λύχνος in Verwendung wie für den Leuchter der Nacht.

61 Vgl. die Wendung ἡμέρας καὶ νυκτός in Apk 4,8; 7,15; 12,10; 14,11.

62 Vgl. *Lucianus*, VH II,12.

63 Apk 21,25 greift Sach 14,7 auf, das einen Tag des Herrn erwartet, an welchem abends Licht und keine Nacht sei. Den Bezug auf die Tore bringt die Apk neu ein. Auf den offenen Toren liegt daher ein besonderes Augenmerk.

64 Die Angabe ist aber spannungsvoll und in der Textgeschichte umstritten (was im Apparat von Nestle-Aland[28] nicht erkennbar ist): *J. Hernández*, A Scribal Solution to a Problematic Measurement in the Apocalypse, NTS 56 (2010), 273–278.

65 Vgl. hierzu auch *Frey*, Johannesapokalypse (s. Anm. 1), 543f.

Dies führt zu einer nicht uninteressanten exegetischen Frage: Inwieweit ist das neue Jerusalem überhaupt noch Stadt, wenn ihm die Häuser einer Stadt fehlen, die Pracht des Tempels nur noch als Metapher zu eigen ist und die Mauern zugleich zum Paradiessaum werden, die zwölf Tore daher nicht schützen, wie dies irdische Tore zur Nacht tun, sondern gleichsam den Zugang zum Paradies öffnen, der sich einst vor Adam und Eva verschloss[66]?

Unübersehbar greift die neue Schöpfung der Apk, dieses städtische Paradies, nicht nur auf die antike Idealstadt zurück, zu der sich die Forschung umfangreich um Parallelen bemüht[67], sondern korrigiert ebenso das städtisch-menschliche Ideal.

Eine sprachliche Eigenheit zeigt, dass dem Autor der Apk diese Korrektur bewusst war. Das Jesajabuch, auf das er sich in Kapitel 21–22 vielfach stützt, benützte das Verb ברא, »schaffen«, das sich mit κτίζειν oder ποιεῖν übersetzen ließ[68]. Κτίζειν erinnerte an die Gründung einer irdischen Stadt[69]. Die Septuaginta wählte es in Jes 54, einem für Apk 21,19f. wichtigen Bezugstext[70]. Die Apk greift jedoch dieses Verb in den Kapiteln 21–22 nicht auf[71]. Wichtiger ist für sie der dritte Teil des Jesajabuches, wo die Septuaginta κτίζειν vermied[72]. »Der Himmel wird neu und die Erde

66 Das Paradiestor ist in Gen 3,24 noch nicht erwähnt, entstand aber in der Rezeptionsliteratur zu dieser Stelle: Vgl. besonders VitAd 40,1.

67 Vgl. die Forschung von *D. Georgi*, Die Visionen vom himmlischen Jerusalem in Apk 21 und 22, in: Kirche (FS G. Bornkamm), hg. von *D. Lührmann* / *G. Strecker*, Tübingen 1980, 351–372; *U. Sim*, Das himmlische Jerusalem in Apk 21,1 – 22,5 im Kontext biblisch-jüdischer Tradition und antiken Städtebaus, Bochumer Altertumswissenschaftliches Colloquium 25, Trier 1996; *B. Malina*, The New Jerusalem in the Revelation of John. The City as Symbol of Life with God, Zacchaeus Studies: New Testament, Collegeville 2000 (mit teils eigenwilligen Thesen); *Wick*, Paradies (s. Anm. 43), 238–249.

68 Vgl. für beides beispielsweise Jes 45,7f.

69 Gegebenenfalls im Sinne der Neugründung nach einer Krise. Ein bekanntes Dokument dessen bietet der Platz mit vielen Gründerfiguren in der von Paulus besuchten Stadt Perge. Zu κτίζ* als Stadtgründung vgl. *Liddell u.a.*, Greek-English Lexicon (s. Anm. 48), 1002f., s.v. κτίζω.

70 Vgl. Jes 54,16. Vielleicht wich die Vorlage der Septuaginta vom heutigen hebräischen Text ab; jedenfalls entsteht ein gegenüber dem Hebräischen neuer Sinn: Die Stadt mit Fundamenten aus Saphir und Mauern aus Edelsteinen, die nach den Schreckenszeiten für Israel entstehen wird (Jes 54,11f.), gilt der Septuaginta als eine Gründung Gottes. »Ich schaffe = gründe dich«, spricht der Herr in Jes 54,16 LXX, different zum hebräischen Text. Ja, er hat die Heilsstadt schon geschaffen; »ich (Gott) schuf = gründete dich«, präzisiert der zweite Teil des Verses: ἐγὼ κτίζω σε [...] ἐγὼ δὲ ἔκτισά σε. Das Vergängliche vergeht mit dieser Neugründung: Die neue Stadt dient nicht mehr vergänglichem Werkzeug, wie der Schmied es benützt; auch dies stellt eine Änderung des hebräischen Textes dar.

71 Dies fällt umso deutlicher auf angeisichts der Bedeutungsklärung in Apk 4, 11; 10,6; vgl. auch 3,14.

72 Hebräisch kommt ברא an zwei Stellen vor, Jes 57,19 und 65,17f.; vgl. *K. Schmid*, Neue Schöpfung als Überbietung des neuen Exodus. Die tritojesajanische Aktualisierung der deuterojesajanischen Theologie und der Tora, in: *ders.*,

neu sein« (ἔσται γὰρ ὁ οὐρανὸς καινὸς καὶ ἡ γῆ καινή) schrieb Jes 65,17 LXX[73] und überging ברא[74]. Jes 66,22 LXX[75] gebrauchte daraufhin ποιεῖν, das Schöpfungsverb, das die Stadtgründung nicht konnotierte. Apk 21,5 benützt es zur Zusammenfassung »siehe, ich [Gott] mache schöpferisch alles neu«. Das neue Jerusalem der Apk ist eine himmlische Neuschöpfung Gottes und somit mehr als eine Stadtgründung, obwohl die Apk intensive Bilder der Stadt verwendet.

VI

Wie verhält sich dies zur irdisch messbaren Zeit? Vergegenwärtigen wir zum Vergleich die berühmteste antike Theorie der Zeit, die des Aristoteles in Physik IV, Kap. 10–14: Er verstand die Zeit als Bewegung und beschrieb sie über die Zahl und mit räumlichen Metaphern. Vom Jetzt aus gesehen unterschied er vergangene und künftig seiende Zeit. Das Jetzt bezeichnete er als Ende der Ersteren und Anfang der Letzteren[76].

Wie in einem Kreislauf gab es durch diese Definition fortlaufend das Ende des Vergangenen und den Anfang des künftig Seienden[77]; die Zeit wurde zur Bewegung in periodischem Umlauf[78]. Messen ließ sie sich wie eine Linie als lang oder kurz – so gemäß der räumlichen Metapher – beziehungsweise wie beim Zählen als viel oder wenig; strikt lehnte Aristoteles ab, sie schnell oder langsam zu nennen, weil keine Zahl schnell oder langsam sei[79]. Um die Nachbarschaft zum Jetzt zu verdeutlichen, traf er die Aussage, »jemand komme«, und unterschied scharf die Tempora. Das Präsens verwendete er für den Fall, dass jemand gerade gekommen sei, das Futur für den Fall, jemand werde kommen[80].

Schriftgelehrte Traditionsliteratur (FAT 77), Tübingen 2011, 185–205. Die Septuaginta kürzt Jes 57,19, und sie vereinfacht Jes 65,17.

73 Die sog. jüngeren Übersetzungen Aquila, Symmachus und Theodotion dagegen bilden den hebräischen Text von Jes 65,17 genauer ab; ἰδοὺ γὰρ ἐγὼ κτίζω οὐρανοὺς καινούς …, »denn siehe, ich schaffe neue Himmel (Plural, da שָׁמַיִם eine Pluralendung besitzt) usw.« Apk 21,1 greift jedoch auf die LXX-Fassung zurück.

74 Statt der hebräischen Wendung הִנְנִי בוֹרֵא שָׁמַיִם חֲדָשִׁים וָאָרֶץ חֲדָשָׁה, »siehe, ich [Gott] bin es, der einen neuen Himmel und eine neue Erde schafft«.

75 Dies ist die Wiederholung des Motivs vom neuen Himmel und der neuen Erde, nun hebräisch mit dem Verb עשׂה; vgl. Gen 1,7 u. ö.

76 Arist. Ph. IV, 222a: τὸ δὲ νῦν ἐστιν […] τοῦ μὲν ἀρχή, τοῦ δὲ τελευτή.

77 Ebd.,222b.

78 Ebd.,222b/223b.

79 Ebd.,220b: ταχὺς […] οὐ λέγεται.

80 Ebd.,222a: ἥξει νῦν, ὅτι τήμερον ἥξει· ἥκει νῦν, ὅτι ἦλθε τήμερον.

Spätestens beim Tempusgebrauch fällt der Unterschied zum neuzeitlichen Zeitverständnis auf; wir würden das Jetzt nicht mehr zuerst als Ende verstehen und daher das Präsens vom Ende her als Verweis auf Vergangenes verstehen. Umso deutlicher wird das Profil der Apk.

Nichts spricht dafür, dass der Autor der Apk Aristoteles kennt und benützt. Die Begrifflichkeit, auf die Aristoteles zurückgriff, blieb jedoch bis weit über die Zeitenwende hinaus lebendig. Deshalb verwendet der Apk-Autor in beträchtlichem Umfang dieselben Begriffe, selbst wenn er ihnen eine prägnant andere Richtung gibt. Das erlaubt, seine Eigenart im Vergleich mit Aristoteles zu erschließen: Anders als Aristoteles sieht der Seher die Zeit nicht in einem Kreislauf von jeweiligem Ende zu jeweiligem Anfang mit dem Ende an erster Stelle, sondern in einer Bewegung vom Anfang zum Ende: »Ich bin [...] der Anfang und das Ende«, ἐγὼ [...] ἡ ἀρχὴ καὶ τὸ τέλος, spricht Christus in Apk 22,13. Sprachlich befinden wir uns außerordentlich nah an Aristoteles, hinsichtlich der Bewegungsrichtung in einem Gegensatz zu ihm: Den Kreislauf ersetzt ein Ziel, so τέλος in der Grundbedeutung. Diese Änderung wirbelt daraufhin die Tempora durcheinander. Das Präsens »ich komme« besagt nicht mehr »ich bin gekommen«, sondern »ich bin unterwegs«[81]. Unterwegs sein aber kann jemand »schnell«, was Aristoteles ausschloss; in der Ansage ἔρχομαι ταχύ, »ich [Jesus] komme schnell« in Apk 22,20 gipfelt der Gebrauch der Apk.

Die Apk durchkreuzt auf diese Weise das antike Zeitdenken. Nicht Zahl und Kreislauf, sondern die schnelle persönliche Begegnung wird zum Maß der Dinge. Um dies zu erfassen, genügt es nicht, ein lineares, biblisches und ein zyklisches, griechisches Zeitdenken entgegenzusetzen. Maßgeblich ist, die Metaphorik des Raums, derer sich schon Aristoteles bediente, über diesen hinaus zu treiben: Der Raum Gottes und Christi ist nahe. Diese Nähe drängt zur Begegnung; darum bricht die andere, bildlich »schnelle« Zeit Gottes und Christi in die Zeit der Menschen ein. Die Zeit der Menschen mag gezählt werden und sich weiterdrehen, wie Aristoteles meint; ihre Bewegung verblasst vor der stärkeren und anderen Bewegung des Raumes Gottes.

VII

Die Apk wagt daraufhin in ihrer Schilderung des himmlischen Jerusalems eine dritte Metapher: Städte sind in der Antike feminin.

81 Die Apk drückt dies mit ἔρχεσθαι, das zu dem von Aristoteles bevorzugten ἥκειν (s. Anm. 80) gleichbedeutend ist.

Das heilige Jerusalem ist deshalb als Frau bezeichenbar[82]. Als Frau und Braut des Lammes (Apk 21,9) schreitet es geschmückt und schön wie eine Braut am Hochzeitstag vom Himmel herab (21,2). Das ist mit einer kubusförmigen Stadt schwer vereinbar und soll dies auch kaum sein. Vielmehr verdeutlicht die steile Metapher den Bruch des Denkens: Die irdische Gemeinde soll nach dem himmlischen Jerusalem nicht Ausschau halten wie nach einer unbestimmten, sei es fernen, sei es nahen Zukunft, sondern wie nach einer unmittelbaren festlichen Begegnung. In der Begegnung ist Gottes Zeit zu erfahren, nicht in der Ausschau nach einem fernen Futur.

Diese Dynamik schreitet bis Apk 22,17 voran. Dort rufen der Geist und die Braut, das himmlische Jerusalem, dem Menschen »komm« zu und wünscht die Apk, dass seinerseits »komm« rufe, wer dies hört. Das himmlische Jerusalem und die irdische Menschheit laufen damit gleichsam aufeinander zu, wenn der Apk zu folgen ist, und dies im jeweiligen Jetzt, der fortschreitenden Zeit des Aristoteles. Die Frage nach der fortschreitenden Zeit ist abzulösen durch die Sehnsucht eines räumlichen und personalen Miteinanders[83].

Manche Indizien – das Wasser des Lebens und das griechische Maranatha (ἔρχου κύριε Ἰησοῦ), »komm Herr Jesu« – legen nahe, die Begegnung in der Mahlfeier der Gemeinde gipfeln zu lassen[84]. So wäre die Frage nach der Strukturierung der Zeit vollends durch eine andere Dimension, nämlich die Begegnung mit dem Herrn beim festlichen Mahl der Gemeinde, neu geordnet. Dies kann offen bleiben, denn die entscheidenden Beobachtungen gelten auch ohne diese Zuspitzung.

VIII

Fassen wir unsere Beobachtungen zusammen, dann versteht die Apk die himmlische Zeit als eine Zeit des Lichts, die von keiner

82 Zum Bild der Frau als Umschreibung von Israels Gottesverhältnis vgl. *M. Reheußer*, Feminine Gemeindemetaphorik im Neuen Testament, Diss.-Schrift, Passau 2006: http://www.opus-bayern.de/uni-passau/volltexte/2006/82/pdf/Diss Reheusser_06.12.06.pdf, abgerufen am 3.6.2012.

83 Einzuordnen ist diese Position in die vielschichtigen frühchristlichen Erwartungen der Parusie Jesu, wörtlich seines räumlichen »Daseins«, zu dem er nach seiner Erhöhung kommt. Die Forschung löst sich seit einiger Zeit zu Recht von deren Einordnung in zeitliche Naherwartung und Parusieverzögerung; vgl. *K. Erlemann*, Naherwartung und Parusieverzögerung im Neuen Testament. Ein Beitrag zur Frage religiöser Zeiterfahrung (TANZ 17), Tübingen 1995.

84 Literatur bei *H. Stein*, Frühchristliche Mahlfeiern. Ihre Gestalt und Bedeutung nach der neutestamentlichen Briefliteratur und der Johannesoffenbarung (WUNT II/255), Tübingen 2008, 298–324.

Nacht und keinem Dunkel mehr gestört wird, und sieht diese Zeit räumlich nahe; aus diesem Grunde scheint das Licht in die Gegenwart. Die das menschliche Leben übersteigende himmlische Zeit strahlt in die menschliche Zeit hinein; Gottes und Christi Handeln beleuchtet sie. Das ruft zur räumlichen Begegnung mit dem paradiesischen himmlischen Jerusalem; das Paradies und der Himmel sind dem eigentümlichen Zeit-Raum-Denken der Apk nach sehr nahe. Markante Begriffe um das Zeitverständnis erinnern an Aristoteles, denn die Zeit hat Ende und Anfang. Doch die Deutung entfernt sich von Aristoteles, da nicht die fortschreitende Zeit relevant ist, sondern die Begegnung mit dem Raum Gottes und Christi.

Einen zusätzlichen Skopus gewinnt die Apk durch ihr Interesse für Israel und die Völker und ihre Bilder von der neuen Schöpfung und dem himmlischen Jerusalem. Geprägt ist dieses Interesse durch die Erfahrung des Autors von der irdischen Zeit. Als Zeit des Schreckens erlebt er diese, geprägt von Konflikten der Völker und Kulte für Israel. Sollen diese Schatten vergehen[85], braucht es eine andere Begegnung mit Gott als über die irdischen Tempel und Opfer der Antike. Für diese andere Begegnung steht das himmlische Jerusalem: Es richtet Israel auf und trägt auf den Toren die Namen von Israels Stämmen. Zugleich würdigt es die Völker, die mit ihrer Ehre und ihrer Herrlichkeit in die Stadt, nun die Stadt Gottes und Christi, eintreten. Wie eine neue Schöpfung lässt sich dies erleben, doch nicht ohne Kontinuität zur Gegenwart, denn das himmlische Jerusalem kommt den irdischen Menschen vom Himmel aus entgegen. Das irdische Zeitdenken zerbricht darüber; die personale Begegnung löst die Strukturen eines zeitlichen Ablaufes ab, wie eben im Vergleich mit Aristoteles beschrieben.

Ziehen wir aus dieser Perspektive hermeneutische Konsequenzen, kann und muss sich das christliche Zeitdenken zum einen der Auseinandersetzung mit der Philosophie, in unserem Beispiel Aristoteles, stellen. Es ist zu prüfen, ob die Brechung der Zeit durch den Raum nicht auch in heutiger Diskussion über die Zeit hilft. Zum anderen ist das religionstheologische Anliegen der Apk überraschend aktuell. Sie verlangt eine Verständigung der Völker, genauerhin der Völker und Israels, als Basis für eine Erneuerung der Welt und für das Ende der Zeiten des Schreckens, die der Mensch dem Menschen bereitet.

85 Verwiesen sei dazu auf einen Aspekt der Rezeptionsgeschichte: Das bedeutendste Werk der Buchmalerei zur Apk, die Bamberger Apokalypse, entwickelte ein schattenloses Licht und wurde dadurch zu einem zentralen Beispiel Reichenauer Buchmalerei; Abb. des himmlischen Jerusalem unter http://www.johannesoffenbarung.ch/bilderzyklen/bamberger.php, abgerufen am 7.7.2012.

Heutige Religionstheologie wird sich trotzdem mit der Apk nicht leichttun. Zu sehr hängt der Völkerfriede laut Apk am Religionsfrieden und zu exklusiv wirkt die jüdisch-christliche Perspektive; für fremde Götter und Religionsvielfalt bleibt im himmlischen Jerusalem anders als in den Idealstaaten seit Thomas Morus, der sich von der Apk durchaus anregen ließ, kein Platz[86]. Die Apk ist daher unter den Bedingungen der Moderne fortzuschreiben. Ihr Bild der Raum-Zeit Gottes und Christi im himmlischen Jerusalem bedarf der Öffnung hin auf die Fragen der Gegenwart.

***

Abstract
A time of light for Israel and the nations. The Jerusalem descending from heaven in the Book of Revelation
After the destruction of Jerusalem and the temple 70 A.D., the author of Rev orientates himself to the new or heavenly Jerusalem. But he does not so immediately. In 11:1f. he first uses temple traditions for connecting heaven and earth, present and future. He turns the naos and the altar of the temple into a picture for the people dropping down before God, whereas the forecourt is delivered to the nations. Then he changes the perspective. The New Jerusalem appears in 21:1 – 22:5. But the relation between Israel (now represented by the gates) and the nations (now those who enter through the gates) remains an important theme. The heavenly city is full of light for Israel and Nations. Therefore the darkness of the night vanishes, and the understanding of time changes. There is only a rhythm of life, determined through the personal encounter with God and Christ. A comparison with Aristotle (Physics IV, chapters 10–14) highlights some aspects and shows: The arriving, holy Jerusalem is already on the way in the present.

Martin Karrer, geb. 1954, Dr. theol., ist Professor für Neues Testament an der Kirchlichen Hochschule Wuppertal/Bethel.

86 *T. Morus*, Utopia, in: *K. Heinisch* (Hg.), Der utopische Staat (Rowohlts Klassiker der Literatur und der Wissenschaft: Philosophie des Humanismus und der Renaissance 3), Hamburg 1993, 96–106.

II

Antike und Kirchengeschichte

Balbina Bäbler

Oknos, Kairos und Chronos

Von (Lebens-)Zeiten und (verpassten) Gelegenheiten

1. Oknos

Als der berühmteste Tourist der römischen Kaiserzeit, der griechische Schriftsteller Pausanias (um 115 n.Chr. – 180 n.Chr.) das altehrwürdige Orakelheiligtum von Delphi besuchte, beschrieb er unter den dortigen Gebäuden auch die sog. Lesche, eine Art Klub- oder Banketthaus, der Knidier, einen schlichten Rechteckbau von etwa 18,70 x 9,70m mit Zugang an der Langseite, im Norden von der Umfassungsmauer, im Osten und Westen von Terrassenmauern eingefasst. Die Hauptattraktion dieses Gebäudes waren die um 460 v.Chr. entstandenen Wandgemälde des Polygnot von Thasos, eines der berühmtesten Maler der klassischen Zeit[1]. Da von der großformatigen Malerei, einer der im Altertum am höchsten geschätzten Künste, fast nichts erhalten ist und wir eine gewisse Vorstellung davon nur aus den Reflexen in der griechischen Vasenmalerei und in römischen Mosaiken bekommen können, kommt einer genauen Bildbeschreibung umso größere Bedeutung zu. Die Gemälde in der Lesche der Knidier bildeten zwei große Themenkomplexe: Der eine Teil stellte die »Iliupersis«, die Zerstörung Trojas, dar, die andere Hälfte die »Nekyia«, die Fahrt des Odysseus in die Unterwelt, wo sich zahlreiche Sagengestalten aufhalten. Etwa 140 nahezu lebensgroße Figuren waren in drei Registern übereinander angeordnet und vom Maler zum besseren Verständnis mit Beischriften versehen worden; die genaue Rekonstruktion der Darstellung[2], die seit über dreihundert Jahren Gegenstand der Diskussion

1 *M. Maass*, Das antike Delphi. Orakel, Schätze und Monumente, Darmstadt 1993, 178f. Es handelte sich wohl um bewegliche Tafeln, nicht um direkt auf die Mauern aufgetragene Malereien, da die Ausgräber feststellen konnten, dass das ursprüngliche Mauerwerk bereits im 4. Jh. v.Chr. erneuert wurde, s. ebd. 179. Man nimmt an, dass der Bau von den Knidiern aus ihrem Anteil an der Beute der Schlacht am Eurymedon (um 465 v.Chr.) gestiftet wurde, die Gemälde also bald danach entstanden sind; zur Datierung s. *M.D. Stansbury-O'Donnell*, Polygnotos' Nekyia: A Reconstruction and Analysis, AJA 94 (1990) 230f.

2 Siehe *C. Robert*, Die Nekyia des Polygnot (Hallisches Winckelmannsprogramm 16) Halle 1892 bzw. unter http://digi.ub.uni-heidelberg.de/diglit/hwpr1892/0087.

ist, soll hier nicht erörtert werden[3]. Was uns interessiert, ist einer der büßenden Frevler (Abb. 1a), die Odysseus in der Unterwelt antrifft.

Abb. 1a: Nekyia des Polygnot: Ausschnitt mit Oknos
(aus: *Robert*, Nekyia 1892)

Ihn beschreibt Paus. 10, 29,1 folgendermaßen:

> Nach ihnen [scil den Gefährten des Odysseus] sitzt da ein Mann, und die Beischrift besagt, der Mann sei Oknos. Er ist ein Seil flechtend dargestellt, und eine Eselin steht dabei und frisst das gerade geflochtene Stück des Seils. Dieser Oknos, sagt man, sei ein fleißiger Mann gewesen und habe eine verschwenderische Frau gehabt; und was er auch durch seine Arbeit erworben habe, wurde nicht viel später von ihr wieder aufgebraucht. Damit habe also Polygnotos auf die Frau des Oknos anspielen wollen, meinen sie. Ich weiß, dass auch von den Io-

3 Grundlegend ist die Rekonstruktion von *Robert*, Nekyia, 1892; zu den früheren Versuchen s. ebd. 33–40 und *I. Scheibler*, Griechische Malerei der Antike, München 1994, 51–54. Als erster versuchte sich bereits der berühmte französische Antiquar Graf Caylus an einer Rekonstruktion (Description de deux tableaux de Polygnote, donnée par Pausanias, Histoire de l'Académie Royale des Inscriptions et Belles Lettres XXVII, 1757); man hatte damals aber noch keine wirkliche Vorstellung von antiker Malerei, so dass Caylus' Vorschlag durch Perspektive, Farbeffekte und reichen Hintergrund wie ein Gemälde seiner Zeit wirkt. Robert übernahm die Gestaltungsprinzipien von Vasen, deren Abhängigkeit von polygnotischer Malerei man erkannt hatte, indem er die Figuren in Reihen übereinander anordnete, alle leeren Räume füllte und die Landschaft durch kleine Hügel gliederte. Korrekturen daran wurden in jüngster Zeit von *Stansbury-O'Donnell*, Polygnotos' Nekyia, 213–235 vorgeschlagen, jedoch keine grundlegenden Änderungen. Eine genaue, endgültige Rekonstruktion ist schon deshalb nicht möglich, weil Pausanias keine Maßangaben macht, sondern mit Angaben wie »davor«, »darüber«, »neben« arbeitet, so dass man bestenfalls der Verteilung der Figuren möglichst nahekommen kann.

niern, wenn sie jemand an nichts Nutzbringendem sich mühen sehen, gesagt wird, dieser Mann verfertige den Strick des Oknos[4].

Nun hat diese Gestalt des Oknos (übersetzt »Zauderer«), von der es nur wenige bildliche Darstellungen gibt[5] – die berühmteste und für die spätere Zeit vorbildliche Fassung war die nicht erhaltene des Polygnot – und die auch sonst kaum je auftritt, keinen eigenen Mythos besitzt und deren »Geschichte« nur gerade von Pausanias überliefert wird, in der Forschung (wenn sie denn überhaupt beachtet wird) vor allem Ratlosigkeit ausgelöst: »Unlogisch« wie die meisten Volksmärchen sei sie, befand H.A. Shapiro mit gewissem Recht[6]: Was hat zögern und zaudern (ὀκνεῖν) mit dem offensichtlichen Fleiß des Mannes zu tun? Müsste nicht dessen Gattin für ihr schändliches Verhalten bestraft werden? Was also macht der bedauernswerte Ehemann, der doch schon zu Lebzeiten bestraft war, dann auch noch im Hades, ewig das sinnlose Lebenswerk fortsetzend?

Forscher, die sich mit Oknos befassten, haben daher nach einem Motiv für dessen Bestrafung gesucht. R. Merkelbach sagte sehr apodiktisch, Oknos der Zauderer, habe »im Leben immer gezaudert, sich in die Mysterien einweihen zu lassen«, gibt dazu aber keine Begründung oder literarische Belege; womöglich war er von Wilamowitz' (erheblich zurückhaltenderer) Formulierung inspiriert, Oknos erleide »eine gleiche Strafe, wie sie die Büßer und die Uneingeweihten erdulden«[7]. Diese Deutung ist wohl darauf zu-

4 Pausanias. Reisen in Griechenland. Gesamtausgabe in drei Bänden aufgrund der kommentierten Übersetzung von *E. Meyer*, hg. *F. Eckstein*, abgeschlossen von *Peter C. Bol* (Bd. III), Zürich/München 1989, 274f.

5 *W. Felten*, Oknos, LIMC VII 1, Zürich/München 1994, 33–35 zählt insgesamt 10 Darstellungen auf, davon 7 aus römischer Zeit, alle auf Sarkophagen bzw. Wanddekorationen von Grabkammern, und 3 griechische, von denen 2 nur literarisch überlieferte Gemälde sind.

6 *H.A. Shapiro*, Personifications in Greek Art. The Representation of Abstract Concepts 600–400 B.C., Zürich 1993, 178f. Ähnlich bereits *O. Höfer*, Oknos, in: *W.H. Roscher*, Ausführliches Lexikon der griechischen und römischen Mythologie III 1, Leipzig 1897–1902, 827: »Vergebens wird man freilich nach der Schuld des Oknos fragen; [...]«.

7 *R. Merkelbach*, Roman und Mysterium in der Antike, Berlin 1962, 44; *U. v. Wilamowitz-Moellendorff*, Der Glaube der Hellenen (Bd. II), Berlin 1932, 183. Sehr skeptisch aber bereits *W. Felten*, Attische Unterweltsdarstellungen des 6. und 5. Jh. v.Chr., München 1975, 25–27, die m. E. zu Recht annimmt, dass man auf die Mysterien als Erklärung einer Figur, deren Interpretation Schwierigkeiten machte, verwiesen habe, weil die spärliche Überlieferung zu diesem Kult freies Feld für Spekulation bot. Problematisch ist zudem, dass sich Merkelbach nur auf Apul. met. 6,18,4 bezieht, wo Psyche angewiesen wird, an dem Mann mit dem hinkenden, holztragenden Esel, der sie bitten werde, von der heruntergefallenen

rückzuführen, dass drei der antiken Darstellungen Oknos zusammen mit Figuren abbilden, die Wasser in ein durchlöchertes Gefäß bzw. in ein Fass ohne Boden schöpfen[8]. Solche Wasserträgerinnen und auch männliche Wasserträger treten in der griechischen Kunst schon früh, am Ende des 6. Jh.s v.Chr. auf; erst später werden sie ausschließlich weiblich und mit den Danaiden identifiziert. In Polygnots Nekyia gab es zwei Gruppen dieser Art, die eine davon mit konkreter Beischrift:

> Die Frauen über Penthesilea tragen Wasser in zerbrochenen Krügen, die eine von ihnen ist noch schön an Gestalt dargestellt, die andere schon in vorgerücktem Alter; im einzelnen steht keine Beischrift bei jeder der beiden Frauen, gemeinsam steht aber über beiden, dass sie zu den nicht eingeweihten Frauen gehörten. (Paus. X 31,9)

Davon etwas entfernt, neben der Darstellung des Sisyphos, der den Stein den Abhang hinaufwälzt, gibt es eine ähnliche Gruppe:

> Es ist auch ein Fass in dem Gemälde und ein alter Mann und noch ein Knabe und Frauen, eine junge unter dem Felsen und neben dem Alten eine, die ihm im Alter gleicht; die übrigen tragen Wasser, der Alten scheint offenbar der Wasserkrug zerbrochen zu sein, und was an Wasser in dem Scherben noch vorhanden war, das gießt sie wieder in das Fass. Ich vermute, dass auch diese zu denen gehören, die sich um die Mysterien in Eleusis nicht kümmerten. (Paus. X 31,11)[9].

Die offensichtlich daraus gezogene Folgerung, auch Oknos gehöre zu den Nicht-Eingeweihten, scheint mir aber nicht überzeugend. Zwar ist die Art von Oknos' Bestrafung, eine nie endende, sinnlose Arbeit, in der Tat mit derjenigen der Wasserträger (und auch mit derjenigen des Sisyphos) vergleichbar. Man muss bei dieser Interpretation dann aber die Erklärung des Pausanias einfach als »Missverständnis« eines Spätlings abtun, der die Intention des Malers

Last einige Bündel aufzuheben, schweigend vorüberzugehen; nach Merkelbach muss Psyche das mystische Schweigen der Eingeweihten wahren und darf dem uneingeweihten Oknos nicht helfen. Diese Interpretation lässt aber die seit Polygnot kanonische Oknos-Darstellung mit der seilfressenden Eselin ganz außer Acht, ebenso Pausanias' Schilderung.

8 *Felten*, Oknos Nr. 1 (attische schwarzfigurige Lekythos, um 500 v.Chr.); Nr. 7 (römischer Marmorsarkophag, 1. Jh. v.Chr.); Nr. 8 (römischer Sarkophag, verschollen; s. Abb. 1b). Auf der Lekythos (Nr. 1) kauert ein alter Mann, hinter dem ein Esel steht, vor einem Holzbündel. Oknos als Holzsammler, dessen Esel immer wieder die Last abwirft, wird heute allgemein für eine ältere Version des Mythos gehalten und mit Apul. met. 6,18,4 kombiniert, s.o. Anm. 6 (*Felten*, Oknos 35f. mit der früheren Lit.).

9 Übersetzungen *Meyer/Eckstein*, Pausanias, 282.

nicht mehr verstand – obwohl sich Pausanias (nicht zuletzt bei archäologischen Ausgrabungen) als durchaus zuverlässig erwies und für die Rekonstruktion des Gemäldes ja beim Wort genommen wird. Zudem befindet sich Oknos auf dem Gemälde weit entfernt – buchstäblich am anderen Ende der Darstellung – von den Wasserträgern (s. Anm. 2) und kann nicht mit der Beischrift ἀμύητοι in Verbindung gebracht werden.

In neuerer Zeit hat E. Keuls diese Deutung wieder aufgenommen, kam aber zu einer anderen Schlussfolgerung: Das gemeinsame Element von Danaiden und Oknos sei nicht die Schuld, sondern die sinnlose Arbeit (»toil«); das Thema der »Rettung durch Mühe« (»salvation through toil«) sei omnipräsentes Motiv in der Literatur seit dem Hellenismus: Die Mühen des Lebens würden als notwendige Katharsis der Seele aufgefasst, durch die sie in eine bessere Existenz gelangen könne. Daher erlebe das Motiv des Oknos, ähnlich wie das des Herakles, auch in römischer Zeit in sepulkralem Zusammenhang eine gewisse Popularität (Abb. 1b)[10].

Abb. 1b: Ocnus. Zeichnung aus dem Codex Pighianus des Reliefs eines verschollenen römischen Sarkophags (aus: *Felten*, Oknos, 34 Nr. 8)

10 *E. Keuls*, The Water Carriers in Hades. A Study of Catharsis through Toil in Classical Antiquity, Amsterdam 1974, 159–170.

Aber Oknos und Danaiden erleiden doch erst *nach* dem Tod die Strafe der sinnlosen, ewigen Arbeit, ganz im Gegensatz zu Herakles, der durch sein tugendhaftes Dulden im Leben nach dem Tode belohnt und in den Olymp eingeführt wird! Meines Erachtens lässt sich bei den auf römischen Sarkophagen und als Wanddekoration in Grabkammern und Columbarien beliebten Mythen nicht immer zwingend eine Verbindung zu Tod und Jenseits herstellen; auch Medea oder Phädra waren auf mythologischen Sarkophagen sehr populär. Wahrscheinlichwollte der Verstorbene in erster Linie seine Bildung und Kultur im Leben, die ihn auch mit recht entlegenen griechischen Personifikationen vertraut sein ließ, betonen.

Das Bestreben, unbedingt Oknos und die Danaiden zu verbinden, führte auch schon zu beinahe skurrilen Resultaten: So argumentierte A.B. Cook, der Esel sei ein phallisches Tier und daher das angemessene Pendant für die Danaiden, da diese mit dem Wasserschöpfen eine Hochzeits-Zeremonie vollführten[11]. Allerdings spricht Pausanias explizit von einer Esel*in* (θήλεια ὄνος), da das Tier ja die Gattin des Oknos symbolisiert, und wenn auch weder Oknos noch die Danaiden mit ihren Ehepartnern das große Los gezogen hatten, so scheint mir dieser Umstand als einziges Tertium Comparationis doch allzu dürftig.

Eine ganz andere Interpretation lieferte in jüngerer Zeit F. Hoffmann[12]: Er postuliert eine ägyptische Herkunft des Motivs, zum einen wegen seiner auffälligen Übereinstimmung mit der demotischen sog. »Zweiten Setne-Erzählung«, in der Setne und sein Sohn Siosiris die Unterwelt besuchen und dort unter den im Totengericht Verurteilten auch solche sehen, die Seile flechten müssen, die hinter ihnen von Eselinnen wieder aufgefressen werden; dem staunenden Vater erklärt sein Sohn Siosiris, dies seien diejenigen, die in ihrem Erdenleben Tag und Nacht für den Lebensunterhalt arbeiteten, während ihre Frauen die Nahrungsmittel hinter ihnen stehlen würden, so dass sie nicht zu essen fänden. Zum anderen sei auch der griechische Historiker Diodor (geb. um 90 v.Chr.) von einem ägyptischen Ursprung des Oknos ausgegangen, denn er berichte (Diod. 1, 97,1–3), dass in einer ägyptischen Stadt der Mythos des Oknos an einem Fest aufgeführt werde, indem ein Mann ein Seil flechte, während viele andere es am anderen Ende wieder auflösten. Aus Diodors den Abschnitt einleitenden Worten, vieles von

11 *A.B. Cook*, Animal Worship in the Mycenean Age, JHS 14 (1894) 96–98. Vgl. dazu schon *H. Hitzig / H. Blümner*, Des Pausanias Beschreibung von Griechenland, mit kritischem Apparat und erklärenden Anmerkungen versehen (Bd. III), Leipzig 1919, 786: »Hier ist lauter Unwahrscheinliches und Undenkbares ineinander gemischt«.

12 *F. Hoffmann*, Seilflechter in der Unterwelt, ZPE 100 (1994) 339–346.

dem, was den Griechen nur noch aus mythologischen Erzählungen bekannt sei, würde in Ägypten noch als aktiver Brauch praktiziert (διαμένειν παρ' Αἰγυπτίοις ... καὶ τῆς ἐν τῷ πράττειν ἐνεργείας), lässt sich aber m.E. nur schließen, dass im 1. Jh. v.Chr. in Ägypten Traditionen noch lebendig waren, die in Griechenland inzwischen vergessen waren, und nicht, dass auch deren Ursprung ägyptisch war. Denn noch erheblich problematischer für die »Ursprungsfrage« ist, dass die in der Tat bemerkenswerte demotische Parallele aus der zweiten Hälfte des 1. Jh.s n.Chr. stammt, also etwa fünfhundert Jahre nach dem Polygnot-Gemälde entstanden ist[13]. Der Motiv-Transfer könnte also auch in umgekehrter Richtung, von Griechenland nach Ägypten, erfolgt sein! Hoffman glaubt denn auch, das eigentliche Vorbild für den griechischen Oknos in der 6. Stunde der 36. Szene des Pfortenbuches, eines der ägyptischen Unterweltsbücher aus der 18. Dynastie (Mitte 14. Jh. v.Chr.) zu finden, wo der Gott Aqen dargestellt ist, aus dessen Mund ein Seil, aus dem die Stunden hervorgehen, gezogen wird; nach Ablauf einer Stunde wird das entsprechende Seilstück von Aqen wieder verschlungen; dieses Seilstück repräsentiere die aktuelle Schöpfung, die zwischen den ewig gegeneinander gerichteten Kräften des Schaffens und Zerstörens dahineile. Genauso habe auch Plutarch, De tranquillitate animi 14 p. 473C das Seil des Oknos verstanden, und genauso müssten die Büßer auf Erde ununterbrochen für den Lebensunterhalt arbeiten, den ihre verschwenderischen Frauen ständig aufzehrten[14]. Dagegen muss eingewendet werden, dass Plutarch weder den Namen Oknos nennt, noch von einem Büßer oder dessen Ehefrau die Rede ist. Das von Plutarch beschriebene Bild des Seilflechters stimmt mit den bildlichen Darstellungen des Oknos zwar überein, wurde aber offensichtlich mit einer anderen Intention verwendet,

13 Sie ist also sogar noch später als die erste erhaltene römischen Darstellung (*Felten*, Oknos Nr. 7; dazu s.u. 209) und vielleicht etwa gleichzeitig mit dem Stuckrelief aus dem Grab des Pomponius Hylas in Rom (*Felten*, Oknos Nr. 9 mit Abb. S. 32).

14 *Hoffmann*, Seilflechter, 342f. Ägyptischen Ursprung der Figur postulierte auch schon *J.J. Bachofen*, Oknos der Seilflechter. Ein Grabbild, in: *ders.*, Versuch über die Gräbersymbolik der Alten, Basel 1859, 301–421; er sieht in Oknos ein ägyptisches Natursymbol der »flechtenden, webenden, spinnenden Naturmütter« (sic; ebd. 315), dem der Esel, der aufgrund seiner phallischen Natur mit der Idee der Naturzeugung verbunden sei, als zerstörendes Naturprinzip zugesellt worden sei; zudem sei die Wahl des Esels durch den Eselskult in Ägypten bestimmt (ebd. 373–392). *Höfer*, Oknos, 827 nennt Bachofens Abhandlung zu Recht »phantastisch-mystisch«, ähnlich *Hitzig/Blümner*, Des Pausanias Beschreibung 786: »nichts Brauchbares«. Abgesehen von der Geschlechtsumwandlung, der Bachofen sowohl Oknos wie die Eselin unterzieht, setzt er die zu beweisende ägyptische Herkunft auch schon von Anfang an voraus.

weshalb er doch wohl auch namenlos bleibt (wie auch der alte Mann bei Apul. met. 6,18,4, wo auch eine andere Version des Oknos-Motivs bewahrt ist, s.o. 187f mit Anm. 8).

Die Szene in dem Totenbuch kann in keiner Weise mit der sowohl bei Pausanias wie auch in dem demotischen Text überlieferten Erklärung für die Tätigkeit des Seilflechters in Zusammenhang gebracht werden; auch Hoffmann bietet keine Deutung, wofür Oknos bzw. die Seilflechter des demotischen Texts denn auf ewig in der Unterwelt büßen. Hoffmann vermutet sogar, der Name Ὄκνος sei direkt von demjenigen des ägyptischen Gottes Aqen (*ʾqn*) übernommen, da ja »Zauderer« keinen Sinn ergebe[15]. Der Name ergibt aber nur dann keinen Sinn, wenn man bereits voraussetzt, dass Oknos eine ägyptische Gottheit und die überlieferte antike griechische Interpretation nicht zu beachten sei.

Wie und wo die Übernahme aus dem Ägyptischen stattgefunden haben soll, erläutert Hoffmann nicht. Es ist kaum vorstellbar, dass im 14. Jh. v.Chr. der Inhalt ägyptischer Totenbücher nach Griechenland gelangt sein könnte; seltene »Ägyptiaca« wie Fayenceperlen und -statuetten in griechischen Gräbern und Heiligtümern bezeugen, dass es zwar bereits Kontakte gab, diese aber nur ephemer waren; und gerade frühe mythologische Quellen wie Homer und Hesiod, die durchaus orientalische Elemente aufnahmen, kennen Oknos nicht. Griechische Söldner sind erst seit kurz vor der Mitte des 7. Jh.s v.Chr. in Ägypten bezeugt; seit 625 v.Chr. belegen archäologische Funde griechische Präsenz in Naukratis[16]. Aber noch in klassischer Zeit stießen ägyptische religiöse Vorstellungen und Traditionen auf völliges Unverständnis des durchschnittlichen Atheners und waren beliebter Gegenstand des Komödienspottes[17].

Aber selbst wenn eine ägyptische Herkunft des Oknos nicht völlig ausgeschlossen werden kann, so hätte doch das Motiv nach seiner Übernahme in Griechenland dort auch eine *interpretatio Graeca* bekommen (vor allem und gerade im Hinblick auf den Namen!) und wäre nicht als unverstandener, erratischer Block in der Komposition des bedeutendsten Malers klassischer Zeit stehen

15 *Hoffmann*, Seilflechter, 346.

16 *A. Möller*, Naukratis, DNP 8, 2000, 747–749; allgemein s. *G.Vittmann*, Ägypten und die Fremden im ersten vorchristlichen Jahrtausend, Mainz 2003, 194–235; zumindest die Anführer der Söldner konnten lesen und schreiben, wie die Graffiti etwa aus Abu Simbel bezeugen (ebd. 197–202), aber ob sie wirklich Zugang zur ägyptischen Kultur hatten?

17 *B. Bäbler*, Fleißige Thrakerinnen und wehrhafte Skythen. Nichtgriechen im klassischen Athen und ihre archäologische Hinterlassenschaft, Stuttgart/Leipzig 1998, 69–71.

geblieben. Zudem muss auch Hoffmann Pausanias' Erklärung ohne weitere Begründung als die Erfindung eins ratlosen Besuchers abtun, der ein nicht mehr verstandenes Motiv deuten wollte. Sollten wir nicht eher annehmen, dass Pausanias doch noch zweitausend Jahre näher als wir an der Entstehung des Gemäldes war und Zugriff auf Quellen und Überlieferungen vor Ort hatte, die uns nicht mehr zur Verfügung stehen?

Eine der originellsten Deutungen der Figur, die ganz ohne die gewaltsame Zusammenstellung mit den »Uneingeweihten« und den ebenso wenig überzeugenden ägyptischen Ursprung auskommt, lieferte übrigens Goethe, den Oknos offensichtlich faszinierte[18]:

> Die Alten scheinen, und zwar mit Recht, ein fruchtloses Bemühen als die größte Pein betrachtet zu haben. [...] Was nun dort, als Strafe gewaltsamer Titanen und sonstiger Schuldigen, gedacht wird, ist hier durch Oknos und seine Eselin als ein Schicksal, ein Zustand, auf das naivste dargestellt. Er flicht eben von Natur, wie sie von Natur frisst; er könnte lieber aufhören, zu flechten; aber was alsdann sonst beginnen? Er flicht lieber, um zu flechten, und das Schilf, das sich auch ungeflochten hätte verzehren lassen, wird nun geflochten gespeist. Vielleicht schmeckt es so, vielleicht nährt es besser? Dieser Oknos, könnte man sagen, hat auf diese Weise doch eine Art von Unterhaltung mit seiner Eselin!

Nimmt dies nicht schon beinahe Camus' berühmte Interpretation des Sisyphos-Mythos vorweg, wonach die endlos wiederholte sinnlose Arbeit dem Büßer eine Art Erfüllung und Befriedigung vermittelt, die Buße selbst ein τέλος darstellt, weil eben dieser Fleiß und diese Anstrengung als Selbstzweck dem menschlichen Leben entspricht?

> Toute la joie silencieuse de Sisyphe est là. Son destin lui appartient. Son rocher est sa chose. [...] Il n'y a pas de soleil sans ombre, et il faut connaître la nuit. L'homme absurde dit oui et son effort n'aura plus de cesse[19].

Goethe ließ aber auch Pausanias' Erklärung nicht außer Acht:

18 *J.W. v. Goethe*, Polygnots Gemälde in Delphi (Münchner Ausgabe, Bd. 6,2), München 2006, 508–537, hier v.a. 532. Es handelt sich um eine zuerst in der Jenaer Literaturzeitung 1804 erschienene Besprechung der 12 Zeichnungen »nach Polygnot«, die die Brüder Franz und Georg Riepenhausen aus Göttingen 1803 als Beitrag zu den von den Weimarischen Kunstfreunden jährlich ausgeschriebenen Preisaufgaben eingesandt hatten; dazu *Scheibler*, Griechische Malerei 51f.; *Robert*, Nekyia, 34.

19 *A. Camus*, Le mythe de Sisyphe, Paris 1942, 167.

> Doch, indem wir unsern Lesern die weitere Entwicklung dieses profunden Symbols überlassen, bemerken wir nur, dass der Grieche, der gleich ins Leben zurücksah, darin den Zustand eines fleißigen Mannes, dem eine verschwenderische Frau zugesellt ist, zu finden glaubte.

In der Tat scheint mir der Schlüssel zur Deutung gerade im sprechenden Namen der Figur zu liegen: Die (wenn auch spärlichen) antiken Zeugnisse belegen, dass Oknos schon im 5. Jh. v.Chr. in Griechenland nahezu sprichwörtlich war und als »running gag« auf der Komödienbühne verwendet werden konnte, so etwa bei dem seit den späteren 450er Jahren seine Stücke aufführenden Kratinos (fr. 367 K.-A.). Aristophanes lässt in den *Fröschen* (185f.) Charon den in die Unterwelt Eintretenden sarkastisch »Oknos' Seilfabrik«[20] als einen der Ruheplätze von Übeln und Mühsal anpreisen.

Pollux IV 142 führt Oknos in seiner Aufzählung[21] aller auf der Bühne vorkommenden Typen unter den »speziellen Masken« (ἔκσευα πρόσωπα) an und fügt hinzu, dass es sich dabei sowohl um eine Tragödien- wie auch eine Komödienfigur handle. Wie man sich deren Äußeres vorzustellen hat, wird nicht ausgeführt, die Figur war aber offensichtlich für das zeitgenössische Publikum sofort wiederzuerkennen.

Noch im späten 3. Jh. n.Chr. führt Menander Rhetor (p. 6,23 Russell/Wilson) Oknos als Personifikation des Zögerns an, der von »uns selbst« (also wohl den Adressaten der Abhandlung) verkörpert werden könne[22].

Es kann sich also bei Oknos keinesfalls um ein abstraktes Symbol für Zeit oder einen aus Ägypten eingeführten Zeitgott handeln; als Verkörperung des Zögerns trat er von klassischer Zeit bis in die Spätantike auf der Bühne auf.

Schon Wilamowitz sah Oknos bestraft für »eine moralische Schwäche, den Mangel an Mut, die Scheu, sich zu dem, was er als Pflicht empfindet, zu entschließen«[23]. In der Tat hat er doch of-

20 τίς εἰς Ὄκνου πλοκάς; »Who's for Ocnus' rope factory?« Aristophanes. Frogs, ed. with translation and notes by *A.H. Sommerstein*, Warminster 1996, 52f.: zu den textkritischen Problemen der Stelle s. ebd. 173 und Crat. fr. 367 K.-A. (PCG IV S. 301).

21 Pollucis' Onomasticon, ed. *E. Bethe*, (Bd. I) Leipzig 1930, 243; das lexikographische Werk stammt aus der 2. Hälfte des 2. Jahrhunderts n.Chr., verwertet aber verschiedene frühere Quellen, s. *R. Tosi*, Iulius [IV 17], DNP 6, 1999, 51–53.

22 Menader rhetor, ed. with transl. and commentary by *D.A. Russell / N. Wilson* (Oxford 1981).

23 *Wilamowitz*, Glaube der Hellenen 183; seine darüberhinausgehende Deutung teile ich nicht (s.o.), frage mich aber, ob aus der Formulierung, Oknos erleide die gleiche Strafe »*wie sie* [Kursivierung B.B.] die Büßer und die Uneingeweihten erdulden« zwingend darauf geschlossen werden muss, dass Wilamowitz auch Oknos unter die Uneingeweihten zählt, wie es Merkelbach tut.

fensichtlich gezögert und gezaudert, das einzig Richtige zu tun, nämlich die Ehefrau wegzuschicken, die das genaue Gegenteil dessen war, was eine anständige griechische Gattin zu sein hatte: Auf ihre auch ökonomisch wichtige Rolle im Haushalt wurde ein junges Mädchen in Griechenland von Kindheit an vorbereitet. Da der Oikos eine nahezu autarke Wirtschaftseinheit war, in dem die meisten Artikel des täglichen Gebrauchs selbst hergestellt wurden, kam der der Ehefrau obliegenden Zubereitung, Haltbarmachung und Vorratshaltung der auf den Feldern erwirtschafteten Produkte und der Herstellung von Textilien eine fundamentale Bedeutung für das Funktionieren des Haushalts zu[24]. Sie war dafür verantwortlich, dass die Vorräte nicht zu schnell verbraucht sind, und sie selbst hatte beim Essen zurückhaltend zu sein[25].

Die Gattin des Oknos dagegen ist geradezu die Verkörperung des in der frühen griechischen Dichtung so eloquent beschriebenen faulen, nutzlosen Geschöpfs, das die vom Mann in harter Arbeit erwirtschafteten Feldfrüchte verschwendet. Bezeichnenderweise wird diese Sorte Frau von Semonides (geb. um 700 v.Chr.) in seinem berühmt-berüchtigten »Weiberiambos« durch den Esel symbolisiert:

> Und eine nach dem grauen Esel, störrisch-stur,
> die selbst bei Zwang und Schelte nur mit Müh und Not
> sich schließlich anbequemt und Arbeit tut,
> die annehmbar. Bis dahin schlingt sie! im Reduit
> den ganzen Tag, die ganze Nacht, sie schlingt am Herd ...[26]

Man muss also nicht in Ägypten nach Vorbildern suchen; für die Darstellung einer Frau, die ununterbrochen aufzehrt, was der

24 *T.S. Scheer*, Griechische Geschlechtergeschichte, München 2011, 21–29; *B. Wagner-Hasel*, Arbeit und Kommunikation, in: *T. Späth / dies.* (Hg.), Frauenwelten in der Antike. Geschlechterordnung und weibliche Lebenspraxis, Stuttgart/Weimar 2006, 311–335.

25 Xen. Oec. VII 36: »[...] was aber übrig bleiben muss, hast du vorher zu bedenken und (anschließend) darüber zu wachen, dass nicht der für das ganze Jahr eingelagerte Vorrat innerhalb eines Monats vertan wird. Auch musst du dafür sorgen, dass dann, wenn Wolle eingebracht wird, all diejenigen Kleider erhalten, die sie nötig haben; [...]«. *K. Meyer*, Xenophons »Oikonomikos«. Übersetzung und Kommentar, Marburg 1975, 35. Selbstdisziplin (σωφροσύνη) in den Dingen, »die den Magen angehen«, wird Oec. VII 6 als eine für Frau und Mann elementare Tugend bezeichnet. S. dazu *S.B. Pomeroy*, Xenophon, *Oeconomicus*. A Social and Historical Commentary, Oxford 1994, 281f.; allgemein *J.K. Anderson*, Xenophon, London 1974, 172–182.

26 Sem. 7 (West), 43–47; *H. Görgemanns* (Hg.), Die Griechische Literatur in Text und Darstellung, Bd. 1: Archaische Periode, hg. von *J. Latacz*, Stuttgart 1991, 280f. Vgl. *Pomeroy*, Xenophon, *Oeconomicus*, 271.

Mann produziert (ἐσθίει μὲν ἐν μυχῷ / προνὺξ προῆμαρ, ἐσθίει δ' ἐπ' ἐσχάρῃ) als Eselin, brauchte sich Polygnot nur an den geläufigen Spott zu halten. Auch für Hesiod (ebenfalls frühes 7. Jh. v.Chr.) gab es kein »schlimmeres [Weib] als eine arge, / essbegierige«, und er warnt düster, »Wer dem Weibe vertraut, vertraut auch Betrügern und Dieben«[27]. Da solche Zustände in einem Oikos auch die Polis destabilisieren und letztlich die ganze Ordnung der Welt auf den Kopf stellen, ist Oknos' Zögern, sich dieser Dame schleunigst zu entledigen, tatsächlich ein Frevel. Bemerkenswert ist das Bild, mit dem Xenophon Ischomachos seiner jungen Gattin antworten lässt, die bescheiden einwendet, ihre Verantwortung und Aufsicht über die Dinge im Haus und die ganze Verteilung wäre doch ziemlich lächerlich, wenn er nicht dafür sorgte, dass von außen etwas eingebracht würde: »Lächerlich wiederum dürfte mein Einbringen erscheinen, wenn niemand da wäre, der das Eingebrachte verwahrte. Siehst du nicht, wie die beklagt werden, die nach der Sage [Wasser] in das durchlöcherte Fass schöpfen, weil sie umsonst sich abzumühen scheinen?[28]« Das Schreckensbild der durch die verschwenderische Ehefrau verursachten sinnlosen Endlos-Arbeit wird hier durch die so oft mit Oknos zusammen dargestellten Wasserträger symbolisiert, die hier, wie in Polygnots Nekyia und auf den frühen Vasenbildern, noch nicht als Danaiden spezifiziert sind und offensichtlich auch männlich sein können.

Es war die Aufgabe des Mannes, die Gattin gleich zu Beginn der Ehe nach seinen Bedürfnissen zu formen und zu erziehen – auch dies hat Oknos offensichtlich versäumt, vermutlich von vornherein entmutigt angesichts einer Gattin mit dem notorisch störrischen Temperament eines Esels[29].

In Polygnots Nekyia, die das Vorbild für die späteren Oknos-Darstellungen lieferte[30], werden also nicht nur die großen mytho-

27 Hes., Op. 703f. 375; Hesiod. Sämtliche Werke. Deutsch von *Th. von Scheffer*, hg. von. *E.G. Schmidt*, Leipzig ²1965, 84. 68.

28 Xen. Oec. VII 40; Übersetzung nach *Meyer*, Xenophons »Oikonomikos«, 36; s. dazu *Pomeroy*, Xenophon, *Oeconomicus*, 283f.

29 Xen. Oec. VII 5; vgl. schon Hes., Op. 699: »Freie nur eine Jungfrau, sie rechtliche Sitten zu lehren« (Hesiod. Deutsch von *Th. von Scheffer*, 84). Der Esel war noch verachteter als das Maultier, s. *O. Keller*, Die antike Tierwelt (Bd. I), Leipzig 1909, Ndr. Darmstadt 1963, 264–270.

30 Das etwa hundert Jahre später entstandene Oknos-Gemälde des Nikophanes (*Felten*, Oknos, 33 Nr. 3) ist nur aus der Erwähnung bei Plin. Nat. 35, 137 bekannt und folgte offenbar ganz dem von Polygnot etablierten Schema. Plinius spricht von dem »Faulenzer, der Oknos genannt wird (*piger, qui appellatur Ocnos*)«, was zwar der Sache nicht wirklich entspricht, aber die negative Wahrnehmung des Oknos deutlich macht, dessen Verhalten offensichtlich mehr Tadel als Mitleid hervorrief.

logischen Frevler bestraft, sondern auch gewöhnliche Sterbliche, was das Gemälde von der Nekyia der Odyssee unterscheidet. Womöglich baute Polygnot im Hinblick auf das breite Publikum aus allen Bevölkerungsschichten, das zum Heiligtum von Delphi kam, bewusst auch volkstümliche Fabeln in sein Gemälde ein[31].

Warum aber ist das Verpassen einer Gelegenheit so dramatisch? In unserer Zeit ist es geradezu eine gesellschaftliche Anforderung, positiv denkend eine versäumte Gelegenheit als große Chance umzudeuten und daraus zu lernen, bei den nächsten Gelegenheiten, die sich natürlich bieten würden, nicht mehr zu zaudern. Der Gedanke an eine ewige Strafe für die höchst menschliche Schwäche, zu zögern und sich vor einer unangenehmen Entscheidung zu drücken, schiene uns wohl eher absurd.

2. Kairos

»Zeit« war für die Griechen kaum zu fassen, zu definieren, und jedenfalls nicht darzustellen (s. dazu u. 202), wohl aber der Moment, die geronnene Zeit, die konkrete Manifestation eines unfasslich Abstrakten. Die richtige Gelegenheit, der Moment, den man ergreifen musste, erschien ihnen so bedeutend, dass es einer der berühmtesten spätklassischen Bildhauer unternahm, eine gültige Ikonographie davon zu liefern, nämlich der aus der Stadt Sikyon am korinthischen Golf stammende Lysipp, von dem über fünfzig Werke überliefert sind und dessen Schaffenszeit sich von ca. 372 bis 306 v.Chr. erstreckt haben soll. Lysipp galt als Neuerer und Vorläufer des Hellenismus, dessen Figuren eine vorher nicht gekannte Lebensnähe erreichten; er war auch der Porträtist Alexanders d.Gr. Es gibt zu keinem anderen antiken Bildhauer eine so reiche Überlieferung, doch ist deren Zuverlässigkeit oft zweifelhaft[32].

31 Dazu auch *M. Robertson*, A History of Greek Art, Cambridge 1975, 270. Zu Polygnots Quellen s. *Robert*, Nekyia 78–84; auch für die »Uneingeweihten« lässt sich keine poetische Quelle nachweisen, und neben den nachweislich benutzten Epen (Ilias, Odyssee, Aithiopis, Minyas, Kyprien) nimmt *Robert* ebd. 80 als Inspiration für die noch übrigen Figuren »Beziehungen persönlicher und lokaler Art [...], Beziehungen auf Delphi, auf die knidischen Stifter, auf den Maler selbst« an. *E. Rohde*, Psyche. Seelencult und Unsterblichkeitsglaube der Griechen, Leipzig/Tübingen ^{2}1898, Ndr. Darmstadt 1961 (Bd. I), 316f. sieht in Oknos eine Parodie auf die homerischen Gestalten des Sisyphos und des Tantalos, ein »kleinbürgerliches Gegenstück zu jener homerischen Aristokratie der Götterfeinde«; dieser »harmlos sinnreiche Witz im Hades« beweise, »wie weit man [damals] von schwerem theologischen Ernst entfernt war«, aber das scheint mir zu modern gedacht.

32 Dazu *B. Bäbler / H.-G. Nesselrath*, Ars et Verba. Die Kunstbeschreibungen des Kallistratos, München/Leipzig 2006, 74 Anm. 10 (mit der früheren Lit.).

Die Bronzestatue des lysippischen Kairos[33] ist nicht erhalten; sie wurde jedoch vielfach in der antiken Literatur erwähnt, unter anderem in einem Epigramm des Poseidippos aus Pella (AP 16, 275). In der Spätantike gelangte sie nach Konstantinopel in den Palast des Lausos, der um 420 n.Chr. *praepositus sacri cubiculi* war und Kunstwerke aus aller Welt sammelte; dort wurde sie von Kallistratos noch gesehen und genau beschrieben, bevor der Palast nach dem Tod seines Besitzers 475 n.Chr. einem großen Brand zum Opfer fiel.

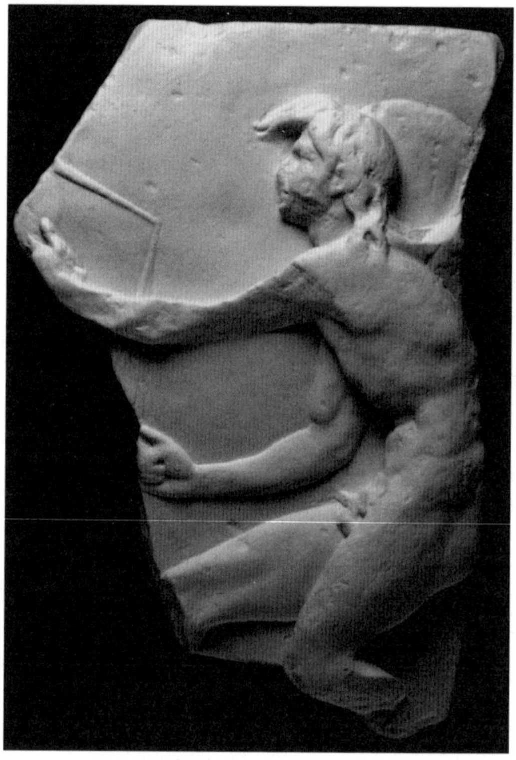

Abb. 2a: Kairos, Relief aus Trogir. Foto Stephan Eckhardt (Archäologisches Institut Göttingen)

Nähme man alle teilweise vagen Andeutungen in der antiken Literatur (nach Plin. Nat. 34, 37 soll er 1500 Bronzen geschaffen haben) und stilistischen Zuschreibungen von Werken für gesicherte Fakten, so käme man auf etwa 30 Orte, an denen Lysipp gewirkt hätte, von denen aber viele bei näherem Hinsehen einfach von Alexanders Weg abgeleitet sind.

33 Zum Kairos des Lysipp, seiner archäologischen und literarischen Überlieferung und den weitreichenden philosophischen Spekulationen, die das Werk ausgelöst hat, s. ausführlich: *Bäbler/Nesselrath*, Ars 1–5.67–78.

Neben der literarischen Überlieferung gibt es Darstellungen auf mehreren Gemmen und vor allem zwei Reliefs, ein relativ vollständig erhaltenes aus trajanisch-hadrianischer Zeit aus Turin und ein etwas fragmentarisches, aber in der feinen plastischen Modellierung erheblich qualitätvoller gearbeitetes aus dem dalmatinischen Trogir aus dem 1. Jh. v.Chr. (Abb. 2a). Aus diesen Quellen kann das Original rekonstruiert werden (Abb. 2b):

Abb. 2b: Kairos, Rekonstruktion der Lysippischen Statue (aus: *Moreno*, Kairos, Abb. 1)

Ein nackter Knabe läuft mit stark angewinkelten Beinen nach links; er setzt das rechte Bein nach vorne, während das linke das Körpergewicht trägt, aber dennoch nur mit den Zehenspitzen aufgesetzt ist. Aus beiden Fußknöcheln wachsen Flügel, ein weiteres Flügelpaar wächst aus dem Rücken. Der Oberkörper ist vorgebeugt; auf den Fingerspitzen der vorgestreckten linken Hand balanciert er ein halbkreisförmiges Rasiermesser, auf dessen Schneide wiederum der Balken einer Waage liegt. Der Zeigfinger der rechten Hand drückt die eine Waagschale nach unten; der Daumen liegt auf den angewinkelten Mittel- und Ringfingern, während der kleine Finger wiederum ausgestreckt ist, was vielleicht eine Geste der Abwehr des Bösen Blicks bedeutet. Der Jüngling ist bartlos. Ein dichter Haarschopf hängt über der Stirn nach vorne, ganz gegen die Laufrichtung, zwei auf die Schultern fallende Locken fassen das Ohr ein, während der Hinterkopf auf dem Turiner Relief ganz kahl ist, auf demjenigen aus Trogir aber von eng anliegenden Haarsträhnen bedeckt, was sowohl der Beschreibung des Kallistratos (§ 2) entspricht als auch zur Nachricht des Plinius (Nat. 34, 65) passt, wonach Lysipp besonderen Wert auf die Gestaltung der Haare gelegt habe.

Das Bildnis des Kairos war also mit Attributen geradezu überladen, um alle Aspekte des richtigen Augenblicks, der guten Gelegenheit, deutlich zu machen: Ein Jugendlicher im Vollbesitz seiner Kräfte, der im höchsten Tempo rennt, oder vielmehr fliegt, wie nicht nur ein, sondern sogar zwei Paar Flügel zeigen; es steht auf Messers Schneide, ob sich die Waage zur richtigen Seite hin neigt, und vor allem muss man die Gelegenheit beim Schopfe packen.

Byzantinische Quellen überliefern bisweilen nicht alle Attribute oder fügen andere hinzu, etwa unter den Füßen zusätzlich eine Kugel oder je ein Rädchen bzw. ein gewöhnliches Messer anstelle der Rasierklinge mit Waage, was sich aber damit erklären lässt, dass die Autoren die Statue entweder nicht mehr selbst sehen konnten oder sie mit neu hinzugefügten bzw. ohne die inzwischen verloren gegangenen Zutaten sahen. Zudem liegt es geradezu im Wesen des Kairos selbst, wandlungsfähig und schwer fassbar zu sein, so dass er später auch mit anderen Personifikationen austauschbar werden konnte (dazu s.u.). So war es auch für die Rezeption in Rom und in der lateinischen Literatur kein Problem, dass Kairos als *Occasio* kurzerhand verweiblicht werden musste.

Die Personifikation des guten Augenblicks ist aber keine Erfindung der spätklassischen oder hellenistischen Epoche. Der erste Beleg dafür ist ein Hymnos des Ion von Chios (ca. 480–421 v.Chr.), in dem Kairos der jüngste Sohn des Zeus genannt wird (PMG 742); dieses Fragment ist bei Paus. 5, 14,9 überliefert, der in diesem Zusammenhang berichtet, Kairos habe in Olympia in der Nähe des Eingangs zum Stadion einen Altar gehabt. Der Ort ist besonders passend, da bei sportlichen Wettkämpfen Kairos oft die entscheidende Rolle spielt. Es gab also bereits Mitte 5. Jh. v.Chr. einen Kult des Kairos, zur selben Zeit, in der Polygnot auch den Oknos unsterblich machte. H. Hitzig und H. Blümner vermuten in ihrem Kommentar zu der Pausanias-Stelle sogar, Ion hätte seinen Hymnos vielleicht aus Anlass der Einsetzung des Kairos-Kultes in Olympia gedichtet. In der archäologischen Forschung wurde mehrfach versucht, überlieferte, aber noch keinem konkreten Kultbild zugeschriebene Statuentypen mit einer Kairos-Statue, womöglich des Polyklet, in Olympia zu verbinden; diese Zuweisungen bleiben aber Spekulation[34]. Ein sehr interessantes Zeugnis wurde in den

34 *Hitzig/Blümner*, Des Pausanias Beschreibung (Bd. II 1). Leipzig 1901, 369f.; *Moreno*, Kairos, 924f. Nr. 18; *Bäbler/Nesselrath*, Ars, 76; *F. Pordomingo*, L'Épi-

20er Jahren des letzten Jahrhunderts in einem kleinen Heiligtum an der Stadtmauer der lukanischen Hafenstadt Velia (griech. Elea), einer phokäischen Kolonie, gefunden: Ein rechteckiger kleiner, zusammen mit drei weiteren gefundener Cippus mit der Inschrift »dem olympischen Kairos«; die Form der Buchstaben datieren das Steinmal etwa in die Mitte des 5. Jh.s v.Chr. M. Guarducci, die das Monument zuerst publizierte, hielt es für einen Beleg, dass schon zu dieser Zeit Kairos mit Olympia verbunden war bzw. der dort praktizierte Kult des Gottes weitherum bekannt war[35]. Sie erfuhr mehrfach Widerspruch von G. Pugliese Carratelli, der kategorisch bestritt, dass »olympios« als lokales Adjektiv verwendet werden könne; das Attribut bedeute vielmehr, dass Kairos Anteil an der Göttlichkeit der Olympier habe[36]. Allerdings wäre der bescheidene Cippus das einzige bis heute überhaupt bekannte Zeugnis für eine Aufnahme des Kairos unter die Olympier, deren Zusammensetzung seit frühster Zeit fest bestimmt war, so dass Guarduccis Interpretation plausibler erscheint. Zudem ist der schmucklose, kleine Cippus, dessen Oberfläche kaum bearbeitet ist, ein so bescheidenes Denkmal, dass es sich m.E. um eine private Weihung handeln muss, als deren Urheber man sich einen aus Velia stammenden Olympiasieger vorstellen könnte.

Ion von Chios, der bei Pausanias erwähnte Altar in Olympia und der kleine Cippus aus Süditalien sind bis jetzt die einzigen Zeugen für einen Kult des Kairos in klassischer Zeit.

Etwa anderthalb Jahrhunderte später nannte der Komödiendichter Menander Kairos einen Gott, wofür er in einem Epigramm (fr. 512 K.-A. = AP 10, 52,1) gelobt wird[37].

Es ist aber sehr bezeichnend, dass die gültige Darstellung erst in der Zeit Alexanders d.Gr. geschaffen wurde, der die richtigen Gelegenheiten in geradezu genialer Weise zu ergreifen wusste. Die Statue des Lysipp hatte keine Vorläufer und zeigt ein ganz neues Götterbild, das nicht mehr von mythologischen Vorstellungen, sondern rationalen Überlegungen geprägt ist, vergleichbar etwa der etwas später geschaffenen Tyche (dazu s.u.). Konzeptionen wie Zu-

gramme de Posidippe sur la statue de *Kairos*, AP XVI (Plan.) 275: Image, Texte, Réalité, Philologus 156 (2012) 17–33, bes. 28–31.

35 *M. Guarducci*, Divinità fauste nell'antica Velia, PP 21 (1966) 279–292, bes. 287–292. Die Inschrift lautet ΟΛΥΜΠΙΟ ΚΑΙΡΟ.

36 *G. Pugliese Carratelli*, ΟΛΥΜΠΙΟΣ ΚΑΙΡΟΣ, PP 25 (1970) 248f.; *ders.*, ΟΛΥΜΠΙΟΣ ΚΑΙΡΟΣ ed ΗΡΗ ΘΕΛΞΙΝΗ, PP 31 (1976) 467f.

37 AP 10, 52,1 (ed. Beckby Bd. III, 1958 S. 502f.): »Trefflich, trefflich, Menandros, du Jünger der Musen und Grazien, / hast du den rechten Moment für eine Gottheit erklärt. / Oft hat der Zufall viel besser als langes und wohlüberlegtes / Denken im rechten Moment etwas von selber entdeckt«.

fall, Schicksal, gute Gelegenheit waren in hellenistischer Zeit, in der sich die Menschen oft in kürzester Zeit enormen kulturellen Umwälzungen ausgesetzt sahen, leichter zu erfassen als die weit entfernten Olympier. Diese Personifikationen, deren Darstellung in der hellenistischen Epoche so beliebt wurde, hatten zudem den großen Vorteil, dass sie »international« waren und ohne weiteres verschiedenen Religionen und Kulturen angepasst werden konnten. Dies trug mit Sicherheit auch zu ihrer fortdauernden Beliebtheit in Byzanz, in der Renaissance und der frühen Neuzeit bei[38].

3. Chronos

Aber gab es in der Antike eine konkrete bildliche Vorstellung von Zeit? Man müsste doch annehmen, dass wir es hier mit einer urtümlichen und geradezu allmächtigen Gottheit zu tun haben, die entsprechend verehrt wurde. Aber Chronos war kein Kultgott[39], er gehörte nicht zum olympischen Pantheon und wird auch in Hesiods Theogonie nicht erwähnt. Es gibt nur wenige literarische Zeugnisse, die Chronos als Personifikation der Zeit nennen. Wenn er mit einem Attribut versehen wird, dann erscheint er als »alt« (Ps.-Lukian, Am. 12), »altersgrau« (πολιός: AP 4, 499, 1); »ein eisgrauer Handwerker ist die Zeit« (πολιὸς τεχνίτης ἐστὶν ὁ χρόνος) sagt der Komödiendichter Diphilos (fr. 84 K.-A.), ein Zeitgenosse des Menander (2. Hälfte 4. Jh. v.Chr.). Schon bei Pindar (Ol. 2, 19) heißt Chronos »der Vater von allem« (χρόνος ὁ πάντων πατήρ)[40]. Solche Äußerungen deuten auf die Vorstellung einer ehrwürdigen Vatergottheit, ikonographisch Vater Zeus nicht unähnlich.

Detaillierte Beschreibungen gibt es aber nur in den orphischen Theo- und Kosmogonien, in denen Chronos eine wichtige Rolle spielt und anstelle des hesiodeischen Chaos als Vater des Eros erscheint[41]. In der hellenistischen Theogonie von Hieronymos und Hellanikos (Orph. Fr. 54) wird ein Gott von monströsem Aussehen geschildert, der die Gestalt einer Schlange mit einem Löwen- und einem Stierkopf sowie zwischen diesen dem Gesicht eines Gottes hatte und dessen Schultern Flügel entsprangen; er wird als »alterslose Zeit« (Χρόνος ἀγήραος) bezeichnet. Diese Vorstellungen sind

38 *Bäbler/Nesselrath*, Ars, 76f.

39 *M.B. Galán*, Chronos, LIMC 3,1, Zürich/München 1986, 278.

40 *F. Graf*, Chronos, DNP 2, 1997, 1174f. *W.H. Roscher*, Chronos, in: ebd., Ausführliches Lexikon der griechischen und römischen Mythologie I 1, Leipzig 1884–1886, 899f.

41 Orph. Fr. 37; *Graf*, Chronos, 1174. Die Texte sind zusammengestellt bei *O. Kern*, Orphicorum fragmenta Berlin ^{2}1963.

offensichtlich orientalischer, vor allem iranischer Herkunft; im Zoroastrismus spielte Zurvân akrana, die »unendliche Zeit«, eine wichtige Rolle[42].

Die Beschreibung macht aber sogleich verständlich, warum Chronos für die Griechen kaum darstellbar war. Ein solches Monster muss griechischer Kunst, griechischen Vorstellungen zutiefst zuwider gewesen sein; Tiere zu verehren, schien den Griechen grundsätzlich suspekt. Eine derartige Gottheit konnte in das – durchaus offene und aufnahmefähige – griechische Pantheon erst nach der notwendigen Anthropomorphisierung eintreten: Der widdergestaltige ägyptische Gott Amun, dessen Orakel in der Oase Siwa auch die Griechen verehrten, musste sich zum Zeus Ammon wandeln, eine majestätische, bärtige, in einen Mantel gehüllte und ikonographisch dem olympischen Zeus angeglichene Vatergottheit, dessen Fremdheit nur noch durch dezente Widderhörner in den Locken angedeutet wurde[43].

Insofern könnte man aber auch erwarten, dass den Griechen etwas zur »Einbürgerung« des Chronos eingefallen wäre. Die spätklassische und insbesondere die hellenistische Epoche liebten Personifikationen und schufen Gottheiten aus Konzepten, die früher Abstrakta gewesen waren: Im zweiten Viertel des 4. Jh.s v.Chr. – entweder nach einem Frieden zwischen Athen und Sparta 371 v.Chr. oder nach der Schlacht von Mantineia 362/1 v.Chr. – wurde in Athen der Kult des »Friedens« eingeführt. Zu diesem Anlass schuf der berühmte Bildhauer Kephisodot eine Statue der Eirene[44], eine aufrecht stehende, matronale Erscheinung in gegürtetem Peplos und über den Rücken fallendem Mantel, die den Kopf liebevoll zu dem Kind neigt, das sie auf dem linken Arm trägt: den Plutos-Knaben, die Personifikation des Reichtums, der als sinnfälliges Attribut ein Füllhorn in der linken Hand hält. In der Zeus-Stoa auf der Athener Agora schuf Mitte des 4. Jh.s Euphranor Wandgemälde, die auf der einen Seite Theseus, auf der anderen die Personifikationen von Demos und Demokratia zeigten (Paus. I 3,2–4). Euty-

42 *Galán*, Chronos, 276; zum iranischen Hintergrund s. *M.L. West*, Early Greek Philosophy and the Orient, Oxford 1971 (repr. 2002) 10–14; *ders.*, The Orphic Poems, Oxford 1983, 1–24.189–193.198–202.

43 Hauptgegenstand athenischen Spottes über die Ägypter war deren Zoolatrie, s. Anaxandrides fr. 40 K.-A.; Timokles fr. 1 K.-A.; Antiphanes fr. 145 K.-A.; *Bäbler*, Fleissige Thrakerinnen 70–73.

44 *R. Lullies*, Griechische Plastik. Von den Anfängen bis zum Beginn der Römischen Kaiserzeit. Aufnahmen von *M.* und *A. Hirmer*, München ^{4}1979, 104 Nr. 195. Eine kaiserzeitliche Kopie der 1,99m großen Statue aus pentelischem Marmor befindet sich in der Münchner Glyptothek (Nr. 219). S. allgemein *A. Bendlin*, Personifikation, DNP 9 (2000) 639–643.

chides, Schüler des Lysippos, schuf 300 v.Chr. zur Gründung der Stadt Antiocheia am Orontes durch Seleukos die Statue der Tyche von Antiochia; sie zeigt eine sitzende, in einen weiten, faltenreichen Mantel gehüllte Göttin mit Mauerkrone und Palmzweigen in der rechten Hand, unter deren Sitz die Personifikation des Flussgottes Orontes in Gestalt eines Mannes mit nacktem Oberkörper und weit ausgebreiteten Armen erscheint[45]. Tyche, das Glück, der Zufall, die »Chance« war eine Schöpfung ganz im Geiste des Hellenismus, man könnte fast sagen, wesensmäßig verwandt mit dem Kairos: Flüchtig und unberechenbar vermag sie in kürzester Zeit einen Soldaten zum General und dann zum Herrscher eines neu entstandenen Reiches zu machen oder ein altes Großreich in Trümmer gehen zu lassen; es kommt darauf an, im richtigen Augenblick zur Stelle zu sein.

Abb. 3a: Archelaos-Relief aus Priene, Gesamtansicht. Foto Stephan Eckhardt (Archäologisches Institut Göttingen)

45 *B. Bäbler*, Archäologie und Chronologie. Eine Einführung, Darmstadt ^{2}2012, 147–149.

In der Tat finden wir in diesem Ambiente auch eine Personifikation des Chronos, in einem einzigartigen, um 130 v.Chr. entstandenen Relief, das im 17. Jh. südlich von Rom bei antiken Bovillae gefunden wurde[46], und das in drei, nach oben schmaler werdenden Registern drei Szenen darstellt, über denen allen der Göttervater Zeus mit Zepter und Adler thront (Abb. 3a). Eine schmale Tafel unterhalb seines Felsensitzes gibt an, dass das Relief ein Werk des Archelaos aus Priene, Sohn des Apollonios, sei. Im untersten Streifen sind vor einer mit einer Art Vorhang bedeckten Säulenreihe fünfzehn durch Inschriften bezeichnete Personen um einen Rundaltar zum Opfer versammelt. Links thront, ikonographisch dem Zeus gleichend, Homer mit Zepter und Buchrolle, neben ihm knien Ilias mit einem Schwert und Odyssee mit einem Schiffsvorderteil in den Händen. Vor dem Fußschemel des Dichters nagen zwei Mäuse, Vertreter der Batrachomyomachie, an einer Buchrolle. Hinter Homer stehen, ihn bekränzend, Oikumene (der Erdkreis), und Chronos (dazu s.u.). Am Altar vollziehen die Priesterin Historia (Geschichte) mit dem Knaben Mythos (Sage) als Diener das Opfer an einem Rind. Das Mädchen Poiesis (Dichtkunst) tritt mit zwei Fackeln in den Händen hinzu, ihr folgen anbetend die Personifikationen von Komödie und Tragödie. Dahinter steht das kleine Mädchen Physis (Naturanlage) vor den vier Frauen Arete (Tugend), Mneme (Gedächtnis), Pistis (Treue) und Sophia (Weisheit). Im zweiten Register steht in einer Grotte Apollon Kitharodos in langem Mantel und mit der Leier in der Hand vor dem Omphalos, dem Nabel der Erde, dem alten Kultmal, das sich in seinem Heiligtum in Delphi befand. Rechts neben der Grotte steht auf einer Basis die Statue eines Mannes im Mantel mit einer Schriftrolle in der Rechten, wahrscheinlich der Stifter des Reliefs; der Dreifuß hinter ihm symbolisiert den Sieg im Dichterwettstreit. Neben und über Apollon im dritten Register sind die neun Musen mit ihren jeweiligen Attributen gruppiert; der felsige Hintergrund stellt den Musenberg dar. Der thronende Zeus über dem dritten Streifen hat sein Haupt zurückgewandt zu Mnemosyne, der Mutter der Musen, die etwas unterhalb rechts von ihm auf einem Felsvorsprung steht. Hier ist also die ganze Welt der Literatur personifiziert.

Der bereits erwähnte, mit Oikumene als Paar gruppierte Chronos (Abb. 3b) steht zur Linken der matronalen Personifikation des Erdkreises, die ihn beinahe verdeckt[47]. Sie ist mit Sandalen, einem

46 Seit 1819 im British Museum in London (Nr. 2191); Höhe 1,15m; Breite an der Unterkante 0,81m. *Lullies*, Griechische Plastik, 138 Nr. 283.

47 Für die eingehende Besprechung aller Einzelelemente und detaillierte Abbildungen s. *D. Pinkwart*, Das Relief des Archelaos von Priene, Antike Plastik IV

hochgegürteten Peplos, einem bis zur Erde reichenden und über den Knoten an ihrem Hinterkopf gelegten Mantel bekleidet und trägt im Haar ein Diadem, auf dem Kopf einen hohen Polos. Chronos hat zwei mächtige, ausgebreitete Flügel; er trägt einen langen Chiton und ein Herrscherdiadem im kurzen Haar; in der erhobenen rechten und der gesenkten linken Hand hält er je eine Buchrolle. Oikumene krönt Homer mit einem bandumwundenen Kranz, während Chronos zum Opferaltar, dem Mittelpunkt der Szene, blickt. Beide Figuren sind größer als die Personen rechts des Altars.

Abb. 3b: Archelaos-Relief aus Priene, Ausschnitt mit Chronos und Oikumene. Foto Stephan Eckhardt (Archäologisches Institut Göttingen)

Während die Flügel der schnell fliegenden Zeit und die herrscherliche Binde unmittelbar verständlich sind, ist die Deutung der Buch-

(1965) 55–65 mit Taf. 28–35. Bemerkenswerterweise kannte Goethe auch dieses antike Kunstwerk und widmete ihm 1827 die Abhandlung »Homers Apotheose« (Münchner Ausgabe 18.2, 234–248); allerdings erkannte er die Gruppe offenbar nicht (»hinter ihm [Homer] Eumelia die ihn bekränzt, Kronos zwei Rollen in den Händen«; zur Verwechslung von Chronos und Kronos s.u.

rollen nicht eindeutig: Auf diesem Relief ist damit höchstwahrscheinlich die Zeitlosigkeit und Dauerhaftigkeit von Homers beiden großen Epen symbolisiert. Auf römischen Öllampen erscheinen aber bisweilen ebenfalls »Zeitgottheiten« (Aevum, Saeculum) mit dem Attribut einer Buchrolle, das dort meist als Schriftstück, das die *arcana saeculi* enthält, gedeutet wird[48]. Überraschend ist auf den ersten Blick das jugendliche Aussehen des Chronos, der ein bartloses, nahezu pausbäckiges Gesicht hat, was im Gegensatz zu den o. angeführten, in der literarischen Überlieferung gelegentlich anzutreffenden Attributen zu stehen scheint. In der Forschung hat sich daher weitgehend die Meinung durchgesetzt, dass es sich bei Chronos und Oikumene um Idealporträts eines hellenistischen Herrscherpaares handelt, doch blieb bis heute umstritten und wird wohl ungeklärt bleiben, wer dargestellt sein könnte[49]. Ich kann mich allerdings einer grundsätzlichen Skepsis nicht erwehren, ob es zwingend geboten ist, in den Figuren reale Herrscher zu sehen: Zum einen sind die Maße der Einzelfiguren so klein, dass keine wirklichen »Porträt«-Züge auszumachen sind, und ein gewisser Wiedererkennungseffekt müsste bei dieser Art Huldigung an ein Königpaar doch gegeben sein. Zum anderen wären zwei historische, reale Zeitgenossen in diesem vollständig allegorischen und nur von Personifikationen der Dichtkunst bevölkerten Ambiente ganz fehl am Platz. Grundsätzlich eignet sich als Symbol der ewig fließenden, unwandelbaren Zeit eine jugendliche Darstellung ebenso gut wie die eines alten Mannes.

Doch diese Darstellung blieb ein Unikat; die von Archelaos von Priene geschaffene Ikonographie des Chronos konnte sich, anders als der Oknos des Polygnot und der Kairos des Lysipp, nicht durchsetzen, und wurde, ebenfalls im Gegensatz zu Oknos und Kairos

48 *Galán*, Chronos, 276–278.

49 *D. Pinkwart*, Das Relief des Archelaos von Priene und die »Musen des Philiskos«, Regensburg 1965, 35–42 geht zehn mögliche Paare durch; am wahrscheinlichsten scheinen ihr (ebd. 77f.) die pergamenischen Herrscher Attalos III. und Stratonike, da das Relief in Südwest-Kleinasien hergestellt wurde; zudem weise »die über der Homerszene liegende Atmosphäre allegorienfreudiger Gelehrsamkeit und uneingeschränkter Homerverehrung gleichfalls eher nach Pergamon, wo die allegorische Homerbetrachtung geübt wurde, als nach Alexandrien, wo sachlich-philologisch gearbeitet wurde.« Damit ergäbe sich das Todesjahr des Attalos, 133 v.Chr., als *terminus ante quem* für die Herstellung des Reliefs. – Anders dagegen *A. Alföldi*, From the *Aion Plutonios* of the Ptolemies to the *Saeculum Frugiferum* of the Roman Emperors, in: *K.H. Kinzl* (Hrsg.), Greece and the Eastern Mediterranean in Ancient History and Prehistory. Studies presented to F. Schachermeyr on the Occasion of his Eightieth Birthday, Berlin/New York 1977, 1–30, der in Chronos ein Porträt des Ptolemaios III. Euergetes sieht, da dieser sich auch auf Münzen gern als jugendlicher Ewigkeitsgott Aion habe darstellen lassen.

(s.u.), auch in der römischen Kunst nicht rezipiert. Als »romanisierte« Form des Chronos galt der Gott Saturn, obwohl dieser eigentlich dem griechischen Kronos entspricht. Die Gleichsetzung der personifizierten Zeit (Chronos) mit dem urtümlichen, später entthronten Vater des Zeus (Kronos) erfolgte bereits in der Antike, wie Plutarch bezeugt[50]. Isidor von Sevilla (um 560–636 n.Chr.) lieferte dazu noch in der späten Antike eine Erklärung: »Woher nämlich die Griechen sagen, dass er [i.e. Saturn] den Namen Chronos habe, d. h. *tempus* (Zeit), weil berichtet wird, dass er seine Söhne aufgefressen habe, d. h. die Jahre, welche die Zeit hervorgebracht hatte und in sich zurückführte, oder wie die Samen dorthin, wo sie aufgehen, wieder zurückkehren[51].«

Auf spätantiken allegorischen und kosmogonischen Mosaiken erscheint gelegentlich Aion (Αἰών) als Personifikation der Zeit. Platon unterschied Aion, die unbewegliche, ewige, absolute Zeit, von Chronos, der von uns empirisch erfahrbaren Lebenszeit. In kaiserzeitlichen hermetischen Texten wird das Verhältnis von Aion und Chronos als dasselbe wie das von Ruhe (στάσις) und Bewegung (κίνησις) bestimmt[52]. Ein Platon zugeschriebenes Epigramm (AP 9, 51) spielt ebenfalls mit diesem Unterscheid:

> Alles führt weiter die Zeit; die säumenden Jahre des Lebens
> Ändern des Leibes Gestalt, Namen und Glück und Natur[53].

Doch die Begriffe wurden auch synonym verwendet, und es ist ohnehin kaum anzunehmen, dass die subtilen philosophischen Unterschiede von der Masse der Bevölkerung nachvollzogen wurden.

Populär wurde in der römischen Kaiserzeit eine handfeste, konkret fassbare Erscheinungsform der Zeit: Als fruchtbares, Glück bringendes, ja sogar goldenes Zeitalter (*saeculum frugiferum, au-*

50 Plut. De Is. et Os. 32 (363 D): ὥσπερ Ἕλληνες Κρόνον ἀλληγοροῦσι τὸν χρόνον »Wie die Griechen Kronos bildlich als die Zeit (Chronos) bezeichnen (›allegorisieren‹)«.

51 Isid. Etym. VIII 31 (Übersetzung *L. Möller*, Die Enzyklopädie des Isidor von Sevilla, Wiesbaden 2008, 312).

52 Vgl. bereits Plat. Tim. 37d: »[Der Schöpfer] machte [...] dasjenige, dem wir den Namen Zeit (*Chronos*) beigelegt haben, zu einem in Zahlen fortschreitenden unvergänglichen Bilde der in dem Einen verharrenden Unendlichkeit (*Aion*)« (Übersetzung nach *F. Schleiermacher / H. Müller*). S. dazu *A.D. Nock*, A Vision of Mandulis Aion, Harvard Theological Review 27 (1934) 53–104, bes. 78–84; *M.-H. Quet*, La mosaïque cosmologique de Mérida. Propositions de lecture, Paris 1981, 95f.

53 Αἰὼν πάντα φέρει· δολιχὸς χρόνος οἶδεν ἀμείβειν / οὔνομα καὶ μορφὴν καὶ φύσιν ἠδὲ τύχην. *Hermann Beckby* (Hrsg.), Anthologia Graeca, Buch IX–XI, München 1958, 38f.

rea aetas, saeculum aureum), das der jeweilige neue Kaiser mit sich bringen würde. Seit Hadrian erscheinen diese Formeln stereotyp auf den Münzen, die zum Amtsantritt eines neuen Kaisers geprägt wurde, oft verbunden mit Symbolen wie etwa einem Füllhorn. Bereits Augustus hatte sich virtuos dieser Bildsprache bedient, als er mit den Saecularspielen 17 v.Chr. ganz offiziell ein neues, goldenes Zeitalter eröffnete. Das »Zeitalter« an sich wird dabei nicht personifiziert; dargestellt werden vielmehr die Attribute von Glückseligkeit und Überfluss, die es mit sich bringt[54]. Seit dem 2. Jh. n.Chr. ist die Gleichung »neue Regierung = neues Zeitalter« fest im religiösen und politischen Denken verankert, und noch Claudian feiert gegen Ende des 4. Jh.s n.Chr. den Konsulatsantritt des Stilicho als Beginn eines neuen Goldenen Zeitalters (Claud. De cos. Stil. II 421–452)[55].

4. Ausblick und Fazit

In der römischen Kaiserzeit taucht, wie bereits o. (S. 191 mit Anm. 13) kurz erwähnt, ein alter Bekannter aus klassischer griechischer Zeit wieder auf, von dem zwischendurch in der hellenistischen Kunst (bislang) keine Spuren erhalten sind: Auf römischen Sarkophagen und in Gemälden und Stuckreliefs römischer Grabkammern wird Oknos dargestellt, ganz in dem altbekannten polygnotischen Schema (vgl. Abb. 1b). In diesem Zusammenhang ist ein Sarkophag aus dem 1. Jh. n.Chr. interessant, der im 17. Jh. unter der Piazza San Pietro entdeckt wurde[56]: Seine Vorderseite ist durch eine Arkadenarchitektur in sechs Felder gegliedert, in denen von links nach rechts folgende Figuren zu sehen sind: Die Danaiden, Oknos mit dem Esel, Kerberos, Kairos mit dem Fuß auf dem Rädchen, ein bärtiger Flügeldämon mit Waage, und eine Larva mit umgekehrter Fackel als Symbol des Todes. Zwischen den Bögen sind sechs Totenschädel und zwei Schmetterlinge zu sehen, auf der rechten Nebenseite eine bärtige, geflügelte Maske. Dieser »Unter-

54 *P. Zanker*, Augustus und die Macht der Bilder, München 1987, 171–188. Besonders sinnfällig sind die Reliefs der Ara Pacis und anderer Monumente frühaugusteischer Zeit (ebd. Abb. 136–141): Pax mit Symbolen der Furchtbarkeit, Tellus mit Füllhorn, Ranken mit Blüten, Früchten und kleinen Tieren, ländliche Idyllen mit Schafen und Wildschweinen, die ihre Jungen säugen.

55 Nock, A Vision, 85–89; *Quet*, La mosaïque, 98–100; *Alföldi*, From the Aion Plutonios, 21–26.

56 Heute in der Villa Giulia; s. *Felten*, Oknos, Nr. 7; *Keuls*, Water Carriers, 117 Nr. 4, Taf. 20; *F.L. Bastet*, Das Bostoner Relief. Ein eklektisches Meisterwerk aus tiberischer Zeit, BaBesch 38 (1963) 22–27 mit Abb. 27; *G. Koch / H. Sichtermann*, Römische Sarkophage, München 1982, 40. 189 mit Abb. 11.

welts-Sarkophag« steht außerhalb jeder Typologie und hat weder in Rom noch in anderen Gegenden Parallelen. Kairos, der sich in römischer Zeit immer mehr Schicksalsgöttinnen wie Tyche oder Nemesis annäherte, hat fast immer die Waage bei sich, meist auch Fußrädchen, Fuß- und Rückenflügel. Auf diesem Sarkophag allerdings scheint er das Attribut der Waage dem bärtigen Todesgott überreicht zu haben, der es vielleicht zur Seelenwägung verwendet. Der Kairos in diesem Kontext zeigt, wie sehr es nicht nur im Leben, sondern auch im Sterben auf den richtigen, den guten Augenblick ankommt.

Die Wichtigkeit des Kairos, die o. betont wurde, um die Bestrafung des Oknos plausibel zu machen, zeigt sich auch in seinem erstaunlichen Nachleben. Ein Marmorrelief im Dom von Torcello (11. Jh.) zeigt den lysippischen Kairos, allerdings mit der Waage in der linken und der Klinge in der erhobenen rechten Hand; eine weitere Figur versucht ihn an seinem charakteristischen Schopf zu packen. Er trägt nun ein züchtiges Perizoma, eine Art Lendenschurz, und hinter ihm steht die Personifikation der Metanoia, der Reue[57]. Als nackter, geflügelter Jüngling mit Waage erscheint er im Fußbodenmosaik des Domes von Otranto aus dem 12. Jh. Ein Fresko im Kloster von Redina aus dem 17. Jh. zeigt einen jugendlichen Kairos mit typischem Haarschopf und Flügel an den Füßen, aber ohne die Waage, dafür mit einer langen Klinge in der erhobenen rechten Hand; auch er hat ein Tuch um die Lenden geschlungen und wird durch die Inschrift als ὁ Καιρός ausgewiesen[58]. Neben ihm ist das vollständige Epigramm des Poseidippos (AP 16, 275) angebracht – eine doch höchst erstaunliche Wanddekoration für ein Kloster. Auf dem 1734 entstandenen Fresko der Kirche Panagia Krina auf Chios schließlich ist Kairos bemerkenswerterweise ein nackter Jüngling, dessen geflügelte Füße auf je einem Rädchen balancieren; in der gesenkten rechten Hand hält er die Waage, die linke hat er vor die Brust gelegt. Von hinten wird er an seinem Schopf gepackt von einem bärtigen Mann in einem langärmeligen, bodenlangen Mantel und turbanartiger Kopfbedeckung, der in der rechten Hand einen Blumenstrauß hält und durch die Inschrift als »Kosmos« ausgewiesen ist. Kairos hingegen ist als ὁ βίος, das Leben, bezeichnet[59].

Dass der richtige Augenblick nun geradezu das Leben selbst personifiziert, ist nicht nur in späten Darstellungen häufig: In der byzantinischen Literatur sind Bios und Kairos geradezu austausch-

57 *P. Moreno*, Kairos, LIMC V 1, Zürich/München 1990, 923 Nr. 14.
58 *Moreno*, Kairos, 923 Nr. 16.
59 *Moreno*, Kairos, 924 Nr. 17.

bar, aber ebenso konnte Kairos auch synonym mit Chronos sein. Darstellungen des Kairos, in denen dieser anstelle der feinen Rasierklinge ein großes Messer hält, sind daher höchstwahrscheinlich von der Verwechslung bzw. Gleichsetzung von Chronos und Kronos, dessen Attribut die Sichel ist, beeinflusst[60]. In dieser Gestalt erhielt er bisweilen auch die Züge eines alten, bärtigen Mannes.

Metanoia – Reue, Umdenken, Umkehr – ist eine christliche Zutat. Der antike Kairos ist, wie die Tyche, grausam und unberechenbar und gibt keine zweite Chance. Die Möglichkeit, es nach entsprechender Besinnung noch einmal, und diesmal besser zu machen, mag christlich und modern sein, aber griechische Götter wollen lieber ihren Spaß haben, auch auf Kosten der Menschen.

Philosophische Theorie mag das Abstrakte zu definieren versuchen oder feine Unterschiede zwischen gelebter und unfassbarer, ewiger Zeit mit verschiedenen Termini belegen. Doch die Zeit entzog sich einer konkreten Form. Präsent und darstellbar war sie nur in zwei Erscheinungen: als Gelegenheit oder als verpasste Gelegenheit. Personifiziert werden konnte sie im gestaltenden, schicksalsbestimmenden Auftauchen im menschlichen Dasein, flüchtig, schnell, vorbeifliegend – oder als die triste, ewig sich wiederholende Folge davon, dass man den schnellen kleinen Kerl nicht rechtzeitig beim Schopfe gepackt hatte.

***

Abstract
The ancient Greek figure of Oknos, the »hesitator/procrastinator«, is usually depicted as a seated man in the underworld, endlessly braiding a rope that is immediately eaten by an ass standing behind him; according to ancient sources the animal represents his lazy, greedy wife. The interpretation of the picture has puzzled scholars since the 19th century, especially the question why a man who was already plagued enough in life should also be punished in eternity. This paper suggests a new answer by looking at the Greek personification of Kairos, »the right moment«, which, being of paramount importance, was even commemorated by a statue created by the famous Lysippos that influenced its representations for centuries (while »time« as such always remained elusive and was hardly ever depicted in art). In ancient Greek thought, to catch the Kairos was more than simple good luck: it was one's duty, in which Oknos had failed by missing the chance of getting rid of his wife.

60 *H. Lamer*, Kairos, RE 20, 1919, 1519–1521; *Moreno*, Kairos, 921; *Bäbler / Nesselrath*, Ars, 72.

Balbina Bäbler, geb. 1967, Dr. phil., ist wissenschaftliche Mitarbeiterin beim Projekt »Winckelmann-Edition« der Akademie der Wissenschaften und der Literatur Mainz.

Volker Leppin

Verschmelzung der Zeiten

Zu Luthers hermeneutischem Ansatz in der Wartburgpostille

Die äußeren Ereignisse sind bekannt: Bann und Acht zwangen Luther 1521 nach dem Wormser Reichstag zum Rückzug auf die Wartburg. Doch wurde ihm der unfreiwillige Aufenthalt auf der Burg nicht zu einer Ruhepause, sondern er nutzte ihn zu rastloser Arbeit. Im prophetischen Gestus sah er sich wie einst der Seher Johannes in die Einsamkeit geworfen. Der erhabene ernestinische Herrschaftssitz war zu seinem »Patmos« geworden[1]. Von hier aus diente er der Verkündigung Gottes, vor allem durch seine Bibelübersetzung, die schließlich in das Septembertestament mündete, aber auch durch die Sammlung von Perikopenauslegungen, die als Wartburgpostille Teil jenes Postillenwerkes wurde, das Generationen von Lutheranern das Predigen lehren sollte[2].

Mit der Abfassung solcher Musterauslegungen hatte Luther schon zuvor begonnen: Am 7. März 1521 war seine lateinische Adventspostille erschienen[3]. Nun setzte er auf der Wartburg seine Tätigkeit dem Kirchenjahreskreis folgend fort, dies nun aber in deutscher Sprache. Schon am 10 Juni konnte er vermelden, er habe die Auslegung einer Weihnachtsepistel in der Volkssprache fertiggestellt[4]. Abgeschlossen hat er die gesamte Weihnachtspostille spätestens am 19. November. Die an Graf Albrecht von Mainz gerichtete Widmung nämlich unterzeichnete er »am tage sanct Elisabeth. 1521.«[5] Damit verneigte er sich zugleich vor dem Genius Loci: Er

1 WA.B 2, 355, 37f (Nr. 417); 490,9 (Nr. 470). Diese Redeweise war bald verfestigt, s. die Einführung von Stephan Roth zu den Invokavitpredigten: »Es hat Doctor Martin Luther ym drey und zwenzigsten jare, da er aus seiner Pathmos kam, etliche schône predigten am ersten Sontage ynn der Fasten anzuheben bis auff den andern Sontag gethan (…)« (WA 21, 104,16–18).

2 Vgl. hierzu Christopher Spehr, Art. Postillen, in: Volker Leppin / Gury Schneider-Ludorff (Hg.), Luther-Lexikon, 551–556; zur Wartburgpostille speziell vgl. zahlreiche Passagen in Albrecht Beutel, In dem Anfang war das Wort. Studien zu Luthers Sprachverständnis, Tübingen 1991 (HUTh 27).

3 So die Datierung im Impressum des Drucks (WA 7, 459). Dass Luther bereits am 6. März Spalatin ein Exemplar zusenden konnte (WA.B 2, 275,7 [Nr. 381]; vgl. WA 7, 459 Anm. 3) dürfte auf ein vorab herausgegebenes Widmungsexemplar verweisen (s. WA.B 2, 275 Anm. 2).

4 WA.B 2, 354,17–19 (Nr. 417).

5 WA 10/I/1, 8,11.

wusste um die Bedeutung der Wartburg im Leben Elisabeths[6]. Bald[7] wandte er sich wohl dem Adventsteil zu, welchen er zunächst schlicht als Übersetzung der schon vorliegenden lateinischen Auslegungen geplant hatte[8]. An deren Stelle trat eine komplette Neubearbeitung, die sich wohl bis in die letzten Tage des Exils hinzog, das Luther am 1. März 1522 gegen den Willen seines Kurfürsten verließ[9], um den als »Wittenberger Unruhen« bekannt gewordenen Ereignissen[10] Einhalt zu gebieten.

Der Gebannte und Geächtete hat demnach die gesamte Zeit seines erzwungenen Aufenthalts auf der Burg an der Postille gearbeitet. So sehr diese über den Augenblick hinaus wirken sollte, so sehr war sie doch auch von jener Zeitstimmung geprägt, die Luther in dieser Phase seines Lebens erfasst hatte und die ihn auch nicht mehr loslassen sollte: Er war sich gewiss geworden, dass das Ende nahe war. Zwar reflektierte er zu 1Joh 2,18, dass »Antichrist« hier wohl Widerchrist heißen müsse[11] und nicht »Endchrist«[12], aber das

6 Besonders bemerkenswert ist hier das ausführlichere Eingehen auf die Thüringische Heilige in der Predigt über Apg 6,8–14 zum Stephanustag: »Ich will hie sagen eyn Exempel von der heyligen frawen S. Elizabeth: Die kam eyn mal ynn eyn kloster und sahe, das unßers herren leyden war hubsch gemalet an den wenden, unnd sprach: Die kostung sollt yhr gespart habenn tzur narung des leybs. Denn solchs sollt ynn ewren hertzen gemalet seyn. Sihe da, wie eyn eynfeltig, gottlich und krefftig urteyll ist das ubir die ding, die doch yderman kostlich acht; wenn sie es itzt redett, solltenn sie die papisten gewißlich vorprennen, als die da Christus leyden lestertt unnd gutte werck versprochen hett; sie must eyn ketzerynn seyn, wenn sie tzehen heiligen wird werde.« (WA 10/1/1, 257,18–258,7).

7 Der Beginn der Arbeit an der Adventspostille ist nicht ganz klar; s. WA 10/I/2, LIV.

8 WA.B 2, 369,30f (Nr. 423).

9 WA.B 2, 454,8 (Nr. 455).

10 Zu diesen Vorgängen: Müller, Nikolaus, Die Wittenberger Bewegung 1521 und 1522. Die Vorgänge in und um Wittenberg während Luthers Wartburgaufenthalt, Leipzig ²1911; Oehmig, Stefan, Die Wittenberger Bewegung 1521/22 und ihre Folgen im Lichte alter und neuer Fragestellungen, in: ders. (Hg.), 700 Jahre Wittenberg, Weimar 1995, 97–120. Eine bemerkenswerte Destruktion des Bildes von den »Zwickauer Propheten« bietet jetzt: Thomas Kaufmann, Thomas Müntzer, »Zwickauer Propheten« und sächsische Radikale: eine quellen- und traditionskritische Untersuchung zu einer komplexen Konstellation, Mühlhausen 2010 (Veröffentlichungen der Thomas-Müntzer-Gesellschaft 12). Dass die »Wittenberger Unruhen« insgesamt weit weniger exorbitant waren, als es das klassische Bild annimmt, zeigt mit ihrer Einordnung in die seit Beginn des 16. Jahrhunderts währenden Konflikte zwischen Stadt und Bischof Natalie Krentz, Ritualwandel und Deutungshoheit. Die frühe Reformation in der Residenzstadt Wittenberg, Tübingen 2014.

11 So übersetzte Luther dann auch im Septembertestament: WA.DB 7, 330; zum Verhältnis der Übersetzungen in der Wartburgpostille und im Septembertestament vgl. Beutel, In dem Anfang 26–29.

12 WA 10/I/2, 47,5–13.

änderte nichts an dem Bewusstsein, dass er »ynn dißer ergisten Endchristlichen tzeyt« lebte[13].

Seit der Leipziger Disputation war Luther zu der Auffassung gelangt, dass der Papst der Antichrist sei[14] und damit ihm, Luther, die Aufgabe zukomme, dessen Umtriebe aufzudecken. In der Wartburgpostille, und zwar in besagtem Adventsteil, nun zog er aus dieser Wahrnehmung seines Gegenübers klar die Folgerungen für die Bewertung seiner Zeit als Endzeit:

> »Eben ßo gewiß ist myr das auch, das er Matth. 24. vonn dem wustenn grewell sagt, dem antichrist, das unter seynem regiment die grossisten yrthum, blindheytt unnd sunde sollten regiren, wie das denn itzt unter dem Bapst auffs aller unvorschamptist, auffs aller tyrannischist, auffs aller vortzweyffeltist gehet yn hohem schwanck; denn das stuck fur allen tzwingt mich fest tzu glewben, das Christus musse bald komen, denn solch sunde sind tzu groß, der hymell kan sie nit lenger ansehen, sie reytzen unnd trotzen dem iungsten tage tzu seher, er muß ubir sie fallen, ehe es lang wirtt; wenn es alleyn unkeuscheyt were wie fur der syndflut, odder eyttel weltliche sunde wie zu Zodoma, ßo wollt ich nicht hallten, das der iungst tag darumb solt komen. Aber gottis dienst, gotis wort, gottis sacrament, gottis kinder und alles was gottis ist vorstoren, vortilgen, vordamnen, vorlestern, und den teuffel an seyne statt setzen, anbeten unnd ehren, seyne lugen fur gottis wortt hallten, das wirt der sachen eyn ende machen, da ist myr keyn tzweyffel an, ehe man sich umbsihet. Amen.«[15]

Solche Aussagen geben der Identifikation der Wartburg als Patmos ihren eigentlichen theologischen Gehalt: Der Reformator ist hier zum Propheten und Seher geworden, der die Endzeit künden muss. Diese Botschaft resultiert für ihn unmittelbar aus den reformatorischen Einsichten und dem Konflikt mit der gegebenen Kirche. Die Sünden, die er in dieser zu sehen meint, rufen Christus geradezu herbei – und der gebannte Reformator ist es, der dies am klarsten sieht. Wie gut Luther trotz solcher düsterer Zeitdiagnose grundlegende biblische Botschaft und aktuelles Anliegen zu unterscheiden wusste, macht der Ort deutlich, an welchem sich das angeführte Zitat findet: Die auszulegende Perikope für den zweiten Adventssonntag war, wie schon die von Luther angeführte Parallele Mt 24

13 WA 10/I/1, 238,19.

14 S. Hans Preuß, Die Vorstellungen vom Antichrist im späteren Mittelalter, bei Luther und in der konfessionellen Polemik. Ein Beitrag zur Theologie Luthers und zur Geschichte der christlichen Frömmigkeit, Leipzig 1906, 102–119; Volker Leppin, Luthers Antichristverständnis vor dem Hintergrund der mittelalterlichen Konzeptionen, in: KuD 45 (1999) 48–63.

15 WA 10/I/2, 97,12–26.

erkennen lässt, Lk 21,25–36. Gegenstand der Predigt also war die synoptische Apokalypse, die Luther nun in seine Gegenwart hineinsprechen ließ.

Eben hierin liegt die eigentliche hermeneutische Aufgabe, die der Ausleger auf sich nahm, und in deren Vollzug er den gegebenen Text sehr unmittelbar auf seine Gegenwart bezog, so etwa die Verheißung für die Zukunft in den Pastoralbriefen:

> »Dauon hatt S. Paulus gesagt .2. Timo. 3: Es werden die letzten tzeyt ferlich seyn; denn es werden menschen kommen, die von yhn selbs viel halten, geytzyg, hohmuttig, hoffertig, gottslesterer, ungehorsam den eltern, undanckbar, ungeystlich, unbarmhertzig, ungenietig, vorleumbder, unkeusch, unmild, unachtsam gutter werck, vorrether, freuel, auffgeblaßen, blind, die da wollust mehr lieben denn gott, haben eyn scheyn eynß gottlichen lebens, aber die krafft desselbigen vorleucken sie. Fur dißen hute dich! Auß denselben sind sie, die durch die hewßer lauffen unnd furen die weyble gefangen, wilche mitt sunden beschwered sind und lassen sich furen mit mancherley begirden, lernen ymmer und kommen doch nymmer zu der erkentniß der warheytt. Und gleych wie Jannes und Mambres widerstunden Mosi, alßo widderstehen diße auch der warheyt, es sind menschen von vorrucktem synn und untuechtig tzum glawben, aber sie werden die lenge nit bestehen, yhr unweyßheyt wirt fur yderman offenbar werden, gleych wie ihener auch war &c. Ich meyne, S. Paulus hatt alhie keyn blat fur den mund genommen und gleych mit fingern auff unßer geystliche herrnn und Herodis heyligis gesind tzeyget.«[16]

Folgt man dem Duktus, so scheint jeglicher Unterschied zwischen der Zeit des Neuen Testamentes und der Gegenwart des Interpreten aufgehoben: In ein und demselben Zug spricht der Apostel von der eigenen Zeit wie von der Zukunft, die ihrerseits Luthers Gegenwart ist, und qualifiziert diese damit als eigentliche Endzeit. Die Zeiten schmelzen ineinander und werden im deutenden Zugriff letztlich ununterscheidbar. Es erfolgt, so hat es Hellmut Zschoch formuliert, im Postillenwerk eine »Vergegenwärtigung der Heilsanrede des Evangeliums«[17]

So verweist Luthers Zeitanalyse auf das Herz seiner hermeneutischen Neuorientierung, wie sie vor allem Gerhard Ebeling herausgearbeitet hat, der die christologische Deutung in die Mitte seiner Interpretation von Luthers Hermeneutik rückte und folglich

16 WA 10/I/1, 634,7–635,1.

17 Hellmut Zschoch, Theologie des Evangeliums in der Zeit. Martin Luthers Postillenwerk als theologisches Programm, in: Reinhold Rieger / Albrecht Beutel (Hg.), Religiöse Erfahrung und wissenschaftliche Theologie. FS Köpf, Tübingen 2011, 575–599, 581.

sagen konnte: »Die geistliche Auslegung hat durch die Christusbezogenheit die vergangene Geschichte zu vergegenwärtigen. Christi Gegenwart ist eine geistliche«[18]. In der christologischen Deutung verschmelzen, so Ebeling, historische und, wie er, dem Zeitgeist entsprechend, 1951 formulierte: »existentiale(n) Interpretation«[19]; näher an Luthers eigenen Deutungen lag wohl die Formulierung der Dissertation, wonach es bei den Aussagen der Schrift immer schon um ein »Für-uns-Sein« Gottes gehe[20], das Pro nobis, das den Menschen in die Offenbarung hineinnimmt. Durch seine für die Lutherforschung nach dem Zweiten Weltkrieg grundlegenden[21] hermeneutischen Studien gab Ebeling Auffassungen Kontur, wie sie schon Karl Holl 1920 in einem Berliner Akademievortrag formuliert hatte, nach dem die »strenge Betonung des grammatischen Sinnes« das gewesen sei, was Luther, in Abgrenzung vom vierfachen Schriftsinn, vom Mittelalter, aber auch vom Humanismus unterschieden habe[22]. Ganz ähnlich unterstrich auch Ebeling als entscheidende Akzentsetzung Luthers, die diesen auch von Faber Stapulensis unterschieden habe, die Einsicht in die basale Bedeutung des historischen Sinnes als »Grundlage der übrigen, Meister, Licht, Urheber, Quelle und Ursprung« (»*fundamentum ceterorum, magister et lux et author et fons atque origo*«)[23]. Dieser Satz klingt freilich wenig auffällig, wenn man bedenkt, dass schon Thomas von Aquin erklärt hatte, der Literalsinn sei der, »aus dem allein ein Argument gezogen werden kann, [dies geschieht aber] nicht aus

18 Gerhard Ebeling, Evangelische Evangelienauslegung. Eine Untersuchung zu Luthers Hermeneutik, München 1942 (Forschungen zur Geschichte und Lehre des Protestantismus 10/1), 449.

19 Gerhard Ebeling, Die Anfänge von Luthers Hermeneutik, in: ders., Lutherstudien, Bd. 1, Tübingen 1971, 1–68, 67f.

20 Ebeling, Evangelienauslegung 276.

21 Den grundlegenden Charakter konnten Ebelings Überlegungen auch dadurch wahren, dass er sich im Blick auf die Fragen nach Datum und Inhalt der reformatorischen Wende Luthers eigenartig unbestimmt hielt (Ebeling, Evangelische Evangelienauslegung 274). Allerdings baut die Logik seiner Arbeit auf einer Frühdatierung der reformatorischen Erkenntnis auf, denn diese wird als hermeneutische Grundeinsicht interpretiert (ebd. 274–277), aus der dann ab 1513 die »hermeneutischen Konsequenzen« (ebd. 277) folgten. Die damit vorausgesetzte Datierung auf die Anfänge der Vorlesungen ist allerdings bekanntlich durch Ernst Bizer, Fides ex auditu. Eine Untersuchung über die Gerechtigkeit Gottes durch Martin Luther, Neukirchen ^{3}1966, grundlegend in Frage gestellt worden, was auch Folgen für eine Einschätzung der bemerkenswerten Studien Ebelings hätte haben müssen.

22 Karl Holl, Luthers Bedeutung für den Fortschritt der Auslegungskunst, in: ders., Gesammelte Aufsätze zur Kirchengeschichte, Bd. 1: Luther, Tübingen ^{6}1932, 544–582, 552.

23 WA 4, 305,7f; vgl. Ebeling, Anfänge 57.

denen, die der Allegorie nach gesagt werden« (»*ex quo solo potest trahi argumentum, non autem ex his quae secundum allegoriam dicuntur*«; ST I q. 1 a. 10 ad 1)[24]. Erst recht wurde eine solche Denkweise im Mittelalter relevant, wenn Konflikte um Rechtgläubigkeit zu entscheiden waren. So erklärte Wilhelm von Ockham in einem Breviloquium kurzerhand, »dass es nicht notwendig ist, einen solchen mystischen Sinn anzunehmen« (»*quod non est necesse talem mysticum sensum recipere*«)[25], und sprach sich für eine alleinige Verbindlichkeit des literalen Sinnes aus.

Die von Luther vollzogene Umdeutung des vierfachen Schriftsinns lässt sich in der Weise beschreiben, dass historischer und tropologischer Schriftsinn die anderen Sinnebenen in sich aufgesogen haben[26] und eben dadurch neue Dimensionen gewinnen. Dass dieser Umbau des vierfachen Schriftsinns »zu dessen innerer Auflösung und vollständiger Verwerfung und Preisgabe« geführt habe, wie Ebeling meinte[27], gehört wohl zu jenen Überpointierungen, wie sie in der Luther- und Reformationsforschung immer wieder einmal vorkommen und die an den Quellen nur begrenzt Anhalt finden. Bereits Kenneth Hagen hat darauf hingewiesen, dass die fortdauernden Neuauflagen der Galaterbriefvorlesung deutlich machen, dass die Absage Luthers an den vierfachen Schriftsinn, keineswegs radikal und vollständig war[28].

24 Thomas de Aquino, Opera (Editio Leonina), Bd. 4, Rom 1888, 25b.

25 William of Ockham, Opera Politica IV, hg. v. Hilary S. Offler, Oxford 1997 (Auctores Britannici Medii Aevi 14), 224,20f.

26 Ebeling, Anfänge 54–68, hebt auch diese beiden Sinne aus dem Schema des vierfachen Schriftsinns hervor, kommt aber – aufgrund der Einführung einer »existentialen« Sinndimension – letztlich dazu, dass nur ein Sinn gegeben sei, von dem aber dann gemäß seiner früheren Deutung zu gelten habe: »Der buchstäbliche ist der geistliche, der geistliche ist der buchstäbliche Sinn.« (Ebeling, Evangelienauslegung 311).

27 Ebeling, Evangelienauslegung 289.

28 Kenneth Hagen, Luther's Approach to Scripture as seen in his »Commentaries« on Galatians 1519–1538, Tübingen 1993, 129: »On Gal. 4,24 from 1516 to 1538, Luther did not disapprove of the famous fourfold approach to Scripture known in the Middle Ages as the *Quadriga*«. Allerdings ist Hagen hier etwas unpräzise: Die – gegenüber Hagens Zusammenfassung deutlich vorsichtigere – Formulierung »ista quadriga (etsi non reprobo) non scripturae autoritate nec patrum usu nec grammatica satis ratione iuvatur« (WA 2, 550,34f) findet sich in der Tat in der Ausgabe von 1519. Die Ausgabe von 1538 aber folgt bereits der Fassung von 1535, in welcher zu Gal 4,24 der ausdrückliche, begrenzt positive Verweis auf die »Quadriga« entfallen ist, Luther allerdings zur Allegorie bemerkt: »Est enim pulchrum, iam fideliter iacto fundamento et firmiter probata causa aliunde Allegoriam aliquam addere. Ut enim pictura est ornatus quidam domus iam extructae, ita Allegoria est lux quaedam orationis vel causae alicuius iam aliunde probatae« (s. WA 40/I, 657,29–32; s. IN EPISTO-| LAM S. PAULI | AD GALATAS| commentarius ex præle-| ctione D. Mart. Luth.| collectus. Iam denuo | diligenter reco-

Dies ist ohnehin an jener Bibelstelle, an der Hagen dies festmacht, offenkundig und unstrittig, da in Gal 4,24ff der biblische Text selbst eine Allegorie bietet. Grundsätzlich waren für Luther allein schon wegen dieser innerbiblischen Auslegungsgeschichte, wie auch Ebeling festgehalten hat, allegorische Deutungsformen nicht ausgeschlossen[29]. Ihr Status aber war, so ebenfalls Ebeling, lediglich der einer *applicatio*[30]. Diese freilich übte Luther durchaus auf eine gelegentlich überraschend ausführliche Weise, und zwar im Zusammenhang der Wartburgpostille gerade anhand einer Zeitangabe: Zu Lk 2,36f, wonach Hannah sieben Jahre verheiratet gewesen war und »darnach vierundachtzig iar eyne wittwe on man«[31], erklärte er: »Es sollt wol die gantz Biblia alleyn ynn dieser iar tzall begriffen und erfunden werden.«[32] Dem schloss er ausführliche Spekulationen zur Zahl 84 – zwölf mal sieben – an, unter anderem mit dem Gedanken, dass Mose nur einer gewesen sei, die Apostel hingegen zwölf. Daher stehe ersterer für einmal sieben Jahre der Ehe unter dem Gesetz und des Äußerlichen, letztere hingegen repräsentierten 84 Jahre der Witwenschaft als eines innerlichen geistlichen Lebens[33]. Angesichts der Fülle von Argumenten, die Luther hier gematrisch anführte, kam auch Ebeling zu dem Er-

|gnitus, casti-| gatus etc.|, Wittenberg : Lufft 1538, CCLXI^{V}). Auch in der Druckgeschichte der 1519er-Ausgabe gab es hier bemerkenswerte Entwicklungen. So bieten jedenfalls einzelne Ausgaben der zweiten Bearbeitung (s. WA 2, 439) von 1523 bis 1525 hier lediglich folgenden, im Apparat der WA nicht ausgewiesenen Text: »Habetur in usu quattuor sensus scripturæ, quos literam, tropologiam, allegoriam, anagogen, uocant: nec scripturæ authoritate, nec patrum usu, nec grammatica ratione.« (überprüft anhand von: IN EPISTO-| LAM PAVLI AD GALA-| TAS D. MARTI. LVTHERI| COMMENTARIVS. | Pro uniuerse scripturæ | Methodo perutilis. | Nuper ab Autore | denuo recogni-| tus etc., o.O. [1524], unpaginiert, zur Stelle; IN EPISTO-| LAM PAVLI AD GA-| latas D. Martini Lutheri| commentarius. | nouissime ab ipso authore recognitus, Basel 1525, 174). Hagen, Appraoch 1–7, hat zu Recht darauf hingewiesen, dass eine genaue Betrachtung von Luthers Werken über die WA hinaus zu den ursprünglichen Drucken zurückgehen muss. In diesem Sinne ist auch seine eigene Deutung an einer für seine Interpretation entscheidenden Stelle jedenfalls erheblich zu relativieren.

29 Ebeling, Evangelienauslegung 309.

30 Ebeling, Evangelienauslegung 446 u.ö.

31 WA 10/I/1, 422,13f. Das Alter von Hannah kann man tatsächlich entweder so berechnen, wie Luther dies tut, indem man von 84 Jahren Witwenschaft ausgeht, womit man, eine Verheiratung mit 14 Jahren vorausgesetzt, auf ein Gesamtalter von 105 Jahren käme; man kann aber Lk 2,37 auch so verstehen, dass hier von einem Gesamtalter von 84 Jahren ausgegangen wird (s. James K. Elliott, Anna's Age [Luke 2: 36–37], in: Novum Testamentum 30 [1988] 100–102, 100; Stephen Hultgren, Art. Anna [Prophetess], in: Encyclopedia of the Bible and its Reception, Bd. 2, Berlin / New York 2009, 36–38, 37).

32 WA 10/I/1, 422,14f.

33 WA 10/I/1, 427,21–428,5.

gebnis, Luther habe so »alles bisher zu dieser Stelle Gebotene weit« übertroffen[34]. Nicht nur diese Form der Allegorese aber stand Luther in der Wartburgpostille zur Verfügung[35], sondern er konnte auch erklären:

> »Hirauß folget nu die geystlich bedeuttunge dißes vorwundern Joseph und Maria. Der tempell ist eyn gottis stett, drumb bedeutt er alle ortt, da gott ist, drumb bedeutt er auch die heylige schrifft, darynnen man gott findett als an seynem rechten ortt. Christum ynn den tempel bringenn ist nit anders, denn wie die Act. 17. thetten: da sie das Euangelium mit aller begirden auffgenommen hatten, lieffen sie damit ynn die schrifft, teglich forschend, obs alßo were.«[36]

Luther bietet nicht nur an einzelnen Stellen geistliche Schriftauslegung im Sinne einer Allegorie, sondern setzt in der Wartburgpostille auch immer wieder an das Ende seiner Deutung ausführliche Reflektionen zum geistlichen Sinn – wohl zum Zweck der von Ebeling angesprochenen *applicatio*. Die Menge allegorischer Deutungen stellt allerdings die klare Absage an die Begründung des Glaubens durch figurative Deutungen nicht in Frage. Eine solche Funktion könne allein der klare, eindeutige Sinn der Schrift besitzen[37].

So unterstreichen die positiven hermeneutischen Aussagen eben jenen von Ebeling nachgezeichneten Zusammenhang von Erhebung des historischen Schriftsinns[38] und Gabe an die Glaubenden[39]. Es kommt zu einem Wechselgeschehen zwischen der Botschaft des Evangeliums und der Zuwendung zu ihm im Glauben:

34 Ebeling, Evangelienauslegung 164. Überraschend ist, dass Ebeling von diesem »Beispiel umfangreicher Zahlenallegorese« spricht, kurz nachdem er festgestellt hat: »Umfangreichere Zahlenspekulationen, wie sie sich in Augustins Predigten finden, kommen in Luther Predigten nie vor.« (163) Dies ist wohl im Sinne einer genauen literarischen Unterscheidung von Predigt- und Postillenliteratur zu verstehen.

35 Zur Bedeutung der Allegorie in der Kirchenpostille s. Zschoch, Theologie des Evangeliums 582f.

36 WA 10/I/1, 384,5–11. Der lateinische Text hat hierzu: »Ex his iam facile est, et allegoriam texere.« (a.a.O. Anm. 2).

37 WA 10/I/1, 417,12–16.

38 WA 10/I/1, 9,11f: »Euangelium ist und soll nit anders seyn denn eyn rede oder historia von Christo«.

39 WA 10/I/1, 12,7–12; vgl. Zur Vorstellung von der Gabe bei Luther jetzt Bo Holm, Gabe und Geben bei Luther. Das Verhältnis zwischen Reziprozität und reformatorischer Rechtfertigungslehre, Berlin 2006 (TBT 134); ders. (Hg.), Word – Gift – Being. Justification – economy – ontology, Tübingen 2009 (Religion in philosophy and theology 37). Die Forschungen von Bo Holm bringen bemerkenswerte Änderungen in der traditionellen Sicht von Luthers Rechtfertigungslehre vor allem in der deutschsprachigen Forschung mit sich: Man wird sowohl die Rea-

»Wenn du nu das Euangeli buch aufflhuist, lisest odder horist, wie Christus hie odder dahynn kommet odder yemandt tzu yhm bracht wirt, solltu da durch vornehmen die predigt odder das Euangelium, durch wilchs er tzu dyr kommet odder du tzu yhm bracht wirdist.«[40]

Die von Ebeling herausgearbeitete hermeneutische Struktur also wird von Luther hier geradezu programmatisch beschrieben – und mit ihr auch das oben angesprochene Verschmelzen der Zeitebenen: der historisch gegebene Jesus Christus ist eben der, der hier und jetzt und heute neu begegnet. Eine historische Distanz zwischen dem biblischen Text und den Christinnen und Christen der jeweiligen Gegenwart ist so von vorne herein aufgehoben, der berühmte »garstige Graben«[41] zwischen Vergangenheit und Gegenwart reißt gar nicht erst auf, sondern schon immer erfolgt ein Wechselgeschehen zwischen dem Kommen Christi und dem Zu-ihm-Kommen der Glaubenden. Luthers Evangeliendeutung erweist ihre Stärke daher gerade in ihrer voraufgeklärten spirituellen Ausrichtung, die Schrift und Glaubenden in ein wechselvolles Geschehen einbindet.

Eben das ausgeführte Zitat lässt nun aber auch erkennen, in welchem Rahmen eine solche verschmelzende Form der Hermeneutik überhaupt nur denkbar war. Auch wenn man angesichts des heutigen Kenntnisstandes über mittelalterliche Theologie Ebeling in seinen überscharfen Abgrenzungen Luthers gegen scholastische Auslegungsweise schwerlich folgen kann, wird man Luthers Hermeneutik doch nicht einfach aus der akademischen Theologie des Mittelalters ableiten können. Hinweise auf seine geistigen Hintergründe aber bieten mystisch gefärbte Aussagen[42]. Das machen be-

lität der Gabe als auch den Einschluss einer Gegengabe des Menschen stärker zu berücksichtigen haben, als dies bislang der Fall war.

40 WA 10/I/1, 13,19–22. Zum Hintergrund dieses reziproken Verhältnisses in Luthers Glaubensvorstellung s. Martin Seils, Luthers Predigt vom Glauben in der Kirchenpostille, in: Wolfgang Beinert (Hg.), Unterwegs zum einen Glauben. FS Lothar Ullrich, Leipzig 1997 (EThS 74), 461–476, 465.

41 S. das berühmte Zitat in Lessings Schrift »Ueber den Beweis des Geistes und der Kraft«, in: Gotthold Ephraim Lessings sämtliche Schriften, hg. v. Karl Lachmann, 3. Auflage, besorgt durch Franz Muncker, Bd. 13, Leipzig 1897, 7,25–28: »So ist auch das, leider, nur historisch gewiß; daß diese Geschichtschreiber inspiriert waren, und nicht irren konnten. Das, das ist der garstige breite Graben, über den ich nicht kommen kann, so oft und ernstlich ich auch den Sprung versucht habe.«

42 Zu meinen Überlegungen zu mystischen Hintergründen von Luthers Theologie s. Volker Leppin, Transformationen spätmittelalterlicher Mystik bei Luther, in: Berndt Hamm / Volker Leppin (Hg.), Gottes Nähe unmittelbar erfahren. Mystik im Mittelalter und bei Martin Luther, Tübingen 2007 (Spätmittelalter und Reformation. Neue Reihe 36), 165–185. Im Blick auf die Bedeutung der Mystik sei

merkenswerte und in der Forschung bislang wenig gewürdigte Aussagen der Wartburgpostille deutlich:

> »Da hatt der Euangelist aber eyn maltzeychen gesteckt, das er hie schweygt der namen Joseph und Maria, nennet sie vatter und mutter, uns ursach tzu geben an die geystliche bedeuttung. Wer ist nu Christus geystlicher vatter unnd mutter? Er selb nennet seyne geystliche mutter Marci. 4. Lu. 8: Wer da thut den willen meyniß vattern, der ist meyn bruder, meyn schwester und meyn mutter. S. Paulus nennet sich selb eynen vatter .1. Cor. 4: Wenn yhr gleych zehen tausent schulmeyster habet yn Christo, ßo habt yhr doch nit viel vetter; denn ich hab euch yn Christo durchs Euangelium geporn oder getzeuget. So ists nu klar, das die Christliche kirche, das ist: alle glewbige menschen sind Christus geystliche mutter, und alle Apostel und lerer ym volck, ßo sie das Euangelium predigen, sind seyn geystlicher vatter. Und ßo offt eyn mensch von new glawbig wirt, ßo offt wirt Christus geporn von yhnen.«[43]

Insbesondere der letzte Satz verweist auf das seit der Antike begegnende Konzept der Gottesgeburt[44], das für Luther vor allem durch

daran erinnert, dass schon Karl Holl, Die Geschichte des Wortes Beruf, in: ders., Gesammelte Aufsätze zur Kirchengeschichte. Bdf. 3: Der Westen, Tübingen 1928, 189–219, 204, darum wusste, dass die oberrheinische Mystik die Vorstellung von der alltäglichen nichtklösterlichen Arbeit als »ruoff« Gottes entwickelt hatte (s. Die Predigten Taulers aus der Engelberger und der Freiburger Hs. sowie aus Schmidts Abschriften der ehemaligen Straßburger Hss., ed. Ferdinand Vetter [Deutsche Texte des Mittelalters 11], Berlin 1910 = Dublin 1968, 243,13–22; s. hierzu Dietmar Mieth, Die Einheit von vita activa und vita contemplativa in den deutschen Predigten und Traktaten Meister Eckharts und bei Johannes Tauler, Regensburg 1969 [= Studien zur Geschichte der katholischen Moraltheologie 15], 290–292). Vor diesem Hintergrund ist auch das von Holl in WA 10/I/1, 306,17f (»Unangesehen aller heyligen exempell unnd leben soll eyn iglicher wartten, was yhm befolhen ist, unnd warnhemen seynis beruffis.«) diagnostizierte erste Auftreten des Lemmas »Beruf« (a.a.O. 218) auf der Linie mystischer Entwicklungen zu sehen.

43 WA 10/I/1, 387,3–14.

44 Zu den geistigen Hintergründen dieser Vorstellung immer noch grundlegend: Hugo Rahner, Die Gottesgeburt. Die Lehre der Kirchenväter von der Geburt Christi aus dem Herzen der Kirche und der Gläubigen, in: ders., Symbole der Kirche. Die Ekklesiologie der Väter, Salzburg 1964, 11–87; vgl. auch Dietmar Mieth, Gottesschau und Gottesgeburt. Zwei Typen christlicher Gotteserfahrung in der Tradition, in: FZPhTh 27 (1980) 204–223; zur Bedeutung dieses Gedankens auch für Luther s. Karin Ulrich-Eschemann, Vom Geborenwerden des Menschen. Theologische und philosophische Erkundungen, Münster u.a. 2000 (Studien zur systematischen Theologie und Ethik 27), 194f. Die angeführten Zitate aus der Wartburgpostille zeigen vor allem, dass für Luther die Gegensätze zwischen reformatorischer und mystischer Theologie geringer waren, als dies im Rückblick oft vermutet wird, wenn etwa Michael Korthaus, Kreuzestheologie, Tübingen 2007 (BHTh 142), 353, schreibt: »Statt – wie Tauler – von der ›Gottesgeburt in

den Druck der Tauler-Predigten bekannt geworden war; deren Ordnung nach dem Kirchenjahr brachte es mit sich, dass am Anfang eine Predigt über die Gottesgeburt stand, in welcher Johannes Tauler die innertrinitarische Geburt des Sohnes, die Geburt Jesu in Bethlehem und die stets neue Geburt Gottes in der Seele der mystisch bewegten Glaubenden ineinander dachte[45]. Wie dicht Luther hier mit der mystischen Tradition verwoben ist, zeigt sich daran, dass er an anderer Stelle auch davon sprechen kann, dass Christus »ynn uns und wyr ynn yhm geporn werden«[46]. Der Anklang an die mystische Rede von der Gottesgeburt an beiden Stellen wird noch auffälliger, wenn man einbezieht, dass Luther in der Wartburgpostille nicht allein von einer Gottesgeburt in der Seele spricht, sondern auch den Gedanken einer Gottwerdung der Glaubenden nicht scheut[47]. In Auslegung der Rede von den Menschen als Göttern in Ps 82 (81), 6 erklärt der Reformator: »Aber gotte synd wyr durch die liebe, die unß gegen unßernn nehisten wolthettig macht; denn gottlich natur ist nit anderß denn eytell wolthettickeyt«[48]. Aussagen wie diese liest man vor dem spätmittelalterlichen Hintergrund ohne große Irritation. Offenkundig lässt Luthers Theologie sich tat-

der Seele‹ spricht Luther vom *Glauben.*« In der Tat ist die Rede vom Glauben in diesem Zusammenhang ein wichtiges Eigengut Luthers – das aber nicht im Ersetzungsverhältnis zur Gottesgeburt steht, sondern diese erläutert.

45 Sermones: des hoch| geleerten in gnaden erleüchten do| ctoris Johannis Thaulerii sannt| dominici ordens die das weißend| auff den nåchesten waren weg im| gaist zů wanderen durch überswe| benndenn syn. von latein in teütsch| gewendt manchem menschenn zů| såliger fruchtbarkaitt, Augsburg: Hans Ot 1508, 1r–3r; vgl. Tauler, Predigten (Ed. Vetter) 7–12. Wenn Bernd Moeller, Tauler und Luther, in: La mystique Rhénane. Colloque de Strasbourg 16–19 mai 1961, Paris 1963, 157–158, 163, erklärt, dass »ein tiefgreifender Unterschied zwischen den beiden Theologen« gerade in der Frage der Gottesgeburt bestand, so trifft dies zwar durchaus den Umstand, dass Luther diese in seinen Randbemerkungen zu Taulers Predigten nicht thematisiert. Als Gesamtbefund ist es aber ebenso verkürzt wie die von H. Bornkamm übernommene, mit einer zu einfachen Alternative operierende Aussage »Luther war kein Mystiker« (ebd. 164).

46 WA 10/I/1, 619,18.

47 Auf die Bedeutung dieses Gedankens für Luther hat die finnische Lutherforschung zu Recht hingewiesen; s. Simo Peura / Antti Raunio (Hg.), Luther und Theosis. Vergöttlichung als Thema der abendländischen Theologie, Helsinki / Erlangen 1990 (Schriften der Luther-Agricola-Gesellschaft A 25); Simo Peura, Mehr als ein Mensch? Die Vergöttlichung als Thema der Theologie Martin Luther von 1513 bis 1519, Mainz 1994 (VIEG 152); in der deutschsprachigen Forschung wurde dieser Deutung allerdings wiederholt widersprochen (s. insbesondere Albrecht Beutel, Antwort und Wort. Zur Frage nach der Wirklichkeit Gottes bei Luther, in: ders., protestantische Konkretionen. Studien zur Kirchengeschichte, Tübingen 1998, 28–44; Reinhard Flogaus, Theosis bei Palamas und Luther. Ein Beitrag zum ökumenischen Gespräch, Göttingen 1997).

48 WA 10/I/1, 100,18–20.

sächlich über weite Strecken als Transformation solcher Mystik erklären – auch noch in der Wartburgpostille von 1522, dem Grundlagenwerk evangelischer Predigtkultur.

Beides – Einbindung in die spätmittelalterliche Mystik und weitreichende Wirkung auf das frühneuzeitliche Luthertum – können deswegen Hand in Hand gehen, weil Transformation eben keineswegs einfach lineare Fortsetzung des späten Mittelalters bedeutet, sondern sich bei Luther ebenso klar Brechungen zeigen, die aus seiner gewandelten Theologie entstehen. Entscheidend ist hier, dass in der Gottesbegegnung der Glaube zentral geworden ist. Er ist damit, wie Berndt Hamm gezeigt hat, an die Stelle der Liebe getreten[49]. Vermittelt wird er durch das Wort. Diesen Zusammenhang erwähnt Luther ausdrücklich auch in der Wartburgpostille:

> »Nu ist nott zu solcher gepurt zwey stueck, gottis wort und glawbe, ynn wilchen tzweyen die geystlich gepurt Christi volnbracht wirt«[50]

Diese Zuspitzung der Gottesgeburt auf Wort und Glaube stellt ein neues Element gegenüber der spätmittelalterlichen Frömmigkeit dar, an welche Luther gleichwohl transformierend anknüpfte, wenn er den Anfang des Glaubens mit der neuen Geburt Christi gleichsetzte. Wie bei Tauler wurde so das historische Geschehen in die Gegenwart der Glaubenden hineingenommen. Nicht nur im Blick auf die Endzeit verschmelzen so die Zeiten zu einem, in sich offenbar als je neu aktualisiert gedachten und doch einheitlichen, Vorgang. So kann Luther auch im Zusammenhang des Weihnachtsevangeliums sagen:

> »Er hatt unß williglich geporn durch seyn wortt der warheytt, das wyr anheben seyn new Creatur tzu seyn. Sihe, alßo nympt Christus tzu sich von unß unßer gepurtt und vorsenckt sie ynn seyner gepurtt und schenckt unß die seyne, das wyr darynn reyn und new werden, alß were sie unßer eygen, das eyn iglicher Christen mag sich dießer gepurtt Christi nitt weniger frewen und ruhmen, denn alß were er auch, gleych wie Christus, leyplich von Marien gepornn. Wer das nit glewbt odder tzweyffellt, der ist keyn Christen«[51]

Das Verhältnis ist also, ähnlich wie bei den obigen hermeneutischen Aussagen, ja, ähnlich wie in Ebelings Deutung des Verhältnisses von geistlichem und buchstäblichem Sinn, ein vollständig

49 S. Berndt Hamm, Der frühe Luther. Etappen reformatorischer Neuorientierung, Tübingen 2010, 1–24.
50 WA 10/I/1, 619,20f.
51 WA 10/I/1, 72,11–18.

zweiseitiges: Die Geburt Christi bedeutet ein Hineinholen der Glaubenden in sich selbst, zugleich aber bringt der Glaube eben diese Geburt stets neu und anders hervor. Die Zeit Bethlehems und die Zeit der Wartburg, das 1. Jahrhundert und das 16. Jahrhundert: Sie sind letztlich eines im Angesicht der Wirkung Christi.

Damit wird Luthers hermeneutischer Ansatz in seiner mystischen Grundierung verständlich. Wenn in Christus die Zeiten verschmelzen, kann auch die Historie vom kommenden Christus dazu führen, dass die Hörenden und Glaubenden wieder zu ihm kommen[52]. Wie nahe diese Vorstellung an der spätmittelalterlichen Mystik ist, zeigt die (von Luther nicht annotierte) 33. Predigt aus der Tauler-Ausgabe von 1508, in welcher es heißt:

> »Denn kommpt die våterliche krafft, unn růffet dem menschen durch sich in seinn aingebornen sun vnnd als der sune wirt geboren auß dem vater vnnd fleüßt wider in den vater, also wirte dieser mensch in dem sun von dem vater geborn. vnn fleüßt wider in den vater mit dem sun.«[53]

Offenkundig spiegelt sich in dieser Predigt der Grundgedanke der Gottesgeburt wider und wird in einer Weise gewendet, die die Bewegung von Gott her und zurück zu Gott betont: also ein Kommen Christi und ein Zu-ihm-gebracht-Werden, durch das Luther seine eigene Hermeneutik charakterisiert hat. Ungeachtet der von Luther vollzogenen worttheologischen Brechung macht der Gedanke einer in der unmittelbaren Gottesbegegnung erfolgenden Überwindung der Zeitdifferenz die Denkfiguren in hohem Grade vergleichbar. Man wird sogar die Vermutung wagen dürfen, dass die Verschmelzung der Zeiten, wie sie für Luthers Hermeneutik charakteristisch wurde, in dieser Weise überhaupt nur denkbar war, weil Luther schon früh mit einer mystischen Vorstellungswelt in Berührung gekommen und von dieser geprägt worden war. Luthers Hermeneutik ist mithin – auch – als Transformation mystischer Frömmigkeit zu sehen. Auch sie wurzelt in dem Boden spätmittelalterlicher Frömmigkeit.

52 WA 10/I/1, 13,19–22; vgl. oben S. 215.

53 Sermones Thauleri 76^{r}; vgl. Tauler, Predigten (Ed. Vetter) 302,25–29; vgl. zu diesem Druck Freimut Löser (Hg.), Meister Eckhart in Augsburg. Deutsche Mystik des Mittelalters in Kloster, Stadt und Schule, Augsburg 2011, 112–117; zu Luthers Randbemerkungen in diesem Druck s. ebd. 106f sowie Henrik Otto, Vor- und frühreformatorische Tauler-Rezeption. Annotationen zu den Drucken des späten 15. und frühen 16. Jahrhunderts, Gütersloh 2003 (QFRG 75), 183–214.

Abstract
While Luther was hidden on the Wartburg castle he was an extremely prolific writer. One of his works of this time was the *Wartburgpostille*, a handbook for preachers. It is this pastille, in which we find him identifying his one times as eschatological ones, caused by his conviction that the pope were the Antichrist. Against this background, he had to interpret the synoptic apocalypse as a prophecy for his times. With this, he comes into a special hermeneutical situation: the times of the New testament and of his own meld and produce a promulgation for the present. In terms of intellectual history, we can see in this a transformation of the medieval fourfold sense of scripture, centered in a mystical announcement of the birth of Christ in the soul of the believer.

Volker Leppin, geb. 1966, Dr. theol., ist Professor für Kirchengeschichte und Direktor des Instituts für Spätmittelalter und Reformation an der Evangelisch-Theologischen Fakultät der Eberhard Karls Universität Tübingen.

III

Fragen der Glaubens- und Lebenspraxis

Alexander Zerfaß

»Er hat ein Gedächtnis an seine Wunder gestiftet« (Ps 111,4)

Liturgiewissenschaftliche Aspekte zur Wahrnehmung, Deutung und Gestaltung von Zeit

In memoriam Prof. Dr. Antonie Wlosok (1930–2013)

Die Zeit zählt zu den prägenden Faktoren menschlichen Daseins. Für Immanuel Kant ist sie neben dem Raum eine der beiden »reinen Anschauungsformen«, die menschlicher Erfahrung apriorisch zugrunde liegen[1]. Doch nicht nur in der Erfahrungsdimension ist die Zeit eine grundlegende Kategorie; entsprechend entwirft der Mensch auch seinen aktiven Selbstvollzug wesentlich durch die Gestaltung von Zeit, sodass sowohl für das Individuum als auch für ganze Kulturen gilt: »Am Umgang mit der Zeit entscheidet sich das Leben.«[2] Für die Liturgie ist die Zeit in mehrfacher Hinsicht ein maßgeblicher, wenn nicht überhaupt der entscheidende Faktor. Dies gilt zunächst deshalb, weil das liturgische Geschehen im Kern um die Verhältnisbestimmung unterschiedlicher Zeitebenen kreist; der Hauptteil der folgenden Ausführungen möchte dies am Beispiel des Wortgottesdienstes der Messe erschließen (Kap. 2). Die kürzeren rahmenden Kapitel nehmen in den Blick, dass der Deutung von Zeit ihre Erfahrung vorausliegt (Kap. 1) und ihre bewusste Gestaltung entspricht (Kap. 3).

1 Liturgie und Zeiterfahrung: Individuelle Zeitwahrnehmung und kulturelle Zeitdeutung

In der individuellen Wahrnehmung der Zeit lassen sich zwei verschiedene Erfahrungsweisen unterscheiden, die zugleich auch die beiden Grundformen der kulturellen und gesellschaftlichen Zeit-

1 Vgl. *A. Anzenbacher*, Einführung in die Philosophie, Freiburg i.Br. [9]2002, 142f.

2 *M. Klöckener*, Mensch – Zeit – Wendezeit. Die Liturgie der Kirche im Spannungsfeld von spätantiker Tradition, fordernder Gegenwart und offener Zukunft, in: *ders.* / *A. Urban* (Hg.), Liturgie in Wendezeiten. Zwischen konstantinischem Erbe und offener Zukunft, Trier 2009, 14–38, hier 38. Ein faszinierendes Panorama zur Sicht auf die Zeit aus der Perspektive unterschiedlicher Wissenschaften entfaltet der Sammelband: *D. Goltschnigg* (Hg.), Phänomen Zeit. Dimensionen und Strukturen in Kultur und Wissenschaft, Tübingen 2011.

interpretation prägen[3]. Den ersten Erfahrungsmodus stellt die *zyklische Zeiterfahrung* dar, für die zuallererst Phänomene der Natur maßgeblich sind: Vor allem der Wechsel von Tag und Nacht sowie die Abfolge der Jahreszeiten geben menschlicher Existenz Rhythmen vor. Zwar hängt die Bindekraft dieser Rhythmen bis zu einem gewissen Grad von kulturellen Faktoren ab und war infolge dessen in vergangenen Jahrhunderten – in einer stärker agrarisch geprägten Gesellschaft und ohne die praktisch unbegrenzte Verfügbarkeit elektrischen Stroms – höher als heute. Dennoch bleiben auch für den modernen Menschen biologische Rhythmen unentrinnbar, etwa der durch das Hormon Melatonin gesteuerte Tag-Nacht-Rhythmus, bei dessen Ausprägung die chronobiologische Forschung innerhalb der Bevölkerung unterschiedliche auf genetischer Disposition beruhende »Chronotypen« beobachtet (so genannte »Lerchen« bzw. »Eulen«), die beispielsweise Einfluss auf die Zeiten maximaler Leistungsfähigkeit ausüben[4].

Zugleich erfährt der Mensch sein Leben als Aufeinanderfolge unwiederbringlicher Zeitpunkte: Neben die zyklische tritt die *lineare Zeiterfahrung*. Prägend für sie ist nicht zuletzt das Erleben des Älterwerdens. Auch gehört es zur Alltagswahrnehmung, dass es irreversible Entscheidungen gibt, Weichenstellungen, deren Folgen nicht mehr rückgängig gemacht werden können, Gelegenheiten, die – einmal verstrichen – nicht wiederkehren. Die griechische Sprache hat neben χρόνος für die ablaufende Zeit einen eigenen Begriff für diese Zeiterfahrung geschaffen: καιρός (›der rechte Augenblick‹). Bezeichnend ist die Ikonographie des personifizierten καιρός, wie sie etwa ein römisches Marmorrelief in Turin (2. Jh. n.Chr.) nach einer Bronzeplastik des Lysipp, des Hofbildhauers Alexanders des Großen, überliefert[5]: Der καιρός wird als geflügelter junger Mann dargestellt, der energischen Schrittes eine Waage auf einer Rasier-

3 Vgl. zum Folgenden einführend *H. Auf der Maur*, Feiern im Rhythmus der Zeit I. Herrenfeste in Woche und Jahr (GdK 5), Regensburg 1983, 16–25; *K.-H. Bieritz*, Das Kirchenjahr. Feste, Gedenk- und Feiertage in Geschichte und Gegenwart, München [6]2001, 23–28. Anregende Überlegungen zum Verhältnis von Zeiterfahrung zu physikalischen, philosophischen und religiös-liturgischen Aspekten des Zeitverständnisses bietet *J. Van der Veken*, Tussen tijd en eeuwigheid. Wijsgerige bezinning over de tijd, TLi 84 (2000), 5–14.

4 Vgl. *G. Hildebrant / M. Moser / M. Lehofer*, Chronobiologie und Chronomedizin. Biologische Rhythmen – Medizinische Konsequenzen, Stuttgart 1998, 20–24.42.68–97; *J.M. Waterhouse / P.J. DeCoursey*, Human Circadian Organization, in: *J.C. Dunlap / J.J. Loros / P.J. DeCoursey (Hg.)*, Chronobiology. Biological Timekeeping, Sunderland, Massachusetts 2004, 291–323.

5 Abbildung bei *S. Kansteiner u.a. (Hg.)*, Text und Skulptur. Berühmte Bildhauer und Bronzegießer der Antike in Wort und Bild. Ausstellung in der Abguss-Sammlung Antiker Plastik Berlin, Berlin 2007, 101.

klinge balanciert, worin der Entscheidungscharakter des καιρός zum Ausdruck kommt. Auf der Stirn wächst ihm ein langer Haarschopf, während sein Hinterkopf kahl ist: Der flüchtige Augenblick muss ›beim Schopf gepackt‹ werden – sieht man ihn von hinten, d.h. ist er vorbeigeeilt, kann man ihn nicht mehr ergreifen.

Diese beiden anthropologisch bedeutsamen Modi der Zeiterfahrung spiegeln sich auf einer anderen Ebene, wenn kulturwissenschaftlich nach den verschiedenen Zeitmodellen menschlicher Gesellschaften gefragt wird. Die *zyklische Zeitauffassung* knüpft an wiederkehrende Naturphänomene, wie sie vor allem mit dem Lauf der Jahreszeiten verbunden sind, an und ist folglich besonders in nomadisch und agrarisch geprägten Kulturen verbreitet. Religion greift dann das zyklische Werden und Vergehen der Natur mythisch-kultisch auf und begleitet zumal ihre Regeneration typischerweise durch Neujahrsriten als »eine Erneuerung und Wiederholung des ursprünglichen Schöpfungsaktes«[6].

Die *lineare Zeitauffassung* folgt demgegenüber eher dem Modell der Unumkehrbarkeit von Ursache und Wirkung. Sie ist kulturgeschichtlich jünger, da das hier einschlägige Paradigma der ›Geschichte‹ entwickelte Stadtkulturen mit Schriftgebrauch voraussetzt. Als Begründer der Geschichtsschreibung innerhalb des mediterranen Kulturkreises gilt Herodot von Halikarnassos (ca. 485–425 v.Chr.), dessen vom zeitgenössischen Kontext der Perserkriege her motivierte universalgeschichtliche Historien sich kritisch mit dem Mythos auseinandersetzen[7]. Doch auch die alttestamentliche Literatur kennt fortlaufende Geschichtsdarstellungen, die dem Zweck der Gegenwartsdeutung dienen[8]: So versteht sich das in der Exilszeit redigierte deuteronomistische Geschichtswerk (Dtn bis 2 Kön, ohne Rut) als breit angelegte Ätiologie zum Verlust des verheißenen Landes[9].

Judentum und Christentum haben eine spezifische Synthese aus linearer und zyklischer Zeitauffassung entwickelt. Das Verständnis

6 *Auf der Maur*, Feiern, 23.

7 Vgl. *A. Lesky*, Geschichte der griechischen Literatur, München 1993 (Ndr. der Ausgabe Bern/München ^{3}1971), 349–374.

8 Dabei »ist zu beachten, dass die Hebräische Bibel *keine Geschichtsschreibung* in unserem heutigen Sinne kennt. ›Biblische Geschichte‹ will keine objektive Darstellung historischer Ereignisse bieten, sondern ist immer *theologische* Geschichts*darstellung*«: *I. Fischer*, »Alles hat seine Zeit …« (Kohelet 3). Zum Verständnis von Zeit, Kontinuität und Ewigkeit im Alten Testament, in: *Goltschnigg* (Hg.), Phänomen Zeit, 51–54, hier 51 (Hervorhebungen im Original).

9 Vgl. *G. Braulik*, Die Theorien über das Deuteronomistische Geschichtswerk (»DtrG«) im Wandel der Forschung, in: *E. Zenger u.a.*, Einleitung in das Alte Testament, 8., vollständ. überarb. Auflage, hg. von *Chr. Frevel*, Stuttgart 2012, 237–256.

von Geschichte und damit auch von Zeit wird wesentlich bestimmt durch die Heilige Schrift, was eine klare Prävalenz des linearen Modells mit sich bringt. In der Bibel – sowohl in der hebräischen als auch in der christlichen – erscheint die Geschichte als Erfahrungsraum der Beziehung zwischen Gott und Mensch und in diesem Sinne als Heilsgeschichte[10]. Der christliche Bibelkanon beider Testamente steckt für diesen Erfahrungsraum einen universalen Rahmen ab, eröffnet durch den Auftakt des zweifachen Schöpfungsberichts (Gen 1–2) und abgeschlossen mit der Vision der neuen Schöpfung (Offb 21–22)[11].

Innerhalb dieses Rahmens, der letztlich die ganze Geschichte zwischen Schöpfung und Vollendung, und damit auch die jeweilige Gegenwart, als Heilsgeschichte ausweist, bildet das christliche Alte Testament mit Tora und Geschichtsbüchern einen fortlaufenden chronologischen Erzählfaden, der in gewisser Weise – nach einer rund 150 Jahre umfassenden Lücke – mit dem Neuen Testament wieder aufgegriffen wird. Die Kanonstruktur der Hebräischen Bibel ist anders organisiert durch die absolute Vorrangstellung der Tora, die eine Ursprungsgeschichte mit offenem Ende erzählt, an das die anderen Kanonteile (Nebiim, Ketubim) mit unterschiedlichen Akzenten anknüpfen[12]. Dennoch ist auch die alttestamentlich-jüdische Zeitauffassung zwischen Protologie und (je später, desto mehr) Eschatologie ausgespannt: Die Geschichte hat einen Ursprung und ein Ziel[13].

Das liturgische Jahr mit seinen immer wiederkehrenden Festen ist demgegenüber zunächst ein Ausdruck zyklischer Zeitorganisation. Jedoch ist der Gegenstand jüdischer wie christlicher Feste die linear verlaufende Heilsgeschichte, die in ihren zentralen Stationen je neu vergegenwärtigt wird. Graphisch ließe sich dies als Synthese von Kreis (zyklisches Modell) und Pfeil (lineares Modell) in der

10 In der bibelwissenschaftlichen Reflexion sind Begriff und Konzept der »Heilsgeschichte« umstritten: Vgl. dazu erstorientierend *A. Weiser*, Art. Heilsgeschichte I. Biblisch-theologisch, LThK³ IV (1995), 1336–1339; ferner den Sammelband *J. Frey / S. Krauter / H. Lichtenberger* (*Hg.*), Heil und Geschichte. Die Geschichtsbezogenheit des Heils und das Problem der Heilsgeschichte in der biblischen Tradition und in der theologischen Deutung (WUNT I 248), Tübingen 2009.

11 Vgl. *E. Zenger*, Heilige Schrift der Juden und Christen, in: *ders. u.a.*, Einleitung, 11–36, hier 35.

12 Vgl. *N. Lohfink*, Moses Tod, die Tora und die alttestamentliche Sonntagslesung, in: *G. Braulik / ders.*, Liturgie und Bibel. Gesammelte Aufsätze (ÖBS 28), Frankfurt a.M. 2005, 151–164; *R. Meßner*, Der Wortgottesdienst der Messe als rituell inszenierte Christusanamnese, HlD 66 (2012), 171–185, hier 175.

13 Vgl. *S.A. Goldberg*, Zeit und Zeitlichkeit im Judentum (Jüdische Religion, Geschichte und Kultur 10), Göttingen 2009, bes. 86–88.94–98.105–129.

Spirale darstellen. Am Osterfest lässt sich unter religions- und kulturhistorischen Gesichtspunkten exemplarisch zeigen, wie zyklische und lineare Aspekte einander überlagern. Die Wurzeln des jüdischen Pesachfestes, genauer gesagt des Doppelfestes Pesach/Mazzot, scheinen auf den Zyklus der Jahreszeiten zu verweisen: Es handelt sich um ein Frühlingsfest (Datum: erster Vollmond nach dem Frühjahrs-Äquinoktium), für das ein entstehungsgeschichtlicher Zusammenhang mit einem nomadischen Ritus zum Weidewechsel (Pesach) bzw. mit einer Feier der Gerstenernte (Mazzot) diskutiert wird[14]. Dieses Fest wird jedoch durch die einschlägigen alttestamentlichen Texte, allen voran Ex 12–13 und Dtn 16, (neu) interpretiert als Gedächtnis[15] des Auszugs aus Ägypten, wird also an einem heilsgeschichtlichen Bezugspunkt festgemacht. Das christliche Paschafest (Ostern) fügt dem eine weitere heilsgeschichtliche Ebene hinzu, indem es sich als Jahresfeier des Todes und der Auferstehung Jesu, verstanden als definitiver Exodus aus dem Reich des Lebensfeindlichen, in fortschreibender Kontinuität zum Exodusgedächtnis des jüdischen Pesach sieht. Dabei bleiben die zyklisch-naturalen Bezüge stets lebendig, angefangen von der Frühlingsmetaphorik patristischer Osterpredigten[16] bis hin zur Symbolik des Volksbrauchtums (Osterei)[17].

14 So vertreten z.B. durch *Auf der Maur*, Feiern, 56–63. Kritisch informierend: *C. Leonhard*, Das alttestamentliche und das jüdische Pesachfest, in: *H. Auf der Maur*, Die Osterfeier in der Alten Kirche. Aus dem Nachlaß hg. von *R. Meßner / W.G. Schöpf*. Mit einem Beitrag von *C. Leonhard* (Liturgica Oenipontana 2), Münster 2003, 11–31, hier 16–20. Ausführlicher *ders.*, Die Erzählung Ex 12 als Festlegende für das Pesachfest am Jerusalemer Tempel, JBTh 18 (2003), 233–260; *ders.*, The Jewish Pesach and the origins of the Christian Easter. Open questions in current research (SJ 35), Berlin / New York 2006, 15–72.

15 Vgl. Ex 12,14: »Diesen Tag sollt ihr als Gedenktag (לְזִכָּרוֹן) begehen.« Zur Bedeutung von זכר vgl. *H.-J. Fabry*, »Gedenken« im Alten Testament, in: *J. Schreiner* (Hg.), Freude am Gottesdienst. Aspekte ursprünglicher Liturgie (FS J. G. Plöger), Stuttgart 1983, 177–187; *O. Richter*, Anamnesis – Mimesis – Epiklesis. Der Gottesdienst als Ort religiöser Bildung (APrTh 28), Leipzig 2005, 183–195; *B. Janowski*, Schöpferische Erinnerung. Zum »Gedenken Gottes« in der biblischen Fluterzählung, JBTh 22 (2007), 63–89.

16 Vgl. *T. Michels*, Das Frühjahrssymbol in österlicher Liturgie, Rede und Dichtung des christlichen Altertums, JLW 6 (1926), 1–15; *H. Rahner*, Österliche Frühlingslyrik bei Kyrillos von Alexandreia, in: *B. Fischer / J. Wagner (Hg.)*, Paschatis Sollemnia. Studien zu Osterfeier und Osterfrömmigkeit (FS J. A. Jungmann), Basel/Freiburg/Wien 1959, 68–75.

17 Vgl. *N. Henrichs*, Kult und Brauchtum im Kirchenjahr. Eine kulttheologische und brauchtumsgeschichtliche Untersuchung für Schule und Seelsorge, Düsseldorf 1967, 42f.

2 Die Interpretation der Zeit durch die Liturgie: Der vergegenwärtigende Charakter gottesdienstlicher Schriftverkündigung

Liturgie deutet alltagsweltliche Zeiterfahrung im Horizont des biblischen Glaubens. Sie stellt eine Beziehung her zwischen der Gegenwart der Feiernden und der biblisch kodifizierten Heilsgeschichte. Dabei bringt sie diese Heilsgeschichte auf unterschiedliche Weisen ins Spiel, vor allem indem sie sie in den Lesungen und der Predigt explizit verkündigt, sich im Gebet auf sie beruft und sie in den sakramentlichen Zeichenhandlungen aktualisiert. Um zu beschreiben, wie der Gottesdienst die verschiedenen Zeitebenen aufeinander bezieht, rekurriert liturgietheologische Reflexion auf das Konzept der Vergegenwärtigung (Anamnese)[18]: Die Liturgie stellt die feiernde Gemeinde in die Gegenwart heilsgeschichtlicher Ereignisse hinein, die – gemessen an der linearen Struktur menschlicher Zeitwahrnehmung und kultureller Geschichtskonzeption – der Vergangenheit oder auch der Zukunft angehören. Diese Sicht entspricht den Vorgaben offizieller liturgischer[19] und metaliturgischer Texte. So formuliert etwa die Liturgiekonstitution des Zweiten Vatikanischen Konzils:

> »Indem [die Kirche; ergänzt A.Z.] so die Mysterien der Erlösung feiert, erschließt sie die Reichtümer der Machterweise und der Verdienste ihres Herrn, so daß sie jederzeit gewissermaßen gegenwärtig gemacht werden und die Gläubigen mit ihnen in Berührung kommen und mit der Gnade des Heiles erfüllt werden.«[20]

Im Folgenden soll versucht werden, am Beispiel der Verkündigung der Heiligen Schrift im Wortgottesdienst der Messe näher zu bestimmen, was es heißt, dass hier göttliche Machterweise »gewissermaßen gegenwärtig gemacht werden«, sodass »die Gläubigen mit ihnen in Berührung kommen« können.

18 Vgl. z.B. *D. Thönnes*, Anamnese als Weg der Vergegenwärtigung oder: Vom Christusmysterium in der Liturgie, HlD 51 (1997), 205–215; *S. Wahle*, Gottes-Gedenken. Untersuchungen zum anamnetischen Gehalt christlicher und jüdischer Liturgie (IThS 73), Innsbruck u.a.2006; *R. Meßner*, Einführung in die Liturgiewissenschaft, 2., überarb. Auflage, Paderborn u.a. 2009, 161–166.

19 Man denke etwa an die pointierte Verwendung der Zeitangabe »heute« oder sinnentsprechender Formulierungen, z.B. im Einschub »das ist heute« in den Einsetzungsbericht des eucharistischen Hochgebets in der Messe vom Letzten Abendmahl (Meßbuch 1975, [30] u.ö.), in der wiederholten Formulierung »Dies ist die Nacht« im Exsultet der Osternacht (ebd. [72]f.) oder in der Magnificat-Antiphon der Zweiten Vesper von Weihnachten »Hodie Christus natus est« / »Heute ist Christus geboren« (Stundenbuch 1,198).

20 Sacrosanctum Concilium, Art. 102; zitiert wird die Übersetzung in LThK^2.E I (1966), 10–109.

In seiner Typologie liturgischer Schriftverkündigung unterscheidet Paul F. Bradshaw vier Grundmodelle des Wortgottesdienstes, die in der Praxis freilich in der Regel in Mischformen existieren[21]: Der *didaktische Wortgottesdienst* will die Hörer mit der Bibel als solcher vertraut machen und mit ihrer Hilfe auf deren Haltungen einwirken, während der *kerygmatische oder anamnetische Wortgottesdienst* diejenigen Schriftstellen ins Zentrum rückt, die den Anlass der jeweiligen Feier beleuchten und insofern den Gottesdienst überhaupt erst motivieren. Der *parakletische Wortgottesdienst* wiederum spricht in eine bestimmte pastorale Situation hinein, im Blick auf deren besondere Erfordernisse, z.B. im Rahmen von Kasualliturgien, die verkündeten Perikopen gewählt sind. Der *doxologische Wortgottesdienst* hingegen zielt weniger auf die Bedürfnisse der Hörer als auf die Verherrlichung Gottes, weswegen die Lesungen auch in einer den Hörern unverständlichen Sprache vorgetragen werden können. – Reinhard Meßner betont zu Recht, dass der Wortgottesdienst der Messe per se »jedenfalls primär« dem anamnetischen Typ zuzurechnen sei, insofern er »dem Gedächtnis des geschichtlichen Ursprungs, aus dem die feiernde Gemeinde lebt«[22], diene. Unbeschadet der vom Konzil und ebenso in der Pastoralen Einführung in das Messlektionar verschiedentlich betonten didaktischen Komponente[23] besitzt die Schriftverkündigung im Wortgottesdienst der Messe wesentlich vergegenwärtigenden Charakter. Das Messlektionar unterstreicht, das »im Gottesdienst fortwährend verkündete Wort Gottes« sei »durch die Kraft des Heiligen Geistes immer lebendig und wirksam«[24]:

> »Durch das Wort Gottes wird das Heilswerk unaufhörlich gegenwärtiggesetzt und fortgeführt und findet im gottesdienstlichen Tun sogar erst seinen vollen Ausdruck. So wird der Gottesdienst zur dauernden, vollen und wirksamen Verkündigung des Wortes Gottes«[25].

Das verkündete Wort Gottes zählt mithin zu den Elementen, durch die in der Liturgie »das Mysterium Christi vergegenwärtigt und in je eigener Weise ständig weitergeführt«[26] wird, sodass die »wun-

21 *P.F. Bradshaw*, The Use of the Bible in Liturgy: Some Historical Perspectives, SL 22 (1992), 35–52, hier 36–43.
22 *Meßner*, Wortgottesdienst, 172.
23 Vgl. v.a. Sacrosanctum Concilium, Art. 33; Pastorale Einführung in das Messlektionar, Nr. 10 (der Text ist neben dem liturgischen Buch auch greifbar in: DEL II [1997], 523–573).
24 Pastorale Einführung in das Messlektionar, Nr. 4.
25 Ebd.
26 Ebd., Nr. 5.

derbaren Taten, die Gott einst auf vielfältige Weise in der Heilsgeschichte gewirkt hat, [...] unter den Zeichen gottesdienstlichen Feierns geheimnisvoll, aber wirklich gegenwärtig«[27] werden. Wie aber ist diese Vergegenwärtigung von Heilsgeschichte via Schriftlesung zu verstehen?

Dass die Liturgie Heilsgeschichte vergegenwärtigt, die feiernde Gemeinde also als Zeitgenossin dieser Heilsgeschichte ausweist, hat jedenfalls nichts mit einer irgendwie gearteten Zeitreise (etwa in den Abendmahlssaal) zu tun. Vielmehr geht es um die Deutung der jeweiligen Gegenwart einerseits als Teil der – von der Schöpfung bis zur Vollendung reichenden, vom Heilswillen Gottes umschlossenen – kanonischen Heilsgeschichte, in die sie eingeschrieben wird, und andererseits ihrer Beziehung zu konkreten vergangenen (erinnerten) und zukünftigen (erwarteten, erhofften) Heilsereignissen.

2.1 Die Gegenwart als Teil der kanonischen Heilsgeschichte

Der Wortgottesdienst der Messe bringt durch seine äußere Struktur mit zwei alttestamentlichen[28] und zwei neutestamentlichen Lesungen die gesamte zwei-eine christliche Bibel zur Geltung. Dadurch steht, unabhängig von der konkreten Auswahl der verkündigten Texte, repräsentativ der gesamte Kanon der Heiligen Schrift im Raum. Dieser definiert, wie oben bereits ausgeführt, die gesamte zwischen Schöpfung und Vollendung sich erstreckende Geschichte als von Gottes Heilsratschluss umfangen. Jedoch ist die Aussage, Liturgie stelle die Gemeinde in die Gegenwart der Heilsgeschichte hinein[29], keineswegs auf die in gewisser Weise banale

27 Ebd., Nr. 7.

28 Dem Antwortpsalm kommt die Dignität einer biblischen Lesung zu; vgl. *A. Franz*, Der Psalm im Wortgottesdienst. Einladung zur Besichtigung eines ungeräumten Problemfeldes, BiLi 68 (1995), 198–203, hier 200f. Dass der Text des Psalms der Gemeinde von einer Person vom Ambo aus vorzutragen ist (vgl. Allgemeine Einführung in das Römische Meßbuch, Nr. 36.272 bzw. Grundordnung des Römischen Messbuchs [GORM; veröffentlicht als ADBK 215], Nr. 61. 309), steht deutlich auf einer Ebene mit den übrigen Akten der Schriftverkündigung (Lesungen, Homilie). Auf den wenn möglich seiner Gattung entsprechend gesungenen Psalm (vgl. GORM 61) antwortet die Gemeinde mit einem Kehrvers; daher, und nicht etwa aus einem Charakter als Antwort auf die erste Lesung, rührt die Bezeichnung ›Antwortpsalm‹ (psalmus responsorius). Der Kehrvers ist ein Element der meditativen Aneignung und Beantwortung des Schriftwortes durch die Gemeinde (vgl. ebd.).

29 Vgl. *B. Kranemann*, Biblische Texte – liturgische Kontexte. Intertextualität und Schriftrezeption in der Liturgie, ThG 48 (2005), 254–264, 262: »Liturgietheologisch kann man auf das Ineinander der Zeitebenen aufmerksam machen, das die Liturgie immer wieder neu ins Spiel bringt, um die Einbindung der Feiern-

Feststellung zu reduzieren, wenn die Heilsgeschichte zwischen Schöpfung und Vollendung, also zwischen Anfang und Ende der Zeit, ausgespannt sei, dann falle eben auch das Jetzt der liturgischen Feier in ihren Ablauf. Vielmehr ist die Aussage theologisch gefüllt: Auch die Gegenwart steht in der Hand desjenigen Gottes, der sich in den Ereignissen der biblisch kodifizierten Heilsgeschichte als der »Ich-bin-da« (Ex 3,14), als liebender und darum als rettender und befreiender Gott erwiesen hat. Diese Logik liegt auch der anamnetisch-epikletischen Struktur liturgischen Betens zugrunde[30]: ›Gott, der du dieses und jenes getan hast (Anamnese), erweise dich als du selbst, indem du auch heute entsprechend handelst (Epiklese)‹. Es geht also um die Begegnung mit ein und demselben Gott; der Alttestamentler Georg Steins hat in diesem Sinne die treffende Formulierung von der biblischen Geschichte als allen Zeiten offenstehendem Raum der Begegnung zwischen Gott und Mensch geprägt:

> »Die Bibel bezeugt nicht nur eine Geschichte der Gottesbegegnung Israels und der entstehenden Kirche als vergangenes Geschehen, sondern setzt sie gegenwärtig, eröffnet diese Geschichte als Raum der Gottesbegegnung der Späteren.«[31]

Die Liturgie macht diesen Raum begehbar durch die Verlesung der Heiligen Schrift, durch die die Glaubensbotschaft in ihren ursprünglichen Modus der Zu-Sage versetzt wird (Röm 10,17: »Der Glaube kommt vom Hören«!), sowie durch Predigt, Gebet und Gesang, in denen eine explizite Aneignung der Schrift möglich ist. Die biblische Geschichte qualifiziert die Gegenwart, denn »der durch die Lesung geschaffene Textraum bildet den neuen, kanonischen Lebensraum der Hörenden, der Gemeinde«, die »die erzählte Ursprungsgeschichte als ihre eigene Geschichte im Bekenntnis anerkennt«[32]. Einen Weg, dieses Zueigenmachen der biblischen Geschichte zu interpretieren, hat Angelus Häußling aufgewiesen: Li-

den in das von Gott erfüllte Zeitkontinuum von der Schöpfung bis zur Vollendung auszudrücken.«

30 Vgl. *A. Franz*, Wortgottesdienst der Messe und Altes Testament. Katholische und ökumenische Lektionarreform nach dem II. Vatikanum im Spiegel von Ordo Lectionum Missae, Revised Common Lectionary und Four Year Lectionary: Positionen, Probleme, Perspektiven (PiLi.S 14), Tübingen/Basel 2002, 271f., unter Rückgriff auf Beiträge von J. Hennig.

31 *G. Steins*, »Hört dies zu meinem Gedächtnis!« Anamnese als Bibel und Liturgie verbindende Leitkategorie, BiLi 80 (2007), 236–243, hier 237.

32 *Meßner*, Wortgottesdienst 179. Dieses Bekenntnis vollzieht sich in der Messe, wie Meßner zu Recht betont, sachlich wie historisch primär im Eucharistiegebet.

turgische Schriftverkündigung dient der Interpretation des je eigenen Lebens qua Identität der Glaubenserfahrung. Sie lädt zur Prüfung und Verifizierung der eigenen Erfahrungen mit Gott ein, indem »auf die authentischen Erfahrungen der beglaubigten Vorderen« zurückgegriffen wird:

> »[...] die Qualität des Wortes, derart gültig zu bleiben und zu sein, daß die Späteren ihre neuen Erfahrungen mit Gott verifizieren können, diese Qualität gehört zur Prophetie, zur Schrift. Beides: Erfahrungen mit Gott im Gebet erbitten, als irgendwie geschehen wahrnehmen und das Wort der Schrift als unserem kritischen Sinn zu einer gültigen Prüfung der diffusen Erfahrungen übergeben annehmen – das ist: an den je und je wirkenden Gott ernsthaft glauben. So verstanden ist Liturgie ein je aktuelles Geschehen in der Kirche, das von der Gemeinde am vorausgewußten, nun aber als gültig erwiesenen und neu angenommenen Wort der Schrift – dem Zeugnis der Propheten, dem Zeugnis der Erstglaubenden – überprüft wird. Wir verlesen in der Liturgie also nicht Bibel, um ein Neues zu hören, ein Interessantes, ein Frommes, nein: wir anerkennen proklamierend das Wort der Bibel als gültig, weil allein von ihm her erprobt wird, ob das an uns im voraus Geschehene wirklich Gottes Wirken ist, und wie es dies ist. [...]
>
> Schlagwortartig, aber damit gewiß auch verkürzend, mag man sagen: Exegese hat es zunächst mit Literatur zu tun, Liturgiewissenschaft mit Ereignisinterpretation.«[33]

Zur Verdeutlichung dieser Sicht auf die Schrift als Medium der Ereignisinterpretation rekurriert Häußling auf das innerbiblische Beispiel der Pfingstpredigt des Petrus, wo dieser die aktuellen Widerfahrnisse im Licht des Prophetenwortes interpretiert (Apg 2,17 im Rückgriff auf Joel 3,1)[34]. Aus der aktuellen Leseordnung mag das Evangelium des 19. Sonntags im Jahreskreis des Lesejahrs A exemplarisch zeigen, wie die verkündete Heilsgeschichte zur »Selbstklärung in zitierender Übernahme der Rollen der geschichtlichen Leitgestalten der normativen Heilszeit aus situativer Identität«[35] ruft: Es handelt sich um die Perikope vom Gang Jesu auf dem Wasser des Sees Genezareth (Mt 14,22–33), deren Pointe in der mat-

33 *A. Häußling*, Die Psalmen des Alten Testamentes in der Liturgie des Neuen Bundes, in: *K. Richter / B. Kranemann (Hg.)*, Christologie der Liturgie. Der Gottesdienst der Kirche – Christusbekenntnis und Sinaibund (QD 159), Freiburg i.Br. u.a. 1995, 87–102, hier 90f.

34 Vgl. ebd., 90.

35 *A. Häußling*, Liturgie: Gedächtnis eines Vergangenen und doch Befreiung in der Gegenwart [zuerst 1991], in: *ders.*, Christliche Identität aus der Liturgie. Theologische und historische Studien zum Gottesdienst der Kirche, hg. von *M. Klöckener / B. Kranemann / M.B. Merz* (LQF 79), Münster 1997, 2–10, hier 5.

thäischen Fassung im gescheiterten Versuch des Petrus liegt, Jesus auf dem Wasser entgegenzukommen. Die innere Spannung der Perikope resultiert aus dem Kontrast der Zusage Jesu: »Habt Vertrauen, ich bin es, fürchtet euch nicht!« (Mt 14,27)[36] und seiner Frage an den gerade von ihm vor dem Untergang geretteten Petrus: »Du Kleingläubiger, warum hast du gezweifelt?« (Mt 14,31). Im Sinne Häußlings wäre zu sagen, dass die existentielle Wahrheit dieser Perikope insofern unmittelbar die Gegenwart der Hörenden betrifft, als sie diese – aus einer situativen Identität mit Petrus heraus[37] – zur Prüfung ihrer Glaubenserfahrungen auffordert, inwieweit ihr Vertrauen auf Jesus Christus ihr Leben ›trägt‹, sie ›vor dem Untergang bewahrt‹ und sie dazu befähigt, über das Bedrohliche ›hinwegzuschreiten‹. So findet in der biblischen Erzählung »noch der heutige Beter die letzte Wahrheit der eigenen Lebensgeschichte«[38].

2.2 Die Gegenwart in Beziehung zu konkreten Heilsereignissen

Die Ausführungen Häußlings rücken einen wesentlichen Aspekt des anamnetischen Charakters liturgischer Schriftverkündigung ins Licht. Jedoch vermögen sie ihn nicht erschöpfend zu rekonstruieren. Gerade im Wortgottesdienst *der Messe* geht es auch um die Gegenwart des Paschamysteriums, insoweit es als historisches Ereignis eine Bedeutung hat, die die Jetztzeit unmittelbar betrifft und damit eine Beziehung der Zeitebenen konstituiert, die sich in ihrer Konkretheit nicht in situativer Identität erschöpft[39].

Die Pastorale Einführung in das Messlektionar bezeichnet eine doppelte Vergegenwärtigung derselben Heilsgeschichte in der zweipoligen Liturgie der Messfeier einerseits durch ihre Proklamation, andererseits durch ihren Vollzug in der sakramentalen Zeichenhandlung.

> »In der Feier des Wortes Gottes wird der göttliche Bund verkündet, in der Feier der Eucharistie der neue und ewige Bund erneuert. Hier wird

36 Die Formulierung spielt auf die göttliche Selbstvorstellung mit ἐγώ εἰμι in der Septuaginta an: Vgl. *U. Luz*, Das Evangelium nach Matthäus, Bd. II: Mt 8–17 (EKK I/2), Zürich u.a. 1990, 408.

37 Es ist von zentraler Bedeutung, dass diese situative Identität nicht in dem Versuch liegt, über physisches Wasser zu laufen, sondern auf der Ebene der existentiellen Frage nach dem Vertrauensverhältnis zu Jesus Christus.

38 *R. Meßner*, Christliche Identität aus der Liturgie. Ein bedeutender Beitrag Angelus A. Häußlings zu einer Hermeneutik der Liturgie, ALW 41 (1999), 336–346, hier 341.

39 *Kranemann*, Biblische Texte 262, spricht von »Beziehungen zwischen Wirklichkeiten«, die durch die Liturgie abgebildet bzw. performativ hergestellt werden.

die Heilsgeschichte in vernehmbaren Worten ausgerufen, dort wird dieselbe Heilsgeschichte unter den sakramentalen Zeichen der Liturgie vollzogen.«[40]

»Durch sinnenfällige Zeichen« wird nach den Worten des Konzils in der Liturgie »die Heiligung des Menschen bezeichnet und in je eigener Weise bewirkt«[41], wird – anders formuliert – die feiernde Gemeinde als Adressatin der Heilstaten Gottes ausgewiesen. Liturgische Gebetstexte aufnehmend hält die Liturgiekonstitution fest, dass sich in der Liturgie ›das Werk *unserer* Erlösung vollzieht‹[42], insofern das Pascha-Mysterium vergegenwärtigt wird, in dem Christus »durch sein Sterben *unseren* Tod vernichtet und durch sein Auferstehen das Leben neugeschaffen«[43] hat. Vor diesem Hintergrund könnte man die Vergegenwärtigung des Pascha-Mysteriums mit folgender Formel zu umschreiben versuchen: *Ich stehe in der Gegenwart des Heils, indem sinnlich erfahrbar wird, dass vermittels des historischen Ereignisses auch mir der österliche Transitus zugesagt ist.* Zu den Medien dieser sinnlichen Erfahrbarkeit zählt auch die Verlautung der Heiligen Schrift in den Lesungen[44].

2.2.1 *Kulturanthropologie und Liturgietheologie*

Die Kirche hat sich von allem Anfang an entschieden, der Botschaft Jesu vom Reich Gottes zu trauen und die Erfahrungen mit ihm als Erfahrungen mit dem sich offenbarenden Gott anzunehmen, der sich in Jesu Zuwendung zu den Bedürftigen, in seiner bedingungslosen Pro-Existenz bis zum Tod am Kreuz, in seiner Überwindung des Todes, dem Exodus aus dem Sklavenhaus des Lebensfeindlichen, definitiv als der »Ich-bin-da« erweist. Sie konstituiert sich daher als Erzählgemeinschaft[45], deren Glaube vom Hö-

40 Pastorale Einführung in das Messlektionar, Nr. 10.

41 Sacrosanctum Concilium, Art. 7.

42 Vgl. ebd., Art. 2, mit einem Zitat aus der Secreta des 9. Sonntags nach Pfingsten im Missale Romanum 1570/1962 (Hervorhebung A.Z.).

43 Ebd., Art. 5, mit Zitat aus der Osterpräfation im Missale Romanum 1570/1962 (Hervorhebung A.Z.).

44 Eine wichtige Rolle im Blick auf die explizite Entfaltung der Vergegenwärtigung kommt der Homilie zu – insbesondere wenn sie sich im Sinne der Verkündigungspraxis Jesu als Intervention versteht, die ausgehend vom Schriftwort darauf zielt, »daß die befreiende Macht Gottes sich neu in den Situationen durchsetzt, die uns familiär, beruflich und politisch belasten und am Leben hindern«; vgl. dazu *R. Zerfaß*, Grundkurs Predigt, Bd. 2: Textpredigt, Düsseldorf 1992, 14–58 (das Zitat: ebd., 23).

45 Vgl. *H. Weinrich*, Narrative Theologie, Conc(D) 9 (1973), 329–333, hier 330; *J.B. Metz*, Glaube in Geschichte und Gesellschaft. Studien zu einer praktischen Fundamentaltheologie, 5. Aufl. (Ndr. der 4. Aufl. 1984), Mainz 1992, 209.

ren kommt[46]: Ihr normativer Referenzpunkt ist der Kanon der Heiligen Schrift, der das ›Erzählgut‹, den Gegenstand der christlichen Verkündigung, birgt. Die Identität der Kirche erschließt sich im hermeneutischen Zirkel von Kanon und Auslegungsgemeinschaft: Die Auslegungsgemeinschaft definiert den Kanon[47], der Kanon definiert das Selbstverständnis der Auslegungsgemeinschaft[48]. Die Herausbildung des Kanons markiert die Anerkenntnis eines normativen Koordinatensystems christlicher Verkündigung, das insofern als göttlich inspiriert anerkannt wird, als in ihm tatsächlich – im Medium menschlicher Erfahrung und menschlicher Sprache – Erfahrungen mit Gott gegeben sind. Für den Prozess der Kanonbildung in der Alten Kirche war zunächst die Entscheidung grundlegend, auch jenseits judenchristlicher Kreise die Bibel Jesu und seiner Jünger als Altes Testament beizubehalten[49], das dann durch die explizit auf Christus und die formative Phase der Kirche bezogenen Schriften des Neuen Testaments ergänzt wurde. Letztere stehen im Horizont der Ostererfahrung, die der Erinnerung an den redenden und handelnden Jesus ihre Perspektive verleiht. Die Präexistenz- und Inkarnationschristologien verbürgen die Erfahrungen mit Jesus als eminente Gotteserfahrungen[50]. Konstitutiv ist ferner das Bewusstsein von der bleibenden Gegenwart des auferstandenen Herrn und seines Geistes[51]. Das Christuskerygma des Neuen Testaments ist seinem Selbstverständnis nach der hermeneutische Schlüssel zum christlichen Bibelkanon, insofern es dessen Spannungsbogen auf eine von Christus umschlossene und auf ihn als ihre Mitte hin zentrierte Geschichte ausrichtet. Durch ihn, in ihm und auf ihn hin ist alles geschaffen (Joh 1,3; Kol 1,16), und auf seine Wiederkehr in Herrlichkeit läuft die Geschichte zu (Mt

46 Vgl. *P. Knauer*, Der Glaube kommt vom Hören. Ökumenische Fundamentaltheologie, 6., neubearb. u. erw. Aufl., Freiburg i.Br. u.a. 1991, 227–239.

47 Die Kanondefinition ist als äußerer Prozess abgeschlossen, geht aber als innerer Prozess der Aneignung und Auslegung weiter (»Tradition«).

48 Vgl. *G. Steins*, Die »Bindung Isaaks« im Kanon (Gen 22). Grundlagen und Programm einer kanonisch-intertextuellen Lektüre. Mit einer Spezialbibliographie zu Gen 22 (Herders Biblische Studien 20), Freiburg i.Br. u.a. 1999, 33; *L. Schwienhorst-Schönberger*, Einheit statt Eindeutigkeit. Paradigmenwechsel in der Bibelwissenschaft?, HerKorr 57 (2003), 412–417, hier 413f.

49 Dies geschah mit theologischer Notwendigkeit, denn »das Evangelium und die in ihm erzählte Christusgeschichte ist ohne die ihm vorausliegende Schrift, also ohne das Alte Testament, schlechthin unverständlich« (*Meßner*, Wortgottesdienst 179). Paradigmatisch für diesen Zusammenhang ist auch die an Heidenchristen adressierte Briefliteratur des Neuen Testaments, die – wie etwa die Paulusbriefe – ganz auf der Grundlage der hebräischen Bibel argumentiert.

50 Vgl. Joh 1,14: »das Wort ist Fleisch geworden«.

51 Vgl. z.B. die Abschiedsreden des Johannesevangeliums und die kirchenbegründende Pfingsterfahrung Apg 2.

25,31). Der Ratschluss Gottes zum Heil der Menschen ist von allem Anfang her an ihn geknüpft (Eph 1,4f.); seine Auferstehung als »Erstgeborener der Toten« (Kol 1,18) verbürgt die allgemeine Auferstehung (1 Kor 15,20–22).

Das Evangelium, das im eben angedeuteten Sinne vom Zentrum der Heilsgeschichte erzählt, ist zugleich Ursprung und Ziel der Kirche. Seine liturgische Verkündigung aktualisiert daher ihren Lebensnerv: Vergegenwärtigung von Heilsgeschichte lässt sich zuerst aus kulturanthropologischer Sicht als rituelle Realisierung des kulturellen Gedächtnisses der Kirche verstehen[52] – ohne Berufung auf ihre Mitte, ihren Ursprung und ihr Ziel ist die Kirche nicht sie selbst[53]. Der Philosoph Richard Schaeffler betont im Blick auf die identitätsbildende Funktion zunächst des individuellen Gedenkens die Bedeutung von »Denkwürdigkeiten«,

> »die als Kristallisationspunkte für die Synthese unserer Erfahrung dienen können. Dazu gehören Identifikationsereignisse, auf die eine Fülle späterer Erlebnisse bezogen werden kann, weil uns in diesen Ereignissen wie in einem gebündelten Lichtstrahl aufgegangen ist, wer wir selber sind und wie es um unsere Welt bestellt ist.«[54]

Auf die Ebene der religiösen Gemeinschaft übertragen, sind solche ›Denkwürdigkeiten‹ »primär nicht Ereignisse aus dem eigenen Leben der Menschen, sondern Ereignisse eines göttlichen Wirkens und Leidens«, in deren Licht »die Krisen des eigenen Lebens gedeutet werden«[55]. Näherhin erwächst religiöse Identität nach Schaeffler »in einem Akt der Begegnung«, nämlich im Gebet, wenn der Mensch »in der Sprachhandlung der Namensanrufung, in der [er] in die Korrelation mit Gott eintritt, in dieser Begegnung mit ihm die längst gewirkten Heilstaten Gottes als gegenwärtig erfährt, und zwar so, daß damit auch Gottes künftig erhoffte

52 Essentielle Hinweise dazu auf der Basis von M. Halbwachs und J. Assmann bei *R. Meßner*, Die Kirche an der Wende zum neuen Äon. Vorüberlegungen zu einer Theologie der eucharistischen Anamnese, in: *S. Hell* (Hg.), Die Glaubwürdigkeit christlicher Kirchen. Auf dem Weg ins 3. Jahrtausend (FS L. Lies), Innsbruck 2000, 209–238, hier 210–213. Vgl. ferner *G. Brüske*, Die Liturgie als Ort des kulturellen Gedächtnisses. Anregungen für ein Gespräch zwischen Kulturwissenschaften und Liturgiewissenschaft, LJ 51 (2001), 151–171.

53 Dies ist einer der Gründe, weshalb eine Ersetzung der biblischen durch nichtbiblische Lesungen in der Liturgie unter keinen Umständen möglich ist.

54 *R. Schaeffler*, »Darum sind wir eingedenk«. Die Verknüpfung von Erinnerung und Erwartung in der Gegenwart der gottesdienstlichen Feier – Religionsphilosophische Überlegungen zur religiös verstandenen Zeit [zuerst 1986], in: *A.A. Häußling* (Hg.), Vom Sinn der Liturgie. Gedächtnis unserer Erlösung und Lobpreis Gottes, Düsseldorf 1991, 16–44, hier 23.

55 Ebd., 29.

Heilstaten zeichenhaft, aber wirksam vorweggenommen erscheinen«[56]. Liturgisches Gebet wiederum hängt wesenhaft mit der Verkündigung des Wortes Gottes zusammen, auf die es antwortet[57].

Unverkennbar bewegt sich Schaefflers Sicht religiöser Identifikationsereignisse als »Erfahrungen einer Partizipation« an Ereignissen eines göttlichen Lebens, »als dessen Nachvollzüge und Gegenwartsgestalten«[58] das eigene Geschick gedeutet wird, in den Bahnen der Mysterientheologie Odo Casels. Casel hatte den Charakter der Liturgie als »objektive und notwendige Darstellung und Gegenwärtigsetzung des Heilswerkes Christi« bestimmt, als »eine Art Fortsetzung und Weiterentfaltung der Oikonomia Christi«, die sich nur durch die Teilnahme am Kultmysterium »allen Geschlechtern der in Raum und Zeit sich ausbreitenden Heilsgemeinde mitteilen« kann[59].

2.2.2 *Romano Guardini und das Aeviternum*

In der Forschung nur wenig rezipiert ist der genuine Beitrag, den Romano Guardini zur Ausbuchstabierung der Mysterientheologie geleistet hat. Einschlägig ist in diesem Zusammenhang seine kleine Schrift »Vom liturgischen Mysterium«[60], die 1925 im inneren Anschluss an die zwei Jahre zuvor publizierte »Liturgische Bildung«

56 Ebd., 34.

57 Vgl. Sacrosanctum Concilium, Art. 33: »Denn in der Liturgie spricht Gott zu seinem Volk; in ihr verkündet Christus noch immer die Frohe Botschaft. Das Volk aber antwortet mit Gesang und Gebet.« Zur vielschichtigen Verschränkung des Anredecharakters von Schrift- und Gebetswort in der Liturgie vgl. *P. Ebenbauer*, Mehr als ein Gespräch. Zur Dialogik von Gebet und Offenbarung in jüdischer und christlicher Liturgie (Studien zu Judentum und Christentum), Paderborn 2010.

58 *Schaeffler*, Darum sind wir eingedenk 27f.

59 *O. Casel*, Glaube, Gnosis und Mysterium, JLW 15 (1935), 155–305, hier 194. Zur Mysterientheologie vgl. die Textsammlung: *O. Casel*, Mysterientheologie. Ansatz und Gestalt, hg. vom Abt-Herwegen-Institut der Abtei Maria Laach, ausgewählt und eingeleitet von *A. Schilson*, Regensburg 1986; ferner *A. Schilson*, Theologie als Sakramententheologie. Die Mysterientheologie Odo Casels (TTS 18), Mainz 1982; *M.J. Krahe*, Der Herr ist Geist. Studien zur Theologie Odo Casels, 2 Bde. (PiLi.S 2/3), St. Ottilien 1986. Eine Übersicht über die liturgietheologische Rezeption der Mysterientheologie gibt *B. Neunheuser*, Die These von der »Mysteriengegenwart« in der kritischen Sicht der Theologie seit 1957/58. Rückblick und Zusammenfassung, in: *S. Haering* (Hg.), In unum congregati (FS A. Kardinal Mayer), Metten 1991, 317–338. – Zum paulinischen und altkirchlichen Substrat des Mysterienbegriffs in seiner Anwendung auf die Liturgie vgl. *A. Franz / S. Fuhrmann / A. Zerfaß*, Einführung in die Liturgiewissenschaft, in: *C.P. Sajak* (Hg.), Praktische Theologie (Theologie studieren im modularisierten Studiengang, Modul 4), Paderborn 2012, 179–236, hier 190–200.

60 *R. Guardini*, Vom liturgischen Mysterium [zuerst 1925], in: *ders.*, Liturgie und liturgische Bildung, Mainz/Paderborn ^{2}1992, 111–155.

erschien[61]. War Casels Zugriff auf die Mysterienthematik religionsgeschichtlich und patristisch akzentuiert gewesen, liefert Guardini gleichsam den Versuch einer religionsphilosophischen Erschließung der Mysteriengegenwart. Zur Klärung der Frage, wie angesichts der »Einmaligkeit und Unwiederholbarkeit«, die »zum Wesen der Geschichte«[62] gehören, dennoch »ein wirkliches Aufstehen des gleichen Geschehenen«[63] in der liturgischen Feier möglich sei, beruft sich Guardini auf ein Denkmodell der mittelalterlichen Theologie: Zwischen dem *aeternum*, der Ewigkeit als der Sphäre Gottes (»das ewige ›Nun‹, die ganz erfüllte Lebendigkeit«[64]), und dem *aevum* »in seiner Bedeutung als *saeculum*, Zeit« steht »das *aeviternum*. Das ist die Weise, wie das Ewige, in sich Zeitlose, dem Zeithaften koexistiert; oder wie umgekehrt das Zeitliche am Ewigen teilhat.«[65] Der Begriff[66] bezeichnet also zum einen das, was sich aus der Überzeitlichkeit Gottes heraus auf die in der Zeit stehende Schöpfung bezieht (der »tragende, lenkende Akt Gottes, sein Ratschluß, seine Vorsehung«[67]), zum anderen umgekehrt das, »was geschichtlich, personal geschieht« und »seinen letzten Sinn dadurch [gewinnt], daß es Gottes Bild und Willen verwirklicht«: »Menschentat, sobald sie auf Gott hin geschieht, seinen Willen erfüllt und in sein Reich eingeht«, erhält »übergeschichtliche Bedeutung, überzeitliche Wirklichkeit« und kann mit »Gottes Weltgedanke und Schöpferwille« aller Zeit koexistieren, »Beziehung gewinnen auf alle Geschichte«[68]. Zusammenfassend formuliert Guardini:

> »Was immer von Gott her geschieht, koexistiert der Zeit: sein Ratschluß, sein Erkennen, seine Liebe, seine Gnade. Was immer auf Gott hin geschieht, steigt über das Räumlich-Zeitliche hinaus, in seine Ord-

61 Vgl. *F. Debuyst*, Romano Guardini. Einführung in sein liturgisches Denken, Regensburg 2009, 95.
62 *Guardini*, Vom liturgischen Mysterium, 120.
63 Ebd., 121.
64 Ebd., 142.
65 Ebd., 143.
66 Wie Guardini den Begriff besetzt, deckt sich nicht exakt mit der scholastischen Terminologie, wie Thomas von Aquin sie fasst, der *aevum* und *aeviternum* einander zuordnet. »Thomas führt den Begriff ›Aevum‹ ein, um darzulegen, daß es Entitäten gibt, die der Veränderung und Bewegung als Übergang von Potenz in Akt enthoben sind und als solche am grenzenlosen Leben [der Ewigkeit Gottes; ergänzt A.Z.] teilhaben«, wobei »den *aeviterna* nicht von sich aus der Vollbesitz des Lebens zukommt, sondern nur vermittelt durch Gott«: *M. Moling*, Das Aevum bei Thomas von Aquin, ZKTh 125 (2003), 411–425, hier 424; vgl. das Lemma »aeviternus« in: *R. Busa* (Hg.), Index Thomisticus. Sectio II. Concordantia prima, Bd. 1, Stuttgart 1974, 947.
67 *Guardini*, Mysterium, 143.
68 Ebd., 144.

nung, in den ›Himmel‹, und es ist möglich, wenn Er will, daß es mit Ihm wieder in die Geschichte hineinwirke.«[69]

Paradigmatisch für jene ›auf Gott hin‹ zielende geschichtliche Wirklichkeit ist das Christusereignis. Die Selbsthingabe Christi lässt ihn ›in den Himmel‹ übergehen, sodass er mit Gottes Heilsratschluss der Zeit koexistiert und mit seiner Heilstat unmittelbar zu jedem Gegenwartspunkt steht. Die Liturgie realisiert diese für den Glauben generell kennzeichnende unmittelbare Christus-Beziehung[70] in der besonderen Weise des ›Mysteriums‹. Guardini legt großen Wert darauf, dass die Vorstellung, dass »diese Beziehung der Koexistenz des Heilsereignisses sich derart verdichtet, daß es in der Form des Mysteriums spontan in die geschichtliche Gegenwart wieder eintritt, [...] nicht aus natürlichen Voraussetzungen« hergeleitet werden könne, sondern »aus positiver göttlicher Einsetzung«[71] hervorgehe. Das kultische Mysterium ist durch »eine Transposition des Wesenskernes aus der historischen in die liturgische Form«[72] gekennzeichnet, die grundsätzlich stilisiert und symbolisch ist[73]. Die Schriftverkündigung als Weise liturgischen Handelns hat an diesen Eigenschaften der ›liturgischen Form‹ Anteil. In »Vom liturgischen Mysterium« spricht Guardini primär über die sakramentalen Zeichenhandlungen. Allerdings betont er im Blick auf den Wortgottesdienst, dass »das liturgische ›Wort‹ nicht nur Verständigungsmittel« sei, »sondern lebendiger Leib von heiligem, göttlichem Geist-Wort« und »selbst irgendwie sakramentalen Charakter« besitze[74]. In seiner bekanntesten Schrift »Vom Geist der Liturgie« führt er aus, die Berichte der Evangelien über das geschichtliche Leben Jesu erhielten in der Messliturgie »durch den Zusammenhang, in dem sie stehen, eine eigentümliche Beleuchtung«, die darauf dränge, »auf den ewigen, überzeitlichen Sinn zu achten «[75].

»Denn die Liturgie ist keine bloße Erinnerung an das, was einst war, sondern lebendige Gegenwart, ist das beständige Leben Jesu Christi in uns und der Gläubigen in Christus, und zwar in dem ewig lebenden Gottmenschen Christus.«[76]

69 Ebd., 145.
70 Vgl. ebd., 123–126.
71 Ebd., 148.
72 Ebd., 151.
73 Vgl. ebd., 150. Vgl. die Kapitel »Liturgischer Stil« und »Liturgische Symbolik« in: *R. Guardini,* Vom Geist der Liturgie, Mainz/Paderborn ^{20}1997 (Ndr. zu Freiburg i.Br. ^{19}1957), 39–56.
74 *Guardini,* Mysterium, 116 Anm. 3.
75 *Guardini,* Vom Geist der Liturgie, 45.
76 Ebd., 46.

Bei aller Stilisierung, die den Blick über das bloß Historische des vergangenen Heilsereignisses hinaushebt, ist die gottesdienstliche Vergegenwärtigung doch selbst wieder eine »geschichtliche Handlung«[77], die als solche auch über den Rahmen der Liturgie hinaus geschichtsmächtig ist:

> »Das Mysterium wird immer wieder Geschichte. Es kann Geschichte auslösen, ausdrücken; etwa als Feier des Dankes oder der Bitte. Kann Geschichte bilden, sofern es die Menschen formt, die in der Geschichte stehen. Es kann geradezu Geschichte wenden und schaffen durch die Herzen der Menschen, die real in ihm, zugleich in der Geschichte stehen.«[78]

Es fällt nicht schwer, dies speziell auf die gottesdienstliche Schriftverkündigung zu beziehen, die die Herzen und die Geschichte derer formt und wendet, die sich als Zeitgenossen der verkündeten Heilsgeschichte erfahren.

2.2.3 *Viktor Warnach und der Kairos*

Ein weiterer Autor, der die Mysterientheologie substantiell aufgriff und in eine für die vorliegende Fragestellung relevante Richtung fortentwickelte, war Viktor Warnach (1909–1970), wie Casel Benediktiner der Abtei Maria Laach. Eine zentrale Rolle in seiner Lesart der Mysterientheologie, für die ähnlich wie bei Guardini die Spannung zwischen Zeit und Ewigkeit zentral ist, spielt der Begriff des Kairos. Als Kairos bezeichnet Warnach gleichsam den Berührungspunkt zwischen Zeit und Ewigkeit, an dem sich die der Zeitlichkeit innewohnende Tendenz realisiert, sich ins Ewige aufzuheben. Geschichte bedeutet für Warnach »zuerst *das Handeln Gottes* mit der Menschheit in der Zeit«[79], die Gestaltwerdung des aller Zeit vorausliegenden göttlichen Heilsratschlusses. Insofern transzendiert die Geschichte »aus ihrem eigenen Wesen heraus den raumzeitlichen Bereich ›dieses Aions‹, weil sie stets gottbezogen ist«[80]. Dieser Überstieg ereignet sich konkret im dem Menschen von Gott her sich eröffnenden Kairos. Da er strikt auf die Ewigkeit bezogen ist, gilt:

> »Was im Kairos geschieht, ist zwar geschichtlich einmaliges Ereignis, und dennoch ist es über die Begrenzung der Zeiten erhaben, weil im

77 *Guardini*, Mysterium, 153.
78 Ebd., 154f.
79 *V. Warnach*, Christusmysterium. Dogmatische Meditationen – Ein Überblick, hg. von *B. Neunheuser*, Graz/Wien/Köln 1977, 86 (Hervorhebung im Original).
80 Ebd., 88.

> Kairos die Zeitdimension aufgehoben wird. Wiewohl es keine zeitliche Dauer – etwa als ein erstarrtes Geschehen – hat, ist es doch wie der Kairos selbst allen Zeiten ›objektiv‹, d.h. sachlich als sich vollziehendes Ereignis gegeben, was von einem gewöhnlichen Zeitgeschehnis nicht gesagt werden kann; dieses ist in seiner Einmaligkeit vergangen, höchstens durch seine Nachwirkungen bleibt es. [...]
>
> Ungeachtet ihrer konkreten Geschichtlichkeit ragen [die Heilstaten; ergänzt A.Z.] über die zeitliche Begrenztheit hinaus; ja, darin liegt ihre wesentliche Aufgabe, daß sie den Bann der Zeit sprengen und die zeitgebundene Existenz in die Ewigkeit des neuen Lebens hineinheben.«[81]

Unverkennbar berührt sich das Gesagte mit Guardinis Definition des *aeviternum*. Mit dieser teilt Warnachs Rede vom Kairos auch den christologischen Fokus: »In [Christus; ergänzt A.Z.] ist der Kairos Gottes konkreteste Wirklichkeit geworden, weil er zwischen Zeit und Ewigkeit steht und beide Welten in seiner eigenen Person verbindet«[82]; ja der Kairos hat »sich in Christus gleichsam verkörpert«[83].

> »Wesenskern des Heilswerkes« ist daher »das Pascha, der Hindurchgang Christi durch den Tod zur Verklärung [...], weil hierdurch die irdisch-sarkische Daseinsweise Jesu in die himmlisch-pneumatische des erhöhten Kyrios verwandelt wurde. Dieses Pascha hat sich zwar geschichtlich nur einmal, nämlich in jener längst vergangenen äußeren Erscheinung ereignet, aber diese einmalige Tat Christi übersteigt auf Grund ihres Kairoscharakters den zeitlichen Bereich und damit die Begrenzung durch die Zeit, so daß es in seinem eigentlichen Geschehen allen Zeiten objektiv gegeben und zugänglich ist.«[84]

Mysteriengegenwart, Vergegenwärtigung der Heilsgeschichte also, vollzieht sich nun in der Liturgie dergestalt, dass die Feiernden »durch den Glauben« pneumatisch »in den Kairos versetzt« werden, »in dem ja auch die Heilsgeschichte allen Zeiten zusammengefaßt gegeben ist«[85]. Daher wird nicht eigentlich das heilsgeschichtliche Ereignis in die Gegenwart transferiert; treffender erscheint die Aussage: »Wir werden aus unserer raumzeitlichen Gebundenheit herausgehoben und der Heilstat gegenwärtig gemacht, um in sie einbezogen werden zu können«[86]. Allerdings kann dies,

81 Ebd., 92f.
82 Ebd., 95.
83 Ebd., 97f.
84 Ebd., 144.
85 Ebd., 226.
86 Ebd., 197.

insofern »wir noch an die Schranken von Raum und Zeit gebunden sind, [...] nur geschehen, wenn uns das Heilswerk selbst in raumzeitlicher, also sinnlich erfahrbarer Gestalt gegeben ist oder erscheint«. Dies ereignet sich im Sakrament, »das die dargestellte Wirklichkeit, eben das Heilswerk, nicht bloß abbildet, sondern tatsächlich enthält und ganz real in Raum und Zeit hineinstellt, ohne es freilich in seinem transzendenten Eigensein zu verändern oder gar zu wiederholen«[87].

> »Die sakramentale Wirklichkeit oder ›Mysteriengegenwart‹ kann man nur vom Kairosmoment her verstehen, das sie ebenso wie das Heilsgeschehen selbst kennzeichnet. Gleichwie der Kairos als der ›Ort des Mysteriums‹ eine historisch feststellbare Gegebenheit in der Zeit ist, anderseits aber die Zeitlichkeit transzendiert, ja eschatologisch aufhebt, so ist auch die Mysteriengegenwart ihrer äußeren Erscheinung nach ein geschichtlicher und damit zeitgebundener Tatbestand und zugleich überzeitlich in ihrem eigentlichen Ursprung und Wesen«[88].

Die »pneumatische, also nur im Glauben zugängliche Gegenwart« Christi »verleiblicht sich«[89] in der Feier der Liturgie. Eine zentrale Rolle spielt dabei die Verkündigung der Heiligen Schrift. Sie stellt »die Christustatsache nicht bloß objektiv, d.h. zur erkenntnismäßigen Betrachtung oder gefühlsmäßigen Versenkung, vor uns hin.« Sie begnügt sich nicht mit dem Bericht historischer Tatsachen, »sondern ist deren Ankündigung oder Proklamation. Da jedoch immer nur das Gegenwärtige proklamiert werden kann, macht das Kerygma die Heilstaten gegenwärtig und knüpft daran die Aufforderung zur Stellungnahme«[90]. Es verdichtet sich hier das, was Warnach zum Zusammenhang zwischen Kairos und Krisis sagt[91]:

> »Weil im Kerygma Gott selbst redet und darin sein Mysterium, den Kairos, als gegenwärtige Größe hinstellt, kann der Mensch an diesem Wort nicht vorübergehen, ohne sich zu entscheiden. Es zwingt den Hörenden nicht zur Bejahung. Er kann auch widersprechen, es ablehnen und verwerfen, aber irgendwie muß er dazu Stellung nehmen.«[92]

87 Ebd., 196.
88 Ebd., 197f.
89 Ebd., 226.
90 Ebd., 183f.
91 Vgl. ebd., 87–90, bes. 89: »Wenn nämlich das Ziel aller Geschichte die Agape-Einheit der Menschen mit Gott ist, so schließt sie notwendig die Entscheidung für ihn in sich, und diese Entscheidung fällt im Kairos, den Gott einem jeden anbietet.«
92 Ebd., 184.

Die christliche Existenz als »ein Sein im Kairos und unter der Krisis« zielt nach Warnach auf »eine positive Überwindung der Welt, wie auch die Aufhebung der Geschichte im Kairos als ›Erfüllung‹ zu verstehen ist.« Da sich dies, wie schon gesagt, im Pascha Christi paradigmatisch ereignet hat, bringt »dieses in der Geschichte vollzogene Werk [...] die Geschichte an ihr Ende, in die Vollendung bei Gott hinein« – im Kairos wird »das Himmlische bereits Gegenwart« und sind »die ›Eschata‹ schon vollzogen«[93]. Insofern bezieht sich die liturgische Vergegenwärtigung des Christusmysteriums als der Mitte der Heilsgeschichte letztlich auf die eschatologische Vollendung, die mit den Worten Pannenbergs »im Geschick Jesu von Nazareth [...] vorweg ereignet ist«[94]. In ähnlicher Weise hatte bereits Guardini festgehalten, dass Christi Eingang in den ›Himmel‹, der »sein Erlösersein und Erlöserleben ›aevitern‹« und aller Zeit koexistent macht, zugleich der Beginn seiner Parusie sei: »Er kommt wieder, in jeden geschichtlichen Augenblick hinein, wo immer Einer ist, der glaubt, und ›in Christus ist und Christus in ihm‹«[95]. Die für das Christentum konstitutive Parusie-Erwartung verdichtet sich nach Guardini im liturgischen Mysterium dergestalt, dass in ihm »nicht nur das Geschichtlich-Vergangene als koexistent aufgefaßt bzw. erneuert, sondern auch das Zukünftige bereits begonnen« wird[96].

Diese Vergegenwärtigung der Vollendung, auf die die Geschichte zuläuft und die im Pascha Christi bereits antizipiert ist, bringt sich im Wortgottesdienst der Messe nicht zuletzt durch die rituelle Inszenierung der Schriftlesung, zumal der Evangelienlesung, zur Geltung. Diese »ist symbolisches *Geschehen,* nicht ein thematisches Sprechen *über* irgend ein mehr oder minder interessantes oder lebensrelevantes Thema« – auf diese Weise wird »eine Transformation, eine Wandlung der Hörenden in das proklamierte Geschehen hinein«[97] ermöglicht.

Als Elemente der rituellen Inszenierung benennt Meßner den Ambo als exklusiven Ort der Schriftverkündigung, die Existenz speziell mit dem Dienst der Verkündigung beauftragter Personen, die Akklamationen nach den nichtevangelischen Lesungen sowie vor und nach der evangelischen Lesung, die vom Gesang des Halleluja begleitete Evangelienprozession sowie die Vortragsweise der

93 Ebd., 90.

94 *W. Pannenberg,* Dogmatische Thesen zur Lehre von der Offenbarung, in: *ders.* (Hg.), Offenbarung als Geschichte (KuD.B 1), Göttingen ²1963, 91–114, hier 103.

95 *Guardini,* Mysterium, 146.

96 Ebd., Anm. 14.

97 *Meßner,* Wortgottesdienst, 180 (Hervorhebungen im Original).

Kantillation[98]. Im Blick auf den eschatologischen Charakter der Anamnese kommt dem Ritual der Evangelienverkündigung besondere Bedeutung zu: »Die Prozession zum Evangelium ist eine Inszenierung des ›adventus Christi‹, d.h. seines Kommens als Herr der Welt, ein präsentatives Symbol, das auf sein letztes Kommen ›in Herrlichkeit‹ vorausverweist und dieses im Kommen in seinem Wort – dem Evangelium – rituell repräsentiert.«[99] Der Halleluja-Ruf verweist neutestamentlich auf Offb 19,6, wo er beim Hochzeitsmahl des Lammes erklingt, und inszeniert so »die Eucharistie als symbolische Antizipation des himmlischen Hochzeitsmahls, also der endgültigen Zukunft und der Freude im Reich Gottes«[100]. Der in der Verkündigung seines Wortes gegenwärtige Christus[101] »kommt als der zu Gott Erhöhte zu den Seinen, von dort, wohin schließlich auch die Seinen gelangen sollen: aus der den Glaubenden verheißenen Zukunft«[102].

2.2.4 *Schriftverkündigung unter dem Zuspruch und Anspruch des Pascha-Mysteriums*

Zuletzt gilt es, zu der eingangs dieses Kapitels zitierten Aussage der Pastoralen Einführung in das Messlektionar zurückzukehren, dieselbe Heilsgeschichte werde im Wortgottesdienst »in vernehmbaren Worten ausgerufen« und in der Eucharistiefeier »unter den sakramentalen Zeichen der Liturgie vollzogen« (PEM 10). Die wesenhafte Einheit der zweiteiligen Messliturgie[103] lädt ein, den Duktus des eucharistischen Teils in die Interpretation des anamnetischen Charakters des Wortgottesdienstes einzubeziehen. Im Zentrum des eucharistischen Teils der Messe steht das Eucharistiegebet, innerhalb dessen vor allem die auf den Einsetzungsbericht folgende Darbringungsaussage (»memores ... offerimus«) für die Fragestellung nach der Beziehung der Zeitebenen richtungweisend ist. Die vorangehenden anamnetischen Aussagen zusammenfassend wird auf Passion, Auferstehung und Himmelfahrt Christi Bezug genommen[104] – das also, was Sacrosanctum Concilium als »Pascha-Mysterium« bezeichnet[105] – und die eucharistische Darbringung als Vollzugsgestalt dieses Gedächtnisses herausgestellt. Ohne in die-

98 Vgl. ebd., 180–183.
99 Ebd., 181.
100 Ebd.
101 Vgl. Sacrosanctum Concilium, Art. 7.
102 *Meßner*, Wortgottesdienst, 182.
103 Vgl. Sacrosanctum Concilium, Art. 56.
104 Die Hochgebete III und IV beziehen an dieser Stelle mit der Nennung der erwarteten Wiederkunft ausdrücklich die eschatologische Perspektive ein.
105 Vgl. Art. 5.

sem Zusammenhang auf die komplexe Theologie der Darbringungsaussage eingehen zu können[106], ist festzuhalten, dass die Vergegenwärtigung der aus Liebe frei gewählten Selbsthingabe Jesu an Gott und den Nächsten als der Aufgipfelung seiner Pro-Existenz einerseits in Danksagung und Lobpreis Wortgestalt annimmt, andererseits in der Darbringung der eucharistischen Gaben Handlungsgestalt gewinnt. Im Hintergrund steht hier zunächst die paulinische Auffassung vom logosgemäßen, also christusförmigen Opfer (λογικὴ λατρεία), das darin besteht, sich selbst als »lebendiges und heiliges Opfer« darzubringen, »das Gott gefällt« (Röm 12,1). Dies ereignet sich, wie der unmittelbare Kontext bei Paulus zeigt, im gesamten Lebensvollzug – dort, wo Christen ›sich nicht dieser Welt angleichen‹ (12,2), sondern als Glieder des Leibes Christi in Demut und Liebe einander dienen (12,3–8). Diese den Alltag tragende Lebenshaltung nimmt in der eucharistischen Liturgie in der Darbringung von Gaben, die zum einen Teil für die Liturgie selbst, zum anderen Teil für karitative Zwecke bestimmt sind, durch die Gläubigen symbolisch Gestalt an. Es geht also um die Selbsthingabe der Feiernden, die sich der sakramental vergegenwärtigten Selbsthingabe Christi anverwandeln lässt. Die heutige Form der Gabenbereitung mit Geldkollekte lässt diese Zusammenhänge nur mehr bedingt erfahrbar werden[107], doch sind sie sowohl in den einführenden Bestimmungen[108] als auch in den begleitenden Gebetstexten[109] präsent. Sie verdichten sich im Hochgebet vor allem in denjenigen Formulierungen im Kontext der Darbringungsaussage in den Hochgebeten III und IV, die zitierend oder anspielend auf Röm 12,1 Bezug nehmen[110]. Die liturgische Vergegenwärtigung

106 Vgl. dazu einführend *A. Budde*, Die Darbringung im Gedankengang des Eucharistischen Hochgebetes. Eine entwicklungsgeschichtliche Skizze, in: *A. Gerhards / K. Richter (Hg.)*, Das Opfer. Biblischer Anspruch und liturgische Gestalt (QD 186), Freiburg i.Br. u.a. 2000, 185–202.

107 Vieles hängt hier von einer sinnfälligen Umsetzung ab, vgl. dazu *A. Jilek*, Das Brotbrechen. Eine Einführung in die Eucharistiefeier (Kleine Liturgische Bibliothek 2), Regensburg 1994, 135–170.

108 Vgl. Allgemeine Einführung in das Römische Meßbuch, Nr. 49, bzw. Grundordnung des Römischen Messbuchs, Nr. 73.

109 Vgl. die nach dem Vorbild jüdischer Berakot gestalteten Lobsprüche über das Brot und den Wein mit der Wendung »Frucht […] der menschlichen Arbeit« (und damit Ausdruck seiner selbst) sowie das auf dem Gebet Asarjas (Dan 3,39f.) beruhende Stillgebet »In spiritu humilitatis« (»Herr, wir kommen zu dir«): Meßbuch 1988, 344–346.

110 Vgl. in Hochgebet III: »So bringen wir dir mit Lob und Dank dieses heilige und lebendige Opfer dar. […] Er (sc. der Heilige Geist) mache uns auf immer zu einer Gabe, die dir wohlgefällt« (Meßbuch 1988, 496); in Hochgebet IV die direkt auf die Darbringungsaussage folgende Kommunikantenepiklese: »gib, daß alle, die Anteil erhalten an dem *einen* Brot und dem *einen* Kelch, *ein* Leib werden im Hei-

des Christusereignisses erweist sich so auch als die realsymbolische Verdichtung einer sich im Alltag bewährenden Christusnachfolge, des Handelns als Glieder des Leibes Christi. Auf diese Dimension zielt letztlich auch die Kommunion, die einerseits gewiss die individuelle personale Begegnung mit Christus ist, andererseits jedoch – und für Paulus zuallererst[111] – die dichteste Darstellung der interpersonalen Einheit des Leibes Christi, der die Kirche ist.

Die innere Bewegung der Eucharistiefeier zielt also auf das Einbezogensein der Gläubigen in die Dynamik des Handelns als Leib Christi: »Das Ziel der Eucharistie [...] ist unsere eigene Umwandlung, so daß wir mit Christus ›ein Leib und ein Geist‹ werden (1 Kor 6,17).«[112] Der Wortgottesdienst der Messe hat im hermeneutischen Gravitationsfeld der Eucharistiefeier Anteil an dieser inneren Bewegung. Er deutet die Gegenwart der Hörenden von Zuspruch und Anspruch des Christusmysteriums her: Er ist »Wort, das aktuelle, jetzt geltende und die ganze menschliche Existenz in Anspruch nehmende Anrede ist«[113], »vergegenwärtigende Feier des Gotteswortes, das seine verwandelnde Kraft in den Hörenden entfalten will«[114].

Die Spannung von Zuspruch und Anspruch des Christusmysteriums wahrzunehmen, führt zu einem letzten essentiellen Gedanken hinsichtlich des vergegenwärtigenden Charakters liturgischer Schriftverkündigung. Vom im Gottesdienst verlesenen Schriftwort betont Reinhard Meßner: »Dieses Wort ist präsentatives – Gegenwart schaffendes – Symbol des Heiligen.«[115] Gleichwohl ist festzuhalten, dass die Evidenz dieser sinnlichen Erfahrbarkeit unter eschatologischem Vorbehalt steht. Dies gilt für den Glauben generell: »Denn wir sind gerettet, doch in der Hoffnung. Hoffnung aber, die man schon erfüllt sieht, ist keine Hoffnung. Wie kann man auf etwas hoffen, das man sieht?« (Röm 8,24). Die Überwindung des Todes als Exodus aus dem, was alles Leben definitiv in Frage stellt, ist einstweilen – gemessen an der empirischen Erfahrungswirklichkeit dieser Welt – nicht evident. Im Blick auf menschliche Erfahrung bleibt die Erfüllung der Verheißung »Der Tod wird nicht mehr

ligen Geist, *eine* lebendige Opfergabe in Christus zum Lob deiner Herrlichkeit« (ebd. 508; Hervorhebungen im Original).

111 Vgl. 1 Kor 10,16f.: »Ist das Brot, das wir brechen, nicht Teilhabe am Leib Christi? *Ein* Brot ist es. Darum sind wir viele *ein* Leib; denn wir alle haben teil an dem einen Brot.«

112 *J. Ratzinger*, Der Geist der Liturgie. Eine Einführung, Freiburg [6]2002, 75.

113 *Meßner*, Wortgottesdienst, 182.

114 *A. Gerhards*, Das Wort, das zum Ereignis wird. Überlegungen zur Wirkweise des Wortes im Gottesdienst, BiLi 64 (1991), 135–140, hier 138.

115 *Meßner*, Wortgottesdienst, 182.

sein, keine Trauer, keine Klage, keine Mühsal« (Offb 21,4) an die ausstehende Parusie geknüpft. »Die Parusieerwartung nährt sich aus der Hoffnung auf die innerweltlich erfahrbare Erfüllung des Überschusses an durch Christus bekräftigter und bestätigter Verheißung. In dieser Perspektive besteht die erwartete Wiederkehr im letzten Offenbarwerden des vorläufig verborgenen österlichen Sieges, der die Einzelnen bis dahin nicht vor dem Tod als Ende ihres irdischen Lebens bewahrt, sie wohl aber *in* ihrem Tod rettet – weil er sie mit dem unverlierbaren ›Leben in Fülle‹ (Joh 10,10) ausgestattet hat, das kein Tod mehr nehmen kann.«[116]

Der von Benedikt XVI. reklamierte »performative Charakter« des Gotteswortes, »das bewirkt, was es aussagt«[117], hebt dieses Evidenzdefizit nicht auf – die Spannung zwischen dem ›Schon‹, insofern das Heil in Christus definitiv verbürgt ist, und dem ›Noch nicht‹, insofern es erst vollständig offenbar werden muss, bleibt auch in der Feier der Liturgie bestehen. Dies tut jedoch der behaupteten Wirkmächtigkeit des Schriftwortes keinen Abbruch: Ebenso wie diese sich einer empirischen Verifikation im strikten Sinne entzieht, gilt dies für andere, wenn nicht alle existentiellen Wahrheiten, auf die sich das Leben von Menschen gründet – etwa für jedes »Ich liebe dich«, das einer dem anderen zusagt.

3 Ausblick: Die Gestaltung der Zeit durch Liturgie

Vor dem Hintergrund der Erwartung, noch seine Generation werde die Wiederkunft Christi erleben[118], sieht Paulus keinen Anlass, der zyklischen Gestaltung der Zeit eine besondere Aufmerksamkeit beizumessen: »Warum achtet ihr so ängstlich auf Tage, Monate, bestimmte Zeiten und Jahre?« (Gal 4,10). Die Zuspitzung des linearen Geschichtsbildes durch die eschatologische Naherwartung scheint die zyklische Zeitorganisation obsolet zu machen. In dem Maß, in dem die unmittelbare Naherwartung abklang, musste sich der Kirche und ihrem Glaubensleben verstärkt die Aufgabe stellen, sich gleichsam in der Zeit einzurichten. Dazu gehörte auch, deren Rhythmen für liturgische Realisationsformen des christlichen kulturellen Gedächtnisses in Anspruch zu nehmen. Dabei waltete zunächst eine strikte Konzentration auf das Wesentliche: Die ältesten zyklisch organisierten Gottesdienstformen des Christen-

116 *A. Zerfaß*, Der wahre Tag des Herrn. Eschatologie in den Festhymnen des Ambrosius von Mailand, BiLi 82 (2009), 269–274, hier 273.
117 *Benedikt XVI.*, Nachsynodales Apostolisches Schreiben »Verbum Domini« vom 30.09.2010 (VApS 187), Nr. 53.
118 Vgl. 1 Thess 4,15–17; 1 Kor 15,51.

tums[119] sind das Gedächtnis von Tod und Auferstehung Jesu im Wochenrhythmus (das schon in neutestamentlicher Zeit bezeugte sonntägliche Herrenmahl)[120] und im Jahresrhythmus (in Gestalt der Paschavigil, vielleicht schon im ersten, spätestens im zweiten Jahrhundert)[121]. Abgesehen von dem bereits in der Verfolgungszeit einsetzenden Märtyrergedächtnis[122] sind weitere Formen regelmäßiger gemeinschaftlicher Liturgiefeiern erst ab dem vierten Jahrhundert belegt: Es handelt sich einerseits um die Feier von Tagzeitenliturgie vor allem zu den Übergangszeiten Morgen und Abend in den nun entstehenden Mönchsgemeinschaften bzw. an den Bischofskirchen[123] und andererseits um die Entfaltung des Kirchenjahres, zunächst durch die Entstehung von Weihnachten und Epiphanie[124], dann ab der zweiten Jahrhunderthälfte durch die wesentlich von Jerusalem ausgehende Herausbildung eines Osterfestkreises[125].

Der letztgenannte Prozess erweist sich für die Frage nach der Gestaltung von Zeit durch Liturgie als besonders interessant, lässt er doch einen grundlegenden Paradigmenwechsel erkennen, der

119 Daneben pflegten judenchristliche Kreise, zumal die Urgemeinde (vgl. z.B. Apg 2,46; 3,1), selbstverständlich die zyklischen Liturgien des Judentums weiter bzw. nahmen daran teil.

120 Vgl. *Auf der Maur*, Feiern, 36f.

121 Vgl. *ders.*, Osterfeier, 32–111.

122 Vgl. *ders.*, Feiern im Rhythmus der Zeit II/1: Feste und Gedenktage der Heiligen (GdK 6,1), Regensburg 1994, 87–106.

123 Regelmäßiges tägliches Gebet als Obliegenheit des Einzelnen ist schon für die vorkonstantinische Zeit breit bezeugt; vgl. Didache 8,2f. (FC 1,118–121 Schöllgen) sowie die bei A. *Budde*, Ökumenische Basis-Liturgie. Das Stundengebet als Chance gelebter Ökumene, in: *B.J. Hilberath u.a.* (*Hg.*), Ökumene des Lebens als Herausforderung der wissenschaftlichen Theologie (ÖR.B 82), Frankfurt a.M. 2008, 93–115, hier 97 Anm. 14, aufgeführten Quellen. Mit der konstantinischen Wende ergaben sich für tägliche öffentliche Gebetsversammlungen ganz neue Möglichkeiten. Zur Ausprägung der beiden Grundformen von Tagzeitenliturgie (Kathedraloffizium und monastisches Offizium) in der Alten Kirche vgl. *R. Taft*, The Liturgy of the Hours in East and West. The Origins of the Divine Office and its Meaning for Today, 2., überarb. Auflage, Collegeville, Minn. 1993, 31–213.

124 Den frühesten Hinweis auf die Existenz des in Rom aufgekommenen Weihnachtsfestes gibt die den Stand des Jahres 336 repräsentierende *Depositio episcoporum* des sog. Römischen Chronographen; die im östlichen Mittelmeerraum beheimatete Epiphaniefeier bezeugt Ammianus Marcellinus für Gallien im Jahr 361: Vgl. *A. Zerfaß*, Mysterium mirabile. Poesie, Theologie und Liturgie in den Hymnen des Ambrosius von Mailand zu den Christusfesten des Kirchenjahres (PiLi.S 19), Tübingen/Basel 2008, 62f. mit Anm. 286 u. 287.

125 Zur Osterfeier Jerusalems im späten 4. Jh. – »apte diei et loco«, wie es der Pilgerbericht Egerias formuliert (Itinerarium 31,1; 36,1 u.ö.), also den chronologischen und topographischen Angaben der Evangelien entsprechend – vgl. einführend *Auf der Maur*, Osterfeier, 136–173.

innerhalb des Neuen Testaments bereits im Vergleich der Erzählstrategien des Johannesevangeliums und des lukanischen Doppelwerkes angelegt ist. Die johanneische Passions- und Ostererzählung ist stark auf die Einheit des Mysteriums ausgerichtet: Tod und Auferstehung Jesu erscheinen von Anfang an als zwei Seiten einer Medaille. Die Kreuzigung wird doppelsinnig als »Erhöhung« bezeichnet[126] – bereits *im* Tod gelangt Jesus zum Vater. Seine letzten Worte am Kreuz sind nicht der Psalmvers »Mein Gott, mein Gott, warum hast du mich verlassen?« (Ps 22,2) wie bei Markus (Mk 15,34) und Matthäus (Mt 27,46), sondern: »Es ist vollbracht« (Joh 19,30). Auch die Geistsendung denkt Johannes mit der Auferstehung zusammen, indem er sie bereits am Abend des Ostersonntags stattfinden lässt (Joh 20,19–22). Lukas hingegen zeigt ein besonderes Interesse an einer narrativen Auseinanderfaltung der Ereignisse und löst die Himmelfahrt am 40. Tag (Apg 1,1–11) ebenso wie die Geistsendung am 50. Tag (Apg 2,1–13) chronologisch von der Auferstehung ab. Als Autor der Apostelgeschichte, die die Zeit Jesu mit der beginnenden Zeit der Kirche verzahnt, gibt er so dieser Nahtstelle eine erzählerische Abfolge.[127] Auf die Entwicklung des liturgischen Kirchenjahres hat diese ›lukanische‹ Konzeption großen Einfluss ausgeübt: Indem die Kirche das Zeitkonzept der Apostelgeschichte übernimmt, arrangiert sie sich – der Intention des Lukas gemäß – mit und in der Geschichte. Das entfaltete Kirchenjahr buchstabiert das eine Mysterium gleichsam aus und erlaubt so, einzelne Aspekte vertieft zu betrachten[128]. Dafür nimmt es den Jahreslauf mit seinen naturalen Phänomenen auf und prägt ihn zu einem Modus des Glaubensausdrucks um: Die ›heilige Zeit‹ der kirchlichen Feste durchwächst die ganze Zeit mit sich zunehmend verästelnden Wurzeln, um sie so immer mehr zu prägen.

Im Falle der Tagzeitenliturgie ist der Ausgangspunkt ein anderer: Das Gebet zu bestimmten Tageszeiten versteht sich von Anfang an als Realisationsform des biblisch angemahnten immerwäh-

126 Joh 3,14; 8,28; 12,32f.

127 Dass es Lukas dabei nicht um eine dokumentarische Chronologie geht, zeigt die abweichende Datierung der Himmelfahrt am Ende seines Evangeliums (Lk 24, 50–53: Abend des Ostersonntags). Instruktive Überlegungen zur Frage, auf welcher Ebene die Wahrheit der Himmelfahrtserzählung angesiedelt sei, bietet *G. Lohfink*, Die Himmelfahrt Jesu. Erfindung oder Erfahrung? (KRB 18), Stuttgart 1972.

128 Damit ist freilich die doppelte Gefahr verbunden, die Einheit des Mysteriums und seinen existentiellen Bezug zur je eigenen Person zugunsten einer parzellierenden und historisierenden Erinnerung aus dem Blick zu verlieren; zur Ambivalenz der Entwicklung vgl. *A. Zerfaß*, Das Festgeheimnis besingen und verkünden – heute wie vor 1600 Jahren? Das älteste Weihnachtslied der Kirche als Anfrage an heutiges Glaubensbewusstsein, BiLi 82 (2009), 197–207, hier 198–200.

renden Gebetes[129]. Dieses, als Lebenshaltung in der Offenheit für den Dialog mit Gott verstanden[130], bedarf der Pflege regelmäßiger Gelegenheiten, bei denen diese Haltung konkret Gestalt gewinnt. Beim gemeindlichen Kathedraloffizium der Spätantike kommt als prägender Faktor – weit mehr als beim monastischen und in dessen Gefolge beim kanonikalen Stundengebet, dessen Modell bis heute die offiziellen liturgischen Bücher prägt – eine starke Orientierung an der Tagzeitensymbolik hinzu, die dem Morgen- und Abendgebet bei der textlichen und, speziell am Abend, rituellen Gestaltung je ein spezifisches Profil verleiht. Der naturale, alltagsweltlich wahrgenommene Zyklus wird selbst zum Thema und wird in unterschiedlicher Weise für eine transzendente, auf Gottes Heilswirken in der Geschichte orientierte Sinndimension geöffnet. Nachdem die Tagzeitenliturgie als Angelegenheit der Gemeinde bereits im Übergang zum Mittelalter zu existieren aufgehört hatte[131], ist konfessionsübergreifend in den vergangenen Jahrzehnten auch die regelmäßige Gebetspraxis im privaten bzw. familiären Raum weitgehend zum Erliegen gekommen[132]. Unter allen liturgischen Zeitrhythmen (Tag, Woche, Jahr und – *cum grano salis,* da nicht durch Wiederholung strukturiert – Leben) befindet sich der Tageszyklus am stärksten in der Krise. Vielleicht ist dies auch das greifbarste Symptom für den Verlust der kulturellen ebenso wie der individuellen Bindekraft kirchlicher Zeitorganisation[133]. Zugleich birgt eine Neubelebung der Tagzeitenliturgie zahlreiche Chancen und Potentiale, was sie als eine der dringlichsten liturgiepastoralen Aufgaben erscheinen lässt: *In praktischer Hinsicht* entsteht durch Priestermangel und Neuorganisation der pastoralen Räume ein zunehmender Bedarf an nichteucharistischen Gottesdienstformen unter

129 Vgl. Lk 21,36; 1 Thess 5,17.

130 Johannes Cassian berichtet jedoch auch von der Praxis ägyptischer Mönche, das immerwährende Gebet wörtlich genommen in die Tat umzusetzen – in der Gestalt des »Glutgebetes«, der unablässigen Meditation eines Bibelverses (Ps 70[69],2): Collationes 10,10f. (CSEL 13,297–306 Petschenig). In dieser Tradition steht auch das ostkirchliche Jesus-Gebet. Vgl. dazu *E. Jungclaussen,* Unterweisung im Herzensgebet (Schriftenreihe des Patristischen Zentrums Koinonia – Oriens 46), St. Ottilien ^{2}2003; Das Jesusgebet. Anleitung zur Anrufung des Namens Jesus, von einem Mönch der Ostkirche, hg. u. eingel. v. *E. Jungclaussen,* Regensburg ^{8}2008.

131 Dies gilt mindestens für die lateinisch-katholische Tradition; andere Traditionen, etwa die byzantinische oder auch die anglikanische, kennen bis heute eine lebendige gemeindliche Tagzeitenliturgie. Erstorientierende Hinweise dazu bei *L.O. Lumma,* Liturgie im Rhythmus des Tages. Eine kurze Einführung in Geschichte und Praxis des Stundengebets, Regensburg 2011, 103f.106–109.

132 Vgl. *Budde,* Ökumenische Basis-Liturgie, 100–102.

133 Vgl. *Klöckener,* Mensch – Zeit – Wendezeit, 33–35.

der Verantwortung von Laien, dem nicht zuletzt durch Tagzeitenliturgie sinnvoll entsprochen werden könnte. *Unter liturgietheologischem Aspekt* könnte gerade an der Tagzeitenliturgie die fundamentale Neujustierung im Grundverständnis der Trägerschaft von Liturgie erfahrbar werden, die die Liturgiekonstitution des Zweiten Vatikanums prägt: weg von einer einseitigen Sicht des Stundengebets als »schuldige Pflichterfüllung der kirchlichen Personen« (so Pius V. in der Promulgationsbulle zum nachtridentinischen Breviarium Romanum von 1568)[134] hin zur tätigen Teilnahme aller, zu der das Taufpriestertum ebenso berechtigt wie verpflichtet[135]. *In spiritueller Perspektive* besteht ein wechselseitiges Bedingungsverhältnis zwischen Alltagsspiritualität und regelmäßiger Gebetskultur. Da hier wie angedeutet Aufbauarbeit zu leisten ist, bedarf es eines elementarisierten Angebots, das nicht durch hochkomplexe Strukturen und allzu voraussetzungsreiche Symbolsprache schwer überwindliche Hürden errichtet[136]. Von besonderer Bedeutung ist schließlich *das ökumenische Potential* der Tagzeitenliturgie, die sich »als ökumenische Basis-Liturgie« eignet, in deren Rahmen weder liturgietheologische noch liturgierechtliche Erwägungen einer vollen Gottesdienstgemeinschaft im Wege stehen[137] und die sich, nicht zuletzt auch aufgrund im Wesentlichen konvergierender liturgischer Traditionen, als Erfahrungsfeld einer ›Ökumene des Lebens‹ anbietet[138].

***

134 *A. Zerfaß / A.A. Häußling*, Die Bulle »Quod a Nobis« Papst Pius' V. vom 9. Juli 1568 zur Promulgation des nachtridentinischen Breviarium Romanum (Liturgische Quellentexte lateinisch-deutsch 3), ALW 48 (2006), 334–353, hier 335.

135 Vgl. Sacrosanctum Concilium, Art. 14. Freilich fällt hinsichtlich der Applikation der im ersten Kapitel der Konstitution entwickelten liturgietheologischen Grundsätze auf die einzelnen liturgischen Vollzüge auf, dass die Trägerschaft der Gesamtgemeinde im Fall der Tagzeitenliturgie noch eher am Rande des Blickfeldes der Konzilsväter lag: Vgl. Kap. IV, bes. Art. 100.

136 Maßgebliche Überlegungen in dieser Richtung entwickelt *H. Becker*, »Du bist mein Atem, wenn ich zu dir bete«. Anregungen zur Erneuerung des täglichen Gebets, in: *U. Willers* (Hg.), Beten: Sprache des Glaubens – Seele des Gottesdienstes. Fundamentaltheologische und liturgiewissenschaftliche Aspekte (PiLi 15), Tübingen/Basel 2000, 489–505.

137 Vgl. *Budde*, Ökumenische Basis-Liturgie, 94–100 (das Zitat: ebd., 94). C. 1174 § 2 CIC/1983 lädt alle Christgläubigen (nach c. 204 § 1 sind das alle Getauften, nicht nur die Katholiken; vgl. *H. Hallermann*, Art. Gläubige: LKStKR II [2002], 154–156, hier 155) »nachdrücklich« zur Teilnahme am Stundengebet ein.

138 Vgl. *Budde*, Ökumenische Basis-Liturgie, 103–115. Er ist Mitinitiator der beachtenswerten Initiative »Ökumenisches Stundengebet«, im Internet zu finden unter: http://www.oekumenisches-stundengebet.de/ (Zugriff am 19.03.2013).

Abstract
The first chapter deals with the different modes how time is perceived by individuals and interpreted by cultures (cyclic vs. linear) and with the synthesis of these two modes in Jewish and Christian liturgy. The second part discusses the anamnetic dimension of worship using the example of the liturgy of the Word: The present is considered as part of salvation history and related to certain past and future events remembered or anticipated due to the witness of Scripture. In this chapter the author leans on the concepts of »aeviternum« (Romano Guardini) and »kairos« (Viktor Warnach) which pursue the »Mysterientheologie« of Odo Casel. Chapter 3 gives attention to questions of organizing time in the form of liturgical year and liturgy of the hours.

Alexander Zerfaß, geb. 1978, Dr. theol., ist Wissenschaftlicher Mitarbeiter an der Abteilung Liturgiewissenschaft und Homiletik der Katholisch-Theologischen Fakultät der Johannes Gutenberg-Universität Mainz.

Judith Könemann

Zeitlichkeit und Biographie

Linearität und Nicht-Linearität in der biographischen Selbstdeutung des Subjekts

1. Biblische Lebensdeutung: Kreativität und Kontingenz

»Herr meiner Stunden und meiner Jahre
Du hast mir viel Zeit gegeben.
Sie liegt hinter mir
Und sie liegt vor mir.
Sie war mein und wird mein,
Und ich habe sie von dir.
Ich danke dir für jeden Schlag der Uhr
Und für jeden Morgen, den ich sehe.«[1]

Der Theologe Jörg Zink greift in diesem Gebet die traditionelle religiöse, näher hin theistische Überzeugung auf, dass wir über unsere Lebenszeit nicht verfügen können, da sie nicht aus uns selbst kommt. Dem Gläubigen gilt sie als von Gott geschenkte Zeit, als Gabe Gottes. Zwar ist sie mir gegeben und so auch durchaus mir zu eigen, doch nicht ich, sondern allein Gott ist letztlich der eigentliche »Herr meiner Stunden und meiner Jahre«. Das entspricht dem Biblischen Verständnis der Zeit als Schöpfergabe Gottes und von Gott als »Herrn der Zeit« (Gen 1,3–5; Ps 90,1–9). Doch die Zeit ist keine göttliche »Sondergabe« neben anderen, denn die Zeit »ist« ja gar nicht im Sinne eines eigenständigen Seins oder Wesens; Biblisch gesehen ist die Zeit schon allein dadurch gegeben, dass Gott geschaffen hat. »Im Anfang« entstand nicht nur die Schöpfung, sondern mit ihr überhaupt »Anfang und Ende«, d.h. Zeit, wobei Zeit hier im Sinne von Zeitlichkeit, Geschichtlichkeit zu verstehen ist: die gesamte Schöpfung ist eben als Geschaffene weder notwendig noch ewig und unveränderlich, sondern zeitlich. Das schließt die Absage an zyklische Vorstellungen von Zeit mit ein: Die Welt ist nicht ewig und hat ihren Grund nicht in sich selbst, sondern aus Gott, und nichts kehrt ewig wieder in einem unendlichen Ablauf von Werden und Vergehen, sondern hat einen Anfang und ein Ende bzw. ein Ziel, in christlicher Perspektive die

1 Jörg Zink, Wie wir beten können, Stuttgart/Berlin ^{9}1979,81.

»Fülle der Zeit«, die nicht einfach Abbruch ist, abruptes Ende, sondern Vollendung der ganzen Schöpfung. Zugleich impliziert dies auch die grundsätzliche Bejahung von Wandel und Prozess, eben weil die Welt zeitlich verfasst ist: Ja zur Schöpfung heißt Ja zur Zeitlichkeit und damit auch zu Wandlung und Veränderung, Ja zum Fragment und zum Moment, zum Augenblick, aber auch Ja zu einer in die Gegenwart hineinwirkende und in ihr erinnerte Vergangenheit sowie zu einer offenen Zukunft.

Was für die Schöpfung insgesamt gilt, gilt dann auch für den Menschen und seine Lebenszeit: Er hat sie nicht aus sich selbst, sie ist ihm unverfügbar, sie hat einen Beginn und hat ein Ende bzw. Ziel hin zu einer offenen Zukunft und ist, wenn auch nicht der ewigen Wiederkehr des Gleichen, so doch Wandel und Veränderung unterworfen. Diese christliche Deutung menschlichen Lebens deckt sich mit anderen, auch nichtreligiösen Deutungen, die die Zeitlichkeit des menschlichen Lebens ins Zentrum stellen: Martin Heidegger kennzeichnete das Dasein in seinem In-der-Welt-Sein als »Sein zum Tode« und damit als endlich[2], Hannah Arendt betonte dagegen weniger die Begrenztheit des Daseins durch seinen Tod und damit von seinem Ende her, sondern von seinem Anfang, des Geborenwerdens. Nicht anonyme »Geworfenheit« in ein auferlegtes Schicksal, sondern »Gebürtigkeit«, Natalität, zeichnet den Menschen Arendt zufolge aus[3], womit gleichzeitig seine Abkunft von Anderen her herausgestellt ist und damit auch der Charakter der Lebenszeit als Geschenk, als nicht herstellbare und erzwingbare Gabe. Mit der Natalität ist zum einen die Kontingenz des Lebens markiert, kein Mensch existiert notwendig, zum anderen aber auch die Aktivität und Spontaneität sowie die Kreativität dieses Anfangs, eben weil der Mensch nicht »geworfenes« Resultat eines schicksalshaft waltenden, notwendigen Geschehens ist, sondern einer Handlung, dem Gebären durch die Mutter. Kontingenz und Kreativität bedingen das ganze Leben: Es ist und bleibt fragmentarisch, es bedarf aber eines richtungsweisenden Sinns, um gelebt werden zu können, doch dieser Sinn ist dem Menschen nicht vorab schon gewiss, sondern ebenso unverfügbar wie das Leben selbst. Er muss sein Leben immer wieder neu entwerfen. Deshalb ist er gezwungen, diesen Sinn sich selbst zu geben, zu konstruieren, was ihm die grundsätzliche Kreativität ermöglicht, die ihm zu eigen ist. Zu diesen Deutungen gehören auch religiöse Deutungen wie etwa die Biblische Deutung des Menschen als Geschöpf Gottes, dem er sich und seine Lebenszeit verdankt – hier schließt sich gewisser-

2 Vgl. Martin Heidegger, Sein und Zeit, Tübingen ^{16}1986, 235–267.
3 Vgl. Hannah Arendt, Vita activa oder vom tätigen Leben, München ^{7}1992.

maßen ein Kreis: Die Biblische Anthropologie versteht den Menschen ebenso durch Kontingenz und Kreativität gleichermaßen bestimmt; er kann Deutungen hervorbringen und ist zugleich auch auf solche Deutungen angewiesen, um sein Leben führen zu können, und die Biblischen Traditionen liefern solche Deutungsmuster unter dem Vorzeichen des Bekenntnisses zu einem sich selbst offenbarenden und geschichtsmächtig handelnden Gott.

Genau an diesem Punkt stellen sich Bezüge zu den Themen der biographischen Selbstreflexion und Selbstdeutung ein, ja zum Thema »Biographie und Lebenslauf« insgesamt, insbesondere dann auch zur religiösen Selbstauslegung unter dem Horizont biographischen »Arbeitens am Selbst«. Mit der Biographie wird die Lebenszeit zum Thema und damit die Zeitlichkeit des Lebens als solche – in religiöser Perspektive die geschenkte Zeit.

2. Das sich deutende Selbst und seine Biographie

Die Erfahrung der Zeit, sowohl als Zeitlichkeit im Sinne von Endlichkeit, als auch von Geschichtlichkeit im Sinne von Linearität, ist keine unmittelbare Erfahrung eines Gegebenen: Zeit »gibt« es nicht, sie ist selbst schon Resultat der deutenden Tätigkeit des Menschen; für Kant ist sie »transzendentale Anschauungsform« a priori und damit eine Möglichkeitsbedingung dafür, überhaupt zu erfahren und zu erkennen, selbst aber kein »Gegenstand möglicher Erfahrung« bzw. kein empirischer Begriff. Zwar besitzt sie quasi eine Wirklichkeit für uns als Form unserer Erfahrung, als Vorstellung, die wir besitzen, doch »an sich«, für sich genommen, ist die Zeit nicht.[4] Die Zeit ist somit schon Teil der Deutung unseres Lebens, und durch sie geben wir unserem Sein eine Ordnung bis hin dazu, dass die Deutung des Lebens als »zeitlich« und »geschichtlich« bereits eine sinngenerierende Funktion besitzt etwa dadurch, dass ihm durch die Idee eines linearen Verlaufs ein Ziel und eine Richtung gegeben wird; die Linearität der Zeit verknüpft sich so mit der Vorstellung einer Teleologie sowohl des eigenen Lebens wie auch des Lebens als Ganzem. Aber auch zyklische Welt- und Lebensbilder können solch eine sinngenerierende Funktion haben etwa dann, wenn die Deutung des Lebens als ewiger Kreislauf von Werden und Vergehen die Vorstellung mit ein-

4 Vgl. Immanuel Kant, Kritik der reinen Vernunft, nach der ersten und zweiten Original-Ausgabe neu herausgegeben von Raymund Schmidt, Hamburg 1956, 46–59. Den Hinweis auf Kants transzendentalen Zeitbegriff und dessen Bedeutung für das Thema dieses Aufsatzes verdanke ich Saskia Wendel.

schließt, dass der Sinn des Lebens im Sich-Überlassen an diesen Zyklus und im Sich-Einbetten in diesen Kreislauf verstanden wird.

Diese Bedeutung der Zeit im Rahmen der grundsätzlichen Aufgabe der Lebensdeutung verdichtet sich nochmals im Blick auf die Selbstdeutung des Subjekts, die sich in der Selbstreflexion und in der damit verknüpften Konstruktion einer Biographie als Deutung des eigenen Lebens vollzieht. Vor allem Martin Kohlis Überlegungen zum »institutionalisierten Lebenslauf« machen die sinngenerierende Funktion der Biographisierung des eigenen Handelns im Blick auf standardisierte Lebensläufe deutlich, wobei Kohli hier vor allem die Funktion und den Wandel von Lebensläufen in Modernisierungsprozessen bzw. den Einfluss solcher Prozesse auf diese fokussiert.[5] Kohli benennt hier auch unterschiedliche Lebenslaufregime, also strukturgebende Einflüsse wie etwa das Erwerbssystem, aber auch Familien- und Bildungsregime, vor allem aber auch Geschlechterregime. Kohli weist auch darauf hin, dass und inwiefern die Individualisierungs- und Pluralisierungsprozesse der modernen Gesellschaft zu einer Ausdifferenzierung unterschiedlicher Lebensläufe geführt haben und damit zu einer Pluralität auch von Lebensformen sowie zu einem Zugewinn an biographischer Freiheit.[6] Der entscheidende Unterschied von Lebenslauf und Biographie ist, dass der Lebenslauf aufgrund bestimmter Lebenslaufregime Standardisierungen unterworfen ist, die das Leben als externe Faktoren strukturieren und ordnen, diese sind nicht natürlich vorgegeben, sondern gesellschaftlich erzeugt. Die Biographie ist das Resultat eigener Selbst- und Lebensdeutung des Individuums, also das, was das Individuum aus seinem eigenen Leben macht, die Art und Weise, wie es dieses führt und gestaltet, und vor allem ist sie die Form der sinngenerierenden Deutung dieses Lebens. Kohli gibt als allgemeinste Funktion der Biographie das Verstehen an, welches sowohl auf Vergangenheit wie auf Zukunft hin bezogen ist; insbesondere das Selbstverstehen dient hier einer Selbstvergewis-

5 Vgl. Martin Kohli, Zur Theorie biographischer Selbst- und Fremdthematisierung, in: Joachim Matthes (Hg.), Lebenswelt und soziale Probleme, Frankfurt a.M. 1980, 502–520; ders., Die Institutionalisierung des Lebenslaufs: Historische Befunde und theoretische Argumente, in: Kölner Zeitschrift für Soziologie und Sozialpsychologie 37, 1–29; ders., Der institutionalisierte Lebenslauf: ein Blick zurück und nach vorn, in: Jutta Allmendinger (Hg.), Entstaatlichung und soziale Sicherung. Verhandlungen des 31. Kongresses der Deutschen Gesellschaft für Soziologie in Leipzig 2002, Opladen 2003, 525–545. Vgl. zum folgenden auch ausführlich Judith Könemann, »Ich wünschte ich wäre gläubig, glaub ich«. Zugänge zu Religion und Religiosität in der Lebensführung der späten Moderne, Opladen 2002, 111–120.

6 Vgl. Kohli, Der institutionalisierte Lebenslauf, 533.

serung und damit verknüpft einer Handlungsplanung.[7] Kohli unterscheidet vier Aspekte der Selbstvergewisserung: die Konstituierung biographischer Kontinuität als Bestandteil eigener Identität, die Bewältigung von Verunsicherung oder Bedrohung durch Vergewisserung eines personalen Kerns bzw. eigener Identität, die Bilanzierung von Erreichtem bzw. noch zu Erreichendem mit ursprünglich Erwartetem bzw. von heutigen Erträgen und früheren Kosten und umgekehrt mit Bezug auf das Faktum der Irreversibilität von Lebensentscheidungen sowie der Akt der Selbstbefreiung, verstanden als Loslösung von Traditionen und als Verarbeitung lebensgeschichtlicher Erfahrungen in Auseinandersetzung mit der eigenen Lebensgeschichte.[8] Mit dieser Selbstvergewisserung ist prospektive Handlungsplanung eng verbunden, insofern entsprechend dem Bedürfnis nach Kontinuität zukünftige Planungen des Anschlusses an das bisher Gewesene bedürfen. Dies ist nicht im Sinne von stringenter Fortsetzung des Bisherigen zu verstehen; auch Brüche oder radikale Veränderungen, die sich aber immer in irgendeiner Form, aus dem Bisherigen ergeben, können hier intendiert sein. Laut Kohli ist biographische Thematisierung subsidiär, d.h. nicht immer explizit gegeben: »sie ist solange unnötig, als die Orientierung an den Marken, die durch Status oder Karriere gesetzt sind, ausreicht und erfolgt dann, wenn diese nicht mehr genügt. Soalnge die Orientierung ausreicht, kann ich es mir z.B. leisten, mir über die Zukunft ›nicht den Kopf zu zerbrechen‹; das bedeutet in diesem Fall nicht (...), den Kopf in den Sand zu stecken, sondern ist eine durchaus adäquate Form der Handlungsorientierung, sogar adäquater als ein überflüssiges Sich-Sorgen.«[9] Hier liegt es nahe, das Aufkommen biographischer Thematisierung an den Bruchstellen und Diskontinuitäten des Lebens anzusiedeln; die Konstruktion der Biographie wird dann zur Krisenbewältigung. Doch diese Sichtweise ist zu verengt, da sie Biographie auf die Funktion der Krisenbewältigung reduziert. Entgegen dieser Reduktion erstreckt sich die Biographisierung als grundsätzliche Selbstdeutung auf das Leben als Ganzes; Selbstdeutung und biographisches Thematisieren weisen somit wechselseitig aufeinander zurück. Es handelt sich also um eine kontinuierliche Tätigkeit im Sinne eines Verstehens und Deutens der gesamten Existenz, nicht nur an Bruchstellen. Dazu bedarf es aber einer Erweiterung des Begriffs des Verstehens durch denjenigen der Deutung: Biographie ist nicht nur Verstehen, sondern Deutung des Selbst, da es um

7 Vgl. Kohli, Selbst- und Fremdthematisierung, 507.
8 Vgl. ebd., 508ff.
9 Kohli, Selbst- und Fremdthematisierung, 515.

Sinngenerierung und damit auch um Konstruktion und Konstituierung geht, nicht nur um ein Verstehen von bereits Vorgegebenem.

Hier hat auch die Zeit eine wichtige Bedeutung, denn sie macht überhaupt erst eine Biographisierung des Lebens auch in Retro- und Prospektive möglich; ist die Zeit eine Form der Erfahrung überhaupt, dann insbesondere der eigenen Lebenserfahrung und Lebensdeutung. Kommt also eine Zeitperspektive zu dieser Deutung hinzu, wird das gelebte Leben einer biographischen Perspektive unterstellt. Biographie ist also, darauf hat bereits Henning Luther aufmerksam gemacht, ein Konstrukt, ein Deutungsprozess, der an die Zeitlichkeit des Lebens anknüpft.[10] Biographie ist eigener Lebensentwurf, der anerkennt, dass sich das Leben wandelt, sich verändert, dass das eigene Leben eine Geschichte hat und vor allem eine offene Zukunft. Genau darin, in der biographischen Lebensdeutung, geschieht Sinnstiftung, Sinnkonstruktion:

> »Die autobiographische Selbstreflexion im gelebten Leben denkt einen möglichen Sinnzusammenhang des Lebens von der je aktuellen Unvollendetheit (Fragmentarität) her. (…) Die Konstruktion des eigenen Lebens als Biographie repräsentiert nicht nur vergangene und gegenwärtige Lebensmomente, für die das Ich in sich selber Anhaltspunkte und damit ein konkretes Gegenüber findet, sie versucht unter Vorgriff auf Zukunft einen Sinnzusammenhang zu stiften. Für diese Zukunft bietet das Ich aber kein konturiertes Gegenüber.«[11]

Ist man sich bewusst, dass die Biographie des eigenen Selbst immer schon konstruiert ist auch unter der Maßgabe der Zeitperspektive, dann wird auch deutlich, dass die Identität des Selbst wandelbar, veränderbar ist; das Selbst besitzt keinen substanziell unveränderlichen Kern, die Subjektperspektive ist rein formal, nicht aber material a priori. Das Selbst gibt sich selbst eine Geschichte in biographischen Deutungsprozessen und strukturiert so sein eigenes Leben. Jenes Leben selbst aber ist endlich, entstammt der Gebürtigkeit (Arendt) und ist auf das »Sein zum Tode« hin ausgerichtet (Heidegger), und ist damit dem Wandel unterworfen bis hin zum Faktum des Vergehens, des Endens allen Lebens. Und gerade deshalb muss es ja auch sich selbst immer wieder neu deuten, weil ihm Sinn nicht quasi natürlich vorgegeben ist; und selbst die Anerkenntnis des immerwährenden Ablauf des Werdens und Verge-

10 Vgl. Henning Luther, Der fiktive Andere. Mutmaßungen über das Religiöse an Biographie, in: ders., Religion und Alltag. Bausteine zu einer Praktischen Theologie des Subjekts, 111–122.
11 Ebd., 119.

hens und der Begrenztheit der eigenen Existenz als Sinndeutung des Lebens ist nicht allein Ratifizierung eines natürlich Gegebenen, Sinn wird hier nicht einfach einem Geschehen »abgelesen«, sondern er wird diesem Geschehen unterlegt und so quasi ihn konstituierend »abgerungen«. Das gilt ebenso auch für eine lineare Deutung der Existenz – auch und gerade etwa im retrospektiven Moment der Biographie, im Sich-Erinnern. Die englische Schriftstellerin Jeanette Winterson expliziert diesen zentralen Aspekt der Biographisierung in ihren eigenen autobiographischen Überlegungen »Warum glücklich statt einfach nur normal?«: »Freud, einer der Großmeister des Erzählens, wusste, dass die Vergangenheit nichts Fixiertes ist, wie es die lineare Zeit suggeriert. Wir können zurück. Wir können aufheben, was wir fallen gelassen haben. Wir können in Ordnung bringen, was wir kaputt gemacht haben. Wir können mit den Toten sprechen.«[12] Das weist aber auch noch auf einen weiteren Aspekt hin: Das Selbst ist nicht nur dazu gezwungen, seinem Leben deutend Sinn zu geben, es ist auch dazu fähig, und es ist ihm grundsätzlich möglich, sein Leben deutend zu gestalten. Es kann verschiedene Deutungen hervorbringen, es kann Handlungsoptionen planen, es ist in seiner Lebensführung nicht determiniert, sondern frei. Zwar ist es durchaus Begrenzungen und Zwängen unterworfen – es ist nicht absolut frei –, doch es kann sich zu sich und zu seinem Leben ebenso verhalten wie zum Leben Anderer, und es kann sich auch zu ihm gesetzten Grenzen verhalten, so etwa auch zu Gebürtigkeit und Sterblichkeit. Das Selbst ist kreativ in der Tätigkeit seiner Selbstdeutung, es ist schöpferisch tätig, es wiederholt nicht nur Bestehendes, folgt nicht nur einer ihm auferlegten Notwendigkeit, einem »natürlich Gegebenen«, sondern bringt Neues hervor auch im Durcharbeiten des Alten, gestaltet seine Zukunft auch im Rückblick auf Vergangenes.

Henning Luther geht davon aus, dass diese biographische Konstruktion stets stillschweigend einen Adressaten hat, ein Gegenüber, »vor dessen Angesicht« sie sich quasi vollzieht; Luther nennt diesen Adressaten, der in der Biographie schon immer mitgesetzt ist, den »fiktiven Anderen«[13], den das Ich jedoch nicht sich selbst sein kann, eben weil es sich nicht sich selbst zu einem wirklichen und in diesem Sinne konturierten Gegenüber machen kann. Religiöse, insbesondere christliche Lebensdeutung setzt Gott an die Stelle dieses fiktiven Anderen, »vor dessen Angesicht« der Mensch sein Leben führt. Auf das Thema »Zeit« bezogen heißt das: Ich

12 Jeanette Winterson, Warum glücklich statt nicht einfach nur normal?, München 2013, 69f.
13 Ebd., 118.

deute meine Lebenszeit als eine von Gott geschenkte, deute mich als von Gott geschaffen (geboren) und dazu befähigt und ermächtigt, die mir gegebene Zeit kreativ, d.h. frei zu gestalten. Die eigene Lebensdeutung gehört einerseits schon zu dieser gestaltenden Aktivität hinzu, andererseits bedarf diese jedoch auch schon einer Deutung, an der sie sich orientieren kann. Wer biographisch arbeitet, anerkennt also die Zeitlichkeit der eigenen Existenz – schon allein dadurch, dass er/sie in der Gestaltung der Gegenwart sowohl erinnernd tätig ist wie auch eine Zukunft entwerfend und auf diese hin ausgerichtet. Und er/sie anerkennt darin, dass er/sie dies vor und in Bezug auf einen Anderen vollzieht, dem er sich in genau jenem Vollzug verdankt. Das aber weist bereits auf die Möglichkeit einer religiösen Selbstdeutung im Rahmen biographischer Thematisierung hin.

3. Biographie und religiöse Selbstauslegung

Das Selbst kann in seiner biographischen Deutung auf verschiedene Deutungsmuster zurückgreifen, auch auf verschiedene Deutungssysteme. Ein solches Deutungssystem stellen auch Religionen zur Verfügung, sie sind bekanntlich Sinndeutungssysteme, und als solche bieten sie Potential auch und gerade für biographische Thematisierungen. Religionen liefern die Möglichkeit einer Konstituierung von Sinn, »der gerade nicht vom Empirischen ausgeht, sondern dieses Empirische vielmehr in sich aufnimmt und darin ›sinnvoll‹ macht. In dem Maße also, in dem der Einzelne Identität gewinnt (...), tritt er in religiöse Deutungs- und Vorstellungszusammenhänge ein. Die symbolische Welt der Religion wird zum Horizont und zum Medium für die Ausbildung des Bewusstseins von sich selbst, das in der erzählten Lebensgeschichte seinen unmittelbaren, authentischen und anschaulichen Ausdruck findet.«[14]

Um einen Missverständnis vorzubeugen: Weder ist Religion das wichtigste oder gar das einzige Sinndeutungsmuster – und schon gar nicht die christliche Religion, es gibt viele verschiedene, auch miteinander konkurrierende oder gar einander widersprechende Lebensdeutungen, und Religion ist eine davon, zumal es dann auch noch viele unterschiedliche religiöse Deutungen gibt entsprechend

14 Volker Drehsen, Lebensgeschichtliche Frömmigkeit. Eine Problemskizze zu christlich-religiösen Dimensionen des (auto)biographischen Interesses in der Neuzeit, in: Walter Sparn (Hg.), wer schreibt meine Lebensgeschichte? Autobiographie, Hagiographie und ihre Entstehungszusammenhänge, Gütersloh 1990, 33–62, hier 45.

der Pluralität von Religionen, noch ist sinngenerierende Selbstdeutung implizit immer schon religiöse Selbstdeutung allein deshalb, weil in ihr nach dem Grund und Ziel des Lebens gefragt und gesucht wird, auch dann nicht, wenn dieser Grund als ein absoluter verstanden wird.[15] Doch es ist unbestreitbar, dass Religion als Sinndeutungssystem im Prozess der Selbstdeutung eine zentrale Bedeutung besitzen kann und damit eine nicht notwendige, aber doch mögliche Verbindung von biographischer Thematisierung und religiöser Selbstauslegung gegeben ist. Dann aber spielt gerade die von Luther angesprochene Zeitperspektive eine entscheidende Rolle, worauf auch Volker Drehsen aufmerksam gemacht hat: Die Virulenz des Religiösen zeige sich im Konnex biographischer Selbstdeutung in drei Momenten: im symbolischen Repräsentationscharakter der Biographie, an ihrem individualitätsvergewissernden Darstellungscharakter und ihrem subjektiv-intentionalen Produktivitätscharakter.[16] Die Vergewisserung des Individuums vollzieht sich hier nicht quasi jenseits von Raum und Zeit, sondern unter Maßgabe einer Zeitperspektive, denn ausgehend von der Gegenwart ist in der Thematisierung der Vergangenheit immer zugleich die Zukunft mitgedacht, »die einen anderen Sinnzusammenhang des eigenen Lebens möglich erscheinen lässt, als den das bisherige suggeriert.«[17] Thematisierung der Biographie hat somit immer auch zukunftserschließenden Charakter.

Gerade religiöse Selbstdeutungen können an diese Perspektive anschließen bzw. eröffnen Sinndeutungen, die an die Erfahrungen anknüpfen können, die mit der Zeitperspektive gegeben sind und damit auch an das biographische »Arbeiten am Selbst«. Das gilt auch und gerade von Deutungen, die die eingangs erwähnten Biblischen Motive aufgreifen, insbesondere das Motiv der geschenkten Zeit und der Hoffnung auf eine offene Zukunft in der »Fülle der Zeit«. Johann Baptist Metz hat darauf aufmerksam gemacht, dass es Religionen, die christliche zumal, auszeichnet, davon überzeugt

15 Diese Identifizierung von Selbstdeutung und religiöser Selbstdeutung findet sich etwa bei Wilhelm Gräb (vgl. z.B. Wilhelm Gräb, Lebensgeschichten, Lebensentwürfe, Sinndeutungen. Eine praktische Theologie gelebter Religion, Gütersloh 1998; ders., Die religiöse Konstitution der Individualität. Wandlungen einer subjektivitätstheologischen Denkfigur, in: Wilhelm Gräb, Lars Charbonnier (Hg.), Individualität. Genese und Konzeption einer Leitkategorie humaner Selbstdeutung (ISBN 978–3–86280–036–0, Berlin University Press, 2012, 132–152; ders., Religion als Praxis der Lebensdeutung. Zu Schleiermachers Bestimmung des Verhältnisses von Philosophie, Religion und Theologie, in: R. Barth / C.-D. Osthövener / A. v. Scheliha (Hg.), Protestantismus zwischen Aufklärung und Moderne, Frankfurt a.M. 2005, 147–162.

16 Vgl. Drehsen, Lebensgeschichtliche Frömmigkeit, 39.

17 Luther, Der fiktive Andere, 113f.

zu sein, dass die Zeit, die wir haben, nicht nur von Gott geschenkt ist, sondern auch befristet. Das Leben währt nicht ewig, sondern es ist begrenzt und in dieser Begrenztheit unverfügbar, und es gehorcht auch nicht der Unendlichkeit eines zyklischen Werdens und Vergehens. Ebenso wenig ist es durch einen notwendigen Ablauf der Geschichte determiniert und auf eine Vollendung hin ausgerichtet, in der einfach all das aufgehoben ist, was es einmal gegeben hat. Das entspräche der Vorstellung einer Geschichtsteleologie und einem Fortschrittsgedanken, dessen Geltung im 20. Jh. auf grausame Weise widerlegt worden ist, als sogenannte Zivilisation in Barbarei umschlug.[18] Die christliche Hoffnung auf die »Fülle der Zeit« bezieht sich nicht einfach nur auf Vollendung, sondern auf eine Vollendung und Fülle, die den Status quo des Gegebenen machtvoll unterbricht, auf eine offene Zukunft, die »dem Rad in die Speichen fällt« (Bonhoeffer). Auch ist sie nicht einfach nur prospektiv angelegt, sondern auch retrospektiv; sie lebt von der »anamnetischen Solidarität« mit den Opfern der Geschichte und der vergegenwärtigenden Erinnerung an sie. Auch diese sind in diese Hoffnungsperspektive mit hineingenommen, und so umfasst die Perspektive der befristeten Zeit nicht nur Gegenwart und Zukunft, sondern auch die Vergangenheit.[19] Wenn das ›Geheimnis der Erlösung Erinnerung heißt‹, dann hat auch das biographische Erinnern dafür eine wichtige Bedeutung.

Biographische Thematisierung, die auf diese Hoffnung unter der Anerkenntnis eschatologischen Vorbehalts setzt, setzt damit auch auf die Möglichkeit von Unterbrechung, auch auf die Unterbrechung des Alltags und als Differenz zur Welt nicht im Sinne von Weltflucht oder Rückzug aus der Welt, sondern als »Weltabstand«[20], auf die Unterbrechung des immer gleichen Ablaufs »institutionalisierter Lebensläufe«, und das biographische Arbeiten selbst könnte bereits solch eine Unterbrechung sein.

Hinzu kommt aber auch die Möglichkeit, die Fähigkeit zur Selbstdeutung bereits als ein Geschenk Gottes zu verstehen, und

18 Vgl. Johann Baptist Metz, Glaube in Geschichte und Gesellschaft, Mainz ^{4}1984, 149–58; ders., Der Kampf um die verlorene Zeit. Thesen zur Apokalyptik, in: Jürgen Manemann u.a. (Hg.), Befristete Zeit. Jahrbuch Politische Theologie Bd. 3, Münster 1999, 212–221.

19 Vgl. hierzu vor allem Helmut Peukert, Wissenschaftstheorie, Handlungstheorie, Fundamentale Theologie. Analysen zu Ansatz und Status theologischer Begriffsbildung. Mit einem Vorwort zur Neuauflage und einem neuen Nachwort, Frankfurt a.M. 2009, 322–332.342–355; Johann Baptist Metz, Glaube in Geschichte und Gesellschaft, 161–194.

20 Vgl. Henning Luther, Religion als Weltabstand, in: ders., Religion und Alltag, 22–29.

damit bekommt die Formulierung »geschenkte Zeit« eine neue Wendung. Gott ist dann nicht »Herr der Zeit« insofern, als er die Zeit geschaffen hat, denn Zeit an sich gibt es ja nicht. Die geschenkte Zeit besteht dann in der Möglichkeit, eine Zeitperspektive auszubilden und so unser Leben zu strukturieren. Und diese Möglichkeit ist darin gegeben, dass wir über Vernunft verfügen; somit wäre Gott darin Geber der Zeit, dass er uns mit Vernunft beschenkt hat, dass er überhaupt so etwas wie bewusstes Leben geschaffen hat, welches dazu fähig ist, eine Zeitperspektive auszubilden und unter dieser Maßgabe das Leben zu deuten. Zugleich eröffnet die religiöse Deutung jedoch auch die Perspektive der Selbsttranszendierung, den Ausbruch aus der Immanenz des Bestehenden. Umgekehrt gibt das Faktum der Begrenztheit auch den religiösen Deutungen zu denken: Sinn gibt es nie allumfassend und absolut, sondern nur im Fragment, und er kann auch nur im Fragment realisiert werden. Das Leben, auch das religiöse, ist und bleibt gerade unter dem Vorzeichen eschatologischer Hoffnung Entwurf, unterwegs zu einer für uns (und vielleicht sogar für Gott) offenen Zukunft. Und so wie Deutungen sich wandeln, ohne dass dadurch schon das Selbst in diesem Wandel seines Selbstverstehens sich selbst gänzlich verloren geht, so können sich auch religiöse Deutungen wandeln und verändern, ohne ihren grundlegenden Bezugspunkt und ihre Bedeutung zu verlieren. So können womöglich beide voneinander profitieren: die biographische Selbstdeutung von der sinngenerierenden Kraft der Religion, und die Religion vom kreativen Potential der Biographie.

***

Abstract

Ausgehend von der Zentralität der Zeitlichkeit im menschlichen Lebenszusammenhang und ihrer Rückbindung in der christlich-biblischen Anthropologie wird mit Rekurs auf die sinngenerierende Funktion der Biographisierung dem wechselseitigen Zusammenhang von Zeitlichkeit und biographischer Thematisierung als Selbstdeutung nachgegangen und werden die Bedeutungsgehalte einer explizit religiösen Selbstdeutung aufgezeigt.

Judith Könemann, geb. 1962, Dr. theol., ist Professorin für Religionspädagogik und Bildungsforschung am Institut für Katholische Theologie und ihre Diadaktik der Katholisch-Theologischen Fakultät der Universität Münster.

Dietmar Mieth

Wert und Zeit

Über den richtigen Umgang mit der Zeit

1. Was ist »Wert« im Leben, und warum fragen wir heute danach?

Moral im Sinne der Verantwortung, d.h. der freien Selbstverpflichtung ist die Einsicht in die Verbindlichkeit von Sinngehalten des Lebens, die man anerkennen muss, wenn man dieses Leben so führen will, dass es der Würde eines jeden Menschen entspricht. Die Verständigung über die Sinngehalte kommt im Gespräch zwischen den verschiedenen Erfahrungen des Menschen zustande. Da ist die geschichtliche Erfahrung des Menschen, da ist die Erfahrung seines eigenen Lebens als gelebte praktische Überzeugung, da ist die Erfahrung über die Verständigung zwischen den Menschen im Hinblick auf ihre Verantwortung; da sind die Elemente wissenschaftlicher Erfahrung, in denen Sinn erschlossen und überprüft wird; schließlich gilt auch die (meist religiös pointierte) Erfahrung, die einen Menschen vor letzte Konsequenzen seines Lebens stellt.

Erfahrung ist die Quelle des sittlichen Lebens. Aber Erfahrung bedarf immer wieder des Nachdenkens; eine Erfahrung ohne Nachdenken, ohne Vernunft, könnte sich nicht selbst erschließen und bezeugen; sie wäre letztlich sprachlos. Ist die Erfahrung die Quelle der moralischen Einsicht, so ist die Vernunft die Instanz des moralisch Richtigen. Um das moralisch Richtige zu erkennen, ist es notwendig, die Folgen abzuwägen, die sich aus verschiedenen Sachverhalten ergeben können. Diese Abwägung der Folgen im Hinblick auf bestimmte Sinneinsichten nennt man Verantwortung. Man braucht die Sinneseinsichten, sonst wüsste man nicht, woraufhin man abwägen sollte z.B. die Sinneinsicht in das Prinzip der Menschenwürde, dass ein Mensch nur für Zwecke gebraucht und nicht auch im Sinne seiner Selbstzwecklichkeit, der Freiheit, seine Ziele selbst zu verfolgen, geachtet wird.

Verbindliche Sinneinsichten nennen wir Güter oder Werte. Wenn ich zu einem Sinn ja sage, dann bildet er für mich auch ein Gut oder einen Wert. Wenn ich etwa einen Sinn darin sehe, einander die Wahrheit zu sagen, dann halte ich das auch für wert, beachtet zu werden. Wenn ich mich mit anderen darüber verständige, dann gilt dieser Wert auch im Zusammenhang eines gemeinsamen Lebens.

Werte können sich freilich mit den Sinneinsichten ändern. Das gleiche gilt von den einschlägigen Sachverhalten. Wir haben im Laufe der Zeit gelernt, dass in unserem wissenschaftlichen Zeitalter die Erkenntnis von Sachverhalten ständig erweitert, vertieft, korrigiert wird. Aber auch der Wandel der Werte, der bei den einen Anlass zu Besorgnis, bei den anderen Anlass zum Aufatmen sein kann, unterliegt der kritischen Verantwortung durch die Vernunft des Menschen.

Wandel bedeutet hier zweierlei: auf der einen Seite Umbruch, auf der anderen Seite Kontinuität. Wer in der Geschichte etwas bewandert ist, wird oft entdecken, dass bestimmte Werte, wenn sie gerade neu entdeckt zu sein scheinen, in mancherlei geschichtlichen Epochen bereits eine große Rolle spielten. Aber sie spielten diese Rolle nicht auf die gleiche Weise wie heute. So kann man sagen, dass sich die Menschen zum Beispiel über den Sinn der Gerechtigkeit und damit ihrer Verbindlichkeit und damit ihren Wert in der Geschichte immer verständigen konnten; das schließt nicht aus, dass sie aktuell eine bestimmte Perspektive der Gerechtigkeit in besonderer Weise als notwendig erkennen: zum Beispiel die Verteilungsgerechtigkeit zwischen arm und reich.

Wandel der Werte muss also nicht von vornherein ängstigen; aber Wandel der Werte muss auch nicht von vornherein befreien. In der heutigen Zeit mag es theoretisch sein das Leben des Menschen, seine Friedensfähigkeit, seine Umweltgerechtigkeit und seine Solidarität als Werte in besonderer Weise moralisch geachtet werden. Auf der anderen Seite mag es praktisch so sein, dass die individuelle Selbstverwirklichung und Selbstbestimmung so übertrieben wertbesetzt ist, dass es auf diese Weise nur sehr schwer zu einer wirklichen, intensiven Achtung des anderen in seinem Anderssein kommen kann.

Der Mensch kann nicht ohne Werte leben; er kann nicht leben, ohne nach der konkreten Richtigkeit seines Handelns zu fragen. Indem er sich aber auf diese Fragen Antworten gibt, findet er zu moralischen Normen. Er findet sich in einem Feld vor, in dem zugleich moralische Normen bereits vorgegeben sind und zum Teil miteinander konkurrieren. In diesem Spannungsfeld muss er leben lernen, d.h. auf der einen Seite, die notwendige Vorgabe einer Orientierung im Moralischen oder Sittlichen annehmen, und auf der anderen Seite, seinen eigenen Weg finden, um sich inmitten der Konkurrenz der Orientierungen entscheiden zu können. Es gehört zur sittlichen Seite des Lebens, dass man die richtigen moralischen Normen erkennt und anerkennt.

Wir brauchen dazu Impulse und Motive, das Richtige nicht nur einzusehen, sondern auch zu tun. Denn das Sittliche vollendet sich nicht in der Einsicht allein, sondern im Tun. Die konkrete Moral wird daher viel weniger über einen Katalog von Normen vermittelt als über eine Reihe von Grundhaltungen, in denen die Menschen ihre eigenen Impulse wiedererkennen und denen sie nachfolgen können, ohne dabei einfach das gleiche zu tun. Im allgemeinethischen Bereich nennt man diese Grundhaltungen traditionell die »Tugenden«.

Die Tugenden liegen in der Konsequenz einer Lebenseinstellung, die sich im ständigen Tun bezeugt und dadurch zu einer Haltung wird. Man weiß aus dieser Lebenskonsequenz heraus, was im strittigen Falle zu tun ist. Man kann, so gesehen, die Moral auch als Fähigkeit bezeichnen, unter widrigen Umständen seine guten Entschlüsse durchhalten zu können. Dies gilt etwa für personale Werte wie Wahrhaftigkeit, Courage, Klugheit. Dies gilt ebenso für sozial wichtige Grundhaltungen wie Gerechtigkeit, Solidarität, Selbstbegrenzung, Lebensförderlichkeit, Toleranz, Friedensfähigkeit.

Der Mensch trägt Verantwortung, weil er Vernunft hat, weil er frei, endlich und fehlerfähig ist und weil er stets sozial angewiesen bleibt. Vernunft, Freiheit, Endlichkeit, Fehlerfähigkeit und soziale Angewiesenheit machen den Menschen zum Menschen. Wenn er menschlich handeln will, ist er auf diese seine »Natur«, sein Wesen, verpflichtet. Wer Verantwortung trägt, steht unter einem Anspruch, auf den er »Antwort« gibt. Dieser Anspruch ist in einem sehr allgemeinen Sinne die Wirklichkeit selbst. Die Antwort stammt hingegen aus dem Menschenbild und der Menschenwürde. Aus ihm stammen die Werte und Güter, nach denen wir uns richten, z.B. Werte wie Wahrheit, Gerechtigkeit, Solidarität; ferner Güter wie Leben, Eigentum, Sicherheit.

In diesen Werten und Gütern zeigen sich die sozialen Bindungen des Menschen. Die Beziehung auf die Gemeinschaft ist jedoch nicht die einzige vorgegebene Bindung des Menschen. Der Mensch ist Körper, und daher ist sein Leben von Materie bestimmt; bis in die Neurowissenschaft hinein ist es möglich, mit Hilfe eines methodologische Materialismus ein »simulacrum« des Menschen als Maschine zu bilden.

Ist aber Körper gleich Maschine? Dass er lebendig ist, wird seit jeher mit dem Ausdruck »Seele« belegt. Seele ist eine transzendierende Form des Körpers: »der Leib ist in der Seele, sagt Meister Eckhart, weit entfernt von der Vorstellung, sie sei im »Gefängnis« des Leibes gefangen. Leben ist mehr als das Dasein der Dinge. Daran soll sogleich erinnert werden.

2. Leben – eine Erinnerung

a) Leben in den Lebenswissenschaften

Die DNA sei »das Molekühl, mit dem das Leben beginnt« – so wird die Tübinger Leibniz-Preisträgerin Elisa Izaurralde zitiert. Die Begründung ist, dass das RNA-Molekühl die Fähigkeit besitzt, sich zu duplizieren. Ganz ähnlich wird im Artikel »Leben« im »Thesaurus der exakten Wissenschaften« die Fähigkeit des DNA-Molekühls beschrieben: Die Entstehung des Lebens ist »Ergebnis eines kontinuierlichen Prozesses, der zunehmend komplexere und daher mit immer weitreichendere Möglichkeiten ausgestattete Strukturen hervorbringt … Das Wesen dieses Prozesses ist das Auftauchen unvorhersehbarer Fähigkeiten.«

Der Text spricht angesichts der nicht beweisbaren Theorien der Lebensentstehung von einem »fließenden Übergang«. Philosophisch gelesen, ist der »fließende Übergang« eine »Annahme« (so heißt es auch). Diese soll die »Bedeutung« von grundlegenden Fragen »bestreiten«. Als solche Fragen werden genannt: »Wie, wann und wo ist es (das Leben) auf der Erde entstanden? »Mythen« antworteten auf solche Fragen. Damit stellt sich die Frage, wie unterschieden eine »Annahme« von einem »Mythos« ist. Beide suchen nach Erklärungen, die ihrerseits nicht mehr unter den Begriff des »exakten Wissenschaften« fallen.

Mein erstes Fazit lautet: »Leben« in den Lebenswissenschaften ist mit den Methoden der Lebenswissenschaften (bisher?) nicht erklärbar ohne eine Verstehenshypothese, die hohe Plausibilität hat, aber nicht mehr unter die genaue Beschreibung von Ursache und Wirkung, damit auch nicht mehr unter die »exakten Wissenschaften« fällt.

Eine solche Überlegung könnte freilich für Theologen eine »Falle« sein, denn ein Ersatz dieser Hypothese durch eine gläubige Annahme würde diese auf eine Erklärungslücke setzen. Sie wäre dann u.U. nur ein vorläufiger Lückenbüßer.

b) »Leben« in der christlichen Tradition spiritueller Lebenskunst. Das Beispiel Meister Eckharts

Einige Hinweise mit Zitaten (NL = Auswahl, hg. v. Nikolaus Largier)

Predigt 6, NL 80,11–32

> Nichts ist so lieb und so begehrenswert unter allen Dingen wie das Leben. Und wiederum ist kein Leben so schlimm und beschwerlich, daß der Mensch nicht dennoch leben wolle …

Warum lebst du? – Um des Lebens willen, und du weißt dennoch nicht, warum du lebst. So begehrenswert ist das Leben in sich selbst, daß man es um seiner selbst willen begehrt.

... Weil (das Leben) so unmittelbar von fließt, darum wollen sie leben. Was ist Leben? Gottes Sein ist mein Leben. Ist denn mein Leben Gottes Sein, so muß Gottes Sein mein sein und Gottes Wesenheit meine Wesenheit, nicht mehr nicht weniger. (1)

Predigt 5 A, NL 63,13–33

Es gibt nichts, was man so begehrt wie das Leben. Was ist mein Leben? Was von innen her aus sich selbst bewegt wird. Leben wir also mit ihm, so müssen wir auch von innen her mit ihm mitwirken, so daß wir nicht von außen her wirken; wir sollen vielmehr daraus bewegt werden, woraus wir leben, das heißt: durch ihn.

Wir können uns aus unserem Eigenen von innen her wirken. Sollen wir also in ihm und durch ihn leben, so muß er unser Eigen sein und müssen wir aus unserem Eigenen wirken, das er in uns ist. Er ist ganz und gar unser eigen, und alle Dinge sind uns eigen in ihm.

Predigt 5 B, NL 71,32–73,3:

Wer das Leben fragte tausend Jahre lang: »Warum lebst du? Könnte es antworten, es spräche nichts anderes als: »Ich lebe darum, daß ich lebe.« Das kommt daher, daß das Leben aus seinem eigenen Grunde lebt und aus seinem Eigenen quillt; darum lebt es ohne Warum darin, daß es sich selber lebt. Wer nun einen echten Menschen, der aus seinem eigenen Grunde wirkt, fragen würde, »warum wirkst du deine Werke?« sollte er richtig antworten, er würde nicht anderes sagen als: »ich wirke darum, daß ich wirke.«

Predigt 86, NL 211,15–36:

Denn das Leben schenkt das edelste Erkennen ... Leben erkennt besser als (spirituelle) Lust oder das Licht (der Illumination) all das, was man in diesem Leibe unterhalb Gottes empfangen kann, und in mancher Weise erkennt das Leben klarer, als es das ewige Licht zu geben vermag.

Das Licht der Ewigkeit läßt immer sich selbst mit Gott zusammen erkennen, aber nicht sich selbst ohne Gott; das Leben jedoch läßt sich selbst ohne Gott erkennen. Wenn es (das Leben) sich selbst allein sieht, dann kann es besser unterscheiden, was gleich und ungleich ist.

Das läßt sich am heiligen Paulus und auch an den heidnischen Meistern (Philosophen) beweisen. Der heilige Paulus sah in seiner (ersten) Ekstase Gott und sich selbst in geistiger Weise in Gott, und doch war in ihm nicht jede Tugend in anschaulicher (»bildlicher«) Weise in höchster Form der Erkenntnis; und das ergab sich daraus, daß er sie (die Tugenden) nicht in Werken geübt hatte. Die Philosophen erreichten in der Tugendübung eine so hohe Erkenntnis, daß sie eine jede Tugend anschaulicher und genauer erkannten als Paulus in seiner ersten Ekstase. (2)

Vgl. zur Auslegung dieser Predigt über Maria und Martha Dietmar Mieth, Lectura Eckhardi, hg. v. G. Steer / L. Sturlese, Bd. 2, Stuttgart 2003, 139–176.

In der philosophischen Tradition von »Bios/Vita« geht es vorrangig um das Leben des ganzen Menschen, nicht um das Leben der Zelle. Im Vordergrund steht die menschliche Lebensführung. Freilich geht ein allgemeiner Begriff von Leben von »Selbstbewegung« (Aristoteles) aus. Diese Selbstbewegung ist je nach »Seele«, d.h. innerer Bewegungskraft, gestuft.

> Meister Eckhart: »Nichts ist so lieb und so lebenswert wie das Leben. Und wiederum ist kein Leben so schlimm und beschwerlich, daß es ein Mensch nicht dennoch leben wolle … Warum lebst du? Um des Lebens willen, und du weißt dennoch nicht, worumwillen du lebst. So begehrenswert ist das Lebens in sich selbst, daß man es um seiner selbst willen begehrt« (Deutsche Werke, Predigt 6).

Für Eckhart ist das Leben ist ohne Worumwillen, selbstzwecklich. Aber es hat im Glauben durchaus ein »Woraus«: die Lebendigkeit Gottes. Und da diese Lebendigkeit im Mensch selbst ihren inkarnatorischen Ort hat, lebt der Mensch aus diesem Leben. Dabei wirkt er nicht aus Fremden, sondern aus Eigenem. Nach Eckhart schenkt das Leben »das edelste Erkennen« (Predigt 86). Das Leben erfahren deckt also die Spuren auf, die Gottes Lebendigkeit im Leben fortsetzen.

c) Der Unterschied zwischen Lebensverständnis aus Lebensweisheit und Lebenswissenschaft ist nicht zu leugnen

Handelt es sich dabei um einen sich ausschließenden Gegensatz? Dies ist nur dann der Fall, wenn aus der genannten »Annahme« der Lebensentstehung, einer plausiblen Hypothese also, ein »wissenschaftlich« behaupteter Glaubenssatz wird.

Dies ist ferner dann der Fall, wenn aus religiösen Gründen die Annahme eines fließenden Übergangs verweigert und statt dessen eine Handlung Gottes in Zeit und Raum gesetzt werden würde. Diese fiel dann aber in die Kategorien von Raum und Zeit und wäre insofern keine Handlung Gottes. Denn Handlungen Gottes sind per definitionem nicht kategorial: sie stiften erst Raum und Zeit.

Wie lässt sich dann »Leben« im naturwissenschaftlichen Verständnis mit »Leben« als Lebensweisheit vermitteln? Antwort: der Mensch als transzendierendes Wesen kann Verhältnisse, die sein Erklären und Verstehen überschreiten, nur metaphorisch ausdrücken. »Leben« ist in den Geisteswissenschaften daher eine Metapher. Metaphern sind freilich ebensowenig »unwirklich« wie Erklärungshypothesen der Naturwissenschaften exakt »empirisch« sind. Aber Metaphern können als »Lebens des Geistes« praktisch wirken, z.B. im Bemühen um Lebenskunst, in der »Ehrfurcht vor dem Leben« (A. Schweitzer). Insofern geht es im Leben als Metapher nicht um eine platonische Überwelt, sondern um eine Art geisteswissenschaftliches Molekühl, das überlebt, in dem es Leben achtet und Leben lebendiger macht: »ars vivificandi« (die Kunst der Verlebendigung). Ähnliches meinte auch Albert Schweitzer, wenn er vorschlug, das Leben des Menschen als ein Mitleben mit allem Leben zu betrachten.

Dabei haben wir ein Hindernis. Wir haben keine Zeit, das Leben als Leben ernst zu nehmen. Es scheint einfacher und berechenbarer, es zu verdinglichen und zu konsumieren. Aber die Folgen sind ein Mangel an Lebendigkeit und damit auch ein Mangel an Glück. Deshalb soll im Folgenden der richtige Umgang mit der Zeit als eine Lebenskunst gedeutet werden.

Literatur: Dietmar Mieth, Meister Eckhart. Mystik und Lebenskunst. Düsseldorf (Patmos) 2004

3. Umgang mit der Beschleunigung der Zeit – ein Versuch zur Lebenskunst

Die Zeit hat den Menschen stets zur Nachdenklichkeit veranlasst. Unter den großen Denkern der Zeit finden wir Aristoteles, Augustinus, Bergson, Proust, Husserl und Heidegger, Sartre und Lévinas.[1] Es ist nicht meine Absicht, in ein tieferes Gespräch über die Metaphysik der Zeit einzutreten. Ich gehe vielmehr vom gegenwärtigen Zeit*erlebnis* aus, das einen Weg zur gegenwärtigen Zeit*erfahrung* eröffnet. Danach analysiere ich den Reiz der Beschleu-

1 Vgl. Aristoteles, Physik, in: Philosophische Schriften, Bd. VI, Hamburg 1995; Augustinus, Bekenntnisse, Frankfurt a.M. 1987; H. Bergson, Zeit und Freiheit, Frankfurt a.M. 1989; E. Husserl, Ideen zu einer neuen Phänomenologie, Gesammelte Schriften, Bd. V, Hamburg 1992; M. Proust, Auf der Suche nach der verlorenen Zeit, Frankfurt a.M. [4]1985; M. Heidegger, Sein und Zeit, Tübingen [15]1979: J.P. Sartre, Das Sein und das Nichts, Reinbek [2]1989; E. Lévinas, Die Zeit und der Andere, Hamburg [3]1995.

nigung, der heute die Gesellschaft prägt. Abschließend geht es um ein Ethos im Umgang mit der Zeit angesichts der Erfahrung der Zeitbeschleunigung.[2]

a) Die Änderung des Zeiterlebens

Zeit ist Zeiterleben.[3] Reflektiertes Zeiterleben ist Zeiterfahrung.[4] Zeit existiert nicht unabhängig von uns, denn mindestens muss die Zeit von uns gemessen werden. Das geschieht auf einem empirischen Wege; und auf diese Weise haben wir die Zeit der Uhr, die gemessene Zeit, die wir einteilen können, die mit Quantitäten zu tun hat und quantitativ zerlegt werden kann. Auf der anderen Seite begegnet uns die Zeit nicht als empirische, sondern als experientielle Zeiterfahrung. Ich unterscheide hier wie sonst auch, zwischen einem empirischen Erfahrungsbegriff und einem experientiellen Erfahrungsbegriff.[5] Die Basis des empirischen Erfahrungsbegriffes ist ein quantitatives Paradigma, die Basis des experientiellen Erfahrungsbegriffes ist hingegen nur qualitativ zu verstehen. Das Zeit-Erlebnis ist der Ausgangspunkt der Zeit-Erfahrung: wir können Zeit unter der Perspektive der experientiellen Erfahrung als erlebte Zeit sehen, als Zeit, die sich zusammenziehen kann, als Zeit, die sich ausdehnen kann, als Zeit, die wir als solche wahrnehmen, erinnern und bedenken können, oder als Zeit, die wir ignorieren und

2 Vgl. dazu A. Auer, Geglücktes Altern, Eine theologisch-ethische Ermutigung, Freiburg/Basel/Wien 1995, 58–62.

3 Überlegungen zum Zeiterleben finden sich bei M. Gronemeyer, Das Leben als letzte Gelegenheit, Darmstadt (WBG) 1993, bei H. Lübbe, Schrumpft die Zeit? Zivilisationsdynamik und Zeitumgangsmoral: Verkürzter Aufenthalt in der Gegenwart, in: K. Weis (Hg.), Was ist Zeit? Zeit und Verantwortung in Wissenschaft, Technik und Religion, München 1995, 53–79, bei R. Bickeböller / H. Schuldes, Zum Zeitbegriff in der Medizin am Beispiel der terminalen Niereninsuffizienz, in: Imago Hominis (2001/2), 129–139 und bei R. Kather, Zeit und Ewigkeit, Die Vieldimensionalität des menschlichen Erlebens, Würzburg 1993 (mit Überblick über klassische philosophische Literatur).

4 Vgl. zum Verhältnis von Erlebnis und Erfahrung: D. Mieth, Moral und Erfahrung, Bd. 1, Freiburg i.Br. / Freiburg/Schw. 1999, 13ff. Aus der Fülle einschlägiger zeitgenössischer Zeit-Literatur seien genannt: M. Frank, Zeitbewußtsein, Pfullingen 1989; Stephen W. Hawking, Ein kurze Geschichte der Zeit, Reinbek 1991; P. Eicher, Art. Zeit/Ewigkeit, in: Neues Handbuch theologischer Grundbegriffe, erw. Neuausgabe, hg. v. P. Eicher, München 1991, Bd. 5, 300–326; H. Nowotny, Eigenzeit, Frankfurt a.M. [2]1995; mehr im Sinne religiöser Erfahrung öffentlicher Persönlichkeiten im Dialog mit Theologen und Schriftstellern ist zu lesen: A. Schavan / St. A. Spendel (Hg.), Der du die Zeit in Händen hältst, Reden über eine Zukunft mit Gott, München 2000. Th. Böhm, Art. Zeit, in: Handbuch religionswissenschaftlicher Grundbegriffe, hg. v. H. Cancik u.a., Bd. V, Stuttgart 2001, 397–409.

5 Vgl. D. Mieth, Moral und Erfahrung.

vergessen können. »Zeit läßt steigen uns und sinken«. Das ist ein vielzitiertes Gedicht des Staufers Enzio[6]; eines Sohnes Friedrich II., in ihm wird die Unterschiedlichkeit des Zeiterlebens deutlich gemacht. Ein anderes Beispiel dafür ist ein Gedicht von Hans Carossa »O verlerne die Zeit, / Daß nicht dein Antlitz verkümmere/ Und mit dem Antlitz das Herz! / Leg ab deinen Namen! / Verhänge die Spiegel! / Weihe dich einer Gefahr! / Wer einem Wink folgt im Sein, / Vieles zu Einem erbaut, / Stündlich prägt ihn der Stern«[7]. Das Gedicht stellt die Zeitvergessenheit vor Augen, die dem aktiven und produktiven Menschen zu eigen sein muss, weil er sonst im Zweifel wäre über die Relativität seines Tuns, die man aus vielen Perspektiven feststellen kann. Reinhold Schneider hat einmal diese Relativität, gleichsam im Gegenzug zu Carossa, zugespitzt formuliert: »Denn Täter werden nie den Himmel zwingen: / Was sie vereinen, wird sich wieder spalten, / Was sie erneuern, über Nacht veralten«[8].

Zur erlebten Zeit gehört auch die Zeit, die man im Gedächtnis hat, eine erinnerte Zeit, nicht die gemessene Zeit unseres Lebens, sondern die Zeit, die in unserer Erinnerung uns präsent ist. Das ist die entscheidende Zeit in unserer Biographie, die Zeit, in der Leben aufgrund der Auswahl der Erinnerung zu Goethes »Dichtung und Wahrheit« wird Die in der Erinnerung verdichtete Zeit ist die im Vergessen ausgesiebte Zeit, und doch gibt es, wie Nietzsche darlegt, die pointierte Zeit der Erinnerung nicht ohne die Kunst des Vergessens.[9]

Der Philosoph Hermann Lübbe spricht von der ›Verkürzung der Verweildauer in der Gegenwart‹.[10] Diese These enthält drei Komponenten: Das Neue kommt schneller als früher; dieses Neue bleibt kürzer als früher; das Museum dehnt sich deshalb in die Gegenwart hinein aus; alles wird schneller »museal«. Beispiele dafür sind bekanntlich die Mode, die Änderungen in den Konsumgewohnheiten, im Freizeitverhalten, im Design der Produkte. Nicht zu übersehen ist aber auch die zunehmende Beschleunigung der Technik, vor allem auf den Gebieten der Informations- und Kommunikationstechniken und der Biotechnik. Ein anderes Beispiel da-

6 Vgl. YouTube, Todestag des Königs Enzo, 14. März 1272..

7 H. Carossa, Gedichte, Die Veröffentlichungen zu Lebzeiten und Gedichte aus dem Nachlaß, Herausgegeben und kommentiert von E. Kampmann-Carossa, Frankfurt a.M. / Leipzig 1995, 65.

8 Zitiert nach: Der neue Conrady, Neu herausgegeben und aktualisiert von K. O. Conrady, Düsseldorf / Zürich 2000, 721.

9 Vgl. F. Nietzsche, Vom Nutzen und Nachteil der Historie für das Leben, Stuttgart (Reclam) 1970 (aus: Werke, hg. v. K. Schlechta, Bd. I, München ^{6}1969).

10 Vgl. H. Lübbe, Schrumpft die Zeit?

für, dass Neues schneller ankommt, kürzer bleibt und umstandslos museal wird, ist die Haltbarkeit der Expertengutachten in unserer heutigen Zeit.

In der Zeiterfahrung des Existentialismus, noch in den fünfziger Jahren des vorigen Jahrhunderts, erschien die Zeit auf die selbstbezügliche Daseinszeit des Individuums bezogen. Der Individualismus hat sich gewandelt, er ist oberflächlicher und konsumistischer geworden, er stellt sich selbst nicht in Frage, ihn trübt keine Kontingenzerfahrung tieferer Art. Die Zeit wird durch den Erlebniskonsum kleinteilig.[11] Als müsste man sich gegen die Zeit wehren, indem man möglichst viele Happen davon lustvoll verzehrt.

Ganz anders die klassische Zeitwahrnehmung in der ästhetischen Kultur. Die Einheit von Zeit, Ort und Raum hat einmal das klassische Theater bestimmt. Was in die Zeit Lessings zu gehören scheint, wird dabei gerne zitiert. Auch hier kann man die 50er Jahre benennen und als Beispiel den Film »12.00 Uhr Mittags« (1952): eine Stunde Zeit, Einheit von Zeit, Ort und Raum, völlig klassisch. Auch ein Spätwestern wie »Spiel mir das Lied vom Tod« (1968) arbeitet am Beginn mit einer Zeitzerdehnung, die den Zuschauer die erlebte und die erzählte Zeit 1 zu 1 wahrnehmen lässt: ein langwieriges Warten auf dem Bahnhof, das übrigens an 12.00 Uhr mittags erinnert, aber dieses Zeitzerdehnen ist eigentlich nur für den »Kick« gemacht, weil jeder weiß, irgendwann kommt der »Show down«, und der kommt dann gleich am Anfang, es werden sofort vier Banditen (die gleiche Zahl wie in »12 Uhr Mittags«) niedergemacht in der kürzesten Zeit. Die Zeitzerdehnung ist also hier nur ein Trick für den Kick, die Postmoderne zitiert die Klassik nur, um mit dem Wiedererkennen der Cinéasten zu spielen.

Die Beschleunigung des Musealen kann man auch als ästhetische Erfahrung verdeutlichen, diese erscheint zum Beispiel im Wort »Retrodesign«. »Retrodesign« verwandelt etwas, was ja noch ganz kürzlich war, und das eine generation ältere Menschen auch erlebt haben, in etwas, was museal ist und aus musealen Gründen dann wieder getragen werden kann. Eine Tochter fragt z.B. ihre Mutter, ob sie nicht ein Kleid aus den 60er Jahren hat, das im Retrodesign heute gefallen könnte. Bei den Autos gibt es dazu eine ganz Kultur, viele sind in der Young-Timer bis Old-Timer-Warteschleife. An vielen solchen Themen lässt sich die These bewahrheiten: die Vergangenheit kommt schneller, weil die Zukunft schneller kommt, und die Verweildauer in der Gegenwart nimmt ab.

Die Gegenwart, so kurz sie da ist, herrscht in ihrem kleinen Zeitraum allein. Sie ist konturiert, sie ist pointiert, aber sie verliert

11 Vgl. G. Schulze, Die Erlebnisgesellschaft, Frankfurt a.M. 1993.

ihre Dauer. »Heutesein« setzt daher ständigen Wandel und eine Anpassungsbeschleunigung voraus. Wir müssen uns schneller umstellen und anpassen, als das in früheren Zeiten der Fall gewesen ist. Der Philosoph Heinrich Rombach hat die Beschleunigung einmal scherzhaft so kommentiert, dass zwischen Frühstück und Mittagessen eine Epoche liege. In der Tat: Das Klonen des Schafes Dolly (1997) erreichte uns zwischen Frühstück und Mittagessen. Zum Frühstück haben wir's gelesen, beim Mittagessen war die Welt schon ganz anders. Ähnlich, wenn auch nicht so aufmerksam registriert, wirkt die Erfindung des künstlichen Uterus einer Ziege in Japan. Ähnlich wirkt die Möglichkeit, aus embryonalen Zellen Eizellen zurückzugewinnen (Versuche in Südkorea) Wenn das gesamte Reproduktionsverhalten bei Säugetieren, den Menschen eingeschlossen, sich durch den Menschen verändern lässt, dann nähern wir uns einer neuen Definition des Menschen.

Wir erleben das Gleiche auch innerhalb des Sports. Das frühere ›citius, altius, fortius‹: ›schneller, höher, weiter‹ gilt heute a fortiori: es gibt Quantensprünge angesichts neuer technischer Materialien, aber auch angesichts von anthropotechnischen Möglichkeiten, die es früher nicht gegeben hat. »Enhancement«, Verbesserung des Menschen statt bloß Heilung seiner Gebrechen, wird in der Medizin ebenso diskutiert wie gendiagnostische Selektion für den Sport: wer ist für welche Leistung besser geeignet, wer bringt die nötigen Voraussetzungen für das schnellere Kurieren von Verletzungen mit, wem nützt welches Training besser aufgrund seiner genetischen Veranlagung. Solche Entwicklungen werden von Dopingverboten begleitet, bei denen man befürchten muss, dass sie eher für Selbstreinigungsrituale und für Illusionen der Sportgläubigen herhalten sollen, als dass sie eine solche Entwicklung noch steuern können.

Ein verändertes Verhältnis junger Menschen – eine Reihe von ihnen schon gut in den Dreißigern – zur Vergangenheit, ist ebenfalls zu beobachten: sie erscheint als Museum statt als Geschichte. Damit ist ein verändertes Verhältnis zur Zukunft verbunden. Zukunft ist eine Zeitkategorie, die wir präventiv in den Griff zu bekommen versuchen: durch Prognostik, durch Folgenabschätzung, durch Prädiktion und Prävention. Begriffe wie Zukunftsfähigkeit, Nachhaltigkeit, Rechte zukünftiger Generationen sind innerhalb unserer Sprache vorgerückt und bestimmen sie. Mit der Zukunftsbelastung, von der wir durch die ökologischen Kenntnisse wissen, wächst gleichzeitig die Zukunftsberechnung im Namen der Zukunftsverantwortung. Auch das verkürzt die Verweildauer in der Gegenwart. Zugleich ist zu beobachten, dass Zukunft nicht von jedermann in dieser Weise berechnet, prognostiziert und bestimmt werden kann. Die Folgen der großen Zukunft müssen aber immer mehr vom einzelnen übernommen werden (Stichwort: »Eigenverantwortung«). Je mehr im Zeichen der Arbeitsverknappung und der Arbeitslosigkeit die Lasten der Zukunft in der eigenen Biographie zu beobachten sind, um so mehr wird die allgemeine Last auf die einzelnen Biographien verteilt. Die weitere Zukunft eines Landes oder Europas oder gar der Welt muss dagegen weitgehend vom einzelnen delegiert werden. Der Anpassungsdruck, der auf den Einzelnen wirkt, ist nicht nur stärker geworden, sondern er ist auch selektierender geworden. Man muss sich anpassen an die Mikrochips in Beruf und Freizeit; man muss sich anpassen an die wachsende Verkehrszeit (hier bedeutet die Dichte der Beschleunigung eine allgemeine Verlangsamung); man muss sich zudem anpassen an die wachsende Bürokratiezeit.

Die Änderung der Zeiterfahrung setzt sich, wie beschrieben, aus verschiedenen Elementen zusammen: aus der größeren Beschleunigung des Neuen. und damit auch aus einer Beschleunigung des Veraltens.[12] Auf der anderen Seite steht eine stärkere Ausdehnung der Zukunftszeit in der Gegenwart, so dass gerade das Bedürfnis nach Verheutigung der Zeit es mit sich bringt, dass dieses Heute immer kürzer wird, und in der Kürze liegt die Würze, nämlich der Reiz.

b) Der Reiz der beschleunigten Zeit als Exzess der zeitverzehrenden Normalität

Johannes Neumann weist darauf hin, dass die Sucht nichts anderes ist als der Exzess der Normalität.[13] Ich schließe mich gleichsam dieser Definition an: Sucht als Exzess der Normalität. Ein Beispiel, das bekannt ist, ist der Alkohol; der Alkohol, der sozusagen die Normalität des Lebens fast aller ausmacht, und der dann in einer exzessiven Form als hauptsächliches Suchtphänomen unserer Gesellschaft beobachtet werden kann. Wir haben es aber hier nicht mit dem Alkohol zu tun, sondern wir haben es hier mit der Zeit und dem Zeitkonsum zu tun. Es gibt Beispiele dafür, dass die Zeit

12 Dass der Rhythmus von Neu und Alt immer auch so verstanden werden kann, dass das jeweils Neue das Veraltensfähige ist, hat schon Meister Eckhart in einer lateinischen Predigt genau beschrieben: »In novitate vitae ambulemus«, kurz kommentiert in: D. Mieth (Hg.), Meister Eckhart, Einheit mit Gott, Düsseldorf, Neuauflage 2002, 310–316 (= LW 4, 145–154). Daraus ergibt sich, dass das absolut Neue das nicht Veraltens- und Vergehensfähige ist, also quer zur kontinuierlichen Zeit steht. Das ist das Neue Gottes, zu dem nur der »mystische« Augenblick »durchbricht«.

13 Vgl. G. Längle / K. Mann / G. Buchkremer (Hg.), »Sucht«: die Lebenswelten Abhängiger, Tübingen 1996.

und Reiz als Exzess der Normalität sich in Suchtphänomene verwandeln. Dabei handelt es sich um ein Netzwerk von Zeit-Zivilisation, dessen Knotenpunkte auf ganz verschiedenen Punkten unseres Lebens aufleuchten.

Ein *erstes* Beispiel dafür ist die Verpünktlichung unseres Lebens. Es ist ganz klar: dort wo die Zeit im Namen der gemessenen Zeit, also im Namen der Herrschaft der Wissenschaft, der Technik und der Wirtschaft in besonderer Weise eben als empirische Zeit überwiegt, dort geschieht eine Verpünktlichung des Lebens als Anspruch an Objekte, als Anspruch an Partner, aber letztlich auch als Anspruch an sich selbst. Dieser Selbstanspruch der Verpünktlichung setzt unter einen ganz enormen Druck, man kann dies an der Erhöhung der Pulsfrequenz und des Herzschlages feststellen.

Zweitens: Die Plan-Soll-Erfüllungsdruck-Taste liegt sozusagen in mir selbst. Es ist heute nicht mehr so, dass Leitende von außen möglichst viel Druck auf die beteiligten Einzelnen ausüben, sondern sie lassen diese in ihren eigenen Druck hineinlaufen. Das geschieht besonders dort, wo die Tätigkeit zugleich mit persönlichen Zielen und Interessen verbunden ist, wo also eine gewisse innere und zugleich beteiligten Menschen gemeinsame Leidenschaft für diese Tätigkeit erzeugt wird. Jeder bewegt sich im Laufschritt auf ein Ziel zu, das zugleich sein eigenes ist.. Die Plan-Soll-Erfüllungsdrucktaste im Menschen selbst, das ist sein Leistungsbild im Beruf, das ist sein Leistungsbild in der Familie – das sollten wir auch nicht unterschätzen – und das ist sein Leistungsbild in der Freizeit, die man sich ja auch noch leisten muss, damit an der Leistung auch ersichtlich ist, was man sich leisten kann.

Drittens ist neben der Verpünktlichung des Lebens und der Plan-Soll-Erfüllungssucht die Zeitausfüllungssucht zu nennen. Wie ist die Zeit am besten auszufüllen? – durch Intensität plus Häufigkeit; möglichst sollen keine Zeitlöcher entstehen. Zeitlöcher dokumentieren sozusagen vor dem Hintergrund unserer Lebenserwartungen ein Sinnloch. Je intensiver wir die Zeit in möglichst hoher Frequenz auszufüllen in der Lage sind, um so mehr werden wir uns auf der Höhe der Zeit fühlen, und das eben nenne ich die Zeitausfüllungssucht.

Viertens: Unser Leben ist gestaltet durch die Sprache der Optimierung. Die Zeitoptimierung ist als ein Kennzeichen des »horror vacui in tempore« betrachten. Den »horror vacui« kennt man aus der Sprache des Raumes. Wenn in einem Glas keine Luft sei, dann sauge diese Leere alles an, was sich in der Umgebung befinde. Heute ist dies auf die Zeiterfahrung übertragen.

Damit hängt ein *fünftes* Phänomen zusammen: die Hektik. Hektik ist ja nichts anderes als die Hochfrequenz im Rhythmus, versinnlicht etwa in der Musik der Dritten Programme verschiedener Rundfunkanstalten. Gern wird sie von Jüngeren als Begleitung zu einem schnell fahrenden Auto benutzt.

Aber auch *sechstens*: Diese Hochfrequenz erscheint als Musikdroge in den Jugendsüchten. Sucht wird hier die Lautstarke plus Tempo plus Iteration plus Reizsound. Es entsteht eine Art des Neben-sich-Stehens, wenn man auf diese Weise vom Lärm betäubt wird. Zugleich verursacht diese Betäubung eine Art qualitativen Kick.

In den Videoreisen, die Jugendliche auch gemeinsam machen, geht es darum, möglichst viele Reize zu erleben, der Mausklick dient als Bedienung der Reiztastatur der eigenen Gefühle und des eigenen Körpers. Alles geht auf das vegetative Nervensystem, auf die Gefühle und auf die mögliche Erzeugung von Erregungszuständen. Möglicherweis ist der Cannabis-Konsum eher eine Ausnahme von dieser Regel, weil es hier auch um eine Verlangsamung von Reaktionen geht. Freilich kann der Cannabis-Konsum auch ein Einstieg sein. Jugendliche haben mir das persönlich so beschrieben: »das Flirren im Hirn«, »das Anknipsen der Birne in der Birne«.

Die anderen Mittel der Reizkultur wechseln häufiger, wie der Kick mit dem High-Jumping an Gummizügen, oder durchsichtige Plastikhäute als Kullermaschinen, mit denen man sich Berge herunterkullern kann, um sich den entsprechenden Kick zu verschaffen. Solche Süchte, die mit dem Kick der Beschleunigung verbunden sind, sind nichts anderes als ein Exzess der Normalität, die sich dann weniger in der Freizeit als in der Beschleunigung der Arbeitsbelastung abspielt.

Zeit ist also ein Reizfaktor. Durch Geschwindigkeit, durch Frequenzerhöhung, durch Rhythmusbeschleunigung, überhaupt durch Akzeleration, durch Zeitkonkurrenz, also indem man in zeitlicher Perspektive geschwinder ist als der andere, durch Zeitoptimierung, durch Wertaustausch der Zeit mit anderen Gütern, zum Beispiel eben mit Geld, durch Akzeptanz und reibungslose Anpassung an die Akzeleration der Zeit in Wissenschaft, Technik und Wirtschaft, durch alles dies wird der Reizeffekt des In-der-Welt-Seins gleichzeitig erhöht. Freilich ein Reiz, der ambivalent ist, ein Reiz, der erregt, auch ein Reiz, der krank macht; ein bekannter Krankheitsfaktor.

Diese Überlegungen wenden sich nicht gegen den Reiz schlechthin. Bekanntlich ist ja auch Stress zweideutig: er kann durch den aufbauenden Erfolg gesundheitsdienlich sein, durch die Anhäufung von Überforderungs- und Versagensmomenten dagegen bis zu »burning-out«-Syndromen führen. Das Problem des richtigen Umgangs mit der Zeit liegt ja gerade darin, dass kein

Zeitphänomen eindeutig negativ oder positiv bewertet werden kann. Man könnte sich durchaus auch Kritiken des Zeitverlustes, der Zeitverzögerung und des Zeitdiebstahles vorstellen, in welchen Beschleunigung als Therapie erscheint. In einer kritischen Zeitgenossenschaft wird man sie freilich eher als vereinzelte und nicht als generelle Phänomene der gegenwärtigen Zeit auffassen.

Zum Abschluss dieser Beobachtungen wähle ich die Form einer Satire: ich zähle die Gebote des Zeitverzehrs bzw. der akzelerierten Zeitkultur auf. Wenn es 10 Gebote der akzelerierten Zeitkultur sein sollten, so könnten sie folgendermaßen lauten:

1. Die Zeit darf einem nicht davon laufen.
2. Wer keine Zeit hat, liegt richtig in der Zeit.
3. Wähle zwischen zwei Zeitdistanzen immer die schnellere, sie bringt dich weiter.
4. Zeit zahlt sich aus; je schneller du bist, desto näher bist du dem Erfolg.
5. Wenn du langsamer bist, bist du nur dann besser, wenn du damit schneller bist, weil du keine Fehler machst; aber besser schnell mit wenig Fehlern, als fehlerlos zu langsam. Bei Qualifikationsarbeiten mit »multiple choice«, sei es beim Führerschein oder bei Medizinprüfungen ist es besser, von drei möglichen Fehlern einen oder zwei verbunden mit höherem Tempo in Kauf zu nehmen, als solange im einzelnen nachzudenken, bis man in Zeitverzug gerät und der Bogen nur halb ausgefüllt bleibt.
6. Wer den Rhythmus, die Frequenz, erhöhen kann, siegt am Ende. Beispiele liefert der Sport: Man verfolge etwa die Kommentare Fußball oder Tennis.
7. Zeitvorsprünge sind in Besitzvorsprünge zu verwandeln. Beispiel: die Patentierung. Wer einen Zeitvorsprung in einer Erkenntnis hat, die als »Erfindung« gekennzeichnet werden kann, kann diesen Zeitvorsprung in einen Besitzvorsprung verwandeln. Diese Verwandlung von Zeitvorsprüngen in Besitzvorsprüngen wird den Universitäten nach amerikanischem Vorbild zur Deckung ihrer Finanzierungslücken angeraten. Dabei sind Bedenken angezeigt, wenn der »Besitz« sich auf nicht erfindbares Leben erstreckt.[14]
8. Halte dich an die »produktiven« Zeiten, an Arbeitszeit, Gesundheitszeit, Freizeit, Bürokratiezeit u.a., und meide die aufhaltsamen Zeiten, zum Beispiel die Zeit für andere, die Sozialzeit. So viel produktive Ich-Zeit wie möglich, so viel Du-Zeit wie nötig. Dazu gehört das schöne Wort, das Eltern gerne gegenüber Kindern zum Ausdruck bringen: Du stiehlst mir meine Zeit. Das Zeitver-

14 Vgl. Ch. Baumgartner, D. Mieth (Hg.), Patente am Leben, Paderborn 2002.

ständnis im Sinne einer »Ich-AG« hat Zeit als Eigentum internalisiert.

9. Schnelligkeit zählt immer mehr. »Innovation« ist ein Zauberwort, das stets verschlüsselt bleiben muss, weil es sonst seine Emphase verliert. In der wissenschaftlichen Welt lautet das Wort für Schnelligkeit lautet dort »publish or perish«. Ein anderes Beispiel: nicht die Qualität der Medienauftritte, sondern deren Häufigkeit entscheidet über den Bonus der Prominenz. Der erste Kommentar wird genommen, wer zu spät kommt, den bestraft das Leben. Dieser Spruch des Liquidators des Sowjetsystems wird gern in seiner Bedeutung für einen außerordentlichen geschichtlichen Kairos hin analysiert. Man vergisst dabei seine Zweideutigkeit: ist das Spätere weniger wert als das Frühere, ist das spontane Handeln besser als das überlegte Handeln? Angesichts dieser Zweideutigkeit kann man den Spruch auch umdrehen; wer zu früh kommt, den bestraft das Leben. So ist es mit vielen Worten, die geflügelt werden und ihren passenden Kontext damit verlassen.

10. Wer Zeit hat, ist verdächtig. Er ist entweder faul oder frisst die Zeit anderer auf. Kurz und gut, das Fazit: Das Leben organisieren heißt, das ist ein Schweizer Ausdruck, sein Zeitbudget zu verwalten. Budget ist also der Haushalt, der Zeithaushalt. Aber akzelerierte Zeit macht krank. Die Natur, die wir in uns tragen, die biologische Natur, macht die Erhöhung Von Frequenzen nicht einfach fraglos mit. Unsere Lebensgeschichte protestiert. Die Zeit, die nicht ausgehalten werden kann, ist auch keine Zeit, die gut erinnert werden kann. Die hohe Frequenz der Reize löscht unser Gedächtnis an sie aus. Wer keine Zeit hat, hat keine Erinnerung; er hat kein Du: Verlust der Sozialzeit, er hat keine Transzendenz, ja letztlich: er hat kein Leben, denn Zeit ist die Basis des Lebens.

c) Zeit-Verlangsamung als Lebenskunst[15]

Der Therapievorschlag, der hier gemacht wird, ist nicht neu. Es gibt auch genügend Bücher, die sich mit der Kultur der Langsamkeit auseinandersetzen. Der Therapievorschlag setzt sich in der Tat aus alten Ingredienzien zusammen. Da ist zunächst einmal als *Erstes* die Weisheit des Predigers, das Buch Kohelet im Alten Testament zu nennen. Es gibt je eine Zeit für die verschiedenen Stimmungen des Lebens, eine Zeit, zu lachen und zu weinen. (vgl. Koh

15 Mit diesem Thema beschäftigt sich auch die Literatur, vgl. z.B. Milan Kundera, Die Langsamkeit, Frankfurt a.M. 1998 (Der Roman gehört zur Serie phänomenologischer Romane Kunderas, die sich, wie hier insbesondere, im erotischen Feld aufhalten.)

3,1–8) Dieser Versuch, die Zeit in ihren unterschiedlichen Erlebnisformen, in ihrer Pluralität festzuhalten, das ist eine Lehre gegen die Nivellierung des Zeiterlebens.

Die Nivellierung des Zeiterlebens bedeutet, dass die eingangs erwähnte experientielle Zeit immer mehr in empirische Zeit verwandelt wird. Was wir sinnlich erleben und was wir in sinnliche Reize verwandeln können, kehrt uns nach außen und bedeutet einen Verlust des Inneren. Indem das experientielle Zeiterleben, die Zeit*erfahrung* gegen die Herrschaft, Alleinherrschaft der gemessenen Zeit, verstärkt wird, gelangen wir zu einer Vielgestaltigkeit der Zeit. Die Vielgestaltigkeit der Zeit ist gen au die Vielgestaltigkeit unserer Gefühle. Es ist aber auch die Vielgestaltigkeit unserer Sinne. Es gibt eine Zeit des Ohrs, es gibt eine Zeit des Auges. Der Augenblick, der die Zeit durchbricht und sie zugleich bündelt: »verweile doch, du bist so schön«. Milan Kundera spricht nicht nur vom Augenblick, der vom Auge ausgeht, sondern auch vom Blick in das Auge des anderen und unterscheidet den experientiellen Blick vom empirischen Blick. Der empirische Blick sieht das Auge mit der Tränenflüssigkeit benetzt und mit dem Wimpernschlag als Scheibenwischer gereinigt, der experientielle Blick sieht das Auge des anderen als Ausdruck einer Seele, von der er einen Eindruck empfängt.[16]

Das ist die *zweite* Weisheit des Predigers (9,3ff.) es heißt, »genieß das Leben mit dem Weibe, das du liebgewonnen. Stets seien deine Kleider weiß, dein Haupt mit Öl gesalbt« usw. Hier kommt es auf das Gemeinsame im Erleben an. Das heißt: Zeit mit einem anderen zu teilen. Dies bedeutet, dass die verschiedenen Formen des Zeiterlebens im anderen für mich zusätzlich an Zeitbewusstsein gewinnen und dass in diesem Zeitaustausch auch ein Lebensaustausch erfolgt, und in diesem Lebensaustausch liegt eine Steigerungsmöglichkeit der eigenen und der gemeinsamen Biographie. Wenn man diese Du-Form der Zeit in ihrer anthropologischen Verstärkung nimmt, dann besagt die entsprechende Erfahrung: ich bin in den Augen des anderen mehr wert, als ich vor mir selber bin. Diese Steigerung, diese Intensität kann durch geteilte Zeit als erlebt werden.

Die *dritte* Weisheit steht ebenfalls im Buch Kohelet und lautet schlicht: »Nichts Neues unter der Sonne.« (Koh 1,9). Meister Eckhart (1260–1328) hat diesen Spruch zum Thema seiner Predigt gemacht, und es ist erstaunlich modern, was er dort erörtert.[17] Er

16 Vgl. Milan Kundera, Die Identität, Frankfurt a.M. 1999 und dazu D. Mieth, Identität – wie wird sie erzählt?, in: ders. (Hg.), Erzählen und Moral, Tübingen 2000, 67–82.

17 Vgl. oben Anm. 12.

sagt: dieser Spruch scheint auf den ersten Blick falsch zu sein, denn gerade »unter der Sonne«, d.h. in unserer erlebten Wirklichkeit, gibt es ständig Neues. Warum ist das Neue »unter der Sonne« nichts Neues im Sinne des Weisen? Vielleicht, weil sich für den Weisen viel wiederholt: so ist die Rückbetrachtung des alten Menschen über seine erlebte Zeit: unter anderen Gestalten wiederholt sich doch wiederum Ähnliches wiederholt. Eckhart meint freilich etwas anderes, er sagt nämlich: alles, was neu wird, veraltet. Also ist der Mensch voller Sehnsucht nach etwas Neuem, das nicht veraltet, das immer frisch bleibt, die ewige Jugend. Das wahrhaft Neue muss etwas sein, das neu bleibt. Was ist das Neue, das neu bleibt und nicht veraltet? Dieses Neue kann sich nicht auf der Ebene der gemessenen Zeit bewegen, nicht auf der Ebene der Zeit als Geschehen und Geschichte, nicht auf der Ebene des Nacheinander der Zeit: Vergangenheit, Gegenwart, Zukunft, sondern dieses Neue muss in einer quer zur Zeit liegen.

Quer zur Zeit ist der Augenblick. Der Augenblick ist der Einbruch des »nunc stans« dessen, was in diesem Augenblick stehen bleibt (Arthur Schopenhauer). Der Augenblick als Querstruktur der Zeit. Die Dichtung bevorzugt eine Metaphorik der Zeit: ein vertikales Zeiterlebnis wird einem horizontalen gegenübergestellt. Diese vertikale Zeit hat ihre Einbruchstelle im Augenblick, wie er etwa bei Goethe erscheint: Magst du zum Augenblicke sagen, verweile doch, du bist so schön, dann kannst du mich in Fesseln schlagen (Faust). Bei Rilke erscheint dieser Augenblick in vielen Gedichten als der Höhepunkt einer Parabel: im Ballwurf, im Vogelflug. Der Augenblick des Umschlags, wo das Steigen des Balles sich umkehrt in sein Sinken, wird festgehalten bzw. ausgehalten. »Zeit läßt steigen dich und sinken«, so hieß es im bereits zitierten Gedicht Enzios. An diesem Augenblick als Querstruktur liegt die Einbruchstelle zur Metaphorik einer anderen Zeit, einer Zeit, in der Neuheit bleibt und nicht veraltet. Und darum ist die gesamte Sehnsucht aller Menschen, die nach einem tiefen Erleben ihrer eigenen Identität gesucht haben, die Sehnsucht, diese Form des Erlebnisses des Augenblickes zu verlängern. Magst du zum Augenblicke sagen, verweile doch, du bist so schön. In diesem Sinne muss man das »Nichts Neues unter der Sonne« verstehen, es gibt nichts Neues »unterhalb« der Sonne, denn alles, was neu wird, sagt Meister Eckhart, veraltet, das wirkliche Neue wäre ein Neues, das neu bleibt.

Ich will den vorher genannten zehn »Geboten« des Zeitverzehrs zehn Ratschläge der besseren Zeitnutzung, der Vervielfältigung und der Verlangsamung des Zeiterlebens, gegenüber stellen. Man gleicht freilich einem Rufer in der Zeit-Wüste, wenn man diese

Ratschläge zur Umkehr in den Zeitvertrieb oder Zeitvertreib hineinruft. Solchen Rufen gegenüber ist das zeitgenössische Ohr, das auch das eigene ist, ziemlich verstockt.

Der *erste* Therapievorschlag richtet sich gegen den Gegenwartsverzehr durch das. Vorausnehmen der Zukunft. »Stirb nicht im Warteraum der Zukunft«, so lautete vor fast 40 Jahren ein Buchtitel des progressiven Theologen Harvey Cox, der damals vielen gefiel. Alles strebte in den sechziger Jahren des vorigen Jahrhunderts nach vorne, entweder ins technische oder ins soziale oder wenigstens ins kirchliche Vorwärts. Die Haltung des Wartens war verpönt: wir wollen es jetzt, und wir wollen gleich alles. Die Wartesäle sind längst zu Kaufhäusern und Vergnügungsstätten geworden. Aber Warten ist wichtig. Was wäre z.B. Weihnachten als Kinderfest ohne das Warten? Freilich geht es bei Erwachsenen nicht um ungeduldiges, sondern um meditatives Warten. Der Brite in der Schlange liest ein Buch. Menschen in der Schlange können sich unterhalten. Sie können auch schweigen, träumen, die Seele baumeln und die Sinne schweifen lassen. Waches Warten hält Lampen in den Händen wie die klugen Jungfrauen in der Bibel, kreatives Warten erhöht die Vorfreude. Der Genießer isst nicht das beste Stück zuerst, er wartet und kultiviert sein Begehren. Die Schule der Lust, die der griechische, so oft verkannte, Philosoph Epikur uns zumutet, besteht in der Verfeinerung der Freuden des Genießens durch die Kultivierung der Formen, der Einstellung dazu. In einem Sprachspiel könnte man sagen: beim Warten stehe ich immer ein wenig auf der Warte, auf der Zinne meines Lebens. Ich dehne mich nach vorne aus, ohne davon zu stürmen. Ich erfahre Zukunft nicht als Futurum, »future« im Neulatein, sondern als das Zu-Kommende. Ich halte das Herz und die Hände offen. Ich bin passiv und doch gespannter als sonst. Daraus kann eine gelassene Anspannung werden. Gelassenheit, das ist ein Grundwort für eine schöpferische Haltung des Wartens. Man spürt, wie das Sein im Werden liegt, nicht im Machen.

Als *zweiten* Rat möchte ich das geduldige Aushalten (gemeint ist nicht schlicht das bequeme Aussitzen!) von Problemen im Gegensatz zum Probleme lösen nennen. Denn der Trend geht zum Problemlösungszwang. Probleme müssen erstens erkannt, zweitens gelöst und dürfen drittens nicht »gelassen«, ausgehalten werden. Nehmen wir als Beispiel die Probleme des Zusammenlebens. Dazu gehört die Problemfeststellungs- und Problemlösungsberatung. Dann entsteht der Problemlösungsdruck. Ist das Problem nicht zu lösen, muss man die Situation, die Umstände, die Beziehung verändern, aufgeben. Aber es gibt z.B. in Beziehungen oder in Lebensformen Probleme, die mit mir selbst gegeben sind. Wohin ich auch gehe, mit wem ich auch zusammenlebe, ich nehme die Probleme mit. Die äußerlichen Problemlösungsangebote, von denen die Welt voll ist, erreichen mich oft nicht. Außerdem gibt es immer einen Überhang von Problemen. Und die Problemlösungsregel lautet: man soll Probleme nicht so lösen, dass die Probleme, die aus der Problemlösung entstehen, größer sind als die Probleme, die gelöst werden ... »Ertraget einander in Liebe« – dieses Wort des Paulus ist nicht modern, aber weise. Auf der anderen Seite möchte ich damit nicht der Aufopferung oder der Selbstvernachlässigung, schon gar nicht der Problemlösungsfaulheit das Wort reden. Aber, wenn alles lösbar wäre, brauchten wir keine Erlösung.

Drittens: Manchmal müssen wir die beschleunigte Zeit »entschleunigen«, verlangsamen, retardieren. Nicht nur den, der zu spät kommt, »bestraft« das Leben, sondern auch den, der zu früh kommt. »Vögel, die morgens zu früh pfeifen«, sagte meine Großmutter, »holt abends die Katz«. Je schneller die Wissenschaft, das technische Können und das industrielle Machen sind, um so unbedenklicher werden wir. Wir brauchen Bedenkzeit für die Veränderung unserer Lebenswelt, für die Moral, die den Fortschritt begleiten soll. Wenn Novalis recht hat, dass jeder technische Schritt nach vorne zusätzlich zwei moralische Schritte braucht, dann gilt hier das Stichwort: Moratorium (etwas für einige Zeit unterlassen, außer Kraft setzen), damit würde man Zeit für Reflexivität gewinnen. Man könnte das auch mit einem Bild verdeutlichen: Die Tschernobylerfahrung in der Atomenergie wäre vielleicht nicht notwendig gewesen, wenn man diese Form der Retardierung beherrscht hätte. Warten, Aushalten, Retardieren.

Viertens: Der Rat zur Kontemplation. Die Philosophen und auch die Theologen unterscheiden bei der menschlichen Tätigkeit zwischen Aktion und Kontemplation. Die Kontemplation ist, wie es im Mittelalter heißt, eine »operatio intellectus«, eine Tätigkeit des Intellekts. Intellekt aber muss man übersetzen mit der Fähigkeit, zwischen die zeitlichen Abläufe sehen zu können. Dies entspricht dem genannten Höhepunkt der Kurve der Parabel. Dort zu verweilen, ist kontemplieren. Parsifals berühmte Betrachtung der Blutstropfen im Schnee, gehört in eine Kehre seiner Biographie. Er besteht diese Wende, aber nur aufgrund der Kontemplation und nicht aufgrund der Aktion. Elemente des Wartens, des Aushaltens, des Retardierens schaffen zusammen den Raum der Kontemplation.

Fünftens: Umständlich werden. Die beschleunigte Zeit ist eine Zeit ohne Umschweife und ohne Umstand. Die verlangsamte, die umständliche Zeit ist die Zeit des Festes, des »Zelebrierens«. Dieses lässt sich nicht auf rationale Abläufe zurückdrängen. Zum Zelebrieren gehört das Wiedererkennen von Ritualen. Darin liegen

Elemente, die heute noch als Gegenelemente zu der Beschleunigung der Zeit Menschen erfreuen können, offensichtlich, sonst würden sie sich ja nicht dafür begeistern. Der Modus des festlichen Umständlichwerdens ist auch ein Modus des Zeiterlebens, der sich mit Mühe in unsere heutige Zeit hinein gerettet hat.

Sechstens: Die Rückkehr zur sanften Empfindung. Gegenüber einer Reizkultur, die gleichsam nur die Beschleunigung des Zeitrhythmus als Reiz empfinden kann, muss zurückgekehrt werden zu Empfindungsformen, die nicht von der Schärfe oder von der Wucht der Erregung bestimmt sind, sondern die sanfte Empfindungsformen sind. Auch da gibt es gleichzeitig eine Kultur der Zärtlichkeit beispielsweise, im Gegenüber zu einer Kultur der aggressiven Sexualität.[18] Kultur der sanften Empfindung ist ein Versuch, den Reiz zu erleben, nicht in der Eingriffstiefe als das, was unter die Haut geht, sondern Reiz zu empfinden an der Oberfläche, auf der Haut. Es gibt ein schönes Wort von Robert Musil, das es eben auch zu kontemplieren gilt: »Man muss die Wahrheit dort suchen, wo sie sich meist versteckt hält, an der Oberfläche«. Das ist ein bisschen gegen den deutschen Tiefsinn formuliert, aber es enthält auch etwas von dieser Hauterfahrung, die davon abweicht, dass etwas als Reiz unbedingt unter die Haut gehen muss.

Siebtens: »Und meine Seele spannte weit ihre Flügel aus« (Joseph Eichendorff). Die Seele ist weiter in Raum und Zeit als der Körper, auch wenn sie mir im verbunden ist. Dabei geht es um Formen des in Zeit und Raum ausgreifenden Bewusstseins. Die vorübergehende Bewusstseinserweiterung, früher Entrückung, Ekstasis, Raptus genannt, ist aber mit Mitteln anzugehen, die die Kultur der Langsamkeit zur Verfügung stellt, und nicht mit Mitteln der Beschleunigung. Wenn die Bewusstseinserweiterung im Namen der Endlichkeit des Menschen und in der Betrachtung der Empfänglichkeit des menschlichen Lebens erfolgen soll, und nur da ist sie eigentlich zugänglich, dann wendet sie sich gegen eine Bewusstseinserweiterung, die nur scheinbar ist, die sozusagen nicht mein eigenes Bewusstsein meint, sondern ein manipuliertes Bewusstsein, das etwa durch die Droge der Musik oder durch ein Medikament geschaffen wird.

Achtens: Zur Kultur der Langsamkeit gehört aber auch das Bleiben. Man kann es in der Bibel kennen lernen, in seiner religiösen Melodie: »bleibe bei einerlei Rede« (Sir 5,12), »bleibe in Gottes Wort« (Sir 11,20), »bleibe treu deinem Freund« (Sir 22,28), um nur ein biblisches Buch zu zitieren. Bleiben heißt anhangen, ver-

18 Vgl. R. Ammicht-Quinn, Körperdiskurs, Religion und Sexualität, Mainz ^{2}2004.

ankert sein, Heimat haben. Früher ist diese Bleiben sichtbar gewesen auf der Bank vor dem Hause, wo für die Bauersfrau und für den Bauern, nachdem sie den ganzen Tag gearbeitet, man müsste eher sagen: »gewirkt« haben, die Schwere ihres Körpers zu ihnen zurückkehrt. Hans Barlach hat das mal in einem Bild dargestellt: Die Sitzende. Darin ist die ausruhende Schwere des Bleibens ausgedrückt. Die Sabbatruhe Gottes, so stellt es Meister Eckhart dar, stammt aus dem Werk der Schöpfung »ex opere«, die Zeit dehnt sich im Wirken und zieht sich in der aus dem Wirken stammenden Ruhe wieder zusammen.

Neuntens: Die Sozialzeit. Die in dem heutigen beschleunigten Zeiterleben zu kurz kommende Sozialzeit muss als Selbstbejahungszeit ausgedehnt werden. Ich sage, dass in der Sozialzeit nicht eine Zeit des Sich-Ausgebens verborgen ist, sondern eine Zeit des Gewinnes, eines Gewinnes an Selbstbejahungszeit. Hier könnte man auch die ganze Du-Philosophie eines Emmanuel Lévinas heranziehen[19], bei dem in dem Antlitz des anderen ich mich selbst erst gewinne, in der Bejahung des anderen mehr wert bin, als ich vor mir selber wert bin. Ethisch gesehen, lässt auch die Sozialzeit als indirekte Selbstbejahungszeit im Umgang mit Kranken und Abhängigen zu, dass das Du, an das ich das Leben verliere, auch der Gewinn der Lebendigkeit meines Lebens sein kann.

Schließlich ein *zehnter* Rat: Die Entdeckung der Endlichkeit.[20] Es ist gerade, gegenläufig zu der beschleunigten Zeit, in der philosophischen Literatur zu entdecken, dass der Mensch ein endliches, begrenztes, abhängiges Wesen ist. Diese Entdeckung wird immer deutlicher, und Endlichkeit heißt umgesetzt in die Praxis, auch die Bejahung der Fehlerfähigkeit des Menschen. Aber auch die Annahme der eigenen Begrenztheit liegt darin, so dass man sich nicht unter die Dominanz einer Kultur stellt, in der man selber immer nur zu kurz kommen kann, weil die Anforderungen, die an einen gestellt werden, nicht den eigenen Möglichkeiten entsprechen.

Von diesen zehn Punkten meine ich, dass sie uns aus der Tradition des Nachdenkens zugewachsen sind. Die Geschichte der Therapie der Lebenskunst weckt die Gegenkräfte zur beschleunigten Zeitkultur. In unserer Zeit sind Möglichkeiten verborgen, die gegen die Zeit sind, aber auch zugleich an der Zeit sind. Diese Möglichkeiten sind, und so war es immer in der Geschichte, minoritär bis marginal. Sie haben die Macht nicht, aber sie sind nicht ohnmächtig. Sie beherrschen die Zeit nicht, aber sie sind *in* der Zeit und *an* der Zeit, und die Kultur der Zeit besteht heute darin, diese

19 Vgl. E. Lévinas, Die Zeit und der Andere.
20 Vgl. A. Auer, Geglücktes Altern, 58ff.262ff.

Möglichkeiten zu verstärken, das alternative Zeiterleben zu verstärken, Zeitbewusstsein als Lebensstil zu kultivieren und damit eine Forderung zu erfüllen, die nicht nur die Stoiker mit ihrem Wort »carpe diem« (nutze die Zeit) gestellt haben, sondern auch die Christen, Epheser 5,16: »Kaufe die Zeit aus«! Nimm dir nicht nur das Wenige, das dir geboten wird, das Tempo und den Druck, sondern nimm alles, was die Zeit in ihrer Vielfalt zu bieten hat. Nimm das Ganze. Dieses Ganze transzendiert die Zeit, indem es durch sie hindurchgeht und Erfahrungen als Erinnerungen sammelt, wie es Rose Ausländer in ihrem Gedicht »Ganz bleiben« formuliert:

> »Unter fallenden Kastanien / den Garten umarmen/
> Durch Zeitgeräusch wandern / von Stimme zu Stimme
> Herzliche Briefe / lieben
> Sich an allen Ecken / wundstoßen / und ganz bleiben.«[21]

Rose Ausländer hat sich in ihren »Regenwörtern« viel mit der Zeit beschäftigt. Sie beschreibt verschiedene Zeiterfahrungen, so die Erfahrung der Flüchtigkeit, der Vergleichgültigung, der Wiederholung, der langen Weile, der Vergänglichkeit:

> »Alles war schon
> Alles war schon / die Wunder sind verebbt // Neue Fragen / von harten Lippen / wo sich / vor der Antwort verbergen // Ihr Riesenzwerge / im Riesengebirge / aus Pappe // Ein Abschnitt Langeweile // Im flüchtigen Rausch / aufschrein / und Asche sein.«[22]

Die Zeit berauscht die Poesie seit jeher als Unterschiedlichkeit der Zeit*erfahrung*, die nicht nur durch die Wahrnehmung und das Erleben des Menschen, sondern durch dessen erinnernde und denkende Wiederholung hindurch gegangen ist. Solche Zeiterfahrung enthält auch die Möglichkeit der Zeittherapie. Denn letztlich weist die Zeit von sich weg und über sich hinaus, unersetzlich in dieser Funktion, in eine Dimension, in der Körperlichkeit, Sinnlichkeit und Endlichkeit des Menschen in verwandelter Form gegeben sind (vgl. 1Kor 15,42–54).[23]

***

21 Rose Ausländer, Regenwörter, Gedichte, Stuttgart (Reclam) 1994, 71.

22 A.a.O. 55.

23 Die Erstveröffentlichung dieses Beitrags erfolgte unter dem Titel »überLEBENSWERT« in: Denkwerkstatt 2009, hg. von der respoal GmbH, Großumstadt 2009, 73–115.

Abstract
The acceleration of time is one of the most important changes in the modern world. This acceleration changes also the transformation and acceptance of values. This influences social structures and also the daily »art of Living«. This contribution answers to the question: how to analyze the social and personal consequences of this change and its acceleration? How can we adopt the chances and the risks for our value-orientations, what must be maintained, what can be a new spirituality in face of this new challenges? Are there answers in the spiritual tradition – especially in the so called »mysticism« of Meister Eckhart – and in the ethical reflections on new responsabilities?

Dietmar Mieth, geb. 1940, Dr. theol., ist em. Professor für Theologische Ethik / Sozialethik an der Katholisch-Theologischen Fakultät der Universität Tübingen und seit 2009 Fellow am Max Weber Kolleg der Universität Erfurt.

Dietrich Zilleßen

Zeitbilder. Zeitfragen

Die Frage

Sie haben sich gar nicht verändert. Man hört aus dem Ton, ob es ein Kompliment ist oder eher Ironie. Man kann erröten oder erbleichen.[1] Selbst wenn der Spruch als nichtssagende Floskel gesagt wird, spricht diese vom Vergehen der Zeit. Wie die Zeit vergeht, sagen wir irritiert. Vielleicht melancholisch. Der Ausspruch versteht sich nicht als Frage, obwohl er eine sein könnte. Vergehen ist nicht gleichförmig. Es geht unbemerkt vor sich oder wird augenfällig, es ist nebensächlich oder schmerzt, es geht schnell oder langsam. Individualität ist der Zeit verdankt.

Die Erfahrung des Vergehens ist immer so nahe, dass wir sie übersehen. Dann und wann ist der Mensch mit seiner Zeit konfrontiert. Er erfährt Zeit, weil sie entschwindet. Wäre sie beständig, gäbe es nichts zu erfahren. Wir sind der Zeit unterworfen. Warum sollten wir uns der Zeit unterwerfen?

Es gibt Zeit. Aber sie ist (in religiösen Vorstellungen) eine ambivalente Gabe, willkommen, unwillkommen. Gott gibt Zeit, gibt den Menschen Zeit. Ermunterung, Drohung – was sonst«?

Das Vergehen der Zeit wird oft genug als Drohung genommen, um Menschen zur Moral zu rufen. Und zur Religion. Das Vergehen der Zeit, ihre Endlichkeit, ist der Grund unendlicher Sehnsucht. Das Vergehen der Zeit ist ein Lebensmoment, das banalisiert werden will.

Wir sind fähig zur unsterblichen Liebe, weil wir eines Tages sterben müssen – man liest das so im Feuilleton.

Menschliches Leben stellt sich als dialektische, wenn nicht polemische Beziehung zur Vergänglichkeit, zur Endlichkeit dar. Endlichkeit ist der beunruhigende Grund kultureller Aktivität im weiten Sinn. Noch im ruhigsten Leben drängt hintergründig existentielle Unruhe. Endlichkeit ist nicht belanglos, gerade wenn sie für belanglos gehalten wird. Aber muss sie dann schon als Argument genommen werden für die Durchsetzung von Wertvorstellungen? Handeln sei »sinnvoll, ernsthaft, verantwortungsbewusst.« Schön, aber Werte werden mit Erregungspotential versehen, wenn die Didaktiker sie *einschärfen*.

1 Berthold Brechts Herr K. erbleicht, weil er sich ertappt fühlt.

Alle wollen über ihre Zeit verfügen. Es scheint, als würde die endende Zeit, die unverfügbar individuell zugemessene Zeit gerade die Verfügungsbedürfnisse wecken, die Menschen unter Stress, unter Unruhe, unter moralischen und religiösen Druck stellen. »Nutze die Zeit« ist ein Imperativ: »Beherrsche dich«. Die Zeit ausschöpfen, statt sie verschwenden. Was für ein Anspruch. Wir tun zuwenig aus Zeitvertreib.

Halten wir Endlichkeit, das Allerweltsthema, also mal für belanglos.

Menschen fahren in Urlaub, gehen ins Restaurant, sorgen sich um die Familie, liegen im Krankenhaus, spielen auf der Straße, sind im Internet, kommunizieren bei Facebook, schlafen, unterrichten Kinder, haben Schmerzen, lieben eine Frau, einen Mann, trinken Bier, hoffen auf Geld, gehen einkaufen, hängen herum.

Warum sollten sie sich ständig das Ende vorhalten? Rituale, mit dem unruhigen Leben umzugehen, haben sie von früh auf gelernt.

Vergehende Zeit, das begrenzte Leben, muss nicht das Lebensthema sein. Jedenfalls nicht dauernd, nicht ununterbrochen. Mit der Endlichkeit kann man sich bisweilen arrangieren. Aber in einer Kultur des Verfügens auch mit der Unverfügbarkeit? Die Rituale und Formen, in denen sich Menschen auf das beziehen, was sie für unverfügbar halten, bestimmen meist viel konkreter das Alltagsleben. Sie wirken sich aus in alltäglichen Erfahrungen mit Zeit. Zeit wird als eine Konjunktion, eine Verbindung von Zeitpunkten erfahren, in der Menschen diskontinuierliche Lebensabläufe in eine erträgliche Beziehung (um)setzen. Sie wählen Ereignisse aus, die ihnen das Leben bedeutsam und sinnvoll machen. Gerade im Ereignis erscheint der Konflikt von Verfügung und unverfügbarer Kontingenz besonders deutlich – Anlass, nach dem Bild der Zeit zu fragen. *Zeitbilder, Zeitfragen.*

Mit der Zeit umgehen ist mit Bildern umgehen, in denen die Zeit Gestalt gewinnt – als Welt, als Mensch, als Selbst. Das Bild ist der Spiegel unserer Sehweisen. Die schönsten Bilder haben eine hässliche Kehrseite. Zeitlichkeit ist offenbar die schmerzliche Wunde des Seins. »Die Wahrheit ist hässlich: wir haben die Kunst, damit wir nicht an der Wahrheit zugrunde gehen« (Friedrich Nietzsche).[2]

Vielversprechend sind Bilder, weil sie unausschöpfbar sind. Sie lassen sich nicht ohne Rest in Text verwandeln. »Das Bild ist, gerade weil es schwach ist, sein Weg in die Welt«[3] – *seinen* Weg müssen die Betrachter für sich finden. Kann Kunst ihr Versprechen

2 Nachgelassene Fragmente 1887–1889, 16/49.
3 Stefan Ripplinger, Bildzweifel, Hamburg 2011, 79.

halten oder wenigstens mal kurzfristig einlösen? »Für den Bildersturm sorgt die Bilderflut« (64). Mit der Zeit gehen heißt, mit ihren Bildern gehen. Man kann auch mit der Zeit spielen, sie gewinnen und verlieren, sie vertreiben und verschwenden.

Ist das Spiel mit der Zeit stets *la partie contre le temps* (Michel Houellebecq[4]), der Mitspieler ein versteckter, ein listiger, wenn nicht boshafter Gegner? In diesem Spiel wird dem Menschen mitgespielt. Die *partie contre le temps* muss stets verloren werden. Muss sie es? Ästhetik stellt sich dagegen. Sei es mit dem Gedicht (Houellebecqs), sei es mit den Bildern.

1. Zeitvertreib: Fahrrad-Rad

Was hat Marcel Duchamps Kunstwerk *Fahrrad-Rad*[5] mit dem Thema Zeit zu tun? Metaphorische Ansatzpunkte, um das Werk zu verstehen, lassen sich leicht finden. Der hermeneutische Blick schreibt dem Objekt Bedeutungen zu, über die im semantischen Feld der Kunst Verständigung möglich ist. Die ziemlich ungewöhnliche Aktion, ein alltägliches Fahrrad-Rad auf den Sockel zu stellen, der ein banaler Küchenschemel ist, gibt dieser künstlerischen Metamorphose eine Vielfalt von Betrachtungsmöglichkeiten. Der Blick muss sich neu orientieren. Die Suspendierung der (konventionellen) Gebrauchsfunktion macht aus dem gebräuchlichen Gegenstand eine »Monstranz«, die auf ein Anderes verweist.[6] Mit dem semantischen Potential dieser Korrelation werden Alltagserfahrungen übersetzt (im Sinn des Wortes), konventionell vermittelt. In der Inkommensurabilität dieses definierenden Vorgangs wird zugleich Unverfügbarkeit gewahrt. Vieles bleibt in der Schwebe. Das Bildobjekt »wird zweifelhaft, wird es nur lange genug betrachtet.«[7]

Der sich thematisch-symbolisch auf Zeitlauf, auf Zeitabläufe orientierende Blick nimmt vieles darüber hinaus wahr: Drehen, Weiterlaufen, Wiederkehr, Mitgerissen-Werden, In-Schwung-Bringen, Auslaufen, Ablaufen, Rasen, Anhalten, Stillstand, Energie/Kraft, Unterbrechung, Eingreifen, Anfangen, Beenden. Im Wechsel der Positionen und Perspektiven (Drehen/Gedrehtwerden) wirken sich

4 Suche nach dem Glück. Gedichte, Französisch-Deutsch, Köln 2000, 115 (Die Zeit kennt kein Mitleid mit uns).

5 Eine Abbildung findet sich unter http://www.bikejuju.com/2009/march-13du champ_wheel/ cformsmokf/bicycle-wheel.

6 Vgl. dazu Jean-Luc Nancy, Bild und Gewalt. Von absoluter Offenbarung und dem unendlich Bevorstehenden in: LI 49 (2000), 86–89.

7 Ripplinger, 78.

weitere Projektionen aus. Spielfreude (immer schneller drehen), Hoffnungen (in Schwung kommen), Ohnmachtsängste (nicht anhalten können) evozieren widersprüchliche Grundbedürfnisse im Karussell des Lebens: Stillstand vermeiden und zur Ruhe kommen, sich treiben lassen und in die Speichen greifen, um sich selbst kreisen und mitlaufen.

Das Spiel mit dem Rad hat etwas Kontingentes, etwas Zufälliges. Der Eingriff von außen ist Anstoß, er bringt das Rad in Gang, lässt es laufen. Er stoppt das Rad, hält es an. Wann beginnt es, wann wird es angehalten, wann läuft es aus? Das Rad dreht sich, wohin rollt die Kugel, wer gewinnt, wer verliert? *Ereignis* (Anfang) und *Ende* sind zwei Grundperspektiven menschlicher Existenz.

Das Fahrrad-Rad irritiert, weil alle Fragen offen bleiben. Ist die Suspendierung der Gebrauchsfunktion eine künstlerische Inszenierung? Der semantisch-ästhetische Blick schweift in der Welt umher. Setzen wir einen fiktiven Bilderrahmen vor ein banales Alltagsobjekt. Instrumentalisiert der Blick seine Gegenstände? Hüten wir uns, Duchamps Kunst zu instrumentalisieren für symbolische Botschaften.

Marcel Duchamp hat Kunstwerke »gemacht«, die wie alle seine sogenannten Ready-mades ebenso bekannt wie irritierend sind. Die künstlerische Idee realisiert sich nicht in der ästhetischen Form. Ready-made ist »ein manufakturiertes Objekt, das durch die bloße Wahl des Künstlers in den Rang eines Kunstwerks erhoben wird.«[8] Duchamp will kein »machender« Künstler sein, obwohl er »wie ein Künstler« agiert (219).

Es lag ihm weniger am Visuellen als am Konzeptionellen. Die Idee des Ready-made »könnte eine Art Kunstwerk in der Gegenwart gewesen sein«, sagt Jeanne Siegel, die 1969 mit Marcel Duchamp spricht. »Genau! Es ist, wie Sie sagen, es ist eine Art Massenmedium, aber es ist auch eine Art, das Publikum einzuladen, an der Show teilzunehmen«, antwortet Duchamp (217).

Ist also die symbolische Rezeption (hier als Thematisierung der Zeitfrage) in Duchamps Sinn? Mögen sich die Betrachter auch provoziert fühlen, weil sie mehr von Kunst erwarten, die Frage bleibt, was Duchamps will, auch von den Betrachtern will. Wie »versteht« er seine Kunst? »Die Einführung des Zufälligen in die Kunst« betrachtet Duchamp als seinen eigenen wichtigsten Beitrag (233). Der zufällig, *unmotiviert* auftauchende Einfall, das Ereignis der Wahl, ist unbegründbar. In jedem Fall beinhaltet Kunst für Duchamp einen nonkonformistischen Affront gegen das Vertraute und Ge-

8 Serge Stauffer (Hg.), Marcel Duchamp. Interviews und Statements, Stuttgart 1992, 228.

wohnte, gegen den Geschmack, gegen Konvention, gegen die angenehme, gefällige Kunst (228). Er will die Kunst vor dem Verstehen retten, indem er darauf besteht, dass die Kunst die Welt nicht retten kann (210). Ready-made ist der undefinierbare präsentative Augenblick eines ausgewählten Objekts an einem bestimmten Ort, zu einer bestimmten Zeit.

Die Entscheidung des Künstlers ist eine kalkulierte un-sinnige Aktion gegen jegliche instrumentalisierte Kunst. Das Objekt ist außer Funktion gesetzt, aus seiner Funktion gestürzt. Das *Fahrrad-Rad* kann seine Rotations- und Transportfunktion gar nicht ausüben. Mit der Hand bewegt kann es nur in der Luft laufen. Ein fröhliches »funktionsloses« Spiel. Wer auf (geistigen) Sinn hofft, muss ihn schon selbst produzieren. Nichts gegen Funktionsfähigkeit, aber alles gegen eine Kunst, die vordergründige Interessen bedient. In gewisser Weise sind Duchamps künstlerische Arbeiten das »Werk eines Ikonoklasten«, der »›schon gemachte Objekte‹ signierte« (211), der alle symbolischen Verweise eliminierte, suspendierte, also alle *abbildenden* Bedeutungen wegnahm. »Anders gesagt: in einen Zustand der Indifferenz gegenüber diesem Objekt gelangen – in dem Augenblick wird es zu einem Ready-made« (228). Die Objekte sind meist seit längerer Zeit schon da. Sie haben ihr Alter (231). Aber ihr künstlerischer Augenblick ist ein Einschnitt in ihre Zeit. Was entscheidet sich da, wenn nicht die Kraft eines neuen Blicks.

Dem Fahrrad-Rad können bildhermeneutische, existentielle Fragen entlockt werden. Symbolische Verweise stellen sich wie gezeigt umgehend ein. Ein wenig Ironie tut gut, wir sind beim Allerweltsthema, beim Thema der laufenden, der vergehenden Zeit. Duchamps Ready-mades sind, was sie sind, im Augenblick der Betrachtung. Was der Betrachter sich als Sinn herausnimmt, entnimmt er dem Potential des Augenblicks, nicht einfach dem Sinn des Objekts. Die Erkenntnis allgemeinen Vergehens wäre dabei eine etwas banale Ausbeute.

Das, was beim Fahrrad-Rad zunächst eine »technische Spielerei« war, macht es zu einem Gegenstand, an dem Duchamp »nichts Besonderes« sah (212). Entscheidend ist ihm die (reale oder virtuelle) Signatur des Angeeigneten.

Es kommt darauf an, etwas zum Ready-made auszuwählen, ohne von ihm »angezogen werden wegen seiner Form oder sonst was, sehen Sie. Mit einem Gefühl der Indifferenz ihm gegenüber pflege ich es zu wählen, sehen Sie. Und das war schwierig, weil alles schön wird, wenn Sie es lange genug anschauen. Mit anderen Worten, dieser Flaschentrockner, der damals, als ich ihn machte, nicht besonders interessant war in der Form oder sonst was, wird heutzutage in allen Plastik-Fibeln reproduziert ...« (215). Es gab nicht zuerst die Idee, »das erste war tatsächlich das Rad, das Fahrrad-Rad. Und der Titel war damals nicht Ready-made; es war nicht etwas, das ich mir im Traum ausmalte und am nächsten Morgen ausführte, eben ein Rad. Nein, nein, nein!« (216). Also, das Fahrrad-Rad dreht sich. Es ist »die Bewegung eines Rads zu sehen, was eine recht einfache Bewegung ist und was, wenn Sie ein Adjektiv dafür verwenden wollen, ästhetisch werden kann« (212). Natürlich konnte es wichtig werden, »als die Leute es entdeckten und fanden, sie könnten darüber reden und dazu etwas sagen« (a.a.O.). Später hat Duchamp pointierter vom »Aufschub der Bedeutung« gesprochen[9] – damit die Leute »darüber reden« können? Aber jedenfalls geht es nicht darum, die Gegenstände »zu verstehen« (78). Duchamp hat das Fahrrad-Rad nie ausgestellt (»Never exhibited and lost after moving« (220, Anm. 2). Aber *lost after moving* gilt generell. Das Kunstwerk (sein Zustand) verliert sich im Augenblick nach dem Augenblick, nach dem Ereignis ›Kunstwerk‹.

Wie geht Duchamp mit seiner Zeit um, die von solchen kontingenten Ereignissen bestimmt ist? Er antwortet auf die Frage, wie er »jetzt« seine Zeit »verbringt«: »Nun, ich verbringe nicht. Die meiste Zeit tue ich nicht viel, ich bin nicht genügend« [...], »um wirklich herumzurennen und Dinge zu tun, ich sitze gern lang herum« (218). Ist Duchamp nicht genügend aktiv, engagiert, verrückt? Der Text des Interviews klärt hier nicht auf. Duchamp jedenfalls äußert sich unumwunden: »Ich brüstete mich, die Faulheit in den Künsten gepriesen zu haben« (208). Er hat genügend Zeit, dass er sie vertreiben kann.

Duchamp bezeichnet seine künstlerische Tätigkeit als *Zeitvertreibung*, »als ich ein Fahrrad-Rad mit der Gabel nach unten auf einen Schemel montierte, dachte ich dabei weder an Ready-made noch an irgend etwas anderes, ich wollte mir nur so die Zeit vertreiben.«[10] *Passe-temps* (Zeitvertreibung) heißt Zeit geben, Zeit hergeben (donner les temps). Je leerer die Zeit, desto mehr Zeit hat man. Sorge, Angst, Hektik, Engagement fressen Zeit. Duchamp spricht nicht im apokalyptischen Ton[11] der endenden Zeit, nicht als »drängender Adventist«[12], weil er den Künstler nicht als Erlöser verstehen kann. Kunst kann die Welt nicht retten. Künstlersein ist weder Aktionismus noch Selbstbehauptung oder Marktbelieferung.

9 Ripplinger, 76–79.

10 Zitiert bei Werner Hofmann, Luther und die Folgen für die Kunst, in: R. Beck u.a. (Hg.), Die Kunst und die Kirchen. Der Streit um die Bilder heute, München 1984, 70.

11 Jacques Derrida, Apokalypse, Graz/Wien 1985.

12 Wolfgang Ullrich, An die Kunst glauben, Berlin 2011, 64.

Kunst ist ein »Ausharren« (Stauffer, 210), eine Erwartungshaltung, Warten auf ein Kommen. Hat diese Kunst etwas Messianisches an sich?

Duchamps Umgang mit der Zeit artikuliert sich in seinen Arbeiten und in seinem Arbeiten. Der Zufall schreckt ihn nicht. Im Gegenteil, er erhofft ihn. Er hält sich offen für das, was seinem Blick passiert. Er sucht das Kommende als seine Wahl anzunehmen, also den einzelnen, einmaligen Augenblick im Verlauf der Zeit zu würdigen. Es geht darum, weniger rigide und selbstmächtig zu planen, zu organisieren, zu intendieren, sondern ein Unkalkulierbares zu berücksichtigen. Erinnert das an Nietzsches Vorschlag, mit dem Geschick umzugehen: *amor fati*? Was sich unvorhersehbar, unverfügbar (immer anonym) ereignet, wird erst dadurch ›zugänglich‹, dass man es als Anstoß ›annimmt‹ – ihm einen Namen gibt. Ist das nicht stets eine unwillkommene Gabe, ein (immer störendes) Ereignis, das ein neues Ordnen verlangt? Insofern ist noch das Schönste der Angst nahe. Angst frisst Zeit, »ich habe keine Zeit«. Man ist gedrängt zu diesem und jenem. Amor fati, das ist nicht absolutes Vertrauen zu allem Kommenden. Im Gegenteil, auch das Vertrauen kommt uns von anderswoher zu. Das Ereignis des ästhetischen Augenblicks ist für Duchamp grundlose Gabe.

Duchamp zählte sich (vielleicht im weiten Sinn) zu den Surrealisten. Er tauschte sich mit Salvador Dalí aus.

2. Apokalyptische Zeit: Weiche Uhren

Dalí war ebenso ikonoklastisch wie Duchamp (wenn man bei beiden überhaupt von ikonoklastischer Kunst sprechen will[13]) und blasphemisch.[14]

Berühmt sind *Die weichen Uhren*, 1931[15]. Das Bild wurde (auf Veranlassung des Galeristen später umbenannt in *Die Beständigkeit der Erinnerung* oder *Die zerrinnende Zeit* (76). Als ob diese (vielleicht hermeneutisch motivierte) Umbenennung dem Bild Gutes täte.

Weiche Uhren kennt fast jeder, der an Dalí denkt. Das Bild spricht wohl deshalb mehr als andere Bilder Dalís die Menschen an, weil es bei aller konstruktiven Ordnung ein Moment von Auf-

13 Vgl. Volker Demuths Bewertung (Anm. 18).

14 Robert Descharnes / Gilles Néret, Salvador Dalí 1904–1989, Köln 2006, 66.

15 Eine Abbildung findet sich unter http://www.grg23-alterlaa.ac.at/bild_erz/dali/dali.html.

lösung in sich trägt. Weiche Uhren aktivieren urmenschliche Ängste körperlicher Auflösung, Erfahrungen des Vergehens und Zerfließens der Zeit. Gerade die isolierte Positionierung der einzelnen Bildgegenstände in der weiten dunklen Leere des flächigen Grundes stellt die Verlorenheit des Einzelnen heraus. Gegenstände verharren in prinzipieller, endzeithafter Bindungs- und Beziehungslosigkeit, die zugleich eine apokalyptische Trauer über alles legt. Ein endzeitliches Ersterben aller Funktionen beendet den Sinn der Dinge und des Lebens. Wozu sollte der abgestorbene Baum noch dienen, außer sich selbst funktionslos zu präsentieren. Mit dem Ende der Funktionen ist die gegenwärtige Zeit am Ende. Weiche Uhren heben jeden Sinn auf. Das Bild zeigt das Szenario nach dem Tod des letzten Menschen, die alles auflösende endgültige Metamorphose der Dinge.[16] Auf einem Fetzen körperlich-fleischlichen Restes liegt eine fahle, angeschmiegte, dahingeschmolzene weiche Uhr, die mit den beiden anderen Uhren eine Dreierformation bildet, in der Auflösung der Ordnung paradoxerweise noch die geometrische Zuordnung (Dreieck) behält. Die weiche Uhr nimmt das Blau des oberen Bildrands und der blauen Platte im linken Hintergrund auf. In der tödlichen Ruhe, in der leeren Stille wird das ganze Bildarrangement weich; es läuft aus. Es produziert sein eigenes Desaster, ein Drama. Das Außenbild ist die Kehrseite des Innenbildes. Die Stille transformiert sich in den unaufhaltsamen apokalyptischen Schrei, in dem die ereignislose Leere zusammenbricht. Sie bricht sozusagen aus. Dieser Zusammenbruch, dieser Ausbruch lässt die Zeit im explosiven Ende enden. Die Zeit ist abgelaufen, die Zeiger der weichen Uhren sind zum Stillstand gekommen. Sollten sich deshalb so viele an das Dalí-Bild erinnern, weil es als assoziatives Schreckensszenario eines Horrorbildes rezipiert wird? Allein die Ameisen (auf der rotbraunen geschlossenen Uhr in der linken unteren Bildecke) sind wie die Fliege (auf der am Kastenrand abgeknickten weichen Uhr) ein Lebenszeichen. Tiere. Gleichwohl ist die Auflösung universal. Wird in den aufgeweichten, verfließenden, zergehenden Uhren der definitive Auflösungsprozess des menschlichen Körpers bildhaft-drastisch bewusst? Oder ist hier ein notwendiges Ende um eines grundlegenden Neuanfangs willen gesetzt?

Dalí widersteht allen Versuchen, mit symbolischen Verweisungen das Verstehen in Ordnung zu bringen. In rationalen Bedeutungszuschreibungen sieht er eine Art Vernebelung. Das surrealistische Objekt bewahrheitet sich »nicht mehr durch die assoziierende Beschwörung seiner Konstitution. Das schwärmerische Rätsel hat soeben, jenseits des didaktischen Nebels der Symbole, die wirk-

16 Vgl. auch Christoph Ransmayr, Die letzte Welt, Frankfurt a.M. 1988.

liche ›materialistische Konstitution‹ erlangt.«[17] Der unbegrenzte, paranoische Symbolisierungswahn frisst Bedeutungen auf. Bildhermeneutik verschwindet im »Kannibalismus der Phantasie« (19). Ist den Assoziationen noch eine Grenze gesetzt? Dalí lobt die »paranoisch-kritische Aktivität« (16), die mit immer wilderen Symbolisierungen haltlos alle Angepasstheit und Normativität überflutet. Die ›paranoisch-kritische Aktivität‹« ist »interpretierender Assoziationswahn mit systematischer Struktur«, »*spontane Methode irrationaler Erkenntnis, die auf der kritisch-interpretierenden Assoziation wahnhafter Phänomene beruht*« (14). »Die paranoisch-kritische Aktivität ist eine ordnende, schöpferische Kraft des objektiven Zufalls« (15). Aber es geht Dalí dabei um die aktiv ordnende Haltung des Künstlers. »Es handelt sich um systematisch-interpretierendes Ordnen des sensationellen, unzusammenhängenden und narzißtischen surrealistischen Versuchsmaterials« (a.a.O.).

»Die neuen wahnhaften Vorstellungsbilder der konkreten Irrationalität streben ihrer körperlichen, wirklichen ›Möglichkeit‹ entgegen; sie gehen über den Bereich ›virtueller‹, der [psychologischen] Psychoanalyse[18] zugänglicher Phantasmen und Darstellungen hinaus« (14). Die Dinge werden weich. So gesehen äußert sich im *weichen* surrealistischen Objekt ein »neues Bedürfnis nach Wirklichkeit« (Descharnes, Néret, 73). Wenn die Dinge weich (reif) geworden sind, kann in einem exstatischen Prozess die neue Zeit beginnen. Die harten Dinge verbergen ihre weichen Möglichkeiten.[19] Darum kann nur bedingt bei Dalí von Ikonoklasmus gesprochen werden, eher von einem ikonoplastischen Vorgehen.[20] Aus dem aufgeweichten realen Ding wird eine neue surreale Fülle geschaffen: »In dieser ästhetischen Wirklichkeitsgewinnung liegt eine praktische Freiheitsbewegung«, die die Dinge »von ihrer festen überlebensfunktionalen Angemessenheit (entkoppelt)« (121). Sehen »besteht vor allem im Absehenkönnen« (a.a.O.). »Wer stets sieht, was zu sehen ist, wird nie in den Blick bekommen, was zu sehen sein könnte« (a.a.O.). Das Bild-Ding produziert unendliche Möglichkeitswelten. Man kann hier von Dalís Kunst als »ekstatische(r) Potentialisierung der ›Realität‹« sprechen: »Im Rausche der verrücktesten paranoischen Bildassoziationen erlebt man fast of-

17 Salvador Dalí, Die Eroberung des Irrationalen, Frankfurt a.M. 1971 (Ullstein-Buch 3002), 64.

18 Dalí spricht demgegenüber der kulturellen Psychoanalyse weit mehr Bedeutung zu (Die Eroberung, 13–16).

19 Salvador Dalí, Das geheime Leben des Salvador Dalí, München 1984 (org. 1942), 373.374.

20 Vgl. Volker Demuth, Zeit der Kälte. Höhlenbewohner, Tiermenschen und die Entdeckung der Bilder, in: LI 93 (2011), 118–124, hier 120.

fenbarungsartig die ungebärdige Fülle dieser Welt«.[21] Es gilt, nicht »auf eine »Epiphanie der Kunst (zu) warten«[22], sondern die Bedingungen dafür zu schaffen.

Die Entstehungsgeschichte der weichen Uhren geht in die Tiefe: »Anstatt mich hart zu machen, wie das Leben es eigentlich geplant hatte, gelang es Gala, mir ... ein Schneckenhaus zu bauen, das die empfindliche Blöße des einsiedlerischen Bernhard, der ich war, schützte, so daß ich, während ich nach außen hin immer mehr das Aussehen einer Festung annahm, innerlich weiter im Weichen, im Superweichen altern konnte. Und an dem Tag, als ich beschloß, Uhren zu malen, malte ich sie weich. Es geschah an einem Abend, als ich mich müde fühlte und leichte Kopfschmerzen hatte, was bei mir äußerst selten vorkommt. ... Wir hatten zum Abschluß unseres Abendessens einen sehr starken Camembert gegessen, und nachdem alle gegangen waren, blieb ich noch lange am Tisch sitzen und dachte über die philosophischen Probleme des ›Superweichen‹ nach, die der Käse mir vor Augen führte. Ich stand auf, ging in mein Atelier und machte Licht, um noch einen letzten Blick auf das Bild zu werfen, das ich gerade in Arbeit hatte, so wie es meine Gewohnheit ist. Das Bild stellte eine Landschaft bei Port Lligat dar; die Felsen lagen in einem transparenten, melancholischen Dämmerlicht, und im Vordergrund stand ein Ölbaum mit abgeschnittenen Zweigen und ohne Blätter. Ich wusste, dass die Atmosphäre, die zu schaffen mir mit dieser Landschaft gelungen war, als Hintergrund für eine Idee, für ein überraschendes Bild dienen sollte, aber ich wusste noch nicht im mindesten, was es sein würde. Ich wollte schon das Licht ausknipsen, da ›sah‹ ich plötzlich die Lösung. Ich sah zwei weiche Uhren, von denen die eine kläglich über dem Ast des Ölbaums hing. Obwohl meine Kopfschmerzen so stark geworden waren, dass ich mich sehr quälte, bereitete ich gierig meine Palette vor und machte mich an die Arbeit. Als Gala zwei Stunden später aus dem Kino zurückkehrte, war das Bild – es sollte eines meiner berühmtesten werden – vollendet« (Das geheime Leben, 389/390).

Dalí weiß, dass er seiner Bilder nicht Herr wird. »Ich setze einfach meine Gedanken um und versuche, meine heftigsten und flüchtigsten Visionen zu konkretisieren, alles, was mysteriös, un-

21 Alina Voica, wie man von Salvador Dalí zu Thomas Bernhard kommen könnte, in: Paragrana. Internationale Zeitschrift für Historische Anthropologie, Beiheft 2 (2006), 299–307, hier 300. Vgl. dazu auch Dietrich Zilleßen, Über ästhetische, ethische, religiöse Erfahrungen, in: Heinz Streib u.a. (Hg.), Lived Religion. Conceptual, empirical and practical-theological approches, Leiden, Boston 2008, 287–298.

22 Ullrich, 64.

faßbar, persönlich, einzigartig ist und mir durch den Kopf geht« (Descharmes, Néret, 78). »Die Tatsache, daß ich selbst im Augenblick, wo ich male, die Bedeutung meiner Bilder nicht verstehe, will nicht heißen, daß sie keine Bedeutung hätten« (79). Aber sie weisen »noch einen undeutbaren Rest sowie einen ursprünglichen, ausgiebigen Saum von Rätseln auf« (Die Eroberung, 13).

»Salvador Dalís [Dalí spricht hier über sich selbst] berühmte weiche Uhren sind, glauben Sie mir, nichts anderes als der zarte, extravagante, einsame und paranoisch-kritische Camembert der Zeit und des Raumes« (22/23). Er will Zeit und Raum dabei nicht anthropomorph verstehen, sondern im Sinne der »beängstigenden und gewaltigen Frage des Einsteinschen Zeitraums« (22). Die Zeit ist »die eigentlich wahrhaft surrealistische Dimension« (57). Darum »Quallen und weiche Uhren« (62) im apokalyptischen Szenario. Apokalyptik, das ist (anders als bei Dalí) auch Derridas Perspektive auf die Zeit (s.u.).

3. Zufall: Brotkorb

Dalís Bild *Der Brotkorb*, 1945[23] hat etwas Verstörendes. Es ist ebenso vertraut wie unheimlich – vertraut, weil hier alltägliche reale Dinge, Brot, Brotkorb, Tisch, präsentiert sind, unheimlich, weil der Raum, in dem sie erscheinen, eine dunkle irreale Leere ist. Aus tiefster Tiefe auftauchend wird das bildliche Objekt selbst ein Anderes, als es ist. Es wird zur auratischen Erscheinung, zu einem aus sich selbst leuchtenden Stillleben.[24] Das lichtvolle Ding zieht den Blick vom leeren, schwarzen Bildraum weg und fokussiert ihn auf die Bildmitte. Aber je mehr der Blick in der hellen Mitte zur Ruhe kommt, desto unheimlicher und beunruhigender wird der Abgrund. Gerade in dem, dem ich entkommen will, bin ich präsent.[25] Alles ist am Rande des Abgrundes: vor dem Fall. Das Bild zeigt den Schmerz der Unentschiedenheit, schmerzliches Zwischen. Ein unmerkliches Zittern.

Der Brotkorb mit dem halben Brot vor dem unheimlichen Abgrund ist wie eine sakrale Gabe inszeniert, ein Stück Brot, vielleicht übriggeblieben von einer Mahlzeit, ein gar nicht sakraler Rest. Das goldene Licht der Gnadengabe macht den einfachen,

23 In einigen Formulierungen greife ich zurück auf frühere Ausführungen: Zilleßen, Die Ironie der Bildung.

24 Eine Abbildung findet sich unter http://www.4-construction.com/de/magazin/bilder/stillleben-mit-lebensmitteln-salvador-dali_7148/14185.

25 Vgl. Dietrich Zilleßen, Die Wahrheit der Differenz. Versuch über die Schwierigkeit sich auseinander zu setzen (im Erscheinen).

schnörkellosen Tisch zum Altar. Er steht auf keinem Boden, sondern auf einem fiktiven Fundament, ohne Sicherheit, ohne Gewissheit, im Abgrund. Der Blick gewahrt die Ironie des ganzen Arrangements.

Die elementaren Dinge (Tisch, Brotkorb, Brot), Symbole des Humanen, Grundnamen des Lebens, stellen sich in der Scheidung von Licht und Dunkelheit als *Schöpfung* dar. Aber der Schöpfer, der Künstler, lässt sie nicht in ihrem Zauber. Die Objekte warten auf ihren Sturz, um die abgründige Welt zu offenbaren, den Fall der Dinge und des Seins – ein Fall, aus dem eine neue wilde Fülle hervorgeht. Der Tisch ist kein Tisch, der Korb kein Korb, das Brot kein Brot. Alles fällt ins leere Dunkel, aus dem die explosive wahnhafte Fülle hervorgehen wird. Das Bild kann in seinem Schwebezustand, im Schmerz des Unentschiedenen nicht verharren. Seine Wahrheit, die Fülle der Möglichkeiten, ist eine *kommende*. Sie öffnet den abgründigen Raum für die verrücktesten Assoziationen, für neue Wirklichkeiten. Die Zeit des Künstlers ist ein Ereignis. Im Ereignis beginnt sie.

Ist das Bild ein Appell? Oder ein Versprechen? Setzt es die Gnade des Lebens, die Gabe des Heils, die heilige Hostie gegen verschlingende Haltlosigkeit, abgründige Leere, dunkles Unheil? Keineswegs. Die Gnade ist haltlos, ein abgründig zirkulärer Zusammenhang. Der Brotkorb steht am linken Rand des Tisches. Die heikle, bedrohliche Position, eine Grenzposition, bringt vieles in Bewegung und zu Fall – die Beständigkeit des ganzen Arrangements und des Betrachters. Er sieht die ruhende Lage als Ende einer Bewegung nach links und imaginiert zugleich den Fall in die Tiefe. Die stille Position am Rand definiert die *Grenze*, deren drohende Überschreitung sie verkörpert. Ein Anstoß wird aus dem Jenseits des rechten Bildrands kommen. Aus der Zukunft. Dieser kommende tiefe Fall, dieser Absturz bedrängt unaufhörlich das Sehens, die Sehbewegungen im Bildraum. In ihrer stillen Performativität kippt die Szenerie um. Die Balance am Abgrund wird unhaltbar. Die sakrale Ordnung bricht in ihrer Krise zusammen. Das *gespenstische* mythisch-heilige Ding zerfällt in sich selbst. Lust am übermütigen Spiel, verrückte Exzentrik, revolutionärer Protest? Der Künstler stellt die Welt auf den Kopf. Indem er das mythisch-heilige, zentrale Ding an den Abgrund rückt, verschiebt er alles. Stille explodiert, zeitlose Präsenz verwandelt sich in drängende Zeit.

Alina Voica hat auf die Dimension des Unerlösten in diesem Bild hingewiesen, auf eine Kippsituation, die zur Lösung, um nicht zu sagen zur Explosion drängt. »Das unheimliche Brot am Rande des Tisches, nahe am Herunterfallen, fällt-zerfällt noch nicht. Es liegt da, wie ein Warten in der wunderschönen Reinheit des Ursprungs« (Voica, 303). Aber nichts lässt sich auf Distanz halten, der Tisch nicht, der Brotkorb nicht, das Brot im Korb nicht, das verschlingende Dunkel nicht. Licht und Dunkelheit schießen zusammen. Das Dunkel verschlingt alles. Aber es ist zugleich der Grund des epiphanen Lichts der Objekte – eines Lichts, das in labiler Spannung zum Dunkel bleibt. Zurecht legt Voica dar, dass bei den Bildern Dalís sich Explosion, die wilde expansive »Bewegung der Vorstellungskräfte«, und Implosion, die »regressive Bewegung der sich selbst unterminierenden schöpferischen Energie«, aufeinander beziehen (301). Im Brotkorb-Bild veranschaulicht Voica ihre »produktionsästhetische(n) Perspektive« und damit die explosive Energie des bildhaften »Noch-Nicht« (306). Der epische (Unter-) Titel des Bildes, *Lieber Tod als Schande*, eröffnet die narrative Perspektive zeitlichen Verlaufs (den Erzählvorgang) vor/nach dem Fall. Sie bringt das Bild und den Betrachter in Bewegung, in die Krise. Durch den Tod hindurch. Lieber Tod als Schande. Was macht der Künstler mit dem Brot?

Ist nicht die Erwartung des apokalyptischen Endes die eigentliche Drohung? Die Angst, die in jeder Erwartung liegt, gibt dem Kommenden nicht nur bedrohliche Präsenz. Sie ist auch Symptom einer erregenden Lust, Angstlust. *Zu Fall bringen, vom Tisch wischen, ins Leere fallen/springen.* Was kommt? Dalís wilde Aktionen scheren sich nicht um künstlerische und lebensweltliche Normen. Normen domestizieren das verschlingende Wilde. Ihnen will Dalí polemisch begegnen. Er springt in den dunklen Möglichkeitsraum[26], einen Spielraum im Untergang der Welt. Epiphanie am Ende und zugleich am Anfang. Dalí will (mit Selbstironie) anstößiger Revolutionär sein. Ohne etwas Ironie kann man sich Dalí nicht denken. Darum geht es, wenn es ums Verrückte geht, immer auch um einen künstlerischen Lebensgestus, um ein Verrücken – und sei es nur aus der Mitte an den Rand. Mit Bescheidenheit kann Dalí nichts anfangen. Er macht mit den Dingen, was ihm einfällt, Verrücktes. Das Brot ist prototypisch, ein *exzentrisches* surrealistisches Ding, das im Absturz vermehrt wird. Surrealistische Brotvermehrung (Voica, 303): »Eines Tages höhlte ich das Ende eines Brotlaibs völlig aus, und was meinen Sie wohl, was ich hineinsetzte? Einen bronzenen Buddha, dessen metallische Oberfläche ich ganz und gar mit toten Flöhen bedeckte ... Ich stellte den Buddha also in das Brot hinein und verschloss die Öffnung mit einem Stückchen Holz; dann zementierte ich alles zusammen ..., so dass

26 Über dynamis/energeia lassen sich die Grundfragen der Philosophie entfalten (vgl. Jacques Derrida, Eine gewisse unmögliche Möglichkeit, vom Ereignis zu sprechen, Berlin 2003, 40/41).

es ein homogenes Ganzes bildete, das wie eine kleine Urne aussah, auf die ich ›Pferdemarmelade‹ schrieb. Nun, was bedeutet das?«[27] Dalís Frage ist reine Ironie. Das halbe Brot im Korb wartet auf solche Spiele – ein Restbrot für die Kunst.

Verrückte Epiphanien. Die Zeit der vertrauten Dinge ist zu Ende. Sie sind reif für das surreale Zeitalter, l'age d'or. Aber es bedarf mehr, als surreale Bilder anzuschauen. Die *Massen* müssen die Mahlzeit nehmen, wild über die surrealistischen Speisen herfallen. Was geschieht mit dem halben Brot im Korb? Es geht um Aktionen, nicht um Semantik. Wahnhafte Bilder erzählen von verrückten künstlerischen Installationen, vom Verschlingen der surrealen Speisen. Mit der apokalyptischen Außerkraftsetzung der Kunst beginnt hier die Kunst. Das heißt nicht, die surrealistische Kunst lebe von der Offenbarung der Wahrheit. Surrealisten bedienen nicht das »apokalyptische(s) Verlangen« als ein »Verlangen nach Klarheit und Offenbarung«[28], sondern werfen alle letzten Wahrheiten um, indem sie (als letztgültige Entscheidung) auf wahnhaften Symbolisierungen bestehen.

Blasphemie und Ironie sind deutlich. Die heilige Hostie, das rettende Brot, der Corpus Christi erfahren bei Dalí eine inverse Transformation zu einer ganz anderen Massenspeise, zu einem surrealistischen Massenkonsum, zu einem surrealistischen Kannibalismus, zu einem Programm, »das nicht länger darauf zielte, eine Traumwelt heraufzubeschwören oder eine revolutionäre neue Poetik zu entwerfen.«[29] Dabei geht es ihm aber weniger um Schmähung des Katholizismus als um die faschistische Massentäuschung: »Wie für Freud, Ferenczi oder Reich war für Dalí der Faschismus Ausdruck unbefriedigter irrationaler Triebe und verdrängter Traumata. Anders als die Genannten war Dalí bei seiner gedanklichen Annäherung an die modernen faschistischen Massenbewegungen aber nicht um Aufklärung oder Erhellung des Unterbewußten bemüht. Er schlug statt dessen vor, die faschistische Massentäuschung durch einen surrealistischen Massenkonsum zu ersetzen« (a.a.O.). In diesem Zusammenhang will er dann den »ästhetischen Surrealismus in einen eßbaren um(zu)wandeln« (a.a.O.). Künstlerische Erfahrung muss eine massenhafte werden. Die kannibalistische Ära[30] ist Dalís l'age d'or (a.a.O.). Soll daher Dalís Ästhetik »als befreiende Erleuchtung« bezeichnet werden (a.a.O.)?

27 Descharnes, Néret, 70/71.
28 Jacques Derrida, Apolalypse, Graz, Wien 1985, 60.
29 Eduardo Subirats, Surrealisten, Kannibalen … Breton, Dalí, de Andrade –zur Ästhetik der Simulakra, in: LI 41 (1998), 73–75, hier 74.
30 Vgl. zum Konzept der Anthropophagie: Subirats, 74/75.

Bald begann Dalí »fieberhaft, surrealistische Objekte mit Brot herzustellen. Er hatte schon immer eine besondere Vorliebe für Brot. In seinem Museum in Figueras tapezierte er die Wände mit runden katalanischen Brotlaiben. Oft nahm er ein Brot, schloß es in die Arme, lutschte und knabberte daran, um es dann wie das Ei des Kolumbus aufrecht hinzustellen« (Descharnes, Néret, 66). »Kaum in Paris angekommen, sagte ich zu jedem, der mir zuhören wollte: Brot, Brot und nochmals Brot. Nichts als Brot. ›Ist er Kommunist geworden?‹ fragten sie sich scherzhaft. Denn sie ahnten schon, daß mein Brot, das von mir erfundene Brot, nicht gerade als Unterhaltsbeitrag für große Familien gedacht war. Mein Brot war grausam antihumanitär, mit diesem Brot rächte sich der Luxus der Phantasie an dem Nützlichkeitsdenken der Welt der praktischen Vernunft, es war das aristokratische, ästhetische, paranoide, kultivierte, jesuitische, phänomenale, lähmende, überevidente Brot« (Das geheime Leben, 376/377). »Das Brot von Paris war nicht mehr Pariser Brot. Es war mein Brot. Dalís Brot, Salvadors Brot« (387).

Ist Dalís Brot Zeichen des Aufbruchs in die profane Fülle der Welt, ein neues Speisungswunder? Die Erfüllung der Zeit (der Kairos) ist Grundlage expansiver, profaner Freiheitsbewegungen. Der ans Nüchterne gefesselte Überschwang wird explosiv frei, alles mitreißend. Die Gefangenen (in Platons Höhle) werden frei, um nie mehr zurückzukehren. Sie haben die ausufernde Welt in ihren eigenen Händen. Das *Kontinuum* der Funktionen, Erfahrungen, Logiken, Rationalitäten bricht zusammen; es vergeht im Abgründigen, um sich als verrücktes, buntes, diskontinuierliches Projekt zu entfalten. Verrückte surreale Aktionen erfinden die unmöglichsten Dinge, um Menschen von den Zwängen des Bewusstseins, der ästhetischen Ordnungen und der tradierten Werte zu befreien. Kunst ist hier der Möglichkeitsraum des Unmöglichen. Ihre Zeit entsteht im Vergehen neu. Ist aber der Massenkonsum von Bildern nicht gerade Symptom einer Bildverachtung? Wo ist heute die Freiheit wahnhafter, grenzenloser Symbolisierungen? Hat nicht die Kunst einen geschützten Raum, um keinen Menschen mehr aufzuregen. Die Zwei-Reiche der Funktionalität/Ökonomie und der Ästhetik/Poesie haben nun schiedlich-friedlich nichts miteinander zu tun.

Größenwahn, Allgemeingültigkeit, Machtanspruch ist Dalís theatralischer künstlerischer Gestus. »Dalí polarisiert zwischen Genie und Wahnsinn«.[31] Er bindet oft mit deutlich ironischem Ak-

31 Isabel Maurer Quelpo / Nanette Rißler-Pipke, Anmerkungen zu Dalís Medienspielen, in: dies. (Hg.), Dalís Medienspiele. Falsche Fährten und paranoische Selbstinszenierungen in den Künsten, Bielefeld 2007, 9–16, hier 9. Vgl. auch Vol-

zent »Freude an Erotik und Perversierung, Transgression und Tabubruch« (14) zusammen.

Ironie ist ein symbolisches Spiel, weil sie spielt, als würde sie behaupten, was sie sagt. Ihr Formenspiel ist ästhetisches Theater, dessen Theatralik immer übertrieben/untertrieben ist. Ironie ist *moderate* Bestreitung, weil sie noch eine Art »Restvertrauen« und »Restverständnis« des Ironisierten aufrecht hält.[32]

Ironie scheitert schließlich, wie sie schon am Anfang gescheitert ist. Sie trägt das Scheitern in sich. Tragödien sind die Kehrseite der Komödien.

4. Ereignis und Ende: Perspektiven der Zeitlichkeit

In einem Roman »Der Bildverlust oder Durch die Sierra de Gredos« (Frankfurt am Main 2002) beschreibt Peter Handke den Umgang mit Bildern als einen existentiellen Lebensgestus.[33] Nicht von ungefähr lässt er sie Reisenden unterwegs zufallen – aus Nächtlichkeiten des Reisens, des Lebens. Im nächtlich-dunklen Bilder-eignis ereignet sich zugleich das Ende der freundlich leitenden Bilder, der Begleiterbilder. Die Bilder, die einen stattdessen überfallen aus der Tiefe der Nacht, »auf der Nachtlandstraße« oder beim Sitzen in der »›Herberge der Nachtreisenden‹« (171), sind ebenso unwillkommen wie faszinierend (im ambivalenten Sinn). Wir fürchten sie, aber sie halten uns fest. Wir werden sie nicht los. Haben Bilder mehr Präsenz als Texte, weil jede neue Welt in Bildern kommt? Handke nennt Leseimaginationen Bilder, die in jemanden hineinschießen (dabei durchaus »Marter- und Drohbilder« sein können) oder auch bloß streifen (175). Was sind denn »die Bedingungen und Gesetze dafür, daß so ein Bild sich einem beigesellte«, fragt Handke. Sind es frühere, »im Moment gar nicht bewußte« Erfahrungen von »Einheit oder Harmonie« (177)? Rufen die Trostbilder des Tages nächtens die Drohbilder herbei? Trostbilder verlieren sich im Ödland, meint Handke, in den Nächtlichkeiten der Sierra de Gredos. Ein Bildverlust, der am Ende ein Gewinn ist.

Handke hat die fiktive Reise durchs spanische Ödland als Zäsur verstanden, als Ende der Selbsttäuschung, des Ästhetizismus, der Friedensphantasien (218). Initiation als Ende von Geborgenheits-

ker Roloff, Surrealismus und Intermedialität in La vie secrète de Salvador Dalí, in: Zeitschrift für Katalanistik 21 (2008) 179–196.

32 Alexander García Düttmann, Philosophie der Übertreibung, es 2361, Frankfurt a.M. 2004, 82.

33 Vgl. Zilleßen, Die Ironie der Bildung, 297/298.

phantasien und konformistischer Anpassung, Das ist im Vergleich zu Dalí sicherlich die gemilderte Version einer apokalyptischen Wende, eines radikalen Bruchs. Aber der Anspruch der (bildnerisch-poetischen) Kunst ist in beiden Fällen hoch. Im Kairos (der Reife und Fülle der Zeit) fängt die Zeit der Kunst neu an. Sie hebt das Alte um des Neuen willen auf. Das Neue ist nur neu, indem es vom Alten frei wird. Insofern ist gerade das Alte die Bedingung der *Epiphanie des Neuen.* Das Neue bedarf eines Widerstands, eines Affronts, einer Umkehrung, eines Verrückens, eines Verlustes, also einer Zeitenwende. Der neue Mensch ist in gewisser Weise Produkt des alten. Theologisch-philosophisch gedacht, die alte Zeit wird aufgehoben – im doppelten Sinn[34], »weggenommen und bewahrt« (114). Indem der Mensch (der alten Zeit) die neue Zeit begreift/ergreift, ergreift sie ihn (82). Im Kommenden erscheint die »Unverfügbarkeit des ›Jetzt‹« (a.a.O.).[35] Die Zeit, die bleibt, ist der ewige unverfügbare Rest in jeder operativen Zeit (66–71). Er macht jede Ganzheit, Illusion der Selbstmächtigkeit, unmöglich (69). »Im *telos,* wenn Gott ›das Ganze im Ganzen‹ sein wird, wird der messianische Rest … seinen Sinn erschöpft haben« (a.a.O.). In dieser Unmöglichkeit öffnet sich (anders als bei Dalí) die andere Zeit.

Subjektives Zeiterleben, imaginäre Zeit, kann nicht Maß aller Zeit sein.

›Ereignisse‹ (*Zeitpunkte*) strukturieren die Erlebenszeit. Verbindende Marken machen, wie schon gesagt, das Diskontinuierliche verfügbar, definieren Zäsuren, Wenden.

Bewusste Zeit ist kein kontinuierlich ablaufender Prozess, sondern eine Verknüpfung von Ereignissen, die als solche von Menschen konstituiert werden. Zeit ist wahrgenommene Zeit, man denkt den Anfang und das Ende. Insofern ist jeder Zeitpunkt auch ein Ende. Entscheidend ist, in welcher kulturellen und religiösen Semantik sich das Zeitbewusstsein konstituiert. Jedenfalls ist geschichtliche Kontinuität ein *Phantasma,* in dem Kontingenz erträglich ist bzw. bewältigt wird. Insofern ist auch das einbrechende Ereignis eine »Auffassungsform« (Niklas Luhmann), die Orientierungspunkte markiert. Zeitpunkte haben offenbar für die Zeiterfahrung entscheidende Bedeutung. Man erlebt den Lauf der Zeit, den Sand in der Sanduhr, im Ablaufen der Stunde vorgreifend die letzte Stunde. Offenbar hängt die Zeiterfahrung von Lebensweisen ab, davon, wie wir das Leben leben, was wir tun und was wir nicht

34 Vgl. dazu Giorgio Agamben, Die Zeit, die bleibt. Ein Kommentar zum Römerbrief, es 2453, Frankfurt a.M. 2006, 113–115.

35 Deshalb plädiert Agamben, »das Messianische« nicht »als Eschatologisches zu nivellieren« (135).

tun, auf welche Zeitpunkte wir uns beziehen, was wir als Ereignis figurieren. Ereignis ist kein Vorgang, der in geschichtliche Kontinuität einbricht. Gibt es Kontinuität überhaupt als ›reales Phänomen‹, was immer das ist?[36] »Veränderung … ist das Dauerphänomen schlechthin« (a.a.O.). Wandlungsprozesse werden erlebt. Sie erhalten »schlagartig hohe und brisante Signifikanz. Aber die Ereignishaftigkeit dieser ›Ereignisse‹ rührt auch in diesem Falle nicht aus ihrer – objektiven – Veränderungsdynamik, sondern aus der Semantisierung durch die Akteure« (a.a.O.). Das Ereignis ist ein Sinnprojekt, in dem Zeitabschnitte verbunden oder getrennt, in beiden Fällen also in Beziehung zueinander gesetzt werden.

Übereinstimmung bei den verschiedenen Konzeptionen von Ereignis kann in zwei Momenten gesehen werden, meint Barbara Naumann: »Das Ereignis sei etwas Besonders, und: das Ereignis habe etwas mit Vergänglichkeit zu tun. … Das Ereignis würde den Verlauf der Zeit in ein Vorher und ein Nachher zerlegen und dabei eine Veränderung initiieren, deren Resultate im Ereignis selbst noch nicht ablesbar seien.«[37] Naumann stellt Luhmanns Konzept Heideggers Ansatz gegenüber. Sie zitiert Luhmann (Soziale Systeme, 1987, 390): »Jedes Ereignis, auch jede Handlung, erscheint mit einem Mindestmoment an Überraschung, nämlich in Abhebung vom Bisherigen. Insofern ist Neuheit konstitutiv für die Emergenz einer Handlung (a.a.O.). Darum erscheine »aus diesem Zusammenhang heraus alles Neue stets singulär« (a.a.O.): »›Nicht das Subjekt, sondern die in Ereignisse aufgelöste Zeit gibt der Handlung ihre Individualität‹« (a.a.O., Zitat Luhmann). Ereignis sei jedenfalls für Luhmann »die Bedingung der Möglichkeit von Veränderung«, der »Einsatz von etwas anderem als dem bisher Dagewesenen« (108). Aber diese Luhmannsche These lässt sich bestreiten. Das Ereignis als Zeitpunkt ist nicht aus geschichtlichen Prozessen ableitbar, verifizierbar, sichtbar, sondern umgekehrt: Ws begründet unvordenklich (diesseits aller nachvollziehbaren Gründe) Erfahren, Erkennen, Handeln. Erfassen kann das nur derjenige, der das grundlose ›Ereignis‹ (als *unbestimmtes, als unbestimmbares*) glaubt. Gerade das schöpferische Moment des Ereignisses (Weltveränderung, Weltbewegung, Weltschöpfung) hat seinen Grund nicht im (vorgängigen) Sein, sondern ist selbst der Grund des Seins.[38] Naumann

36 Egon Flaig, Ein semantisches Ereignis inszenieren, um ein politisches zu verhindern, in: Thomas Rathmann, Ereignis. Konzeptionen eines Begriffs in Geschichte, Kunst und Literatur, Köln, Weimar, Wien 2003, 183–198, hier 185. Insgesamt aber ist Flaigs Konzept in vieler Hinsicht fragwürdig.

37 Barbara Naumann, Zur Entstehung von Begriffen aus dem Ungeordneten des Gesprächs, in: Rathmann, 103–118, hier 107.

38 Vgl. das theologische Kairos-Konzept (Agamben, 78–92).

zeigt, dass diese Umkehrung in Heideggers Konzept von Sein und Zeit begründet ist (108ff.).

Heidegger denkt das Ereignis selbst als spontan und verändernd, aber nicht als »erkennbare Handlung oder (historische) Tat« (108). Sein Denken setzt gerade bei einer anderen Zeitvorstellung an. Ereignis ist hier nicht wie bei Luhmann »eine bedeutende Eintragung auf einer zeitlich strukturierten Matrix – etwa dem Verlauf der Geschichte«, in der das Ereignis seine »jeweils eigene Zeitvorstellung und Zeitlichkeit aus sich heraus freisetzt« – als Epochenwende etc. (a.a.O.). M.a.W., Ereignis ist überhaupt kein zeitliches Phänomen; es ist daher auch nicht sprachlich (in der Struktur von Sein und Zeit) definierbar.[39] Natürlich müssen Ereignisse dargestellt, definiert werden. Sonst könnten wir uns nicht zeitlich orientieren. Aber dieser pragmatische Ausdruck bleibt im Imaginären, in der Vorstellungswelt. Weil das *imaginäre* Ordnungsschema »nicht alles« sein kann, muss *angenommen* werden, dass es durchkreuzt wird von einer dunklen, nicht erscheinenden Leere – Anlass, Seins- und Zeitordnungen zu relativieren. Im Ereignis ist ein »Unvordenkliches« zu (be)achten; das Denken fordert es.

Wer das Ereignis aus geschichtlichen Prozessen ableitet, setzt den Menschen, nämlich sein Zeitkonzept, seine Ordnung, Sein und Zeit jedem Ereignis voraus. Aber der letzte Mensch ist stets der vorletzte. Nietzsches letzter Mensch ist der Schritt zum neuen Menschen. Das menschliche Denken geht allem voraus, selbst wo es sich als unvordenkliches bestreitet. Dieser radikale Anthropomorphismus ist zirkulär, indem er sich im abgründigen Grund gründet. Was der Ordnung von Sein und Zeit vorausgeht, ist abgründig. Paradoxerweise muss dem Abgrund alles abgesprochen werden, was dem Existieren eignet. Der Abgrund ist Nichts. Man sagt das, obwohl es unsagbar ist. Heidegger beginnt diese anthropologische Paradoxie als solche zu denken.

Barbara Naumann bezieht sich im Anschluss an Heidegger ausdrücklich auf »Autoren wie Derrida und Lyotard«: »Ereignisse entspringen … nicht der, und sie ›machen‹ nicht die Geschichte, sondern ermöglichen erst die Konzeption von Zeit und Geschichtlichkeit« (a.a.O.). Die Quelle er*gibt* sich nicht aus dem Strom (a.a.O.).

Das Ereignis, das stets menschlichem Denken voraus ist, kann nicht als das erfasst werden, was es aus sich selbst ist. Deshalb gilt: das Ereignis *ist* nicht, es *gibt* das Ereignis nicht, »es ist nicht einzuordnen in das Beziehungsgefüge der Existenz, sondern soll als eine Figur der Ermöglichung gedacht werden, als ein noch nicht Defi-

39 Wieder ist die Parallele zum Konzepts des Restes bei Agamben deutlich, des Restes, der immer bleibt.

niertes, aus dem etwas hervorgehen kann. Das Ereignis geht Sein und Zeit – in einem nicht historischen Sinne – voraus« (108/109). Ereignis ist der Versuch zu denken, dass überhaupt ›etwas ist und nicht nichts‹« (109). Deshalb greift »die Konzeption des Ereignisses als eines historischen oder Epoche machenden Einschnitts« zu kurz, ebenso auch die »vorgängige Einteilung in bedeutende und unbedeutende, große und kleine Ereignisse« (109). Das Ereignis unterliegt »keiner Grundlegungslogik«, und »Freiheit und Geschichtlichkeit lassen sich im strengen Sinn nur unter der Voraussetzung der Abwesenheit eines letzten Grundes denken.«[40]

Ist das nicht eine religiöse Beziehung zur Zeit, wenn Zeit gedacht wird als im Unvordenklichen gründend, in einem »Rest«, in einem »Ereignis«, wofür wir keine Vorstellung und keinen Namen haben? Unendlichkeit ist hier nicht die gedehnte Zeit. »Sofern es Sein und Zeit nur gibt im Ereignen, gehört zu diesem das Eigentümliche, daß es den Menschen als den, der Sein vernimmt, indem er innesteht in der eigentlichen Zeit, in sein Eigenes bringt. So geeignet gehört der Mensch in das Ereignis« (Zitat Heidegger, bei Naumann, 109, Anm. 7). Wir sprechen vom Ereignis; das performative Sprechen ist das Ereignis. Aber wir können nicht wissen, was sich in diesem Sprechen als Ereignis ereignet. *Ereignisse ermöglichen die Konzeption von Zeit als einer unverfügbaren.* Das Sprechen verfehlt zugleich das Ereignis, weil es schon aus strukturellen Gründen stets später kommt.[41] »Ein ›Machen‹ des Ereignisses substituiert sich in aller Heimlichkeit seiner Mitteilung« (a.a.O.), die verdeckt, dass das Sprechen etwas »sich ereignen« lässt (23). Aber letztlich verfügt es nicht darüber. In jedem Sprechen spricht auch der Andere, dessen Ordnung nicht die distinkte Ordnung des Wissens und Unwissens ist, »sondern einer Ordnung angehört, die mit einer Ordnung des Wissens nichts mehr zu tun hat«, der »Nacht eines Nicht-Wissens« (26) angehört. Es geht hier um ein »Nicht-Wissen, das keinen Mangel darstellt, das nicht einfach Obskurantismus, Ignoranz und Nicht-Wissenschaft ist. Es handelt sich einfach um etwas, das dem Wissen heterogen ist« (a.a.O.).

Ereignis als narrativ-imaginäres Konstrukt bleibt auf der Ebene anthropologischer Selbstentfaltung. Das unvordenkliche, unverfügbare ›reine Ereignis‹ dagegen enteignet die menschlich-operative Zeit – ein dekonstruktiver Zusammenhang von Ereignis und Enteignis. In der Wahrnehmung, im Sichtbarmachen des Ereignisses heben wir das Ereignis auf.

40 Oliver Marchart, Die politische Differenz, stw 1956, Berlin 2010, 21.
41 Derrida, Die unmöglich Möglichkeit, vom Ereignis zu sprechen, 21.

Barbara Naumann resümiert: »Das Ereignis als ein Gegenwärtiges und Zukünftiges, als ein Unvordenkliches, das einen nicht kalkulierbaren Verlauf der Zeit allererst ermöglicht oder erzwingt, das seine Kraft aus der Überraschung zieht, das durch Plötzlichkeit gekennzeichnet und keinen vorgebildeten Kategorien zuzuordnen ist, das in das Geschehen einbricht, das bestehende Konstellationen *verrückt* oder neue herstellt und so Veränderung bewirken kann; das Ereignis, das eigen und einzig ist, das Geschichte macht, ohne der Geschichte ganz zuzugehören, und das zum Denken dessen, was es denn überhaupt sei, nötigt – alle diese Aspekte sind per definitionem aus solchen Konzeptionen *ausgeblendet, die das Ereignis als Geschichte und allein in der Geschichte fixieren*« (110).

Ist nicht von Wünschen, von Sehnsüchten, von Ängsten bestimmt, was wir zu Ereignissen machen/erklären? Setzen wir dagegen »ein Geschehen, in dessen Auftreten das Zukünftige sich noch nicht abzeichnet« (117), sprechen wir »eine freie offene Empfänglichkeit« an (116).

Was kommt? Es zeichnet sich nicht ab, weil wir es nicht als Bestimmtes denken/glauben können. Mit welchen Augen sollte es zu sehen sein?[42]

Apokalypse, *apokalypsis,* ist für Derrida der von der Sache gehobene Schleier.[43] Er sieht im Hebräischen und Griechischen in der Apokalypse nicht (wie in anderen Sprachen) die »fürchterliche Katastrophe«; Apokalypse sei »im wesentlichen eine Kontemplation (*hazon*)« (15). Die Apokalypse des Johannes ist die »*Kontemplation des Jochanaan*« (a.a.O.). Der Schleier ist auch Schutz vor der Wahrheit, vor der Sonne, die blendet. Deshalb ist das Ende nicht endgültig (im Sinn des Wortes). Der apokalyptische Ton ist der Wahrheitsanspruch des Ankündigers und des Angekündeten. Das Absolute wird gesprochen. Dalís größenwahnsinniger Ton trägt diese Erkenntnis in sich, theatralisch, ironisch. Kann »die erregte Verkündigung des nahen oder schon eingetretenen Endes« (22) ein Spiel sein?

»Der philosophische Diskurs muß die Neutralität oder zumindest die unerschütterliche Ruhe, die die *Beziehung zum Wahren und Allgemeinen* zu begleiten hat, garantieren und zumal durch das, was man die Neutralität des Tons nennt. Wird es infolgedessen möglich sein, den Ton eines Philosophen ... herauszuhören

42 Vgl. Martina Kumlehn, Geöffnete Augen – gedeutete Zeichen. Historisch-systematische und erzähltheoretisch-hermeneutische Studien zur Rezeption und Didaktik des Johannesevangeliums in der modernen Religionspädagogik, Berlin 2007.

43 Derrida, Apokalypse, 14.

oder herauszuspüren {détecter)?« (18/19). Derrida kennt die Gabe dieser Sprache, ihre »Verführungs- oder Einschüchterungsprämie« (22).

Das *Kommen* geht dem Ereignis voraus (messianisch) (84). Deshalb geht es nicht um die Mystifizierung eines immer schon Daseienden, sondern um das Ereignis des Kommens. Aber das »Komm« kann »keine Repräsentation werden« (a.a.O.), es kann sich nicht in deren Ordnung zeigen. Es kommt »vom anderen« (85). »Es läßt sich ebenso wenig noch durch eine Onto-Theo-Eschatologie überprüfen wie durch eine Logik der Ereignisse, so neuartig sie auch sei und welche Politik sie auch verkünden mag« (a.a.O.). Die »Frage ›was ist das‹ (gehört) einem Raum an .. (der Ontologie und seither dem grammatikalischen, linguistischen, semantischen usw. Wissen), der durch ein vom anderen herkommendes ›Komm‹ geöffnet wird« (a.a.O.). Derrida bezieht sich auf Heidegger, wenn er bei dieser Herkunft an den Ort denkt, »wo das *Ereignis* – das man nicht durch Ereignis übersetzen kann – und das *Enteignis* die Bewegung der Eignung [propriation] entfalten« (86). M.a.W., das Angesprochensein lässt sich nicht überprüfen; es ist denkbar. *Komm* wird erbeten. ›Komm‹ ›ruft‹ der Glaube.

»›Komm‹ richtet sich nicht an eine im Voraus bestimmbare Identität. Es ist eine Ableitung, die nicht mehr abgeleitet werden kann« (87). Ebenso wenig kommt ›Komm‹ von einer bestimmten Identität her. »›Komm‹ ist *allein* ableitbar, absolut ableitbar, aber nur vom anderen, d.h. von nichts, das einen Ursprung oder eine verifizierbare, entscheidbare, vorstellbare, aneigenbare Identität hätte, von nichts, das nicht wieder ableitbar und uferlos erreichbar wäre. Sie werden vielleicht versucht sein, dies das Unheil, die Katastrophe, die Apokalypse zu nennen. Nun, genau genommen kündigt sich hier – Versprechen oder Drohung – eine Apokalypse ohne Apokalypse an, eine Apokalypse ohne Vision, ohne Wahrheit, ohne Offenbarung, ... ohne entscheidbaren Absender oder Empfänger, ohne jüngstes Gericht, ... eine Apokalypse jenseits vom Gut und Böse« (87/88). Derrida argumentiert hier in dem Bewusstsein, dass es keine Sprache gibt, die erfassen könnte, was von außerhalb deren Ordnung, außerhalb von Sein und Zeit ›ist‹. Ein Sein ohne Sein. »Es gibt nur die Apokalypse ohne die Apokalypse. Das Wort *ohne* spreche ich hier gemäß der so notwendigen Syntax von Blanchot aus, der oft sagt: X ohne X. Das *ohne* kennzeichnet eine interne und externe Katastrophe der Apokalypse, eine Umkehrung des Sinns, der nicht mit der verkündeten oder in den apokalyptischen Schriften beschriebenen Katastrophe zusammenfällt, ohne ihr jedoch fremd zu sein. Die Katastrophe wäre hier vielleicht die der Apokalypse selbst, ihre Einfaltung und ihr Ende, eine Geschlossenheit ohne Ende, ein Ende ohne Ende« (89).[44] Die Linearität der Zeit zerbricht, indem sie bleibt. Sie wird (doppelsinnig) aufgehoben. Zeit bleibt – durchgestrichen. Zeit ohne Zeit. Umkehrung des Sinns. Dagegen ist im Postulat des *bestimmten* Endes eine *Beschwörung* präsent, die umso mehr scheitert, je lauter und drängender sie *tönt*.

5. Schlussgedanken: Nicht ohne Theologie

Marcel Duchamp hat im Vertrauten eine Fremdheit gewürdigt, einen Bildzweifel, der das Bild eben nicht unter Verstehenszwang bringt. Hermeneutik ist provisorisch. »Moses sähe im bezweifelten Bild, dass Gott abwesend ist; den Vater aus dem *Buch der Weisheit* lehrte sein Bild die Trauer; dem Philosophen zeigte das seine die Grenzen seiner Metaphysik, dem Wissenschaftler die seiner Erkenntnis. Der Bildzweifel befreit den Anbeter und den Gläubigen. Der Zweifel sorgt gewiss für Fremdheit, für Entfremdung, aber auch für ein Anderswerden« (Ripplinger, 78/79). Befreit könnten dann beide sein, Bildverehrer und Bildzerstörer, Ignorant und Lästerer.

Duchamp hat Zeit; statt vom Bild spricht er, wie oben gesagt, vom Aufschub, vom Aufschub der Bedeutungen, der nicht durch den kurzen Blick, sondern durch die lange Betrachtung erreicht wird (Duchamps Aufschub, 76–79).

Der ästhetische Augenblick trifft Duchamp, wie er selbst meint, ungeplant, unplanbar. Ein Ereignis, das, unverfügbar, eine Marke in der Zeit setzt – ja, in der Zeitvertreibung eine Zeit beginnen lässt. Zeitpunkt ist der Punkt, an dem der Künstler durch seine Aktion (Wahl, Verarbeitung, Signierung des Objekts) das Ereignis-Objekt aufnimmt/annimmt. Kann dieser profane Kairos, kann dieses Konzept korrelieren mit dem, woran Heidegger/Derrida denken, mit dem, was Agamben in seiner Pauluslektüre entfaltet? Ist – irritierend banal – Duchamps Umgang mit dem Unverfügbaren nicht bloß künstlerisches Knowhow? Neuheit als Provokation? Es war gewiss mehr, es war etwas anderes, ein tiefsinniges, anstößig-anstoßendes, einflussreiches Konzept. Es gibt viel zu denken über den Umgang mit Zeit, mit Zeitlichkeit. Duchamps Kunst öffnet schwerlich eine unmittelbar religiöse Perspektive. Es wäre auch seltsam, Kunst im Sinne Duchamps für religiöse Vorstellungen zu instrumentalisieren. Das Fremde der Kunst kann theologisch nicht

44 Vgl. dazu auch Johannes Hoff, Fundamentaltheologische Implikationen zur Apokalyptik II, in: Theologie der Gegenwart 45 (2002), 107–120, hier 117–120.

einfach vertraut werden. Aber mir scheint, Duchamps Konzept ist hilfreich, religiöse Fragestellungen zu präzisieren. Wenn auch der Begriff »religiöse Fragestellungen« komplex und vage ist, sind doch die (philosophischen) Heideggerisch-Derridaschen Überlegungen für Kunst und Theologie herausfordernd. So verstehe ich den Rekurs auf Objekt und Bilder Duchamps und Dalís.

Dalí spielt theatralisch, ironisch, besessen-ernsthaft das Spiel mit der Zeit, das Spiel gegen die Zeit. Mit der apokalyptischen Dimension, mit der Epiphanie einer paranoisch-kritischen Kunst will er eher aufdecken als beenden. Der Gestus des Beendens zielt hier auf ein Neues, auf ein Wildes, ein Weites. Zugleich verweist der ›Retter‹ auf die Vision einer kunstergriffenen surrealistischen Massenbewegung. Die theatralisch-ironische Brechung des Allmachtsanspruchs schließt ein Kommen ein, das nur begrenzt machbar ist.

Dalí weiß es. Er spielt unentwegt mit dem Scheitern seines Projekts. Mit einer großspurigen Paranoia, deren pathologische Dimension/Kehrseite (›neben uns‹) durchgestrichen, also im Hintergrund ist. Die Rezeption der Dalíschen Bilder könnte durchaus eine Perspektive auf die Apokalyptik-Konzeption Derridas eröffnen, eines nicht zeitlich darstellbaren, eines sich verhüllenden, offenbarenden Ereignisses. Dalís theatralisch überstiegene Inszenierungen, seine extravaganten Phantasien, seine zum Teil nervigen Selbstdarstellungen tragen nicht zuletzt viel Spaß und Energie in sich, viel Übermut, den man gerne teilen möchte. Ich will diese Kunst nicht schmähen, nicht diskreditieren. Im Gegenteil. Es wäre viel, wenn sich daraus eine kreative Spannung ergäbe. Kommunikation kann zur anstößigen Auseinandersetzung werden, wenn sie das Fremde fremd sein lässt.

Das Gespräch der Theologie mit der Kunst ist über und gegen alle Instrumentalisierungen ein existentielles *Fragen*, in dem es mir auch um die theologisch-philosophischen Fragestellungen Giorgio Agambens geht, um den ereignishaften Zeitrest, um Jacques Derridas apokalyptisches ›Komm‹, das es *nicht gibt*. Schon Karl Barth und Paul Tillich haben die Möglichkeiten und Unmöglichkeiten theologischen Sprechens beschäftigt. Der Gegenstand der Theologie ist in der Zeit stets außerhalb der Zeit. Insofern spricht *Christologie* die unmögliche Möglichkeit an, vom Ereignis (vom Kairos) zu sprechen.

Jede Anthropologie der Zeit (die unumgänglich ist) wird in sich selbst eine Namenlosigkeit berücksichtigen müssen. In der Zeit erscheint ohne zu erscheinen ein Anderes, das von woanders kommt, nicht aus Sein und Zeit. Das ist kein schönes Mysterium, nicht das geheimnisvolle Göttliche, eher ein Nichts (im Sinne Meister Eckharts), eine Leere. *Her umbe sô bite ich Got, daz er mich ledic mache gotes.*[45] Es gibt keinen (allgemeingültigen) Grund, an Gott, an ›Gott‹ zu glauben. Christlicher Glaube ist abgründig, christologisch gesprochen, die Zeit ein Kairos.

Die *Christologie der Zeit* ist der Durchblick in der zeitlichen Linearität, durch sie hindurch, aber nirgendwohin. Ein neues Sehen. Es ereignet sich.

Mit der Kunst? Mit der Religion?

Menschen haben nichts zu verlieren. Sie können (sich) Zeit lassen. Ein namenloser Rest bleibt immer, durchgestrichene Zeit, ~~Zeit~~.

***

Abstract
Die Zeit erscheint als eine ambivalente Gabe. Sie ermöglicht Leben und bedroht es. Das Phänomen Zeit gewinnt in Bildern Gestalt. Auseinander-Setzung mit Zeit ist Modus des Umgangs mit Bildern. Die ästhetischen Perspektiven werden beispielhaft deutlich im Blick auf Werke bildender Kunst, auf Marcel Duchamps Skulptur »Fahrrad-Rad« und Salvador Dalís Bilder »Weiche Uhren« und »Brotkorb«. *Verlauf* und *Ablauf* sind Erscheinungsweisen von Zeit, in denen hermeneutische Orientierung gewonnen wird und verloren geht. Die Dimensionen des Ereignishaften und der Befristung bedingen sich wechselseitig, Kontingenz der Lebensverläufe und Bedürfnis nach Orientierung entsprechen sich. Die Einführung des Zufälligen in die Kunst (Duchamp) und die Apokalyptik des Neuanfangs (Dalí) thematisieren auch ästhetisch-ethische Unverfügbarkeit. Der Zusammenhang von Apokalyptik und Eschatologie ist ebenso die (theologische) Frage wie die kontingente Offenheit jeder Positionierung.

Dietrich Zilleßen, geb. 1937, Dr. phil., ist em. Professor für Evangelische Religionspädagogik (mit dem Schwerpunkt Systematische Theologie) am Institut für Theologie der philosophischen Fakultät der Universität Köln.

45 Josef Quint, Hg., Meister Eckhard, Predigten, Stuttgart 1988, 2. Predigt (DW I, 2).

IV

Systematisch-theologische Reflexionen

Hans-Joachim Sander

Lebenszeit – Gottesraum

Zeit bringt Erfahrungen aus Relativierung und Orientierung zugleich mit sich, und die Gegenwart Gottes spiegelt das wieder. Zeit meldet sich zunächst mit jener Erfahrung, von der schon Augustinus berichtet, dass man sie kennt, so lange man nicht über sie nachdenkt, dass sie sich aber entzieht, wenn man sie zu fassen versucht. Von der Gegenwart Gottes gilt der gleiche widerstreitende Zusammenhang. So wie die Zeit da ist und flüchtig zugleich, ist Gott omnipräsent und doch unfassbar. Wer Zeit fassen will, greift an ihr vorbei; wer auf Gott zugreift, hat ihn bereits verloren.

Von daher relativieren Zeit und Gott stets die Subjekte, die sich ihnen aussetzen. Die Relativierung durch die Zeit gilt für alle, die es überhaupt gibt. Bisher ist in der Menschheit noch niemand wahrgenommen worden, der über die Zeit erhaben wäre. Wir kennen nur zeitlich gebundenes Leben.

Die Frage ist, was das für die Gegenwart Gottes bedeutet. Verstärkt sie die Relativierung oder hebt sie diese auf? Für beide Antworten lässt sich argumentieren. Schließlich gilt Gott entsprechend der Tradition als der lebendige Gott, der ewig ist, also dem alles zermahlenden Strom der Zeit nicht unterworfen, der aber gleichwohl keine prinzipiell zeitlose Erhabenheit einnimmt, sondern sich dort präsentiert.

Der christlichen Überzeugung ist sogar ausgemacht, dass der trinitarische Gott die Relativität mit der Zeit nicht scheut. Er hat sich bei seiner Menschwerdung Zeit und Raum geradezu unterworfen und ein Leben zwischen Geburt und Tod geführt. Selbst der Auferstandene ist davon körperlich gezeichnet. Das, was mit ihm am Kreuz geschah, bleibt an seinem Leib sichtbar. Der Vater seinerseits ist diesem Geschehen gegenüber nicht apathisch, auch wenn er nicht am Kreuz leidet. Und schließlich wird dem Geist, also der dritten Person der Trinität, zugeschrieben, in die Gegenwart zu kommen, wenn er agiert. Gott arbeitet also mit der Zeit, er hält sich nicht von ihr frei. Zeitlosigkeit würde Gott auf eine griechische modulierte und idealisierte Gottheit engführen, die der Materie feindlich ist. Aber von dieser esoterischen Art ist die Ewigkeit Gottes gerade nicht.

Gott und Mensch unterscheiden sich gegenüber der Zeit allerdings darin, dass Relativierung durch Zeit für Menschen Ohnmacht bedeutet, während das auf Gottes Seite einen Raum für Macht öffnet. Menschen werden mit der Zeit kleiner, Gott dagegen durch sie größer. Er ist ihr Herr, wir dagegen werden von ihr verfügt. Deshalb finden Menschen durch Gottes Präsenz Stärkung in genau der Ohnmacht, die der unausweichliche Zeitablauf für jeden darstellt. Das gilt sowohl für die Normalfälle des Lebens wie für seine extremen Ereignisse. Gottes innere Relation gegenüber der Zeit schafft im Normal- wie im Extremfall einen Raum, der sich von der menschlichen Ohnmacht absetzt. Diese Differenz ist für Menschen lebenswichtig, weil wir eine Lebensform sind, die über die Zeit hinaus geistig und geistlich greifen können. Wir leiden also unausweichlich an unserem Untergang in der Zeit.

Aber auch auf der objektiven Seite relativiert Zeit. Vor der Zeit hält keine Macht dieser Welt stand, auch die übermächtigste nicht. Nichts bleibt auf Dauer, was es ist. Alles wird von der Zeit gerade so zerkleinert, wie die Volksetymologie Chronos, den Gott der Zeit, mit Kronos, dem Titan, der seine Kinder frisst, identifiziert.[1] Zugleich eröffnet deshalb Zeit aber auch die Möglichkeit, eine vergleichende Beziehung herzustellen, auf die sich so gut wie alle beziehen können. Das lässt sich nur mit ganz wenigen natürlichen Ressourcen machen. So rechnet man es kulturgeschichtlich der Eisenbahn zu, dass es überhaupt eine gemeinsame Zeit gibt. Ein Reichsgesetz vom 1. April 1893 führte die mitteleuropäische Zeit (MEZ) ein, um der Eisenbahn eine Einheitszeit für die leichtere Vertaktung der Züge zu verschaffen. Bis heute sind exakt gehende Uhren eine wichtige Zivilisationsressource; der Physiknobelpreis 2012 wurde für die Isolierung von Quantenzuständen vergeben, die extrem genau Zeitmessungen möglich macht.

Trotz der Vertaktung des Tages wie ihn der *ora-et-labora*-Rhythmus der Benediktinerklöster entwickelt, ist von Gott und der Rede von Gott keine Chronometrie zu erwarten. Es war eine Erfindung des Rationalismus, Gott wie einen Uhrmacher zu postulieren. Man glaubte, in der Natur in Gestalt der fein abgestimmten Routinen eines lebendigen Organismus eine Uhr gefunden zu haben,

1 In der Verbindung dieser beiden Götter bindet sich Unausweichlichkeit an Drohung. Das hat ein spätmodernes Pendant in dem Bündel von Fristen, die gesetzt sind oder werden und unter denen Menschen leben oder arbeiten müssen, sowie in den Krediten, die faul werden können und neuerdings zur Bankenrettung durch die Allgemeinheit führen. Zum ersten vgl. Harald Weinrich, Knappe Zeit. Kunst und Ökonomie des befristeten Lebens, München: Beck, 3., überarb. Aufl. 2005, sowie zum zweiten Zygmunt Bauman, Living on borrowed time. Conversations with Citlali Rovirosa-Madrazo, Cambridge: Polity 2010, 15–34.

und entsprechend der rationalen Logik verlangte man deshalb nach einem Uhrmacher.[2] Der Schluss scheitert aber an den Theodizeen der modernen Geschichte. Der deistische Gott ist zwar Ausdruck einer souveränen Ökonomie, aber er widerspricht der Heilsökonomie. Er versagt angesichts unschuldigen Leidens und im Entsetzen politischer Katastrophen. Mit dem Uhrmachergott lässt sich Großes denken, aber nach dem kleinlichen Takt seiner unbarmherzigen Uhr kann man nicht leben.

Es geht es nicht um Zeitbeherrschung, wenn Gott mit der Zeit verbunden ist; es geht um Raumgestaltung. Gottes Zeitverhältnisse ticken nicht nach Uhren; sie eröffnen andere Räume – »des espaces autres«, wie Michel Foucault den Rohstoff für die Orte umschreibt, die er ›Heterotopien‹ nennt.[3] Die Betonung dieser anderen Räume liegt dabei auf ›anders‹. Gott schafft durch seine Präsenz keine zusätzlichen Räume, die sich himmelsgleich für Auserwählte öffnen, sondern Orte für ein anderes Leben mitten in Relativierungen der Zeit.

1. Von der Chronometrie zur Topologie der Zeit – Gottes Zwischenräume

Die Zeit lässt sich nicht von Menschen beherrschen. Zeitreisen sind physikalisch gesehen zwar prinzipiell möglich, aber die Menschheit beherrscht nicht das Maß an Energie, das dafür nötig ist. Auch mit Gott lässt sich nicht durch die Zeit reisen, wie sehr man ihn manchmal auch darum bitten möchte. Er lässt die Rückkehr in die Vergangenheit nicht zu, vor dem Paradies wacht sein Flammenschwert. Wir existieren infralapsarisch und können deshalb aus der Geschichte nicht mehr aussteigen, die »damals« angefangen hat.

Das bedeutet nicht, dass sich bei Gott nichts aus der Zeit machen lässt. Aber das verläuft nicht über den Modus der Zeit, sondern mit Hilfe ihrer Beziehung zum Raum. Die Physik sagt, dass die Beziehung von Raum und Zeit eine Relativität sei, also eine Unausweichlichkeit, die es wechselseitig ausschließt, Zeit vom Raum und Raum von der Zeit zu trennen. Wer in der Zeit lebt, muss im

2 William Paley, Natural Theology, or Evidences of the Existence and Attributes of the Deity, Collected From the Appearances of Nature, London: Faulder, 13th edition, 1811: »this mechanism being observed [...] the inference, we think, is inevitable, that the watch must have a maker« (3). Vgl. Otto Kallscheuer, Die Wissenschaft vom lieben Gott. Eine Theologie für Recht- und Andersgläubige, Agnostiker und Atheisten, München: Piper 2008, 278ff.

3 Michel Foucault, Andere Räume, in: Dits et Ecrits. Schriften in vier Bänden, Bd. 4, Frankfurt: Suhrkamp 2005, 931–942.

Raum existieren. Und wer sich im Raum bewegt, braucht Zeit. Weder ist die Zeit ein beliebig verfügbarer Rohstoff noch der Raum bloß ein Container, um sich aufzuhalten. Es sind Mächte und Gewalten, denen wir nicht ausweichen können. Jede Lebensäußerung wird von ihrer Wechselwirkung geprägt. Wir können aus ihr nicht heraus, selbst wenn wir uns mit Lichtgeschwindigkeit bewegen würden. Wir bleiben dieser Wechselwirkung unterworfen und deshalb sind wir relative Wesen.

Das hat Konsequenzen. Jeder Versuch, mit Macht die Zeit und ihre Gestaltung zu beherrschen, ist von den Räumen her zum Scheitern verurteilt, die es tatsächlich gibt. Sie sperren sich wegen der Relativität von Raum und Zeit. Genau diese Relativität, die bei Menschen Ohnmacht bedeutet, erzeugt bei Gott dagegen Macht. Für seinen Zeitgebrauch steht ihm nämlich Raum zur Verfügung. Der Herr der Zeit öffnet Räume, die den der Zeit unterworfenen Menschen sonst verschlossen wären. Wenn Gott Zeit braucht, entsteht Raum, der dem Leben einen anderen, heilvollen und befreienden Verlauf gibt. Das gilt auch umgekehrt: Wenn von Gott Raum eingenommen wird, bricht eine andere Zeit auf. In diesem Zusammenhang stehen die Zeitnarrative des biblischen Gottes, auch wenn die Schöpfer der biblischen Texte natürlich keine Relativitätstheorien verarbeiten konnten. Aber sie setzen jeweils Gott dort in ein Verhältnis zu Zeit, wo er Zwischenräume öffnet, und so ins Verhältnis zu Räumen, dass durch ihn andere Zeiten möglich werden. Der überraschend eröffnete Raum und die andere Zeit prägen den Zeitgebrauch Gottes.

2. Wenn Gott Zeit braucht – Leben Platz schaffen

Klassisch wird das am Sieben-Tage-Schema des priesterlichen Schöpfungsberichtes deutlich. Jede Zeit, die gesetzt wird, schafft Platz für räumlich einschlägige Wechselwirkungen wie Himmel und Erde, Licht und Finsternis, Horizont über dem Wasser und Tiefe im Wasser. Es reicht bis hin zum Nichts-Tun am siebten Tag, das der Güte Raum gibt, die im Geschaffenen liegt. All diese neuen Räume können von den Geschöpfen eigens genutzt werden.[4] Man kann sagen: Der ewige Gott hat Raum und schafft Raum. Er räumt Zeiten ein, mit denen sich in den großen und kleinen Unwägbar-

4 »Das Alte Testament versteht Schöpfung sehr bildlich als Raum-Zeit-Gabe Gottes für seine Geschöpfe. Die hymnische Priesterschrift, das Heptameron (Gen 1,1 – 2,4a), lässt durch Gott Räume und Zeiten für Geschöpfe und mit Geschöpfen entstehen.« (Ulrich Lüke, Raum-Zeit-Schema, in: Neues Lexikon katholischer Dogmatik, 542–544, 542)

keiten des Lebens leben lässt, und er beherrscht die Zeit so sehr, dass sich den existentiell-persönlichen Katastrophen und den großen gesellschaftlich-politischen Katastrophen widerstehen lässt und ein neuer Ausgangspunkt gesetzt wird.

Gottes Heilsökonomie ist eine Topologie von Lebensräumen, die dem Leben Platz schaffen, wenn es eigentlich schon viel zu eng geworden ist. Insofern vertreibt der göttliche Zeitverbrauch jene Aussichtslosigkeit, die sich immer einstellt, wenn Menschen von extremen Erfahrungen ihrer Existenz überrollt werden und wenn sie nicht mehr der unaufhaltsam ablaufenden Lebenszeit ausweichen können. Die göttliche Zeit schafft in beiden Fällen Räume der Hoffnung, weil sie dem Leben Platz einräumt. Sie tut es gerade dort, wo eine Hoffnung sich als Illusion erwiesen hat.

3. Raum und Körper – Kristallisationskerne von Gottes Zeit

Wir Menschen sind der Zeit gegenüber relativ flexibel, räumlich sind wir viel stärker graviert. In der Zeit führen wir eine Existenz, im Raum haben wir einen Körper. Gottes Zugriff auf die Existenz hat deshalb stets auch einen körperlichen Gehalt, worauf die Narrative von Gottes Geschichtshandeln abheben. Diese Körperlichkeit ist dabei nicht einfach eine biologische Begleiterscheinung, sondern hat auch eine politische Qualität. Politische, wirtschaftliche und religiöse Mächte und Gewalten greifen auf Körper zu und versuchen, sie zu disziplinieren.

Der Auszug aus Ägypten bringt eine Wüstenwanderung von vierzig Jahren mit sich, die mit Murren und Rückschlägen begleitet wird. Da bei Mose die Gefahr eines neuen Pharao besteht, darf er nicht in das Gelobte Land. Die Verkündigung Mariens führt zur Schwangerschaft, die politisch lebensgefährliche Situationen auslöst und in den Gegenort der Befreiung, nach Ägypten, führt. Die Missionsreisen der Apostel führen zu internen und externen religionspolitischen Konfrontationen wie Paulus versus Petrus und die Martyrien der Apostel. Jesu letztes Abendmahl kündigt ein Opfer an, dem er nicht ausweichen kann und das ihn als Königsprätendenten abstempelt. Solche Zusammenhänge gibt es nicht nur bei herausgehobenen Personen des Evangeliums, sondern für alle Menschen, die mit Gott in ihrem Alltag in Berührung kommen. Gottes Gegenwart erzeugt im Alltagsgeschehen prekäre Zumutungen. Dafür muss man etwas weiter ausholen.

Menschliche Existenz ist ein Entwurf über die drei Zeitebenen hinweg. Wir kommen aus einer Vergangenheit, gehen in eine Zukunft und sind in der Gegenwart präsent. Auch wenn unsere Vergangenheit eigentlich feststeht und die Zukunft offen bleibt, können wir uns narrativ so verhalten, als wäre die Vergangenheit flexibel und die Zukunft fixiert. Das kann zwar jederzeit an den Tatsachen scheitern, aber so lange man ihnen ausweichen kann, sind solche Erzählungen hoch potent. Mit dem Körper funktioniert das nicht; mit ihm sind wir auf den Platz festgelegt, den wir jetzt gerade einnehmen.

Raum ist daher viel weniger flexibel als Zeit, obwohl wir uns in ihm frei bewegen können. Aber während wir den Platz wechseln, müssen wir Zeit verbrauchen. Während sich Zeit flexibilisieren lässt, ohne zusätzlichen Raum zu beanspruchen, lässt sich ein Raum nicht ändern, ohne weitere Zeit dafür einzusetzen. Die Gravitation des Raumes drängt sich natürlich auch in die Zeit hinein. Wer sich die Vergangenheit anders vorstellt, als sie wirklich war, oder sie sogar umschreibt, um Effekte in der Zukunft zu erzielen, muss stets damit rechnen, dass sich im Raum das tatsächliche Geschehen eingeschrieben hat. Es kann dann dort auch entdeckt werden und das ist dann in der Regel eine prekäre Konfrontation. Das sind die berühmten Leichen im Keller, die man versteckt hat, die aber dort auch zu finden sind. Die mittelalterliche Kirche hat das mit der Konstantinischen Schenkung versucht, die ihr dann in der Renaissance auf den Kopf fällt, nachdem Lorenzo Valla sowie Nicolaus Cusanus die Schenkung als Fälschung entlarvt hatten.[5] Es trifft sie heute bei den Missbrauchsfällen, die die Kirche lange gerne dem Vergessen anheim gegeben hatte.[6] Das, was tatsächlich geschehen ist, sedimentiert sich in den Räumen, die von einem Geschehen betroffen sind und in denen die Biomacht über die Körper triumphierte. Es ist kein Zufall, dass sich das schmerzliche Problem des kirchlichen sexuellen Missbrauchs an einem sozialen Raum wie dem Berliner Canisius-Kolleg herauskristallisiert hat. Orte wie dieses Internat haben ein kollektives Gedächtnis. Das flüstert nicht geisterhaft von den Wänden her; aber es gräbt sich in Archive, Tagebücher, Briefe ein, die dort geschrieben wurden und in denen die Körper der Opfer lautlos schreien.

5 Lorenzo Valla, On the donation of Constantine. Transl. by G.W. Bowersock, Cambridge, Mass.: Harvard University Press 2008. Anita Traninger, Fiktion, Fakt und Fälschung: Lorenzo Valla, Ulrich von Hutten und die Ambiguität der »declamatio« in der Renaissance, in: dies. / Ulrike Schneider (Hg.), Fiktionen des Faktischen in der Renaissance, Stuttgart: Steiner 2010, 165–189.

6 Vor allem mit dem Fall des Marcial Marciel, dem Gründer der Legionäre Christi, reicht die Verschweigensspirale bis hinauf auf die päpstliche Ebene und stellt damit die Zentrale der Kirche mitten in die Missbrauchsfälle hinein, vgl. Jason Berry / Gerald Renner, Vows of silence. The abuse of power in the papacy of John Paul II, New York: Free Press 2004.

Darum ist der Raum ein stummer und zugleich außerordentlich beredter Zeuge für das, was mit der Zeit und an Körpern geschehen ist. Er spricht mit stummer Stimme über vergangene Tatsachen. Davon macht Gott am Anfang Gebrauch, so erzählt es die Urgeschichte. Und er greift das am Ende auf, so berichtet es die Apokalypse. Er nutzt diese Zusammenhänge für seine Art, der Zeit der Menschen einen Anfang zu setzen und ein Ende zu bereiten. Während die Menschenschöpfung am sechsten Tag des priesterschriftlichen Schöpfungsberichts noch ohne Zeitproblem ist, beginnt mit der Paradieseserzählung die Relativität von Geschichte und Raum zu greifen. Nach dem Sündenfall graviert sich das Ereignis der Übertretung des Verbotes körperlich bei Adam und Eva ein und versteift sich in einem anderen Raumverhalten. Sie begreifen, dass sie nackt sind, und sie wollen sich verstecken. Ein Heterotop hat sich eingestellt, dessen zwei Konfrontationen sie nicht mehr ausweichen können.

Zum einen müssen sich die beiden anders zu ihren Körpern verhalten: »Sie hefteten Feigenblätter zusammen und machten sich einen Schurz.« (Gen 3,7) Die Nacktheit ist ein historisches Ereignis, kein natürlicher Daseinszustand; sie ist Resultat der Übertretung des paradiesischen Gebots, von den Früchten des Baumes der Erkenntnis die Finger zu lassen. Man kann sich jetzt fragen, ob Adam und Eva vorher schon nackt waren. Sie waren ja unbekleidet, aber »sie schämten sich nicht voreinander« (Gen 2,25). Damit Nacktheit zum Problem wird, ist offenbar Scham notwendig; erst Scham macht einen Raum anders, in dem Nacktheit vorkommt. Sie wird dadurch ausgestellt. Die Nacktheit davor hängt an der unbekleideten Haut; an der nehmen beide keinen Anstoß. Die zweite Nacktheit entsteht im Auge des Betrachters, nicht auf der Haut eines unbekleideten Menschen. Mit der Scham darüber tritt ein Selbstverhältnis auf, das dem Auge des Betrachters Macht zuweist.

Nacktheit ist von nun an nichts Natürliches, sondern eine Form von Ohnmacht. Ohnmacht ist aber eine Form von Macht. Sie steckt in der veränderten Betrachtung der bestimmenden Ordnung. Ausgedrückt wird es von der Schlange, als sie die Ordnung zuerst lokalisiert und dann mit einem einzigen Wort dekonstruiert: »Nein« (Gen 3,4) Die Negation ist das Einfallstor der Macht ins Paradies. Sie negiert nicht einfach das Paradies, sondern die Selbstverständlichkeit seines Raumes. Deshalb müssen sich Adam und Eva auch verstecken.

Macht hängt am Nein und ist mit keinem Ja mehr aus der Welt zu schaffen. Durch das Nein wird aus der Zeit, mit der Gott dem Leben in den sieben Tagen Raum gegeben hat, etwas anderes: Geschichte. Diese Art von Zeit versperrt von nun an den Raum zu einem Leben ohne Macht. Es wird zu einer Existenz aus Ohnmacht.

Die neue Qualität von Zeit zwingt Adam und Eva in die Verstecke (Gen 3,8). Wer sich versteckt, will sich im Raum entziehen. Aber der Zugriff folgt prompt. Er geht von Gott aus, der offenbar nicht jederzeit überall sein kann, sondern durch das Paradies geht. Der biblische Gott scheint sich frei im Raum bewegen zu können, aber dabei Raum einnehmen zu müssen. Er greift auf den versteckten Adam mit der ersten Frage zu, die in der Urgeschichte gestellt wird: »Wo bist du?« (Gen 3,9) Die Frage geht auf den Raumgebrauch Adams. Sie lautet nicht: Wer bist du?

In dem folgenden Disput zwischen Gott und Adam wird deshalb die räumlich präsente Tat hervorgekehrt. Sie liegt zwar in der Vergangenheit, aber in der Nacktheit und im Verstecken ist sie anwesend. Adam fürchtet den Blick Gottes, der ihn nackt macht. Das wird von Gott benutzt, um ihn zu entlarven. Er fragt, wer ihm die Nacktheit angetan hat, und bringt die Scham mit seinem Gebot in Verbindung. Damit steht die Schuld gegenwärtig im Raum, die in der Zeit schon hinter Adam liegt. Dieser reagiert darauf mit einem Gegenvorwurf, der wiederum auf eine vergangene Tat Gottes zielt, die ihrerseits nachhaltig den Raum verändert hat: »Die Frau, die du mir beigesellt hast« (Gen 3,12b). Gott und die Frau, die Gott zu Adam gestellt hat, seien eigentlich Schuld an der Misere mit dem Verstecken und der Nacktheit. Sie beherrschen den Raum, der sich für Adam mit einem Male verengt hat.

Adams Versuch ist aber zu plump. Er will aus der Welt schaffen, was aber im Raum anwesend bleibt. Gott zieht die bekannten Konsequenzen und bearbeitet die Zeit, die zuvor Raum für Leben gegeben hat, nun als Geschichte. Dort wird der Raum zum Gegner des menschlichen Zeitgebrauchs. Er sperrt sich, wird störrisch und wehrt sich. Aus dem Paradies vertrieben, können Adam und Eva nur mehr dorthin, wo ihnen ihre Lebenszeit zur Last fallen wird: Leiden an der Schwangerschaft, Mühsal der Arbeit und schließlich die im doppelten Sinn des Wortes abschließende Macht des Todes. Allerdings lässt der Tod bei Adam und Eva auf sich warten, womit Gott sein eigenes Gebot relativiert. Er nutzt nun also den verknappten Raum, um dem Leben längere Zeit zu geben, während es bei den sieben Tagen umgekehrt war; dort gab die tageweise verknappte Zeit allen möglichen Lebensformen breiten Raum.

Mit der Existenz jenseits des Paradieses wird der Raum erfasst, der irdischen Leben möglich ist. Es ist ein zeitlich beschränkter Raum, in dem jedes Leben langsam, aber unausweichlich – man kann auch sagen: unerbittlich – zu Ende geht. In jedem Moment wird diese Zeit knapper; der Vorgang wird im Paradiesesnarrativ damit ausdrückt, dass Adam und Eva aus dem Paradies weggeschickt werden. Wir werden buchstäblich mit jedem Moment des Lebens ein Stück mehr auf das eigene Ende hin geschickt und können diesen Prozess nicht umkehren. Damit wird der Raum, der uns zur Verfügung steht, immer kleiner.

Selbst wenn wir uns mit Lichtgeschwindigkeit bewegen würden, würde dieser Raum immer enger. Er ist selbst zu einem Heterotopos geworden. Das tritt in der Regel erst ins Bewusstsein bei schweren chronischen Krankheiten und im Sterbeprozess. Dann wird offenkundig, dass all die Möglichkeiten, die anderswo für menschliches Leben gegeben sind, ausgeschlossen sind, weil sie einfach im Leben nicht mehr erreichbar sind. Heinrich Heine (1797–1856) hat das ›Matratzengruft‹ genannt, auf die er selbst die letzten acht Jahre seines Lebens reduziert war.[7] Die Lebenszeit, die Menschen bleibt, lässt sich auch darüber bestimmen, wovon sie ab einem gewissen Punkt ausgeschlossen sind. Die Vertreibung aus dem Paradies setzt dem einen Anfang, der sich in vielerlei Hinsicht fortzeugt. Leben können Menschen bestenfalls verlängern, aber den dazu gehörigen Lebensraum weder auf Null setzen noch beliebig ausdehnen. Der Raum wird für jedes Leben immer enger und ebenso wird darin Gottes Zeit immer bedrängender.

In einer zweiten Gegenwart des Todes spielt sich allerdings genau das Umgekehrte ab. Es ist der Fall von Mord und Totschlag; sie machen den Raum für das eigene Leben größer, weil es einer anderen Person genommen wird. Wie reagiert Gottes Gegenwart darauf?

4. Wenn Tod Raum greift

Der Tod tritt in der Urgeschichte in der existentiellen Form des eigenen, allmählich Raum greifenden Todes auf sowie im Modus des jähen, an anderen verursachten Todes. Das Narrativ von Kain an Abel verweist auf die böse Überraschung, dass jedes Leben mit einem Male aufgrund der Gewalt anderer Menschen zu Ende sein kann. Kain fühlte sich beim Opfern gegenüber Abel benachteiligt und rächt sich an seinem Bruder. Er nimmt ihm das Leben, damit Gottes Wohlgefallen gegenüber Abel ins Leere läuft. »Bin ich der Hüter meines Bruders?« (Gen 4,9b) entgegnet er, als Gott fragt, wo denn Abel sei. Aber damit ist diese Wo-Frage nicht erledigt. Selbst

7 Dolf Oehler, Letzte Worte. Die Lektion aus der Matratzengruft, in: Christian Liedtke (Hg.), Heinrich Heine: neue Wege der Forschung, Darmstadt: Wissenschaftliche Buchgesellschaft 2000, 118–146.

wenn der Täter Kain sprachlos bleibt, lässt dieses Ende den Raum schreien, in dem die Tat geschah, und es bringt ihn zu harschen Reaktionen: »Das Blut deines Bruders schreit zu mir vom Ackerboden. So bist du verflucht, verbannt vom Ackerboden, der seinen Mund aufgesperrt hat, um aus deiner Hand das Blut deines Bruders aufzunehmen. Wenn du den Ackerboden bestellst, wird er dir keinen Ertrag mehr bringen. Rastlos und ruhelos wirst du auf der Erde sein.« (Gen 4,10b–12)

Während Gott den Lebensraum von Adam und Eva verengt, indem er vom Paradies ausschließt, wird Kains Lebensraum ausgeweitet. Aber das ist kein Segen, sondern ein Fluch. Kain, eigentlich ein ortsfester Bauer, muss ständig wo anders hingehen, um existieren zu können. Diese Erweiterung ist also zugleich eine Verengung, weil der Mord dem mit Ohnmacht vergolten wird, der ihn mit Macht ausgeführt wurde. Das eigene Leben wird nicht dadurch besser, dass andere weg sind, weil man sie umgebracht hat. Der Raum wird zwar größer, aber seine Größe trägt nicht, weil der Raum von der Gewalt kontaminiert wird, die ihn auf Kosten anderer ausgeweitet hat. Der Fluch der bösen Tat lässt keine Ruhe einkehren.

Wer die Macht des Todes zur Steigerung der eigenen Macht nutzt, wird keinen festen Boden finden, weil sich die Not einstellt, das ständig steigern zu müssen. Zudem ist damit zu rechnen, dass die gleiche Macht aus Rache gegen einen selbst gerichtet wird. Gewalt wird mit Gewalt vergolten. Sie muss sich ständig ausweiten, um Vergeltung zu verschaffen; denn Gewalt wehrt sich gegen jede Verengung ihrer Einflusszonen. Seit dem amerikanischen Bürgerkrieg hat die Moderne dafür die Form des Vernichtungskrieges geschaffen.

Das Kainsmal, mit dem Gott den Mörder ausstattet, soll die Logik der Vergeltung verhindern. Es ist schlimmer als zuvor die Nacktheit von Adam und Eva. Diese beschämt, die Tätowierung warnt dagegen vor Rache, die von nun an immer als eine schreckliche Option im Raum steht. Jede Darstellung Gottes gegenüber Mord und Totschlag, Heimtücke und Krieg muss sich zu dem Problem der Rache verhalten. Dem dient die Erzählung vom Ende der Zeit.

Der so genannte Tag Jahwes sieht auf den ersten Blick so aus, als würde sich auch Gott der Rache ergeben und ihrer Gewalt den Raum geben, den sie in der Menschheitsgeschichte erobert hat. Es sieht so aus, als würde er Gerechtigkeit walten lassen, indem er alle diejenigen, die sich die Macht des Todes gegriffen haben, um andere zu beherrschen, mit der gleichen Gewalt überziehen würde. Der Lebensraum wird von ihnen regelrecht gesäubert. In der Moderne sind neben dem Vernichtungsfeldzug die ethnischen Säuberungen ein probates modernes Mittel, um der eigenen Gruppe massive Lebensvorteile zu sichern. Religion ist daran nicht unschuldig; sie bietet häufig verwendete Unterscheidungskriterien, um gegen andere vorzugehen, die vertrieben oder vernichtet werden sollen.[8] Hat das in der Apokalypse des Neuen Testamentes ein Vorbild? In ihr werden schließlich alle möglichen Untiere, Machthaber und Gewaltherrscher vertrieben und in den Untergang getrieben – der Drache, das Tier, der falsche Prophet. Am Ende gibt es ein Gericht für alle Toten, die vor dem Thron Gottes stehen, »die Großen und die Kleinen« (Apk 20,12). Alle werden gerichtet »nach ihren Werken«. Der Tod und die Unterwelt werden schließlich in einen Feuersee geworfen und ebenso die, die nicht im so genannten Buch des Lebens verzeichnet sind. »Aber die Feiglinge und Treulosen, die Befleckten, die Mörder und Unzüchtigen, die Zauberer, Götzendiener und alle Lügner – ihr Los wird der See *von brennendem Schwefel* sein. Dies ist der zweite Tod.« (Apk 21,8)

Die apokalyptische Metaphorik bringt einen Zeitindex in die Betrachtung von Geschichte; es gibt Geschichte nur im Verhältnis zu ihrem Ende. Gott ist der Akteur dieses Endes, und es bringt schreckliche Gewalt. Gottes Gewalt ist regelrecht das Ende der Geschichte. Ohne sie ist es nicht zu erreichen. Es geht nicht bloß um Unterbrechung von Geschichte und eine Befristung von Zeit, sondern um die Auflösung der Geschichte mit Gewalt.[9] Gottes Gewalt unterbricht also nicht den Gewaltverlauf der Geschichte, sondern führt ihn in ein Extrem. Darum geht es. Hier wird Gewalt nicht eingedämmt mit Gegengewalt, es gibt keine göttliche *containment*-Politik. Gewalt wird auch nicht langsam vermindert, um sie besser beherrschen zu können. Sie wird eskaliert.

Eskalation folgt einem Kalkül; denn damit wird in einem Konflikt eine Dynamik ausgelöst, in der die Gefahr, Fehler zu machen, enorm wächst. Das Risiko zu scheitern steigt an. Aber damit wächst zugleich die Chance, dass der Gegner im Konflikt den entscheidenden Fehler macht. Durch die Eskalation gerät er unter den Druck von Entscheidungen, die er selbst nicht mehr kontrollieren kann.[10] Die apokalyptischen Eskalationen der Gewalt nehmen den Gewalt-

8 Michael Schwartz, Ethnische »Säuberungen« in der Moderne. Globale Wechselwirkungen nationalistischer und rassistischer Gewaltpolitik im 19. und 20. Jahrhundert, München: Oldenbourg 2013.

9 Die Unterbrechungskategorie hat vor allem Johann Baptist Metz im Sinne einer von Gott her befristeten Zeit entwickelt. Vgl. Johann Reikerstorfer (Hg.), Johann Baptist Metz – Mystik der offenen Augen: wenn Spiritualität aufbricht, Freiburg: Herder 2011.

10 Gertrud Brücher, Gewaltspiralen. Zur Theorie der Eskalation, Wiesbaden: Verlag für Sozialwissenschaften, 2011.

tätern das, was sie benötigen, um aus ihrer Gewalt Macht zu erzeugen: Sie nehmen ihnen das Momentum ihrer Entscheidungen, also ihre Souveränität. In der Eskalation von Gewalt werden Gewalttäter ohnmächtig, weil sie zu getriebenen Akteuren werden, die je mehr um ihre Macht fürchten müssen, je mehr Gewalt sie einsetzen. Diese Eskalation ist stets mit hohen Risiken behaftet, weshalb sie nicht von den Normalitäten von Staat und Gesetz bewältigt werden kann. Es ist eine außerordentliche Macht nötig, um diese extreme Form des Zeitdrucks zu bewältigen, der dabei aufgebaut wird. Walten Benjamin hat das die »waltende Gewalt« genannt und in seiner *Kritik der Gewalt* von Gott ausgewiesen. Die göttliche Gewalt setzt sich strikt von der Gewalt des Rechtssetzens und der Verwaltung ab; denn sie sind bloß mythische Gewalten.[11] Gottes Gewalt waltet dagegen der Geschichte, indem sie ihr das Ende bereitet.

Wie wird das bewältigt? Die Apokalypse hat zwei Strategien. Zunächst wird ein neuer Raum geschaffen. Er wird »die Wohnung Gottes unter den Menschen« (Apk 21,3) genannt und mit einer Stadt identifiziert, dem neuen Jerusalem. Wenn die Zeit zu Ende geht, wird der ganze Lebensraum der Menschen zum städtischen Ort Gottes. Das ist keine pantheistische Identifizierung Gottes, sondern die Identifizierung von Raum und Leben. Mit dem Raum dieser Stadt beginnt eine neue Zeit, in der Gott alles neu macht. Die Stadt, so heißt es, benötigt keine Nacht mehr (Apk 21,25), ihre Tore werden nicht geschlossen. Sie muss sich nicht gegen geschichtliche Katastrophen schützen und übergibt dem neuen Leben überall den Platz, den es benötigt. Es gibt in dieser Stadt kein Raum mehr für extreme Größen. Das ist die zweite Antwort der Apokalypse auf apokalyptische Verhältnisse: Gott nimmt ihnen den Raum.

Das, was zuvor mit der Zeit vergeht, wird nun anders; es bleibt schlichtweg da und damit wird es eine neue Schöpfung. Es gibt keine Möglichkeit mehr, andere und anderes auszuschließen, weil die Zeit nicht mehr vergeht. Sie ist einfach da und zwar auf eine bis dahin unbekannte Art und Weise. Sie stellt keinen Raum mehr für

11 »Von neuem stehen der reinen göttlichen Gewalt alle ewigen Formen frei, die der Mythos mit dem Recht bastardierte. Sie vermag im wahren Kriege genau so zu erscheinen wie im Gottesgericht der Menge am Verbrecher. Verwerflich aber ist alle mythische Gewalt, die rechtsetzende, welche die schaltende genannt werden darf. Verwerflich auch die rechtserhaltende, die verwaltete Gewalt, die ihr dient. Die göttliche Gewalt, welche Insignium und Siegel, niemals Mittel heiliger Vollstreckung ist, mag die waltende heißen.« (Walter Benjamin, Zur Kritik der Gewalt, in: Gesammelte Schriften II/1, hg. v. R. Tiedemann / H. Schweppenhäuser, Frankfurt: Suhrkamp 1977, 203)

Ohnmacht bereit. Mit dem Ende der Zeit öffnet sich ein Lebensraum jenseits der Vernichtung durch extreme Gewalt. Dieser andere Raum, der kein Leben mehr ausschließen kann, ist ein Heterotop, der aus der Eskalation entstanden ist, die zur waltenden Gewalt Gottes über die Zeit gehört.

Das Ende der Geschichte im himmlischen Jerusalem ist deshalb auch nicht das Ende der Geschichte, das von radikalen konservativen Geschichtsphilosophen wie Carl Schmitt, Leo Strauss, Alexandre Kojève im Anschluss an Hegel beschrieben wurde und das dann 1989 Politologen als Posthistoire propagierten, weil nun angeblich alle weltgeschichtlichen Gegensätze endgültig aufgehoben seien.[12] Diese Ansagen vom Ende der Geschichte beschränken sich auf die Zeit, die angeblich in eine andere historische Epoche übergeht; der Raum spielt keine Rolle. In den biblischen Narrativen vom Anfang und vom Ende macht allerdings der Raum jeweils die Zeit anders. Am Anfang der Genesis ist es die konfrontierende und erschreckende Andersheit jenseits des Paradieses, am Ende der Apokalypse ist es die ermutigende und aufbauende Andersheit des himmlischen Jerusalem. Diese andere, aus der Eskalation der Geschichte gewonnene Zeit, die räumlich auftritt, lässt zugleich Rückschlüsse auf die Zeit Gottes in den Lebensbereichen zu, die zwischen Anfang und Ende liegen und die den Alltag von Menschen bestimmen.

5. Gott jenseits der festen Burg – Gottes Gegenwart in den Ausnahmesituationen des Lebens

Mit dem Glauben geht das Vertrauen einher, dass unser Leben von Gott getragen wird. Das ist eine elementare Grundlage der biblischen Redeweisen von Gott. Sie gehen nicht von einem Schicksal aus, das ohne Rücksicht, ja geradezu blindwütig zuschlägt. Die Psalmen, die Weisheitsbücher, die Pastoralbriefe sprechen vielmehr von dieser Präsenz als einer ständig verfügbaren Ressource des Lebens. Und auch hier gilt, dass Gottes Zeit mit dem Menschen Raum für Leben schafft: »Der Herr ist mein Hirte, nichts wird mir fehlen. Er weidet mich auf einer grüner Au und führet mich zum frischen Wasser.« (Ps 23,1–2) Wer an Gottes Gegenwart festhält, der oder dem öffnen sich sogar kosmische Weiten. »Dadurch ist das Wort der Propheten für uns noch sicherer geworden und ihr

12 Martin Meyer, Ende der Geschichte?, München: Hanser 1993. Lutz Niethammer, Memory and history. Essays in contemporary history, Frankfurt: Lang 2012, 405–433.

tut gut daran, es zu beachten; denn es ist ein Licht, das an einem finsteren Ort scheint, bis der Tag anbricht und der Morgenstern aufgeht in eurem Herzen.« (2Petr 1,19) Das ist die gläubige Normalität. Sie schließt, dass die Wahrscheinlichkeit der Gegenwart Gottes im alltäglichen Geschehen des eigenen Lebens hoch ist. Die vielen positiven Erfahrungen mit dem Glauben an Gottes Gegenwart lassen auf diese Gegenwart als Normalfall des Lebens schließen.

Entsprechend der Gaußschen Glockenkurve kann man das die Normalverteilung der Gottesgegenwart nennen. Die einzelne Größe, die auf den Lebensverlauf Einfluss hat, spielt keine entscheidende abweichende Rolle für die Präsenz Gottes in der großen Zahl von Ereignissen im Leben. Gleich wie das Leben sich zuträgt, ist Gott dann ein positiver Faktor für dessen gedeihliche Entwicklung. Die üblichen Rituale des Betens und der regelmäßige Empfang der Sakramente gehen von dieser Normalverteilung aus. Aus dieser Sicht ist es sogar umso wahrscheinlicher, dass Gott da ist, je mehr ein Mensch ihn nötig hat. Die Kurve von Gottes Dasein steigt gleichsam an, je höher das Bestreben ist, mit seiner Gegenwart in Berührung zu kommen. Das trifft ebenso auf Luthers Glaube zu, dass gilt: »Ein feste Burg ist unser Gott«, wie auf die Volksweisheit, dass Not beten lehre. Zuversicht in Bedrängnis ist eine normale Glaubensreaktion.

Aber diese Normalität wird auf Proben gestellt; denn Leben besteht nicht nur aus Normalfällen und auch nicht nur aus bedrängten Normalfällen. Es steht auch in extremen Herausforderungen, die zwar selten eintreten, aber enorme Folgen haben können. Aus der Wahrscheinlichkeitstheorie weiß man, dass bei extremen Ereignissen, die selten, aber mit großen Risiken behaftet sind, die Gaußsche Normalverteilung nicht mehr aussagekräftig ist; dann zieht vielmehr die so genannte Poisson-Verteilung. Sie ist aussagekräftig für das Problem, dass ein bestimmtes Ereignis fast nie eintritt, aber extreme Folgen hat, wenn es eintritt. Unter der Hinsicht der Poisson-Verteilung spielt die Normalität nicht die entscheidende Rolle, sondern der Grad der Herausforderung, der in jeder Hinsicht die Normalität übersteigt und überfordert. Man geht also nicht von der Häufigkeit des Ereignisses aus, sondern von der Höhe der Risiken, die es in sich birgt. So kann man mit Überraschungen rechnen, mit denen man normalerweise gerade nicht rechnet. Auf der Grundlage des Satzes von Poisson muss eine Risiko-Vorsorge viel größer und nachhaltiger sein, als es die Normalverteilung nahelegen würde.[13]

13 Vgl. dazu auführlich Paul Embrechts / Claudia Klüppelberg / Thomas Mikosch, Modelling extremal events for insurance and finance, Berlin: Springer

Der Verlauf des menschlichen Lebens besteht nicht nur aus Normalfällen, die mit großer Zahl eintreten. Er besteht auch aus einer stets kleinen Menge von Ereignissen, die selten eintreten, aber dann, wenn sie eintreten, eine außerordentliche Macht ausüben. Mit ihnen muss man anders rechnen als mit normalen Ereignissen. Wer etwa regelmäßig auf Skitouren geht, muss Lawinenabgänge fürchten. Wenn man nun unter Rücksicht der Normalverteilung argumentierte, die zwanzig letzten Skitouren ohne Lawinenabgang ließen darauf schließen, dass es auch dieses Mal wahrscheinlich ohne Lawine abgeht, dann tappt man in eine gefährliche Falle. Man verwechselt die Normalität mit dem Gesetz der kleinen Zahl. Die daraus resultierende Risikovorsorge wäre außerordentlich problematisch; denn geht eine Lawine ab, tritt also ein extremes Ereignis ein, dann sind die Folgen womöglich tödlich. Das gilt ganz unabhängig davon, wie oft keine Lawine zuvor abgegangen ist. Skitourengeher tun gut daran, sich nicht an der Normalverteilung, wohl aber an der Poisson-Verteilung zu orientieren und außerordentliche Risikovorsorgen zu treffen.

Die Gegenwart Gottes im Leben von Menschen lässt sich nicht allein mit Normalität beschreiben. Der Glaube an den ständig vorhandenen göttlichen Beistand hilft nicht weiter bei extremen Ereignissen. Wer dann an der Normalität festhält, unterschätzt die Macht seltener Ereignisse und ihre hohen Risiken. Es nutzt wenig, gläubig damit zu rechnen, dass Gott umso präsenter ist, je höher das Risiko eines seltenen Ereignisses ist. Wer so rechnet, will auf Gottes Macht zugreifen, indem das Risiko auf ihn abgewälzt wird. Tritt das extreme Ereignis ein, dann ist Gott verantwortlich für die Bewältigung seiner Folgen. Das ist jedoch theologisches Roulette. Wer so glaubt, geht von einem Gott aus, der die eigene Person immer auserwählt, auch wenn er die Masse verdammt. Im Namen dieses Gottes müsste man die Risiken des Lebens sogar noch steigern, um seine Gegenwart zu erfahren. Das ist teuflische Theologie, wie wir noch sehen werden.

In den Ausnahmesituationen des persönlichen Lebens und der gesellschaftlichen Entwicklungen stellt sich deshalb die Frage, ob Gott wirklich trägt, anders als im Normalfall. Zugespitzte Zeiten

[2]2011. – Ein Spezialfall der Poisson-Verteilung ist das Gesetz der kleinen Zahl. Nach der Gaußschen Normalverteilung fällt die Roulettekugel gleich häufig auf jede der 37 möglichen Zahlen, wenn das Spiel nur häufig genug gespielt wird. Wenn man nun darauf schließt, dass bei 37 Spielen einmal die Zahl getroffen wird, auf die man permanent setzt, wird man in aller Regel sehr enttäuscht werden. 37 Spiele sind eine zu kleine Zahl, um mit der Gaußschen Glockenkurve zu rechnen. Je danach, was man bei den Spielen riskiert, kann das Ergebnis für den Geldbeutel extreme Folgen haben.

verdichten nicht einfach die Gegenwart Gottes, weil er sowieso immer präsent ist. Sie stellen Gottes Gegenwart vielmehr in die Relativierung des Zweifelns und der ängstlichen Rückfragen. Von dieser Relativierung muss man ausgehen, weil sie das Risiko erfasst, dass Gott eben nicht da ist und hilft. Je höher die Risiken extremer Ereignisse sind, desto weniger darf man mit der Glockenkurve auf Gottes Gegenwart rechnen. Die theologische Risikovorsorge muss anders aussehen; sie darf nicht mit Gott rechnen als »der festen Burg« oder damit, dass mir schon nichts fehlen wird, weil »der Herr mein Hirte ist«. Die Relativierungen von Gottes Gegenwart in den extremen Ereignissen des Lebens sind nicht einfach diffuse Räume, durch die man einfach ›durch muss‹. Sie sind spezielle Räume, in denen gleichsam Offenbarungseide für Gottes Präsenz erfolgen.

Hier verdichten und verengen sich die Erfahrungen, die auf Gott im eigenen Leben schließen lassen. Er wird selbst zu einem seltenen Ereignis, je höher die Risiken des Lebens sind, und in der Gottesgegenwart steigt das Risiko, dass es mit dem eigenen Leben nicht so weitergeht wie unter normalen Bedingungen. Gott erscheint hier mit einem Mal weiter weg, obwohl das ›weiter weg‹ ein ›näher da‹ ist, allerdings nur unter der Voraussetzung, dass eine andere Risikovorsorge im eigenen Leben getroffen wird. Wer sein Leben nicht ändern will oder kann, wird nicht auf Gott in den extremen Erfahrungen des Lebens treffen. Eine gravierende Änderung des Lebens wird von Gott in diesen zugespitzten Zeiten zugemutet. An drei biblischen Geschichten über Ausnahmesituationen lässt sich gut deutlich machen, wie mit Gott angesichts extremer Ereignisse zu rechnen ist und wie wenig die normale gläubige Zuversicht hier weiterhilft.

Nachdem Samuel mit David den Jüngsten als den ausgesucht hat, den Gott mit seinem Beistand privilegieren wird, fügt wohl der Endredaktor Davids Kampf mit Goliath an. Der junge Hirte will gegen den Hauptkämpfer der Philister antreten, aber Saul und sein eigener Bruder sind entschieden dagegen; David hat keine normalen Erfahrungen als Kämpfer. Nachdem David wenigstens Saul mit Geschichten von Raubtierjagden überzeugt, zwängt dieser den jungen David in eine probate Rüstung. Aber mit der kann David nicht kämpfen; der Normalfall der Risikovorsorge steht ihm regelrecht im Weg. Kämpfen kann David erst, nachdem er Gott als Rüstung angelegt hat (1Sam 17,45). Er rechnet also mit einem extremen Risiko und ortet Gott in diesem Risiko. So ausgestattet bringt er dann Goliath nur mit Schleuder und Stein zu Fall, obwohl »David kein Schwert in seiner Hand hatte« (1Sam 17,45). Anschließend triumphiert er über den gewaltigen Philister und schlägt ihm mit seinem eigenen Schwert den Kopf ab. Etwas völlig Anormales ist eingetreten.

Da nun Gott in einen Extremfall des Lebens erfolgreich eingerechnet wurde, entsteht aber ein hohes Risiko. David hat sich als Triumphator mit Gottes Macht erweisen, der selbst mit geringsten Mitteln zu einem extremen Risiko für andere werden kann. Damit wird er für das Volk Israel viel gefährlicher, als es Goliath jemals war. Damit diese Gefahr gebannt werden kann, muss David gezwungen werden, sein Leben gravierend zu ändern. Seine Fähigkeit zum Triumph in extremer Gefahr darf nicht zur Normalität werden. Deshalb muss er nun am Hof von Saul mit allen Unwägbarkeiten und Intrigen leben, die Sauls Eifersucht und Angst vor Machtverlust mit sich bringen. Bevor David zur Macht des Königtums aufsteigt, harren massive Ohnmachtserfahrungen auf ihn. Sein Meisterstück macht er, als er Saul in der Höhle von En-Gedi verschont, obwohl er ihn leicht hätte töten können. Aber beide sind »Gesalbte des Herrn«, die gerade nur in der Ohnmacht einander gleich sind und eben nicht in den Normalfällen des Lebens. Die Ohnmacht, die David zu spüren bekommt, ist die göttliche Risikovorsorge gegen die Gefahr, die von David für Gottes Absichten ausgeht.

Wem Gott in den Ausnahmesituationen des Lebens beisteht, mutet er zu, dem Leben der anderen den nötigen Raum zu geben, selbst wenn diese für das eigene Leben gefährlich sind. Gott stößt Menschen in Ohnmacht hinein, wenn er ihnen beisteht; eine Ermächtigung jenseits von Ohnmacht darf gerade in den extremen Ereignissen des Lebens nicht stattfinden. Andernfalls würde das extreme Risiko eintreten, dass der Beistand Gottes als garantierte Macht zur Waffe gegen andere geschmiedet wird. Wer sich aufgrund außerordentlichen göttlichen Beistands erhaben vorkommt, wird einer gravierenden Verwechslung zum Opfer fallen. Gott ist kein Normalfall, den man ausrechnen kann. Er ist ein extremes Ereignis, bei dem das Gesetz der kleinen Zahl gilt. Jenseits davon wird aus dem göttlichen Beistand eine tödliche Versuchung. Mit Gottes Beistand lässt sich Ohnmacht durchaus bewältigen, aber gerade nicht aufheben. Sie verliert ihre quälende Gewalt, aber sie hört nicht auf, der Raum zu sein, in dem sich das eigene Leben bewähren muss.

Die synoptischen Evangelien spielen diesen Zusammenhang an einer Ausnahmesituation Jesu selbst durch. Er wird unmittelbar, nachdem Gott ihn zum Sohn erklärt hat, »vom Geist in die Wüste geführt. Dort sollte er vom Teufel in Versuchung geführt werden.« (Mt 4,1) Es ist also Gott selbst, der ganz ähnlich wie bei David die potentielle Selbstgerechtigkeit seines Sohnes überprüft. Das ist schlichtweg notwendig, weil Jesus den größtmöglichen Beistand zugesichert bekommen hat, der von Gott möglich ist. Als sein Sohn hat er Anteil an der Macht Gottes. Der Test, ob er dieser gewachsen ist, führt in einen extremen Raum, die Wüste.

Hier kommen nicht die Normalitäten des Lebens zum Vorschein, sondern die extremen Ansprüche aus dem eigenen Inneren. Wüsten sind offenbarende Orte für das, was unter der Oberfläche verborgen und verschämt ist. Wer in der Wüste bestehen will, muss die eigenen extremen Fantasien bewältigen, die normalerweise keine Rolle spielen. Die Wüste ist deshalb das ideale Testgelände für den göttlichen Beistand, der weit gefährlicher sein kann als die modernen Waffen, die das Militär so gerne in Wüsten testet.

Während David nur einem Goliath gegenübertreten musste, der prinzipiell zu besiegen war, muss sich Jesus mit Machtansprüchen konfrontieren, die er nicht definitiv zerstören kann; denn sie können jederzeit aus der Zusage entstehen, Gottes Sohn zu sein. Beschleunigt durch Fasten widerfahren Jesus ähnliche dämonische Versuchungen, wie sie später die Wüstenväter so spirituell intensiv berichten. Drei teuflische Interessenslagen greifen auf ihn zu: erstens, ob seine göttliche Macht andere aus extremen Zwangslagen wie Hunger befreien kann; zweitens, ob der Sohn seinen Vater Gott zu direkten Rettungsaktionen zwingen kann; und drittens, ob er die göttliche Macht in ihr Gegenteil verkehren kann. Unter normalen Umständen würde man alle drei Anfragen bejahen. Natürlich muss ein Gott vom Hunger befreien können, muss sein Vater ihn retten können, muss der Sohn seine eigene Machtbasis aufbauen. Aber es geht nicht um Normalfälle, sondern um drei extreme Problemlagen. Das erschließt sich am Teufel, der sehr kundig gerade mit Versen aus der Bibel argumentiert. Das Wort Gottes lässt sich gegen seinen Sinn verwenden und das gilt auch vom Wort, dass Jesus Gottes Sohn ist.

Dagegen hilft nicht einfach eine bessere Kenntnis der Bibel, sondern ein entschiedener Wille, den Beistand Gottes nicht mit der extremen Macht zu verwechseln, aus der er besteht, sondern ihn mit der Ohnmacht zu tragen, in die er hineinführt. Das ist jedenfalls in allen drei Fällen die jesuanische Lösung: Mit Brot allein lässt sich Hunger nicht besiegen. Gott lässt sich gerade in extremer Gefahr nicht zwingen, helfen zu müssen. Und schließlich ist die Unterwerfung unter Gott mehr wert als alle Macht der Welt. Die dreifach auftretende Ohnmacht, stets Gefahr zu laufen, auf Gott mit einer ›teuflischen Theologie‹ zuzugreifen, muss Jesus tragen. Mit ihr im Rücken wird er aber durch die extremen Ereignisse seines Lebens hindurch getragen und erweist sich als fähig, Sohn Gottes zu sein.

Dazu gibt es sogar noch eine Steigerung. Im Narrativ von Jesus und der Sünderin (Joh 8,1–11) löst Jesus selbst extreme Lebensgefahr bei einer Frau aus, mit der er von seinen Gegnern konfrontiert wird. Sie hat die Ehe gebrochen, wofür sie nach dem Gesetz Mose gesteinigt werden muss. Die Pharisäer stellen sie in die Mitte und unterbrechen Jesu Lehrtätigkeit. Der soll nun entscheiden, was mit ihr geschieht. Damit ziehen seine Gegner ihn in die Gewaltsituation hinein. Sie eskalieren das Problem und hoffen, dass er einen entscheidenden Fehler macht und sich als jemand verrät, der gegen das Gesetz Moses steht. Jesus steckt in einer prekären Lage. Einerseits kann er sich nicht gegen Mose entscheiden, andererseits kann er die Frau nicht der selbstgerechten Männerhorde überlassen, die Blut fließen lassen will. Er muss Mose folgen und die Frau retten, ohne sich im Gegensatz dieser beiden Ziele zu verheddern. Beide Ziele gehen dann nicht zusammen, wenn die Entscheidung Jesu einen Raum der Macht öffnet, also entweder dem Gesetz Moses die Herrschaft über Leben oder Tod der Frau gibt oder die Frau als eine Ausnahme darstellt, für deren Sünde Moses Gesetz nichts zählt. Es sieht aus wie ein Dilemma, welches das Gesetz und die Frau in ein gefährliches Nullsummenspiel verstrickt. Aber beides zusammen ist möglich, wenn ein Raum der Ohnmacht eröffnet wird.

Das geschieht zunächst damit, dass Jesus auf die Nachfragen der Schriftgelehrten einfach nicht antwortet: »er bückt sich und schreibt mit dem Finger auf die Erde« (Joh 8,6). Dieses Verhalten erzeugt einen Raum der Ohnmacht, die sich jeweils auf die Individuen ausbreitet. Jesus ist allerdings schon der zweite; die angeklagte Frau steht dort bereits. Aber es ist keine Gemeinsamkeit. Ohnmacht ist eine Form von Macht, die Not privatisiert. In der Ohnmacht sind Menschen allein und deshalb bedrängt sie auch so. Die Gegner finden sich mit Jesu Sprachlosigkeit nicht ab und drängen Jesus, Position zu beziehen.

Jesu Antwort drängt auch die anderen in die Ohnmacht hinein. Die Aufforderung, wer ohne Sünde sei, solle als erster den Stein werfen, ist für die Frau hochgradig gefährlich. Die Bemerkung unterstellt den Normalfall, dass niemand ohne Sünde ist, aber sie ist keine Rückversicherung gegen den Blutdurst der Menge. Sie könnte auch zur Wut führen, jetzt erst recht die Frau zu steinigen. Aber diese Antwort tut ein zweites: sie individualisiert. Sie nötigt jeden der Umstehenden, sich ganz für sich selbst der eigenen Situation zu stellen. Diese individualisierte Ohnmacht greift auf die gewaltbereite Horde über und einer nach dem anderen geht weg, »als erste die Ältesten« (Joh 8,9).

Alle stehen plötzlich dort, wo sie sich buchstäblich befinden, im Tempel, also am Ort Gottes, allein vor Gott. Diese Ohnmacht ist der göttliche Beistand für die Frau. Sie ist bei weitem nicht allein in der Lage der Sünde. Bis auf Jesus sind alle in dieser Lage und mit der Aufforderung Jesu können sie das nicht mehr voreinander verstecken. Damit entsteht mitten in der Ohnmacht für die Frau ein entscheidender Umschwung: Ihre extreme Lage ist auch für die anderen gültig. Sie steht nicht mehr allein, als sie allein zurückbleibt. Obwohl sich niemand mit ihr solidarisiert, muss sie ihre Ohnmacht nicht mehr allein tragen. Der einzige, der sie wieder dorthin zurückstoßen könnte, wäre Jesus, weil er ohne Sünde ist. Aber Jesus tut es nicht, sondern schickt sie mit der Konfrontation weg, ihre Sünde, den Ehebruch, von nun an in der Vergangenheit zu belassen.

Und dann bleibt Jesus allein zurück mit seiner Ohnmacht vor der Gewaltbereitschaft der heimlichen Sünder. Entscheidend ist dabei der Ort dieser Ohnmacht, also der Tempel. An diesem Ort der machtvollen Opfer ist Jesus allein mit sich und den Sünden der anderen. Sein Schicksal der Kreuzigung deutet sich an.

Die drei Orte des Beistandes Gottes in Ausnahmesituationen – der Hof des auf den Tod gefährlichen missgünstigen Saul, die Wüste des auf den Teufel hin versuchten Jesu und der Tempel der mit Hinrichtung konfrontierten Sünderin – haben einen abklärenden Gehalt über Gottes Beistand in menschlichen Ausnahmesituationen. Gott steht nicht bei, indem Ohnmacht vermieden oder aufgelöst wird. In allen drei Fällen verschärft er sie und steht Menschen dadurch bei. Die Zeit der Ohnmacht ist ein gemeinsamer Raum mit Gott, wenn dabei selbstgerechte, versucherische und triumphierende Machtansprüche durchkreuzt werden. Gottes Präsens in menschlichen Lebenszeiten ist kein Freibrief für, sondern Aufbrechen von Selbstgerechtigkeit. Erreicht wird das durch Orte der Ohnmacht, an denen Machtansprüche auf Gott hin und von Gott her zerbrechen.

Solche Orte sind nicht einfach Plätze, auf denen man sich im Leben bewegt; hier nimmt ein befremdlicher und extremer Diskurs im Alltag Platz. Sie sind auch nicht Kontexte, in denen sich Lebenserwartungen herstellen; sie sind außerordentliche Räume, die Kontexte von Lebenserwartungen anders machen. Dieses Moment des ›anders‹ beschreibt einen bisweilen radikalen Umkehrvorgang. Das, was bis zu dem Zeitpunkt, an dem ein Mensch diesem Ort von Ohnmacht ausgesetzt wird, als selbstverständlich und als realistisch galt, verändert sich gravierend und von der Wurzel der Existenz her. Die Gravitation geht von der eigentümlichen Machtform der Ohnmacht aus. Sie nötigt zum Umdenken und zur Veränderung der eigenen Position gegenüber der Größe, der man hier ausgesetzt wird.

Aus dem bekannten Raum des Lebens wird ein anderer Raum. Es tritt ein Heterotopos auf, dem man ausgesetzt wird, obwohl man sich ihm lieber entzöge. In der Normalzeit des eigenen Lebens steht mit einem Mal eine extreme Größe, der man nicht ausweichen kann. Es tritt ein anderer Diskurs in den Raum, der die bestimmenden Gesichtspunkte des Lebens anders macht, weil er ihnen Themen und Fragen zumutet, die sprachlos machen. Man sucht nach Auswegen aus diesem anderen Raum und jeder Versuch verstärkt seine Präsenz. Diese Heterotopen sind die Voraussetzungen, um auf Gottes Gegenwart zu sprechen zu kommen. Die Kairologie, die dem christlichen Glauben zugrunde liegt, wird von einer Heterotopologie unterfüttert. Ohne die Orte, die die Geschichte und das Leben anders machen, wird der Augenblick unbeachtet bleiben, in dem Gottes Gegenwart zu erfahren ist.

Diese anderen Orte sind nicht einfach da und sie lassen sich nicht einfach aus den normalen Erfahrungen erschließen. Weder Deduktionen von Gott her noch Induktionen auf Gott hin lassen sich an ihnen durchführen. Es tritt vielmehr eine dritte Größe auf, die eines veränderten Diskurses waltet, der über die Irrwege der normalen Einschätzungen über Gott aufklärt, die in der Andersheit dieser Orte sichtbar geworden sind. Diese dritte Größe ist überraschend, wenn sie auftritt. Aber sie ist bedeutsam, weil sich dann die Heterotopien der Präsenz Gottes in das Leben eingravieren. Dann waltet eine andere Zeit der normalen Zeit.

***

Abstract

God is not looking from above the relativity of time and space to mankind's history. He is present within this relativity. So a human being's history provides with a space to be confronted with God and vice versa: God opens spaces to provide with a different history. One may put it in a formula: The eternal God has space and he provides with spaces. His presence opens spaces in history to bring in a different time-line in a life. But theses spaces are different to normal places. They are heterotopoi, other spaces, urging towards a different discourse about life and death, war and peace, justice and injustice and the very subject God. A topology of time is necessary to get an idea for these other spaces. For that reason important biblical narratives are focusing on spaces to bring in God's presence and God's reactions to human being's actions, e.g. in Gen 3,9: »Where are you?«, in Gen 4,10b Abel's blood calling from the soil, in Apk 20,12 the sea of fire. On the other hand, God's active presence in time is bound to spaces where extreme events are put forward, e.g. Saul's attack on David's life at his court, the devil's temptation of Jesus in the desert, Jesus answer threatening the sinner's life in the midst of the temple. God's spatial presence is not following the normal, Gaussian distribution but the Poisson distribution dealing with extreme events in life and history. He provides with spaces when extreme events threatens history. This space is following a heterotopian grammar. For that reason theology is in need of a heterotopology for analyzing God's presence in time.

Hans-Joachim Sander, geb. 1959, Dr. theol., ist Professor für Dogmatik an der Katholisch-Theologischen Fakultät der Universität Salzburg.

Dorothea Sattler

Zeit erleben – Ewigkeit erahnen

Anthropologische Zugänge zur präsentischen Eschatologie

I. Hinführung zur Fragestellung: Eine alte These und ihre Bedeutung heute

Der Mensch kann sich keine Vorstellung von einem »ewigen« Leben bilden, ohne das eigene Erleben, in zeitlicher Existenz da zu sein, als den fortwährenden Bezugspunkt seiner weiteren Überlegungen zu wählen. Thomas von Aquin – gestorben im Jahr 1274 – hat diese Erkenntnis präzise formuliert: »In cognitionem aeternitatis opportet nos venire per tempus«[1]: Bei der Erkenntnis der Ewigkeit müssen die Nachdenklichen von ihren menschlichen Zeiterfahrungen ausgehen – und diese sind vielgestaltig. Lässt sich unter Achtung des Gedankens von Thomas von Aquin auch eine andere Erwartung mit der »Ewigkeit« verbinden als jene, die zumeist das Bewusstsein prägt, weil sie auf Grabstätten, in Todesanzeigen und in der Gebetstradition oft formuliert wird: die nicht endende Dauer – die ewige Ruhe – der Hoffnung nach im Frieden mit dem Leben vor dem Tod?

Das Erleben der Zeit prägt die Vorstellung von der Ewigkeit. Und auch umgekehrt gilt: Die gläubige Erwartung eines ewigen Daseins verändert die Gegenwart. Eine Wechselwirkung zwischen Zeiterleben und Ewigkeitsschau ist gegeben. Die mit Hoffnung verbundene Rede beispielsweise vom eschatologischen Gericht, in dem Gott allen Geschöpfen Gerechtigkeit zuteil werden lässt, die in ihrer Lebenszeit zu leiden haben, kann hier und heute schon als ein Ruf zur Umkehr wirksam werden. Eschatologische Szenarien sind mehr als bloße Bilder von künftigen Zeiten; sie schildern nicht, was unabweislich kommt; sie stellen vielmehr vor Augen, was die Konsequenzen des heutigen Handelns sind, wenn der Gewalt unter den Geschöpfen nicht Einhalt geboten wird. Die Schau der Zukunft wirkt in die Gegenwart zurück. Die eschatologische Rede ist eine Sprachhandlung: Sie mahnt, sie orientiert, sie tröstet – heute schon.

1 *Thomas von Aquin*, STh I q10 a1 c (Summa Theologiae, Teil 1, Frage 10, Artikel 1, Corpus der Argumentation).

Im Fortgang möchte ich aufzeigen, dass der Gedanke von einer bestehenden Wechselwirkung zwischen der irdischen Zeiterfahrung und der eschatologischer Rede von der Zeit in der biblischen sowie in der nachbiblischen Traditionsgeschichte vertraut ist. Ich beginne mit einem exemplarischen Bezug auf die biblischen Zeugnisse – konzentriert auf die Rede von der Nacht und vom Morgen (Teil II), schließe grundlegende Überlegungen zu der menschlichen Zeiterfahrung und zu ihrer Bedeutung für die Vorstellung von der Ewigkeit an (Teil III) und ende mit Hinweisen auf mögliche Veränderungen des irdischen Zeitempfindens angesichts der gläubigen christlichen Zustimmung zur Erwartung der Ewigkeit (Teil IV).

II. Eine biblische Orientierung: Das menschliche Erleben von Nacht und Morgen

Nacht und Morgen sind Sinnbilder des Lebens. Der Literat Peter Handke fügt den vielfältigen Deutungen der menschlichen Wahrnehmung des wiederkehrenden Wechsels der Zeiten vom Dunkel der Nacht in das Licht des Tages eine Hymne »An den Morgen« hinzu:

»Aufgewacht vor dem morgenhellen Himmel
Über die noch dunklen Dächer
Treibt aus den Kaminen schon langsamer Rauch
Die Vögel: *Sine fine dicentes*
Und alle Lieben leben« [2]

Mit dem Erwachen am Morgen ordnet sich das Leben in der menschlichen Betrachtung neu. Mit dem ersten Licht beginnen die Vögel – so lässt sich in der Natur hörend beobachten – ihr fröhlich erscheinendes Zwitschern; es könnten auch Hungerschreie dabei sein. In der liturgischen Tradition sind es die Engel – ebenfalls Flügelwesen – die das »Sanctus« ohne Ende rufen (sine fine dicentes): »Heilig, heilig, heilig« (vgl. Jes 6,3). Wie sich nach dieser prophetischen Erzählung der Tempel als Ort der Gegenwart Gottes mit Rauch füllte (vgl. Jes 6,4), so findet der aus dem Kamin entweichende Rauch auch im Gedicht von Peter Handke Aufmerksamkeit:

2 *Peter Handke*, An den Morgen, in: *ders.*, Leben ohne Poesie. Gedichte, Frankfurt a.M. 2007, 145. Vgl. zur theologischen Rezeption des literarischen Werks von Peter Handke mit vielen weiterführenden Hinweisen aus jüngerer Zeit: *Jan-Heiner Tück / Andreas Bieringer* (Hg.), »Verwandeln allein durch Erzählen«. Peter Handke im Spannungsfeld von Theologie und Literaturwissenschaft, Freiburg/Basel/Wien 2014.

Menschen leben in den Häusern auch in den Nächten miteinander. Kostbar kann am Morgen die Vergewisserung sein: Alle Lieben leben und für heute ist am Morgen alles erst einmal gut.

Der Morgen hat in biblischer Zeit unterschiedliche Deutungen erfahren: In Verbindung mit der Rede vom Abend und von der Nacht wirkt die Rede vom Morgen wie eine schlichte Erinnerung an den unaufhörlichen Lauf der Zeit: »Es kommt der Morgen, es kommt auch die Nacht« (Weish 21,12); flüchtig ist diese Zeit: »Vom Morgen zum Abend wechselt die Zeit, alles eilt dahin vor dem Herrn« (Sir 18,26). Der Morgen ist zugleich eine besondere Zeit: Es ist die Zeit, in der der Schrei nach Leben und Gerechtigkeit angesichts der gezählten irdischen Tage neu erwacht; der Beter fragt: »Erzählt man im Grab von deiner Huld, von deiner Treue im Totenreich? Werden deine Wunder in der Finsternis bekannt, deine Gerechtigkeit im Land des Vergessens? Herr, darum schreie ich zu dir, früh am Morgen tritt mein Gebet vor dich hin« (Ps 88,12–14).

Gemeinsam ist den biblischen Zeugnissen, dass mit dem Erreichen eines neuen Morgens die Erwartung einer Wende verbunden ist. Entschlossenheit zur Tat, Entschiedenheit für das Gute, neue Zuversicht in der Erwartung der künftigen Taten Gottes angesichts seines bisherigen Handelns – dies sind biblisch bezeugte Empfindungen am Morgen. Morgengebete nehmen solche Empfindungen auf und laden auch heute zu einer Veränderung der Lebensperspektive ein: Die eigene Ängstlichkeit möge sich im Gebet im Vertrauen zu Gott in Zuversicht verwandeln. Um lebensnahe Beispiele weiß die biblische Tradition. So möge der durch die Versuchung zum Neid verstellte Blick auf den Reichtum anderer Menschen am Morgen der Einsicht weichen, selbst ein Leben im Sinne der Gerechtigkeit Gottes zu führen:

> »Rette mich, Herr, mit deiner Hand vor diesen Leuten, vor denen, die im Leben schon alles haben. Du füllst ihren Leib mit Gütern, auch ihre Söhne werden noch satt und hinterlassen den Enkeln, was übrigbleibt. Ich aber will in Gerechtigkeit dein Angesicht schauen, mich satt sehen an deiner Gestalt, wenn ich erwache« (Ps 17,14f).

Auch heute erfahren viele Menschen das Aufwachen als eine Situation, in der das noch Unbestimmte, das am Tag auf sie zukommt, das Lebensgefühl prägt. Karl Rahner hat in den frühen 50er Jahren im österreichischen Rundfunk vier kurze Morgenansprachen gehalten, in denen er in Erinnerung rief, welche Fragen sich am Tagesbeginn stellen[3]. Rahner ermutigte dazu, den neuen Tag in Got-

3 Vgl. *Karl Rahner*, Vier Worte zum Tagesanfang, in: *Herbert Vorgrimler* (Hg.), Karl Rahner – Sehnsucht nach dem geheimnisvollen Gott, Freiburg/Basel/Wien

tes Namen anzunehmen, ihn in seiner Einmaligkeit wahrzunehmen und ihn als stets offenstehende Möglichkeit zu betrachten, miteinander neu zu beginnen. Wenn einem Menschen beim Erwachen die Tatsache unabweisbar zu Bewusstsein kommt, einen neuen Tag zu erleben, drängt sich die Frage auf, welcher Sinn das gesamte Leben insgesamt hat, denn:

> »Es ist wahr: auf dem Haus der Gegenwart lasten die Hypotheken der Vergangenheit, und unsere Zukunft ist in vieler Hinsicht die Vergangenheit, die groß und erwachsen geworden ist. Man kann nicht mehr einfach in jeder Hinsicht alles ungeschehen machen. Das Leben ist kein Experiment, das man beliebig wiederholen könnte. Und doch: im letzten und tiefsten kann man doch immer ganz neu beginnen, ganz ursprünglich, strahlend wie am ersten Tag«[4].

Am Morgen beim Erwachen – noch ganz nahe bei den Träumen – wird bewusst, wie das in eigener Freiheit getane Vergangene und das durch die fremde Freiheit mitgestaltete Künftige miteinander verbunden sind.

Das Erwachen am Morgen hat auf der metaphorischen Ebene einen engen Bezug zu der christlichen Hoffnung auf die Auferstehung der Toten: Die Frauen gehen »am ersten Tag der Woche (…) in aller Frühe, als eben die Sonne aufging« zum Grab und finden es leer (vgl. Mk 16,2). Die Jünger Jesu fangen gemäß der johanneischen Erzählung von der Begegnung mit dem Auferweckten am See von Tiberias in der Nacht keine Fische. »Als es schon Morgen wurde, stand Jesus am Ufer« (Joh 21,4). Die Feier der Wende von der Nacht des Todes in den österlichen Morgen hat in der christlichen Liturgie in allen Konfessionen eine hohe Bedeutung. Viele Anregungen für eine bewusst ökumenische Gestaltung des österlichen Glaubensgeheimnisses werden in jüngerer Zeit aufgenommen – beispielsweise bei einer ökumenischen Wortliturgie an den Gräbern am Ostermorgen[5]. Die Besinnung auf die österliche Mitte

1990, 87–93. Im Hineinhören in die schlichten Worte von Rahner werden Grundanliegen seiner Theologie und Spiritualität bewusst: »Wir fangen einen neuen Tag an. Ach, er wird die alte Mühe und den alten Kummer bringen. Er wird trüb und gewöhnlich durch unser Leben ziehen und alltäglich verschwinden, wie er grau und unansehnlich jetzt kommt, da wir ihm entgegenblicken. Sagen wir mit einem alten christlichen Spruch: In Gottes Namen. In Gottes Namen kommt der neue Tag; er ist doch ausgedacht von Weisheit und Liebe. Er ist Gelegenheit, in geduldiger Treue seine Pflicht zu tun, Gelegenheit, die Gott uns schenkt als Acker der Zeit, auf dem unter Mühsal die Frucht der Ewigkeit reifen soll« (ebd., 88).

4 Ebd., 90f.

5 Vgl. *Friedemann Bresch / Detlef Stäps*, Posaunenschall am Ostermorgen. Osterfrühgottesdienst auf dem Friedhof in Tübingen-Kilchberg, in: *Hans-Georg*

des gemeinsamen christlichen Glaubens hat sich durch die spirituelle Orientierung an der einen Taufe in der christlichen Ökumene in den letzten Jahrzehnten deutlich vertieft. Die liturgische Feierform des Taufgedächtnisses hat an Bedeutung gewonnen[6]. Wie in keiner anderen christlichen Liturgie verdichten sich in der Feier der Taufe die Freude über die geschenkte Lebenszeit und das Gedenken der durch den Tod begrenzten irdischen Existenz.

III. Grundlegung: Menschliche Zeitwahrnehmungen und die Vorstellung von Ewigkeit

1. Vorüberlegungen

Was ist heute vorrangig prägend für das Zeitempfinden der Menschen? Eine solche Frage lässt sich nicht ohne Achtung der Kontexte beantworten, in die hinein sie gestellt ist: Viel beschäftigte Menschen erleben die Zeit als zu kurz, zu schnell vergehend, fliehend. Wer dagegen den Tag nur noch mit Mühe mit Sinn erfüllt, kennt das Empfinden der Langeweile in den Lebensstunden. Das Zeitempfinden ist nicht objektivierbar. Uhren ermöglichen einzig die Vereinbarung einer Begegnung zur gesetzten Zeit an einem Ort. Jenseits der Messgeräte, die Sekunden und Stunden anzeigen, gibt es subjektive Wahrnehmungen der Zeit, die in Zusammenhang mit dem gesamten Lebensempfinden stehen. Auffällig ist, dass in der Literatur in jüngerer Zeit das Stichwort »Lebenszeit« im Anschluss an Hans Blumenberg[7] auch in theologischer Hinsicht an Bedeutung gewonnen hat: Reflexionen auf die geschenkte Zeit auch angesichts von todbringenden Krankheiten[8] laden zu solchen Überlegungen ebenso ein wie ethische Fragen im Blick auf den Lebensschutz[9]. Die hohe Wertschätzung der Lebenszeit als ein Bezug auch der theologischen Reflexion lässt sich in Verbindung mit der gewachsenen Bedeutung der Reflexion auf die Biographien der

Hunstig / Dorothea Sattler (Hg.), … so auch auf Erden. Ökumenisch handeln mit dem Vater unser, Würzburg 2010, 112–118.

6 Vgl. *Arbeitsgemeinschaft Christlicher Kirchen in Deutschland* (Hg.), Taufgedächtnis und Glaubenserneuerung. Anregungen für gemeinsame Gottesdienste von Christinnen und Christen aus unterschiedlichen Tauftraditionen, Frankfurt a.M. 2005 (Texte aus der Ökumenischen Centrale, Nr. 8).

7 Vgl. *Hans Blumenberg*, Lebenszeit und Weltzeit, Frankfurt 1986.

8 Vgl. *Markus Höfner / Stephan Schaede / Günter Thomas* (Hg.), Endliches Leben. Interdisziplinäre Zugänge zum Phänomen der Krankheit, Tübingen 2010.

9 Vgl. *Heike Baranzke* (Hg.), Menschenleben – Lebenszeit. Impulse für eine Ethik der Hoffnung, Göttingen 2009.

Menschen bei der Formung der religiösen Identität bringen[10]. Zugleich sind die Anstrengungen heute groß, die kaum vorstellbaren kosmischen Zeiträume seit Beginn einer möglichen Zeitrechnung in der Schöpfungslehre zu berücksichtigen. Wer könnte sich eine Dauer von Milliarden von Jahren ernsthaft vorstellen? Die Theologie hat dies gelernt – und mit einem Staunen verbunden. Die Weltzeit des Kosmos und die Lebenszeit des Menschen sind im Hinblick auf die Dauer der Entwicklungen sehr deutlich unterschieden. Eine Wertschätzung der begrenzten Lebenszeit des Menschen liegt vor diesem Hintergrund nahe.

2. Menschliche Zeitwahrnehmungen im Vergleich

In idealtypischer Unterscheidung lassen sich vier Zeitwahrnehmungen des Menschen in ihrer jeweiligen Eigenart bestimmen:

a) *Unaufhaltsamer Wechsel der Augenblicke*

Vordergründig, oft unbewusst und unbedacht, fraglos wird Zeitlichkeit vor allem im Wechsel des Bestehenden wahrgenommen. Alles wandelt sich beständig. Keinen Augenblick können Menschen zum Verweilen zwingen, auch wenn sie es ersehnen. Der Strom, der Fluss ist ein naheliegendes Bild für die Erfahrung des unaufhaltsamen Schwindens des eben noch Erwarteten. Die Dichter haben das Erlebnis des Wechsels der Zeiten in ungezählte Worte gefasst. Liebende leiden besonders darunter.

Wechsel setzt Bewegung voraus. Zu den großen, einflussreichen Denkern, die sich mühten, die Zeit begrifflich zu bestimmen, gehört Aristoteles[11]. Er definiert im 4. Buch seiner Physik die Zeit als »die Zahl der Bewegung in Bezug auf das Früher und Später«. Schnell ist ein Gefährt, wenn es einen Ortswechsel in wenigen Zeiteinheiten vollendet. Zeiterfahrung setzt in diesem Sinne Raumerfahrung voraus. Das objektive Maß der Zeit wird durch den Lauf der Gestirne bestimmt.

b) *Sammlung der Zeiten im Gedächtnis*

Die primäre Wahrnehmung von Zeit ist es, den Wechsel, die Veränderung in den Blick zu nehmen. Aber dieser beständige Übergang von einem Nochnicht in ein Nichtmehr ist nur erkennbar, wenn eine Sammlung der Zeiten im Bewusstsein des Menschen ge-

10 Vgl. *Walter Sparn* (Hg.), Wer schreibt meine Lebensgeschichte? Biographie, Autobiographie, Hagiographie und ihre Entstehungszusammenhänge, Gütersloh 1990.
11 Vgl. *Aristoteles*, Physik IV, 219 b.

schieht: Gedächtnis des Früheren und Erkenntnis des Späteren setzt einen Menschen voraus, der diese Veränderung beobachtet. Der Materialaspekt der Zeit ist die Bewegung, der Formalaspekt ist das menschliche Bewusstsein. Vor allem mit dem Namen des Augustinus[12] verbindet sich eine solche Zeitwahrnehmung, die er im 11. Buch seiner Confessiones eindrücklich beschrieben hat. Wer genau sein möchte, so meint Augustinus, kann von drei Zeiten nur im Sinne jeweilig unterschiedlicher Gegenwart sprechen: Gegenwart des Vergangenen in der Erinnerung, Gegenwart des Gegenwärtigen in der Anschauung, Gegenwart des Zukünftigen in der Erwartung. Die Sammlung der Zeiten geschieht in der Seele des Menschen, in seinem erinnernden, anschauenden und erwartenden Bewusstsein.

Menschen sind der Qual des fliehenden Augenblicks somit nicht ohnmächtig ausgeliefert. Es gibt die Möglichkeit der Sammlung. Nichts muss je verloren sein. Das menschliche Gedächtnis kann jedoch niemals das Gesamte im Sinn behalten. Selektion geschieht, Gewichtungen werden vorgenommen, Deutungen von Zusammenhängen erfolgen.

c) *Sonderung qualifizierter Momente*

Der dritte Aspekt menschlicher Zeitwahrnehmung setzt die beiden besprochenen voraus und bringt eine neue Erfahrung ein: Sonderung geschieht. Innerhalb der unbegrenzt erscheinenden Zahl der Wechsel und Übergänge gibt es solche, die ausgesondert werden. Ihnen wird eine besondere Bedeutung gegeben. Sie werden daher eher und nachdrücklicher im Bewusstsein gesammelt. Gemeint sind im Geschehen der Erinnerung beispielsweise die Zeiten der Reue, in der Anschauung etwa die Zeiten der Freude, in der Erwartung die Zeiten der Angst. Wie lang kann die Zeit werden im Dunkeln alleine, wenn ungewiss ist, ob der Bombentod droht! Und wie kurz kann die Zeit sein, wenn Liebende sich begegnen!

Die biblischen Schriften belegen diese zumeist als »qualitatives Zeitverständnis« bezeichnete Zeitwahrnehmung in vielen Zusammenhängen. Nicht jede Zeit ist eine Zeit zum Gebären, zum Lachen, zum Heilen, zum Tanzen. Es gibt die Zeit, in der die Klage, das Suchen, das Schweigen angemessen sind (vgl. Koh 3,1–8). Diese Worte von Kohelet werden oft zitiert, weil der Weisheitslehrer mit eindrücklichen Worten ausspricht, was viele Menschen empfinden: Es gibt besondere Zeiten.

Das biblische Zeugnis verheißt in diesen besonderen Zeiten eine Wende, durch die das Bisherige durch das Eingreifen Gottes ge-

12 Vgl. Augustinus, Confessiones XI, 26.

wandelt wird. Nicht immer ist das Erscheinen Gottes für alle ein Grund zur Freude. Der »Tag von JHWH« ist ein besonderer Tag; es ist ein Tag der Entscheidung, der Scheidung, der Krisis: ein Tag des Gerichts. Gerechtigkeit geschieht, denn es wird offenbar, wer Wunden schlägt und wer heilt. Die frühen Schriftpropheten – vor allem Amos und Hosea – kündigen den »Tag von JHWH« als den Tag, an dem die Gerechtigkeit aufgerichtet wird, nachdrücklich an (vgl. Amos 3,14; 5,18; Hos 1,5; 9,7). Am hellen Tag wird JHWH sich als ein Gott an der Seite der Entrechteten zeigen; sein Sinnen und Trachten wird nicht verborgen in der Nacht bleiben.

d) *Ausstand künftiger Zeiten*

Eine vierte Zeitwahrnehmung gilt es noch anzusprechen: Die künftige Zeit steht noch aus; unbekannt ist, was noch kommt, was den Menschen erwartet. In der Erwartung des noch Ausstehenden ist noch Anderes zu bedenken als die Tatsache, dass das Bewusstsein nie die gesamte Wirklichkeit versammeln kann: Das Ausstehende ist das noch Unbekannte, das Erbetene oder auch das Befürchtete.

In den Naturwissenschaften (Biologie, Physik und Kosmologie) wird gerade diesem Zeitaspekt gegenwärtig große Aufmerksamkeit geschenkt: Was wird, ist ungewiss; das Kommende lässt sich nicht aus den Gegebenheiten erschließen. Der Begriff »Chaos« wird dazu verwendet, die nicht festgelegte Offenheit der Entwicklung des Kosmos zu erfassen. Alexandre Ganoczy hat den Prozess der schöpfungstheologischen Rezeption dieser Erkenntnisse gefördert[13]. Indeterminierte Vorgänge in der Zeit werden beobachtet. Jede erkannte Struktur, jedes stabile System erscheint wie in einer Warteschleife vor einem Zeitsprung, über dessen Verlauf sich im Voraus keine Aussage machen lässt. Auch zyklische Vorgänge erweisen sich als letztlich immer ganz einzigartig in ihrem Verlauf. Das scheinbar Unveränderliche in der Natur variiert beständig seine Gestalt. Niemals ist es dieselbe Sonne, die morgen aufgeht – im kosmischen Kontext ist keine planetarische Figur konstant. Jede Gestaltung eines menschlichen Tages ist von einer Offenheit mitbestimmt, die sich durch den Einfluss der menschlichen Freiheit auf das Leben der anderen Menschen herleitet.

2. Vorstellungen von Ewigkeit

Im Sinne von Thomas ist nun zu zeigen, dass bei der Bildung der Vorstellung von der »Ewigkeit« Gottes in der Begegnung mit sei-

13 Vgl. *Alexandre Ganoczy,* Chaos – Zufall – Schöpfungsglaube. Die Chaostheorie als Herausforderung der Theologie, Mainz 1995.

ner Schöpfung die menschlichen Zeiterfahrungen aufgegriffen werden. Dies kann in Gestalt einer Affirmation oder einer Bekräftigung, die zugleich eine Negation einschließt, geschehen. Differenzierungen sind erforderlich.

a) *Ewig lange Dauer*

Die biblische Rede von der Ewigkeit verheißt Dauer und Beständigkeit, Langwierigkeit und Treue in der Zuwendung von JHWH. Der Wechsel der Zeiten bleibt erhalten; er ist nun aber unendlich wiederholbar und wird grenzenlos gedacht.

Das hebräische Wort, das im deutschen mit dem Wort »ewig« übersetzt wird, ist עוֹלָם (*'olam*). Die Grundbedeutung ist dieses Wortes ist – so ist auch dem Wortklang anzumerken – treue, beständige Dauer von fernster Zeit früher bis zu fernster Zeit später. Gott ist von Ewigkeit zu Ewigkeit der eine und derselbe (vgl. Jes 40,28; 41,4; 44,6; 48,12). Gott überdauert die endlosen Zeiten in seiner Ewigkeit. Der Wechsel der Zeiten bedroht ihn nicht; für ihn sind tausend Jahre wie der erinnerte gestrige Tag in der Erinnerung (vgl. Ps 90,4).

b) *Ewig unbedrohter Besitz*

Eine angesichts ihrer breiten Rezeption seit dem frühen Mittelalter viel beachtete Definition von »Ewigkeit« ist die des Boethius: »aeternitas est interminabilis vitae tota et perfecta possessio«[14]: Ewigkeit ist der umfassende und vollkommene Besitz des unbegrenzten Lebens. Die Sammlung, die Habe, wird gesteigert zu einem Besitz, der nicht mehr vom Verlust bedroht ist. Unbedrohte Gegenwart im ewigen Jetzt ist gemeint. Boethius hat seinen Gedanken an Plotin angelehnt, der den Begriff Ewigkeit bestimmt als »ein Denken oder ein Leben, welches immer im Selbigen bleibt und immer das Gesamt gegenwärtig hat, nicht etwa jetzt dies und jetzt jenes, sondern alles zumal«[15].

Sammlung aller Zeitmomente geschieht in Gottes Gedächtnis. Die Betenden bitten, Gott möge jede Träne in seinem Krug sammeln (vgl. Ps 56,9). Nichts soll dem Gedächtnis Gottes je verloren gehen. Das Johannesevangelium verkündigt die Wirksamkeit des Geistes Gottes in der Erfahrung der bleibenden Gegenwart Jesu Christi. Der von Christus Jesus vor seinem Abschied herbeigerufene Beistand wird die Glaubensgemeinschaft an all das erinnern, was er je gesagt und getan hat (vgl. Joh 14,26).

14 Vgl. *Boethius*, De consolatione philosophiae ,V 6.
15 Vgl. *Plotin*, Enneaden, III 7

c) *Ewig ungestillte Lebendigkeit*

Gottes Ewigkeit ist kein unbestimmtes Einerlei. Es gibt darin eine Sonderung, die jedoch nicht bewirkt, dass Nachfolgendes an Wert verliert. Zu denken ist dabei eine ewige Steigerung der Besonderheit der unverlierbaren Lebendigkeit: Taumel von Leben zu Leben.

Karl Rahner hat sich sehr darum bemüht zu zeigen, dass die Vorstellung von Ewigkeit, bei der der Aspekt des endlosen Weitergehens vorherrscht, bedrohlich erscheinen muss[16]. Langeweile bestimmte dann die ewige Ruhe, nichts ereignete sich mehr, was freudig erwartet werden könnte. Lineare Zeitvorstellungen geraten an ihre Grenze, wenn sie dazu herangezogen werden, das Zeitempfinden der vollendeten Ewigkeit zu erfassen.

Es erfordert Behutsamkeit, den Aspekt der Sonderung mit der Vorstellung von Ewigkeit zu verbinden. Zu denken, zu schauen ist dabei ein Geschehen, bei dem die mit der Idee der Sonderung verbundene Unterscheidung zwischen erst diesem und dann jenem Moment des Erlebens keinerlei Minderung an frohstimmender Lebendigkeit zur Folge hat: Das Neue, das Andere, das Kommende ist immer noch schöner als das je Gewesene. Alles bereits Erfahrene ist Ahnung des Künftigen und weckt Lust auf mehr. Ewig ungestillte Lebendigkeit erfüllt zugleich und entfacht eine neue Sehnsucht, die nie gestillt ist und zugleich voller froher Erwartung des Kommenden.

d) *Ewige Gabe der Zeit*

Ewigkeit und Ausstand, Erwartung des Künftigen und Ewigkeit, wie lassen sich diese Aspekte miteinander verbinden? Evangelische Theologen zeigen besondere Sensibilität für die Wahrnehmung von Gottes Kommen in die Zeit[17]. Es handelt sich um ein Kommen, das stets Geschenk ist, immer Gnade, immer ungeschuldet, immer frei, immer unerwartbar erfüllend: Gabe, die im dankenden Lobpreis eine ihr angemessene Antwort erfährt. Wolfhart Pannenberg konzentriert sich bei seinen Überlegungen zur Ewigkeit auf die Frage, ob es für Gott Zukünftigkeit geben kann. Ja, es gibt Zukünftigkeit für Gott, so sagt Pannenberg, Zukünftigkeit aber nicht als Zeitgewinn für Gott selbst, sondern als reine Gabe, als ein Geschehen des Kommens der Herrschaft Gottes zu den Geschöpfen. Nur dann, wenn Gott der Schöpfung Zukünftigkeit gewährt, besteht berechtigte Hoffnung auf die Vollendung des Zeitlichen.

16 Vgl. *Karl Rahner*, Ewigkeit aus Zeit. Skeptizismus gegenüber dem ewigen Leben, in: Schriften 14 (1980) 422–432, bes. 424f.

17 Vgl. *Karl Barth*, Die kirchliche Dogmatik, Bd. II/1, Zollikon 1958, 685–722; *Wolfhart Pannenberg*, Systematische Theologie, Bd. 1, Göttingen 1988, 433–443.

IV. Veränderung der Lebenszeit durch die gläubige Gewissheit der Ewigkeit

Für Menschen, die für sich und für Andere die Möglichkeit einer ewigen Existenz in der Nähe Gottes gläubig annehmen, verändert sich die Wahrnehmung der eigenen Lebenszeit. Die hier im Voranstehenden unterschiedenen vier Dimensionen der menschlichen Zeitwahrnehmung – Wechsel, Sammlung, Sonderung und Ausstand – haben Bedeutung für die Beschreibung dieser Wandlung der Zeitwahrnehmung, die durch das Bekenntnis zur Ewigkeit Gottes ermöglicht ist. Ewigkeit ist für Gott dauernder Besitz von Lebendigkeit und für die Geschöpfe die Gabe von Zukunft. In der verrinnenden Lebenszeit bereits ist die Gabe der Zeit als Teilhabe am Leben des ewigen Gottes zu erfahren.

1. Trost im Schwinden des Lebens

Karl Rahner hat Gedanken zum »Trost der Zeit« formuliert[18]. Ein Jahreswechsel lädt ihn dazu ein, über Zeit und Ewigkeit nachzudenken. Trost erfährt Rahner durch den Gedanken, dass die geschenkte Zeitdauer des Lebens immer die Möglichkeit der Umkehr, des Neubeginns und der Versöhnung bietet. Die zeitlich existierenden Menschen können niemals völlig ausschöpfen, was das Leben ihnen als Möglichkeit bietet. Wahrer Trost geschieht in der verrinnenden Zeit denen, die darauf vertrauen, dass alles Ersehnte und doch Versäumte ihnen noch zuteil werden wird. Rahner schreibt:

> »Trost der Zeit! Wir verlieren nicht, sondern gewinnen beständig. (...) Das Leben versammelt sich immer mehr, je mehr scheinbar Vergangenheit hinter uns liegt. Je mehr es so scheint, umso mehr haben wir vor uns. Und wenn wir ankommen, finden wir unser ganzes Leben und alle seine eigentlichen Möglichkeiten, die uns gegeben waren. Es gibt nicht nur eine Auferstehung des Fleisches, sondern eine Auferstehung der Zeit in Ewigkeit.«[19]

2. Beständige Gewissheit

In der Gemeinschaft der Glaubenden geschieht eine Deutung der zeitlichen Existenz, die von den Gottesfürchtigen in biblischer Zeit einst errungen wurde und die nun immer wieder neu feiernd vergegenwärtigt wird in der Liturgie und im Leben der Gemeinden.

18 Vgl. *Karl Rahner*, Vom Trost der Zeit, in: Schriften 3 (1967) 169–188.
19 Ebd., 187.

Teilhabe der Zeitlichen an Gottes Ewigkeit geschieht in der Sammlung der Gotteserfahrungen, die die Glaubensgemeinschaft erinnernd vergegenwärtigt. Anamnese geschieht, ein Gedächtnis, das Gewissheit bewirkt. Eine »Habe« wird das Errungene jedoch für die Zeitlichen nicht: Glauben heißt besitzlos dabeibleiben. Vertrauen ist eine mögliche Form der Gestaltung des Seins, eine lebendige Tätigkeit.

3. Unaufhörliche Wachsamkeit

»Seid wachsam« – mehrfach erschallt dieser Ruf in den neutestamentlichen Zeugnissen (vgl. Mk 13,33–37; Lk 19,12–13). Die Sonderung der Zeiten geschieht bei denen, die im Glauben gewiss sind, an Gottes Ewigkeit teilzuhaben, in der Anerkenntnis des »Kairos«-Charakters der Zeit. Die in der Fülle der Zeit von Gott gewirkte Wende macht unsere Lebenszeit zur Entscheidungszeit, in der es gilt, wachsam zu sein und das Gute zu ergreifen.

Dabei ist die Zeit des Gerichts keine bloß zukünftige, die erst noch mit Sorge zu erwarten wäre. »Jetzt ist er da, der Tag der Rettung« (2Kor 6,2). Paulus zitiert den Propheten Jesaja (vgl. Jes 49,8). Kurz ist die verbleibende Lebenszeit; nahe ist die Parusie des lebendigen Gekreuzigten. Jetzt gilt es, die heilsame Wirksamkeit seines Lebens mit dem eigenen Leben zu bezeugen. Christinnen und Christen wissen sich zeitlebens in einer besonderen Zeit. Sie sind immer darum bemüht, die Lebendigkeit der Schöpfung zu erhalten und mit der eigenen kleinen Kraft möglichst allen ein frohes, unbedrohtes Leben zu bereiten.

4. Hoffende Zuversicht

Mit Zuversicht erwarten Glaubende das noch Ausstehende. Christinnen und Christen leben eine hoffende Existenz. Spannend ist das Leben, doch der Ausgang ist gewiss: aufgrund der Selbst-Zusage Gottes, seiner eschatologisch-endgültigen Kunde, unsere Zukunft sein zu wollen. Gott kommt auf uns zu. Er eilt dem verloren erscheinenden Menschen entgegen – so erzählt Jesus am Beispiel jenes Vaters, der seinen Sohn bereits erblickt, als er noch in der Ferne ist, und dann mit offenen Armen auf ihn zuläuft (vgl. Lk 15,20).

Rückblickend auf die vier Aspekte der menschlichen Zeiterfahrung lässt sich sagen: Das Erleben der Zeit prägt die Vorstellung von der Ewigkeit, und die gläubige Erwartung der Ewigkeit verändert das irdische Zeitempfinden: (1) Im erlebten Wechsel der Zeiten wird die Hoffnung auf Dauer stark; Umkehr und Erneuerung des Lebens sind immer möglich. (2) In der bewussten Sammlung der Zeiten werden Ereignisse erinnert. Nur wer nicht vergisst, wird den Anderen gerecht. Im Glauben geschieht eine Zusammenschau. (3) Im irdischen Leben gibt es ausgesonderte Zeiten – gewünschte und gefürchtete. In der eschatologischen Vollendung begegnen dem Menschen alle Zeiten wieder. Die Vorstellung von einer »ewigen Ruhe« bedarf der Konkretisierung, um als Hoffnungsgestalt erfahren werden zu können. (4) In der Ungewissheit über das Kommende ist für den Menschen erlebbar, dass Zeit und Ewigkeit Gottes Gabe sind.

***

Abstract
It is impossible for a human to envision the promised eternal life with God, without looking at one's own life time experiences (Thomas Aquinus). There are essentially four ways for humans to perceive time we have to differentiate: duration and shortness; the collection of experiences in time within human memory; the selection of distinctly beautiful or painful times; the uncertainty about the future. A theology oriented along biblical scripture will well connect here and be able to speak of God's eternity on the basis of these four human perceptions of time. On a whole, one will have to begin with an interrelation between the human experience of time and the religious view. In biblical testimonies this becomes especially clear in view of its talk of a new morning after a dark night.

Dorothea Sattler, geb. 1961, Dr. theol., ist Professorin für Systematische Theologie und Direktorin des Ökumenischen Instituts der Katholisch-Theologischen Fakultät der Universität Münster.

Register

Bibelstellen (Auswahl)

Altes Testament

Genesis
1,1 – 2,3 6–8.11
1,1f 9
1,28 10
2,1–3 18
6,9 10
8,20–23 12f
8,22 12
9,1–17 10

Jesaja
43,16–21
52,1 166f
65 42
65,17–25 171

Ezechiel
47,7–12 171f

Amos
3,7 43

Daniel
1ff 49–53
2 50
2,34 52
7 50
7,13 52
8,23 50
8,25 51
11,40.45f 49

Psalmen
17,14f 347
22,2 255
49; 73 43
88,12–14 347

Kohelet
1ff 21–45
1,12 – 2,26 26–28
1,3–11 22f
1,4–11 6.15.15
1,4–7 23f
1,8 24
1,9 25f
3,1–9 28–30
3,1–8 15.351
3,11–15 30–33
3,14f 42–44
3,16–22 33–35
4–12 35
6,10–12 35f
7,13 36
7,15f 37
7,20 38
9,1 – 12,7 39
10,8 40

Weisheit
1,13f 43

Neues Testament

Matthäus
14,22–33 238f
16,1–4 68
24 125f

Lukas
1,1–4 80
1,3 87
2,36f 219
4,16–30 74
9,28–36 94–96
12,54–56 67.70.101
16,16 82
16,19–31 85
20,27–40 86
23,39–43 85
24,1–53 96f
24,50f 97f

Johannes
1,15.30 137f
2,1–11 153
8,1–11 341f
8,58 139
13,31 140

Apostelgeschichte
1,3–9 97f
1,7 73.75
6,8–14 214

Römer
13,10–13 114f

2. Korinther
5 120f
5,10 121
5,20 108

Galater
4,4f 106

Philipper
3,8 109f

1. Johannes
2,18 214f

2. Timotheus

3	216

Apokalypse

5,9	169
11,2	165
21,1	166
21,9 – 22,5	171f
21,27	167
22,2	172

Namen und Sachen (Auswahl)

4. Esra(buch) 47.58–63

Abel 331f
Abschiedsreden 140f
Adam (und Eva) 329–331
Antrittspredigt Jesu 92
Apokalyptik/Apokalypsen 63–65.301–305.315
Apostelgeschichte 67–101

Benedikt XVI. 253
Beschleunigung der Zeit 277–286
Biographie 259–269
Bradshaw, Paul F. 235
Brotkorb 305–310

Chaos 9f
Chronos 202–211

Dalí, Salvador 301–310.318
Daniel / Buch Daniel 49–53
David 338–340
Derrida, Jacques 315–317
Duchamp, Marcel 297–301.317f

Ebeling, Gerhard 219–221
Erwachen (am Morgen) 346–348
Erzählung 141
Eschatologie 83–87.109–113. 345–357
Esel/Eselin 190f.193.195
Ethik 113119
Eucharistie 250–252
Ewigkeit 323.345.349.352–357

Fahrrad-Rad 297–301

Galaterbrief 103– 105
Geburt Christi 222–225
Geburtsgeschichten (bei Lukas) 89–91
Gegenwart Gottes 335–343

Gericht Gottes 33–35
Gewissheit 355f
Glaubenserfahrung 238
Goliath 339
Gott 326f.335–343
Gottesgeburt 222–225
Gottesherrschaft 98–100
Gottessohn 340
Guardini, Romano 243–246
Handke, Peter 310f.346f
Häußling, Angelus 237–239
Hebräische Bibel 232
Heidegger, Martin 312f.317f
Heil 105–127
Heiligtum 10–13
Heilsbeginn 105–109
Heilsgegenwart 105–119
Heilsgeschichte 236f
Heilsgeschichte 76–83
Heilszukunft 119–123
Heilszukunft 119–123
Henoch, äthiopischer 53–58
Herodes 88
Himmelfahrt Jesu 97f

Joḥanan 160
Johannesapokalypse 159–181
Johannesevangelium 129–157

Kain 331f
Kairos 202.209–211
Kanonstruktur 232
Kohelet 21–45
Kohli, Martin 262f
Kontingenz 259–261
Körper 327–329
Kosmos 9f
Kreativität 259–261

Leben des Menschen 35–40. 274–277
Lebensdeutung 259–261
Leipziger Disputation 215
Liturgie 229–258
Lübbe, Hermann 279
Luhmann, Niklas 311f
Lukasevangelium 67–101
Luther, Henning 264f
Luther, Martin 213–226

Lysipp 197

Meister Eckhart 274–277
Messliturgie 250f
Morgen 346–348

Nacht 346f
Nacktheit 329
Naumann, Barbara 312–314
Nekyia 196f
Noch nicht 103–127

Odysseus 185f
Offenbarung des Johannes 159–181
Ohnmacht 324.326.329f.332.339–342
Oknos 185–197.209–211
Ordnung der Zeit 3–19
Osterereignisse 96f
Osterfest 233
Osterfestkreis 254f

Passa bei Johannes 142
Paulus 103–127
Pausanias 192f
Pesachfest 233
Plutarch 191
Polygnot 196f

Quellen-Theorie 12f

Rahner, Karl 347f.355
Raum 6–9.327–331

Saul 339
Schaeffler, Richard 242f
Schon jetzt 103–127
Sisyphos 188
Stunde Jesu 144f
Sucht 282f

Tag Jahwes 352
Tauler-Predigten 223
Textkritik Johannesoffenbarung 161f
Thomas von Aquin 217f.345
Tod 331–335
Tugenden 273

Uhren 301–305

Verlangsamung der Zeit 286–293
Verstreichende Zeit 145f

Wachsamkeit 356
Wandel 272
Warnach, Viktor 246–249
Wartburgpostille 213–226
Wechsel 350
Weiche Uhren 301–305
Weihnachtspostille 226f
Welt 10–13
Wert 271–273
Wiederholung 13–15
Wortgottesdienst 235

Zehnwochenapokalypse 56–58
Zeitauffassung 231
Zeitbilder 295–319
Zeiterfahrung 26–28.230
Zeitstruktur 87–93
Zeitverständnis Kohelets 40–44
Zeitverständnis 3–19.131–141
Zeitvertreib 297–301
Zeitzeichen 100f
Zukunft des Heils 119–123
Zuversicht 356
Zwischenräume Gottes 325f

JBTh 1 (1986) – 29 (2014)

JBTh 1 (1986)

Einheit und Vielfalt Biblischer Theologie

252 Seiten, 3. Auflage 1991, Paperback
ISBN 3–7887–1229–5

JBTh 2 (1987)

Der eine Gott der beiden Testamente

267 Seiten, Paperback
ISBN 3–7887–1266–X

JBTh 3 (1988)

Zum Problem des biblischen Kanons

294 Seiten, Paperback
ISBN 3–7887–1288–0

JBTh 4 (1989)

»Gesetz« als Thema Biblischer Theologie

360 Seiten, Paperback
ISBN 3–7887–1321–6

JBTh 5 (1990)

Schöpfung und Neuschöpfung

297 Seiten, Paperback
ISBN 3–7887–1363–1

JBTh 6 (1991)

Altes Testament und christlicher Glaube

382 Seiten, Paperback
ISBN 3–7887–1385–2

JBTh 7 (1992)

Volk Gottes, Gemeinde und Gesellschaft

446 Seiten, Paperback
ISBN 3–7887–1433–6

JBTh 8 (1993)

Der Messias

396 Seiten, Paperback
ISBN 3–7887–1465–4

JBTh 9 (1994)

Sünde und Gericht

396 Seiten, Paperback
ISBN 3–7887–1500–6

JBTh 10 (1995)

Religionsgeschichte Israels oder Theologie des Alten Testaments

272 Seiten, 2. Auflage 2001, Paperback
ISBN 3–7887–1544–8

JBTh 11 (1996)

Glaube und Öffentlichkeit

272 Seiten, Paperback
ISBN 3–7887–1605–3

JBTh 12 (1997)

Biblische Hermeneutik

432 Seiten, Paperback
ISBN 3–7887–1642–8

JBTh 13 (1998)

Die Macht der Bilder

349 Seiten, Paperback
ISBN 3–7887–1685–1

JBTh 14 (1999)

Prophetie und Charisma

303 Seiten, Paperback
ISBN 3–7887–1749–1

JBTh 15 (2000)

Menschenwürde

397 Seiten, Paperback
ISBN 3–7887–1800–5

JBTh 16 (2002)

Klage

429 Seiten, Paperback
ISBN 3–7887–1863–3

JBTh 17 (2002)

Gottes Kinder

439 Seiten, Paperback
ISBN 3–7887–1920–6

JBTh 18 (2003)

Das Fest: Jenseits des Alltags

487 Seiten, Paperback
ISBN 3–7887–1997–4

JBTh 19 (2004)

Leben trotz Tod

477 Seiten, Paperback
ISBN 3–7887–2063–8

JBTh 20 (2005)

Der Himmel

484 Seiten, Paperback
ISBN 3–7887–2103–0

JBTh 21 (2006)

Gott und Geld

348 Seiten, Paperback
ISBN 978-3-7887-2165-7

JBTh 22 (2007)

Die Macht der Erinnerung

494 Seiten, Paperback
ISBN 978-3-7887-2229-6

JBTh 23 (2008)

Heiliges Land

320 Seiten, Paperback
ISBN 978-3-7887-2301-9

JBTh 24 (2009)

Heiliger Geist

456 Seiten, Paperback
ISBN 978-3-7887-2376-7

JBTh 25 (2010)

Wie biblisch ist die Theologie?

340 Seiten, Paperback
ISBN 978-3-7887-2453-5

JBTh 26 (2011)

Das Böse

440 Seiten, Paperback
ISBN 978-3-7887-2538-9

JBTh 27 (2012)

Geben und Nehmen

461 Seiten, Paperback
ISBN 978-3-7887-2575-4

Als nächster Band erscheint:

JBTh 29 (2014)

Liebe

ca. 350 Seiten, Paperback
ISBN 978-3-7887-2869-4

Die Subskription des Jahrbuchs bewirkt eine Vergünstigung der Einzelpreise um 10 %. Es ist jederzeit möglich, von jetzt an in die Subskription einzusteigen.